MIL Plus
Antología Poética - Segunda Parte

Felix Cantu Ortiz
Mexico

Library of Congress Control Number:		2023902449
ISBN:	Tapa Blanda	978-1-5065-4981-1
	Libro Electrónico	978-1-5065-4982-8

Información de la imprenta disponible en la última página.

Fecha de revisión: 30/01/2023

Para realizar pedidos de este libro, contacte con:
Palibrio
1663 Liberty Drive
Suite 200
Bloomington, IN 47403
Gratis desde EE. UU. al 877.407.5847
Gratis desde México al 01.800.288.2243
Gratis desde España al 900.866.949
Desde otro país al +1.812.671.9757
Fax: 01.812.355.1576
ventas@palibrio.com
849773

Para Rosy…

Mi esposa y eterna compañera

Una vez me dije: "Ya completé las mil,
Creo que aquí debo de detenerme".
Algo me dijo: "Nunca tendrás suficiente".

Para hacer poesía, el alma pide más,
Pluma y un pedazo de papel en blanco;
Y toma del corazón lo que le agrada.

En la cabeza se encuentran detalles,
Esperando ser acomodados y pulidos
De acuerdo a lo que le dicte el alma.

Dios da un cúmulo de inspiraciones,
Y sin que lo sepas, y sin pensarlo,
El día menos esperado te sorprenderá.

En el silencio, y en el aislamiento,
Justo al momento en que nadie molesta,
Dios toca las puertas de la conciencia.

Pedirá que mires hacia tus adentros,
Justo al instante que hace que despiertes,
Y te des cuenta que tienes tarea por hacer.

Un raudal de letras e ideas mariposean
En la mente, y que hay que ordenarlas,
Hay que glorificarlas y embellecerlas.

Con ellas Dios pide hacer bellos poemas,
Para satisfacer las mentes exigentes,
Con las ideas y las letras por ti acariciadas.

Inquietas y deseosas por nacer en el mundo,
Ellas esperan ver la luz en tu escritura,
Ser plasmadas para siempre en un papel.

Mágico y prodigioso será aquel motivo,
Para crear grandes sueños y fantasías,
Que perdurarán eternamente...

Aclaración

Este nuevo ejemplar
De Antología Poética,
Es el número Dos en mi producción.

Consta de los poemas
Publicados en mis últimos seis libros.
Aunque no todos los poemas
Fueron transferidos a este volumen.

Simplemente se escogieron los más
Adecuados y más propios
Para ser publicados de nuevo aquí.

En la Antología Poética Número Uno
Se escribieron una serie de poemas,
De los cuales, algunos son repetidos
En este nuevo volumen Dos,
Sólo los que por su importancia
Merecían ser transcritos de nuevo.

Sin embargo,
Al final de este nuevo libro,
Se notifica la lista completa de poemas
Que fueron publicados en
MIL - La Antología Poética Uno.

El día más hermoso - HOY

El obstáculo más grande - El MIEDO

La cosa más fácil - EQUIVOCARSE

El error más grande - HUNDIRSE

La raíz de todos los males - EL EGOÍSMO

La peor derrota - EL DESALIENTO

El mejor profesor - LOS NIÑOS

La primera necesidad - COMUNICARSE

El misterio más grande - LA MUERTE

Lo que te hace más feliz - SER ÚTIL A LOS DEMÁS

El peor de los defectos - EL MAL HUMOR

El peor sentimiento - EL RENCOR

El regalo más hermoso - LA COMPRENSIÓN

La ruta más rápida - EL CAMINO CORRECTO

La sensación más grata - LA PAZ INTERIOR

El refugio más feliz - SONREIR

El mejor remedio - EL OPTIMISMO

La cosa más bella del mundo - EL AMOR

Santa Teresa de Calcuta

Índice

Para Rosy.. 3
Aclaración 5

SecciónI: **Poemas Místicos y Piadosos** 20

    A Dios no supo amar 21
    Al cuidado de la devoción 21
    Alma renovada 21
    Alma y cuerpo 22
    Amarás a Dios.. 22
    A mi Virgencita 23
    Ángel de la Guarda 23
    Ataduras sublimes 23
    Aura 23
    Aventura del Alma 24
    Carta de un fantasma 25
    Conceptos celestiales 26
    Conjeturas y sospechas 27
    Consejos para la lucha 27
    Cristo Resplandeciente 28
    Cualidades de Dios 29
    Dame devoción 29
    Dios en tu vida 29
    Dios invade interiormente 30
    Dios me transformó 30
    Dios, otra descripción 31
    Dios y el Universo lo dirán 32
    Dos etapas en el Alma 32
        Encuentro 33
        Enfrentamiento 33
    Espíritu Santo..34
    Ganarse el Cielo 35
    Guerreros del Señor 36
    Habla Dios 36
    Invocar a Dios 37
    La ayuda proviene del Cielo 37
    La música del Cielo 38
    La Oración 38
    Los llamo amigos.. 39
    Los Santos decían.. 40
    Luz en las tinieblas 41
    Madre Naturaleza 41
    Mandamientos 42
    María, Madre Divina 42
    Misa 1 42
    Misa 2 43
    Misterios en mi interior 43
    Mi vida en silencio 44

Motivos de vivir 44
Padre Nuestro que estás en los Cielos 1 44
Padre Nuestro que estás en los Cielos 2 45
Padre Nuestro que estás en los Cielos 3 46
Pecados 47
Por tu pasión 48
¿Qué es eso que busco y no encuentro? 48
Teresa: Musa Deífica 49
     Cántico Primero 49
     Cántico Segundo 49
     Cántico Tercero 49
     Cántico Cuarto 50
     Cántico Quinto 50
     Cántico Sexto 50
     Cántico Séptimo 50
Tormentos espirituales 51
Tren sin retorno 51
Un secreto muy oculto 53

SecciónII: Poemas de Familiares y Amistades **54**

A Alejandro Jesús Días Valero 55
Adivina adivinador. 55
A Félix, En tu 67° Aniversario 56
Amistad 56
Amistad sincera 57
A Nachito 58
A Nachito, poeta amigo 58
Ángeles protectores 58
A Quino 59
Caminos cruzados 59
Clemencia 60
Cosas que se esfumaron 60
Cumpleaños de Mi Mujer 61
Dios nos protege 61
Esposa 62
Feliz Día de La Amistad (2018) 62
Gracias amigo 62
Imelda, querida amiga… 62
Invierno en mi vida 63
Instrucciones para mi hijo 65
La casa de mi abuela 65
La casa de mis papás 66
Los consejos de Papá 67
Los Designios de Dios. En memoria: Amigo Luis Lauro 68
Madre 69
Magia de la vieja amistad 69
Maricelita: Volver a verte. En memoria 69
Mis experiencias ante El Covid 70
Misterios de la amistad 71
Nostalgia 71
¡Parece que envejecí! 71
Pueblo 73

Retorno de la amistad 74
Rincón de las ánimas 74
Tony… En memoria 74
Traicionero amigo 75
Versos para mi madre 75
Visión de La Sultana del Norte 77
Ya a más de sesenta años de vida 79

SecciónIII: Leyendas, Historias y Cuentos 81

Acusado 82
Agonía de mi mejor amigo 82
Asalto 83
Confesión 84
Dandy 84
Desde que se fue 86
Desvelados 88
El Autor de mis libros 91
El día que me muera 92
El escudero 93
El impulso de mis pesares 97
El regreso de mi amigo 97
En coma 98
Enemigos 100
Enfermedad 101
Escritor disimulado 103
Estéril e Impotente 104
Fiesta de Fin de Año 104
Galán de Pueblo 111
Historia de Froylán y Severita 113
Hoy toca bañarse 115
Juana, la de Nicanor 116
La jacalera traicionera 118
La peluquería 119
¿Les cuento un cuento? 120
Manzanilla, Jerez y Rompope 121
Marginados 121
Mi manera de ver la vida 126
Mi suegra 128
Premonición del sueño del Rey 129
Recuerdos de una vida 131
Redes del matrimonio 132
Un dulce sueño 133
Un hombre muy peculiar 134

SecciónIV: Poemas de Amor y para Adultos 135

Acurrucada sobre mi pecho 136
Abuso 136
Almas ardientes 136
Amor a primera vista 137
Amor condenado 137
Amor desinteresado 137

Amores extraños 138

Amor fugaz 138

Ansias de amor desesperado 139

Aquel día de entrega 139

Asunto arreglado 140

Atrapado 141

Ausencias 141

Biología erótica 142

Caballero equivocado 142

Cambio de hábito I 143

Cambio de hábito II 143

Cambio de hábito III 144

Cambio de hábito IV 144

Canción 144

Castigo 145

Clases de sexo y amor 146

Condiciones 146

Debate del juego corporal 146

Declaración de amor 148

Déjame amar 148

Demostraciones de seducción 148

Desavenencias de dos amantes 149

Desdén 150

Desesperación 150

Di por qué… 150

Digno nombre para digno Caballero 151

El albur 151

El Amor está en todos lados 151

El amor volverá 152

Elíxir de tu amor 152

El desprecio 152

Ella 153

El lecho 154

El pacto 154

El retratito 155

Embeleso de amar 155

Embrujo o humillación 156

Enamorado 156

Equivocación 156

Eróticos deslices sexuales 157

Esas miradas 158

Esclavo de vos 158

Escritura sediciosa 159

Éxtasis de pasión 160

Fantasía deseada 160

Foto desnuda 160

Golondrina viajera 160

Hechizo de amor 1 161

Hechizo de amor 2 162

Hembra 162

Ilusa pasión 163

Juego de amar 163

Juego nocturno 163

Jugueteo sexual...164
La dama de los placeres 164
La pócima del deseo 165
Letras malditas 165
Leyendo un poema erótico...165
Lujuria 167
Masoquista 167
Mechero para el fuego...167
Mi dulce prisionera 168
Momentos eróticos 168
Necesito 169
Noche beata 169
Noche desenfrenada 170
No me lo negará 170
Novela de amor 170
Novicia de mis noches 172
Nuestro gran amor 172
Nuestro secreto 172
Ortografía sexual 173
Os destripo...173
Paloma 174
Pasión de una noche 174
Pecado entre dos 174
Perdón consumado 174
Por leer tus poemas 175
Por poco y os descubro..175
Premio del escondite 176
Prisionera de mis brazos 177
Prisionera en un poema 177
Prisionero de amor 177
Profanación..178
¿Qué es el amor…? 178
Quiero estar a tu lado...179
Quiero que seáis mi eterna canción… 180
Receta para el amor 180
Recién casado 181
Sancho, el amante 181
Seducción hechizada 181
Seguirte amando 182
¿Será amor? 182
Siete el mismo día 183
Si me dieras un beso 183
Sin condiciones..184
Sólo faltas tú 184
Sólo quiero verte 185
Sucedió en un jacal 186
Sueño que se hizo realidad 187
Sueño salvaje 188
Superlativa exaltación 190
Suspiro de amor 190
Tarea de convencimiento 191
Te deseo… 191
Todo así se fue dando...192

Trato hecho 192

Tres amores disparejos 192

Tu esencia 192

Tu piel 193

Tú y yo I 193

Tú y yo II 193

Tu verso 194

Una historia de amor 195

Un escritor muy singular 195

Un instante de pasión 196

Viaje de amor 197

Virulencia 197

Visita nocturnal 198

Vuela palomita blanca 198

Yacer contigo 199

Zorra enamorada 199

SecciónV: Poemas para todo Público 201

Ábrete, corazón 202

Agradecimiento 202

Aires de mis amores 203

Alma desamparada 203

Alma de poeta 204

Angustia 204

Angustias de juventud 204

Año Viejo, Año Nuevo (2018-2019) 205

Apariencias 205

A veces sucede 206

Bendita dulzura 206

Bendito sea el año que viene 206

Bullying 207

Caballito de palo 208

Carácter, carrera para la vida 208

Castillos en el aire 209

Cervecita 209

Colaboración 210

Combate al amanecer 210

¿Cómo poder ver la belleza? 211

Con el alma sonriente 211

Chismes 211

Chispas de felicidad 212

Deja cómodos a tus muertitos 212

Demencia 212

De mí depende 213

Descuido 213

Difamación 214

Dilema de Blas Pascal 214

Dilema sobre un aborto 214

De qué se trata la vida 215

Divino atardecer 215

Doble naturaleza 216

Dos lados de la vida 217

El canto de la alondra 217
El dedo de Dios 218
El escritor del Diablo 218
El gran regalo de la vida 219
El hombre 219
El invento de la moral 220
El juego de la vida 221
El mejor día de mi vida 221
El miedo: la sal de la vida 222
El pasar del tiempo 222
El péndulo 223
El que a los Santos se arrima… 224
El regalo para un nuevo día 224
El Ser al cual busco 224
El último día 225
El viaje de la Vida 225
Enamorado de mis letras 226
Encrucijada 226
¿En dónde quedó la magia? 227
Enemigo 227
En esta vida todo se paga 228
Enfermo del corazón 228
En la espera de la muerte 228
En la guerra 229
Enloquecimiento 230
Espíritus de luz 230
Espíritus de los signos zodiacales 230
    Espíritu de Aries 21 marzo a 20 abril 231
    Espíritu de Tauro 21 de abril a 20 de mayo 231
    Espíritu de Géminis 21 de mayo a 20 de junio 231
    Espíritu de Cáncer 21 de junio a 20 de julio 232
    Espíritu de Leo 21 de julio a 20 de agosto 232
    Espíritu de Virgo 21 de agosto a 20 de septiembre 232
    Espíritu de Libra 21 de septiembre al 20 de octubre 232
    Espíritu de Escorpio 21 de octubre al 20 de noviembre 233
    Espíritu de Sagitario 21 de noviembre al 20 de diciembre 233
    Espíritu de Capricornio 21 de diciembre al 20 de enero 233
    Espíritu de Acuario 21 de enero al 20 de febrero 234
    Espíritu de Piscis 20 de febrero a 20 de marzo 234
Éxito 234
Falsedad 235
Feliz Día de la Mujer 236
Fantasma 236
Fantasma de mi pasado 237
Fe 237
Feliz Navidad (2020) 238
Filósofo y poeta 239
Fortaleza 239
Ganarle al tiempo 239
Había una vez un lago 240
He aprendido… 240
¡Hechizado! 243
Hermano poeta 243

Hombre y Dios 244
Honor 244
Impaciencias 244
Incertidumbre 245
Intimidad 245
Judas y Jesucristo 246
Justicia 246
La cama 246
La deuda espiritual 247
La escuela de la vida 247
La felicidad 248
La Madre 249
La máscara 249
Lamentos sombríos 250
La miel del colibrí 250
La partida 250
Las dos vías 251
La transición 252
La vejez 253
Lo mejor está por venir 253
Los escritores 254
Los súper-héroes 254
Luna roja 255
Meditar, ¿o soñar? 255
Marionetas 256
Matar 256
Mi dulce poema 257
Mi moral 257
Mi poema es 258
Misión del hombre 259
Mis sueños 259
Morir 259
Motivos 260
Muerte 260
Nobles Cualidades 260
    La Lealtad 260
    El Valor 261
    El Coraje: Voluntad Férrea 261
    La Franqueza 262
    La Nobleza 262
    La Justicia 263
    La Defensa 263
    La Fe 263
    La Generosidad 265
    La Humildad 266
Nobleza Humana 266
Noche 267
Nueva oportunidad 267
Nuestra Patria 268
Nunca amó 268
Ofensa 268
Oficio 268
Paciencia 269

Paraíso en tu corazón 270
Para triunfar en la vida 270
Pasión 270
Personajes y héroes en mi vida 271
    Tarzán 271
    Supermán 271
    San Jorge 272
    Mi Papá 272
    Quino 272
    Los Beatles 273
    Jesucristo 273
Pesadilla 274
Pinta mi Mundo 274
Pobres de los pobres 275
Propiedad privada 275
Prórroga 275
¡Qué bella es la vida…! 276
¿Qué es la conciencia…? 276
¡Qué tercera edad ni qué nada! 276
Que todo quede en el olvido 277
¿Quién no quiere ser feliz? 277
Recorrido en el tiempo 278
Regeneración 278
Regresar a casa 279
Rencor 279
Rojo púrpura 280
¿Ser un poeta…? 281
Sé tú mismo 281
Sexo mistificado 282
Sinceridad consigo mismo 282
Soberbio, orgulloso y rencoroso 283
Soledad y silencio 283
Sólo por hoy 284
Soneto 1 284
Soneto 2 284
Soneto 3 285
Soneto 4 285
Soneto 5 285
Soneto 6 285
Soneto 7 286
Sueños que no soñé 286
Sumisión 286
Tejer y destejer 1 286
Tejer y destejer 2 287
Tercera edad 287
Tiempo 287
Todo acaba en la Nada 288
Tristeza 289
Tu alma 289
Tu mejor amigo 289
Último día del año 290
Una envoltura especial 290
Una lucha desesperada 291

Un Año Nuevo..291
Un bello amanecer..292
Un descanso para ti..292
Un poco de la vida..293
Una poesía en las lejanías...294
Un recorrido con el Padre Tiempo..294
Un viaje por la vida..296
Venganza...296
Verdaderos hombres...297
Vida y felicidad...297
Vivir o morir es lo mismo..298
Vista..298
¿Ya te felicitaste…...298
Y pasaba el tren..299

SecciónVI: Ciencia y Poesía.. 300

Albores de voz..301
Alucinación..301
Autodestrucción...302
Big Bang 1..302
Big Bang 2..303
Brevedad de la vida..304
Comportamiento de las especies...305
Cosmos cambiante..305
Cuerpos de luz..307
Desaparición de los dinosaurios..307
Desarrollo de las especies..307
Dime qué es…..308
Dionisio El Menor o El Exiguo...308
El ojo artificioso 1..310
El ojo artificioso 2..310
En el nombre de Dios...311
En torno a cinco sentidos..312
Espíritu: El Vacío Universal..313
Evolución de la Conciencia...314
Evolución dentro del Todo..314
Evoluciones Masa-Energía..315
Extinción de una especie...315
Faltaba alguien...316
Geometría del sonido...316
Hacia dónde va el hombre...317
Humanidad en riesgo...318
Inquietudes del hombre...319
Ladrones de la Paz..319
La Esencia Divina..321
La esfera..322
La nave..323
La vida en la Tierra..324
Lo desconocido...325
Los perversos..326
Más Allá..326
Medicina contra natura..327

Mente y Ciencia 328

Música moderna 328

Nos traspasa 328

Número Áurico 329

Objetivo: ¿aquí o allá? 330

Objetos orgánicos e inorgánicos 331

Ojos cerrados 331

¿Ojos mal diseñados? 331

Paz del Cosmos 332

Presencia de vida 333

Presunción humana 334

Sabios, Poetas y Genios 335

Seres vibracionales 335

Una herencia para nadie 336

Universo juguetón 337

Verdades y misterios 338

Verdad Universal 338

Vibraciones de Amor 339

SecciónVII:La Poesía y el Café 340

Aguardiente y café 341

Admirador de tu belleza 341

Al cuerpo le ocurren cosas con café 341

Al momento de morir 341

Amor de por medio 342

Ánima del café 342

Añoranza por volver 342

Apúrate, que nada es para siempre… 342

Ardiente y negra pasión 343

Arte ancestral del café 343

Aunque viejos, nos disfrutamos 343

Batalla y confusión 344

Beberte para vivirte 344

Besos de miel 344

Café alterado 345

Cafecito de mis confidencias 345

Café con nobleza 345

Café de ambiente de fiestas 346

Café en el combate 347

Café macabro 347

Café para mitigar dolores 347

Capricho al despertar 347

Caricias de amor 348

Ciencia y café 348

Cómo debe de ser el café 349

Como mi esposa 349

Con cafecito caliente 349

Con ganas de amarte 349

Consejos y más consejos 350

Corazones destrozados 350

Chismes calientes 351

Defunción 351

De mi propiedad 351

Despertar en la cama 351

Devoción por el café 352

Dios está en todos lados 352

Durante la Pandemia 352

El Café 352

El café es para tomarlo cargado 353

El genio escondido 353

El merendero 353

El momento esperado de la semana 354

El que cura todos los males 354

El virus 355

En la hora crepuscular 355

Engaño 355

Engaño y castigo 355

Entre mis brazos 356

Es el momento adecuado 356

Esconderme de la muerte 356

Falso pofeta 357

Fúmate un cigarro y tómate un café 357

Galletas y café, buena alternativa 357

Habrá café en la capilla 358

He cambiado 359

Herencia que nos deja el café 359

Hoy habrá complacencia 359

Hoy paga lo que debes 360

Hoy toca ir, y si hay que ir, pos hay que ir 360

Huele a Infierno y sabe a Gloria 360

Idilio de soñar 361

Indecisión 361

Indisciplina 361

Insomnio 362

Inútil es buscarte 362

Juntos los amigos en el café 362

La fisiología de tu orgasmo 362

La mejor arma para vivir 363

La mejor fonda para tomar café 363

La vida transcurre con café 363

Las penas con café. 364

Las penas con pan… 364

La última vez 364

Los amigos en el café 365

Los amigos que se fueron 365

Los amigos son así 365

Madre Naturaleza 366

Mágico café 366

Maravillosa bebida 366

Más vale, todo puede pasar 366

Me hace soñar despierto 367

Mente en blanco 367

Mi café y mis amigos 367

Mis relaciones con el café 368

Momentos místicos 368

Morir de amor 368

Negro café 369

No discutamos 369

No lo tomes todo de un jalón 369

No sé qué me hace más falta 369

Nuestros lazos encadenados 370

Pandemia y café 370

Para alegrar el futuro 370

Patrimonio del café 370

Por el gusto que nos da… 371

Primer beso, ¿lujuria o fervor? 371

Que hoy no me cante el gallo 372

¿Qué nos puede salir mal? 372

Que se reavive la flama 372

¿Qué va mejor con café? 372

Que vaya el que quiera 373

Recuerdos de ti 373

Redimir mi corazón 373

Relación entre el escritor y el café 374

Sádico y masoquista 374

Será la edad o serán mis males… 374

Ser los que antes fuimos 375

Si un día me faltara mi cafecito 375

Socorre mi pena, cafecito 375

Solos café, tú y yo 376

Sumisión 376

Sutilezas 376

Tardeadas exquisitas 377

Tiempos de virus 377

Tomando café pasa… 377

Tomando dos de la misma taza 377

Tómate un cafecito conmigo 378

Tu imagen anclada en mí 378

Tus noches de pasión 379

Únanse al cortejo 379

Una tacita de café 379

Un cafecito en días lluviosos 379

Un par de consejos 380

Un poema erótico 380

Un sueño inesperado 380

Vamos al café 381

Vive y aprovecha tu tiempo 381

Volver a ser los que antes fuimos 381

Volver a ser niño 382

Vuestra alma conmigo 382

Acerca del Autor 383

Otras Obras del Autor 384

Mi México querido… 390

Anexo: Poemas Publicados en la Antología Poética MIL I 392

Sección I:
Poemas Místicos y Piadosos

Poemas Místicos y Piadosos

A Dios no supo amar

¿Dime de qué te puede servir
Querer con todo el corazón,
Si un día se frustra aquella ilusión
Que la muerte viene a mutilar,
Y al alma vacía la viene a dejar,
Si esa alma a Dios no supo amar?

¿Para qué, aquella nube pudiera servir,
La que escarcha en forma de cristales,
El agua en gotas que a tus jardines baña,
Y a tus rosas fragantes ha de alimentar,
Si sedienta tu alma se habrá de quedar,
Si vives entre la inmundicia y promiscuidad?

¿Qué pudiera en los días deleitarte
Que no fuera lo que Dios pudiera darte?
¿Pero de qué te serviría ese estandarte,
Que con lo que Dios ha de proporcionarte,
No compartirías ni en uno solo de tus días
Lo que Él te da y con ello engrandecerte?

¿De qué te sirve el banquete recién horneado,
Servido en finas vajillas de la China,
Con tintes de oros y platas decoradas,
Que resplandecen con la luz de la luna,
Si afuera de las puertas de tu hogar,
A un hambriento tu pan le has de negar?

Al cuidado de la devoción

No hay más que la propia virtud,
Lo que a un buen religioso hace
Resplandecer al pasar por la vida,
Visto en su interior, como de fuera.

Y sea más en su interior, por ser
El estado en que Dios nos mira,
Dondequiera que estuviéramos,
Puros, como los Ángeles del Cielo.

No es lo mismo decir, que hacer,
Pues el demonio siempre ronda
La paz y el bienestar de las almas,
Hasta hacerlas caer y sucumbir.

Por eso día a día es necesario
Reverdecer nuestros propósitos
Y excitar la mente a mayor fervor,
Como si hoy fuera el primer día.

En nuestra santa devoción, decir:
"Señor mío, ayúdame en mi intento
De renovarme en tu Santo Servicio
Y dame la Gracia para reiniciar.

Porque lo que he hecho hasta hoy
Es nada, y es menos sin tu ayuda".
Esta encomienda debemos hacerla
Firmemente y en muchas ocasiones.

Nunca jamás se acaben los motivos
De dejar nuestros buenos propósitos,
Porque el adversario nunca duerme
Y siempre pretende hacernos caer.

Si por gratos momentos de caridad,
Y por ayuda prestada a un prójimo,
Se deja este ejercicio acostumbrado,
Luego se puede reparar fácilmente.

Mas, si por fastidio de su corazón
O por tu negligencia, o por flojera
Levemente este ejercicio se deja,
Culpable es, y resultará muy dañado.

Si no puedes estar recogido siempre,
Hazlo de vez en cuando, o una vez al día,
Sea en la mañana o durante la noche,
En la mañana propón, en la noche cavila.

Si refrenas la gula, fácilmente refrenarás
Todas las inclinaciones de la carne, y
Busca la manera de no estar perezoso,
Ponte a leer, rezar, escribir o meditar.

Alma renovada

Para que el alma quede sin codicia,
Debes sentir como que no sientes,
Debes vivir como que no vives,
Debes hacer como que no haces;
Si tienes mujer, como si no tuvieses,
Y si sufres, como si no sufrieras,
Y si lloras, como si no lloraras.

Así que con sólo un póker de ases
No sabes con los naipes qué haces,
Pues tu pensar sólo tú lo conoces,
Y a desafiar a tu suerte, no te atreves.
Puede ser que todo ganado lo tengas,
Pero por falta de decisión y entrega,
Y sin fe, todo perdido lo tendrás.

Así, mira que la fe es muy necesaria,
Y con ella se preparaban los varones
Para resistir a los grandes dragones
Y a los grandes demonios seductores
Que a sus almas hostigan y torturan,
Sin embargo, por la fe y sus ejercicios
Debes permanecer firme en la lucha.

La ayuda del Señor te ha de asistir,
Porque al que quiere, y dice que SÍ,
Dios le abre la puerta, no lo deja caer.
Siempre le presta la ayuda necesaria
Al que lucha confiado en su Gracia,
Y a pesar de caídas y más recaídas,
Dios en sus brazos te va a arrullar.

Alma y cuerpo

En un combate de vida o muerte,
De esos que conmueven al ser humano,
Siempre se presenta esta disyuntiva:

¿Ha de ser el alma un noble corcel
Que el cuerpo, a manera de jinete cruel,
Fustigue sin descanso, y lo canse,
Y lo agote, hasta quitarle la fuerza?

¿O bien, el alma ha de ser el jinete
Que refrene con brida y rienda corta
Al desobediente potrillo de su cuerpo?

¿Ha de empujarte el pecado instintivo
Como si fueras un buque sin timón,
Hacia la decadencia y la perdición?

¿O bien, gobernarás con mano vigorosa
El navío en medio de la tempestad
Sin escuchar los cantos de las sirenas?.

Amarás a Dios…

¿Cómo persuadirme de siempre amarte,
Pues todo alrededor de ti se destila,
Si eres Tú mi tiempo en presente,
Y el futuro que mi alma anhela…?

Eres luz, eres soplo, eres torrente,
Eres trueno, eres rayo, y eres mar;
Eres agua, eres tierra, viento y fuego,
Que me limpia con su flama ardiente.

¿Cómo persuadirme de comprenderte,
Para amarte con toda mi alma,
Con esencia, presencia y potencia,
Y con todo mi corazón, venerarte…?

Estás aquí, allá, y en todas partes,
No puedo verte, pero puedo sentirte,
Ni puedo olerte, ni oírte, ni gustarte,
Mas, pareces de mí, una buena parte.

No puedo esconderme de tu mirada,
Ni puedo negar tu protección sagrada,
Y aunque no sepa a dónde te fuiste,
Muchos sabios conocen tu escondite.

¿A dónde ver, para ver Las Alturas?
¿A dónde ver, para ver a Los Cielos?
¿Es como dicen, que estás en Los Cielos?
Para mí, que son puras imposturas.

Sólo Jesucristo habló con Verdad:
"No buscarás a Dios en el cielo,
En el firmamento de la inmensidad,
Se esconde detrás de tu propio velo".

Y amarlo en mí, significa descubrirlo,
Sentir su Necesario Principio Creador,
En todo este Universo manifestado,
Desde el firmamento hasta mi interior.

Y para amar a Dios, he de comenzar,
A sentir y a amar ese Principio Creador,
Sentir el ritmo de su Sagrada Condición,
Con el fuego que inflama a mi corazón.

El amor está latente en todo lo creado,
Visible, invisible, orgánico e inorgánico,
Hemos de amar este Principio Creador
Para después amar a todo lo demás.

A mi Virgencita

Gracias a ti, mi Virgencita,
Que eres tan generosa,
Y eso te hace a mis ojos,
Cada día más hermosa…

¿Y he de ser despertado?
La alondra ya ha cantado,
Mira la luz del nuevo día,
Que el sol ya ha alumbrado…

Quédate en mis pensamientos,
No querrás perturbar mi mente.
No me despiertes te lo pido,
No he de ver lo siguiente…

Quiero seguir soñando inerte,
Inmóvil como estoy e inocente,
Quiero cubrirme con tu manto,
Y tenerte para mí, solamente…

Ángel de la Guarda

He buscado por mar y tierra,
He ido a recónditos lugares,
Donde los bosques terminan,
Donde las arenas se esconden,
Donde las aguas desaparecen,
Y extraños desiertos florecen.

He esperado años buscando,
Y la búsqueda sigue afanando.
Sé que en un lugar encontraré,
Lo que perdí sin darme cuenta.
Parece que no tenía importancia,
Sin embargo, yo perdí mi inocencia.

Dolor muy hondo por mí sentido,
Ausencia que me tiene adolorido.
A pesar de que mucho he buscado,
No puedo encontrarte, Bien Amado,
Juro que no quería haberlo hecho,
Sólo fue en un instante, aquella noche.

Ataduras sublimes

Ni prisiones, ni cadenas,
Que si todo esto así fuera,
Nunca saldría de mi calabozo,
En él por siempre permanecería.

Y sin salida, como en un pozo,
En realidades y sueños sin fin,
Que sólo el rocío perturbar pudiera,
Sin olvidar traer las mieles del sol.

Para esparcir en mi amanecer,
Y así con mieles jugar e imaginar,
Hasta lo más lejano y profundo,
El estremecimiento así saborear.

Con los suspiros armónicos
De éste, mi pecho al respirar,
Aumenta mi deseo cuando veo,
Magia que me hace venir y alejar.

Quizá sea el chiflado de Morfeo,
Mas no puedo a nadie recriminar,
Pues es cierto que me gusta soñar,
Cerrar los ojos, callar e imaginar.

Cuando la verdad de toda la verdad
Es mi alma la que se doblega,
La que me ata, que me estrecha,
Haciéndome a esa luz encaminar.

Hacia la luz de aquella mirada
Sugerente hacia batalla singular,
Que me excita el pensamiento,
Y me prepara para penetrar,

En la más dulce herida de amor,
Que hiere mi alma y mi clamor.
¿Y al fin esto en qué irá a parar?
Pronto se sabrá lo que se sabrá…

Aura

Luz dorada que envuelve cuerpo y alma,
Refulgencia que le nace a todo hombre
Que se encuentra en oración verdadera,
Y pide por los demás cuanto pudiera.

El efecto de tener el Aura muy brillante,
Es energía del Señor Santo proveniente,
Que invade todo cuerpo fervientemente,
De una gracia que es difícil de poseer.

Ése es el efecto que de tanto en tanto,
Provoca la oración a Dios, o a un Santo,
Cuando se les pide por otras personas,
Finalmente el beneficio, para ti viene siendo.

Contrario sucede a personas que no rezan,
Su Aura prácticamente no vuelve a brillar,
El Espíritu Santo de esas oscuridades se aleja,
Y la Gracia no los vuelve a acompañar.

Estas personas les lanzan a sus semejantes
Aberraciones, maldiciones y sinsabores,
Son los que viven con odios y con rencores,
Son malentendidos y malos pensadores.

Sus almas se pierden en amargura y soledad
Sin poder estar en contacto con Dios jamás.
Enfermedad del alma, consecuencia directa:
La generación en el cuerpo de enfermedad.

Y de aquí que una persona llena de odios
De rencores y de otras cosas peores,
Es seguro que viva llena de enfermedades,
Achaques, retortijones, cólicos y dolores.

Aventura del Alma

Primero que nada, antes de empezar,
Se ha de entender que el alma que "desea"
En esa cuestión se ha de predisponer.

Predisponerse es, un "Sí" procurarse,
A lo que Dios le viene a ofrecer;
Es un "Sí", para el corazón abrir.

Es de antemano una unión aceptar,
En esta espera en que se va a centrar
Para explicar lo que hay que entender.

En cambio, un alma que "no quiere",
Seguirán las cosas igual como siempre.
A esta alma no le pasa nada de nada.

Dios no molesta a las almas
De la gente que "no quiere",

Las mantiene en paz, simplemente.
Hasta cuando se decidan y "quieran".

No es cuestión de un papel firmar,
Ni de una solicitud hacer, ni tampoco
Pase gratis obtener, o una credencial
Para irse al Otro Lado a trabajar;

Debes saber que es el juego perfecto,
Sin que nadie más se interponga,
Entre solamente tú y tu pensamiento.

Él tendrá una parte muy importante,
En este juego sumamente interesante,
Tu mente estará activa y presente,
Para mantenerte en diálogo constante
Entre Dios y tú, y la Eternidad.

Y dime, ¿cómo hace un enamorado
Que anda en busca de que su amada
Se dé cuenta de su estado encanijado?

Su mente siempre está activa y presente,
En diálogo constante entre su amada
Y su alma, o su amada y su mente.

De repente, es el juego del silencio,
Juego de la soledad y de la oscuridad,
Sin lograr saber y sin ver a dónde vas.

Es la profundidad del pensamiento,
Donde las cosas no son curiosidades,
Ni son cosas triviales, ni singulares.

Si se habla de esto, se habla de "ir…"
Sin saber si viajes o hazañas realizarás,
O grandiosas cosas lograrás descubrir.

Cosas que serán siempre sus verdades,
Y el pensamiento lo que hace es viajar,
Hasta donde tú se lo puedas permitir.

Y en ese permitir, está la medida
De llegar hasta donde quieras llegar,
Siempre que Dios lo quiera consentir.

A este juego se le llama Meditación,
O Profundizar, sin nada de particular,
Simplemente, pensar, pensar y pensar.

Y si realmente quieres seguir más allá,
Pues a seguir pensando y pensando,
Eso es todo lo que hay que batallar…

Y te preguntarás, ¿en qué pensar?,
Pues allí está el detalle, hay que pensar,
Pensar en los Misterios de Nuestra Fe.

Tantas veces, cuantas sean necesarias,
Para llegar hasta donde te esfuerces;
Según el esfuerzo, hallas lo que mereces.

Y resulta que si en alguno de los misterios
Te la pasaste pensando por muchas horas,
Notarás que encontrarás cada vez más cosas
Que en la vez anterior no descubriste.

Como ves, en todo tienes que invertir,
Pero en estos casos, no es dinero,
Ya que estas cosas no cuestan, son gratis.

Pero sí tiempo, y esmero en ese tiempo,
Y entre más tiempo inviertas en esto,
Te lleva a descubrir lo que has de saber.

Estas hazañas, estos viajes que haces
Con tu mente y tu pensamiento insipiente,
Son más grandes que cualesquiera hazañas.

De las que hayas soñado o contado,
Por docenas de años en la peluquería
O en la placita, o en la pulquería.

Aventuras que juntas el hombre
Más aventurero y osado del mundo
No ha en su vida vivido y realizado.

O dime tú, cuando te pasan a ti asaltos,
Que parece que te hablan los santos,
O los muertos, a según tú lo sientes.

¿Es realidad o nomás te lo imaginas;
Es mental o de verdad con ellos hablas?
Todo es creado con tu pensamiento.

Y todo será sólo con el pensamiento,
Sin embargo, lo vives y lo sientes,
Y las experiencias en ti se manifiestan.

Este "querer" era el proceso en que
Un alma deseaba empezar a servir a Dios,
Y mejor, si en ese querer está el disponer.

En este servir o querer, el alma pasa
Por varias etapas en su adaptación
Para llegar al estado a donde ha de llegar.

Obviamente que el pensamiento,
Poco a poco se modifica, y escúchalo bien:
En cada una de estas etapas y para siempre

Tu pensamiento se viene a transformar…

Carta de un fantasma

Aunque no me veas, y yo siempre calle,
Quiero decirte que sé todo sobre ti.
Sé de tus noches solitarias y en silencio,
De tus cansancios, cuando no puedes más.

¿Sabes?, yo te conozco y te tengo aprecio.
Nunca he pretendido abandonarte,
Y de que me acerco a ti, claro que me acerco,
Para llenar tu vida de alegría y esperanza.

¿Sabes? A veces, voy caminando de puntillas
Para no sacudirte de tus asuntos personales,
Estampo dos besos grandes en tus mejillas,
Y quizás no te des cuenta de que soy yo.

Y sé que, a veces, te lamentas de mí,
Crees que no te quiero y que no me interesas.
A veces, has llorado, esperando respuestas,
Cuando el cielo parecía cerrado para ti.

Pero yo siempre he escuchado tus plegarias,
Quizás sea oportuno hacer sentir mi presencia,
Por eso, te digo que no temas,
Yo siempre estoy a tu lado, porque te amo…

Piensa en Mí:
Cuando estés sin fuerza para seguir luchando…
Cuando el dolor te haga sufrir, y no puedas más…
Cuando todo te salga mal, por más que lo
intentas…

Piensa en Mí:
En todo momento, yo sabré cómo comprenderte…
Tus problemas y sufrimientos están en mi corazón…
Por eso, cuando parezca que ya no hay salida,
Que todo está oscuro, que ya no hay esperanza…

Piensa en Mí.
Aunque tú no entiendas nada de nada.
Déjame llevarte de la mano, y llenar tu vida de mí.
Quiero hacer de tu vida una bella obra de amor.
Quiero que estés satisfecho de tu vida, de ti mismo,
Porque fuiste creado para algo grande y hermoso:
Para amar, confortar y hacer felices a los demás.

Conceptos celestiales

Toda la materia del Universo es Dios.

Dios flota, está contenido en una esencia
Universal, que llamamos Espíritu Santo.

Debido a que contiene a Dios en su seno,
Entonces el Espíritu Santo es espiritual,
Tal como su nombre lo indica, y ese espíritu
De tamaño insospechadamente inmenso,
Pero que en realidad no tiene medida,
Ni su tamaño siquiera puede ser imaginado,
Representa verdaderamente El Reino de Dios,
Desde donde Dios actúa y aplica sus leyes:
Reglamentos muy propios a su naturaleza.

Resulta que todo lo que nosotros sentimos
"En nuestro corazón", algunas veces,
Cuando nos sentimos tristes, abandonados,
Nostálgicos y solos, es la presencia de Dios,
Tocando a las puertas de nuestras Almas.

Esas dos cosas juntas son el Macro Cosmos.

Lo que hay dentro de nosotros es semejante,
Y por lo tanto le llamamos el Micro Cosmos.

Bajo esta visión imaginativa, todo lo que hay
En el Macro Cosmos es parte de Dios.

Si nosotros representamos el Micro Cosmos,
También somos una parte de Dios, y por tanto,
Estamos moviéndonos en el Espíritu Santo,
Al igual que Dios se mueve en tal esencia,
Es decir que nosotros y Dios somos similares.

Estamos en constante comunicación
Por medio de nuestras Longitudes de Ondas,
Con la Longitud de Onda Cósmica
Que hemos llamado la del Espíritu Santo.

Todos los objetos gaseosos, líquidos o sólidos,
Existen, pero no poseen vida para perpetuarse,
Se desintegran cuando sus vibraciones
No son las adecuadas con las del Cosmos,
Luego cambian a otras formas cósmicas.

Los que tienen vida, son las especies,
Plantas, animales y el hombre, y se perpetúan
Haciendo nacer más vida con su sexo.

Sin embargo, al igual que todo lo que existe,
Cuando dejamos de vivir, nuestros cuerpos

Son convertidos en otras formas universales,
Igual que todo lo demás en el vasto Universo.

Esa vida les viene de la conexión entre
Su estructura física y la esencia divina,
Que proviene de Dios y del Espíritu Santo;
Si esa conexión se rompe, el físico muere
Y la esencia se reintegra en el Todo.

Todas las especies, a excepción del hombre,
Poseen un espíritu común o general…
Ese espíritu general vibra como un todo,
Por la sumatoria de sus partes, lanzando
Una Longitud de Onda de toda la especie.

El hombre tiene libre albedrío y voluntad,
Tiene gran capacidad de pensamiento,
Y separadamente de su especie, genera
Sus propias vibraciones hacia el Cosmos.

Esas propias e individuales vibraciones
Determinan su comportamiento particular
Y hace que sea bueno si es positiva,
Y hace que sea malo si es negativa.

El hombre es el causante de su vibración,
La puede modificar libremente cuando quiere
Según sea su libre albedrío y pensamiento.

Los pensamientos que lanza el hombre
Reciben modificadas respuestas del Cosmos,
En cantidades de siete veces siete, que
Pueden mejorar su estadía o desmejorarla,
Según sus pensamientos o palabras lanzadas.

Hombre y Dios son iguales en constitución.
Hombre: Micro Cosmos; Dios: Macro Cosmos.
Por tal motivo consideramos que la esencia
En la que se mueve Hombre, al igual que Dios,
Es la dimensión que andamos buscando.

La Biblia confirma que el Espíritu Santo
Es lo que contiene al Hombre, según la carta
Que San Pablo envió a los Corintios,
Que dice que "Si por ventura no sabéis
Que sois templos del Espíritu Santo"…

En la Tierra existe una gran cantidad
De elementos químicos que llegaron,
O durante su formación, provenientes
De polvos de estrellas, que al desintegrarse,
Éstas explotaron a tantos grados de calor,
Que pudieron formar elementos pesados,
Que necesariamente llegaron a la Tierra.

Los cuáles, también se fueron a depositar
A los recónditos lugares del Universo,
Por lo que podemos afirmar que
Lo que la Tierra recibió en su formación,
Es lo mismo que existe en todo el Universo.

El hombre con sus ingenios y sus destrezas,
Aunados a grandes aparatos de laboratorio
Ha hecho elementos químicos sintéticos,
Que sólo existen aquí en nuestra Tierra,
Y se crean sólo para fines determinados.
Estos elementos no existen en el Universo.

Conjeturas y sospechas

No comprendo,
Sencillamente no acepto,
Que al parecer, muchos hombres
No hayan tenido un instante en sus vidas,
Un aviso de su corazón de por qué estamos aquí,
En este mundo, y a quién nos debemos;
A dónde iremos cuando muramos,
Y cómo viajaremos.

¿Es que se necesita dinero?
¿Alguna preparación?

Presentimos
Que hay un orden natural,
Ese algo que pudiera subordinarnos,
Eso que sobrepasa cualquier ley humana,
Y tal orden natural o universal,
Pudiera llamarse "Dios".

Se siente presencia,
Presencia del Todo,
Presencia del Cosmos,
Que nos guía en un mismo sentido,
Al mismo tiempo que guía toda corriente
Del Espacio y del Tiempo.

Llámesele la "Divina Providencia",
O bien "Espíritu Santo", o bien,
"Orden de la Fuerza Vital".

Es esa…
Presencia oculta,
De lo Eterno y lo Infinito,
El Misterio que abre al Todo…

¿Es que acaso pudieron despreciar esto…?
Y es que está tan cerca de nosotros,
Y es que está aquí dentro,
Yo puedo tocarlo,
Mi corazón.

Consejos para la lucha

En la lucha uno queda maltrecho,
Mas si Señor tan dulce y generoso,
Me tranquiliza y duerme en su regazo,
Y de paso con su brazo me abraza,
Me cuida, me mima y me da calor,
Qué importa que la verdad duela,
Qué importa si el corazón se parte,
Qué si me mata o me remata,
Que me regañe y me maltrate…

Si querencia tan sutil así me ama,
Como una oveja de la manada,
Pues qué importa si dentro de mí,
La bestia que me acosa, brama…

Pues repito que si así me ama,
Yo así me he de dejar querer…

Y si el querer es como lo que me hace,
De abrazarme, comprenderme,
Aconsejarme y dirigirme,
Pues así quiero ser, y así ha de ser,
En tanto que regalo semejante,
No he conocido de ningún ente,
Como del que aquí está presente…

Y así será mientras ustedes quieran,
Que los tomo y domo por su voluntad,
Que así el juego es como se enmienda,
Entre las almas que a Dios demandan,
Y se dejan llevar hasta el atrio,
Más alto de su íntimo altar,
Donde se guarda el tesoro más preciado:

Que es el bendito sentimiento de amar…

Sea pues así mi propuesta,
Que si se trata de esta afrenta,
Dejen en mis manos sus voluntades,
Para llevarlas por caminos inusitados,

Donde los conflictos y los estorbos,
Serán la comida necesaria del día a día...

Que siempre así es y será esta filosofía...

Les repaso la imaginación y su expresión,
Y también de la magia de la oración
Plasmadas para su deleite continuado.

Elijan el arma que al despuntar el alba,
Con su primer rayo acariciando la tez,
En el trasluz empapado de rocío,
Te espera Dios con todo este deseo,
Con arma lista para clavarle al alma
Y llegar hasta el más profundo rincón,
Lugar de la sacrosanta devoción,
A fin de dar justo placer justiciero...

Y al final, con esto les digo,
Como sólo una guía en este asunto
He de reivindicar mi paternidad,
Y a ustedes he de poder aconsejar
En este juego de todos los placeres,
De las almas en el complicado rodeo
De encontrar a Dios en todo este jaleo.

Y díganme, si no me equivoco:
¿Si no es más cierto que la pura verdad,
Que donde se trabaja bien la lanza,
Y aunque sea por ser ordenanza
Alguna vez se pierde la templanza...?

He aquí que la solución buscada
Se obtiene donde menos es esperada:
Arma desenvainada habrán de mantener,
Cual mástil en tiempo de tempestad,
Con la que se ha de afrontar,
Primeramente todo deseo carnal...

Al igual que se haya de combatir
Contra toda marea y viento turbulento
Que acosa los más fuertes cimientos
De toda moral y todo acogimiento...

Y al fuerte huracán que arranca
Y hace añicos sombras escurridizas
De almas de pretendientes anónimos,
Que en lo más bello del silencio,
A oscuras se agachan a recoger trozos,
Con gesto señoril y mirando al oeste,
Mientras aquél a su antojo despedaza.

Desenvainar, que con devoción han de dar
Tanto cuanto deseen y aguanten,

Que no es norma escrita ni manifiesta,
Pero las mejores cosas de la vida,
Que si bien medidas y bien servidas,
Siempre serán mejor comidas...

Quedo pues como vuestro valedor
Que en esta orilla me mantengo,
Ved que en pos de una mejor ocasión,
Siempre habrá una mejor solución.

Y sabrán que "per secula seculorum",
Que lo que hagan por ustedes "ab initio",
Para ustedes será "ad aeterno".
Mas no lo hagan como obligación,
Háganlo como juego y diversión,
Que cuando es obligación o dedicación
Más trabajo cuesta la realización.

Y cuando hayan realizado,
Todo esto que les digo, seguro volverán,
Y con buenos resultados me dirán,
Lo que salió de esta conversación.

Y si de casualidad lo que buscan
Es un cierto tipo de Felicidad...

Es muy seguro que en este afán,
Felicidad completa habrán de encontrar...

Cristo Resplandeciente

Él es el mismo Sol que irradia
Al cuerpo Solar del Logos,
Es la misma y pura Sabiduría...

Del Sol es la misma alegría,
Esa luz es la luz de Cristo
Que todo ilumina con su Sol.

En cada selva a un "genio",
En cada árbol a una "ninfa",
Y en cada hombre a un "rayo",
Que resplandece con su gloria.

El mundo de inefables dioses,
Ése es el Rayo de la Aurora,
Ése es el Ser de nuestro Ser.

Ése, el Cristo de cada hombre,
Que en cada humano corazón,
Enciende para siempre su ardor.

Cualidades de Dios

Las Leyes del Universo mantienen
En movimiento constante y en orden
Todas las partículas contenidas en Él.

Leyes que conforman su dimensión,
Y de otras dimensiones más adelante.

Configuran a Dios y al Espíritu Santo,
En un equilibrio tal que crean para sí,
Una paz y amor universales y eternos,
Que pueden gozarlos todas las cosas.

Estas leyes que gobiernan el Cosmos,
Sean conocidas, o aún no conocidas,
Dan la pauta para probar la serenidad,
El orden, la congruencia, la afinidad,
La rectitud, la afabilidad, la perfección,
Delicadeza, conciencia y disposición,
Y todas las demás propiedades afines
Que mantienen al Cosmos en esa Paz,
Y en esa Armonía Perpetua y Eterna,
Mantiene y sostiene todas las cosas
Contenidas y amparadas dentro de Él,
En ese estado de Sempiterna Presencia.

¿Qué no son también estas modalidades,
Algunas de las Cualidades de Dios?

La Ciencia ha llegado a recolectar
Un número considerable de estas leyes
Que han ayudado al hombre a entender
Los cómos y por qués de los recovecos
Del vastísimo Universo y sus partes,
Que obviamente se basta a sí mismo,
Para ser lo que es, y ser como es,
Funcionar como funciona y actuar:
Ser autosuficiente sin principio ni fin.

Es por eso que en La Santa Iglesia
No se cansan de enseñarnos lo siguiente:
"Dios es Omnipresente, Omnipotente,
Dios es Todopoderoso y Eterno".
"Omnipotens Sempiterne Deus".

He allí las cosas difíciles de entender
En tales Disyuntivas del Cosmos:
Partiendo de que Dios es el Universo:
El Espíritu Santo, la esencia que lo contiene.

Y aquí concluimos en definitiva que:
El Cosmos es Dios que se mueve
Y se anida dentro del Espíritu Santo.

Dame devoción

Frente a Tu Magnanimidad, Padre,
Soy tan poca cosa, como para atreverme,
Siquiera a hablarte, ni siquiera a verte;
Sin nada, estoy vacío y sin ningún valor.

Soy un pobre gusanillo desechado,
Mucho más pobre de lo que pienso,
Frente a ti, que eres Bueno y Santo,
Que siempre todo das y eres Justo.

Tú que dejas muy vacío al pecador,
Acuérdate de mí y de mis pobrezas:
Llena mi corazón de Misericordia,
Llena mi corazón de tu Gracia,
Y no veas en mí vacías tus obras.

¿Cómo soportar vivir en esta vida
Sin apoyo de Tu Gracia y Clemencia?
Estoy aquí, no desvíes Tu Consuelo,
No permitas en mi tierra resequedad,
Sólo enséñame a hacer Tu Voluntad.

Sólo enséñame a conversar contigo
De forma certera pero con humildad,
Lléname de Devoción y Sabiduría,
Tú, que me conoces de verdad,
Desde antes de que el mundo fuera,
Y antes que en el mundo yo naciera.

Dios en tu vida

Dios te puede hacer que vueles
Muy alto, tan alto como lo desees,
Y en cada salto, te va liberando

De cosas pesadas, de cargas quizás,
De penas, de miedos, aliviánándote
De ese peso cada vez, de manera que
Te moleste menos, para que así,
En la siguiente, alto vueles más.

Cada paso, llenando una virtud,
Y pronto alcanzarás la plenitud.
Desde el nacer, hasta el morir,
Desde encender y apagar tu vela,
O sea en todo tu tiempo de vida,
Tu recorrer es tan sólo tu escuela.

Lo que llamas: "mis angustias,
Mis presiones, mis decepciones,
Todos mis grandes problemas",
No son más que puras lecciones
Que vas aprendiendo día a día
En esa larga y productiva secuela.

Y esas penas de cuando pierdes
A un ser querido, te hacen creer
Que el que murió y te abandonó
Que solo te dejó; pero te equivocas.
En realidad a nadie has perdido,
En realidad no te ha abandonado.

El que se murió, simplemente
A ti o a mí, se nos ha adelantado,
Puesto que para donde él ha ido,
Todos tenemos camino preparado,
No hay uno que lo haya desviado
Y a otro lugar se haya dirigido,
O que por algún rincón se haya
Escondido y allá no haya ido.

Como cierre de lógica aplicada
A esta suposición acomodada:
Que todo es parte de la vida,
En ello Dios de por medio,
Pero no todos lo descubren,
Sólo los que quieren verlo.

Esa es una decisión personal,
Al igual que como la felicidad,
También es decisión personal,
Así es la decisión de aceptar,
A Dios Padre en tu pedestal.

Dios invade interiormente

Que Dios es todo nuestro cielo,
Que las estrellas, sus brillantes,
Y el amor en medio de todo ello
Engrandece nuestro corazón…

Como viento de espuma de mar
A vuestra piel habrá de llegar,
Suave y penetrante, para clavarse,
En vuestro más íntimo silencio.

Sin palabras entra, ni más rumor,
De blanco vuestros sentimientos
Por el interior habrá de sembrar…
Y a cada golpe, una oración rezar.

Dios me transformó

Me pregunto si la vida tiene un significado,
Pues al término de la misma está la muerte,
Ese agujero negro donde vamos cayendo todos,
Uno tras otro, como piedras, y sin retorno.
Considero que es una perfecta estupidez
Tomarse la vida en serio, si no existe Dios.

¿Es que las religiones no son más que una ilusión?
¿Bellas mentiras a las que el hombre se sujeta
Ante la perspectiva de un día desaparecer,
Tragado por la noche espantosa de la muerte?
¿Contienen una realidad o no son más que
fantasías?
Si Dios no existe, ¿no es absurdo todo esto?

En tal caso, esto sería algo propio de idiotas,
De dementes, algo incluso criminal, de locura,
Lo que hacen los monjes, aislarse y renunciar
A todos los placeres de esta vida, y adorar, y
Amar y glorificar algo que no existe, según yo.
No obstante, en el monasterio siento orden,
Paz y la atención fija en el mundo del alma.

A cada momento descubro nuevas maravillas.
El catolicismo es como una catedral espiritual,
Infinitamente hermosa, donde puedo penetrar
En el interior de mi propia alma y de sí misma…

Al amanecer y anochecer recitamos las plegarias.
Me siento pequeño y al mismo tiempo grande.

¿Qué he hecho yo para merecerme esto?
¿Por qué sobre mí esta gracia abrumadora?
Buscaba la solución a mis enigmas y es tan sencillo:
¡Postrarse de rodillas y entregar el corazón a Dios!

Dios, otra descripción

El presente, el pasado y el futuro:
Quimeras ilusas de nuestro cerebro,
Que no definen la existencia de Dios
Porque Dios ES y no tiene edad,
Vive en su eterna presencia y nada más.

¿A quién o quiénes en el Universo
Les interesa un futuro o un pasado,
Que no sea el infortunado hombre?
Pues no creo que a alguien más.
Eso simplemente es una verdad.

La Iglesia dice las facultades de Dios:
Que es Sempiterno, Eterno y Perpetuo.
Pero aquí hay que aclarar bien
Lo que hay en la esencia Universal,
Puede tener presente, o pasado, o futuro,
Pero sólo Dios sabe el hasta cuándo,
Y el hasta dónde de todas las cosas,
Aunque eso tiene poca importancia,
Y no modifica el poderío de Dios,
En el amparo del Espíritu Santo.

Dios es auto-transformable;
Dios es auto-suficiente,
Dios es la Fuerza Total,
Dios es el Motor de Todo
Lo existente, y por ende,
Dios es la Energía Total,
De donde emana todo:
Las energías de cada cosa.
Dios es Omnipotente y
Dios es Todopoderoso.

Dios se mueve a sí mismo,
Dios se mueve en sí mismo.
Y si Dios se mueve a sí mismo,
Por ende mueve el Cosmos;
Y si Dios está en movimiento,
Entonces mueve toda materia,

Y si se mueve toda la materia,
También mueve a los hombres.

Obviamente me mueve a mí,
Entonces soy una parte de Él.
Él es el motor de lo que existe,
La dimensión en donde todo
Tiene su cabida y su libertad.

Dios es Omnipresente,
Lo dice la Iglesia también,
Se puede ver en cualquier cosa,
Se puede tocar en cualquier cosa
Y en cualquier momento.

Con la vista que dio a las almas
Que están dentro de los cuerpos
Se pueden ver partes de Dios,
En todo cuerpo y parte del Cosmos.

Todos y cada uno de los cuerpos,
Objetos y cosas del Cosmos
Conforman las partes de Dios.

Todo comienza y termina en Dios,
Que es lo primero y lo último
De todo objeto o cosa, de toda materia
Que haya estado aquí eternamente.

Es el Principio y el Fin de todo.
Y si Dios pone principio y final
Para las cosas, materia y energía,
Entonces creo fervientemente
Que aquella energía en explosión
Que Dios permitió que se diera,
Es seguro que dio lugar al Universo.

Pero al momento que Dios decida
Volver a transformar la materia
En energía, luego todo sucederá
Como hace trece mil quinientos
Millones de años, según la Ciencia.

Y si definitivamente que así fuera:
Aceptar que hubo "La Gran Explosión"
Como suponen los científicos:
Luego, ¿cómo se formó esa energía?
Pues realmente nadie lo sabe,
Pero la Ciencia cree que explotó
Para formar todo el Universo
Que existe y tenemos hasta ahora.

Si el Universo es asombroso,
Todo lo de Dios es aún más asombro.

El hombre desaparecerá del Universo,
Muchisísimo antes de poder ir más allá
En las ciencias de Dios y del Cosmos.

Nunca entenderemos los prodigios
Que tenemos frente a nosotros,
Nunca los podríamos explicar,
Mucho menos podríamos alcanzarlos.

Si tan sólo nos dejáramos llevar
Para que todas esas maravillas
Nos envolvieran sin oponernos,
Y nos arrulláramos en su lecho…

Eso sería maravilloso, pero no,
El hombre está muy ocupado
En otras cosas superfluas, y así,
De esta forma escribe su destino.

Dios y el Universo lo dirán

Oh Señor, con quién uno se ha de topar...
Verá usted que no acabo de comprender,
Lo que otros le quieren a uno meter…
En fin…

Dejemos este asunto embrujado
Para cuando ya yo esté más versado.
Con la testa seca que me cargo no entiendo,
Ni doy con un encargo; y en que vengo,
Y voy a encontrarle las tripas al jaleo,
Mejor lo dejo en paz pues claro no veo,
Y me importa un bledo a quién matan,
Resucitan, rematan, crean o se empatan,
Estos sabios que tienen muchos cambios.

Lo único que me importa es el tema,
Su desarrollo, misterio, verbo y canción,
Y a mí me sigue subiendo la emoción,
Y aunque soy algo tonto en la lección,
Siento por este tema una cierta adicción,
Y vaya que se me mueve la razón,
Llena el corazón del dulce y delicado son,
Que aunque algo tonto, así y con todo,
Declaro que de este misterio, esclavo soy…

Es lógico que la naturaleza memorice,
Que tenga mente, y que pueda recordar,
Porque las cosas las vuelve a repetir.

Mas, al cerrar los ojos y concentrar
Nuestro pensamiento, se puede abordar
Y llegar a la memoria universal, que,
Por medio de ondas sonoras viajeras
A través del tiempo nos puedan recordar
Lo que fue e inclusive lo que será,
Y un día con esto demostrarse podrá:
El origen del hombre y de la vida.

¿Y no es el surgimiento de la vida,
Y su movimiento, lo más complicado
Que en el universo pueda tener cabida,
Como para afirmar que simplemente
Sólo se han seleccionado las especies,
Naturalmente para llegar fácilmente,
En unos cuantos años y de repente,
A formarse el Hombre y su Mente?

Bueno pues, que eso particularmente,
No creo que así haya sido verdaderamente.

¿Qué dirán de esto los que reflexionan?
¿Qué dirán los sabios que sí piensan?
¿Qué, los que profundizan cabalmente,
Los que han ido más allá de la mente?
¿Qué sabrán y habrán podido apreciar
En el universal humano conocimiento
Ellos, como tú y yo, y todos los demás,
Sobre esta rara utopía que nos envuelve,
En un sueño fantástico e interminable,
Donde la imaginación llena el pecho,
Y emocionada se refugia en mi corazón
Por culpa de esta locura y ensoñación...?

Dos etapas en el Alma

Como el pensamiento de un niño,
Que luego de cada etapa: de su niñez,
De su juventud y de su madurez,
Su ideología se va modificando,
Así el alma en el pensamiento,
Dios le va generando nuevas maneras
De ver las cosas espirituales y de la vida.

Encuentro

Es el primer estado del alma,
Luego del llamado y la aceptación,
Que también se llama Preparación.

¿Y contra qué el alma se encuentra,
Y ante quién esta alma se descubre?
Allí está lo triste de la primera cuenta,
Y lo dificultoso para seguir adelante
En el avance hasta el final glorioso.

Pues esta inocente y temerosa alma,
Cuyos pensamientos nunca habían ido
A revelar lo más importante de su vivir,
ENCUENTRA nada más y nada menos
Que a Dios, es quien le abre la puerta
Para el viaje que le espera, y resulta
Que se encuentra con que no es Dios
Lo que él pensaba que Él era…

Se asusta instantáneamente de lo que
Su propia mente acaba de descubrir.

Mira a Dios desde dentro de su ser
Y su pensamiento en Él enfocado,
De manera que lo que ha observado
Nunca antes lo hubiera imaginado.

Y eso que en su propio descubrimiento
Mira la Pureza Absoluta por dentro,
Ve a toda la Belleza en su esplendor,
Que nunca antes vio, ve la Luz Pura,
La que ciega y domina; la que antes,
Con sus ojos sólo la del Sol observaba.

Se encuentra ante la Verdad Completa
Que avergüenza hasta al más poderoso.

Es tan grande lo que ve y tan hermoso,
Que esa luz le hace que en ella se refleje
Aquello con lo que luego se ENFRENTA.

Enfrentamiento

Ese enfrentamiento es el encuentro,
Pero en esta ocasión, con su propio yo,
Con la insignificancia que ha encontrado,
Luego de la Maravillosa Belleza que vio.

Es Dios en su esplendor lo que descubrió,
Y de esta alma es tanta la pena, que
Sufre, se acongoja y de llorar no llena,

Por su inmensa bajeza frente a aquella
Sublime Belleza e Inmensa Grandeza,
Debido a sus pecados y debilidades,
Sus impertinencias y su flaqueza,
Malas acciones, despojos e iniquidades.

Está en estos momentos palpando,
Es decir, está insanamente saboreando,
Lo reducen a la mínima y más vil persona,
Que durante su vivir, él haya encontrado:
Y no es más que él mismo, frente a Dios.

Es uno de los momentos más difíciles
Para las almas piadosas que deciden
Estos rumbos recorrer, aunque el alma
Sufre mucho al reconocer sus recorridos
Y sus ya maltrechos destinos torcidos,
Errores y fragilidades, y sucios caminos.

Es la hora de nuestra horrenda verdad,
De saber quiénes somos en realidad,
Que se encuentra uno frente a sí mismo,
Y se da cuenta lo que hasta hoy ha sido,
Frente al Bien Total, La Pureza Sin Par,
Frente a la Gracia Infinita y a la Victoria
Por Ángeles Promulgada, y en realidad,
Descubrimos que somos un cero
Mucho más a la izquierda que la nada.

Y allí está el sufrir, y comienza el llorar;
Allí el crujir de dientes, y muchos dolientes
Esto no lo habrán de soportar.

Es tanto el sufrir y el llorar, que por algo
A esta etapa algunos Santos le llaman
Purgativa, Correctiva o Enmendativa.

Toda la maldad que hayamos de descubrir;
Tanto pecado en nosotros hemos de hallar;
Tanta iniquidad habremos de encontrar.

El que lo supera, sigue y no se desanima,
Pasa un tiempo melancólico y llorando,
Triste, meditando, en sí mismo pensando,
Extasiada queda su alma, sin decir nada,
Sin permitirle que hable, y por lo tanto,
En silencio se mantiene, con ojos abiertos
Observándose a sí mismo, hacia adentro,
Y tan adentro como le sea permitido…

Esto hace que revivan cosas insignificantes
Que en sus años pasados le han pasado,
Compungido, se sentirá siempre afligido,

Porque ardientemente cree él que, pecó en todo,
Y le ha evitado llegar a donde ahora está,
Y por eso, cada vez que avance en esto,
Se sentirá que es el más grande pecador.

El alma tiene un suspiro a este momento,
Cuando confiesa con penas y llanto,
Humildemente en un confesionario,
Los pesares por los que está pasando,
Pero esto, como decía, es una etapa,
Que como todas las etapas de la vida,
Al pasar se aprovechan para superarse.

Así en el espíritu, hay que aprovechar
Las etapas para superarse, y pensar,
Que la siguiente etapa sea diferente.

Y vaya que lo será, si esta propia etapa
Lo hará cambiar de manera muy tajante,
Ya jamás volverá a ser como era antes.

Y hasta aquí… queridos amigos,
No pasa nada, y no hay culpa de nada,
Recordar que al principio dijimos
Que esto era sólo un juego mental,
Y nada más que del pensamiento.

Nada ha adicionado al procedimiento.
La persona que ahora siente esto,
Le parece absolutamente todo mental,
Y seguirá siendo mental hasta el final.

Así que, es cuestión de darle el "Sí"
A Dios, y persuadirse para encontrarle
El modo al amasijo de pensamientos
Que no es más que el reacomodar,
Limpieza y el ajuste de toda impureza
Que tenemos y hemos acumulado
En nuestras mentes y pensamiento.

Pero en cuanto que todo es mental,
No menospreciar absolutamente
Nada de la Inmensidad, de la Capacidad,
De la Magnanimidad, de la Grandeza,
De la Omnipotencia de Dios,
Que aunque tú te predispongas,
Es tan infinitamente pequeña tu mente
Y tan débil en el sitio donde está Dios,
Que si Él lo quiere tu mente viajará
Tras Él, siempre y cuando lo permita,
Y a tu alma le irán pasando muchas cosas.

Por lo pronto, no hay más que ajustar
Nuestra vida y nuestras vibraciones,
A las vibraciones totales del Universo,
Y todo eso que está fuera de este ajuste,
Es lo que nos duele, porque nos hace
El camino torcido e incongruente.

No hay más que al Todo adecuarse,
Y las basuras y las manchas quitarse
Que al Todo pudieran manchar…

No hay otra cosa además que eso,
Pero todo es mental, has de recordar.
En lo mental Dios te permite llegar
Hasta donde Él quiera, y dependerá
De tu insistencia, de tu perseverancia
Y tu voluntad para quitarte los obstáculos
De enfrente, y poder seguir adelante.

Espíritu Santo

Todo se mueve dentro de un halo,
Espíritu que a todos nos contiene,
Al que llamamos: El Espíritu Santo.
Donde Dios tiene sus complacencias,
También, la esencia donde nosotros
Y toda la materia nos encontramos.

Constatamos que la Esencia o Vacío
Que contiene a la materia en general,
Es infinitamente y superlativamente
Mayor que el volumen que tiene
La materia que hay en el Universo.

Si la materia se convirtiera en energía,
El espacio que ocupaba en ese halo
Seguiría estando justo en el mismo
Lugar, y no habrá ni un centímetro
Cúbico de más ni de menos perdido.

Ciertamente la esencia permanecerá,
Ya que no tiene lugar a donde irse,
Pues esta esencia ocupa lo que existe.
Esta esencia conforma todo lo que hay,
No es impulsada por nada, ni materia
Ni fuerza, para moverse de lugar.

En cambio, la materia sí es móvil.
Toda la materia que un día se creó,

Se fue moviendo y reacomodando
En ese halo que eternamente existe,
Y que no se va a para ninguna parte,
Pues en todas las partes este aliento,
O esencia, existe, y está presente.

Hoy y siempre, es el Espíritu Santo.

No se puede ni siquiera ver o tocar,
Pero sí se puede presenciar, sentir,
Y nos hace a todos los vivos, vivir.

A la materia, no le interesa saber
Ni cómo, ni a dónde se está moviendo
Porque no tiene conciencia ni razón,
Guarda un orden en el movimiento,
Que seguramente se lo da el espíritu
Donde está, y esto forma y asegura,
Un orden perfecto en el Universo;
A los únicos que nos interesa eso
Es exclusivamente a los humanos.

¿Qué sería del oxígeno que respiramos
Y que por lo tanto nos hace vivir?
Sin ese halo no existiría nada…

¿Dónde poder acomodar, planetas
Y galaxias, si no hubiera acomodo?
Necesariamente, y sólo en este halo,
Se contiene toda la tercera dimensión,
O sea, abraza a toda la materia.

Juntos hacen un completo todo,
Un conjunto en el que este halo
Contiene y sostiene lo que existe.

Sea esta esencia el Espíritu Santo,
Que en su efecto contiene a Dios,
Es todo cuanto existe en el Cosmos.

Ganarse el Cielo

Uno de los secretos que pocos conocen
Para ganarse el Cielo y el Divino Fervor,
Es siempre pedir por los demás, e incluir
A los demás siempre en vuestras oraciones.

Son peticiones que un quinto no cuestan,
Peticiones que ni un minuto os quitan

Y os dan a cambio mucho de provecho,
Él mira que os preocupáis por los demás.

Pues en esta sentencia hay mucha ciencia
Que hay que utilizarla muy a conciencia.
Hacer este bien es siempre sin mirar a quién,
Para tener en el alma su diaria presencia.

Se ha de actuar rezando por los demás,
Buscando que ellos sean los beneficiarios,
El Espíritu Santo regresa esa misma energía
Aumentada por siete para beneficio vuestro.

¿Qué objeto tiene amar a vuestro prójimo,
Cuando sabéis de por sí, que éste os ama?
El verdadero mérito es amar de corazón,
Al desconocido, como Él hizo en su vida.

Con tan sólo intentar esto, Dios os favorece
Y os manda fervores que ayudan al alma:
Ya venceréis un par de gigantes dragones:
"Rencor y Odio", que vedan vuestro camino.

Son semillas ya asentadas en vuestra cabeza
Y crecen como un cáncer, para todos lados,
Os hacen esclavo de sus mandatos, y lo peor,
Es que por ellos perderéis vuestra libertad.

Más delante de dominar esos dos dragones,
Dios os da la facultad del Perdón, y con éste,
Aplicándolo directo a vuestros enemigos,
Le suceden maravillas inexplicables al alma.

En consecuencia según lo que puedo ver,
El prójimo, el hermano, el otro, o el primo
Del otro, el vecino del hermano, un tercero
O el pariente de este tercero, o quien sea…

No yo, mientras yo sea el que rece por él
Y de su descendencia y de las descendencias
De sus primos y hermanos y sus prójimos,
Y por las almas de cada uno de todos ellos…

¿A mí es a quien Dios beneficia y multiplica
Beneficios para mí, a según los beneficios
Que para ellos a Dios que yo le pedí…?
¡Sí…!

Efectivamente es la realidad y así funciona
La espiritualidad, y se llega lejos en Piedad,
Dios a ellos ayuda, de acuerdo a vuestra petición,
A vos os ha de observar, y entre más os observe,
Más responsabilidades os da, de manera que
Entre más cumplas, más os pide, y entre más

Os pida, más os va gustando a vos el gusto de
Que os guste lo que a Él le gusta que hagáis,
Y en tanto que más hagáis, más os da.

Guerreros del Señor

¿A dónde van estos dos galantes paladines?

A los mismos confines de este siglo y mundo
Para intentar derrotar a los gigantes que
Al mismo mundo lo mantienen atemorizado,
Disimulado y oculto, por tan crueles osadías.

Pero estos paladines, con su espada en mano
Pretenden derrumbar con su fuerza y lealtad
El mal que a los demás acosa, y con la fuerza
Misma de la oración, que no es poca cosa,
Un gran triunfo lograrán.

Luego por terminar lo que hubieron de comenzar,
Habrán de seguir a esos dos saltarines chapulines,
Quienes dirán dónde la entrada hemos de encontrar
Para completar la faena y a los gigantes derrotar.

Habla Dios

Cuando miras una flor y aspiras su aroma
Es a Mí a quién miras, aspiras, y admiras.

Al igual que cuando respiras el aire puro
O ves la majestuosidad de las montañas,
O cuando observas las infinidades del mar,
Es a Mí a quien respiras, ves y observas.

Yo estoy en las magnificencias del Cosmos,
Llego a lo Infinito, y mía es la Eternidad.

Todo mundo me puede ver, tocar y sentir.
No te escondas y no vayas a ningún lado
Alejándote de Mí, Yo estoy en todos lados,
En la luz y las tinieblas, dentro y fuera de ti.

Yo no soy lo que muchos dicen que soy,
Ni me escondo en recintos o templos oficiales.

Yo abarco todo lo que existe del Universo.
Es difícil que lo puedas fácil comprender,

Yo soy el Todo y todos los Motivos de Todo,
No tienes qué llegar a Mí, ya lo estás.

No tienes qué rezar para pedir de Mí,
Extiende la mano y donde sea me tocas.

Sólo tienes qué vibrar en mi frecuencia,
Para que tengas siempre mis bendiciones.
Deja ya de llorar y de darte golpes de pecho,
Que eso no arreglará nunca tu situación.

Lo que tienes qué hacer es lo que hago Yo:

Amar todo a tu alrededor y no causar daño,
Arrepentirte, pedir perdón y a todo bendecir,
Eso es disfrutar, divertirse, gozar, es cantar,
Con todo eso que Yo hice para tu placer.

Ya deja de encerrarte en tu oscura caparazón.

Sal y disfruta de lo que yo con amor te doy,
Las bellezas de este mundo son sólo para ti,
Las montañas, bosques, ríos, lagos, playas…
Yo Soy el que Soy, no tengo principio ni fin.

No estoy comprimido en ninguna edición,
Nadie en este mundo escribió mi semblanza.

Léeme en los colores de un bendito amanecer,
Léeme en la sutileza del movimiento de nubes,
Léeme en la gracia del aletear de una mariposa,
Léeme en la maravillosa vista del manto estelar;

En la magia del arcoiris al detenerse la lluvia,
En la deliciosa mezcla de colores de un atardecer,
En los llantos o en las risas de todos los bebés…

Pero nunca, jamás, podrás leerme en un libro.

Ya es hora de que respondas a mis llamados,
Sólo abre las puertas de tu corazón y tus sentidos.

Ésas son las llaves para que tú mismo puedas ver
Que las maravillas que puedes ver fuera de ti
Esas mismas maravillas te ofrezco dentro de ti.

Porque yo estoy tanto fuera de ti como dentro.

Olvídate de obedecer leyes, y mandamientos,
Que sólo hacen manipulación para culparte.

Sólo respétate a ti mismo y a tus semejantes,
Y no hagas a nadie lo que no quieres para ti.

La vida que te regalo hoy, no es un intento,
Esta vida es lo único que tienes, y nada más,

No hay infiernos, ni paraísos, ni purgatorios,
Esta vida es lo único que yo hice para ti.

Estás vivo en un mundo lleno de maravillas,
Y Yo te hice aquí, absolutamente libre.

No desaproveches ni un ápice de bendiciones,
Crea para ti en tu vida lo mejor que puedas,
Eres libre para crear tu cielo o tu infierno
En tu vida, como si no hubiera un más allá.

Asegúrate que lo que hagas sea de tu agrado.

Besa, ama, abraza, arropa, acaricia, halaga,
Mima, complace, resguarda, adula, lisonjea,
Condesciende, sé humano, perdona y regala,
Seguramente sentirás mi mirada y mi presencia,
Haciendo todo eso en mi nombre y con amor.

Invocar a Dios

Es como llamar la atención o gritarle
A una persona que sabes que siempre
Ha estado allí, y tú sabes que oye y ve,
Y hace caso, el que a ti nunca te hace.

Ni se ha percatado de ti, y quizá sea que
Tu presencia no se la hayas hecho notar,
O simplemente nunca le pudiste hablar,
Y creo que eso debe ser…

Y de repente,
Quieres su atención llamar; si es posible…

Le hablas por su nombre y voltea a verte,
Y te mira que existes en ese momento,
Pone atención o responde lo que dijiste.

Yo me supongo que eso es invocar,
Que debe ser una palabra proveniente
De vocablos como boca, voz, hablar…

Entonces, si eso es invocar, entonces
También a Dios se le puede invocar,
Y se ha de hacer de esta forma:

Hablarle y llamarle para que venga a ti.

Pero, el decir que Dios venga a mí,
No es cosa física la que hay que pedir,
Es pura cosa imaginaria, ¿o no?, pues,

¿Qué parte de mí sería el lugar donde
Se aposentaría si llegara al receptor?

Deberás considerar que así como Él,
Que está en todo lo que ha creado,
Así debes pensar que ha de estar en ti,
Concluyendo que también te ha creado,
Así yo existo dentro de lo que creó.

De manera que como parte creada y
Evidentemente habitada por Él,
Lo que tienes que hacer es invocarlo,
Pues siempre contigo ha estado,
Y sucede que nunca le has hablado.

Háblale para que te haga caso.

Pero en este hablar y no hablar,
Considera una cosa importante,
De la cual debes de estar convencido:

Todo en la creación, incluyéndote a ti,
Está habitado por Él, y de esa forma,
Ni la creación ni tú serían nada,
Si no está Él dentro de lo que creó.

Así que, ¿cómo pedirle que venga
Dios a Ti, si ya lo tienes dentro?

¿A dónde tendrías qué ir a pedirle
En este mundo para que te oyera,
Que no fuera en tu propia mente,
Pues todo tú y toda la Tierra entera
Lo contienen permanentemente?

Y para ser más claro, sólo te digo:
Que hay que cerrar los ojos,
Sin necesidad de ir a ningún lado,
Y entonces, hablarle, eso es todo.

La ayuda proviene del Cielo

Cuando te sientes triste y desilusionado,
Porque las cosas no pasan cuando esperas
Y al momento en que tú así lo deseas…

Cuando a pesar de todo, estás frustrado
Habiendo puesto todo tu esfuerzo y voluntad…

Cuando te sientes impotente y desesperado
Y no puedes ver las señales que Dios te da…

Cuando sientas tu caminar encadenado
Justo cuando deseas iniciar un propósito...

Cuando sientes que la puerta te la cierran
Y un golpazo en tu cara con ella te dan...

Cuando sientas que contra ti está todo
Y que te ponen obstáculos no meritorios
Al grado de sentir que tu Fe está abatida...

Espera un poco y ten paciencia...
¡Relájate!

Quizás hayas estado un poco apresurado...

Tómate un respiro, un momento de reflexión,
Un momento de análisis y de introspección.

Levantemos los ojos al Cielo pidiendo Luz,
Claridad y Serenidad para quitar tu confusión.

Entiende que cuando la Vida misma te detiene
Es para reevaluar, analizar y ampliar tu visión.

Entiende que cuando las cosas así se ponen,
Es quizás porque aún no estés preparado.

Quizás porque no era el camino ni el tiempo,
Quizás porque te está esperando algo mejor.

Recuerda que cuando una puerta se cierra,
Siempre hay muchas opciones que se abren.

Escoge bienestar, paz, gozo y tranquilidad,
Persigue el verdadero anhelo de tu corazón.

Dale al alma motivos para acercarte a Dios,
Que Él te dice que confíes y creas en Él:

"Yo sé lo que hago, y todo es por tu bien,
Mis tiempos y mis acciones son perfectos".

Sigue afanándote en tus planes y proyectos,
Sigue ampliando tu Fe y confiando en Dios.

La música del Cielo

La suave brisa que riega el Nuevo Día,
Con su manto pintado del color del Sol,
Armoniza a la Aurora en Sí Bemol
La obertura de una suave Sinfonía...

Es mi corazón que escucha el suave canto,
Que musita dulzura, amor y caridad,
En todos lados bajo el celeste manto...

Brizna de Otoño, Verano en agonía,
Blancos nubarrones heridos de arrebol,
Funden los colores dorados del oriol,
En ese crisol que engendra mi alegría...

Música suave de perfectos acordes,
Oh, Arpas Eternas de solemne afinidad,
Perennes, palpiten perpetuos alardes.

Tierra, aire y mares en armonía,
Combinan fuerzas del universal control,
Que irradian profunda y sabiamente el farol,
Cuyo ardor se gesta en esta poesía...

La Oración

Secreta, misteriosa, mágica, mística...
Que a través de la mente genera ondas,
Provenientes desde lo más profundo
Del ser o del alma de quién las genera,
O de almas de un grupo de personas
Reunidas por motivos determinados.

Vista vaga sin ver nada en especial,
Ojos a veces cerrados, a veces abiertos
Sin atención fija en ningún objeto...

La transmite el propio pensamiento,
Que estimulado por el Espíritu Santo,
Mueve tu sensibilidad para transformar
Todo tu ser interior en una misericordia
Y piedad inexpresables, indescriptibles.

Esto se transformará en vibraciones
Que en este sentido son muy efectivas,
Y resultan ser de inmediata respuesta.

Todas las vibraciones de las oraciones,
Son bastante positivas, que al instante
Enlazan a las vibraciones universales
Para sacar el provecho y aceptación,
Que el Universo mismo responde.

Si la oración es hablada y pensada,
Sentida, meditada: su efecto es mayor,
Porque las palabras emitidas por voz

Tienen una repercusión prodigiosa,
Muy efectiva en toda manifestación.

Como si fuera un conjuro o invocación
Que es inevitable que deba realizarse.
Toda expresión por medio de la voz,
Debes vigilar: no la puedes deshacer.

Si bien puedes enviar voces de alivio,
De amor, de cariño, de compasión,
De afecto y de todo acto de bondad,
También, con tu voz puedes lanzar
Ecos abominables, blasfemias ofensivas,
Y palabras destructivas, que dañan
A todas las almas que las escuchan.

Hay que saber dominarla y corregirla,
Trabaja en convertir la forma negativa
Que tienes de hablar, por otra manera,
Angelical y benéfica para los demás.
Sólo de ti depende esta mutación…

Acuérdate que el beneficio es para
Quien le lanzaste los pensamientos
O las palabras, en emisiones de voz,
Pero el beneficio definitivo es para ti,
Porque cuando te regresa la respuesta
El Centro de Vibraciones Universales,
Tú habrás de recibir siete veces siete,
De lo enviado en sustancia positiva.

Las voces son vibraciones excitadas,
Al secuenciar letras que acatan los Sonidos
Naturales, cuando se acomodan las vocales.

Las vibraciones por las voces emitidas
Celosamente y sabiamente arregladas,
Son parlamentos que órdenes generan,
Son armonías de espirituales efectos.

Estos sonidos y estas vibraciones
En un orden místico y reglamentario,
Generan procederes maravillosos
Con el poder de disociar a los "Yoes".

Son mantras o conjuros que integran
Sonoras fuerzas de fuertes energías,
Encaminadas a desatar el nudo natural
Que ataja el fluir de la Paz Universal.

Los sonidos, vibraciones, emociones,
Pensamientos, las palabras y los deseos,
Crean estados de bellezas armoniosas
Para liberar las energías concordantes.

Al generarse todos tipos de vibraciones,
Lo positivo es el estado conveniente
Para crear el poder de la petición,
En la creación de cadenas de curación.

El sonido de una palabra emitida
Crea pensamiento y crea vibración,
Cosa que nos mantiene en un estado
De ondulación armónico adecuado.

Las palabras dulces apaciguan la ira,
Las palabras hostiles rompen la armonía
De toda unión universal y cósmica,
Procreando el caos, desorden y apatía.

Las palabras disonantes y desiguales,
Y las maldiciones, modifican la vibración
De todas las energías creadoras,
Tornándolas en totalmente fatales.

La compasión, amor y comprensión,
Crean un estado bello y sublime,
En armonía con el Todo Cósmico,
Inundando la Naturaleza del Planeta.

La Oración nos conecta con la Música
De las Esferas Cósmicas Universales.
El Sonido Universal, está en nosotros,
De nosotros depende coincidir con Él.

Los llamo amigos…

Almas amables y generosas:
Las almas misteriosas,
Las almas silenciosas,
Las almas discretas.

Te afrontan con afecto,
Sin que nunca lo notes,
Contigo aquí se quedan,
Para siempre acompañarte.

Te brindan esa especial guía…
Que te custodia y te protege,
Que te salvaguarda
De toda adversidad.

Te acaricia el corazón con ternura,
Libera todos tus sueños,

Arraiga tus sentimientos.
Es un Ángel bajado del cielo…

Un día se cruzan contigo
En tu vida para hacerte feliz,
Para hacerte el camino fácil…
Para proveerte de paz y de amor.

Los Santos decían…

Para avanzar en los caminos de la paz,
Su Fe reafirmar y su voluntad forjar,
Así como se forja el acero, bajo fuego
Y más golpes, para poderlo moldear,

Así el alma, con dificultades y golpes,
Como caminar por desiertos y montes,
También a montañas había que trepar,
A cañadas también había que enfrentar.

Tanto esfuerzo, que su deseo por seguir
En caminos del Señor, nunca flaqueaba,
Se sobreponía ante cualquier obstáculo,
Y esto lo suponían como un refuerzo.

Al lograrlo, reafirmaban sus esperanzas,
Las cuales expresaban en sus alabanzas.
A cada paso que hacia adelante lograban,
Lo mostraban en actitudes a los demás.

Para saberlo, no tenían que decir nada,
Ni hacer alarde de conquista lograda,
Sólo Dios en ellos actuaba y ellos por Él
Haciendo sólo su voluntad se movían.

En eso se basaba su recorrer por la vida,
Cada día se transformaban más y más
En personas que como tales no parecía
Que pertenecieran a un lugar de aquí.

Sino a otro mundo, al de los ángeles,
Lo demostraban cuando te les acercabas,
Sería por su manera de verte o de hablarte,
O porque sus cuerpos exhalaban fragantes,

Su alma, que al estar cerca de tu cuerpo,
Sentías que te tocaba y te acariciaba,
Como si fuera un delicioso airecillo tibio
Que a tu piel le daba un insólito confort.

¿Por qué sería eso? Oración constante,
Acto por el que Dios no los abandonaba;
Sin embargo, ellos de Dios no llenaban,
Y querían más y más, pues al momento
En que se sentían de Dios abandonados,
Su alma sucumbía, y para nunca perderlo
Seguían sometiendo a sus cuerpos,
Y a sus almas ejercitándolas para estar
Con Dios, en pos de sus beneficios.

Domar pasiones que de Él los alejaban,
A saber, tanto el gozo, como el dolor,
Y tanto la esperanza como el temor,
De manera que al intentar dominarlas
Usaban ciertos métodos que les indicaban
Hacer lo contrario a la comodidad:

No inclinarse a lo fácil, sino a lo difícil;
No a lo sabroso, sino a lo desabrido;
No al descanso, sino al trabajo forzado;
No a la comodidad, sino al sufrimiento;
No al consuelo, sino al desconsuelo;
No a tener más, sino dar, tener menos;
Hacer la voluntad de otro y no la suya;
Buscar siempre estar en el último lugar
Y estar muy por debajo de los demás,
En lugar de ser siempre el primero
Y estar por encima de cualquiera;
No atribuirse lo más alto y precioso,
Sino lo más bajo y despreciable;
No dormir, sino pasársela en vela,
Sobre todo hacer la voluntad de Dios
Y todo esto lo reforzaban rezando.

Decían que los que estas cosas hicieran,
Entraban en las Mansiones de la Paz
Y del Descanso Eterno para el alma.

Estando ocupados en las cosas del Señor,
Las pasiones naturales no los atacaban.

Realmente no deseaban nada del mundo,
Mas a Cristo amaban de todo corazón.

Ellos decían que el daño de privar su alma
De Dios, viene de apetitos voluntarios,
Son la materia de pecado, pues los vicios
Se reproducen por ejercicio de uno solo,
Las virtudes también crecen por una sola.

Si un pecado es cometido, simplemente
Sacia el apetito, luego lo siente el alma,

Como alimento que a la boca hizo dulzura,
Pero al estómago hizo dolor, y es por esto,
Que se mantenían en ejercicio constante
Tanto en alma, así como en cuerpo,
Pues de esa manera apaciguaban los apetitos,
Imitando a Cristo y conformándose a su vida.

Luz en las tinieblas

No soy mago, no soy santo, no soy místico,
Sólo soy un candidato a los dones del Señor,
Y deseo con toda mi alma poder ser Su Luz,
Para compartir el brillo que desde mi interior
Pueda transmitir hacia todos mis hermanos.

Es hermoso y fácil ser luz donde ya hay luz,
Es fácil transmitir alegría, armonía y felicidad,
Donde todo es contento, regocijo y placidez,
No es más que el reflejo de tus vivencias,
Cuando nada duele y todo es alegría y paz:

Cuando tu primavera es eterna y todo te fluye,
Te llenas de colorido y de cánticos de pajarillos,
Que inspiran nuevos bríos y nuevas esperanzas,
Y tu luz brilla e ilumina a todos cuantos te ven,
Irradias la hermosura de ser un Sol lleno de luz:

Ser ese albor y brillar en medio de la obscuridad,
Es ser una estrella en medio del manto nocturno,
Y ubicarse en medio de la ajena consternación,
Buscando ser un paliativo para ese sufrimiento,
Ser la mano que da la ayuda y sirva de apoyo.

Se requiere de una gran capacidad para amar,
Se requiere de bondad y de fuerza espiritual…
Es necesaria la presencia de Nuestro Salvador,
Para manifestarnos que Él es nuestra Luz Viva,
Que nos ha dejado a través de sus enseñanzas.

Nos enseñó a ser amables, pacientes, generosos,
Sensibles, compartidos, afables y misericordiosos.
Cualidades que te hacen ser faro de seres perdidos,
Que te hacen ser abrigo del que vive frío intenso,
Calidez que emana del corazón y del sentimiento.

Tomar la elección de ser esa Luz en las tinieblas,
Es ser y sentir amor, poder transmitirlo y demostrarlo.
¿Sabes cuánta esperanza da a los que la necesitan?

¿A los que han olvidado que la alborada retornará,
Y no perciben que luego de la tormenta saldrá el Sol?

Madre Naturaleza

Santa Virgen Inmaculada,
Diosa mimada del Planeta,
Cúbrenos con la Santa Belleza
De tu hermosura venerada…

Vuelve a cobijar con tu manto,
Con tu hermosura tan delicada,
Las bondades del eterno canto,
De tu frecuencia disimulada…

Torna a nosotros y acarícianos,
Tú que alumbras estas plantas,
Tan sagradas, y antiguas florestas,
De tus ancestrales Arcanos…

Grandes son tus vastas virtudes,
Das a todos germen y juventud,
Das vida, a los corazones reconfortas,
Y les suprimes de superflua humedad.

Vuelve a concedernos tu resplandor
Transparente, límpido, diáfano,
Sin nubes, sin velos, sin estorbos,
Ni injurias, ni arrogantes mutaciones.

Apacigua, Oh Diosa Venerada,
Sosiega a los ardientes corazones,
Y tranquiliza los deseos audaces,
De quienes te tienen ensangrentada.

Expulsa el veneno y vuelve a dar vida
A los ancianos, en pequeñas cantidades,
Y elimina la enfermedad de la edad,
Concédenos juventud con tu elíxir de vida.

Reblandece la humana intención,
Y disemina sobre tus gérmenes,
La armonía y la callada perfección,
Con que desde el Cielo todo dominas.

Mandamientos

Padre, yo sólo busco mi salvación:
Ya me has clavado en lo profundo,
Y anidado con ese amor tremendo,
Con que has herido mi corazón.

Me colmas, y no más cosa pretendo,
Que de tu amor, no sentir privación;
Por mal acto, no busco justificación,
Adviérteme de lo que no comprendo.

Que por sentirme como jovenzuelo,
Por apagar el fuego que me quema,
Por tener tus palabras en mi corazón,
En la nieve o lluvia me tiro al suelo.

"Primero sé cauto para no confundir
Que la carne sólo se limpia con agua,
Con Fuego Sagrado del Espíritu,
En las palabras que te he de dictar".

"Actos que a la materia dan purificación:
Discernimiento, de lo que debes creer,
Conocimiento, de lo que debes desear,
Comprensión, de lo que debes cumplir".

"Lo uno, está en Artículos de la Fe,
Lo otro, al rezar el Padrenuestro,
Lo último, en Los Diez Mandamientos:
Aplica esta Ley dentro de tu claustro".

"Es un proceso básico y fundamental
Que transforma lo grosero en sutil,
Por medio del mortero y la retorta,
Basado en Alquimia trascendental".

"Amplia comprensión, firme voluntad,
Y una fe ciega, como esencial factor;
Como materia prima, tu semilla vital;
Y Divinas Leyes como Guía Mental".

María, Madre Divina

Principio femenino del Eterno,
A quien los pueblos han adorado,
Siempre estás en nuestro corazón.

Mediante tus poderes relucientes,
Reduce a cenizas y a polvo estelar
Mis pecados, demonios o defectos,
Que cargo conmigo en mi interior.

Por más que me ocupo de ellos,
No los puedo de mí ser eliminar.

Divina Madre, necesito tu ayuda,
Para que los disuelvas y aniquiles,
Para siempre los reduzcas a nada,
Los envíes a la oscura eternidad,
Y se pierdan en el absoluto vacío.

Misa 1

Cuando una persona se pone a orar,
Obtiene un resultado espectacular
Para su alma y para todas las almas
Que hayan estado en este proceder.

Cuando dos o más hacen una plegaria
En ese procurar, el resultado viene a ser
Duplicado o triplicado, y entre más sean,
Más beneficios de esta acción honoraria.

Peticiones se habrán de hacer en la misa,
Pues la misa representa la estructura justa
Y perfecta para orar y al Padre recurrir…
Por excelencia en presencia del Señor estar.

En presencia de esencial Omnipresencia,
Y en directo con la Divina Providencia y
Misericordia, que cuando se tiene y se vive,
En misa, el momento se hace muy breve…

Y si en estos menesteres te ves envuelto,
Hay que considerarse pues, absuelto,
Pues no hay penitencia, que llegue a lograr
Lo que en la misa se habría de obtener.

Y más, cuando se trata de comulgar…
Entiende que comulgar es como comer,
Pues según lo que yo creo y siento,
Pero no comer simplemente por comer.

Sino en el mismo tiempo y mesa comer,
Es transportarse allá, en el mismo lugar,
Donde lo hacía el Señor y repartir decidía,
El pan para a sus apóstoles dar a probar.

Y cuando el pan de sus manos santas
Los santos apóstoles llegaban a tomar,
Es de esta forma que llegaban a comulgar,
Forma misma que al comulgar yo siento.

Es el momento de sentirse uno de ellos,
Es como estar frente a frente al Señor,
Y de Él recibir el espiritual alimento,
Representado en la pequeña hostia.

Luego para un bien tan inmenso recibir,
Extraordinario y profundo y gratuito y
Misericordioso, no tengo más que hacer
Que ir a misa los domingos y comulgar.

Es una felicidad incomparable, perenne,
Imperecedera, eterna, inmortal, inmerecida,
Por saberse tan pecadores y osar sentarse
En la mesa del Señor con el alma sucia.

Por eso, antes de asistir a tan suave
Y delicada gala, que simplemente pienso
Que no merezco, por eso siempre busco
Una manera de humillarme a mí mismo.

La mejor manera es ir con el Padrecito,
Someterse, al ponerse de rodillas, exhibirse,
Y declarar sus propios pecados confesados,
De lo más profundo del corazón derivados.

Con tales penas, vergüenzas y humillación,
Se limpian así almas, para poder merecer,
Y ser parte del sagrado momento en que
La Iglesia les proporciona a todos sin par.

Donde la historia sagrada es irrepetible,
Aquí sí se repite cada vez que a misa se asiste.
Mas esta mágica situación sólo la obtienen
Almas convencidas de tan divino convite.

Misa 2

La misa es un regalo para avanzar
Hacia donde las almas quieren llegar,
Y no debe ser por obligación, sino deseo
Espiritual de progreso, intuición, visión,
Percepción, satisfacción, discernimiento
Y personal decisión, pues la obligación,
Luego aparte de ser tediosa y aburrida,

Se viene a convertir en una perversión,
Corrupción, un vicio o una depravación,
Pues tener qué hacer algo por obligación
Es como hacer algo que no te gusta hacer.

Si las cosas has de hacer sólo por hacer,
Si no te gusta hacerlas, mejor ni hacerlas,
Que hacerlas tan sólo por hacerlas, que
Es como deshacer de antemano lo que
Hay qué hacer pero que no quieres hacer,
Que cuando es obligación la dedicación
Mucho más trabajo cuesta la realización.

Eso se resuelve sólo en perder tu tiempo,
Y es como perder parte de tu propia vida,
La que al fin de cuentas, ya no se repone.

Es entonces que se cerrará del escenario,
De tu vida el telón: será un punto y aparte,
Y cada quien haga con su vida su suerte.

Misterios en mi interior

El Padre Celestial te hubo ya marcado
Y tú te has pasado bastante tiempo,
En lo que es necesario pasarse para ganar
Lo que hasta ahora ya has ganado.

Piensa ahora en lo que has hecho,
Y piensa en lo que te toca recibir,
Mas no te hagas ilusiones, ni pongas
El deseo de tus fervientes emociones
Delante de ti, que para eso Dios
Es el que quita y da, propone y dispone.

Algo pasa cuando esas cosas suceden,
Me vuelven loco, zafan mis sentidos,
No puedo pensar en lo que quiero,

Tengo la cabeza presa, y es tormento
Lo que siento, y la verdad no quiero
Que se pase, pero aunque no quiera,
Duran muy poco esas cosas y se van.

Pasan y ya no quieren querer quedarse
Y volverme a poner como me pusieron.

Y al irse, me dejaron como has dicho,
Bien zafado, herido, y desinflado…

Así me quedo sin saber qué decir,
Ni pensar, con un vacío que duele.

Así las cosas al reflexionar suceden,
Me da giros la cabeza cuando pasan.

Mi vida en silencio

Primeramente, y antes que nada,
He pensado que ésta, mi vida pobre
A Dios Nuestro Señor sea dedicada,
A quien hablo pero nunca dice nada.

Y si es así como es esta sustancia,
Luego para qué dedicar algo a alguien
Que nada ha de decir, y nada responde.

Pero al ver lo que en el silencio pido,
Y por las respuestas que a mí me llegan,
Que he usado para acomodar y adornar
Y guiar mi vida en tropel, bien conjugada.

Sin un descanso, hasta ver terminado
Lo que a Dios en silencio vine a pedir,
Es tan seguro que esa voz tan callada,
Que parece que no es, pero sí es,
Que parece que no está, pero sí está,
Que parece que no, pero sí escucha,
La que me ha dado todo lo que hice.

Y lo hice porque Él así lo dicta y dice.
Y lo menos que hago es agradecer,
Por eso es que mi vida se la dediqué.

Motivos de vivir

Este vasto universo misterioso,
Éste, el que todo lo contiene,
Éste, el que todo lo mantiene,
Éste, el que todo lo sostiene.

Cuna y esencia que me entretiene
Por dentro y por fuera de mi ser…
Mundo tan inquieto y bullicioso,
Pero también, extraño y silencioso.

No logra convencerme de estimar
Sus grandezas y sus maravillas,
Que están al alcance de mi mente,
Y de mis manos, y de mi vista.

Estoy desubicado, estoy desorientado,
No sé qué hay en mi imaginación;
Estoy aislado, totalmente cegado,
Ante lo que vale la pena descubrir.

Veo lo breve que es mi existencia,
Abro y cierro mis ojos y se me escapa.
Cae la noche, amanece un nuevo día,
Y mi vida desaparece, se esfuma…

Sin darme cuenta, se acerca mi tiempo,
Y nunca vi más allá de mi nariz,
Nunca pensé para qué estoy aquí,
Ni qué era lo primordial por descubrir.

"Viví a ciegas", eso fue, viví a ciegas,
Ni siquiera a Dios logré conocer,
Ni siquiera supe para qué vivir,
Ni por qué, ni para qué nací.

Si acaso, pude ser una incidencia
De una universal circunstancia,
Una ráfaga perdida en un hoguera,
No pude reconocer mi alma viajera.

No tengo motivos que manifestar,
Ni siquiera supe a quién debía amar,
Así se esfumó mi breve existencia,
Todo acabó sin conocer mi conciencia.

Padre Nuestro que estás en los Cielos 1

Padre Nuestro que estás en los Cielos…

Así reza el inicio de la Oración Universal
Que Jesucristo enseñó a la humanidad,
Y que fundamentalmente nos refiere,
Disimulada, misteriosa y místicamente,
Al Santo Aposento donde Dios reside.

Parece tan fácil como lo menciona…

Que así de fácil, tal y como lo dice,
Deberíamos de tener la confianza

De saber lo que es y dónde encontrar
Ese maravilloso Reino de los Cielos…

Al parecer debe de haber una puerta
Para poder entrar a sus dominios,
O una fórmula mágica para deslizarse
Desde el lado físico de nuestro mundo,
Al otro lado dimensional no físico,
De la parte donde está "Su Soberanía".

Porque la parte física es sólo el Cosmos
Que habíamos concluido que es Dios
Envuelto en ese halo que lo contiene,
Esa esencia que es el Espíritu Santo.

Donde quiera que toques, está Dios,
Donde quiera que mires, está Dios,
Quien visita tu interior, es Dios,
¿Pero en qué parte está la conexión
Entre el Dios que ves y puedes tocar,
Y el que dentro de ti enaltece tu alma,
La purifica, la ennoblece y la santifica?

¿En qué lugar está esa puerta misteriosa
Que une las dos naturalezas de Dios?

Con una de sus naturalezas admiramos
Su dominio y grandiosidad al observar,
Y poder ver y tocar todo lo existente,
Todo lo físico, el aire, el fuego y el frío,
Y escuchar los sonidos del Cosmos,
Sentir sus vibraciones deliciosamente,
Y formar parte de ese todo que vemos,
Que nos rodea por todos los rumbos.

¿Pero, esa otra naturaleza que sentimos,
La oculta, la que altera nuestro interior;
Desde que nacemos hasta que morimos,
La parte que nos hace sentir maravillosos
En esos momentos especiales en que Él
De alguna forma intimida con nosotros…?

Ése es justo el lugar, ése es el momento
En que ambos mundos están entrelazados,
El Físico Externo y el Interior Espiritual.

Ese júbilo, ese gozo, que solemos sentir,
No es más que un toque de la presencia
Del Espíritu Santo con el que Dios
En sus visitas se comunica con nosotros.
Imposible que no sintamos su presencia.

Dios forma parte de las dos dimensiones,
Porque si decimos que Dios es el Cosmos,

Nos referimos a nuestra tercera dimensión,
En donde estamos el Cosmos y nosotros.
¿Y la dimensión que no vemos ni tocamos?
Pues en esa dimensión nos movemos
Con todas las libertades, dentro del halo
Espíritu Santo que cubre todo el Cosmos.

Dios sustenta Espíritu Santo y Cosmos,
Entonces Dios está aquí y en el Más Allá.

Nosotros tenemos ese gran secreto,
Que nadie más dentro del Cosmos tiene,
Es el secreto que nos hace conectarnos
Tanto con este mundo como con el otro,
Aún sin conocer nada de lo que hay allá,
Pero sí sabemos que estamos en contacto
Con nuestro misterioso Dios y su mundo.

Padre Nuestro que estás en los Cielos 2

Padre Nuestro que estás en los Cielos…

Estos Cielos deben referirse a espacios
Excluidos y libres de sustancias físicas;
Espacios puros, de pura energía espiritual,
De pura luz pura que irradia esa energía,
Desde donde se generan esas frecuencias,
Que hacen vibrar nuestra alma y corazón,
Que hacen que nuestro pecho se hinche,
Que hacen que nuestro pecho reviente
Con tan sólo seamos tocados por ellas,
En el éxtasis que genera esa secreta visita
Profunda con esas frecuencias indecibles,
Que penetran en nosotros sin permiso,
Sin que lo queramos, sin siquiera pedirlo.

El Todo: el Cosmos: el Universo entero
Se quedan muy pequeños, insignificantes,
Ante la magnificencia de la Gran Energía
Que hay en ese Más Allá, ante la Luz,
La Pureza, la Fuerza y el Poderío
Que genera esa Luminosa Dimensión,
Que es donde se encuentran los Cielos,
Donde están las Moradas del Señor.

Aunque no entremos en esa dimensión,
Por algún motivo podemos sentirla.

El alma es una parte del Espíritu Santo,
Y éste, en contacto directo con Dios,
Es el que le transmite a nuestra alma
Esas vibraciones y esas frecuencias,
Que la hacen vibrar al unísono con Él.

Y ¿dónde queda esa puerta de conexión,
La etérea puerta para que esa frecuencia
Se traspase hacia este lado, y nos motive,
Para confundir nosotros mismos nuestras
Vibraciones con las vibraciones divinas?

Es claro que esa puerta que buscamos
No es la que uno puede abrir y cerrar
Libremente a la hora que uno quiera.

Eso sí, la puerta está atada a nosotros
Porque una parte del Espíritu Santo
Precisamente está adentro de nosotros.

Aún así, es muy difícil encontrar
En toda esa esencia del Universo,
El camino de ir al Recinto de Dios,
Y no iremos por un camino físico,
Sino espiritual, puesto que espiritual
Es la esencia que nos conecta a Dios,
Luego, es una dimensión desconocida,
Pero existe en toda esa inmensidad.

Es fácil detectar dolor en el cuerpo,
Pues nos altera una parte de la paz,
Y al encontrarlo, le damos remedio,
Con una pomada, gotas, una inyección,
Que nos ayude a eliminar la molestia.

Pero cuando la naturaleza del mal
No es de ninguna parte del cuerpo,
Pero siente congoja como si lo fuera,
Luego ¿a dónde aplicar el ungüento
Si no hay parte del cuerpo por curar?
Los dolores se sienten en el pecho,
O corazón, sin estar enfermo de ellos,
Estos dolores son dolores del alma.

Tristeza, melancolía, recuerdos, penas,
Angustia, amores, pasiones, nostalgias,
Y muchos otros sentimientos más,
Se sienten en el alma y nos hacen sentir
Cierto dolor que duele sin saber dónde.

Sientes así como que inflaron un globo
Dentro de tu pecho, y lo dejó inflado,
Provocando una fatiga de inclusive,

No poder respirar hondo, sólo suspiritos,
Porque si respiras hondo, te duele más.

Esto emana de la relación Alma y Dios.
Quienes lo sienten evitan que se vaya
Porque son visitas que Dios nos hace.

He aquí que la puerta de entrada,
O la conexión entre los dos mundos,
Es muy probable que sea La Oración.

Recuerda que:
"El Aposento de Dios",
"El Templo de Dios",
"Las Moradas del Señor"…

Están dentro de ti mismo.

Padre Nuestro que estás en los Cielos 3

Sí, porque yo lo siento en mi interior,
Es la parte de mí que me hace sentir
En el corazón y en el alma ese dolor.

Sé que Dios sólo me hace notar
Esos sentimientos cuando así lo desea,
O cuando se posesiona de mi interior.

Hay muchas formas de poseer a Dios
Y tenerlo preso dentro de mí mismo,
De que me enriquezca la intimidad.

¿Sabes que siempre Dios está allí?
Pero sólo te das cuenta de que está
Cuando estés dispuesto a escucharlo,
A presenciarlo, cuando te predispongas.

Hacer una oración con la que le pidas
Con todo fervor a Dios su presencia.
Por este medio se puede conectar
Rápidamente con la Presencia Divina.

Es el medio para entrar a esa dimensión
Desconocida que muy pocos conocen.

Lo curioso es entrar a esa dimensión
Donde mora Dios, pero resulta ser
Que esa dimensión está dentro de ti,
En el interior íntimo de tu alma,
Que es la parte del Espíritu Santo

Que Él te prestó para habitar en ti,
Y estuvo allí desde que te formaste
Hasta que en polvo te convertiste.

Ya acostumbrado a la Casa del Señor,
Podrás continuamente con Él hablar,
Cosas y maravillas allí encontrarás,
Que en ningún otro lado hallarás,
Disfrutarás de todas sus dádivas,
Podrás ver todos sus esplendores,
Verás lo que nunca antes has visto
Entenderás lo que no podías entender,
Verás con los ojos de todos los sabios,
Sacarás respuestas de todas tus dudas,
Verás todo el conocimiento humano,
Que estará en bandejas de oro para ti.

Es por eso, cuando siento en el pecho
Esa sutil sustancia que a mi vida llama,
Que a mi alma reclama… dime, Padre:
¿Cómo hacer para mantener este bien,
Y tenerlo muy preso en mi corazón,
Al que viniste a establecer tu rincón?

Dime, Padre: ¿si escogiste mi cuerpo,
Y mi alma para cobijarte y quedarte,
Cómo podré entonces yo hacerle,
Para poder sostenerte y no perderte?

Tú sabes muy bien de estas cosas…
Tú sabes muy bien que en un jardín
Lo que perfuma y adorna son rosas,
Y al igual que a las almas piadosas,
Cuyo jardín lo adornan las cosas hermosas
Que Dios les da para engalanarse…

Y siendo Él quien a esa alma escoge,
En este mundo ya no vive con sentido;
Esa alma en el mundo vive para Él,
Donde tiene sus gozos y emociones,
En Él el alma ubica sus aficiones.

Dime Padre: ¿cómo poder encerrar
Este sopor que me sofoca, me aborda,
A mi abnegada alma doblega y la toca,
Como si fuera la más suave brisa
Que en un pálido atardecer acariciara
Mi rostro pintado con una sutil sonrisa
Agradecida y aterrada por dicha Gracia?

Dime, Señor: luego de que me tocas,
¿Cómo hacer para pensar en otra cosa

Que no sea lo que en mi alma reposa?
Recuerda un tierno y dulce afecto,
Que seguro, algunas veces has sentido,
En tus días de más tristeza, quizás;
Quizás por nostalgia, o por melancolía.

Un sentimiento que oprime el alma,
Que te hace llorar durante todo el día.
¿Qué es lo que me pasa? Te preguntas,
¿Qué cosa es ésta que me domina,
Que comienza, pero que no termina?
Es como una deliciosa añoranza,
De algo que no sé que pueda ser,
Que perdí, y repentinamente regresa.

Justo en el momento de mi soledad,
Justo en el ocaso de mi atardecer,
Cuando a nadie le soy de utilidad,
En el momento en que todo sale mal,
O por lo que tú quieras, me desespero,
Luego llega, justo cuando no lo espero.

Ese tierno, dulce y sentido afecto,
Que al momento sientes que lo tienes,
Pero al momento sientes que se va,
Obra es de Dios, su gracia y presencia.
Gusto anticipado de la patria celestial:
Una probadita de la divina esencia.

Y en ese momento, Dios te conforta,
Dios te mima, te consuela y alimenta,
Y entre más te vivifica, más lloras,
Y acaricia tu alma como una santa,
Y tu alma sin saberlo lo disfruta,
Y llora, porque no quiere que se vaya.

Pero se va, y te deja, te abandona,
Dejándote el alma muy seca y vacía,
Y te preguntas, ¿qué fue lo que pasó,
Que me cautivó, me acarició y me besó,
Que tristeza, melancolía y angustia dejó?
Mas nunca sabes qué fue lo que sucedió.

Pecados

Educan al prójimo para reconocer su debilidad,
Definiendo y marcándole un camino en su moral.

Los pecados, son maestros que durante su vida,
Lo promueven o lo alejan de un camino de piedad.

Bien definidos siete vicios principales ya están,
Que una finalidad bestialmente deseable buscan,
De modo que al desear, otros pecados se cometen,
Originados pues, por esa fuente nativa y principal.

Siendo ésta la crianza de las ocasiones de pecar,
Porque a ellas está inclinada la naturaleza humana,
Sean Siete Pecados Capitales de jerarquía mayor,
Definidos desde los orígenes de la vida cristiana.

Un vicio es la repetición en la incursión del pecado,
Y los vicios se catalogan según las opuestas virtudes,
Cualidades que disponen a hacer bien a la persona,
Y en asemejarse a Dios una vida virtuosa se corona.

Mas el diablo siempre está de sus virtudes al acecho.
Para hacer pecar al alma, el diablo su lado le busca,
Especializado cada uno según el pecado insatisfecho,
La aconseja, seduce y convence, acortándole el trecho.

Asmodeo graduado en Lujuria, y en Gula, Balcebú;
En Avaricia Mammon, en Envidia, Leviatán,
Y Amon en Ira,
Mientras que Belfegor es astuto en Pereza,
Y Lucifer, sabe con Soberbia convencer a su presa.

Hay pecados y pecados, que con unos tienes de más,
Como ejemplo la Gula, la Avaricia y la Soberbia;
Y otros, como por ejemplo la Pereza, tienes carencia,
Igualmente con la Envidia, con la Ira y la Lujuria.

Los pecados, además de los vicios y los rencores,
Son semillas que en un rincón del alma son
sembradas,
Crecen y entre más grandes, a las almas hacen
esclavas,
No podrán ver a Dios de frente, ni siquiera sus
albores.

Es por eso que ante la víspera de caída en un pecado,
Necesario es cerrar las puertas y no darle acogimiento,
Pues el deleitarse con su insinuación en el pensamiento,
Se le da la aceptación, y tal goce, conlleva a la acción.

Hay palabras que enternecen y turban el corazón,
Y vaya, que si el pecado te habla de esa forma,
Bien sabes que en batalla te saldrás de la norma,
Que no hay caballero que a caricias no se someta.

Por tu pasión

En los límites de la efusión,
Lejos del bullicioso murmullo,
Lejos de la urbe jactanciosa,

En el más lejano mutismo,
Bajo la luz de aquel ocaso,
En medio de la naturaleza,

Junto a un sonido nocturnal,
De grillos y de ranas cantar,
Me alojé un noche primaveral,

Mis ojos cerrados con humildad,
Mi cuerpo limpio de ajuares,
Mi espíritu en plena claridad,

Callada mi mente oprimida,
Con mi promesa más profunda,
Que a Cristo puramente ofrecí:

Toma lo que es tuyo, le dije,
Y déjame tan sólo el ímpetu,
Para seguir amando Tu Pasión.

¿Qué es eso que busco y no encuentro?

Y más lloraba…

De alguna manera mi alma cuenta se daba
Que haber llegado hasta donde hoy estaba,
No era una cosa que yo hubiera buscado.

Seguramente mi destino estaba marcado.

En estos instantes, en esas circunstancias,
El fundamento de mi destino así trazado,
Estaba dando el fruto esperado, y mi alma
Empezaba a sentirse en un raro ambiente:

De ahora en adelante es más confortable,
Sin saber por qué, mi tristeza y melancolía
Daban paso a que me entrara algo, que yo
No sabía qué era, era un gusto transparente,
Un inquieto deseo que a mi alma deleitaba,
Algo que se acercaba a ella y lo disfrutaba.

Como cuando al infante lo van a alimentar,
Él sin saber, siente y se muestra diferente,
Con diferente semblante, porque de seguro
Sabe que lo que quiere, está apremiante.

Y yo me supongo que así está mi alma,
Brincando de gusto por algo que quiere
Y ha de esperar.

¿Pero qué es eso que desea,
Que es a donde quiere llegar…?

En tanto a mí,
Eso me hace tanto llorar.

No lo sé…
Si pudiera tener las respuestas,
Si alguien me pudiera contestar.

Teresa: Musa Deífica

Una meditación en tu honor, Teresa,
Una razón más para amar y para vivir,
Un café para conversar y para discutir,
Un café para abordar tu alma y revivir:
Teresa eres Teresa, Una, Santa Teresa.

Cántico Primero

Hincada frente al usual muro de piedra
Sin aún aparecer algún rayo crepuscular,
Soslayadas a donde no habrán de llegar
Manos acarrean del cielo el manantial.

A secas guiada por aquella luz abismal,
Una huella desnuda en desnudo avanzar,
Un lecho de madera yaciendo sin dormir;
Dos ojos que sin abrir, abren sin mirar.

Acomete en silencio metamórfica reflexión,
Ayuno acosador por un cosmos fascinador,
Irrumpe límpidamente ante su meditación,
Pavor en la Tierra de su cuerpo enfrentar.

Nívea piel de piel rosa, la tersa Teresa,
Blanco espíritu maquilla su blanca faz,
A cuestas respaldo en su propio respaldo,
Luz bajo el velo de tiniebla estorbosa.

"Tocada por Dios y su violencia;
Violencia de la sangre que fluye
Por mi cuerpo, dentro de mi cuerpo,
Cántico por el que sangrando estoy".

Cántico Segundo

Irrumpe ascendiente tierra del espanto
Cuerpo temblando en coladera penetrando
Teresa, Teresa, de todas las meditaciones,
Tu presencia en presencia del asombro.

Fiebre de oro de las llagas de Cristo,
Cielo desprendido del siglo original,
Misterio oculto en pilares erigidos,
Fieles rodillas sepultadas en virtud.

¿Y cómo ha de germinar lo plantado?
Agua del pozo, del río, agua del arroyo,
Agua del Costado de Cristo, bañémonos,
Bañémonos Teresa en esta brutalidad.

Lloviendo bajo un techo de oscuridad,
Su ráfaga de fuego vio nacer a Teresa,
Luz de abril despertando el futuro,
En la cantata de dos aves inmersa.

Surge tú en el hueco de aquel árbol,
Paloma surgida y residida en madera,
Arrulla tú mientras las aves gorjean
En coloquio, hablan cosas y recitan.

Cántico Tercero

Pilares de madera hechos añosos
Chillan por el tiempo y rechinan,
Crujen cuando los dominicos debaten
Nuevas formas de impiedad castigar.

Fiebre precursora en almohada ardiente
Que será bendecida para transformar
La ira de la lava a la armonía de la flor,
Del hastío, alegría; de la soberbia, al llanto.

Me eleva, mi llanto su mano adereza,
Caen los frutos que postreros me llenan,
Cristo abre el ojo, me llega el consuelo
Donde mis dolencias piedad imploran.

Tomé la pócima de ingredientes amargos,
Todo me daba vueltas muy en lo alto
Me observaba el mundo, nada me decía,
Y yo allá donde nadie ha pisado la luz.

Resuenan letras ocultas de su alfabeto,
Y entre más vueltas, son más revueltas,
La luz me alumbra y se me oscurece,
"¿Acaso dudas que soy la resurrección?".

Cántico Cuarto

Desgastado mi cuerpo y adolorido,
Se levanta por ser a Cristo sumiso,
Huesos desplomados, muslos asediados,
Mas no debo caer, apenas doy el paso.

Al partirse la montaña en hora temprana
Un agujero se convierte en precipicio,
Tomo un baño de agua muy limpia
Para saciar la multitud me multiplica.

"Báñame, díctame el sueño
De la dulce jaula de tu pecho,
Mi cabeza despierta del vértigo.
Penetrar en un mundo ido".

Tengo miedo al trote de mi cabeza,
Que inflamada por dentro se tambalea
Ante la agitación de espadas en ese mar
Puntiagudo y alebrestado que la embiste.

Un turbante que sujete el pensamiento,
Que ya ha vaciado mi corazón asustado.
Beban pájaros en su estanque dorado,
¿Del mal cuál podría ser el jornal?

Cántico Quinto

Vestida para volar, para todo observar,
Vestida para volar, para el Cielo ganar,
Que beban los pájaros en su ritmo sutil,
Niego depositarle a la muerte un salario.

Crece Teresa, crece, crece.
Frente a filisteos, usureros y dueños de casinos,
Ante alcaldes que nos empeñan, crece Teresa,
Crece Teresa, crece, crece.

Masas hacinadas a un lado del precipicio,
Al margen del margen del puente
A un metro elevado que se descarrilan
Los autobuses plañideros y el alcohol.

Las muchachas al borde de las vías,
Bebidas adulteradas y sombras de caídos
Que levantan con camisas de fuerza
Plazas, restaurantes, automóviles e iglesias.

"Dios por mis labios, dentro de mis labios,
Dios por mi boca dentro de mi lengua,
Dios por mi sangre como un pez circula,
Pájaros en oleadas de vientos amarillos".
"Con tus ojos, Teresa".

Cántico Sexto

Sabía que eran vientos de los demonios,
Movilizaron las nubes y las tinieblas,
Eran los demonios de la media noche,
El impacto voló la cabeza que no hallaron.

Engendros salpicaron mi mano derecha,
Llagaron mis dedos, los nudillos y el costado,
Que no sepa la zurda qué hizo la diestra,
Aunque la diestra sea aún zona de sueño.

Libérate de tu celda oscura y húmeda,
Libérate de tu camisón y piernas tiesas,
No escucharé más tus pasos caminar,
No escucharé más tu voz al cocinar.

Y si entre peroles tiene Dios andanzas,
No perdías el tiempo en menudencias,
Quedó todo muy limpio de tu presencia,
Como vacío de una madre en su ausencia.

"Cristo por mi cuerpo, dentro de mi cuerpo,
Cristo por mi sangre, dentro de mis venas,
Cristo por mi labios, dentro de mi boca,
Báñame, cúbreme, Sangre de Cristo".

Cántico Séptimo

Pies en tierra breves pisan sobre nubes
Desde otros planos en vigilia perpetua,
Intentos de pretender a los astros abrazar,
Místico tesón de esos rumbos navegar.

"Dios viene mientras como esta manzana,
Refulgente de sol, en forma de paloma,
Con su piel, plumajes y pelo alborotados,
Impotencia de sus labios por mi piel fluye".

Recién lavada con el agua cristalina
He sido bendecida y he sido renovada,
Vestida de algodón y de lilas perfumada,
He sido completamente multiplicada.

Tormentos espirituales

Escúcheme alguien por piedad...

Que en esta larga carrera
De tanto sufrir y de tanto llorar,
Por mi vida y su trajinar,
Y sin saber qué me iba a pasar,
¿Cuándo me iba yo a imaginar,
Que una felicidad iba yo a buscar?

Me imaginaba cómo podría ser...
No era una cosa material,
Pues a decir verdad yo todo tenía...
Era algo que yo describir no podía,
No material como digo, sino espiritual.

En algunas ocasiones me sucedió,
Pero luego eso me abandonó...
Dejando el alma vacía y herida,
Y al mismo tiempo suspendida,
De esa comodidad no alcanzada.

¿Y qué era pues, eso que llegaba,
Y como llegaba, me abandonaba?

Nunca supe dar explicación,
Me dejó siempre en la expectación.

Válgame, que de nuevo en mi mente,
Muy pronto esto me dio alcance,
Y rápidamente en este trance,
En poco tiempo he reflexionado.

A decir verdad que estoy confundido,
No sé decir si es placer o es sufrir,
Me apeno si la respuesta no encuentro,
Y en tanto, sin poderlo entender,
No he de encontrar lo que busco,
Y no he encontrado lo que quiero.

He observado a los que vienen y van,
Algunos sufren y otros lloran,
Yo, siendo como soy, ni vengo ni voy
Y ni tampoco sé si lloro o si imploro.

Mas sólo sé que lo que quiero,
Nadie lo tiene, nadie lo puede dar,
Sólo aquél al que le suplico y le lloro
Con un gemido apenado y afligido,
Para que a mi alma vuelva a llenar.

Y así como me vas a castigar
Yo no quiero ni he de remilgar,
Pues me temía que me iba a suceder,
Pues sí, vale que haya que aguantar.

Y en que aguanto y así lo siento,
Yo me aferro a mi voluntad,
Y a Dios, presiento que tengo,
Y aseguro como a ciencia cierta,
Que en que me trato a Él de acercar,
Él da sólo acercamiento y alejamiento.

Y puedo decir que en tan sólo uno,
Hasta muy adentro me ha llegado,
Y mi alma sufre de dolor inmenso,
Que las lágrimas me afloran
Y al vacío más me veo llegar...

En combate a muerte constante,
Continuará el guerrero batiente,
Manteniendo su arma empuñada,
Ante tal lugar de santa devoción.

Velar, para protección mantener.

Pero habrá de decir cómo hacer,
Para mi alma entonces proceder,
Pues arrinconada mi alma está
Y no puede ya más avanzar...

Tren sin retorno

Vamos, que no puedo vivir con esto:
Traigo en el alma una preocupación,
Miedos quizá, que no logro entender,
Es algo muy profundamente arraigado,
Mi alma me lo revela, me lo susurra...

Quiere decirme algo que quizá no logro
Saber, mucho menos entender, sobre
Mi partida; la partida de ella, de mi alma.

Dice que el día menos pensado,
Ella se tendrá qué separar de mí.

Esa será la última vez que esté aquí,
Y ese momento llegará sin avisarnos,
Sin prepararnos ni decidirlo, sólo llegará.

Quizás no nos permita ni despedirnos,
Ni ella, que está tan cerca de mi cuerpo,
Ni permitirá que me despida de los míos.

Momento que es la ruptura de nuestra unión
Es la pronta separación entre el tú y el yo,
Y es posible que nos vayamos sin un adiós,
Quizás sin un abrazo, sin decir te amo,
Sin haberte dado gracias, por tu presencia.

¿Cuántas veces en la vida nos fuimos juntos?,
¿Cuántas veces hicimos planes: idas y vueltas?,

Pero no pensamos que había un plan al final,
Ése que llegará cuando no nos lo esperamos,
Y que con violencia nos separará a los dos.

Como un ladrón que entra a robarte,
Que se lleva todo lo tuyo sin preguntarte,
Que te deja una huella profunda, y llanto,
Y que evidentemente nos separa en dos.

A mí, me deja mezclado en el polvo,
Y a ti, te deja mezclada en la Esencia.

¡Quién pudiera saberlo para prepararse!
Es inexplicable, y llega tan de repente,
Que cuesta creerlo, porque parece mentira...

¿Quién va a estar listo para abordar?,
¿Quién se subirá al tren sin previo aviso?

En ocasiones a algunos se les avisa
El itinerario para los siguientes días,
Quizás semanas, meses o pueden ser años,
Pero algunos ni siquiera se dan cuenta
Que han de abordar cuando no hay remedio.

Su llegada asombra a los familiares,
¿Ellos qué saben de lo que me pasa?,
Pero lo van a saber... Y al saberlo,
Es difícil aceptarlo, porque duele mucho,
Semejante a que les arranquen un miembro,
O que ellos quieran morir al mismo tiempo.

En la vida, no piensas en perder la vida,
Te la pasas en disfrutarla y aprovecharla,
Generalmente la tiramos y desperdiciamos,
Pero nunca nos dicen que habrá un final...
Y lo habrá, sin saber la fecha, ni la hora.

Qué pena que esto suceda de esta forma,
Pero esto es un misterio sin solucionar,
En el que nadie puede ubicar la espera

Del tren que pasará por ti, para llevarte
A un viaje que será el último de tu vida.

El tren se detendrá en el lugar donde estés:
Puede ser comiendo en tu casa, en tu trabajo,
En tu escuela, caminando por la calle,
En el cine, tomando un café con los amigos,
Acostado en tu cama, o estando dormido.

Tal instante será nuestro último momento,
Esa vista será la última estampa que dejemos.

Así se escribirá el último recuerdo de tu vida...

Y tú ya montado en el tren diciendo adiós
A todo lo que fue tuyo y que ya no lo es.

Hay que reflexionar un poco sobre esto;
Ver la vida como el reflejo de un eco distante,
Que avisa tu futuro sin realmente avisarte,
Lo que te has gastado y lo que te queda...

Sinceramente no hay manera de saberlo.

El Tren sin retorno llega sin avisarte.

Si estás listo o no lo estás, él sólo llega...

Y pronto, muy pronto, con él te lleva,
Prepara tu maleta que no tendrá nada,
Prepara testimonios, también de nada.

Vive la vida como el mejor momento,
Porque nunca sabes cuándo es cuándo...

Descubre que este momento es el mejor,
Es el único en que puedo ser y actuar,
Porque estas vivito y aún respirando.

A partir de hoy quiero vivir mi presente,
Aprovechar el tiempo y estar muy alerta
De hacer lo que tenga que hacer justo hoy,
Porque este momento es lo único seguro,
Lo viviré a diario como si fuera el último.

Amar, parece que es el verdadero sentimiento,
Amar, parece perfecto para llenar las almas,
Amar te alista para la llegada del Tren,
Que llegará justo al momento por tu alma,
Que ya estará lista para tomar el último viaje.

Un secreto muy oculto

En nuestro propio cuerpo oculta está
Una glándula de altas funciones místicas
Que para muchos es órgano en desuso;
Para otros es la puerta al Reino de Dios.

La Glándula Pineal lleva de nombre.

Se encuentra al centro del nuestro cerebro,
Es la productora de la Dimetil-triptamina,
Y de otra hormona llamada Melatonina.

Es el órgano a través del cual soñamos,
El órgano que nos conecta a otras dimensiones,
Es nuestro tercer ojo, con el que imaginamos
Lo que no podemos ver en nuestra dimensión.

Nos permite hacer viajes astrales,
Nos permite desarrollar la clarividencia,
Nos permite desarrollar la telepatía,
Y la posibilidad de hacer viajes en el tiempo.

Se sabe que dentro del hombre mora Dios,
Y el templo para llegar a la conexión Divina
Y que mora muy oculto, dentro de nosotros
No es más que la agraciada Glándula Pineal.

Tiene algunos significados muy gratos:
Los católicos le dicen El Poder de Dios,
Los masones: La Visión del Cíclope,
Para los egipcios es El Ojo de Horus.

En el mundo asiático es El Tercer Ojo
O Centro de Clarividencia e Intuición,
Otros la llaman "La Puerta del Paraíso".

Descartes la llamó "El Asiento del Alma".

La DMT, o mejor dicho Dimetil-triptamina,
Es muy potente y puede llevar a la conciencia,
A los viajes en el tiempo y a otras dimensiones:
Es el alucinógeno más potente de la naturaleza.
Logra estados místicos inter-dimensionales

Sección II:
Poemas de Familiares y Amistades

*Poemas de
Familiares y
de Amistades*

A Alejandro Jesús Días Valero[1]

Cuando amistad tan grande se presume,
Un amigo transformarse en hermano asume,
El corazón encuentra un suave consuelo,
En el alma se realiza un maravilloso anhelo.

Porque tengo un amigo muy especial...
Un gran compañero de este portal...
Porque no es un amigo cualquiera,
Un gemelo de mi niñez aventurera.

Porque más que un amigo es hermano,
Un compañero, un ejemplo, un caballero...
Que de los poemas infantiles es pionero,
Es mi amigo Alejandro Jesús Días Valero.

Para recordar los años de mi niñez:

Me sentaba a veces y me ponía a pensar,
Cerrando los ojos... Me echaba a llorar,
Por recordar esas cosas que alguna vez
Me hicieron tan feliz en el tiempo aquél.

Tiempos hermosos que quiero retornar,
Pero como a veces tiempo no he de tener,
El trabajo es duro y no nos deja respirar,
Ni cómo hacer para comer de aquel pastel.

A un mundo llegué y entré un día sin querer,
Había muchos habitantes en el lugar aquél,
Los veía que hablaban de miles de cosas,
Que para mí unas eran feas y otras hermosas.

Y entre tanto peregrino y su peregrinar,
Leyendo en sus cartas me vine a encontrar
Ciertas misivas que, al empezarlas a hojear,
Cada una mi niñez me hacían recordar...

Seguí leyendo y leyendo todo aquel arsenal
De muchos cuentos, fábulas y canciones
Que de una por una sacaban mis emociones,
Las que para mí eran muy difícil retomar.

¿Pues quién será ese peregrino cuyas letras
Han llegado a lo más profundo de mi ser,

---

[1] Poeta Venezolano que muestra su manantial de poemas en una página a nivel internacional, llamada Poemas del Alma.

Y sin saber que lo que a mí me afana,
Mi corazón colma y a mi alma sana...?

¿Pero quién es ese hombre ingrato
Que escribiendo sencilla cada cuartilla
Me hace nuevamente como un niño actuar,
Y es a donde yo siempre quiero retornar?

Parece que me adivina el pensamiento,
Porque no encuentro ni un momento
En que venga a su mundo y escudriñe
Y no encuentre el tema que me atañe.

Descubrí ese cofre muy escondido,
Que para volver a ser niño he entendido
Que es suficiente con venir y buscarle,
Y algunas de sus hermosas cartas robarle.

¡Que el trabajo no me deja pensar...!
¡Que por prisas no puedo ser niño ya más...!
Ahora sí, ¡Me burlo de la adversidad,
Y me burlo también de la vejez...!

Que ahora soy niño cuando quiero ser...
Y para ser el que quiero siempre parecer...
Me basta con leer una carta del poeta aquél.
Lo he guardado muy dentro de mi ser.

Gracias mi Alex querido amigo,
¡Cómo te quiero... Condenado!
Que ya te llevo en mi corazón...
Si preguntas por qué, arriba está la razón...

Adivina adivinador...

Es una variable del amor incondicional,
El mejor regalo que dan Dios y la Vida,
Es la familia adicional que tú escoges,
La causa en tu vida que aciertas raramente,
Una de las redes más fuertes en la vida...

Lazo que se nutre y refuerza con la verdad,
No hay otro fenómeno más extraordinario,
Es un obsequio único, impar e invaluable,
Sin ella, difícilmente avanzas en la vida,
Eslabón que perdura en tiempo y distancia...

Te identifica, al grado de creer que eres tú,
No tienes temor de mostrarle como eres,
Se te ofrece en todo momento necesario,

Te vigoriza siempre tus lados vulnerables,
Se alegra de tus éxitos, triunfos y victorias…

Te permite la libertad de sentirte tú mismo,
Coopera contigo en todos tus objetivos,
Siempre está para respaldarte y apoyarte,
Es quien te critica y te da el buen consejo,
Comparte contigo la mejor parte de tu vida…

Te da la mano para crecer juntos y felices,
Sobrelleva contigo tus momentos difíciles,
Te da consuelo en tus amarguras y tristezas,
Es la chispa que nace y perdura para siempre,
Es tan grande como lo son tus sentimientos…

Motivo con el que tú entretejes tus sueños,
Sin duda hay más motivos para que aciertes,
Pero si con éstos ya la tienes identificada,
Felicidades porque tu nobleza te ha premiado…

Y seguramente tu corazón tiene la chispa
Que no se te apagará en toda tu vida.
En efecto, la única respuesta a estas tesis…
Es "L A A M I S T A D".

A Félix,
En tu 67° Aniversario

De Joel Humberto Trejo Martínez

¿Cuántas páginas, dime, cuántos libros
Podría yo escribir con todas tus vivencias,
Con tus experiencias y tus aprendizajes?

Seguramente serían docenas y centenares.

¿Cuántos recuerdos, cuántos bellos instantes,
Cuánta gente que se haya cruzado contigo,
Tantas memorias de algunos que pasaron?

Otros que continuaron y siguen a tu lado.

Es fácil pensar en cargar con unos años más,
Y no es que te sientas más viejo cada vez,
Pero eso da nuevas formas de ver la vida…

Da una visión distinta con mayor madurez.

Debes estar muy orgulloso de tus logros,
Pues tus experiencias te han enseñado
A desarrollar un talento y una sensibilidad…

Y cientos de veces nos lo has demostrado.

Es admirable la mente que Dios te ha dado,
Y a eso súmale tu capacidad de inspiración,
De creación, de imaginación e improvisación…

Eso te hacen el escritor de mi admiración.

Y lo mejor que puedo observar de tu persona,
Es que a pesar de cada escenario frustrante
Que esta vida nos ha mandado últimamente…

Conservas la nobleza que te ha caracterizado.

He notado que a veces eres algo desesperado,
Otras veces poco terco y un poco impaciente,
Pero a pesar de eso, tú tienes el espíritu pleno…

Tienes deseos por aprender y seguir adelante.

Tu corazón está hecho para todo lograr,
Tiene la pasión que enmascara tu corona,
El laurel que te hace siempre ser conquistador.

De tus fascinantes sueños y tu vida sin par.

Que Dios te conceda cada día más motivos,
Más sueños, nuevas ilusiones y más ideales;
Que siga creciendo tu talento y tu capacidad…

Que tu pluma engrandezca tu solemnidad.

Te pido con toda el alma que nunca cambies,
Que sigas siendo aquella personita que conocí
Cuando éramos apenas jóvenes estudiantes…

Tienes un corazón pleno de esperanza y de ilusión.

Y te recuerdo que amigos van y amigos vienen,
Pero los que ahora tienes, consérvalos con devoción,
Al igual que a tu familia, que familia sólo
hay una…

Abrázala hasta que los huesos duelan y se quiebren.

Amistad

Amistad, conmoción gloriosa
Creada por dos corazones,
Que en el camino tropiezan:
Llega, se anida y se hermana.

Entendimiento en dos sentidos,
Adeudo mutuo y mutuo socorro,

Máximo extremo de fidelidad,
Apoyo espontáneo y afabilidad.

Tener una amistad verdadera
Representa fortuna a raudales
Es como un tesoro invaluable,
Es tener una secreta posesión.

"Amigo" es una misteriosa ilusión
Que llega a tu vida y se anida,
Arrebatándote mucho tu querer,
Mucha estima y toda tu afición;

Es el que sin ser mi hermano,
Que sin tener mi propia sangre,
Se envalentona y me defiende,
Para que nadie a mí me ofenda.

Amigo es ese ser que se quiere,
El que comparte con nosotros,
La mano que no nos hace daño,
Y nos da apoyo, confianza y guía.

Un amigo es quien siempre está,
Es quien siempre te escucha,
El que tranquiliza tu corazón
Sin tiempo, ni distancia, sin condición.

Amistad sincera

Deje Usted de pedir a Dios esas respuestas,
Dios no nos contestará nuestras arrogancias.

Él nos puso en el camino, y nos da sustento,
Nos toca ahora seguir y hacer lo nuestro…

Yo le doy a Usted mi amistad de corazón,
Y parece que Usted también me la ofrece.

La amistad es un sublime sentimiento
Donde cada uno obtiene lo que merece.

Amistad sana a las almas de las personas,
Llega sin cortesías, y luego se hermana.

A Usted llamo amigo, y por ser mi amigo,
No es el incógnito que llegó y se aposentó.

El amigo, ya más no es un desconocido,
El amigo gana afecto y lo que representa.

Es un fiel acomodado a mi alma y aliado,
En mi comprensión total, es mi hermano…

Un amigo sin compromisos es hermano,
Hace entre dos una hermandad directa.

No hay distinción ni rodeos, es bien preciso,
Así nos querremos, como dos hermanos…

Que sin haber bebido de la misma leche,
Sin habernos derivado de la misma sangre…

Ella erguida entonces se hace la valiente,
Defiende para que nunca nos ofenda nadie.

Esto que nos pasa es algo muy extraño
Son nuestras almas compartidas en nosotros.

El dedo de Dios creo que nos ha marcado,
Al impulso de querernos, una amistad sincera.

Conmigo Usted tiene un tesoro invaluable,
Como invaluable es el tesoro que he ganado.

Y no lo digo por ser una persona admirable,
Sino por apreciarlo de una manera tan afable.

Y no por ser dos seres tan entrañables,
Vaya yo a perderle a Usted el respeto.

Siendo Usted de la clase que representa,
Como Caballero, yo lo tomaré en cuenta.

No me pida que no me rebaje, que no es así,
Quiero para Usted ser siempre un aliado…

Soy la persona adecuada que dispuesta estará,
Que cuando me busque yo seré el adecuado.

Y si como persona, amigo ha tenido uno,
Lo felicito, porque entonces seremos dos.

Dispuesto me pongo, y el otro bienvenido,
Con esto sabrá que yo seré su escudero.

Tanto en la vida ya hemos buscado,
Tanto en la vida ya hemos sufrido,

Es tiempo de divertirse aunque un poco,
Y encontrar uno en el otro acomodo.

Si me acomodo a lo que Usted se acomoda,
Seremos dos compañeros muy acomodados,

Y acomodados en lo que bien nos acomoda,
Hagamos un suceso de nuestro acomodo.

58

A Nachito

Hoy mi alma está de luto...
Ha perdido algo tan grande
Y tan valioso que he decidido
Por un tiempo guardar silencio.

Mi Amigo Nachito Ha Muerto...
La pena que me embarga
Es tal que en dos me parto,
Sin poderme las partes pegar.

No puedo soportar tal dolor,
Mi corazón gotas de fuego sangra,
Mis ojos lágrimas de sangre lloran,
Y mi piel mi simiente exhala...

Era mi consejero, era mi amigo,
Mi compañero... Era como mi Padre,
Me daba mucho aprecio y cariño...
Hasta me decía que yo era bueno...

Tanto me chiflaba que yo me la creía
Cuando me decía que era poeta:
"Usted Don Félix Sí es poeta, y de los de antaño".
Ay, Mi Nachito....

Cuánto dolor me ha causado tu muerte…
Cuánto vacío me has dejado…
No sabes cuánto, sin conocerte,
Te habré amado... Nachito Mío…

Te llevaré aquí en mi alma,
No sé por cuánto tiempo,
Quizás hasta que yo también muera,
Siempre vivirás aquí, cerca de mí…

Que Dios ilumine tu camino.
Que Dios te tenga en el Cielo,
Tu amigo que tanto te quiso,
Félix.

A Nachito, poeta amigo

Pero hay veces que llora uno por llorar,
Y hoy lloro pero no les puedo mentir…

Hoy no lloro por llorar…
Hoy lloro de verdad.

Déjenme contarles el motivo de mi pena.

Un amigo que metí en mi corazón
Desde hace tiempo lo llevo allí guardado,
Tan cerca que a mi alma a diario hablaba.

Hoy un amigo de mi amigo me ha avisado,
Con llanto en sus ojos y con la pena que lo embarga
Que su amigo que es mi amigo se ha ido,
Sorprendiendo a mi alma y asustando a mi corazón.

Ese corazón que lo llevaba muy adentro,
Ahora se ha salido muy abruptamente…

Y tan rápido fue la carrera con que partió,
Que un pedazo de este corazón se llevó.

Ahora mi corazón quedó incompleto…
No encuentro el pedazo que le falta…

¿Alguien ha visto a ese amigo ausente?
¿Dónde estás Nachito, dónde te metiste?

¿Dónde está la parte que te llevaste?

¿Ahora cómo remiendo el cacho que tomaste,
De este corazón en que un día anidaste,
Y para siempre triste, muy triste dejaste?

Ángeles protectores

Cuando se viven tiempos turbulentos
De confinamientos y aislamientos,
Es usual que nuestra mente cansada
Tenga de introspección momentos,
Y pueda sumergirnos en una reflexión
Que nos ahogue en nuestro interior,
Buscando que afloren del subconsciente
Aquellos momentos, vivencias o detalles…

Los que quedaron olvidados y enterrados.

Repentinamente alguna herida se abre,
Desde el baúl más cerrado de nosotros,
Y aflora como un momento no concluido,
Hace que el corazón empiece a sangrar,
Recordando esos viejos resentimientos
Que ya formaban parte de un pasado
En que no se dijo lo que se quería decir,
No se perdonó a quien se debía perdonar…

El amor y el cariño que nunca se dieron.

El pecho se hincha y empiezas a llorar
Todo aquello que antes no pudiste llorar
Sientes como un globo que no te deja respirar,
Apretando fuertemente y causándote dolor,
Concibes y aciertas aquello que perdiste,
Y ahora te aflora la capacidad para decirlo,
Y tu pecho explota con la misma intensidad
De cuando no pudiste gritarlo a su tiempo…

Aún tiemblas con el mismo miedo de antes.

De repente los ángeles de tu vida aparecen
Proporcionándote cariño, afecto y el amor
Que requieres en tu proceso de sanación,
Ayudándote a cerrar los abiertos círculos,
De cómo atravesar de nuevo ese dolor,
Pero ahora sosteniéndote de sus brazos
Para hacer que sanes y resurjas tu camino,
Para mudar la pena en sollozos de colores…

Y ahora ver muy claro con mágicas luces.

Los ángeles que te ayudan en la mutación
Son tus amigos que nunca te han dejado,
Son tu familia que te arrulla y protege,
Espíritus a los que les has hecho el bien,
Almas de aquéllos que les tuviste caridad,
Del vecino al que siempre le diste la mano,
De aquel conocido que le hiciste el favor.
Estos ángeles te guardan y están contigo…

Confía en que Dios siempre te los cuidará.

A Quino

Ay, cómo me duele en el alma,
Ay, cuánto dolor por tu ausencia.

El tiempo se pasó inclemente,
La angustia hizo perder la calma.

Un abismo que un adiós proclama,
Un adiós que rompió el silencio…

Una lágrima escondida se derrama,
Soledad, ya estás pagado el precio.

Qué fácil es describir a esta vida
Para uno que nace, crece y muere…

Mas cuando el ciclo es tan breve,
No se vive la vida como se quiere.

Tanto cariño y aprecio esparcido,
Una amistad y afecto que nos unió,

Fraternal amor como de hermanos,
Aunque lejanos, cerca nos mantenía.

Ay, cómo me ha dolido en mi alma,
Ay, cuánto pesar en mi corazón…

Te fuiste y me devolviste la niñez
Encantadora que pasé junto a ti.

Se abrió un abismo con tu ausencia,
Tu abandono rasgó redes de unión…

Quisiera llorar tanto como pudiera,
Al creer que estás aquí, pero te has ido.

Siento tu mano aquí en mi corazón,
Y tu mirada la siento en mi cabeza…

Mas tu adiós rompió todos los lazos,
Que tu muerte destruyó con rudeza.

Guirnaldas de esperanza sólo quedaron,
En los caminos que nos han separado,…

Pero en breve nos guiarás con tu mano,
Al Más Allá, a donde ya has llegado.

Ricardo Martínez Ortiz, 65 años.

Martes, 27 de Febrero de 2018.

Caminos cruzados

Los tiempos actuales parecen muy difusos,
Nada me ayuda a enfocarlos claramente;

Mis pensamientos, sólo son confusos,
Pierdo la entereza muy frecuentemente.

¿Dónde está ese remanso de mi mente?
Hay muchas maneras para la paz lograr,
Y la paz la deseo con creces para respirar.
Necesito no volverme loco, y es muy urgente.

A fuerza de empeño y algo de mi voluntad,
A deshacerme de tales ideas me esforcé…

Recostado, cerré los ojos y empecé a cavilar
En las maravillas que frente a mí olvidé…

No me acordaba si alguna vez te había dicho
La importante persona que tú eres para mí,
Lo especial que eres en mi vida y en mi mundo,
Que eres único y nadie ocuparía tu lugar.

No recordaba tantas cosas y tantos momentos;
Esas cosas tan bellas que armaron el crucigrama,
Donde acostumbrábamos juntos ir a pasear,
Los dos cooperábamos y creábamos los afectos.

En los ratos de reflexión que he podido tener,
Quise recordarte lo importante de nuestro vivir,
Donde se han mezclado huellas y emociones,
Sueños, ideales, anhelos y muchas pasiones.

Dos mundos que se complementaron en uno,
Dos mentes que se fundieron, también en una,
Dos piezas que embonaron en el mismo molde,
Dos fuerzas que lucharon por la misma quimera.

No necesito decirte más para que puedas entender
Que tú eres más de lo que piensas e imaginas;
Más de lo que te han dicho y te han demostrado,
Sólo cree en ti, como en ti yo siempre he creído.

Perdóname por haberme desviado tanto
En esa maraña de confusión de pensamientos,
Pero ya liberado, sólo quiero estar a tu lado,
Abrazarte y hacerte saber lo que te he apreciado.

Admito que te respeto, te admiro y te agradezco
Lo que en la vida has logrado hacer por mí.

Te mando un abrazo de corazón a corazón…
Con esa fuerza que funde a dos sentimientos.

Clemencia

¿Dónde poder esconderme
Para ocultar esta tormenta,
Y deshacerme de esta afrenta
Que oprime a mi corazón?

Me inclino ante Dios a diario
Pidiendo que su manto me ilumine,
Que me quite este cargamento
De congoja, de pena y sufrimiento.

Pues el alma de mi hijo se destroza,
Se desborda por oscuros caminos
Que lo alejan más y más de su paz,
Pierde sentido y se ahoga sin luz.

Yo humano y sin fuerzas ni poder,
Incapaz de poner en él mi mano,
Me desespero y a Dios imploro
Que sea su mano la que lo toque.

Que su Poder y su Misericordia
Se asienten en sus sentimientos,
Y tomen otro rumbo sus pensamientos,
Igual también su preciosa vida.

Toma y toca Señor a mi preciado hijo,
Abrázalo en tu pecho, en tus brazos,
Para que él sienta lo maravilloso
Del inmenso amor que Tú nos das.

Sopla en su boca Tu Aliento Divino
Para que lo conserve en su alma
Por todos los caminos que camine,
Con fe y confianza de andar en Ti.

No desampares a mi hijo Señor Mío,
Guíalo por los caminos del bien,
Y bajo tu amparo y de tu mano
Guárdalo siempre lejos de todo mal.

Hijo mío, la vida muy pronto acaba,
La vida se nos va en un instante,
Dale la mano a Dios y condúcete,
Con toda fe, hacia donde Él te lleve.

Estoy aquí para amarte y ampararte,
Regresa a mí para cuidarte,
Quiero darte cariño y abrazarte,
Y a los caminos del Señor acercarte.

Que Dios nos libre de este mal,
Que sofoca el alma y la acaba,
Que Dios te ampare y te guíe…
"Tus padres que te aman".

Cosas que se esfumaron

Niñez y juventudes de los que pasaron,
Angelitos e inocencias arrancadas de bruces
Por la brutalidad de las circunstancias.

Amigos y enemigos, amores y desamores,
Que nacieron, se formaron, y se fueron;

Muchos que perdieron la fe de su alma,
La que dejaron alojada en cualquier rincón;

Cientos de barquitos de papel desdoblados
Y arrinconados en las ruinas de las tapias;

Libros que nunca mostraron su sabiduría,
Y su encanto, porque nunca fueron leídos;

Poemas inocentes de algunas almas blancas,
Palabras y misterios encantados, y sin contar,
Miles de historias de aparecidos y fantasmas.

Sueños dorados de juventudes apresuradas
Que por obedecer a infantiles morbosidades
Aunadas a montones de diabluras sensuales
Los perdían a montones, y a escondidas…

En el silencio, donde mitigaban sus soledades,
Y satisfacían sus íntimos deseos pasionales.

Brutos y abruptos despertares que olvidaron
La inocencia que cubría su corazón de oro…

Y lo hacían que resplandeciera ante Dios
A través de aquellos angelitos, que huyeron
Aterrados y que nunca sus dueños reclamaron,
Despojados de sus territorios infantiles,
Largados a la basura como algo inservible…

Para obedecer luego a aquello que sus almas
De juventud buscaban para apagar el fuego,
Que día a día crecía en sus briosas entrañas
Cual inocente flama que habrá de transformar
El más grande, maravilloso y hermoso valle
En un infernal incendio incontrolable,
Tornando la espalda a la angelical pureza.

Los miedos e indecisiones de la pubertad…

Ingratas inquietudes por hacerse hombres,
Que rápidamente y sin remedio obtuvieron,
Y que fueron: hacerse viejos, abordando ya
Toda culpa que en su corazón acumularon.

Angustias adultas por volver a ser niños
Como cuando tenían aquella inocencia…

Y querer recuperar a su Angelito Guardián…
y que juro que más de uno lo han recuperado.

Cumpleaños de Mi Mujer

Cuando el alma te lo ordena
No hay más remedio que aceptar…

Y cuando el corazón se lastima
No hay más remedio que llorar.

Pero cuando el corazón lo acepta
Con él a dueto te pones a cantar…

He aquí, que sin el alma ordenarlo
El corazón con gusto ha de aceptarlo.

Y es el haber conquistado un alma
Cuyo corazón al mío ha reanimado…

Esa hermosa alma es la de Mi Mujer
A quien mi alma honores ha enviado.

Mujer: Bella flor que Dios me ha dado,
Que tu día esté lleno de luz y de alegría…

Lo desea con toda su alma y corazón,
Este espíritu por ti apasionado…

Dios nos protege

Pasa en todo tiempo lo que pasa,
Porque todo lo que pasa, ha de pasar.

Dios está siempre a la expectativa,
Nos cuida y nos protege de todo mal,
Dios nos ayuda a todo mal superar.

Queda abierta ahora una nueva etapa,
La amistad una vez más nos espera,
Es hora de renovar nuestras ilusiones,
De ver con nuevos ojos las esperanzas,
De ofrecer nuestro corazón al porvenir;

Descubrir el alma a nuestros hermanos
Para llenar todos esos rincones de amor;

Es hora de dar bendiciones sin par,
Es hora de abrazar la bondad que fluye,
De abrir los brazos a Dios y a su amparo.

Demos las gracias al Señor una y mil veces
Por habernos puesto en el camino correcto,
En el lugar en donde nos encontramos,

Como hermanos, como los amigos de siempre,
Con la magia oculta que siempre nos acogía.

No hay tiempo para buscar nuevos amigos,
Estamos los que un día nos encontramos…

Y así seguiremos hasta que nos alcance el final,
Y que Dios nos bendiga y nos ilumine,
Que permita volvernos a abrazar muchas veces.

Esposa

Desde que de mí empezó a formar parte,
A la manera de sus especiales encantos,
Empezó a forjarse algo mágicamente,
Que en mí brindan sus nobles galardones.

Creo que no he podido valorar a la gema,
A la joya que en mis juventudes encontré,
Que toda mi vida en mi corazón se guardó,
Desde allí, emite su brillo constantemente.

Me da lo mejor de sí, cada día por mí vivido,
Ella me ilumina, ella me protege, me cuida,
Me acompaña, ella es la esencia de mi alma,
Motivo de que mis días brillantes hayan sido.

En honor a Ella, a Dios le doy las gracias
Porque ella me dio claridad e inspiración;
Por proporcionarme dicha, calma y paz,
Por darle a mi vida, un sentido y su misión.

Feliz Día de La Amistad (2018)

La Amistad es un regalo
Que la Vida puede brindarnos,
Donde tenemos ocasión de cruzarnos,
Y vivir con mucha gente…

Aunque unos se van
Luego otros se quedan a formar lazos
Con el baluarte y solidez del aprecio.

Están contigo en los mejores momentos
Y en otros momentos no tan buenos,

En las buenas y en las no tan buenas,
En tus éxitos, triunfos y tropiezos.

Dándote siempre apoyo y mano franca
Para ayudarte a levantarte cuando caes
Sin importar el tiempo o la distancia.
Amigos son similares y complementarios.

Difícil es definir el tesoro de la Amistad,
Sólo sé que se entiende y se percibe,
Se disfruta, se comparte y se transmite,
Y se agradece en gente como Ustedes.

La mejor apreciación de la Amistad,
Es la fortuna de contar con Ustedes
Y así vivirla y gozarla al máximo.
Gracias por ser y estar justo aquí…

¡Feliz Día de la Amistad!

Gracias amigo

Gracias amigo por caminar conmigo
Por hacer con tu aprecio y afecto,
Más fácil mi camino por recorrer.

Por el tiempo que me dedicas,
Por escucharme y aligerar el peso
Del dolor normal de mi existencia.

Gracias por darme la ocasión de darte
Algunas veces algo de mí mismo
Haciéndote notar lo importante que eres.

Gracias por tomar mi corazón,
Que como el tuyo está sediento de amor,
Que como el tuyo es peregrino de pasión.

Imelda, querida amiga…

A pesar de los años de tu partida,
No hemos podido apartarnos de ti,
De la herencia que nos regalaste:
Por todas esas cosas bellas que dejaste,
Seguro es que no te podremos olvidar:

Tu alegría, tu entusiasmo, tus bromas,
Las palabras de apoyo, tus pensamientos,
Tus sentimientos de afecto y de amistad…
Y por qué no, a veces también tus corajes,
Tu rebeldía y tus llamadas de atención.

Tuviste la pasión y la entrega de vivir
Y hasta en tus momentos más difíciles,
Sacabas sosegada la fuerza y el motivo,
Para explotar el lado bueno de la vida.

Sin importar más: "Tú querías ser feliz".

A pesar de momentos duros que vivimos,
Tú siempre mostrando gran entereza
Hasta el último momento de tu vida.

Ese dolor físico nunca te hizo flaquear,
Nunca te limitó para dar lo mejor de ti.

Qué gran mujer: tan hermosa entre nosotros,
Tan especial, que nos dejó honda huella.

Pudiste compartir con nosotros "Todo",
Con tanto amor, tanta sencillez y bondad,
Con el hombro puesto siempre para dar apoyo.

Mirada triste pero profunda y dramática,
Al tiempo que escudriñadora y analítica;
Mirada expresiva que poco usaba la palabra,
Sólo risas, carcajadas y el abrazo aprobador.

Con tu mirada y expresión, todo transmitías.

Tu gran carácter y tu fuerte resistencia,
Te hacían actuar con recia integridad,
Con dignidad, aceptación y tranquilidad.

Incongruentes con tus expresiones de paz,
Que te mantuvieron siempre seria, serena…

Tu vista puesta en tu responsabilidad,
Convencida de que tu tarea en este mundo
Había ya terminado de la mejor manera:
Sin remordimientos, sin coraje con la vida,
Sin resentimientos, simplemente en paz.

Qué gran dolor fue el haberte despedido…

Pero fue el reflejo de lo grande que fuiste,
Y lo seguirás siendo para nosotros;
Mientras recordemos todos los momentos
Tan valiosos y bellos que compartimos.

Sólo con recordarte nos brota una sonrisa,
Sólo al ver tu foto, una sensación de alegría,

Sólo al sentir un detalle, nos llenas de paz,
Haces que sintamos tu luz más intensamente,
Y que la felicidad nos acoja desde donde estés.

Blanca Imelda Villarreal de León, 62 años.

Viernes, 28 de Octubre de 2016.

Invierno en mi vida

Qué pronto ha llegado el Invierno,
¿A dónde irían mis Primaveras...?
¿Cómo fue que todo se pasó
Ni cuenta me di cómo sucedió?

Aún recuerdo cuando era un niño,
Que no me preocupaba el tiempo,
Veía a diario los viejos, y decía:
Cuando llegue, ya no habrá cupo.

¿Qué es lo que realmente pasó?
Puedo recordar partes de mi vida,
Tan bien como si ahora las viviera,
Pero ¿cómo todo tan rápido desfiló?

Como si todo lo hubiera derrochado,
Como si de repente me hubiera dormido;
Como si nada hubiera aprovechado,
De la película que ya se ha terminado.

Sin duda que el tiempo es especial,
Tiene su personal manera de moverse,
Miras y de repente, ya todo pasó.
Súbitamente en nada, todo quedó.

Sí, quizá ya sea Invierno afuera,
Veo que se arruga mi lozana piel,
Pero en mi corazón es Primavera,
Y es a él a quién quisiera ser fiel.

Es curioso que después de todo,
Es ahora cuando me doy cuenta
Que hay que aprovechar el tiempo,
Hay que hacer todo al máximo.

Cosa de lo que antes no me percataba,
Sólo vivía, y el tiempo sólo pasaba,
La felicidad que pude haber logrado,
De ocasión en ocasión la esperaba.

64

El tiempo a nadie ha perdonado,
Aunque sea mucho lo que hayas vivido,
¿Dime a dónde tus años se han ido?
Sólo en tus sueños se han quedado.

¿Dónde hace evocación tu pasado?
Tus memorias no puedes recordar,
Ni siquiera los recuerdos puedes aclarar,
Sólo en sueños los has atrapado.

Revives tus esperanzas e ilusiones,
Tus deseos y tus pasadas inquietudes,
Que son las visiones de añoranzas
Por revivir lo que ya nunca podrás.

Mas el Invierno de mi vida ha llegado,
Ni siquiera me doy cuenta de ello.
Creo que soy tan joven como antes era,
No creo tener esta edad tan avanzada.

Me niego rotundamente a aceptar,
Que estoy atrapado en este cenagal,
Porque de repente no sé qué hacer,
Así me agarró, sin saber cómo actuar.

Sólo veo vejez en todos los demás,
Al verlos, parece que yo no soy igual,
Aunque me lastimaría reconocerlo,
Me niego, viviendo una vida artificial.

Pretendo a veces estar mejor que otros,
A veces presumo hacer cosas joviales,
Otras, simulo hacer lo que no puedo,
No sé que tengo muchas limitaciones.

Si les dijera que tengo una amante...
Qué decir de las veces que me esfuerzo,
Más de lo que mis fuerzas pueden dar
Por no reconocer lo que realmente soy.

La verdad es que todos estamos viejos,
Ya todos más lentamente caminamos,
El color gris ahora nos ha identificado
Ya casi en todo, estamos arrinconados.

La realidad no se puede ya ocultar,
Porque por la edad todo ya ha mermado:
Si antes podía hasta kilómetros correr,
Ahora, a duras penas puedo caminar.

A veces, a solas, en una esquina lloro,
Porque no me ajusto a la realidad,
Si logro ajustarme, mañana me olvido
De quien soy, de qué busco, y qué añoro.

Olvido las pastillas que he de tomar,
No sé si son cinco, o diez, o catorce,
Entonces medito por querer recordar,
Mas la meditación me hace dormir.

Me duermo en la cocina y en la sala,
Viendo televisión sentado en la silla,
Pero cuando se llega la hora de dormir
No me viene el sueño ni con pastilla.

Parece que ahora eso de dormir siesta,
Es una cosa que se me hace natural,
Porque aunque no lo llegue a pretender,
Me adormezco con un sonido musical.

Tan de repente me alcanzó el tiempo,
Que todo lo que antes quise hacer,
Que por creerme dueño del tiempo,
No lo hice, ahora lo quiero hacer.

Sin embargo, otra es la situación,
Heme aquí, con achaques y dolores,
Llegué a esta edad sin preparación,
Ya sin fuerzas, ni mis habilidades.

Es así como me abordó el Invierno,
Sé bien que muy pronto se pasará,
Aunque no aseguro cuánto durará,
Al terminar, otra aventura iniciará.

Si me pides que te dé algún consejo,
Con gusto yo te diría lo siguiente:
No esperes encontrar Felicidad mañana,
Por algo que mañana se realizará.

Busca cómo ser feliz el día de hoy,
Que el Invierno llega en un santiamén,
En un simple abrir y cerrar de ojos
Ya tocó las puertas de tu corazón...

No te sientas el dueño de tu futuro,
No pospongas tus cosas pendientes
Hazlas hoy, pues mañana no podrás,
Quién sabe si a tu Invierno llegarás.

Lo único que vale la pena en la vida,
Es lo bien que pudiste haber vivido,
Quítate los rencores y remordimientos,
Perdona tus errores y los de los demás.

No atesores cosas que no podrás llevar,
Al verdadero viaje que vas a realizar,
Llévate las alegrías, afectos y amores,
Que por esta vida pudiste acaparar.

Vive una vida digna, ahorra un poco,
No para atesorar, sino para tu bienestar
Cuando te enfrentes a esta situación,
Pero acuérdate siempre de compartir.

No sé quién de los dos primero muera,
Se sufre igual cuando el otro se ha ido,
Mas, que me concedan un deseo sólo pido:
Cuando ella muera, que la entierren conmigo,

A mi lado, en la misma tumba…

Instrucciones para mi hijo

Cuando muera, vísteme para el funeral
Con una túnica blanca, no verde ni azul,
Quítame los zapatos, déjame descalzo,
Y coloca una espada a un costado mío,
Pues ésta representa que en esta vida
Fui un Soldado, y aliado del Señor.

En el piso, y por debajo de la mesa,
Una cruz de cal del tamaño del ataúd,
Y alrededor de éste, por arriba y abajo,
Pones coronas y guirnaldas de flores
De los más exquisitos y fuertes olores.

Pones cuatro cirios en las puntas
De la cruz de cal que en el piso pusiste
En los puntos cardinales de mi cuerpo.

Quiero morir oloroso, muy perfumado,
Con mucha luz y con un crucifijo
Entre mis manos de color blanco,
Para que los espíritus inmundos
De bajos astrales, me dejen en paz,
Y no me detengan en mi recorrido
De ir en la búsqueda de mi Señor
Al final del túnel que haya por recorrer.

Entiérrame pasadas veinticuatro horas
Desde que me quitaste los zapatos,
Tiempo reglamentario para salir
Mi alma a obtener el místico premio
De mi permiso para el túnel cruzar.

Cuando esté en el féretro mortuorio,
Colocas en mi pecho entre mis brazos
El libro de mis libros ya terminado,

Que representará mi propia historia
Así, con mi historia seré enterrado.

No olvides cuando me entierres,
Acomodarme muy junto a Tu Madre,
Que está esperándome desde que se fue.

La casa de mi abuela

Recordar a mis abuelitos es devoción…

Es cariño envuelto en estremecimiento,
Es como un espasmo que nace adentro,
Que hace palpitar enardecido al corazón.

Recordar su casa, es como volver a vivir…

Es volver a disfrutar de aquel ambiente,
De sus olores exóticos y ya envejecidos,
De la fragancia de colonia del peinador.

Cuántos recuerdos que han permanecido…

Muchos de ellos es imposible olvidarlos;
Otros pasan por mi mente como sombras
Que en el sosiego, los vuelvo a recordar.

Llegando y llegando: a asear la casa…

La abuela nos ponía a barrer los pisos.
Eran de esa piedrita llamada "de Galeana".
Y a barrer y a regar los patios y jardines.

Qué alegría ver a la abuela en el patio…

Alimentando las gallinas y los pajaritos,
Que se peleaban un espacio a su lado,
Para alcanzar más semillas y alimentos.

Ay guajolotes, cómo eran tan escandalosos…

Con silbidos cantaban el "gordo, gordo",
No cesaban hasta que el que silbaba callaba,
Y por fin los dejaba engullir su agua y maíz.

Cuando iban llegando todos los de la parvada…

El gozo se ampliaba y el juego comenzaba,
Había que bajar los pichones de los árboles,
Para agregarlos al arroz que hiciera mi abuelita.

Y a recolectar pedazos de troncos y ramas…

Para que sirvieran de tizón en la chimenea,
La buena lumbre no debía faltar al cocinar,
Para hacer esas ricas tortillas de maíz a mano.

Para comer los niños ya queríamos sentarnos…

Pero como los papás iban en primer plano,
Nos teníamos que esperar a que terminaran,
Para que luego a nosotros el turno nos tocara.

Mientras los adultos comían y platicaban…

Nosotros nos íbamos a las bardas de sillar
Para pillar al tiro al blanco a las lagartijas
Que asomaban la cabecilla por las rendijas.

Otros nos íbamos a bajar fruta de los árboles…

Que en el patio abundaban de mil variedades.
Naranjos, duraznos, nísperos, y guayabos,
Tunas, chicozapotes, mangos y zarzamoras.

Y los columpios esperaban allí colgaditos…

Para el momento en que nosotros llegáramos.
Y al momento corríamos muy desesperados,
Para poder aferrarse a cualquiera de los tres.

De un momento a otro nos quitábamos la ropa…

Para aventarnos sin pensarlo a la pila de agua,
Que fresca estaba debajo del viejo mezquite,
Que nos servía de estanque para remojarnos.

Eso sí, la condenada hambre no se nos quitaba…

Sólo esperábamos al momento en que avisaran
Que ya podíamos pasar a comer a la mesa,
Y a correr todos, para agarrar el mejor sitio.

Ya en la tardecita, todos jugábamos a la lotería…

Costaba a cinco centavos la tabla, mínimo dos,
Claro que el que pagaba más tablas, ganaba más,
Yo tenía suerte con mis dos tablitas, nunca perdía.

Ya se estaba llegando la noche, la hora de irnos…

Se acababa el domingo; se agrandaba la angustia,
Mañana era día de ir a la escuela y la panza dolía,
No te podías esconder, ni nada, pues te descubrían.

Pero en vacaciones: alegría era estar con los abuelos…

Todo mundo nos quedábamos a dormir repartidos,
Sobraban camas, catres y colchones, todos cabíamos,
El miedo era tener que ir pa´ fuera en la madrugada.

Ay abuelitos, cómo disfruté los momentos que nos
dieron…

Cuántos cuentos y cuántas canciones nos enseñaban,
Adivinanzas y chistes, pero lo que más me gustaba,
Eran las leyendas que en las noches nos contaban.

Empezamos a crecer, y el momento tuvo qué llegar…

Uno a uno, nuestros abuelitos se fueron muriendo…
A la casita solita, nadie quería ir, ellos ya no
estaban,
Con el tiempo fue desmejorando, y un día, la
vendieron…

Sólo quedó el recuerdo de aquellos años tan felices…

De cuando cruzábamos la enorme puerta de la
entrada
Para darnos la pasada a ese paraíso que nos esperaba
Todos los domingos de todos los meses de todos los
años.

La casa de mis papás

De los momentos más tristes en la vida
Que le puedan suceder a una persona,
Uno, seguro es la muerte de los padres,
Cuya consumación trae como consecuencia
Que se cierren para siempre las puertas
De ese hogar, La Casa de Papá y Mamá.

Adiós las tardes de los sábados alegres,
Adiós los domingos de alegría ambiental,
Adiós encuentros con todos los familiares,
Tíos, primos, nietos, padres y hermanos,
Creando ambiente para ser siempre felices
En fiestas, reuniones formales e informales,
No se diga los Años Nuevos y Navidades.

Cada vez que llegaban, pensabas un momento
Que si esa alegría sería ya por última vez,
Pues nada es para siempre, y un día se acaba.

Cuesta aceptar que esto tenga fecha límite,
Que algún día todo estará cubierto de polvo,
O que simplemente esa casa hogar querida,
No exista entre las realidades del mundo
De las risas, y los recuerdos, que tan sólo
En las mentes se quedaron para siempre,
De todos los que vivimos esas maravillas.

Cuando pasando el tiempo sólo esperábamos
Entusiasmados a que esas fechas llegaran…
Y llegaban, y nos enloquecían y nos chiflaban,
Nadie quería irse, nadie quería retirarse,
Queríamos continuar el jolgorio toda la noche,
Con nuestro sueño eterno lleno de felicidad.

Jugar a las cartas hasta que aparezca el sol,
Sentarnos a la mesa a la mañana siguiente
Sin haber dormido en toda la madrugada,
Tomarnos el cafecito con buñuelos de azúcar,
Y otros abriendo regalos de mil colores…

El tiempo se pasaba viviendo estos momentos,
Y sin darnos cuenta, pronto perdimos la noción,
Pasamos de ser inocentes, a ser mayores,
A sentarnos a la mesa con los demás adultos,
Postrados en la misma silla desde el almuerzo
Hasta el último café incluido en la cena.

Porque cuando uno se siente entre familia,
Parece que el tiempo se detiene, no se pasa,
Pero eso sí, hay café desde que el sol amanece,
Y durante todo el día hasta que anochece.

En la casa de los papás, todos se juntan,
Vienen los primos, vienen los vecinos,
A veces hasta los familiares de los vecinos,
Porque aquí todo el mundo es bienvenido,
Pero todos estamos juntos, y en bolita,
Unos platicando unas cosas y otros otras,
De manera que a nadie le entiendes nada,
Pero esos días especiales todos los esperamos.

Unos traen pan, otros gorditas, otros galletas,
Cada quien se acomide a traer manjares,
Chicharrones, un guisado, dulces y palomitas,
Y si me lo han de creer, todo nos lo acabamos,
Porque al llegar la noche, y antes de irse,
La plebe busca cómo llenar su pancita,
Con el último bocadillo del sabor casero.

Y a esperar la siguiente fecha ansiada
Para volver con papá y mamá y los abuelos.
Ellos no podrían negar que se excedían
En consuelos y consejos que nos daban,
Y a los nietos, ni se diga, que a escondidas,
Daban dinero, como si fuera una delito,
Y a llorar de risa por cualquier tontería,
O llorar de pena por los muertitos recientes.

Que sabroso era llegar, y directo a la cocina
A destapar y aspirar los olores de las cazuelas,
Que todos olían a clásico paraíso culinario,
Y disfrutar de los cocidos de la abuela, que
Eran seguros, no fallaban y a todos gustaban.

Pero antes de sentarse: "Todos a lavarse",
Era el lema de los abuelos y de los papás,
Cada vez que a la mesa a comer te acercabas.

"¿Ya terminaste?, pues a retirarse de la mesa
Que vienen otros más, y a lavar sus platos,
Que no hay vajilla suficiente para todos".

A veces la nostalgia atrapa y me pongo a llorar,
No hay remedio, hay que llorar por lo que se fue,
Pero me calmo y me digo "soy un afortunado,
Porque viví esas maravillas, y las tengo
Aquí en mi mente, como si estuvieran presentes".

También me digo que las pude aprovechar,
Ni un momento de aquella felicidad dejé ir.
Sé que nada de eso volverá, pero una cosa
Puedo hacer, reproducir los momentos
De la casa de mis papás, ahora en mi casa,
Y darles a mis hijos y nietos esa felicidad,
De la que yo siempre tanto disfruté…

Los consejos de Papá

Mi papá no era un genio, ni culto, ni sabio,
Ni un docto, ni un erudito, ni un estudioso,
Papá era simple, como un hombre digno
Que se preocupaba por todos nosotros.

Antes de dormirnos, cuando reinaba la paz,
Él procuraba ir a conversar con nosotros,
Para ir descubriendo cómo nos había ido,
Enterarse de qué manera nos trató la vida.

Él siempre sabía cabalmente lo que nos pasaba;
Sabía cuándo se nos escurrían los secretos;
Cuando algo no salía como lo teníamos planeado,
Pues nos veía abatidos, tristes, preocupados.

Nos palmeaba la espalda para darnos confianza
Y nos decía: no se apuren, la vida siempre es así,
Tiene obstáculos y desilusiones, muchas tristezas,
Melancolías, y quizá haya corajes y frustraciones.

Sin embargo… Lo más interesante de esta vida,
Es lo apasionante de cómo se te va presentando,
Todo lo que ella te va dando, un día te va sirviendo,
Lo importante es la forma de cómo tú lo tomes.

No te fijes en el dolor, pues el dolor te fortalecerá,
Y si te hace llorar, no importa, el alma te limpiará;
Las lágrimas son el preludio para tus sonrisas…
No tengas miedo, Hijo, que la vida siempre es así.

Yo también tuve miedo cuando tenía tu edad,
Me di cuenta que encausándolo por buen camino
Siempre termina siendo alimento para el carácter;
Te ayudará a ser valiente, y a derribar obstáculos.

Muchas veces la vida misma te va a encolerizar,
Pero sé muy prudente, y no te dejes manipular,
Eso forjará tu voluntad, y a tu energía dará
vitalidad,
Cada obstáculo tómalo como una nueva lección.

Hijo, la filosofía de la vida consiste en ir avanzando,
No pienses que por ostentosa no has de abarcarla,
Date tu importancia, y crece tan grande como ella,
Para que puedas, cerca del cielo, ver las estrellas.

Nunca pienses en el suelo caído y tirado quedarte,
Cuando tienes bajadas y tropiezos, no sufras por eso,
Observa el contexto y desde ahí, repasa tus errores,
Deduce cuál es la forma más rápida de levantarte.

Recuerda que tienes un gran potencial para brillar,
Sólo tú puedes fortalecer tu esencia y tu espíritu…
Aférrate a tus sueños; pero si has de abandonarlos,
Hazlo, pues tienes una infinita capacidad de soñar.

Papá decía que nos acercáramos a personas buenas,
Porque en todas partes hay gente que no te ama,
Que buscan ciertos intereses de ti, por comodidad,
Aunque eso después te enseñará a amar de verdad.

Cómo me quedaron esos recuerdos de mi Padre,
Cuánta razón tenía al decirnos que todo pasaba,
Y todo lo que pasa tiene una razón y un sentido,
La vida pierde valor, si no se enfrenta con sonrisas.

Los Designios de Dios.
En memoria: Amigo Luis Lauro

Nadie quiere saber de momentos adversos,
Ni de los que no queremos ni ver ni observar,

Pero llegan rápido, en un abrir y cerrar de ojos,
Pueden romper con las cadenas de una amistad,
Pueden acaban con los vínculos de hermandad.

Una persona se va, mientras otra permanece,
Pero todos iremos muy pronto desapareciendo,
Porque el tiempo avanza irremediablemente,
Y no se puede detener ni un solo instante,
Arrasa con todo aquello que esté a su alcance.

En nosotros no pasa el tiempo desapercibido,
Cada día que pasa nos hacemos más viejos,
Siempre estamos al borde de ese justo minuto
En que el destino se torna de nuestro lado,
Para llevarnos indudablemente al recinto finito.

Pueda no ser el día de hoy, ni quizá mañana,
Pero el tiempo se llegará sin ir a su encuentro.
Ya Dios una vida maravillosa nos brindó,
Y disfrutarla hasta este momento nos permitió,
Pongámonos en sus manos para lo que sigue.

Seguro nos brindará bendiciones y promesas
Cuando Él decida para siempre recogernos,
Definitivamente alegrará a nuestra amada alma
Por estar nuevamente en el seno del Espíritu Santo,
De donde un día salimos, y a donde retornaremos.

Amigo Luis Lauro, qué impactante fue tu partida,
Una asombrosa realidad realmente dolorosa:
Te vimos cómo luchabas contra tu enfermedad,
Siempre vislumbrando un Rayo de Luz en tu mirada,
Que se motivaba por tu gran entusiasmo por vivir.

Tenías en tu alma viva la flama de la Esperanza,
De poder salir un día de eso que la aprisionaba…
Tu valeroso corazón desdeñaba el ser derrotado,
Por el espectro de muerte a que tu cuerpo rondaba,
Mas tu bravura definía que eso a ti no te asustaba.

Cuántas veces estuviste en la raya, y no flaqueaste,
Qué había para ti imposible, que no pudieras lograr.
Tu enfermedad figuraba un reto que había que vencer,
Y pensar en morir estaba fuera de tus planes,
Yo admiro tu rectitud y tu bendita fuerza de voluntad.

Tú, un hombre de familia, un hombre de trabajo,
Un excelente entusiasta, un gran luchador por la vida,
Que te diste a querer como un verdadero hermano,
Y que hoy partes al Cielo, a la Casa del Padre,
Quien allí, junto a Él, prepara tu eterna morada…

Quiero que te vayas confiado en nuestra hermandad,
Siempre te apreciamos sincera y fraternalmente,

Por eso, hoy quiero darte las absolutas gracias
Por los años que nos regalaste siendo nuestro amigo,
Y ahora aún seguimos siendo tan amigos como antes.

Sabiendo que ahora ya estás por allá, en los Cielos,
Allana mi camino y prepárame, para presentarme
Ante Dios Nuestro Señor cuando me llegue la hora.
¿Quién mejor que Tú, Amigo Mío, podría ayudarme?
¡Disfruta tu estancia en el Cielo, Apreciado Amigo!

¡Que Dios te dé el Descanso Eterno y Su Santa Paz…!

Luis Lauro Vargas del Toro, 69 años.

Sábado, 26 de Noviembre de 2022.

Madre

Tu enseñanza e influencia en mi vida,
Es lo más hermoso que haya yo tenido,
Nunca podré quitarlo de mi mente,
Aún ya de viejo seguirá en mi corazón.

Estás aquí dentro y a donde yo vaya
Tu recuerdo y presencia por siempre,
Te aseguro que va a estar conmigo,
Pues en mí vinculaste tu proceder.

Soy aquél niño que siempre te quiso
El que siempre te amó con la fuerza,
Que Dios permitiera a un niño amar
A su Madre al momento de haberla tenido.

Soy aquél hombre que siempre te quiso
El que siempre te amó con la fuerza,
Que Dios permitiera a un hombre amar
A su Madre a pesar de haberla perdido.

Magia de la vieja amistad

Existe una magia dentro de nosotros,
No tiene una explicación lógica,
Pero vive, y se alimenta de nosotros,
Y pasan los días, los meses y los años,
Y esa cosa nos sofoca y nos llena.

En un momento dado se aviva,
Revive, y nos lo hace saber eufóricamente,

Y te hace que recuerdes que debes algo,
Que algo de ti, le pertenece a otros,
Y algo de otros también te pertenece a ti.

A veces se queda muy calladita y quieta,
Pero hay momentos en que se sacude,
Y te hace saber que está muy contenta,
Que confía mucho en ti y en tus amigos.

A veces, en muchas de nuestras reuniones
No se distinguen amigos viejos o nuevos.
A pesar de que la amistad siempre está igual,
Pues a la amistad no le pasa el tiempo.

Estudios respecto al buen vivir resaltan
La importancia de compartir con amigos.
Yo no sé si cura los males del cuerpo,
Pero sí sé que cura los males del alma.

Recordar la infancia, la adolescencia,
O cualquier etapa de la vida con amigos:
Reír, dialogar, compartir alegrías y tristezas,
Es la mejor terapia para sublimar el espíritu.

El abrazo fraternal de un amigo,
Es muy semejante al de los hijos o los nietos.
Por eso: gracias a la vida por haberme dado
La fortuna de regalarme los amigos que tengo.

Sentir lo que siento cuando estoy con ellos,
Es el dulce y la chispa de la existencia.
Nuestros pasos por esta vida se aligeran,
Dado el regalo virtuoso de la vieja amistad.

Maricelita: Volver a verte.
En memoria

Yo no tenía siempre tu compañía,
Pero ocupabas mi mente día a día,
A pesar de lo lejos, muy cerca te sentía.

Desde niña me enseñé a quererte…
Eras la risa y la atención presente
En cualquier reunión de la gente.

En la familia, en fiestas y reuniones
Cautivaba la atención tu alegría,
Porque eras como una rosa fragante.

Tenías una carita dulce y seductora,
Tan suave y dócil como de porcelana
Y una piel tan tierna como de manzana.

Eso sí, tenías un carácter imponente,
Con una voluntad realmente férrea y fuerte,
De una mente que vencía lo más desafiante.

Eras la graciosa muñequita del barrio,
Aquélla que con sus gracias y gestos,
A quien te viera, una sonrisa le quitabas.

Llevo en el alma de ti mil recuerdos,
Tan claros como el agua más clara,
Que nunca se borrarán de mi mente.

Pronto entraste a la Universidad,
Y sin saber que el tiempo se pasaba,
Creciste tanto, que fue una barbaridad.

Yo que creí que respetarías mi tamaño…
No te importó que tu tío se quedara abajo,
Seguías creciendo tanto que eras una enormidad.

Como fuiste mi primera sobrinita
Yo me acostumbré a seguirte los pasos,
Me enteraba de tus éxitos como de tus fracasos.

Ya con tu trabajo y tus obligaciones
De repente dejé de seguirte los pasos,
Eso no significaba ausencias o separaciones.

La vida es así y se va uno haciendo viejo,
Pero todos vamos de la mano caminando,
Sin poder resolver de la vida el acertijo.

La noticia que menos esperaba recibir
Me fue dada en un instante desdichado,
No podía creer lo que ahora escuchaba…

Simplemente el llanto invadió mi rostro,
Mi pobre alma se estaba destrozando
Al escuchar lo que no quería comprender.

De repente nos brincaste en el camino,
Te adelantaste a donde todos un día iremos
Pero mientras tanto me has dejado vacío.

Este hueco que creaste en mi pecho,
Dime cómo sin ti lo voy a rellenar…
La vida ahora ya no volverá a ser igual.

Sé que hubieses querido despedirte de mí,
Pero seguramente a Dios le urgía tenerte,
Y en su regazo seguramente ya descansaste.

De mis amores siempre parte formaste,
Estarás en mi corazón ocupando el puesto
Hasta que el Padre Tiempo me haga polvo.

Algún día no muy lejano, en algún lugar,
Aunque te hayas ido, volveré a encontrarte,
Y por fin mis ojos podrán Volver a Verte.

Tu tío, con amor.

Maricela Villarreal Cantú, 45 años.

Martes, 2 de Febrero de 2021.

Mis experiencias ante El Covid

Hoy amanecí con mejor actitud
Ante un bendecido rayo de sol,
Mejores ilusiones ante la vida,
Más esperanzas para recibir nuevas energías,
Y mejores deseos de bendecir
A las circunstancias mismas,
Mejores deseos de bendecir a los demás…

A quién podría yo descorazonarle su corazón,
A quién, desilusionarle sus ilusiones,
A quién podría convencer de aceptar mi mal,
Si lo mío lo tengo ya arraigado en mí,
Si lo tengo aprisionado sin quererlo transferir.
Es mío solo, sin que alcance a un ser más,
Conmigo se queda hasta que lo deseche mi corazón.

Sintiendo lo que estoy sintiendo hoy,
Que una cosa tengo bien por segura,
Que ni en salud ni en la enfermedad
Habré yo de mencionar una queja,
Pues es notoria la Presencia del Señor
En todos los momentos de mi vida,
Y por ello he de darle mil gracias…
Por tan excelsa y bella compañía,
Aparte de la asistencia de mi esposa,
Que ha mostrado ser la mejor enfermera…

Te he de comentar que una vertiente
De las filosofías adoptadas en mi vida
Es la dádiva de que todo ya está perdonado
Desde que yo nací hasta que yo muera.
Y mi Dios se muestra como un juez

Benévolo y comprensivo que nos concede
Cada una de las bendiciones que nos da.

Pero hay que considerar un par de cositas:
Esta enfermedad no me da ningún derecho
De pensar que yo soy el más enfermo del mundo
Y que yo sea el centro de atención personal.
No, simplemente soy uno entre tantos.

Punto y aparte.
Y aquí acaba mi redacción.
Que lo que haya de seguir, se escriba,
En blanca página, en nuevo renglón.

Misterios de la amistad

Cuando una amistad tan grande se presume,
Un amigo transformarse en hermano asume,
Tierno corazón encuentra un suave consuelo
Y en el alma se realiza un maravilloso anhelo.

Cierto es que cuando la amistad trasciende
Dos almas sucede que confraternizan,
Entonces ambas almas se engrandecen,
Y en el corazón se satisface aquel anhelo.

Nostalgia

¿A dónde se fue la paz, mi paz?
Yo la conocía… Yo la quería…

Sí, existió, pero pronto se esfumó,
No duró siquiera otro amanecer.

Tenía prisa por alejarse muy lejos,
Se fue a donde nadie pueda buscarla.

Ella era mi amiga, mi compañera,
Yo la llevaba conmigo siempre…

La traía en un rincón de mi alma,
Escondida siempre en mi corazón.

Era la paz que yo veía en tu cara,
Era la alegría de tus ojos claros.

Paz del reflejo plateado de la luna
Sobre tu rostro al anochecer…

Paz que al verte me advertía ilusión,
Cariño, entrega, esperanza y pasión.

¿Por qué diablos tuvo qué alejarse?
¿Por qué diablos ya jamás apareció?

Yo sé que no hace mucho tiempo,
Todos gozaban de esa paz y armonía…

Pero las cosas mucho cambiaron,
Desde aquellos años tan hermosos.

Sólo quedan la pena y la angustia,
La desesperación y la desilusión.

Más pronto de que el sol apareciera,
Nació el terror entre las personas.

El odio entre los que tienen autoridad,
Surgió el crimen como forma de vivir.

Para algunos hacer valer su voluntad,
Pelear la autoría por cosas prohibidas.

Este miedo y agobio que sentimos
Son vibraciones entre unos y otros…

Indudablemente se van a algún lado
A almacenarse, hasta que por fin revientan.

Hará que sucedan cosas en repercusión
Sin duda contra la especie humana.

¿Qué mundo futuro les espera
A nuestros hijos y a nuestros nietos?

¿Será justo negar a la vida, diciendo:
"Pues ya para qué vivir…?".

¡Parece que envejecí!

Esta edad que ahora yo represento
No es la misma que tú crees que tengo,
Aunque, te soy sincero, y me confieso,
Durante mi vida pensé en llegar a viejo,
Pero jamás pensé en llegar a esta edad.

Esta edad que es la que yo represento,
Y no es la misma que crees que tengo.

Te equivocas de lo que dices de mi edad,
Si no fuera porque desde niño me conoces,
Si no fuera porque estuvimos en la escuela,
En la única escuela de nuestro pueblo,
Jamás atinarías decirme exacto mi edad.

Por lo que estás viendo de mí y yo de ti,
Parece haber una diferencia muy grande.

Represento al viejo que ha vivido sano,
Mas tú, representas a un viejo enclenque,
Achacoso a pesar de tu pronta jubilación,
Claro, ni tú ni yo nos podemos lamentar.

Pero, por favor, no quieras compararte
Conmigo y mi estado actual de robustez,
Cuando no represento la edad que tengo.

Espero que esto todo lo vayas razonando,
Y encuentres reacomodo fácil al supuesto,
De qué bueno que caminas de por sí solo,
Y que lees de por sí solo, aunque con lentes,
Pero te hace un poco ser más independiente.

Si yo no me pongo lentes aunque los necesito,
Es para engañarte sobre la edad que tengo.

Si pudieras venir al café con tu propio pie,
Me darías la seguridad que eres arrogante,
Que eres valeroso y decidido y sin miedo,
Pero no, tiene que traerte mi pobre sobrino,
Para asegurarse que entraste al lugar justo.

Como ves, yo vivo allí enfrente y no batallo,
Te engaño en mi afán porque me veas joven.

Prefiero ir por ti a las puertas del mesón,
Ya te has ido a sentar con gente desconocida,
Después no quieres irte a mi dispuesta mesa,
Y es contigo un batallar, pero al fin accedes,
A pasito lento, finalmente te vienes conmigo.

Oye, yo creo que el café te reanima, empiezas
Hable y hable, pero es lo mismo de siempre.

Es una fortuna que ambos nos reconozcamos,
Aunque tú menos a mí, de lo que yo a ti,

Pero a veces que viene uno que otro amiguito,
De esos viejillos que han sido amigos nuestros
Durante años y años, y cuando eso sucede,
Ah qué batallar contigo, empieza la guerra,
Que si es éste, que si es el otro, y no le atinas.

Sin embargo aún remachas que eres más joven,
Y quieras que no, eso a mí me da mucha risa,
Tienes una gracia para pelear conmigo que,
No sólo yo me río, sino todo aquel que te oye,
Nos mantienes alegres toda la tarde, y lo sabes.

Y no empieces a contarnos de tus viejos amores,
Porque cada vez, nos sales con una novedad.

Claro, sí entendemos que tu juventud se fue,
Te respaldas en tu vejez para sobar tu corazón,
Que como todos nosotros, quiere seguir viviendo,
Y aún a pesar de tu edad, está muy sanito,
Te da fuerza y gusto, y se ajusta a tu estampa.

Ese bordoncito con el que das paso elegante,
Y el sombrerito de paño negro, te ponen coqueto.

Yo estoy lleno de canas, las que aún están,
Y la verdad no me he querido pintar el pelo,
Que's que para "no perder mi personalidad".
Con eso me ha engañado mi mujer por siglos…

Y yo sigo haciéndole caso, perdiendo ocasión,
De parecer algún galancete de cine, o de teatro,
Y no, entonces sí que no me reconocería aquél.

Dicen los viejos que cuando uno se hace viejo,
Realmente no eres un viejo como dicen que eres,
Te haces viejo pero por la apariencia solamente,
Pero la mera verdad es que resurge lo guardado:
Sale a esta edad a relucir la sabiduría reservada…

Pobre de aquél que me diga: "ahí va ese viejo",
Pues no sabe los coscorrones de sabio que le daré.

Alguien cercano me dirigió un gancho al hígado:
"Te estás haciendo viejo, ya no eres el que eras,
Además te estás volviendo quejoso y antisocial".

Aprovechando la experiencia de lo que aprendí,
Le contesté de modo sutil, pero caballerosamente:
"No, amigo mío, no me estoy haciendo viejo,
Es sencillamente que me estoy volviendo sabio".

"Y has de saber una cosa de lo que tú no gozas:
Tendré alguna enfermedad, pero de las normales,
Y no me asusta eso, pues es parte de la edad,
Pero tengo los ánimos de cantar con los amigos,
De poder disfrutar de una plática encantadora,
De jugar una vez por semana a La Lotería,
A veces con buena mente también a Las Cartas".

"Yo en verdad no sé de qué lado tú flaqueas,
Pero yo le doy Gracias a Dios por estar vivo.

"Lo de ser joven, viejo, o muy viejo, ya se verá,
Pues gozo aún de lo que otros ya no gozan.

"Aún con las limitantes que tengo, puedo hacerlo,
No todo, pero puedo hacer cosas bien hechas,
Lo bueno es que tengo mi familia y mis amigos".

"Una cosa que he ganado ahora que estoy viejo
Es que llegó el momento de ser libre y feliz,
Hago lo que me gusta, y soy el que quiero ser,
Deseché todo motivo de vanidad y presunción…

"Eso es algo de la sabiduría que me ha nacido,
Escojo a mis amigos y a mis nuevas costumbres,
¿Y ves, amigo, cómo el hacerme viejo me coronó?".

Me volví un poco más sensible e introspectivo,
Dejo las noches para pensar, para meditar,
Para escribir algunas cosillas, sobre todo poemas,
Leo un poco más que antes, pero eso sí,
Durante el día me da mucho sueño cada rato,
Pero en la noche recupero la energía no gastada,
Y me nacen nuevos lugares a donde puedo viajar.

Es curioso, pero en las mañanas despierto temprano
Sólo para escuchar los trinos de un par de pajaritos
Que a diario se posan en el árbol de enfrente,
Y se ponen a cantar hasta que sale el sol, y se van.
Yo escucho sus gorjeos, y me deleito con su canto.

Me recuerdan la madrugada en que mamá murió.
Al menos esos momentos se los dedico a ella.

Parece, y por ello estoy muy orgulloso, que
De los libros que leo, hay un par que yo escribí,
Que los leo, y los vuelvo a leer, y a releer.
Yo no sé qué es lo que les encuentro de nuevo,
Pero cada vez que los leo, me inflaman el alma…

A veces pienso que no fui yo el que los escribió,
Sino un diablillo travieso, confesado y comulgado.

Bueno pues, que ya debo ir a ponerle atención
A mi hermanito gemelo, gruñón, pero divertido…

Le hago que pierda la cordura cuando le digo
Que yo me veo más joven que él, y me pelea.

Me agradan sus pleitos y sus riñas, porque parece
Que la vejez nos dio gracia de más para expresarnos,
Y ahora juntos reímos, y reñimos, y cantamos.

Pueblo

El pueblo, en su oculta dimensión,
Rescata las costumbres y tradiciones
Y expresa en una poética circunspección,
Que enmarca siempre sus evocaciones.

Son esos antiguos cuentos y leyendas,
Que narran los ancianos a los niños,
Para ir construyéndoles sus identidades
Para que sepan a dónde pertenecen.

Con el deseo de rescatarse a sí mismo,
Elige personas que escriban sus historias,
Que él les va narrando al paso de los años
Para permanecer siempre en el tiempo.

En esa mente puesta a saber su pasado
Recorre sus calles, y entra a sus casas,
Donde se desarrollan tramas y dramas
Que darán fe de su vida y su existencia.

A saber, todas las historias personales
Y familiares de los habitantes del pueblo
Están entrelazadas y matizadas de tristezas,
De amores y odios, de pesares y placeres.

De las angustias y las alegrías de vivir,
Que a veces se viven a un mismo tiempo,
Y a veces, inesperadamente, y sin saberlo,
Se separan, sin volver jamás a juntarse.

El pueblo sólo muestra historia,
Y da una lección de la existencia
Efímera, lo que se va y no regresa,
Es él quien conoce sus personajes.

De la poca importancia que le dan
A su mundo, y quiere comunicar
Que todo se pasa y todo se olvida,
Menos las piedras y sus similares.

Les provoca una tremenda angustia
Tener certeza que un día no estarán
Junto a todos aquéllos que aman
Y caerán en el olvido de los tiempos.

He aquí la fugacidad de la vida
En las eternidades de los tiempos,
He aquí el motivo que conduce
A dejar memoria escrita de la historia.

Retorno de la amistad

Que no les importe, amigos, este clamor…
Que no les importe, este júbilo y dulzor…

Que la amistad es un regalo del Señor,
Y la hermandad un don, sin comparación.

Que no se repitan las ausencias clandestinas,
Que obligan por amor a vuestras mercedes
A tener que pelearse contra tanto dragón,
Alicante, oso, pordiosero y merodeador.

Y dicho esto por mí mismo y en mi gesto,
Pues veo todo arreglado y en paz puesto.

Demos hoy por hoy, aquí por terminado
Lo bien dispuesto en este presupuesto.

Pasemos pues a centrarnos en celebrar
Con cosas un poco más vanas y mundanas,

Como un almuerzo al son de las campanas,
O como hacen las cortesanas en sus camas.

Claro está que me habrán de preguntar,
¿Qué hacen las cortesanas en sus camas?

Más yo les contestaré presto: que no lo sé…
Y menos en las mañanas tempranas…

Ja, ja, ja, ja, ja, ja, ja, ja, ja, ja, ja, ja…

Pero con esto del hambre que me da…
Me da igual un verso que otro rimar…

¿Por qué no me vienen a acompañar
Y a la mesa de allá, nos vamos a sentar…?

¿Pues por pan, quién se va a preocupar
Si veo que por aquí hay hasta de más…?

Y para el hambre matar, apenas un buen pan
Como este pan, no creo se haga mejor pan.

Sin faltar, por supuesto, lo mejor de lo mejor
Y qué mejor que un buen café para rematar,

El retorno inminente de la buena amistad,
Cerrando pacto aviniendo nuestra hermandad.

Rincón de las ánimas

Sustancia de aquello que no es material,
Fragancia de lo que no se ve ni se siente.
De las almas de los eclipsados, manantial,
Flotando encima de todo signo elemental.

Allí están, encima de piedras y matorrales,
De todo aquello que existe materialmente,
En los lugares donde aparecieron, y vivieron,
Es en ese pueblo, su lugar de origen latente.

Allí es donde vivieron todas aquellas almas,
Allí, pueblo o ciudad, donde deambularon,
Allí, donde existieron y luego desaparecieron,
Allí, donde las mentes todo lo olvidaron.

Mas, tan sólo han quedado las sustancias,
Comportamientos, sueños y las costumbres,
Las emociones, las actitudes y los amores,
Ocultos allá, de donde nadie los podrá sacar.

Tony… En memoria

Realmente me tomó por asombro…
Si quisieras saber cómo lo supe…
Aunque no creo lo tengas en tus planes,
Pues un hombre no debería de llorar,
Pero estas lágrimas desde adentro
Que no puedo ya más ocultar,
Es como si me arrancaran la vida,
Como si fuera yo el que en verdad muriera,
Y te juro que hasta la cordura malgasto
Tratando de entender que ya no estás…

Pero si apenas ayer fue que pude verte,
Jamás pude imaginar que ibas a irte…
Y pues, muy acostumbrado a tu presencia,
Jamás pensé en no volver a encontrarte.

Ese libro que apenas escribí y te di,
Tal pareciera que nos aprisionara
En una amistad que eterna allí se refleja,
Pero te arrancaron de bruces de sus páginas
Y mi alma ve ahora los huecos que dejaste,
Seguramente ves la pena que en mí creaste.

¡Ay, cuánta tristeza me deja tu ausencia…!
Se abre un abismo que tu adiós reclama,
Ese sombrío adiós que rompe el silencio
De tu voz, y que hirió para siempre mi alma,
Frente a mi soledad que ya está pagando el precio.
La amistad y el afecto que siempre nos uniera,
Confundíanse con amor fraternal de hermanos,
¡¡¡Ay, cómo le ha dolido a mi corazón…!!!
¡¡¡Ay, cuánto pesar por esta situación…!!!

Te fuiste y me devolviste la niñez,
Me regresaste una adolescencia de refugio
Y una madurez hermosa que pasé junto a ti.
Pero se abrió un gran abismo por tu ausencia,
Tu abandono rasgó nuestras redes de unión...

Yo quisiera llorar tanto como pudiera,
Por el engaño de que estás aquí, pero te has ido,
Siento tu mano aquí en mi corazón, y no está,
Y tu mirada en vano la siento en mi cabeza,
Porque ese adiós rompió todos los lazos,
Que tu muerte devastó con brusquedad.

Nada podría tener una razón de ser,
Sólo luces de esperanza han quedado,
En los caminos que nos han separado,
Pero en breve nos guiarás con tu mano,
Al Más Allá, a donde ya hayas llegado.

Hoy un despiadado dolor me despertó,
En esta afligida madrugada abrumadora
Deduciendo que estabas en mi corazón,
Reclamando esto que mi mano escribe...
Y con dolor aquí te lo estoy plasmando.

Y a pesar de todo mal, pronto nos veremos,
Pues dejamos entrambos muchos pendientes
Muchas científicas discusiones por contender,
Hoy es día en que un cafecito tomaremos,
Ya lo verás qué bien la pasaremos...
Tu amigo de siempre, Felitos.

Juan Antonio Villarreal Treviño, 67 años.

Miércoles, 23 de Diciembre de 2020.

Traicionero amigo

Atrevido os habéis mostrado
En éste, mi tremendo descuido,
Y ahora ya veis que todo tiemblo,
Porque no estoy acostumbrado.

Tal has sido, vuestra merced,
Por obra y gracia de mi pendejez,
No he podido salir como un pez,
Que si no, os agarro y aquí os mato.

El suelo levanto, huracanes espanto,
Y entre tanto y tanto, el acumulado
Con eso de los dragones y oseznos,
Hasta lo bestia, os la lleváis puesta.

Ahora os digo, me habéis engatusado,
Con vuestra inútil y dulce canción
Mientras a engaño y a regañadientes,
A escondidas habéis robado el botín.

Mas ahora preparaos y empuñad,
Que sin piedad hoy me he de portar,
Y recordad que os llevaré aspirinas
Por si os llega a doler la cabeza.

Os digo que no quiero estampidas
Ni más supinas, ni más engaños,
Ni trucos, ni escondrijos ufanos,
Pues os encontraré donde estéis.

Versos para mi madre

1.
Cuando estás conmigo mi alma se inflama
Pero has de irte y mucho sufro de desaliento,
Mi pecho se oprime, al irte tú con el viento,
La angustia crece al ver que tu luz desaparece.

2.
Quiero verte, quiero sentirte y disfrutarte,
Como si fueras un alma que en estado latente,
Cambia a sus tristezas por las confianzas
De que todos mis días pueda tenerte presente.

3.
Y por eso te espero, justo en cada ocasión

Para buscar en mi vida, tu acomodo,
¿Crees que podré superar esta tormenta
Que me tiene pelos y bigotes de punta?

4.
No lloraré más, la tristeza se abre camino,
Ya sé que tú te vas, y no sé si volverás…
Muy pronto se acabará un ciclo de existencia,
Y pensar que otra vez, vuelve el sonsonete.

5.
El aire que sopla, me trae tus fragancias,
Y no hay nada que se le pueda comparar,
Desde la madrugada, entra por mi ventana
Me despierta serenamente, haciéndome cantar.

6.
La alondra, marca la pauta de la melodía,
Los palomos, entonan su íntimo cucurrucar,
Ruiseñores y calandrias, han de acompañar,
Al hermoso canto, que durará todo este día.

7.
¿Cómo detenerte y preservarte para siempre?
Te vas tan rápido como todo lo placentero,
Desapareces antes de que el gallo vuelva a cantar,
Y me dejas dormido en la espera del lucero.

8.
El cálido céfiro que esta mañana brinda,
Tan delicados perfumes de campos y huertas,
Me dice: Hoy es día de alegrarse, a levantarse,
El día poco dura; no ha de desaprovecharse.

9.
No te vayas, quiero estar contigo,
Envuélveme en tu magia seductora,
Cuéntame de tu trayecto la magia…
Duerme, come y bebe conmigo.

10.
Hazme labrador, hazme solariego,
Cántame esa melancólica canción,
De tu sabor amargo, y tu color marrón,
Cuya tristeza, conmueve mi corazón…

11.
Alcánzame, sortilegio encantador,
Envuélveme, armonía agraciada,
Méceme en tu regazo acogedor,
Vísteme del color de tu purpúreo corazón…

12.
¿Dónde están los ojos que me miraban?

13.
Es mi corazón, el que se ha de enamorar,
Es mi corazón, el que vivirá ilusionado,
Ha de encontrar en lo fugaz de tu estado,
Un amigo o un amor, que lo hayan consolado.

14.
Más ella se fue, y sé que ya jamás volverá,
¿Quién me prestará un regazo y me consolará?
¿Quién podrá poner en paz mis pensamientos?
Es corta la vida, el desorden pronto pasará.

15.
Dime dónde te escondes, ¿a dónde te has ido?
Mira que el amor a mi corazón ha llegado,
Mi alma un nuevo canto ha adquirido,
La Navidad llegó, la tristeza se ha llevado.

16.
Ven, entona y recítame la dulce canción,
Que acaricia y enternece a mi corazón,
Al que remontas con tu suave armonía,
Al día que por primera oí tu melodía.

17.
Y tú que te fuiste y también me cantabas,
Susurra a mis oídos con tu hermosa voz,
Cántame en mi otoño como en todo el año
Los consejos y los regaños que me dabas.

18.
Recoge una flor blanca, para un amigo,
Y a tu abuela, regala un clavel rozado,
Mas, una guirnalda color rojo pintado,
Para tu madre, que por ella estás conmigo.

19.
Mi alma se extasía con estar a tu lado,
Mi corazón se inflama, ante tu belleza,
Ante Dios me rindo en su altar, hincado,
Llorando, gracias dando por su grandeza.

20.
Y tú, esa triste madrugada, muy temprano,
El canto de la alondra ya no escuchaste,
Tu corazón se hizo de piedra, y te fuiste,
Sin un adiós, llorando en silencio me dejaste.

21.
Uno y mil recuerdos a mi mente llegan,

¿Dónde está aquella voz que me cantaba?
¿Dónde, aquélla, que mil consejos me daba?
¿Te fuiste, igual que todos los que pasaban?

De las noches que siempre me regalabas,
A la luz de la luna y sus estrellas al lado,
Destellos que mis ojos han guardado.

22.
Si pudieras saber lo que te extraño,
Si pudiera enseñarte lo que he logrado,
Seguro te sentirías muy feliz y contenta,
Y yo más, si estuvieras a mi lado.

23.
¡Qué diera porque conmigo te quedaras!
¡Cómo quisiera que vivieras para siempre!
Pero la vida sigue, y seguirá lo siguiente...
Así, también yo me iré con la corriente...

24.
Ay de mí, tan sujeto a tu nobleza,
Ay de mi alma, prendada a tu belleza...
Quiero tenerte en mi corazón presa,
Y al morir, llevarte a donde deba ir...

25.
Una corona y un crucifijo de espigas,
Frente a tu retrato colocaré, y me hincaré,
Un rosario a la Virgen, por ti rezaré,
Y luego que me duerma, contigo soñaré.

26.
Y yo que en balde busco tu semblante,
Sé que un día habré de encontrarte.
Te dejo unas flores, en memoria del amor,
Que durante tu vida, a mí brindaste.

27.
Ay pajarillos, que bendicen con su canto,
En la tierra y en el cielo a toda criatura,
Y hasta a los muertos del camposanto,
Quédense conmigo, y alejen mi tormento.

28.
Por favor, "Septiembre", sé conmigo benigno,
No lastimes más mi pobre corazón,
Recordando a la que nació un "dieciséis",
Y que un día, me arrulló en su corpiño.

29.
Ay "Septiembre", no me dejes triste si te vas.
¿Qué hacer para que te quedes un poco más?
Aunque falta un largo año, sé que volverás,
Y a mi madre nuevamente me recordarás.

30.
Mansa tristeza, no me hagas más sufrir,

Dime a dónde el viento las hojas se llevó,
Dime en qué mundo la puedo ir a buscar,
¿Acaso el nuevo año a su llegada la traerá?

31.
Y yo con mi atormentado y triste corazón,
Que sufre y llora, y que el viento se lleva,
Junto a las hojas que perdieron su fulgor,
Como esos sueños que jamás se realizan.

32.
Escondido detrás de aquella tumba,
Pretendo buscarla para volver a verla,
Pues mi alma se aferra a que volverá,
Mas quizá, un día por mí, ella vendrá.

33.
Y si al árbol le retejiera sus hojas muertas,
¿Me darías una garantía de que volvería?
Ya no mientas, ya se ha ido para siempre,
Y las hojas muertas, ya jamás regresarán...

34.
Déjame contemplar el Cielo con sólo verte,
Déjame tocarte para aliviar mis tormentos,
Tómame y cárgame como a un bebé,
Susúrrame arrullos que habrán de salvarme.

35.
Por fin he comprendido que debes irte,
Al fin entendí que no debí de retenerte,
Discúlpame, pido perdón, te dejo libre.
Encuentra la luz que Dios ha de darte.

36.
Y ahora ya mi corazón se va,
Dejo libres a todos los que quiero,
Mas en mi corazón tan sólo me llevo,
Aquél, por el que eternamente muero.

Visión de La Sultana del Norte

La luz del sol lánguidamente alumbraba
Aquel cielo, de nubes blancas y espesas,
Dejando ver entre unas y otras, la visión
Del intenso azul del enorme firmamento.

Semejando figuras mudables que las nubes
Caprichosamente formaban, transformadas

En magnas cabezas o cuerpos inmensos
De dioses, semidioses, gigantes o enanos.

Ángeles escondidos entre los rayos de sol,
Cuyas líneas creadas eran caminos de oro,
Que Dios iluminaba para que resbalaran
Sus querubines, y llegar a la visión aquélla.

Las nubes puestas estaban, y coronaban
Las mitras de verdes cerros cercanos,
Mientras, de las nubes salían parvadas
De zopilotes mil en los cielos danzando.

Suaves vuelos en círculos deslizando,
A ritmo de sus armónicos movimientos,
Tal como cometas que el viento levanta
En una danza interminable de destellos.

Melancólicos arrullos de ensueño atrapan
Al curioso, lo envuelven y lo hipnotizan,
Hasta llevarlo a mundos desconocidos,
Desde donde nunca quisiera regresar.

Y al observar a los buitres, les descubres
Que están vigilando desde lo más alto
Alguna presa que les sirviera de alimento,
Para devorar carroña del animal muerto.

A orillas de terrenos que han divisado
Desde las alturas detrás de cielo nublado,
Y en tanto al salir y volver a ocultarse,
Esconden la visión de su raro encanto.

Debajo de ellos, toda una pequeña ciudad,
Rodeada de ríos, cascadas y manantiales,
Que proveen de la humedad suficiente
A la vegetación que adorna su simiente.

Sus cerros y caminos gratamente enmarcados
Por una montaña imponente que a la ciudad,
La enaltece como un marco y estandarte,
Al igual que la protege como un gigante.

Es la más hermosa, pero no es la única,
Montañas se ven cientos, como reinas
Que a la ciudad protegen y la enclaustran,
Haciéndola ver como una gran fortaleza.

Puestas allí por la naturaleza, y coronadas,
En sus alturas con bellos picos de piedra,
Mitras y encornaduras, que hacen hermoso
Su imponente destello y envergadura.

El valle con mil colores marca su sello,
Que al son del corazón de sus labradores,

Es el color de cómo sus tierras se visten,
Son del trigo suaves marcas de amarillo.

En otras secciones el verde es distinguible,
Cautiva su seducción, esperanza y alegría,
Por donde se divisa la alfalfa sembrada,
Misma que promete vida para el ganado.

Los colores marrones y rojizos son símbolo
De los sembradíos, o de tomate, o sorgo,
Mostrando sus cargadas y espesas espigas
Llenas de semillas marrones y enrojecidas.

Desde lejos, se pueden divisar los jacales
Con techos de retacadas hojas de palma,
Coyotes y algunas aguilillas disputándose
El robo de alguna gallina perdida en el corral.

Y cómo dejar de ver aquellos manantiales,
De agua cristalina en cuatro puntos cardinales,
Sirven de regocijo a los hombres y mujeres,
Diariamente trabajadores en todas las labores.

Eso distingue la ciudad, por su gente,
Que es muy insistente y madrugadora,
Y cuyo lema siempre ha sido:

"Levántate cuando el sol salga,
Acuéstate cuando el sol se ponga".

Del valle aquél provenía el aire húmedo,
Exquisitamente perfumado de azahares
De naranjos que están en la estación;
Olores a hierbas de olor y a tierra mojada.

Ese cierto aromita dulce y seductor,
Con el olor de las mieles de las abejas,
Que en las mañanitas serenas despliegan
De los huizaches sus flores amarillas.

Es ese aire con esos aromas cargado,
Que mima mi resuello con ojos cerrados,
Sé que me convida a seguir adelante,
Y siempre me promete algo diferente.

Con los brazos abiertos quisiera yo abrazar,
A ese hermoso valle me da la bienvenida.

Monterrey, así es esa ciudad encantadora,
Sultana del Norte, nombrada originalmente,
Lugar en donde vivo y sin dudarlo viviré,
Moriré y pediré que sea yo aquí velado.

Ya a más de sesenta años de vida

Para empezar, nunca pensé a esta edad llegar,
Ahora que en eso estoy, pues qué le voy a hacer.
Cuando era niño, era algo tan lejano en esta vida
Llegar a ser como el viejito que por mi casa pasaba.

Yo creía que ellos ya habían perdido toda esperanza,
Pensaba que no tenían un lugar en la Sociedad,
Ni siquiera les veía yo agitación para la
participación,
Sólo los veía pasar y me preguntaba: ¿A dónde irán?

Sin embargo, eso de andar pensando así de los
abuelos
Poco a poco se me fue zanjando, y fui cambiando.
A como crecía, dejé de criticarlos, y a mí mismo,
Me acerqué más a mis amigos: ensayé a ser mi amigo.

Mis amigos fueron ejemplos a seguir, yo los amaba...
No cambiaría a ninguno, aunque ya se hayan ido,
Qué importa estar gordo, qué importa pesar más,
Lo importante en la vida es vivir feliz y contento.

A veces me digo: me voy a comprar ese otro
sombrerito...
Papá, pero si ya tienes veinte como ése, ¿para qué otro
igual?
Tengo derecho a ser extravagante y a darme mis
gustos,
"Déjame en paz, y si quiero te aseguro que me
compro tres".

Mi vida ha sido una obra maestra, yo creo que Dios
me miraba
Y cada vez se pulía un poco más para agradarme
más y más,
Lo curioso es que mis amigos opinaban muy
semejantemente,
Y todos agarrados de las manos éramos muy felices
juntos.

Ni se diga de la familia que Dios me dio para que
conviviera,
Todos los días de mi vida con ellos, y para mi buena
estrella
Me convirtió en un hombre afortunado, venturoso y
dichoso
Que hasta hoy no se cansa de agradecer a Dios esa
riqueza.

No importan mis canas o mi pelona, o un vientre
voluminoso,

Todos me chiflan y me permiten hacer lo que quiera,
yo los amo,
Definitivamente puedo decir que vivo en el lugar
adecuado,
Con la familia adecuada, los vecinos y los amigos
adecuados.

Me gusta ser viejo y me gusta la persona en la que
me convertí.
No tengo qué ir a trabajar, ni tengo compromisos tan
urgentes,
Vamos al almuerzo mi esposa y yo, o cuando nos
pegue la gana,
Me levanto tan tarde como yo quiera, pues no tengo
pendientes.

Soy libre de todo a todo, y eso es una ventaja de
llegar a viejo.
A veces me siento a escribir poemas hasta las tres de
la mañana,
Y nadie me dice nada, ni tengo qué obedecer ningún
reglamento,
Igual me levanto a la hora que mi cuerpo se cansa de
estar echado.

Tengo todo el tiempo que yo desee para conectarme
con Dios...
Eso es lo más delicioso, tener mucho tiempo para
rezar y meditar,
Todo se me da en el momento en que yo así lo quiera
y desee.
Cada día me convenzo más de estar en una edad
maravillosa.

A veces me pongo a recordar tantas cosas vividas de
mi vida,
Y quiero que sepan que nunca termino de revivir
esos momentos
Porque todo en mi vida me gustó y me dio tantos
gustos y placeres
Que recordándolos es como vuelvo simplemente a
vivir y a reír.

A veces a solas, enciendo "le tambora" y me pongo a
bailar o a cantar,
Eso lo disfruto como si estuviera en esos días del goce
de los años,
Es tanto lo que con sólo recordar me pone tan
contento y feliz,
Que es suficiente para mí tener sólo el motivo para
alegrarme.

*Les declaro que no todo lo que he vivido ha sido
pura felicidad…
A veces sucede que este destino mío, me pone trabas
muy difíciles,
Y la verdad, es duro afrontar situaciones como
muchas que viví,
Pero aprendí a darle un vuelco a mi corazón, y ver la
otra moneda.*

*De esa forma, con esas experiencias, se curtió mi
comportamiento,
Y eso ha hecho que acepte de mucha gana la felicidad
de ser viejo,
Al fin y al cabo, aunque sea excelente en todo, soy
imperfecto,
Y en lugar de apenarme, eso me da ánimos de así
seguir adelante.*

*Verán ustedes qué bonito se me pone el cabello en un
atardecer,
Si me ves a contraluz, parece que mi cabeza se hizo
muy plateada,
Y a mí me enorgullece que se me vea de ese color, y
no por el color,
Sino por la gracia de haber llegado a esta edad de
plata coronado.*

*Verán ustedes qué bonito se ve mi rostro marcado
con tanta arruga,
Unas representan mi sonrisa evidente por lo feliz que
he sido;
Otras representan la hermosura de los sueños que me
han marcado,
Otras, obviamente, los desasosiegos que me hicieron
madurar.*

*Yo sé que un día tendré que morir, pero en eso pienso
muy poco,
No perderé tiempo ahora preocupándome por lo que
no fue y no ha sido,
Tengo qué ser positivo, pues eso lo aprendí en el
metabolismo
De convertirme en el viejo que ahora soy, y no me
arrepiento…*

*Muchas veces, las enfermedades nos atrapan
evitándonos llegar
A esta etapa, pero qué importa, Dios siempre nos
da alegrías,
En todos los momentos de nuestra vida, y en cada
momento,
Sobran los motivos para dar gracias por lo que nos
tocó vivir.*

Sección III:
Leyendas, Historias y Cuentos

Acusado

En verdad ha querido sobrepasarse,
Y lo que dice vos, bien claro le es,
Mas si vos hoy pensáis en acusarle
Más que ofensa, es en vuestra defensa.

Poned pues en rienda al tal ofensor,
A ver si así se le quita lo matrero,
Pues muy osado ha sido el majadero,
Siendo vuestra merced la única ofendida.

Haced pues justicia al justo reclamo,
Mas nunca olvidéis que en el corazón
Vuestra cara, pelo, y vuestro cuerpo,
Lo enloquecen y ofuscan por entero.

Perdonadle pues, si en un momento
El pobre inocente haya sido huraño,
Y haya osado a vos pedirle en secreto,
Lo que una mujer sólo da enamorada.

Pues se acusa al indigente, de enamorado
De la mujer que en su frente lo acusa,
Por ello, y por haberla tanto amado,
Al haberse negado, a fuerza la ha violado.

Agonía de mi mejor amigo

Mi querido y hechicero hidalgo,
Mi arrogante y dulce Lanzarote,
Mi altivo y adorado Campeador,
Mi deseado y codiciado Quijote,
Mi Tirante el Blanco Conquistador,
Hermano y compañero amado…

Muchas cosas decirte he querido,
Pero aunque quiera no he podido,
Pues el miedo invadió mi corazón,
Y el perderte, o no volver a verte,
Mucho lo he temido, y a buen tiento
Que has encontrado el momento
De atizar en mi alma este tormento
Que sofoca mis sentidos sin dejarme
Ni hablar, ni sentir ningún aliento…

Y por no saber de tu bella poesía
Y de tu sano y santificado verso,

Me consumía aquel sentimiento
Perverso, y sentía que te perdía,
Que te ibas a tierra desconocida,
Donde para humano alguno
No hay cabida, y por lo que ves,
Sin manera de poder rescatarte
De aquella bruma desconocida,
Y lo peor… Sin poder asistirte.

Y yo sin poder concebir la idea
De en tu ausencia poder vivir,
Mas Dios le ha dado un descanso
A mi sufrir tanto, y ha iluminado
Nuevamente las fibras de mi sentir,
Al saber que tú me has contestado,
Por mejor decir, que me has hablado,
Que te has incorporado, y como antaño,
Ambos sentados, cada uno en su lecho
Platicando ambos por su necesidad,
A saber lo que de mí, has de saber,
Que soy hombre en estado angustiado,
Tan desesperado y maltrecho, que
Ya extrañaba a mi Señor Caballero.

A mis oraciones Dios ha respondido,
Y tú has despertado de tu sueño.
Alegría y bienestar me has dado,
Sin contar que con ello, el miedo
Debería de eliminar, y la angustia
Ya más no quiero experimentar.
Y por favor esté al pendiente de mí,
Que cosas muchas necesito contarte,
Pues en los pesados días pasados,
Con la angustia y miedo de no tenerte,
Grandes, oscuros y fatales momentos
Han llegado a mi impaciente mente,
De sueños y pensamientos extraños,
Bosques encantados y playas de ensueño,
Noches de plenilunio y estrellas brillantes.

Y en medio de nosotros, cosas extrañas,
Indescriptibles, no tienen forma ni figura,
Y que sólo son como enanos, o gnomos,
Duendes, dragones, o seres jamás vistos
Ni contados por poetas ni trovadores.

Por lo que te pido mi amado Caballero
Que no dejes de mantenerte despierto,
Pues presiento que tales cosas y sueños
Aspiran apartarnos. Quiero espantarlos,
Ya más hacer no puedo, por eso te pido

Que no cierres los ojos, que estés despierto
Cuanto puedas, pues en cuanto yo puedo,
Sólo en momentos, me siento aliviado
De verte así, y a mi lado, no quiero
Ni volver a pensar que te pierdo
Como cuando creía que te perdía,
Y el sueño se repetía y se repetía…

Asalto

Y entre el miedo y la desesperación
De sentirme en el estado en que vivía,
Intentaba rezar lo más rápido que podía,
Muchas veces, y sólo una oración repetía,
De la que más fácilmente me convenía:

Era El Padrenuestro, que de lo rápido
Y de lo despistado por las detonaciones,
No me concentraba en lo que imploraba,
Quizás rezaba partes del final al principio,
O al revés, pero sí recuerdo que decía
Muchas veces: "¡Perdóname Señor…!".

Me hacía sentir como un sujeto mezquino,
Pues después de no acercarme a Dios
Por mucho tiempo, que ya ni lo buscaba,
Cuando yo pensaba que no lo necesitaría;
Pero ahora sí, ahora mucho lo necesitaba,
Quería implorarle que vivo me dejara…

¿Pero para qué? Si yo ya no merecía vivir
Después de todo lo que yo había hecho.
¿Para qué, entonces, la vida le imploraba?
¿De qué serviría que yo vivo continuara?
Los ojos cerraba, pero deseaba ver la luz.

Instantes después, los disparos callaron,
Incluso hasta de mi imaginación…
¿Sería porque ya se habían acabado,
O sería porque ya no podía escucharlos?
Ya no supe más de mí, ni cuánto tiempo
Duraría en el piso acostado boca abajo.

Yo creo que perdí el conocimiento,
O me dormí y me quedé paralizado.

Luego, después de no sé cuánto tiempo
Desperté del trance de inconsciencia,
Pero insistía en no querer abrir los ojos,

Y a pesar de que no me dolía nada,
Seguía manteniendo los ojos cerrados.

Me refugié en mi mente y sólo decidí
Oír lo que escuchaba a mis alrededores.

De verdad yo sentía un gran placer
Al quedarme estático en esta situación.

Mi alma parecía renovada y liberada,
Sentía algo así como una juventud inusitada,
Una inflamación o hinchazón en mi pecho
Era en todo mi ser, en toda mi esencia…

Sin saber dar explicación a esta experiencia,
Decidí armarme de valor y abrir los ojos.

Entonces pude ver todo lo que sucedía,
Veía y nada comprendía, y nada sentía…

Siento que todo se borró de mi mente,
Seguro recibí una lección por mis acciones,
Seguro fueron graves, según lo recibido,
No lo comprendo, pero lo advierto…

Esta lección ya la hube aprendido,
Aunque quedé un poco confundido,
Y esto hace que me sienta acorralado.

Aún sin ver y sin pensar en nada,
Mi destino queda libre de escoger
La suerte que me deba de tocar.

Manteniendo la boca cerrada
He de aceptar por fin mi destino,
Sin oponer resistencias a nada.

Dejo que Dios de esto se encargue,
Y permito que maneje la maniobra
Para caminar siempre sin zozobra.

Yo sé que si me vuelvo a equivocar
A la Virgen pediré que me socorra,
Mas todo a su tiempo ha de llegar.

El estar a gusto por mi disgusto,
De colores oscuros pintó mi mundo,
Sólo escapando por arte de distracción.

De tal suerte ya aprendí un montón,
E intento darme un par de cachetadas
Por tanto que lo errado quedó errado.

Confesión

Padrecito,
Usted sabe lo tonto e inútil que soy,
Tan poco cauto, no soy capaz de saber
Dónde está de mi nariz la punta,
Cuando apenas sé que la tengo enfrente,
Y lo elemental que tengo en la mente
No lo puedo sacar, así soy yo de lento,
Mas, de una cosa siempre estoy seguro:

Perdí la felicidad que había encontrado,
Y no la puedo volver a encontrar,
Pero al saber lo que yo me supongo,
Y que está pasando en este mundo,
Que todos buscan como yo, lo mismo,
Además por las cuestiones del destino,
O será por las buenas o por las malas,
Que seguro alguien de los que la buscan,
Me la está ganando, así como también,
Me ganaron la inteligencia, que a su tiempo
Diosito entre todas sus gentes repartiera,
Mas, un cuerpo burdo y pesado me diera,
Y además un poco torpe, y es por eso,
Que llegué ya muy tarde en la repartida.

Y de inteligencia, razón, maceta y seso,
Bien poquito me tocó, apenas una lambida,
Por eso pienso que el secreto de la vida,
Que es buscar alegría, felicidad o el júbilo,
Creo que hay alguien que ya se me adelantó,
Y como siempre, seguro que sin nada me dejó,
Porque durante mucho tiempo ya he buscado
Y en ningún lado nada haya yo encontrado.

Pero pos no le aunque, me puedo conformar
Con lo que los otros no lograron agarrar…

Sé que hay algo más todavía en este pajar.

¿Hijo, y qué has hecho para encontrarla?

Pos Padrecito he hecho lo que he podido,
Y como de cabeza estoy un poco reducido,
Intento buscar la respuesta en los libros
Para tratar de descubrir todas esas cosas
Que por estar tan hueco no tengo adentro,
Sólo me encuentro con que nada encuentro,
Sólo dicen que en la cabeza, y muy adentro
Es donde está esto que yo ando buscando.

¿Y cómo hacerle para abrirse uno la testa
Y sacar eso que me están recomendando,
Si batallar con las batallas de la vida diaria
Y del vivir a diario ya es bastante batallar?

No, m'hijo, se refiere al pensamiento…
Lo asociado con lo que no se ve ni se toca.

Pero, si el pensamiento no se me enfoca,
Estoy arruinado, ni siquiera he intentado,
Porque tal parece que no tengo mente,
Todos me dicen que soy un macetón,
Bien burro, y un sonso y buen machetón
Porque las cosas las hago sin pensar…

Pero le juro Padrecito, que las más cosas
Sólo las hago porque sé que las hago,
Y cuando las hago, nomás las hago, y ya,
Aunque salgo con dedos a medio machacar
Cuando una herramienta me pongo usar,
O si decido las cebollas o las papas cortar,
Pedazos de dedos al cortar me he de llevar.

Cuando he de cocinar, me he de quemar,
Y cuando me baño, me muero de frío,
Luego me resfrío, y cuando en algún río
Voy a nadar, pa'luego me ando ahogando,
No nado porque quiera y decida bañarme,
Sino porque se haya de cruzar p'al otro lado.

¿Será porque no me pongo a pensar
En la mejor manera de trabajar y obrar?

Ha de ser verdad lo que de mí dice la gente,
De que a pesar de ser de tan ausente mente,
En otras cosas tengo muy buena suerte.

Dandy

Con la lista ya lista y en la bolsa puesta,
En el ojal del saco una flor de jazmín,
Sus zapatos brillantes de charol amarró.

Las manos de colonia y alcohol se mojó,
Y perfumó todo bien hasta la rabadilla,
Porque un Dandy debe de ir preparado
Ya que nunca sabe lo que va a pasar,
Ni a lo que una dama se pueda atrever.

Y por último entrelazó de listón rojo
En el cuello de la camisa, la corbatilla,
A decir verdad, a como la cosa se divisa,
No era realidad ver el panzón desaseado
Salir aquel día de domingo de su cantón,
Sino lo que parecía era todo un mango,
Engalanado cual florecilla en el fango.

¡Y vaya que era elegante su figura…!

Pos bien vestido y forrado en galanura
A cualquiera hubiera cuadrado su finura,
Sin voltear a verle lo bruto y atontado,
Lo demás pudiera pasar por barón rico,
Atento, galante, y muy bien letrado.

Con su bordón elegante en su mano
Y sombrero de bombín, iba en camino,
Por la placita, adrede al lado del jardín,
De donde cortaba una rosa y luego otra,
Y otra, y otras más sin haber sido visto.

A las jovencitas que sentadas estaban,
A cada una sin excepción les regalaba,
Dejándolas extasiadas y confundidas,
O más bien dicho, las dejaba "idas",
Al efecto que semejante galán causaba
Que tan sólo al verlas las enamoraba.

Y a todas ellas lo que más les gustaba
Era observar las notables asentaderas,
Que más bien que petacas o posaderas,
Parecieran firmes enancas verdaderas,
Semejantes a las de caballo percherón,
Donde fácilmente pudieran ir sentadas
Unas dos o tres jovencitas en aventón.

Le hacían juego a su panza de garañón,
Que en conjunto con su altura, no parecía
Que perdiera finura su desfigurada figura,
Al inverso, le daban un aire de galanura.

Si no creen lo que leen los que aquí leen,
Pos entonces pregúntenles a las comadres
Que lo acababan de ver cuando pasaba,
Y que las flores de sus manos recibieron.

Que al verlo tan cerca se desvanecieron
Porque no muy bien comprendieron
Si lo que las hubo puesto de esa manera
Fue lo que vieron o quizá lo que olieron.

Porque lo que olieron era pura colonia
O mezcla de la colonia con sus hedores,
Puesto que como hechizadas quedaron.

Me doy a pensar que fueron sus hedores
Los tufos que a las muchachas tumbaron.

A decir verdad, colonia barata de almizcle,
O de Pachuli con siete machos y alcohol,
En un ratito ya no queda nada de olor,
Sólo queda el tufo, que con el tiempo
Ya no se quitaba ni con las bañadas,
Pues sólo se bañaba cuando le apuraba,
Y cuando no más remedio le quedaba.

Así que era muy seguro que lo que
A las muchachas desmayaba, no eran
Los aromas de las colonias que usaba,
Ni la emoción de las flores que les regalaba,
Sino el hedor que portaba que las mareaba.

Las mujeres caminaban alrededor de la plaza
De los brazos agarradas, vueltas y vueltas,
Simplemente por pasear, pues era la hora
De sacar a relucir las galas de su ajuar,
Sin embargo el vueltas dar, y el caminar,
Ni siquiera las mareaba ni las cansaba.

Él en una esquina se ponía y las veía,
Un ojito les guiñaba, pero nada les decía.

Alzando su bombín su aceptación les daba,
Y con ello saludos y más saludos enviaba,
Esperando que a la vuelta o a la siguiente,
La joven contestara, o que coqueta sonriera,
Y al pasar frente a él, su pañuelo aventara.

Sin hacer cuentas, pos pa'esto no era bueno,
De repente tenía tantas y más contestaciones
Como pañuelos tirados al suelo se juntaban.

Se le juntaban porque ellas se los aventaban,
Y no los recogía, pues la otra ya se acercaba,
Y al temer que lo mirara y luego se enojara,
No fuera a pensar ser plato de segunda mesa.

Entonces para no desmotivarlas, los movía
Con el pie para atrasito de la enramada.

En menos rato de que madurara un pedo,
Ya tenía una buena cantidad de pañuelos
Guardados a causa de todo este embrollo.

De repente y sin que lo viera la gente,
Todos los pañuelos en bulto levantaba,
Sin saber cuál era cuál o de quién.

Sólo digo que en la bolsa los guardaba,
Y al irlos sacando de uno en uno, veía,
Todos distintos de cada color en tanto,
Y los volteaba hacia un lado y al otro
Para encontrar la señal que buscaba.

Y la señal era una inicial que bordaba
En la esquinita cada dueña de pañuelo,
Que seguramente pertenecía al nombre
De la corresponsal, por medio de lo cual,
Dandy, el pañuelo a su dueña entregaría
Y al mismo tiempo le coquetearía
Para ver si acaso se podría: mh, mh, mh…
Ya saben qué, pero, esto ya se vería.

Como el nombre de las candidatas no sabía,
En un momento de osadía, o de rebeldía,
Decidió sacarlos todos al mismo tiempo,
Y cuál sorpresa no se llevaría, que todos
Los pañuelos en seguidita de su remache,
Cada uno tenía bordada una hache.

La confusión muy rápido lo invadió,
Pues por razonamientos nada resolvió,
¿Cómo podría ser que esto se diera,
Cuyos nombres comenzaran con hache
Y la verdad que él a ninguna conociera?

¿Sería que su nombre Hermelinda fuera,
Hortencia, Herlinda, Higinia, Herminia?
Hasta a las Irmas las creía como Hirmas,
A las Idalias también con hache, Hidalias.

Total, cuenta no se daba que a propósito
La hache había sido bordada, con el afán
De que cuenta se diera que la muchacha
En él pensaba, y la inicial de su nombre
Había tiernamente estampado en el ojal
De su pañuelo, en seguida del remache.

Y que a sabiendas de tal acto pasional,
Su amor de antemano había entregado,
Y por lo tanto, todas y cada una de ellas
Tan listas, a Hilario lo tenían en sus listas.

Y lo que querían al entregarle el pañuelo,
Era que él de esto, estuviera enterado.

Pero como el tonto cuenta no se daba,
Y ni siquiera se lo figuraba, a cada una,

De una en una, con pena se le acercaba,
Para pedirle disculpas por la confusión.

Y al escoger, de entre tantos pañuelos,
Darle el que era el que le perteneciera.

Bruto, tonto y cabezón, lo único que hizo
Fue que el grupo de damas cuenta se diera,
De que ni una era la primera, ni la única
Que el pañuelo le aventara, y además,
Que ella no era la única que hache ponía.

Por lo que de una en una, y cada una,
Una bien puesta cachetada le daba…

Y él ni siquiera reaccionaba, de por qué
Cada una de ellas, la cachetada le zumbaba.

Sumando las cuentas de las cachetadas
En esta condena, si las hubiera contado,
Podrían haber sido hasta una docena.

Desde que se fue

Y desde que Ella se me murió…

Todo en esta vida para mí cambió,
Ya más no está mi dulce pastel,
Pero encontré una falsa placidez
Que pensé, que sería lo que buscaba.

No fue así, pero nunca me desanimé,
Porque las mujeres que me veían,
Se desvivían por consentirme y darme
Todo lo que realmente ellas tenían.

Yo realmente no sabía si lo que hacía
Era bueno para mí y para mi alma,
Pero me fui acostumbrando a eso,
Que realmente eran simples agasajos.

Yo los confundía con una felicidad
En la que yo creía, pero no existe,
Es solamente una parte de ella,
Que me complace en mi proceder.

A la sazón, y por esta confusión,
Seguido platicaba con el Padrecito,
Que me orientaba en lo que yo hacía,
Una y miles de cosas me decía.

A veces entendía y otras no entendía,
Él a fuerza me hacía que entendiera,
Sin entender, mucho de mal me valía,
Sabrá Dios cuánto de bueno me diría.

Que si lo hubiera seguido y hecho
No sé cuánto mejor ahora estaría,
Pero así se pasaron veinte largos años,
Mas nunca era tarde para comenzar.

Procurándome una felicidad irreal,
Y dándoles también a las mujeres,
Falsas esperanzas de una comodidad,
Que yo no era capaz de compartir.

Era esa parte de mí lo que buscaban
En tanto, cuando me intentaban enredar,
La verdad, no me quería volver a casar,
Y nunca pude sus respuestas concretar.

Pues Su Puesto, jamás lo pude rellenar,
Ya que Ella se quedó aquí en mi corazón
Para siempre, sin poderla nadie sacar,
Y no pudo, la que la quiso suplantar.

Después nomás por el puro placer
Las dejaba al jacal entrar, una por una,
O de dos en dos, y a veces tres en tres,
Y eran tantas que todas querían a la vez.

No sé cómo siempre venían diferentes,
Ni cómo o quién controlaba la entrada
Para que la que entrara no se confundiera.
Hoy unas, nunca las mismas, mañana otras.

Aunque unas con otras se desgreñaban,
Por disputarse la entrada a mi morada,
Y sin decir yo nada, pues una encabronada
Es capaz de linchar a quien le dé su gana.

¿Y para qué me interponía?, si de paso,
Sería muy seguro premio en la peliada,
Mejor las dejaba que su pleito aclararan
Y decidieran quién conmigo se quedaba.

Pero eso con el tiempo se fue acabando,
Por mala reputación que fui adquiriendo,
Y todo por causa de aquella vez que,
Una morena me mordió donde no debía.

El lugar donde duelen más las mordidas,
Mejor dicho, donde es más difícil morder,
Y sin embargo, allí justito me mordisqueó,
Y se me puso morado eso que me mordió.

Cuando las demás mujeres lo vieron,
Creyeron que por enfermedad se caería,
Una purgación o una desordenada situación,
Y luego muy pronto la voz se transmitió.

La voceadora de eso fue una de ellas,
Tan sólo por no querer yo nada con ella,
Y por no haberle dado ni sexo ni amor,
Mi caso en detalle se encargó de distribuir.

Pa'ahuyentarla, se la enseñé y con eso tuvo
Para irse corriendo, hasta se iba cayendo,
Y yo sólo la veía que corría y corría...
Me reía por los motivos que de mí huía.

Y por no ser cierto ni verdad, yo contento,
Sin pensar el mal que me iba a preparar.
Ella pasó la información más adelante
Del pueblo donde piso, a todo ser viviente.

Se enteraron de mi embarazosa situación,
Pero como sólo eran un par de moretones
Debido a las mordidas, pues no era nada,
Ni mucho menos una enfermedad malsana,

Pero todos creyeron lo de mi mala fama.
Luego entre las mujeres del pueblo se supo
Que yo ya nomás nada, y poco a poco,
Desde entonces, muy pocas me visitaban.

Y las que me visitaban, sólo me espiaban
Pa'ver si era cierto lo que les chismeaban,
Algunas descubrieron que sí, que era cierto,
Pronto en "jotito" me habían transfigurado.

Qué's que ya con las mujeres, pos nada...
Pero con eso de observarme por las rendijas
Se dieron cuenta que yo no era un joto,
Sino el otro motivo por el que me peleaban.

La verdad, yo ya no las buscaba, ¿pa'qué?
Ya quería yo descansar un tiempo d'ellas.
Pero a decir verdad, yo las necesitaba,
Me las vi un poco duras por como estaba.

Las comidas todas, ellas me las proveían,
Y después de aquello, de repente, ya nada,
Me tuve que suministrar mis alimentos,
Bañarme solito, eso sí, cada temporada.

Y sólo si era día que tocaba ir al pueblo,
Tenía sólo que sacar el agua de la noria,
Pero si estaba muy fría, mucho le pensaba
Para no bañarme y posponer la aseada.

88

A veces cuando me sobraba un tiempecito,
En las noches me ponía a ver las estrellas,
Fumando mariguana y mi copita de mezcal,
Para buscar cuál era la que la tenía a Ella.

Estaba bien seguro que en alguna la vería,
Y por eso, casi todas las noches mi vista
La echaba p'allá p'arriba, p'al firmamento,
Donde todo es bello y brilla cada momento.

Mientras tanto, al Padrecito visitando,
Y rezando y confesando lo que he podido.
Justas penitencias que el Padrecito
Me ha aplicado, para remendar mis morbos.

Que son dolencias del alma y corazón,
Y con razón, pues sabiendo que ahora,
Medio que he aprendido a rezar,
Me convenzo que no hay esa felicidad.

Porque como dicen, puede que esté dentro,
Y como siempre me lo repite el Padre,
Que para eso se necesita rezar mucho
Y pedir a Dios que el camino nos abra.

Para eso encontrar, y con rezar y rezar,
Uno va agarrando el burro por el bozal,
Y se le abre a uno coco y mentalidad,
Y más al tener más tiempo para descansar.

Pues ahora me pongo más a rezar
También a soñar, eso me ha dado la tarea,
Y también, que en leer y leer me la paso,
Para escudriñar sueños y repertorio renovar.

Sacando magias que me gustan y cosas de ésas,
Que me tienen obsesionado con sus ideales
Por las que mis sueños se nutren de fantasías,
Con las que he vivido hasta donde he llegado.

Desvelados

"Dale más cuerda al fonógrafo",
Le decía Don Andrés a Ernestina.

"Hay que seguir bailando ese vals
Que hace que me sienta en las nubes.
Me recuerda cosas que no puedo decir,
Es preferible seguir con nuestro sentir:

Bailemos, cantemos, que no haya sufrir,
Puro reír y carcajear, y más reír"…

Las primas solteronas estaban alegres
De tener a esos hombrones en su casa,
Se les notaba por su amplia sonrisa.
En esta ocasión no podían ocultar su emoción.

Después de tanto tiempo de pedirles
A sus santitos de devoción que las colmara
Con la petición que siempre les hacían:
Que un día, tuvieran la aparición
De Don Hilario acostado entre ellas,
En la gran cama que en su recámara tenían.

Y como en el intento anterior, casi se les hizo,
Y ya habían visto de lo que éste estaba provisto,
Al saber que de aquel mal ya se había curado,
No pararían hasta verlo con ellas acostado.

Y mucho la lucha le hacían al vacilón,
De poderse enganchar al Hilarión,
Justo ahora, para el fin de año concluir,
Y sus nuevas peticiones poder hacer.

Pues a como te encontrara el Nuevo Año,
Así sería el menester, de los días por venir,
Por lo que querían que el Nuevo Año
Las encontrara con el primo Hilario en su casa,
Pero no sólo en su casa, sino en su cama,
En su regazo, en sus brazos, en su consentir…

Y para todo eso poder cumplir,
Tuvieron que sacar a San Antonio del armario
Donde lo habían guardado y refundido,
Puesto que siempre no lo habían tirado,
Ya que se habían arrepentido,
No fuera a ser que por ser tan livianas
Con el santito, tuvieran después un sustito.

Decidieron mejor guardarlo en el armario,
Porque ya más no lo querían como adversario,
Dada la última vez, que al pedirle lo mismo
Que esta vez le estaban pidiendo,
El santo hizo lo contrario; pero bueno,
Y con este proceso continuando,
Le advirtieron al pobrecito santito,
Y moviéndole el dedo índice frente a su rostrito,
Que entendiera bien lo que le estaban diciendo,
Que le quedara claro, que de ahora en adelante,
Lo harían cómplice en el nuevo calendario,
Para ver si esta vez sí les cumplía su itinerario,

Si no todo el año, al menos una que otra vez,
So pena de volverlo a mandar al armario
Si es que no cumplía con lo que prometía.

Y para facilitarle la tarea a este San Antonito,
Se compraron otro San Antonio más,
Para que cada una de ellas tuviera el suyo,
Puesto que de las peticiones que le hicieran,
Uno solo no acertaba lo que las dos querían,
Y pudiera ser que se confundiera.

De repente entendieran que el santito sugería,
Que a los pedidos en grupo él no atendía,
Por eso ahora tendrían uno para cada una,
Pero eso sí, ambos volteados de cabeza,
Como marcaban las encomiendas del santito,
Pues al comprarlo, venía con su estampita,
Donde traía su oración y la instrucción de uso.

El nombre de "HILARIO" en un papel
En la base de la mesa, para que el santo
Bien lo pudiera leer en la forma esa,
A como estaba, al revés la letra impresa,
Y cuando intentara hacer lo que ellas pedían,
Pues así se imaginarían que no les fallaría.

Aunque pensaban que la encomienda
Era un poco difícil para el santito solito,
Por eso, buscaron la forma de tener refuerzo,
Y pronto dieron con la solución.

Pues en medio de estos dos santitos,
Pusieron el otro santito que tenían,
Y que algo en él confiaban,
Pues ya le habían hecho peticiones anteriores,
Y que ellas creían que había accedido,
Aunque a decir verdad, no tan completamente,
Porque por azares del destino,
No se había cumplido lo pedido, y por eso,
Medio que a medias le tenían algo de devoción,
Y se llamaba San Pascual Bailón…

Y vaya que insistían con ese santo cabrón,
Que nunca les rendía en lo que le pedían,
Pero era tan popular entre las damas,
Que como quiera siempre lo incluían
En sus proyectos y peticiones difíciles,
Relacionadas con los asuntos de camas.

Pero estaban muy equivocadas las primitas,
Porque San Pascual, para lo que servía
Era para encontrar las cosas perdidas,

Que una vez encontradas, había que danzar
Con el Bailón, para agradecerle el encontrón
Del objeto perdido y ya encontrado.

Pero como las primas estaban ya sin sentido,
Por no tener a su Hilario consentido,
Pues también ponían al Bailón,
En medio de los dos San Antonios,
Para buscar lo que no hallaban,
Que era con lo que mucho batallaban,
Y era pues, el amor del Hilarión.

A cada uno de los tres santitos,
Les iluminaban su cabecita con una velita,
Que todo el día y la noche prendida les tenían,
Para que se ubicaran y no se fueran a distraer
Ni en la noche ni en el día, y pudieran leer
El nombre que ya les habían escrito.

Y así, parecía que los santos ayudaban,
Porque hasta ahora las cosas iban de maravilla,
Al descubrirlo Ernestina donde los demás estaban.

Cuál no sería su sorpresa
Al ver que los señores habían perdido la cabeza,
Pues estaban ya sin camisa, pero baile y baile,
Con la Candelaria solita, que bailaba con los dos,
Y estaba en tal contento la muy señorita
Que no se daba cuenta que a ella también
Le habían bajado la falda y la crinolina,
Y si no ellos, se las bajó ella solita.

Y la Ernestina, volteaba para el techo,
Como simulando que al cielo miraba,
Para agradecer a los santos todo lo que pasaba,
Y juntaba sus manos como en piadosa señal,
Aunada al agradecimiento que daba
Por este momento que ahora pasaba,
Y sabría Dios lo que luego les esperaba
En los siguientes momentos por pasar.

Por lo pronto, todo iba viento en popa,
La panzona de Hilario resaltaba,
Pareciendo que se le desbordaba,
Y Don Andrés con una mirada muy bribona,
Extasiaban a las chamaconas, que entrando al calor
De como los muchachotes andaban,
Que de sus ropas completamente se despojaban,
Y al mismo tiempo algunas velas apagaban
Para hacer más romántica la velada.

Ernestina la panzona peluda de Hilario abrazaba
Y la besaba como si besara a su hermana,
Y su hermana, ni se diga, en el pecho
Peludo de Don Andrés sus mejillas acomodaba.

Y aquéllos, de tan beodos y perdidos que andaban,
Pues ya no pensaban ni se imaginaban
Qué era lo que hacían, sólo intentaban caminar,
Y trataban de cantar sin atinar palabra pronunciar,
De manera que con el peso de las muchachas,
Encaramadas en su pecho o panza como estaban,
Pos el equilibrio fácilmente se les escapaba.
En un dos por tres, o a lo mucho, cuatro por tres
Los dos cuerpos de los dos peludos hombres
En el frío piso se fueron a estampar,
Y después de haberse dado un buen chingazo,
Que quién sabe dónde a cada quien el golpe le tocó,
Bien tirados en el piso quedaron,
Con las piernas bien abiertas,
Y el pecho enfriándose en el frío como estaba.

Y aquéllas, cuenta se dieron,
Que al ver que sobre aquéllos estaban brincando
Y aquéllos como muertos estaban,
Un miedo atroz las empezó a dominar
Cuando se vinieron a cuenta dar
Que aquéllos, muertos pudieran estar.

Lo primero que hicieron fue gritar.
Con eso, creían que aquéllos se iban a despertar,
Y gritaron y más gritaron sin parar,
Pero nada les vino a modificar
El estado de estar como habían estado.

-En la madre… Le decía una a la otra
Cuando intentaban darles respiración artificial,
Y ver que nada ya podía ser igual,
Pues muertos creían que los cuerpos estaban
Y tendidos sobre aquel frío piso, y sin tapar,
Pos aunque muertos no estuvieran,
Más malos se iban a poner, por alguna pulmonía…
Y ellas sin poderlos curar.

Pero se les ocurrió ir a donde la fiesta continuaba,
Para ver si el doctorcito todavía allí se encontraba
Y traerlo para que les dictaminara si estos dos
Todavía vivos estaban o a mejor vida desfilaban,
Y todo por causa de la bebida, y la buena acogida
Que a ellos, ellas les dieran.

Pero al verlos el doctorcito,
Que ya por lo viejito, y lo borracho,

No muy bien podía hacer el diagnóstico,
Pero tan sólo al verlos, Don Pedrito dijo:

Qué muertos van a estar…; están bien ahogados,
Por tanto alcohol que estaban tomando.
Déjenlos dormir, y al pasar de unas horas,
Les echan agua fresca en la cabeza,
Pa'que despierten, y les dan de almorzar
Algo bien picoso y caldoso, una buena cerveza,
Luego dos mejorales con café bien cargado,
Y con eso volverán a la normalidad.

Pero por lo pronto,
Cúbranles la panza y el pecho,
Y háganlos rodar, porque cargarlos está muy cabrón,
A donde pudieran del piso escapar
Para que cobijados pudieran dormir,
Y no pescar una enfermedad posterior
Causada por frío que les pudiera al cuerpo entrar.

Las muchachonas se pusieron a llorar,
Pero no por lo mal que aquéllos estaban,
Sino porque aquello que ellas querían,
Ahora ya no podía suceder…

-¡Ay, suerte ingrata…! ¡Ay, vida insensata…!
¡Ay desgracia nuestra…! Gritaba Candelaria…

Pero en ese mismo instante,
Se fue al rincón donde tenían a los santos alumbrados.
Lo primero que hizo fue apagar las velas,
Pues no se las merecían, y luego agarró
A los dos San Antonios, uno en cada mano,
Y los golpeó en la pared quebrándoles la cabeza.
Luego los aventó por la ventana,
Para que se fueran a la chingada,
Ya que de ellos no quería saber ya más nada…

Y después agarró al tal San Pascual,
Y le dijo antes que nada:
-Yo que en ti confiaba, y te quería y te guardaba,
Y hasta alimento te daba,
No me serviste para nada de nada,
Pero de aquí en adelante,
No volveré a ser contigo consecuente
Ni a guardarte ni a protegerte,
Te quebraré como a los otros dos inútiles,
Y sabrá Dios cuál será tu suerte,
Ya más no quiero verte…

Así que lo aventó al piso, y con un martillo
Lo remató y lo resquebrajó,

Hasta que al pobre santo se lo llevó la tiznada.
En puro polvo y pedacitos quedó,
Y su hermana Ernestina, sólo miraba
Cómo su hermana con coraje y como si nada,
Su suerte a los santos les plantaba,
Y por la ventana los echaba.

En cuanto a Hilario y a Don Andrés,
Que el doctorcito dijera que a sus cuerpos rodaran
A un lugar del piso donde el frío no les diera,
No hicieron caso de tal petitorio.
Los rodaron como si fueran un envoltorio,
Pero de la casa los sacaron,
Dejándolos afuera en acto contradictorio,
Al contacto con el frío de la madrugada,
Decisión que tomaran por el coraje que se cargaban,
El par de hermanas descorazonadas.

-Y ai quédense en la calle,
Para ver si los cuidan esos santos inútiles,
Que de santos no tienen nada,
Y si no los cuidan, igual que se los lleve la chingada,
Como a ellos ya se los llevó,
Nomás por no haber hecho nada
De nuestro compromiso de esta madrugada.

El Autor de mis libros

No sabes cómo me has halagado
Y agradado en este buen momento,
Que siento como si la luz de mi estrella
Hubiera bajado a alumbrar mi camino,
Y mi mente, al leer tu escrito dictado,
Naciente de tu ideología agradecida.

Se lo digo sin mentirle, que Usted
Ha sido lo mejor que me ha pasado,
Sin menospreciar todo lo demás,
A lo que, muchas ganas le he echado,
Y que mucho tiempo he dedicado,
Y mucho de lo intentado he logrado.

Por supuesto, y aunque no está mal,
Yo me quedo con los libros por ser
Ellos el espejo de mi alma y corazón,
Mi palabra, mi argumento, mi ciencia,
Mi poema, mi conciencia y mi esencia,
Mis deseos, y mis anhelos y sueños.

Que en esencia, un verdadero poeta,
No está llorando sus desventuras,
Ni esperanzado a que sus personajes
Brinden apoyo para mejorar finanzas,
No lo acepto, yo así me quiero quedar,
Mi capital ha de estar, como ha de estar.

Si ha de mejorar, ya Dios dirá, y si no,
Así me he de quedar, y les diré que eso
Es lo que menos me viene a interesar,
Hay cosas mucho más importantes
En las que primero tengo que pensar,
Por eso no se debe nadie de preocupar.

Ni mucho menos al público presionar,
¿A dónde estas cosas me irán a llevar?
¿A verme como si fuera un inútil autor
Que lo que sólo le interesa es vender
Un poema o una canción para recuperar
De la tinta o del papel del gasto el valor?

No señor, yo soy un Autor y poeta,
Que no nació para sentir su panza llenar,
Sin importarle tener menos o tener más.
Aunque hablando de panzas, de la mía,
Que muy grande ya está, será por descuido,
Que no por economía sino por troglodita.

Soy del tipo de poeta que está cantando
Siempre magníficas cosas que mi alma ve,
Y no es egoísta fijándose en sí mismo,
Pues canta a la vida, a las cosas hermosas,
A las cosas simples y a las graciosas,
A la esperanza, al amor y a los placeres...

Ya desde joven me gustaban las artes,
Pero no me percaté de la importancia
Que hoy tienen para mí, y nunca se la di.
Si el escribir mis libros y estas poesías
Los hubiera comenzado en mi juventud,
Ya estarían mis personajes en senectud.

En verdad, les digo que me he refugiado
En regios poetas, para llenar mis deseos
De belleza y sensibilidad, Lope de Vega,
Amado Nervo, De la Barca, Quevedo,
Y muchos otros más, sin faltar el máximo
Galardón que Dios me haya regalado...

Es Don Miguel de Cervantes Saavedra,
Con su Quijote amado, mi favorito legado,
Y por mucho tiempo ese libro ha sido

Con el que siempre me he inspirado.
Su escritura me vuelve loco y ansioso,
A veces me saca de quicio y quedo ido.

Pero así como inspiración me haya dado,
Paz, aprendizaje y hasta entendimiento,
Al mismo tiempo me quedo dormido,
Quedándose el libro abierto en mi cabecera
Sin haberlo sabido, hasta que al otro día
Despierto y lo encuentro al descubierto...

Pero ahora, que he estado escribiendo,
Y lo digo de una manera muy sincera,
Creo que los personajes que he creado
Están dentro de mis personajes favoritos,
Pues lo que yo pienso, ellos lo escriben,
Tan bien como si yo lo fuera y entiendo.

Ellos pues, a la perfección me entienden,
Luego lo actúan, hablan, y vuelvo a repetir,
No menosprecio a nadie, todos me agradan,
Pero no tanto como los que menciono,
Que son esos grandes poetas y de los otros,
O sea, de los personajes, sin dudarlo.

Ya se los he dicho que hasta el cogote,
Que es pues, mi querido Don Quijote,
De principio a fin una o varias veces leer.
Y ya después de él, todos los demás,
Que entre ellos, y primero que los demás,
Están ante todo mis amados personajes.

Ellos ya ocuparon mi alma desde que
Tocaron las puertas de mi imaginación,
Porque querían nacer, entonces lo supe,
Y sin pedirlo, me adelanté a su aparición,
En esencia, no digo que yo los inventé,
Pero sí que les facilité su nacimiento.

Pues fueron quienes me lo insinuaron,
Ustedes me escogieron, y aquí estoy,
Y desde entonces, mi alma llenaron
Con un amor, un cariño y una pasión,
Que jamás podré retirar de mi corazón,
En fin, siendo la sincera y pura verdad.

Confieso a ustedes, mis grandes amigos,
Que yo creo y siento que poeta no nací,
Sino que yo mismo me convencí,
De que es ese algo que me gusta a mí,
Y sólo siento el gusto, y lo presiento,
Cuando sé que me acosa eso que siento.

Es sólo inspiración cien por ciento,
Y por ser inspiración yo consiento,
En que Dios es autor de mi proceder
Y mi pensamiento, y me da asiento,
En esta mente y en este corazón
Para anidar cosas haciendo oración.

Se me vuelve a acrecentar la emoción,
Cuando las vengo a sacar y a escribir,
Que hay veces, como he dicho antes,
Que batallo para que puedan coincidir,
Pero siempre las he de reacomodar
En aquello que pretendo escribir.

Si realmente fuera escritor de poemas,
Batallar no sabría, igualmente le escribiría
Al sol, a la luna, al firmamento, a las estrellas,

Al tiempo de tomar la pluma frente a ellas.
Seguro escribiría las cosas más bellas
Que nadie pudiera haber leído ni imaginado.

Pero como no lo soy, me siento cohibido,
Por haber a Poetas ofendido y profanado
Con mis intenciones y malas seducciones
De lo que pudieron magistralmente crear,
Cuando yo me he adelantado a lo que ellos
Pudieran sensiblemente en su mente tener...

¿Y qué pensar?, he de ponerme a prueba,
Sería como aquél que con cierta ciencia,
Se encaminó para hacer de su vaga vida
Lo que entonces le dicte su conciencia.
Y como yo no tengo quién me anime,
Sólo yo mismo, entonces ni quién me reclame.

Ni quién me enseñe, sino sólo yo mismo,
Hago lo que puedo, y sólo me apego
A los pocos amigos que como ustedes,
Me dan un poco de entusiasmo para
Hacer cosas con algo más de valor, y
Conferir en letras mi espasmo espiritual.

El día que me muera

El día que yo me muera...
Sólo quédate en silencio,
Simplemente respeta mi quimera.

No digas ni pronuncies nada…

Si quieres platicar conmigo,
Sólo búscame en tu alma.

Visítame en mi propia casa…

Lee alguno de mis libros,
Escucha un disco de mi agrado.

Ponte mis aromas y lociones…

Para que huelas a mí todo el día
Y perpetúes mis emociones.

Aprende uno de mis poemas…

Recítalo cuando te acuerdes,
Para que tus tristezas alejes.

Visita a mis amigos alguna vez…

Acostumbrábamos a ir al café
Las alboradas de los miércoles.

Ellos te hablarán de mí…

Te dirán cosas que tú no conocías
Y tú te reirás, y te alegrarás.

No sé qué tan triste sea morir…

Quizás sea difícil morir olvidado
O tener el gusto de ser recordado.

Si tu madre ya hubo muerto…

Llévame y entiérrame a su lado,
De no ser así, entiérrala junto a mí.

Cuando yo me haya ido…

Quédate en silencio, extiende tu mano,
Yo siempre estaré a tu lado.

El escudero

Pues heme aquí enfundando mi espada,
Nuevamente ante caballero tan cabal,
¿Pues quién no se doblega a vuestros pies?

Yo que soy guardián de vuestra gallardía,
Siendo escudero por cuidaros me esmero,
Deseo estar tan cerca de vos como el agua,
Que cuida juntos al oxígeno y al hidrógeno.

Mi alma con la vuestra bien armonizadas,
Que el respeto que os tengo sea diáfano
De deliciosa alegría, a vuestro paso rogar,
Y procurando vuestra salud y bienestar,
Al cubrir con mi fervor el cuerpo vuestro,
En casos de penurias por enfermedades,
Estar al tanto de todas sus necesidades,
Lo que más en esta vida podréis pedir.

Amigo Escudero, en breve inciso os digo,
He venido desde donde vengo sin cuento,
Con el cuento de desearos Feliz Navidad
A vos y a los que a vuestro lado se hallen
En estas fechas tan sacras y tan señaladas,
Para que os hagan un maravilloso día pasar
Ya que yo, pues por mis deberes obligados
Habré de estar al otro lado del ancho mar.

Sin vos las navidades u otras festividades,
No tienen sentido, necesito vuestra compañía,
Vuestra palabra y canto para sentirme querido,
Sois mi compañero del camino y yo el vuestro,
Sin un abrazo de vos al menos, desespero,
No os vayáis, porque me hundo en el infierno
De mis pensamientos sin teneros a mi lado.

Templad vuestro acero, mi querido escudero,
Sabed que no tenéis la exclusiva de mi tiempo,
Y que como caballero no lloro cuando os añoro
Tal en vuestro verbo, igual en vuestra estampa,
No os deberíais de preocupar ni hoy ni nunca,
Pues aunque por mil tenga que multiplicarme,
Con mi fiel espada la negra noche he de rasgar,
Para a vos mandar un suspiro a vuestro corazón
Y descansar vuestros pensamientos en mi ser.

Temo que vuestras palabras sean no certeras…
Necesito depositar mis miedos en vuestro pecho,
Como un tesoro, como la cosa más preciosa
Cerciorarme que el afecto que me demandáis
Es vero como certero, como es que el sol brilla.

¿Quién pues podría ser tan severo conmigo,
Que en mis bobadas ponga látigo en mi espalda?
¿Quién en mi estupidez golpearía mi rostro,
Y hacerme entender con sólo un coscorrón?

Pues necesito vuestro consejo y vuestra guía,
Yo soy como un niño abandonado sin usted,
Y ahora decidme lo que he de hacer…

Calmaos, mi joven y temeroso corcel,
Haced el trote certero y hacia el derecho,
De izquierda, y del resto ya yo me ocuparé.

No me adelantéis en intención, os desgasta,
Que si bien la imaginación eleva la emoción,
Seguro os cansa, después andáis al arrastre.

Hay tal y tanta disposición de mi fuero entero,
Mas no será tanto el tiempo que os abandone,
Descuidad, os invito, en la cocina os espero,
Para recubríos de manjares diversos cada verso
Y en cada verso daos un meneo, de nata,
Caramelo o chocolate, decidme si os apetece.

Vaya que sí se me apetece, pues de cerveza
Untados traigo los bigotes y me parece
Que cada vez que cocináis cosa alguna,
Me dejáis los bigotes tan untados de aquello
Que hagáis, pues en la comilona me dejáis
Parte que me dais de lo vuestro en cada vianda,
El queso, la birria, el chorizo y el chocolate,
Y al comer, sentar o dormir, siempre se apetece.

Os contesto ahora que la resaca no me machaca
Pues anteayer en una cocina entré, y os confieso
Que hasta las tantas allí me quedé, y he de decir,
Bien estaba, y de mi gusto era lo que se cocinaba,
Y todo lo que en las orillas y paredes colgaba,
Y por lo tragón que sois, de vos me acordaba,
En cada cucharada veía vuestro rostro babeando,
Mmmm escudero, que lástima que no estabas.

No estaba, pero sí estaba, si de comer se trata,
Vamos que vos sabéis que yo cuesto una plata,
Mas no soy para comer un solo plato de nata.

Atended, mi Señor Caballero y Señor Baratero
Que no soy de un plato, ni de dos, ni de tres,
Sabed, que con cuatro, o con cinco, o con seis,
Mi panza como de vaca preñada llenáis.

Aclaro que aunque no es piñata tiene espacio,
Para lo que querráis, y como vos mencionáis,
Esos fiambres colgados, muy fácil de pensar
Que en cualquier rato me los puedo empujar,
Así que esconda usted sus dos colgados cojones,
No vayan a ser confundidos con un manjar,
Pues ya ve usted que a los que somos tragones,
Nada en este mundo nos ha de dar malestar…

No esperaba menos de vos, escudero pancero,
Por eso os presento una mesa de gran manjar,
Y ahora, si vos lo queréis, lo podréis degustar.

En cuanto a cantidad, Mmm, dejadme pensar,
Ilimitada a vos será, a sabiendas de lo que sé…
¡Cuando queráis empezar!

Mi Amo, vuestra cordialidad me halaga,
Pues al saber que mi panza todo se traga,
No hay más que premiar vuestra gentileza.

A darle, que a lo dado, dado, y sin vergüenza.

Ahorrando tiempo, ahora me voy a la mesa,
Poned a la puerta cerrojo, que en dos por tres,
Lo que está encima, con el hambre que traigo,
Posible que la mesa quede como tarima lisa,
Sin una migaja que moler, ni especia qué oler,
Ni pan para esconder y comerlo al amanecer.

Y por si sí, o por si no, le pregunto a vos:
¿No sobrará cafecito o jerecillo en la alacena?

Por Dios, en poco tiempo, bien que me conocéis.

En la alacena, veréis que no uno, ni dos, ni tres,
Sino hay tantos como aguantéis de fino jerez,
O de cualquier destilado de mi amigo Baco.

Y de café, del norte de Filipinas por doquier,
No faltará un ápice del manjar que os plazca,
Así pues, pedid, que la alacena completa está,
Si algo no tuviera no tenéis más que demandar,
Eso sí, que si son manjares de allende los mares,
Haced mención y explicación y presto os llegará,
Pues si aquí no son conocidos, yo los consigo.

(Seguid soñando…)

Ni dedo, ni leño, ni sueño.
No tendréis más opciones que mis cojones,
Aunque tenga que poneros mirando hacia el sur
O hacia el norte, que aunque no es lo mismo,
Rezad y pedid al Santo de vuestra devoción,
Tanto da y basta, pues no tendréis perdón.

Sólo una insolencia, y os triplico castigo,
Si más, veréis que no habrá compasión.

Bien decís, que habría de cambiar de Santo
Pues San Damián ya no arregla un tanto,
Ahora que a sabiendas, y pensándolo bien,
No necesito ya más encomendarme,
Pues en este día que amaneció recién,

Ando bien arremetido como gendarme
Ávido de suceso, y quién más que vos
De fijar la cordura y el arrequinte a cintura.

Después de saber lo que vos pretendéis,
Os recuerdo que un fuste ajuste tendréis
Y tal será que os dolerán hasta las cuajos,
Pero recordad que es por vuestro bien,
Que yo no saco más que la satisfacción,
El buscar poder haceros entrar en razón.

Pues sabrá mi señor y caballero recio,
Este escudero no termina de entrar en razón,
Y que por ser como soy tan sonso y necio,
Merezco castigo peor por tarugo y cabezón.

Me gustaría ver por un agujero qué hacéis
¿A qué otros enseres crematísticos os dedicáis?

Porque cuando el toro bravo da mucho jabón,
Lo más seguro es que más bien es muy cabrón.

Salvando la parte, pues lo que tiene de toro
Es nomás el cojón derecho, y no lo de cabrón,
Lo de jabonero también lo tiene por entero,
Me pregunto qué hacéis con tanto desespero
Pues os pasáis tiempo cultivando el despiste.

Primero que nada, en la alborada, me baño,
Me visto y mi pelo arreglo con una peinada,
Más adelante, un pequeño almuerzo me tomo,
Doy los últimos toques para ponerme galante.

Luego en mi burro, a mi trabajo me dirijo,
Por el camino a alguna pilla le echo el ojillo,
Pero demasiado pronto a mi destino arribo,
Y allí durante el día machaco y machaco,
Y la verdad nunca termino de machacar,
Me sofoco y perturbo, esto no se va a acabar.

Y más cuando el día parece nunca terminar,
Sólo contento me pongo al ver a la Juana,
No hay más remedio que hacerme del meneo,
Pues controlar no puedo este sabroso ajetreo,
A los otros les digo: "ya vengo, que me meo".

Luego a escondidas voy a montar a la Juana.

Pues bien, que allí no acaba la función, veréis,
Un par de veces me han cachado enganchado,
Y vaya en las penas que me haya yo metido,
Tengo qué dar la lección y repetir las variantes
Pa'que entiendan cuál debe ser su actuación
En menesteres mercantes, tal es mi función.

Y me hago como que veo, y a ni una veo
Interesante, que pareciera que fuera entrona,
Hago una preguntilla a ver si saca la lengüilla,
Así veo el color del lado que está su pudor,
Si es que se sonroja, sabré que me añora
Y la cazo como a un ciervo sin ir de cacería.

Y eso es lo normal de lo que hago en un día…

Suerte tenéis mi escudero, más no os envidio,
Estoy contento por vuestro modo de sustento,
Ahora bien, eso de ir cazando al ir trabajando,
¿No os parece bajo?, debéis pensar más amplio
Centraros en espacios de más amplio alcance,
Que no se diga que no tenga yo un escudero
Diestro, que torticero se me haya quedado.
Amén de todo os digo que entre tanto trabajo
No vais entonces a poder cumplir a mi lado,
Descansad pues, poquillo, no os hagáis el ido.

Vaya las saqueadas que me habéis dado,
Hasta en la Santa Semana las he recordado,
Y eso de que no hacer maldades en esas fechas,
Lo malo dejo, para ganarme arriba las brechas,
Pero aún me ganan las briznas maltrechas,
Y por mi fe que el cielo pierdo cuando caigo.

Ay, que si me arrepiento, al cura voy y confieso
Y pido mi escarmiento, más el condenado,
Provecho saca de la andanza, y en penitencia
Me demanda que me ponga a su ordenanza,
Corro y me escapo, el condenado me maldice
Gritándome: "que te conviertas en sapo".

Nada de eso ocurre a mi caballero cuando
Corriendo regreso, que a mí solícito recurre,
Y vaya que a buen santo me atengo, que igual
Estando a su lado, de volada hay ordenanza.

No me salgáis con angustias incongruentes,
Y a la vez me reprochéis esos momentillos
Traviesos que también tenéis a ratos ociosos,
Y ¿decidme vos que si no son sabrosos?

Que a la buena de la ventura, por suerte,
En raras ocasiones, le sale a uno la aventura
Con algunas que otras alegronas y facilonas.

En menos que el sol salga, adiós placer,
Vuela como de rayo, y vuelvo a preguntar:
¿Y pues tiene ese rato algún significado?
¿Se le da importancia a ésta o a otra ingrata
Que no amáis ni respetáis. y sólo buscáis

El voluptuoso y erótico sentimiento de sexo
Que vibra, manda, trastorna, desmorona
Y mancilla mi cuerpo, mi sagrado refugio?

No y no, ni se le da importancia al acto,
Ni hay egoísmo en la parte de nuestro pacto.

Mi estimado caballerucho otrora tonto escudero,
No me comparéis, yo no ando en andanzas tales
De las que me habláis, pues ratillos que tengo
Los empleo en velar mis armas como mandan,
Cánones de mi templanza, que la Orden manda.

Eso sí, y sólo cuando mi deber sea cumplido,
Me cepillo a Lola o a Martina, o a cualquier pilla
Pues en mi Orden es acabar con malandrines,
Osos y dragones, que quieran causar comidilla.

Perdonad caballero, perdonad mi estupidez,
Perdonad mi manera de vivir, mis peripecias,
Pues con ello usted sabrá que soy majadero,
Me inculpáis por ser baboso oso de basurero
Por mi ignorancia y mi falta y poca cultura,
No he sabido de Órdenes ni de ordenanzas,
Ni de las Leyes de Caballería su estructura,
Que si te la pasáis en vela orando o follando
Toda la noche, es mi confusión que marea,
Pues mi seco cerebro se menea al hallarle
Solución a la razón que sin razón me tiene
Sabiendo a la sazón que noches he vivido
Con vos, y a doncellas no dejáis en paz, y
Con razón me llega la pregunta tenaz:

¿Cuál envergadura de noble embestidura?
¿Y eso que vela armas por las madrugadas?
¿Tendré razón al decir que en madrugadas
Se la pasa dando sin espada buenas encajadas?

Entonces, Mi Señor, resolved este juicio,
No encuentro solución, por mi baja condición,
No atino encontrarle el son a esta canción…

Factible es la solución, mi escudero patán,
Y creo que sabéis más de lo que admitís,
Pero aún así y por no ser baladí la cuestión,
Procedo a aclarar vuestro desconocer a credo:

Os digo que como Caballero de Orden singular,
Prometo guardar armas antes de cada batalla,
Pues paladín contra injusticias de malandrines,
Osos y dragones y ejércitos he de combatir.

Mas las noches de asueto que con vos paso,
Lo son oscuras y vacías en vuestro territorio,
Y en el mío son mañanas de espléndido sol.

Y por esta sencilla manera queda explicado,
El son de vuestra confusa canción, yo cumplo,
Me obligo a velar armas en sede de mi cantón,
Cual manda la Orden a la que debo devoción.

Me dejáis igual de torcido, pues claramente
No he comprendido la respuesta a mi pregunta,
Que saca la punta a mi pensamiento viciado:

¿Vos rezáis por combatir con malandrines?

Si es así, a mí que me muelan lo cojones,
Difícil pues me es admitir y no logro atinar
Si para osos encontrar tenéis qué rezar,
Luego buscar dama, sin batallar y ensartar.

Vaya que lo sabéis practicar y acto realizar,
Y después de en esas batallas triunfar,
Llegáis a territorio conocido, donde te espera
El jodido del que vos abusa y tiene confuso.

Perdonad mi ignorancia, soy de baja conciencia
Exijo paciencia para entender a mi querencia.

Un salmo vulgar a vuestro cociente negado:

Yo Caballero de Orden Sacro Santa velo armas
Desde el anochecer hasta que el sol acaricia
Las últimas horas de cada madrugada y amanece.

Lo cumplo con devoción, me gusta un montón.
Eso lo hago aquí en mi cantón a la luz de la luna.

Tan sólo cumplo como Caballero antes de Justa
Contra injusticias de malandrines, toca-cataplines
Y el amplio abanico de malhechores y simplones.

Es mi trabajo de Caballero Andante,
¿Comprendes, capizcas, lo entiendes?

Mi Señor, me importa un bledo a quién mata,
Remata o se empata, lo único que me importa
Es la naturaleza de su trabajo y la de su destajo.

Que aunque me vienen a mí poco confusas
Y más cuando mencionáis resueltas en batallas
Que quizás vos os referís a vuestras hazañas
Y aunque el ceño me revienta el coco,
Y no atino a acabar un poco mi confusión,
Y si a eso agregáis mi situación de sinrazón,
Sea claro que no entiendo ni comprendo,
A quién se abrocha y a quien le mocha…

Pero fuera de toda razón y lejos de zozobra
Que yo me quedo pues como su escudero
Sin importar si algo falta o si algo sobra,
Si reza, y si con o sin coco lo des-reza.

El impulso de mis pesares

Aunque de placer te den manjares,
De cantos tengas miles de millares,
Sólo un manjar y un canto quieres.

Yo le canté mi vida a una señora,
Ella era mi más amada persona,
Y la más grata de mis heredades.

Hay miles de placeres en el mundo,
Donde sea hay muchas mujeres,
Pero sólo a una en la vida quieres.

Creo que jamás la podré olvidar,
Ella era el palpitar de mi corazón,
Su presencia llenaba mi canción.

Al ver a una rosa allí la encontraba,
Al oler su perfume allí la presentía,
Al tentar las flores su cara tocaba.

Eran de ella todos mis ensueños,
En ella estaban mis pensamientos,
Mis llantos, mis penas y sufrimientos.

Que atendían a la misma frecuencia
Mis palpitares y sus palpitaciones,
Jugaban en las mismas vibraciones.

No había un día que no fuera mía,
Ni noche que de mis brazos huyera,
Los sueños eran nuestros embelesos.

No hay risas, ya no hay tranquilidad,
Un tiempo empecé a sentir rarezas,
Inquietudes, sospechas y tristezas.

La mariposa cerraba ya su vanidad,
Sus colores se tornaron en sombríos,
Y su candor como cera se derretía.

El mal que la sorprendió no avisó,
Arrasó con su fuerza raudamente,
Sólo veía en su rostro el de la muerte.

Sólo quedaba el fulgor de su mirada
Que en esa madrugada ella expresaba,
Veía que deseaba decir que me amaba.

Tenía miedo cerrar sus tiesos párpados,
Tenía miedo de no estar a mi lado,
Su dulce y fría carita lo pregonaba.

Mas ya no pudo más, y en un instante,
Frente a mí el color de su piel cambiaba,
Hasta ser cadáver en mis propios brazos.

Sentí un soplo que me arrancó el alma,
Cuando me veía dentro de sus ojos,
Sentí pánico, y se los cerré con calma.

Comenzaron a llorar las alondras,
Casi al amanecer, su cuerpo ya helado,
Parecía aferrarse a estar de mí atado.

Cuando vinieron ellos, y se la llevaron,
Juro que su mano a la mía no soltaba,
Ella lloraba porque de mí se separaba.

Yo me quedé llorando en la sombra,
Abstraído, oliendo su manso aroma,
Pero con mi corazón despedazado.

Los lazos que nos unían se rompieron,
Las palpitaciones se desequilibraron,
Mi pensamiento quedó seco, quedó vacío.

Mi vida ya no supo de más placeres,
Y las canciones todas se me acabaron,
No hubo para mí ya más manjares.

Penumbras, oscuridad, nubarrones,
Se acabó el entusiasmo de mis andares,
Sólo quedó el impulso de mis pesares.

El regreso de mi amigo

Querido amigo, amigo sin par, y camarada,
Sea bienvenido de nuevo a ésta, su morada.
¿Cuánto tiempo de desear su presencia?

Pues no se dignaba a venir a ésta su estancia,
Y yo rezando porque esto alguna vez se diera,
Y soñando y enviándole palomas mensajeras...

Pero el tiempo no se detiene y tenía que llegar,
El momento en que lo volviera yo a ver,
Siendo amigos de los más difíciles de hacer.

¿Cómo no lo iba yo a extrañar...?
Quiero comenzar diciéndole, mi amigo,
Que a Usted ya no lo veo como antes lo veía...

Guarda desde hace tiempo cierta compostura,
Que no es el comportamiento que antes tenía.
Al verle, antes mezclaba sentimiento y pasión,
Quizás una cierta mezcla de amor con locura,
Y si acaso mezclados los cielos con picardía...
Y si no es como digo, dígame Usted cómo es.

Pero ahora no sé cómo a Usted definirlo,
A su lado me siento un pobre pecador,
Como si de su cuerpo exhalara santidad,
O alguna hermandad que antes no sentía.
Explíquele a mi corazón tal percepción...

No sabe diferenciar los tales sentimientos,
Que Usted hoy le hace sentir a su corazón,
Y transmitirle también al mío a la sazón.

Mucho tiempo pasó y dejó de visitarme,
Y yo muriendo por tener su presencia.

Soñaba, pensaba y me dolía su ausencia,
Y ahora que regresa, alegra mi existencia.

Sí, es verdad, amigo, yo he cambiado...

Pero el tiempo que me he pasado sin verlo,
Muy triste y afligido sin duda he estado
En las tierras yermas de la desesperación.

Ahora me muevo sin su verbo certero.

Ganaste y con razón, hasta mi corazón,
Y qué digo... más aún, mis pensamientos,
Pero ahora hay algo, que se ha convertido
En dueño de mi razón y no sé qué hacer.

Agarrarlo o soltarlo, lo uno con aflicción,
Y lo que es lo de menos, por pura afición.

Habrás de saberlo...Vamos, te haré sabedor:

Un rayo de luz o un barco en el amplio mar,
¿Qué más me da, si con Él no he de estar...?
Este sino sella mi destino y no deseo escapar.

Esto me sucede desde que Ella murió...
También me sucede desde que niño era yo...
Me estuvo buscando hasta que me encontró.

Antes yo creía que era un alma en pena,
Me asustaba en las noches cuando me visitaba,
Pero ahora sé que no era lo que me confundía.

Hoy sé que se trata de Aquél que me reanima,
Que mi alma tiene como su casa o aposento
A la vez que en mí se asienta y me reconforta.

Con Él siento que el mundo inicia y se acaba,
La historia da vueltas para volver a comenzar,
Los bienes y posesiones los habrás de dejar.

Haber vivido como hasta ayer había vivido,
Se convierte en un dulce arrepentimiento,
La soledad que viví, ahora tiene sentido.

Mis sueños seguirán siendo mis sueños,
Pero mis amores cambiaron de identidad,
Antes eran las mujeres, ahora, cosas mejores.

Hoy nuevos amores me hieren el alma
Que mi corazón se hincha y se reconforta,
Ansiando su estampa siempre, vivo en calma.

Mientras escuchaba, sentía que había perdido
A su amigo desde hacía ya mucho tiempo,
Pero en realidad, no lo estaba perdiendo,
Sino que ahora apenas estaba descubriendo,
Al cual siempre había pensado que era,
Ya que para él, era una especial persona,
Que vivía con algo adentro de él mismo
Que no sabía describir, y como siempre,
Hablaban de sueños, y de parte de éstos,
Nuevas expectativas había, pues todo eso
Que le estaba contando, para él era justo
Como pensaba, y se acomodaba a lo que
Siempre esperaba, por eso tanto lo amaba
Como el amigo que siempre a su lado estaba.

En coma

¿Cómo es posible que en estos minutos
Estoy presenciando todo lo que pasa,
Lo que hacen en esta sala de hospital,
Donde estoy recostado y entubado...

Están transfiriéndole a mi organismo
Unos sueros con ingredientes químicos
Por un lado, y sangre por el otro lado,

Tubo de oxígeno para mis pulmones,
Y unas cuantas sensibles terminales
Para detectarme el ritmo cardiaco
Que están conectadas a unos aparatos
De electrocardiogramas constantes?

No puedo pensar que estoy muerto,
Aunque, si es que me dieron un balazo,
Creo justo que quizá debería estarlo.

A según como me he comportado
En las últimas etapas de mi vida:

No me parece que haya sido ejemplar,
Creo que he actuado de lo peor,
Simplemente he desesperado a Dios.

He atentando contra mis hermanos:

Confieso que he abusado tanto de ellos,
Que debería estar en un ardiente infierno.

Y si estoy vivo, no tendría vergüenza,
De que se me permitiera vivir, no a mí...

Oh Dios, perdóname por haber caído
Hasta lo más bajo, hasta lo más ruin...
Mas sin embargo, me mantienes vivo.

No sé percatarme de las condiciones
En las que estoy, pero aquí me tienes,
En esta confusión. No sé lo que pasa...

¿Por qué estoy viendo todo y sin dolor?

Puedo estar vivo, o muerto, o dormido,
En un sueño tan real, que en un momento
Puedo decir lo que frente a mí sucede.

En realidad dudo del lugar donde estoy,
O si me estoy imaginando las cosas.

Es como si estiraran parte de mi alma,
O como si mi alma entera hubiera entrado
En el cuerpo de un etéreo ser volador,
Del que no sabría su aspecto describir,
A través del cual todo lo puedo ver,
Y lo que me está sucediendo, sentir,
Sin ser visto, ni por mí, ni por nadie.

¿Será simplemente mi alma separada
De mi cuerpo, flotando encima de él?

Pues mi cuerpo físico lo veo por allí,
Recostado en esa cama de sanatorio,
Lo veo tan yerto, débil, y sin fuerzas

Que ni siquiera mis ojos puedo abrir,
No puedo mover el cuerpo ni hablar.

Parece que esta separación del cuerpo,
Es un juego que nunca había jugado,
En que yo traigo el control del objeto
Que aparece en pantalla, y soy yo mismo,
Y se va a donde lo quiera yo mover.

Lo veo desde afuera de la televisión,
Como si dijera que me veo a mí mismo,
Y yo mismo controlo lo que deseo hacer.

Descarto posibilidades de estar muerto,
Y según lo que veo, parece que el doctor
Se esfuerza en pos de que yo no muera.

Pero en verdad, tengo mucho miedo
Por todo esto que parece muy extraño,
Flotando... ¿Y si sólo estoy soñando?

Sí, claro, estoy soñando, en un sueño
Que yo me estoy obligando a soñar,
¿Pero quién me insinúa soñar esto?

Siento que alguien me lleva de la mano
Para ver desde arriba mi actual aspecto;
Siento que me estiran hacia el techo,
Hacia afuera pero insisto en quedarme,
Pues me preocupa mi estado de salud,
Y sin estar bien me resisto a retirarme,
Hacia donde sea que pretenden llevarme.

Ésta es una de las pocas veces en mi vida
Que aseguro no tenerle miedo a nada,
A pesar de que ni siquiera sé por qué estoy así,
Pero estoy a la expectativa de algo, o alguien
Que no sé ni qué es, o quién pudiera ser,
Pero me siento protegido por ese algo...

No siento que morí, ni creo que moriré.

En estos instantes no tengo miedo al futuro,
Ni al presente, ni mucho menos al pasado,
Vivo simplemente en un presente absoluto,
Y esto es como ser un bienaventurado,
Guiado de la mano de mi Ángel Guardián,
Y saberse en la espera de algo maravilloso,
Cosa que estoy viviendo, sin lugar a dudas.

Es como estar en otra dimensión...

Creyendo que tengo todo el conocimiento
De todas las cosas del mundo, sin tenerlo.

Lo mejor es sentir que nada me preocupa,
Ni molesta, ni me aturde como antes,
Lo único que puedo recordar es lo bello,
Así se ha pasado un tiempo sin medida.

Luego desperté, y al sentirme despierto
Quiero recordar algo de lo que me pasó
En la dimensión a la que no pertenecí.

Pero nada cuento, porque nada recuerdo,
No lo sé, me es todo esto tan ambiguo
Que no lo puedo definirlo muy bien,
Me sucedió como si estuviera hipnotizado.

Pudo haber sido un sueño imaginario,
Un simple sueño influenciado y adaptado
Para este estado en el que está mi mente
Y mi cuerpo, sufriendo entre la vida y la muerte,
Desde que aquí me trajeron.

Ellos se concretan sólo a mirarme,
A revisar que todo aparato funcione bien,
Que los líquidos fluyan como deben fluir.

Frente a mí, nadie habla ni dice nada,
El doctor viene y platica con todos
Pero sólo fuera de la habitación,
Porque saben que los puedo escuchar.

No siento nada, ni mis miembros moverse,
No siento dolor, no siento angustias,
Ni temores, no siento odios, ni rencores.

Me siento como en un agradable sueño,
Con una paz inmensa y gran serenidad
Como cuando estaba en el seno materno.

Me dejo tomar de esa mano dulcemente,
Me lleva a las profundidades del vacío
Donde están los Ángeles y los Santos.

Es como si me arrullara una melodía
Mágica, angelical, cuyas notas serenas,
Acariciaran mi alma y la estremecieran
En las frecuencias de mi sensibilidad;
Amparado por notas de sus vibraciones
Y de sus propias venturas y voluntades.

Por cualquier enfermedad, o una fiebre,
Por cualquier anomalía de tu cuerpo,
Puedes quedarte bien dormido.

Aún cuando estés en un estado de Coma
Puedes soñar: el sueño no lo hace el cuerpo,
Sino que el sueño lo hace el alma...

Enemigos

De necios embusteros vuestro verso parece,
Pues verdad como tal no ha de ocultarse,
Tras las pantallas de lo obviamente visual,
Que poniendo las rodillas abiertas al suelo,
Por San Jorge decidme lo que pretendéis.

Dadme entonces la verdad con la muerte,
Y enfrentadme a tan dulce y cruel destino,
Que caballero andante pueda esperar de
Otro tal, caballero singular, cuyo apetito,
No es más que el mismo y sátiro deseo
De Luzbel u otro diablo de los avernos.

Clavad ya la estaca de vuestro argumento
Certero, erguido y ciclópeo con que dais
Agonía a caballero encorvado y retorcido.

Que sea testimonio su espada prominente,
Objeto de tormento vehemente y evidente,
Mas no exhausto y remilgoso, que cansado
Se ha de doblegar ante noble circunstancia.

Que me haga valer la Virgen de la Caridad,
Toda su Corte Celestial y hasta sus ángeles,
¡Cosa habrase visto en días de la Caballería!

Sin duda ha de ser un caballero encantado
Que siendo las Leyes de Caballería cabales,
Caballeros como tales, jamás se doblegan
Ante una tragedia como la que mencionáis.

Caballero dispuesto a vengar, sea la injuria
A la orilla de este lado del mar, con espada,
Peto y con daga en mano espera consigo,
La primera por la pendiente del revolcadero,
A lo cual sin pregunta ni respuesta pregonada,
Se apearía del corcel para salvar dicha afrenta,
Por él no concluida y pendiente ante honor,
Que de más, le debe al adversario oponente.

Ea pues, desenvainad cobarde, quejumbroso,
Embestid, que me habéis dejado pendiente,
Tal que la ocasión preste cuando la batalla
Se dignara continuar y fiero combate batir,
Ante agotadora espera por fin ya al terminar.

Más sabéis de las andanzas de los caballeros,
Dios nos libre de tan tiranas intenciones,
Malas usanzas y mal habidos menesteres.

Un caballero se forja como el acero al fuego
Sin descanso y oración en noches estrelladas,
Que siendo así su profesión, descanso no hay,
Aunque hayáis comido cojones de dragón.

Más razón para defecar con fuego y sin pudor,
Que si los cojones son el motivo de tal ardor,
Habrase de dar cautela hasta el último tránsito
A negocio tan cabal, y sin parar, la tripa sosegar,
Untándose muy bien los Bálsamos de Fierabrás.

Y que me valga el demonio más malicioso
Que con tripa dura y cojones embalsamados,
Estirándose las barbas ha de maldecir la hora
En que tal fortuna se vino a manifestar...

Mas viéndome mi contrincante, hincado,
Arremete contra mí, el noble caballero,
Y decide de una vez y para siempre matarme,
Con espada tan afilada para dejar enmarcado,
Que el momento ya hubo a su fin llegado...

Y muerto el perro, con él se llevó la rabia.
Del mortuorio minuto, reviví un momento
Para escribir esta gesta que regalé a mi rival,
Confesando que todo el mundo la iba a cantar.

Luego desaparecí y me fui para no volver,
Mi cuerpo sirvió luego para hacer ungüentos.
Y una parte de los polvos que de mí quedaron,
Tomas en tus cafés todos los días en el Mesón.

Enfermedad

En pocas y breves palabras, he de decirles
Las cosas graves, que por acá me pasaron,
Fueron causantes de muchos malestares.

De verdad, creo que ya se han de sosegar;
Sin embargo, yo me sentía que me moría.

El origen de este rollo es que comenzó
Durante la visita de aquella morena,
Pero, de cómo decirlo, pues me da pena.

Pos que caray, entre hombres revelado,
Sólo me perdonan por lo que he de decir,
Porque como son cosas de intimidad
Y no debía contar, pero pos ni qué hablar,
Y con ustedes que de confianza me son,

Pos habrá qué hablar, y he de contar
Lo que fue a pasar una tarde de bienestar.

Por suerte una morena me vino a visitar,
Y como es natural, comenzamos a jugar,
Y al rato de estar jugando y averiguando
Me encuentro que sus senos son de ver,
Por lo que a los cuales, me decido a admirar.

Y de tanto admirar, pasé luego a morder,
Y sin saber que ella se fuera a ofender,
Y no por besarlos sino por morderlos...

Pues mordidas de ella fueron la reacción,
Me mordió ésta, que ya no levanta la testa,
Que brutales marcas y moretones me dejó.

Luego creí que tendría molestia funesta,
Pos al par de días me voy con el doctor
Y luego de que me dio su punto de vista
Me da receta de dos o tres cosas la lista
A comprar y empezar a tomar y a aplicar.

Resulta que de lo que me dio para tomar
Fueron unos comprimidos que pensé
Que entre más consumidos, por lógica,
Mejor los resultados, y en vez de dos
Como el doctor me lo había dictaminado,
Me tomé diez pa'que el mal pronto pasara,
Pero en vez de cura, más mal me provocara.

Muy rápido mareado y maleado me sentía,
Como que se me hacía que me moría,
Hecho el mal ya estaba ¿y qué le hacía?

Los domingos me siento comprometido
Con mis primas, a su casa voy a cenar,
Semana tras semana toca la visitada,
Pero esta vez como muy mal me sentía,
Creía que no podría; en fin, me animé,
Pues éste es el único día que puedo verlas.

Así como andaba, a sus puertas toqué,
Pero sin olvidar el toque personal
De un par de ramos de margaritas llevar
Para a cada una de las primas regalar.

Al entrar y ver ellas lo pálido que estaba,
Ninguna de las dos podía comprender
Qué me sucedía, y asustadas como estaban,
Y en que a Ramona, la sirvienta, llamaban,
Ellas casi se desmayan, pero aguantaban.

A ella le pedían que fuera por el doctor
Para tratar de remediar todo este estupor,
Al que Ramona trae en menos de contar
Uno, dos y tres, y al entrar el doctor,
Dice: "Al enfermo, leche le han de dar
Para calmarle su mareo y su malestar.

Estuvo a punto de a mejor vida pasar,
Por intoxicación que causa ese marear,
Y han de hacerle vomitar para expulsar
El mal que adentro trae, y ya echado,
Es fácil que pronto quede mejorado…

Y tú muchacho, te has de dejar apapachar
Para tu salud mejorar, y ya pronto verás,
En un par de horas mejoras, pero sin levantar
Porque si te levantas te vuelve a marear".

Total que ya resuelto por el doctor el acertijo,
De todo aquello que me traía bien canijo,
El doctor se despide y a las primas les pide
Que en cama me acuesten y la ropa me quiten.

Solícitas me la quitan y en calzones me dejan.

Luego la vergüenza se me viene a la cabeza,
Porque soy algo vergonzoso, y de buenas,
Que me bañé y de calzoncillos me cambié,
Si no la pena me mataría, y como quiera,
Con calzones limpios, los cuales eran blancos,
Si aún con rojos, la pena me atraviesa…

Pos acordándome de lo que el doctor recetara,
Que me había dicho que tan pronto pudiera
Que la pomada me aplicara, y precisamente
Yo a las primas les pedía que me la aplicaran
En la parte afectada, pero que del saco la sacaran.

Como lo menos que pudiera hablar yo hablaba,
Les señalaba la parte donde sería embarrada,
Mas, sólo con una mano apenas les mostraba
El lugar adecuado para poner el ungüento.

Y para no hacerles tan largo el cuento,
Cuando ellas vieron el camote tan morado
Que yo portaba, porque así como estaba,
Eso era lo que parecía, un camote morado,
Por eso lo describí tal como lo mencioné.

Y al ver esto, una d'ellas queda desmayada,
Y la otra sale asustada de ver el jumento
Tan hinchado, molido y bien maltratado.

Pero pues la pomada se habría de aplicar,
Y Ramona, al ver, se empieza a conmover
De ese desecho, moretoneado y maltratado,
Y el pobre hombre ultrajado y mareado,
Pedía piedad y ayuda para que fuera curado.

Y yo agradezco de esta mujer la santidad,
Que si no hubiera sido por ella sabría Dios
A dónde yo fuera a ir a parar con ese mal…

De manera que empieza con sus frotaciones
Y sobadas en donde bien morado estaba.

Cosa esa, que desde tiempo no tenía reacciones,
Me sorprendió que empezara a reaccionar,
Porque si le haz de sumar reacción natural
Con suave meneo, y lo hinchada por el mal.

Es de admitir que todas se iban a sorprender,
Y de pasada a asustar, pero no la Ramona,
Que con la pomada esa, que todo lo sana,
Decide sobar y embadurnar hasta que al fin
Terminó de curar, y yo al sentir aquella cosa
Muy relajado me sentía, y por cómo me sentía,
Parecía que el mal ya estaba a punto de acabar.

Si no fuera por la nana y su buena mano,
¿A estas horas dónde fuera yo a estar…?
Tan bien quedé, y las gracias una y otra vez
Le vine a dar a ella, y ella me fue a ofrecer
Que cada vez que necesite la pomada aplicar,
Que un grito le echara pos ella con gusto
Se presentaría al lugar donde yo le dijera,
Allí estaría para la curada y terapia repetir.

La habría de seguir repitiendo tantas veces
Hasta que bien curado estuviera aquello.

Total, con terapia y buenas manoseadas
En la primera ocasión, no muy bien quedé,
Empero luego mucha confianza me dio
Para llamarle cuando yo lo necesitara,
Pues ella prometió que con sus cuidados
Yo muy pronto sanaría, pues ella decía
Que buena mano tenía pa'las sobaditas,
Inclusive con las sobadas destorcer torceduras,
Y si no las curaba, que muy bien la pasaría
Y contento me pondría, y así fue que cierto era.

Por eso estoy aquí, mientras aquélla reposa.
Y así, yo ya les conté en un dos por tres
De todos los males, eso que a mí me acosa.

Escritor disimulado

Si cojones de dragón son motivo de ardor
Déjamelos a mí que he de tener cautela
Hasta el último tránsito a negocio tan cabal,
Que por comer sustancia tan sustancial
Más hombre me he de hacer para así
Reparar no sólo el cuerpo sino el alma,
Que ni con los bálsamos de Farbarás.

Y válgame el demonio más astuto,
Estirándose las barbas ha de bendecir
La hora y el punto, en que tal fortuna
Se vaya a venir a dar y a conocer...

Viéndome pues, alzado en el Cielo,
Arremeta contra mí, demonio sutil,
Y decida de una vez darme muerte,
Pero con mi espada bien afilada,
El momento suyo llegará a su fin...

Por lo que puedo ahora concluir
Que este juego que acabo de jugar
Mucha fortuna nos ha de abastecer,
Sin pretender en el hacer y deshacer
Burla, bajeza, ni cualquiera otra tibieza
Que pudiera mentes nobles ofender...

Y si a bien, de todo esto es tan capaz,
Ni los Caballeros juntos de la Corte,
Quitarán escritura de escritor glorioso
Que dará mundial fama a esta merced,
Que sea conocido en los más prominentes
Pensamientos en círculos de este planeta.

Déjame ver el brillo y la espada victoriosa,
Que gentil Caballero se digna a mostrar,
En cálida cruzada cuya espera ha valido
Lo bastante para el gozo de las especias,
Que dicho armamento con fe encamina
Por los senderos ocultos, para depositar,
En las profundidades de abiertas lisonjas.

De claridades de lo que quería esperar,
De este Caballero, que no teniendo más,
Doblegará su germen de nobleza caballeresca
Y no más que su honor en prenda entregará
Para delegar yelmo, espada y armadura
A tan sin igual vencedor en la batalla.

Que es el que posee imperiosa armadura,
Jamás fuera igualada por caballero andante
En lides de caballería y las artes de guerrear.

Y puesto ya por fin y sin más ni más,
Que en el objeto mismo de la esperanza,
Del cual combate, tan tirante y revenido
Haya como éste, ninguno otro ni habrá
Ni en ésta, ni en otra historia porque sea
Rebuscada y atrevida pero tan singular,
Siendo de ocasiones con otro tanto de sí
Viene su letra en mano propia a manejar
Y con singular verbo y arte de decir,
Ha buscado la ocasión que por escribir
Tan real nombre escritor cual ninguno,
Clavare su lanza con cierta estima en pecho
De caballero artillero de vencido honor,
Que en este mismo argumento vida cobró...

En mente de su mismo escritor, cual excitado
Y atrevido en términos de morbo diabólico,
Su sangre coloca en su mano, rescoldo del placer,
Cuya misma escritura ha fomentado, y sin más,
Que comer el producto de su propia morbidez,
De inmediato con pena y vergüenza su libro
De escrituras cierra, por evitar motivo de ser
Presa de famoso hecho hasta ahora no contado
Ni imaginado por narrador otro ninguno,
Pues ni las diez leyes de Tirante el Blanco,
Ni las del Caballero de la Ardiente Espada,
Ni las Tablas del Caballero de la Triste Figura
Ni todos los Caballeros juntos o esparcidos,
Quitarán de la pluma de escritor tan famoso...

Que a su cargo tenga por darle un nombre
A esta merced y cuyo nombre sea conocido
Por pensamiento y lengua de todo caballero
En la redondez del planeta, y valga nombre
Para ser repetido mil y una y más veces,
De esta merced el nombre por esperado,
Sea pues entonces "Felonte el Cronista".

Mientras la pluma el escritor no ha dejado
Por apelar qué nombre a vuestra merced
Autoritariamente se ha dignado bautizar.

Y en vísperas de lo que se esperara,
He aquí que este Caballero de tez triunfante,
A este hecho en posición de ser su recipiente,
Vio su nombre con letras doradas escrito,
Declarado en la plaza de la Tribuna Real.

Estéril e Impotente

Lolo no se quedaba quieto con esto
De resolver su problema y salir del aprieto,
Iba a consultar gentes que de esto sabían.

Hasta adivinadores a escondidas buscaba
Que por no dejar, veía para que le dieran
Cápsulas comprimidas de algunas hierbas
Que sirvieran, y que le hicieran sus barridas,
Para ver si con eso, la cabeza levantaba
Y pudiera servir para lo que debía servir…

Otros compas decían que para el levante
De aquella cosa y no perder el semblante,
Mucho cacahuate había que consumir;

Otros más, decían que antes de dormir,
Aquellas dos esferillas que le sobresalían
Como badajo de campana o de torito,
Tendría qué ponerlas en agua fresca
De noria y sentarse como las majas,
Descansando y sin tener preocupación,
Y con un abanico estarse refrescando,
Mientras los tompiates estar mojando,
Justo antes de intentar amores hacer,
Pa'entonces los cojones bien fríos tener,
Y ahora sí, a hacer lo que tenía que hacer.

Pos bien decían que con la agüita fresquita,
O procreaba o se lo llevaba la chingada,
Pero así y con el peligro de la resfriada,
Un albur se echaba, en el que le apostaba
A que fuera la primera de esas dos cosas
La que primero aconteciera y que rindiera,
Y si jalaba, ya nomás no perder la puntería.

Uno que otro, también le recomendaba
Que debía comer muchos camarones,
Irlos a traer allá atrás de los panteones,
Donde los vendían unos señores que
Los traían de Tampico y de esos lugares.

Creo que estaban pendejos los cabrones,
Que así decían, porque los camarones
No servían más que para perder el tiro,
Pos el hocico te quedaba bien apestoso,
Y en lugar de que se te acercara la vieja
Para ponerle sus buenas emparejadas,
Por el puro hedor del hocico se volteaba,
Y en vez de besito te mandaba a la chingada,

Sin poder hacer lo que por el cuento ese
De los camarones tenías que proceder.

Sin embargo, y al no poderlo hacer
Al momento por haber sido rechazado,
No le quedaban ganas de volver a intentar
Sabe si anduviera a punto, y sin resultado,
Mejor se quedó con sus cacahuates
Y con resfriarse cuerpo y tompiates,
Pues buen resultado le estaba dando.

Pero en un duelo de honor perdió la vida.

Y fue entonces cuando su esposa querida
Estaba a punto de parir, pues un mes le faltaba.
Y él no pudo vivir para ver lo que peleaba.

Cómo vino a morir, en ese justo momento,
Sabiendo lo que vino a lidiar para eso lograr,
Cuando ni siquiera pudo presumir a sus amigos
Del gran portento, que estaba ya por suceder,
Y que seguramente el hecho lo iba a redimir,
De sus miedos y pesares, que él creía tener,
Por incompetencia natural, propia de su edad,
Y que creía que no cumpliría, pero cumplió…

Y se excedió, y no vivió para ver lo que nació,
Seguramente que nunca lo hubiese creído,
Pero como sangre de su sangre que era,
No podría ni dudarlo, naciera lo que naciera,
Y al ver lo que nacido era, pues lo más seguro
Es que de un paro cardiaco se muriera
De la emoción de ver el retoño aquél
Que Dios le fuera a regalar, y si se iba a morir
Por esta realidad observar… Pues bueno,
Ya a la muerte le había ganado terreno,
Y antes de morirse por esta gran emoción
Que lo mataría, ya había muerto por el pleito
Y por aquella bala que lo fue a incapacitar
Y de paso sin que el tiempo pase, lo mataría.

Así que ya muerto, de morir nuevamente,
Pues la mera verdad, ya no se preocuparía.

Fiesta de Fin de Año

Era la alborada de un año nuevo que comenzaría,
El mil novecientos uno, y por ende, empezaría
Un siglo nuevo, sería el Siglo XX el que llegaría,

Para marcar cien años más con nuevos testimonios,
Una nueva quimera, nuevos caminos por recorrer,
Nuevos pensamientos por adquirir y por realizar,
Nuevos cimientos para una nueva vida vivir.

¿Qué nos traería el flamante y nuevo siglo,
Que justo estaba por comenzar el primer segundo,
Del primer segundo, del primer minuto,
De la primera hora, del primer día, del primer sol,
Que estaba ya a unos momentos de iniciar?

Muchos temores y angustias por tantas creencias,
Inseguridades entre la gente, pues la situación del país
No estaba muy decente, y había miedos,
Y por eso, para aplacar todos estos enredos,
Entre sí la gente, se daba consuelos y se reunían,
En estas grandes fiestas, que hacían en el pueblo,
Tanto en el cabildo, como en las plazas,
Y también en las casas, y habían comenzado
Justo en la noche de este exclusiva y especial fecha,
Que era el día último de los cien años
Que estaban pasando a formar parte del pasado.

Era el treinta y uno de diciembre del mil novecientos,
Donde felizmente, en la taberna de Don Cipriano,
Estaban reunidos en una mesa gigante,
La mayor parte de la gente del pueblo,
Para despedir los años que ya jamás regresarían,
Y con ellos, se habían llevado malos pensamientos,
Nostalgias, odios, arrepentimientos, desilusiones,
Malos amores, y un cúmulo de emociones,
Que tenían la confianza que ya no regresarían.

Se irían para siempre a las cloacas del pasado,
De donde ya jamás, no se podrían rescatar,
Y que bueno que allá se tuvieran que quedar,
Pues ¿para qué querer más males
De los que el futuro nos pudiera mandar?
Era suficiente pensar que algunos se pudieran quitar,
Y no pensar más en adquirir,
Por lo tanto era mejor esperar un bien permanente
Que un mal intransigente.

Se daban apoyo y confianza todos los presentes,
Y entre todos se generaba un ambiente fraternal,
Que flotaba en el aire, encima de la gran mesa,
En que todos alrededor sentados estaban,
Esperando su turno para hablar, y en general,
Agradeciendo a Dios, por lo que hasta ahora,
Les había regalado, y pedirle a las estrellas un don,
Un favor, o milagro, para que la paz perdurara,

Tanto en este lugar, como también en el hogar
De cada uno de los invitados a esta celebración.

Don Cipriano que era el Presidente Municipal,
Comenzó a hablar, y como era el dueño del lugar,
Era lógico esperar que empezara el consecutivo loar
Que se desencadenaría desde ese momento,
Y que todos a su tiempo, su turno tendrían,
Para decir lo que ya preparado traían,
O improvisar, como algunos a veces hacían,
Cuando les tocara su turno de hablar:

"El protocolo que hoy he preparado
Es un protocolo muy especial,
Sabiendo que hoy hemos de celebrar
El haber llegado hasta este final...

Final, que no es un final cualquiera,
Aquí se vuelve a presenciar la Historia,
La conjugación, que es una quimera:
El ocaso de año, década y centuria...

Un nuevo ciclo que nos llena de esperanza...
Una centuria que nos llena de ilusión,
Que sabemos que entera no la viviremos,
Pero así, nos regocija el alma y el corazón...

Gracias por venir a ésta, su morada,
Y compartir todos juntos la llegada
De una suave y sutil esperanza...
De una nueva y fresca alborada.

Brindemos todos y demos gracias,
Por lo que la vida ya nos ha dado,
Por lo que ahora nos tiene preparado...
¡Y que empiecen los brindis y las clemencias...!

Pidamos cosas donde vengan las benevolencias,
Pidamos porque las estrellas siempre brillen,
Y porque no nos falte Dios,
Ni el pan que nos alimenta,
Ni el agua que nos reconforta,
Ni el aire que nos refresca".

¡Que así sea! Dijeron todos...

Con sus copas, sus bebidas o sus botellas,
Pero todo el mundo con sus manos ocupadas,
Las elevaban al cielo y gracias daban por la esperanza
Que brindaba un nuevo amanecer, que ya llegaba,
Y estaba a punto de suceder...

Por la espera de la luz de un nuevo día,
Pues creían que al conjugarse la llegada

De estas tres realidades coincidentes:
Siglo, década y año,
Podría ser que el nuevo día no apareciera,
Y el nuevo sol nunca alumbrara.

Era por eso que esta noche, se quedarían
Hasta ver la luz de ese nuevo amanecer
Que esperaban, y asegurarse que todo miedo,
Sólo a conjeturas y a leyendas se limitaba.

Entre todos juntos, confianza se transmitían,
Así, de esa forma, por otras cosas también pedirían,
Principalmente por la añoranza de la alegría
Y por el deseo de tener la felicidad para todos.

Muchos creían que en verdad, reunirse y juntos estar
Para pedir al Creador, pudiera resultar que las cosas
Vinieran a cambiar, y si no, pues ¿por qué no intentar?,
A fin de cuentas, ¿qué podría pasar?
Ya las cosas estaban muy tirantes para entonces.

Del futuro se decían muchas cosas y sospechas,
Las gentes estaban muy temerosas, y en el país,
La situación estaba que no se soportaba,
Realmente andaba muy mal la cosa...

Los ricos eran más ricos, y los pobres más pobres,
No parecía que hubiera una solución a este dilema,
Pues Don Porfirio Díaz, que aunque mal no estaba,
Ni mal actuaba, cada vez más adeptos ganaba,
Y los adeptos que ganaba, sin saberlo,
La situación ayudaban para que todo desmejorara...
Y así como adeptos ganaba, así enemigos se echaba.

Unos decían que el país progresaba,
Otros decían que al país lo vendían, y la verdad,
Nada bien se sabía, y sólo sospechas murmuraban.
Por eso había tanta desilusión, miedos y desazón.

Todo mundo suponía que algo malo pasaría,
Y que estaba a punto de estallar,
Por lo que, valiéndose del siglo, y año la aparición,
Se reunieron todos a rezar, y también a brindar,
Y también hay que decir que muchos a emborrachar,
Aunque fuera sólo por esta noche,
Previa al desenlace de lo que iba a pasar o no pasar...
¿Cuánto faltaba para eso saber...?

Unos lloraban por las penas sufridas en el viejo año,
Ya más no aguantaban, pero hoy era hora de olvidar,
De dejar los dolores y atreverse a disfrutar,

Atreverse a ser feliz, aunque mucho les pesara,
Pero esta oportunidad de estar juntos,
Y juntos compartir sus penas y sus dolores,
Sus deseos y ambiciones, sólo una vez al año...

Y era ahora, en este año, pues era especial.
Otros lloraban por los clamores y el ansia
De salir del escondite donde estaban,
Por huir de sus cárceles y rincones,
Otros por desamores, y otros por quién sabe
qué más...

Aquí estaban todos reunidos para mitigar penas,
Para pedir lo que se quería pedir,
Para compartir esperanzas y alegrías,
Para resolverse a ser valientes y enfrentar la realidad
Que les pudiera venir, y al mismo tiempo darse confianza
Para reaccionar ante tan afrentosa verdad.
Había que prometer lo que no se sabía.

¿Pero qué intenciones buenas se tenían?
¿Qué va a pasar en un futuro incierto inminentemente?
Todos tenían la misma mente, estaban en el mismo afán
Todos en la misma situación, por eso juntos brindaban,
Todos juntos esperaban la llegada de lo que les vendría.

Don Hilario, que durante mucho tiempo estuvo aislado,
Primero por su forma de ser, por lo que buscaba,
Y porque deseaba paz en su alma, alzó su copa,
Y brindó con unos versos entrelazados...
Cuando él se levantó, todo mundo calló y lo escuchó,
Pues todo mundo sabía quién era Don Hilario.

Como desde hacía ya tiempo no se le veía,
En las calles, en el merendero, en la peluquería,
Sólo en la iglesia, pues todos deseaban escucharlo.

A Don Hilario todo mundo respeto le guardaba,
A quien todo el mundo estimaba y apreciaba,
A pesar de todo lo que de él se hablaba y se decía.

Eso no importaba, a la gente le cuadraba,
Porque era la persona más amada y respetada del pueblo.
Y este momento, en el que él tomó la palabra,
Todo mundo lo esperaba, de manera que todos

callaron
Cuando él se levantó, alzó su copa y proclamó:

"Brindo por un año más...
¿Mas, qué va a ser de mí...?
No lo sé...

No sé quién lo pueda saber...
¿Quién puede asegurar,
Lo que en el futuro pasará?

Pasará lo que tenga que pasar.
Cierto es que el futuro y el porvenir
A nadie habrán de esperar.

Esperaré sólo la misiva preciada,
Que viene con la imagen de mi alma
Que mañana me habrá de llegar.

Llegará de nuevo, con el año nuevo...
Y en mi carta nuevos sueños por soñar
Nuevas ilusiones por encontrar.

Encontraré la dimensión exacta
Del fuego que hoy me abrasa,
Por las ganas inmensas de saber.

Saber responder a mis desvelos
A lo que mis miedos sobrepasan
Por las añoranzas del mañana.

Mañana todo se descubrirá:
Mis más ardientes remordimientos,
Mis más nobles sentimientos.

Sentimientos, cambiar nuevos por viejos,
He aquí que les doy la bienvenida,
Y un adiós a mi pasada vida.

Vida que me ha sido generosa,
Mañana me besará en silencio
Y me regalará una rosa...

Rosa que tendré que deshojar
En los templos de mi soledad
Para descubrir mi realidad.

Realidad que no ha de esperar
Por tenerla a flor de piel,
Sin saber lo que será...

Será sólo una verdad más,
¿Una verdad oculta más por descubrir?
¿Hasta dónde habré de llegar?

Llegar a abrir el portal de mis ilusiones
Y a mi alma insinuarle pretensiones
Que a mi cabeza llenan de emoción.

Emoción al margen de mis decisiones
Por rehacerme otra vez en mil promesas,
Por descubrirme en nuevos horizontes.

Horizontes plenos de inciertas angustias
Con caminos llenos de esperanzas
Y ansias por descubrir la Verdad.

¿Verdad...? ¿Qué es la verdad?
¿Dime dónde la puedo encontrar?
No me habrás de desanimar...

Desanimar es como el alma desinflar
Y no desear ya más caminar...
Lo contrario se tendrá que hacer.

Hacer hasta donde se haya de poder,
Poder, querer y hacer es sinónimo de lograr,
Lograr lo que se quiere conquistar...

Conquistar hasta el Cielo y mucho más,
Hasta en los recónditos espacios,
Cuando en mí haya de profundizar...

Profundizar hasta poder encontrar
El preciso centro de mi gravedad,
Y en ese encuentro agradecer...

Agradecer al porvenir por existir,
Agradecer a esta alma por soñar,
Y al Sol por alumbrar agradecer...

Agradecer a Dios por mi propia vida,
Y por todo lo que a ella se aferra,
¿Qué más podría yo pedir?

Pedir, sí, sólo me falta por pedir,
Que Dios no me permita morir,
Sin haberme permitido ser feliz...

¡Feliz, ser...Sólo eso quiero!
Y si después he de morir...
Entonces ya feliz me muero.

¡Feliz Año Nuevo!".

Las primas de Hilario que a su lado estaban,
Candelaria y Ernestina, con sus ojos llenos de
lágrimas,
Se levantaron y un fuerte abrazo le dieron...

La una, abrazándolo por delante,
Y la otra abrazándolo por detrás,
Con sus cabezas, una recostándola en su pecho
Y la otra en su espaldar. Lo querían tanto…

En ese abrazo tan "fraternal" y prolongado,
Hilario quedó remojado con sus lágrimas.
Ellas sintieron la libertad de besuquearlo a su antojo,
Él mismo se dejaba querer sin poner objeción.

Él ya sabía que sus primas lo querían,
Y lo que ellas más deseaban, era que un día,
Con él una de ellas se casara, pero sin que esto
pasara,
Él se dejaba por ellas mimar,
Y el dedo del renglón no quitaba, porque un día,
Quizás, mañana o quién sabe cuándo sería,
En la cama a las dos las pudiera tener, pero
¿cuándo?.

Él al mismo tiempo esto se decía,
Mientras que veía que abrazado lo tenían beso y beso,
Y con tanto beso no lo dejaban ni sentar.

Pero al fin libre lo dejaron, y éste se sentó,
Ellas se quedaron de pie para proseguir los
parlamentos,
Porque para ellas era el turno: ahora les tocaba.

Como a ellas les gustaba cantar a dúo y a capela,
Prepararon una canción que en vez de un recitado
poema,
Lo entonaron y lo cantaron con emoción:

"Gracias a Dios que vivimos,
No sabemos hasta cuándo esto será,
Pero cierto es que hoy estamos con vida,
Mañana si el sol aparece, un regalo será…

¿Qué más regalos pudiéramos tener?
¿Qué más posesiones pudiéramos desear,
Si la dádiva que Dios nos dio a poseer,
Supera todo lo que pudiéramos anhelar?
¿De qué nos hubiera servido tener más?
Y de ello aún no nos podemos percatar.

Sin darnos cuenta de la realidad,
De este gran regalo que nos tocó tener…
Todo el provecho no hemos podido sacar
A tan suave gracia y dádiva preciosa…

Sabrá Dios si llegaré un día al altar,
Pero seguro que hoy deshojaré una rosa…
Somos un par de hermanas desoladas,

Que nunca estamos solas ni aisladas,
Vivimos entre vecinos, amigos y camaradas,
Y un primo que los domingos nos trae rosas.

¿Quién podría ser más afortunado,
Un loco de amor desilusionado,
Un rico con oros y perlas coronado,
O nosotras, a quienes Dios todo ha dado?
Si el nuevo sol aparece, que aparezca…
Nosotras sólo brindamos por la esperanza
De que el amor en los corazones renazca…
Y ya lo demás… Todo será bonanza…
¡Hagamos de esta noche una Alabanza…!

Y a hacerle como dicen:
Corazón contento, cuando está llena la panza.
¡Felicidades para todos los presentes!".

Todos aplaudieron a las "menuditas" primitas,
Que de menuditas no tenían nada, sino lo contrario,
Pero que todo el mundo apreciaba por la razón de ser
Tan risueñas esas gorditas, y muy querendonas,
Aparte de tener tan buen corazón.

Como esta noche había que dar gracias a Dios,
Y brindar por un nuevo día, por nuevas esperanzas,
Por los amigos del pueblo, con quienes
Habían tenido amistad durante toda la vida…

Luego se paró Pánfilo, el de Herlinda, y dijo así:

"Noche de licores y ambiente de canciones,
En esta velada de sustancia y consecuencia,
He de intercambiar con ustedes ocurrencias.
Por compartirles mis monotonías,
Que afloran de mi alma emociones.

Somos los mismos de hace muchos años,
Nuestra amistad fijada por juramentos:
"Amigos por siempre felices y contentos".
Y desde entonces siempre compartimos,
Momentos bellos e incansables sueños.

Las amarguras, las penas y desencantos,
Forman parte del vivir donde aprendimos
A iluminarnos con antorchas desde adentro,
Buscando esperanzas, al cielo mirando,
Acompañándonos siempre y respetándonos.

Nuestras vidas, sus añoranzas y recuerdos,
Esas claras memorias que aún me alumbran,
Cuando en mis atardeceres surgen penumbras,
Que me impiden tranquilo el vuelo tomar,
Y que incitan a mis pies ponerse a caminar.

Nunca en la vida sentí el miedo merodear,
Porque con mis amigos cercanos o lejanos
Acompañado mi espíritu se conformaba
De aquéllos, que quise como hermanos,
Al calor de los momentos más sanos.

Pero esta noche, todos aquí reunidos,
Cuando ya el ocaso nos ha perseguido,
Hemos de unir de nuevo nuestras manos,
Y darnos aquel cariño y afecto de hermanos,
Que nos uniera en pos de tantos anhelos.

Brindemos por la amistad duradera,
En esta noche fría pero placentera,
Y juntos recordemos aquellos tiempos
De nobleza fraternal y de estar contentos,
Compartiendo pan, vinos y quimeras.

Gracias a todos por ser mis amigos,
Especialmente a usted, Don Hilario,
Por esos sueños narrados una y otra vez,
Que vuelcan y revuelcan a mi alma,
Llevándome muy atrás en el calendario.

Gracias le doy, por esa luz tan sabia
Que a mis sendas cerradas les abriera,
Mundos de buen humor, de risas y palabras
Que alejaron de mí el mal innecesario.
Gracias una vez más Don Hilario…

Y a ustedes que a lo largo de mi vida,
Me han entregado su infinito aprecio,
Hoy les regalo en una hermosa melodía
Y con mi canto bordado en poesía,
Esta parte de mi vida verso a verso.

Amigos, que me ha regalado la vida,
Amigos, para siempre así continuaremos,
Amigos, hay mucho más tiempo que vida,
Abracemos ahora el pasado y sus promesas
Que tuvieron en nuestras almas cabida.

Esta noche nuestras manos entrelacemos…
Porque no nos separe el Creador, roguemos.
Y ahora nuestras promesas redoblemos,
Y por este futuro inminente brindemos,
Que esta noche la bienvenida le daremos.

Abracemos para siempre al Porvenir,
Que traiga lo que traiga, será bendecido,
Que nuestra alianza garantice unión,
Que nuestra unión garantice satisfacción,
De vivir la vida en la mejor condición.

Levantemos nuestras copas de licor,
Y brindemos una vez más,
Por nuestra fuerte unión…
Y por nuestra amistad...
¡Feliz Año Nuevo!".

Al momento de terminar, este discurso de recitar,
En el portón se escuchaba la insistencia de alguien
Que tocaba con gran fuerza, y parecía que el portón
tumbaba.
¿Quién podría ser que no pudiera entrar?

Todo conocido, el pueblo todo, vino a esta celebración,
Y si fuera alguien que tarde se le hubiera hecho,
Pues con darle al portón un empujón,
Hubiera podido estar del lado del techo de mantas…

"Es un tal Don Andrés, de Córdoba dice que
proviene,
Y que por aquí pasa, y al saber que había ruido en
esta casa,
Se para en busca de ayuda y atención,
Pues busca a alguien que a su carreta pueda arreglar,
Que se le ha quebrado una rueda al dar una voltereta,
Y pide por favor que se le atienda,
Por ser urgente su itinerario, de irse p'al norte,
solitario.

Por lo que quiere que Don Hilario,
Que yo me supongo que a él es a quien busca,
Haga el favor, de que su ansiedad reduzca,
Y atienda su necesidad, de arreglar su rueda,
Y de paso a sus ejes engrasar,
Para seguir adelante en su largo caminar".

Don Hilario se levanta, y le dice que lo haga pasar.

Le da la bienvenida y lo invita a que pase a sentarse.
Don Andrés cohibido, por interrumpir aquella
reunión,
Pide disculpas a Don Hilario, por parecer tan
obstinado,
Pero Don Hilario le pide serenidad,
Y que le preste un poco de atención,
Para decirle lo que le iba a decir.

"Señor Don Andrés, primero que nada,
He de darle la bienvenida a ésta, su humilde morada,
Que aunque no es mi casa, es como si lo fuera,
Y la verdadera, que es donde Usted encontró el taller,
Que cerrado estaba por estar yo en esta celebrada,
Es más humilde aún.

Pero no se inquiete, que de todas formas
La bienvenida se le es ofrecida y dada,
Para decirle que aquí estamos todos,
Reunidos para recibir la ventura del nuevo año por llegar.

Todos, no nada más yo, aunque primeramente yo,
Y segundamente todos, y cada uno de los demás,
Le ofrecemos nuestra amistad y nuestro amparo,
Porque me supongo que anda de viaje, y si anda de viaje,
Y aprovechando este paro, no tendrá dónde quedarse
Ni a dormir, ni con quien discutir sea lo que sea,
Ni tampoco con quién reír, y menos con quién compartir
En esta noche tan especial,
Que faltan unos momentos para que se vaya a acabar,
Y ¿con quién va a recibir Usted el nuevo año por venir?

Siempre se debe de tener a alguien junto a sí,
Porque hay que darse un abrazo y buenos deseos compartir,
Y ya ve Usted, que aquí nos hemos reunidos todos,
O casi todos los del pueblo, y así mismo,
Todos le damos la bienvenida.
Queremos ofrecerle que pase con nosotros estos momentos".

Luego Don Andrés continuó hablando
Como agradeciendo tan noble bienvenida:

"Ya amigos, en vuestro portal estoy plantado,
Y en agradecimiento a vuestra bienvenida,
Y por haberme aceptado entre los vuestros,
He aquí que he de dedicaros estas líneas,
Que me salen del alma, pues no es para menos,
Por esto que me habéis ofrecido", dijo Don Andrés.

"Hoy vuestra casa me ha recibido,
Amigo y poeta recién encontrado,
Que me tenéis bastante halagado,
Con gratos ofrecimientos desinteresados.
Entre tanta gentileza y tan buena gente,
Sentíos honrados con mi estrofa saliente,
Dedicada de mi mente a vuestra gallardía,
Que vos os imponéis ante esta gente presente,
Y habéis querido, que este amigo por vos adoptado,
Os admire y vuestros versos, que son como un río,
Que fluye entre manantiales y cascadas,
Se alarga entre los manglares y lagunas,

Donde me pierdo y os admiro, y sonrío,
Y agradezco vuestro buen gesto y oferta,
Por lo que brindo, esta noche de fiesta,
Por vuestra amistad, y vuestra gentileza.

Levantad pues vuestras copas de vino,
Y repetid conmigo la siguiente alabanza:
A Dios agradezco haberme traído
Y haberme puesto en vuestros caminos;
Que bendiga vuestras casas y trabajos,
A vuestros hijos, esposas y amigos;
Que la bondad venga con el futuro,
Y la paz, que ya no se entretenga;
Que nos cubra día y noche con su manto,
Y que el Sol, siempre ilumine nuestros días.

Y a vos Don Hilario, os deseo,
Que vuestra bondad y vuestra clemencia,
Fluyan siempre por vuestras venas,
Que amigos como vos difíciles son de hallar
Y si aquí me hubiera de quedar...
Brindo por esta nueva amistad".

Y así siguieron surgiendo más versos,
Y muchos más anhelantes pensamientos,
Entre la multitud de gente que estaba presente
En el evento éste, que no tenía por más objetivo
Que la celebración, de la aparición ansiosa del nuevo siglo.
Pues se llegó el momento de que los alcanzara tal destino.
Por fin llegó... Todo mundo se levantó,
Y el uno al otro abrazó.

Muchos gritos se escuchaban, unos de alegría,
Otros de tristeza, otros cantaban, y otros rezaban;
Las pistolas tronaban sin parar,
Dirigiendo al cielo sus plomadas,
Como agradeciendo a Aquél que está Arriba,
Que estaban satisfechos con la bienvenida,
De lo que Aquél les mandaba,
Y eso ya estaba en que ya llegaba y ya llegaba...

Tanto grito, tanta música, tanto zangoloteo,
Tantos truenos de cuetes, y también de balas de pistolas
Se oían por todo el pueblo,
Eran símbolo de lo que se celebraba con ahínco.

Y nada de eso, al pobre de Eulalio despertaba,
Pues éste seguía dormido como bello durmiente,
En la ancha zanja aquella,

Donde la carroza de Don Andrés ladeada estaba,
Y con el eje y la rueda, desbaratados.

Galán de Pueblo

El pelao siempre pensaba en que
No quería un continuo compromiso,
Ni tampoco en redes de una mujer
Ni hoy ni siempre verse sumiso,
Ya había estado en ese embrollo,
Como para de nuevo atreverse
A echarse otra vez la soga al cuello
Y con el mismo rollo, además que,
Él consideraba un grato sortilegio,
Estar aislado y solo en esta vida,
Porque al estar solo, y tener mujeres
Que lo desearan era un privilegio.

De por sí, ya era mucho el sufrir,
No por vivir solo, sino a solas dormir,
Y por tal desconsuelo sentir,
Ya tenía la suerte esa bien ganada,
De que existiera tanta mujer altruista
Que por él se desviviera y preocupara
Además que el alimento le procurara,
Y que para rematar, además lo mimara.

Lo que le permitía seguir adelante
Y ser muy fuerte para salir avante…

Si no fuera por esto y por lo otro,
¿Cómo saldría triunfante en toda actividad
En esta vida como todo buen caminante?

Pensaba que al tener las mujeres cerca,
Estas mismas la felicidad le regalaban,
Siendo así la cosa, rienda suelta le daba
A aceptar visitada tras visitada.

A las jovencitas principiantes aceptaba
Por dulces, amorosas, un tanto temerosas,
Y recelosas, pues representaban la pasión
Que en él predominaba y se le desbordaba
Cuando de lejos a una de ellas divisaba.

Confianza les robaba cuando las invitaba
A jugar, y ellas tan solícitas, aceptaban
De su cintura y cuello estar montadas.

Él se hacía el muy desentendido,
Y al no reaccionar como es debido,
Ellas buscaban lo que había escondido.

Les decía sin querer, como adulto que era,
Que eso no hicieran, pues ellas chiquitas
Y él maduro: No, eso estaba prohibido,
Y más se obstinaban en revelar lo que él
Quería decir que no deberían de abrir…

Y aquéllas con terquedad para abrirlo,
Y él disque a negarse a permitirlo,
E instando empezaban a desabotonar,
Y al cabo de terminar y descubrirlo,
Y luego sacarlo y de tocarlo y sentirlo…

Lo que sigue ya no hay pa'qué decirlo,
Sólo un punto y aparte pa'seguir adelante
Pero mejor le puse puntos suspensivos,
Pues a veces quedan lectores pensativos,
Y es seguro que uno que otro d'ellos
Me reclame, no haber querido terminar
Este anterior párrafo de querer contar,
Pero seguro que los que lo leyeron,
De alguna forma ya lo imaginaron
Y con su pura mente lo finalizaron.

En verdad, como otros ya imaginaron
Lo que ya han vivido, es por eso que
Los que imaginaron el final sin leerlo,
Igual que otros recordaron lo vivido,
Y pos eso ya lo tienen bien sabido.

Y volver a contarles lo ya sabido,
Pos en verdad que no tiene sentido.

Para las de avanzada edad, o sea,
Para las que ya pasaban la mocedad,
Con éstas no tenía que hacer caso
A su galante capacidad de conquista,
Sabía que ellas ya lo tenían en su lista.

De una a una, a todas las veía desfilar
Al venirlo a visitar, a según otra lista
Que tenía la pueblerina más lista.

A las viejitas las recibía sólo de noche,
No fuera a ser que alguien pudiera ver,
Y por ai la gente dijera que el viudito
Con las viejitas también se metiera,
Pues todo se sabe en pueblo chiquito,
Y pa'qué quieres, que si las demás

D'este ajetreo se llegaban a enterar,
Madre Mía… La que se le iba a armar;

Sin saber que todo estaba arreglado,
Y si viejas iban al mandado en las noches,
Era porque así se les encomendaba ir,
A según los gustos que él mismo tenía,
Y la que hacía las listas, debía escribir.

Esto para no confundir en que horario
A las mujeres las debería de enviar.

Pero él, noblemente querer se dejaba,
O como que, se dejaba y nada objetaba.

Por este motivo nadie lo quería perder,
Quizás por ser dócil, sumiso y discreto.

Ellas solitas eran las que armaban
Todo los desajustes y hasta se peleaban
Entre ellas por estos desbarajustes,
Por eso, a las viejitas sólo de noche,
Pero al mismo tiempo para simular
Que nada pasaba, y así la paz perduraba
Y las gentes del pueblo ni se enteraban.

Como se decía, a éstas las veía desfilar
Por el petate donde se solía acostar.

Como ya estaban viejas y quejumbrosas
No aguantaban meneo y desmanes,
Por lo duro del suelo y sólo el petate,
Estas situaciones les dejaban moretones,
Así, era seguro que pronto no volvieran
Por chocolate, y si volvían en la siguiente,
O en la siguiente, o la siguiente semana,
Era porque se habían curado de remate.

Las que sí realmente lo disfrutaban
Eran las seductoras y cariñosas gorditas,
Y él también a ellas las apreciaba
Y con ellas muy bien que congeniaba.

Había gorditas que por verse bonitas
No querían ser gorditas, sino flaquitas,
Pero éstas al saber que al ser gorditas
Eran sólo las preferidas por el garañón,
Entonces, gorditas todas querían ser
Para amarlo y entregarle el corazón.

Las flaquitas, lo querían y disfrutaban,
Y también a su vez él las quería…

Entraban al jacal cuando se aparecían,
Y cuando llegaban, ni permiso pedían,

Él las dejaba porque eran fieles amantes
Y por ser siempre muy constantes,
Y además eran tan frágiles y delicaditas
Y algunas tan suavecitas que dejarse amar
Le producía una sensación placentera
Como comer cuajada recién hechecita,
Dulcecita, o calostros recién hervidos
De la leche de la vaca recién parida.

Las morenitas eran su adoración,
Por ellas él sentía mucha pasión.

Inocentemente las sentaba en su regazo
Y empezaban a cantarle una canción,
De las que él les pedía que le cantaran
Así movía la emoción, y subía la presión.

Mientras le cantaban, despistadamente
La cabeza acercaba al rostro de ella
Mientras que su dulce aliento respiraba,
Y como queriendo y no queriendo,
Ella poco a poco la blusa se abría,
Sus pechos se descubría y él se los veía,
Se les quedaba viendo sin parpadear,
Sin poder dar crédito a esa realidad
Que a sus ojitos se descubría…

Eran bellos los pechos morenos,
Sólo con verlos, olerlos, y sentirlos,
Y sólo de pasadita, que conste, eh,
Al sólo roce sutil, quería morderlos.

"¡Pobrecitos de esos lindos senos,
Si supieran que aunque son ajenos,
Son tan buenos, como pan de centeno,
Y me hacen sentir tan obsceno!".
Que bueno… Qué bueno…
Y más cuando están muy rellenos…

Bueno, qué cosa por ahí se moviera
Que al hombre no le llamara la atención,
Con que trajera faldas, le subía la emoción,
Pues era como una sensación que sentía,
Así vivía, y lo demostraba, y se le notaba.

¡Y vaya que realmente se le notaba…!
Pero eso sí, queridas y muy respetadas,
Y así cómo era entonces el respeto:
Ni un ojal les tocaba, menos las abordaba,
Porque así él no trataba a una dama.

Las necesitaba, porque el cuerpo le hervía
Cuando a una dama cerca o lejos veía.

Era curioso que a la que el ojo le echaba
Con eso tenía para saber lo que él quería,
Como que con mirarla se lo transmitía.

Bastaba con que ella sintiera su ojeada,
Y con eso, la cosa ya estaba arreglada,
Él no tenía que hacer nadita de nada.

Él simplemente respetaba y sólo miraba
Y saludaba a todo aquél que pasaba,
Pero cada vieja chiflada, al sentirse mirada,
Ya sabrán lo que luego le pasaba...

Nada de citas ni de compromisos,
Nada de hablar en rincones ni pasadizos,
Con la mirada estaba todo arreglado,
Ellas por su lado, armaban su horario.

Al sentirse amado por tanta dama bravía,
A solas, ya sabrás lo que con ellas hacía.

Mas eso parecía, y la verdad de la verdad
Es que él nada hacía, sino ellas que,
Por él todo hacían y a jugar lo inducían.

¡Pobre hombre... Tan inocente!
Muchos en el pueblo lo compadecían...

Historia de Froylán y Severita

Severita era una de las muchachas de la Casa Grande
Allí se reunían con Froylán a preparar obras teatrales
Que el Cabildo a veces promovía para algún beneficio
O recolecta para obras de beneficencia ocasionales.

También las Muchachas de la Orquesta participaban
Y el Froylán les dirigía y ensayaba algunas melodías
Que presentarían en las obras que allí se preparaban.

Al año eran unas cuatro obras en las que se divertían.

Sus dotes de afeminado le daban facilidad de amistad
Con las muchachas, de tal manera que ellas confiaban
Que en maneras masculinas y modos no se excedería,
Gracias a ello, ellas lo querían y la corriente le
seguían.

Pareciendo jotito, Froylán tenía facciones masculinas:
Pelo negro corto, cara ancha tosca, quijarudo,
colorado,

Con cejas pobladas y parejas, nariz aguileña burda,
Patilla negra ancha y grande, sin bigote y sin candado.

Como de metro ochenta, musculoso, ancho y robusto,
Pareciera un árabe, al verle las facciones de su rostro,
Su masculinidad, mezclada con su proceder
afeminado,
A las muchachas gustaba morbosamente el
afortunado.

Jugueteaban con él como si fuera muñeco, vistiéndolo
Y desvistiéndolo con ropas íntimas a ver cómo lucía
Con un corsé de color rojo y calzones de seda de mujer,
Lo que hacía notorias las partes masculinas que tenía.

"Ya dejen en paz al muchacho", les gritaba
Vidalita, la hermana mayor...
Y ellas, sin hacer caso, seguían el juego y la diversión,
Le picaban aquí, y le picaban allá, y en alguna
ocasión,
Le tocaban sus genitales o sus peludas y duras nalgas.

Sus reacciones sexuales las sabía muy bien disimular;
Lo que crecía no, tenía que esconderlo y disimularlo,
Precisamente era lo que las muchachas buscaban ver;
Sólo él realmente sabía sus más íntimas inclinaciones.

"Froylán para qué quería esas súper cualidades
abruptas
Si en mente y corazón no era más que una muchacha
Tan divertida como todas las demás". Se
preguntaban...
No conocían sus verdaderos sentimientos e intenciones.

Para Severa, Froylán era el tipo más sublime del
mundo,
No le importaban sus maneras, ni creía que era
afeminado,
No hacía más que pensar en su excelsa y varonil
figura.

Era el ideal de rostro y cuerpo varoniles que ella
amaba.

No hay más belleza que la vista de Froylán en su
cabeza.

Se ponía celosa cuando lo prendían sus amigas y
hermanas
Para jugar "a vestirlo y a cambiarlo con ropa
femenina".

"Ya deja de pensar en él Severita", le decían sus dos
nanas.

114

"Si sólo él se fijara en mí... Lo demás no me importaría".

Lo aferró a su alma como algo suyo, sin serlo todavía,
Insistía en su obsesión de amarlo sin el apoyo de nadie,
Más que el de ella sola que estaba convencida de eso.

"Tiene que ser un hombre real... Y yo lo quiero amar". Pensaba Severita...

Desde que descubrieron su malestar,
Se había vuelto muy sentimental y lloraba por todo,
Su enfermedad era Leucemia, que avanzada ya estaba.

Les platicaba a sus angelitos lo enamorada que estaba,
Lo feliz que Dios la había hecho al conocer a Froylán,
Les decía: "un día vendré a contarles las buenas nuevas,
Cuando ya encontrara la culminación de mis amores..."

Era tan feliz, que pareciera que Dios la contemplaba
Y para aliviar su futuro, coloreaba sus días y noches
Y le daba tantas fantasías que vivía en otro mundo,
En donde las luciérnagas eran haditas y sus amigas.

Sus nanas se la pasaban observándola día y noche,
Se preguntaban que si ella era la flor más dulce
Del jardín, por qué sería la primera en marchitarse...
Le hacían sus gustos, nada le negaban, para agradarla.

Para ellas Severita siempre fue su preferida,
Su encanto, su terroncito de azúcar, su adoración.
Por su enfermedad, pues nada más estaban tras ella,
Qué fuera lo que necesitara la nena, para dárselo...

Pero de que estuviera enamorada del marica ése,
Eso sí que no, definitivamente que no lo toleraban,
La regañaban para que echara de su cabeza esa locura,
Pero la niña era terca, y eso no se lo podían quitar.

Desde que Froylán era pequeño, su papá lo golpeaba,
Tenía que cambiar su carácter, para que aprendiera...

Porque creía que sus modales ya eran irreversibles,
Y quería que actuara como un verdadero hombre.

"Eres una criatura del demonio, mal engendrada,
¿Cómo Dios me envió un muchacho de tan buen
Ver, pero con inclinaciones torcidas y pervertidas?",
Y le pegaba como si fuera una bestia malograda...

Todo mal y mala suerte que pasara en esa casa,
Todas a Froylán como culpas se las achacaban,
Pues él por así nacer, había traído toda desgracia.

Su madre lo defendía, pero igual golpeada acababa.

Nunca supo que su hijo no era el motivo de sus males,
En realidad nunca lo conoció ni a sus pensamientos.

Desde niño, al actuar así, se burlaba y lo etiquetaba,
Motivo por el que nunca le dio cariño ni lo abrazaba.

Pero Froylán sabía muy bien lo que él era realmente,
Encontró camino en el pueblo en la sociedad selecta,
Sabía lo que le gustaba y de eso nadie se daba cuenta.

Nunca tuvo un día aburrido, y siempre tuvo éxito.

Una receta que Severita debería de seguir a diario
Era tomarse cuatro vasos de aguamiel de maguey,
"Pa'los males de la sangre", le decía una de las nanas,
"Quien quita y pueda curarse de todos esos males".

Nadie sabía que ella y Froylán en amoríos andaban,
Era un íntimo secreto que sólo ellos guardaban...

No sabía si era un regalo que su hadita le hiciera;
No sabía tampoco si era el premio de su espera...

Sus ojos brillaban como dos luceros del cielo azul,
No alcanzaba a visualizar que su realidad era cierta.

Estaba colmada de una alegría jamás experimentada,
Una dicha que para ella era totalmente desconocida.

Mientras Froylán veía los ojos tristes de Severita,
Suspiraba, y creía escuchar cierta música del limbo,
Y se trasladaba a lugares muy lejos de este mundo
Así lo declaraba todo aquél que veía al enamorado.

El día menos pensado, Froylán a la niña se robó,
Con la venia oculta de sus hermanas, se la llevó,
Su mal crecía y ellas pensaban que debía ser feliz,
Cedieron, a pesar de los miedos de que iba a morir.

Froylán era enormemente feliz al lado de Severita,
La quería y la cuidaba como si fuera un corderito.

Pasó un tiempo bastante para disfrutar de tal afecto.

El momento que ellos más temían llegó en el acto.

Así me la llevé, así la traje, rendida entre mis brazos,
Les decía Froylán a todos los habitantes de la Casa.

Todos observaban en silencio con agachada cabeza,
Con lágrimas en los ojos, ya ese destino adivinaban.

Sucedió en el crepúsculo de una tarde de Primavera,
Las estrellas comenzaban a ponerse tristes en el
cielo...

El lucero vespertino parecía que no quería centellear,
Acentuaba la tristeza, el lóbrego y sinuoso anochecer.

La acostaron encima de una mesa en medio del vergel
En el patio de la casa, a la luz de la naciente
Luna...

Las luciérnagas llegaron con el aroma de la chiquilla
Haciendo junto a su cabeza una danza de lucecillas.

Froylán inclinaba su cabeza en el pecho de su amada,
Y con toda la pasión y tristeza que podía llorar,
lloraba.

Toda la noche le veló el delirio del sueño de muerte,
Pues era la última vez que vería a su ángel terrenal.

Hoy toca bañarse

Es el día séptimo de la semana,
O el primero, si así lo quieres,
El caso es que hoy hay que lavarse,
Y luego, con ropa limpia vestirse,
Aprovechando, la cabellera peinarse.

¡Qué lata ésta de tener que asearse!

Malas costumbres que andan de moda
En estos tiempos tan modernos.

¡Qué desconsiderados y despiadados
Los que las modas inventaron!

Antes no pensábamos ni yo ni nadie
Que en cada día de fiesta bañarse.

Y ya, en vez de estar discurriendo
Si lo he de evitar o lo he de hacer,
El trasero moviendo pa'ir a la noria
Y sacar el agua que voy a usar...

Si no fuera porque es domingo...

Si anduviera en los montes y valles
Resolviendo entuertos y necedades
De gente plebeya, terca e imprudente,
De bañarme nunca estaría impaciente,
Seguro es que en sus momentos,
Un caballero resuelto no se detenía,
Ni sus tiempos perdía en bañarse
Salvo que estuviera cruzando un río
Por donde tuviera que pasar montado,
Sólo así era como el agua lo mojaba,
Se bañaba, pero sólo yendo sentado.

Total que cada vez que le tocaba
Al decidir bañarse, era un guerrear...

¡De acuerdo!, bien decidido ya tenía
El baño tomar, pero en que se decidía,
Y luego en que se tardaba y lo hacía,
Le daba muchas vueltas a la decisión,
Por ser el poseedor de una voluntad
Tan débil que Dios le proporcionaba.

Y la culpa no era de él, sino de Dios
Que todo lo daba, porque entonces
Esta voluntad, ¿de dónde la obtenía,
O quién entonces se la daba, sino Dios?

En base a esto, toda culpa se quitaba...

Agarra la borcelana y así como andaba
En calzones, a pesar de la fría mañana,
Va a la letrina, y en que tira la orina,
En silencio queda, y viendo hacia arriba,
Con la mano izquierda se persigna,
Y pide que por favor le evite bañarse.

Consigna que desde en la mañana
Lo martiriza y aún él no se resigna,
Y en que Dios le oiga y le responda,
Él como es muy condescendiente,
Da a Diosito un ratito para deliberar
Y en el tiempo que ha de esperar,
Se sienta y se pone a gusto a defecar,
Y por no dejar, de manera que
En la decisión de Dios pudiera ayudar,
Dos Padrenuestros se pone a rezar,
Quien quita y así lo otro pueda evitarse;

Bueno, mejor decide no preocuparse,
Pues al estar Dios siempre de su parte,
Y mientras espera sentado y confiado,
Orando y defecando, pero al acabar

116

Ve que la respuesta no ha recibido,
Volteando pa'rriba, le echa un silbido,
Pretendiendo recordarle al Ser Amado,
Que con él está comprometido ya que
La respuesta aún no le ha llegado.

Pa'hacer más tiempo mientras llegaba,
Se pone a comer huevos recién puestos.

Los agujera por los dos lados,
De uno en uno los engulle como agua.

Más nada hacer para el tiempo correr,
Desesperado dice que ya es por demás,
La respuesta no la va a recibir jamás.

Solemne, toma decisión determinante,
Aunque nunca lo registre en su mente,
Va a tener que bañarse primeramente,
Rasurarse y peinarse antes de vestirse
Y verse como una persona decente.

Pos ya con decisión todavía caliente,
Saca el agua de la noria al instante.

"¿Ya viste, lo bonito que te vistes?
¿Y que no ves, lo bonito que te ves?".

Se veía en el espejo y se lo repetía
"Si no eres tan feo, pelao condenado,
Y no me costó nadita de trabajo
Tomar la gran decisión de bañarme.

Aprendí que cada día soy más decidido.

Son cosas de la vida del día con día,
Ya bañadito, peinadito y aperjumadito,
Así nadie le hace a uno el feo,
Manque sea fea, manque sea guapa
Voltea porque voltea a verte la ingrata.

Y vaya, que ya se está haciendo tarde".

Juana, la de Nicanor

En que Pánfilo, el dueño del merendero,
Decide ir a cumplir hacia la letrina,
Y al terminar de sus necesidades hacer,
Regresa y atiende a otros clientes por ende,
Y Hilario, sentado en la mesa de la orilla,
Que siempre profería de tan buen humor,

Por la ventana mira a Juana, la de Nicanor,
Que le hace ojitos y señales, y él con pena
Y vergüenza de que pudieran verles,
Se sonroja y trata de esconder la mirada.

Pero la viva de Juana se acerca a la ventana,
Y asegurando del hombre la mirada,
Aunque Hilario se haga el desentendido,
Mientras que Juana le muestra, en acto seguido
Y atrevido, un poquito de sus pechos,
Bajando tantito el escote de su vestido.

Para lo que él se pone nervioso y colorado,
Y viendo para un lado y para el otro lado,
Sin saber cómo actuar, o cómo a Juana alejar,
Decide levantarse y la cortina un poco cerrar,
Para no estar al pendiente, y no ver a la mujer,
Cuyo marido al momento se presentaba,
Y del brazo la tomaba, para entrar al comedor,
Donde ahora no iba a evitar con él verse.

Lo único que pudo hacer Hilario fue
De silla cambiarse, para que a esta situación,
De a tiro tan obligada, no tuviera que enfrentarse.

Doña Juana dejó así las cosas por esta mañana,
Viendo que aquél la desdeñaba y la esquivaba,
Pero ya la situación luego se le presentaría,
En que pronto iría a su jacal y lo encontraría…

Y así fue que ella hizo su palabra cumplir,
Tan igual que como entonces lo pensó.

Él también se sorprendió, porque fue el martes,
Para su bien o para su mal,
Como a eso de las seis de la tarde,
Ella se presentó con un pretexto informal,
De pedirle un favor muy grande.

Que se lo estaría por siempre agradecida
Y era que si por favor él le podría decir
Si a él como hombre que era,
Le gustaba su escotado y ceñido vestido,
Cosa que necesitaba saber de su opinión…

Que si era positiva, como ella así esperaba,
Pensara que también a su marido le gustara,
Y así entonces, poder agradar a Nicanor,
Pues él ya con ella, casi ni el fuego calentaba,
Y como el vestido era recién comprado,
Era menester encenderlo, aunque fuera con eso,
Para poder tener con él, un poquito de apego.

Tal era la explicación que a Hilario ella daba,
Pero en realidad ella lo que necesitaba saber,
Era si al verlo puesto en ella sus líneas femeninas,
Se le notaran, y algo a Hilario se le despertara,
Y que fueran sus instintos principalmente,
Porque tenía la fama de lo que decía la gente
Que aquél, eso lo tenía muy imponente.

Ella quería verlo, y si se pudiera, usarlo,
Porque de tanta hablada ya estaba cansada,
Quería ver la realidad imperante, y por no dejar,
Intentar hacerlo su amante, y era por esto
Todo el rollo que ella inventó para preguntarle
Lo que le preguntó sobre si su vestido,
O le quedaba ajustado, o era muy escotado.

La hermosa bruja quería que suya la hiciera,
Pero Hilario con otra invención le respondía,
Le decía que las mujeres no le gustaban con vestido,
Y que si creía que su apretado vestido,
Le iba la mente a perturbar, se equivocaba
En ese pensar, que ni siquiera atención les ponía.

Cosa que no era cierta, y que ni él se lo creía,
Porque le gustaban las mujeres en todas las formas
Como se le presentaran, y al más no poder.

En este caso tan turbulento solo se contradecía,
Sólo para no seguirle a ella el calor del juego.

Nicanor no era su amigo, era un hombre de respeto,
Y no quería al pobre mancharle su honor,
Ya que con tan sólo cerrarle el ojo a la Juana,
Era seguro que se le entregara con todo y vestido,
Y con todo lo que ella portara, porque de por sí,
Ya sabía que con él ella quería, y era así su
insistencia,
Que ya estaba muy al descaro y al descubierto,
Eso de querer con él pagar su penitencia,
Pero él le decía que pues, ese no era su pecado,
Y si pecado de ella era, pos que así lo mantuviera,
Con otro se fuera a pagar la penitencia que debiera,
O que así lo dejara, y que con esa ansia se quedara.

Bañarse con agua helada pa'que su calor apagara,
Pues con él no tendría nada, y ya que de chingaderas,
Se dejara, porque con ella, él no quería nada…

Y aún así, tanta era la insistencia de la Juana,
Que casi se le montaba como campana del pescuezo,
Y aquél, para acabar en seco ya con esta situación,
Sacó "eso" del pantalón, y le enseñó cómo lo traía,

Que verdaderamente lo traía como chicharrón,
Por lo moretoneada que estaba, debido a la golpiza
De aquella noche despiadada, en que aquella morena,
Muy fuerte le azotara, con el canto no filoso,
De un machete, que en la pared estaba, que agarró
Y le golpeó, en venganza de las mordidas,
Que él a ella le diera, en sus pechos hermosos,
Cuando él se los viera en todo su esplendor,
Pues la inocente muchachita, ni imaginaba
Que el hombre era muy sensible a pechos de mujer,
Y al ver que ella se descubría de cintura pa'arriba,
Y sin poderse contener, ante tan hermosa visión,
Se los mordió en respuesta del ansia que sintió.

Aunque ya había ido a ver al doctorcito,
No le pudo quitar la mala apariencia del pito,
Por los golpes que la morena muy bien le asestara…

Juana reaccionó al ver lo morado y negro a la vez,
Pensó que se le estaba cayendo el instrumento,
O también, pensó al mismo tiempo, que
"Tanto va el cántaro al agua, hasta que se rompe",
Y así su jumento, por tanto que lo haya usado,
Alguna enfermedad debía de haber agarrado…

Ya en que lo ve, al mismo instante se espanta,
Asustada y aterrada pronto las naguas levanta,
Pero no para ofrecer lo que abajo guardaba,
Sino para huir desesperada y despavorida.

Se arrancó corriendo, salte y salte como loca,
Con las faldas arriba, por haber visto todo aquello
Que la descontroló e igualmente la trastornó,
Y eso de querer con Hilario, finalmente lo olvidó,
Fue tanto lo que le impactó, que ya la Juana
Nunca quiso, ni siquiera pensó, de nuevo acercarse.

Que Hilario sólo quiso así actuar, sin ser eso realidad,
Todo lo que a ella en sus creencias le vino a inculcar,
Para poder salvar el honor de su esposo Nicanor,
Que en realidad era un hombre de respeto y pudor.

Y de esto, Nicanor ni sospechaba nada,
Se sentía muy hombre dando el brazo a su amada,
Y con orgullo con ella andaba y caminaba,
Al restaurante entraban, mientras todos los miraban.

Pero esta mañana, cuando adentro estaban,
Nicanor observó que Don Hilario allí estaba,
Y a juzgar por las habladurías de la gente,
De sus maneras de actuar, y su desarrollo galante,
Buscó la mesa más distante de la del panzón,

118

Para evitar entre su mujer y él cualquier rozón,
Y entre ellos dos, cualquier disgusto o discusión,
Pudiera ser que por casualidad tuvieran un enojón.

¿Pero para qué habría uno de enojarse?,
Era su pregunta primera, si el día estaba hermoso,
No iba a derrochar la entrada de la Primavera.

El pobre no estaba enterado que su mujer,
A Hilario ya le había coqueteado, y que ella,
Pronto lo vería, según era lo que ella tenía en mente
Que pronto haría, y que luego después hizo,
Pero que muy bien no le salió, como ya se contó.

Y todo esto a espaldas de Hilario sucedía,
No se daba cuenta de la melodía que cantaban
Ese día de Primavera, Nicanor y Juana la ramera.

La jacalera traicionera

Al fin en vuestro sitio, ya era hora,
Aunque me agrada meteros en cintura,
Has actuado de tremenda travesura,
Por ello os he dado una buena fusta,
Friega que en buena lid y buena justa,
Y como reconocéis, azote de caballero
Es castigo duro, muy fuerte y severo.

Aún así, no componéis tus intenciones,
Y a como os veo de como amenazáis
Os temo, de que volváis a ser sacatona,
Y en tu burro de mí huyendo, escapéis,
Y con la cola entre las patas metiendo
Que siendo como vos seguís siendo,
Por mi Madre que ahora sí os atravieso.

Ventaja es daros alcance y os pesque,
Y que en la Villa salgáis del trance.

Sabéis que al quereros como os quiero
Se me resbalan los malos pensamientos,
Y se me olvidan las malas intenciones,
Y a veces os perdono vuestras faltas,
Pero me traicionáis y andáis de jacalera.

A pesar de que me prometéis amor
Y obediencia, y humildad y sumisión,
Pero no, a veces os encuentro con Paco,
A veces con Manolo, y otras con Marcial,

Y no me ofende, porque mis amigos son,
Y yo, en verdad que muy compartido soy,
Pero duele, ellos se burlan de mi situación.

Pues que siempre les hacéis harto felices,
Y es allí donde se me arrisca el sombrero
Es por eso que con vos ya he cambiado,
Es por eso que a cada paso os castigo,
Y os doy a llenar siempre hasta el cogote,
Es por eso que ahora os quito las bragas
Y si me reclamas, os apaleo con garrote.

¿Y cómo os atrevéis a darme tal carretón?
Ya no te saldréis más con tus laureles,
Pues como veis, os las tengo sentenciadas,
Con fuerte correa y soberano escarmiento,
Veréis, en adelante os amarro en camastro
Por éste, vuestro inútil y último intento
Y tendréis de mí hasta por los apéndices.

Así que de donde vos podáis, agarraos,
Que del trance por el que habréis de pasar
O bien, o salís arrastrando, o salís rezando,
Si empezáis a remilgar... A cargar la cruz,
Que ahora sí, el trato está duro y grueso,
Y si decís que no soportáis más sanción,
Preparaos para una dulce y sensual agonía.

Mas echad fuera ahora vuestros temores
Que no os habré de causar más dolores,
Pues lo que a vos duele, a mí me mata.

Habréis de tener en tiento, que no cejaré
Mi labor, y a cada una de vuestras huidas
Tendréis fuerte vuestro acto corrector,
Portaos bien, y dejadme daros acogida.

No es tarea fácil meteros en cintura,
Y no desearéis ponerme en esa tesitura,
Porque la cosa se pondría más dura.

Veréis que una vez estando bien dura
Ya sabéis que altura toma la curvatura.

Es mejor que os portéis muy bien,
Os usaré de manjar y os enseñaré a querer.

Y mientras vos queráis, todo así será,
Os tomo, y por vuestra voluntad os domo.

Entre dos que se aman así el juego será,
Y se dejan llevar hasta el atrio más alto
De su íntimo altar donde guardan el tesoro

El más preciado sentimiento del culto
Del afecto de nuestro póstumo decoro.

La peluquería

Un lugar donde desaparece el bullicioso estrés,
Es un lugar de descanso y de encantamiento,
De sueños, además de ser centro de los chistes,
Tallas, de buen humor, chismes, dimes y diretes
Del pueblo, donde la gente no es muy frecuente,
Pero cuando viene, viene a saber de los demás,
Y le agregan a lo que ya saben, un tantito más,
De modo que lo que ya saben, consigo lo llevan
Y se lo cuentan a otros, corregido y aumentado,
Y sin duda, y además de eso, hasta modificado,
La gente viene a saber, y gratis, un tantito más.

Si vienen a la cortada, los chismes no se cobran,
Y conste que lo digo, es gratis, y también vienen
A vivir en otros mundos a donde nunca han ido,
Ni irán, y a llenar su imaginación con los cuentos,
Historias y sueños que les cuenta el peluquero,
Que ya les durarán buen tiempo para hacerlos
A ellos soñar y viajar por el cielo y las estrellas.

Eso no es malo, es bueno, por eso vienen ellos.

Y si dispuesto está en contar lo que quiera contar,
El que lo ha de contar, los demás no se enfadarán,
Menos yo, que siendo todo fuente de mi felicidad,
Y mi negocio prosperar... Aunque he de corregir,
Que en esto sí he de cobrar, pero no tanto,
Es tan sólo un veintecito por cada visitante.

El peluquero siempre información conseguía,
Y en la peluquería veía a más de cuatro por día,
Mismos a los que les contaba todo lo que se decía
Sin cansarse, y lo mismo, y al siguiente día a otros
Y así mismo, seguía toda la semana, obviamente
Hasta a partir del domingo nuevas noticias tener,
Que nuevecitas se las tendría para todo oyente
Que a cortarse el pelo viniera la semana siguiente.

Porque los domingos venía su principal cliente,
Que de bromas y cuentos, él era la mejor fuente.

Se sabe que de decir a hacer es cosa diferente,
En el caso de Hilario era claro que las dos cosas
Tienen igual fin, pues él decía todo en confesión

Y lo que hacía, que era lo mismo que allá decía,
Pues se los contaba, por eso tan bien les caía.

Al hablarles Jacinto a la gente de Don Hilario,
Era para todo cliente un motivo de hilaridad,
Pero de esa hilaridad sana y llena de emoción.

La gente se reía de él no por burla, con intención
De la observancia de cada una de sus ocurrencias.

¿Cómo ha estado Hilario?, ¿qué hay de nuevo?
"Pos aquí nomás, como siempre, en la ocurrencia".

En la Iglesia todo mundo fila hacía en la confesión
Una vez que en primer lugar se formaba Hilarión,
Así aquí, a la peluquería todo mundo lo seguía,
Y al entrar, la peluquería a Jacinto se le llenaba,
A la gente, le gustaba estar donde Hilario estaba,
Les gustaba que platicara y cómo se comportaba.

En fin, todos lo seguían, sin que él lo notara.

Jacinto con esta jugada y de Hilario la llegada,
Y detrás de él la gente en manada se acercaba,
Tenía un letrero que los domingos colocaba
Al frente del local y que les advertía que ese día
Había qué pagar por entrar, y que así decía:

Parlamento Importante: A Todo Visitante:

"Todo el que aquí entre,
Detrás de mi Principal Cliente,
Habrá sin negarse a pagar un veinte,
Y un diez más porque se siente.
Y si aparte el pelo se quiere cortar,
También la cortada ha de pagar,
A según si la barba se quiere rasurar,
Bigote arreglar, o igual el pelo hacerse.
Y si aparte quiere ser talqueado,
Pagará por ello un diez más, y además,
Un diez más, por ponerle colonia,
Para bien aperjumado de aquí salirse.
Y al saber todos a quien me refiero,
No se vayan a hacer los inocentes,
Que aquí primero el veinte pagando,
Y ya pagando, enseguidita entrando.
Se les aclaran los puntos siguientes:
Uno:
Otros días no se cobran las entradas,
Dos:
No pagará por oír chismes y tarugadas,
Tres:
Será gratis, nomás pagando del pelo

La cortada, o de la barba la rasurada.
Cuatro:
Talqueada y aperjumada, también gratis,
Y váyanse aprovechando,
Que luego pasa que me voy arrepintiendo.

Y repitiendo, y otra vez repitiendo,
Pa'que luego no digan "Yo no entiendo":
El domingo pagarán solamente
Los clientes que no sean el cliente,
Del que todo mundo tiene conocimiento,
Pues éste queda totalmente exento,
De todo lo impuesto en este Parlamento".

Con esto Jacinto con un día, la semana hacía,
Porque si en toda la semana la luz no veía,
Porque la gente no llegaba, salvo uno que otro
Pues los chismes de Hilario aún no escuchaba,
Pues el domingo por la visita de Hilario
La ganancia sí se daba, y hasta le sobraba
Para echarse su cerveza al llegar a su casa.

Todo mundo callaba y esperaban escuchar
Para disfrutar el motivo del pago de la entrada.

Luego Hilario continuaba con un cuento,
Todo mundo esperaba, aunque fuera el mismo
De la vez pasada, como quiera les gustaba,
Sabían que algo le cambiaba y de todas formas
Agradable lo hacía y en algunos de los cuentos
Hasta los convencía de que fuera realidad
Lo que contaba, porque lo contaba tan bien
Y real, que la gente lo creía y se emocionaban.

¿Les cuento un cuento?

Vinieron como siempre, para que los saque
De las imágenes diarias de sus propias vidas,
Que ustedes creen que les va a funcionar,
Como cuando les cuento cuentos relacionados
Con las imaginaciones de mis sueños nacidas,
Que son tan fantásticas, suculentas y frescas,
De mundos ocultos de mi mente recién salidas,
Donde sólo el que lo cuenta, sabe qué más hay
Allá adentro, y sin darse cuenta, al contarlo,
El que lo cuenta invade mentes y sensaciones
De los más íntimos sentimientos y emociones
De quienes son receptores del que esto cuenta.

Dejándoles indescriptiblemente una magia
Jamás sentida, acomodada a sus necesidades,
Que no quieren que se les escape, para con ella
Dar escapatoria, a la vida que normalmente viven,
Salir de sus problemas, de penas y sinsabores.

Quieren escapar de sus angustias y trivialidades,
Pero de las cuales en realidad no pueden salir.

Curioso que para eso sean los sueños, cuentos,
Lecturas y las novelas, para sacar a las mentes
De sus bochornos del diario vivir, llevándolas
A mundos creados con la lectura, inexistentes,
Lejos, muy lejos de todos los conocidos lugares.

Los hacen descansar de su monótono trajinar,
Así, de esta forma, con contarles mis sueños,
Les traigo todo aquello que nunca han visto,
Ni leído, ni imaginado, aunque bien sepan
Que todo eso no es realidad, y precisamente,
Así hay que entender, que eso es pura fantasía,
Pero la verdad es que es fantasía cautivadora,
Atractiva, sin duda, que igual que a ustedes,
También a mí me tiene anonadado, fascinado.

Las leyes y reglamentos que hay en los cuentos
Forman bases, unidas o separadas, que hacen
Que nuestras historias sean muy apreciadas.

Yo creo que si nos dieran a escoger si vivir
La vida actual, o vivir la vida en estas historias
Tan lejana y abismal, seguro que preferiríamos
Alegres elegías, como vivir nuestras fantasías.

Precisamente porque éstas no son realidades,
Porque en ellas no veremos las cosas actuales,
Ni las penas que vivimos, ni responsabilidades,
Ni trabajos espinosos, ni embarazosos, ni nada
Que en nuestra realidad nos ufane y presione,
Nos atemorice y nos desmorone, de donde
Podemos sacar la conclusión, y venga de ahí,
Que ustedes lo que andan buscando es salirse
Del mundo al que pertenecen y formar parte
De una no realidad implicada en una fantasía,
Que no tiene nada que ver con lo que ustedes
Quieren o se imaginan, pues eso que imaginan,
Y si acaso existió, a este siglo no perteneció,
Y fueron cosas que la mitad no fueron ciertas,
Y la mitad de esa mitad, inventadas o escritas
En novelas provenientes de la imaginación
De un escritor, de la inventiva de su corazón.

De allí, cosas que se cuentan no fueron reales,
Sino mitos, creaciones, leyendas, o analogías
Creadas para darle sentido a las filosofías
De vida y religión, y hacer la vida de las gentes
Más llevadera, que como hoy, antes también,
La vida era difícil y en todos los momentos
De la historia hubo penas, responsabilidades,
Trabajos espinosos, escabrosos y difíciles,
Que presionaban, atemorizaban y demolían.

Además, habrá que recordar que en tiempos
A los que se remontan estas historias tales,
Se sabía que existían muchos símbolos que
Al parecer, para la gente eran cosas reales,
Pero simplemente no existieron como tales,
Aunque tenían ciertas explicaciones cabales.

Por eso y aunque crean que más no quiero,
Ya no les cuento ni por lo menos un cuento,
Por ser la realidad que como yo los sueño,
Así se la van a querer pasar, siempre soñando,
Y ni sus trabajos, ni todos sus compromisos
Van a querer remediar, por pasársela soñando,
Así que aquí se acabó el cuento que ya no
Cuento, por no hacerlos parte de ese cuento.

Manzanilla, Jerez y Rompope

He aquí que…
En juerga y diversión un día se lanzaron:
Manzanilla, Jerez y Rompope,
Todo se tomaron y se comieron, y con risas
Y carcajadas uno al otro se abrazaron,
Pelearon, se madrearon y juguetearon,
Y de beber y beber finalmente se hartaron,
Mas al momento de ir a su aposento,
Vaya que perdieron sentido y sí batallaron,
Y sin conocimiento, muy briagos y beodos,
Y sin saber cómo, pues al fin llegaron,
Se desvistieron sin saber lo que se quitaron.

Sin más ni más, que tiempo no había de pensar
En la cama se ladearon y allí bien bofos,
Muy desquiciados, bien dormidos quedaron.

Para un lado y para el otro rodaron,
Varias veces se cayeron y se levantaron,

Sin ninguno darse cuenta de su situación,
Y la noche se pasó en puro movimiento…

Mas al despertarlos la alondra con su canción,
Jerez y Rompope abrazados abren sus ojos,
Se miraron desnudos uno al otro,
Como quiera un buen susto se llevaron,
Y sin poder conjeturar lo que había pasado,
Creían que Manzanilla no los dejó dormir,
Había sido la que había recibido los golpes,
Pero no estaban muy seguros de tal realidad,
Pues Rompope, al igual que Jerez sentían
Un pequeño dolorcillo que no lograban
Saber de qué era y exactamente dónde estaba,
Finalmente y sin saber lo que hacían,
Osaron preguntar a Manzanilla:

¿No os duele algo querida Manzanilla,
Algo así como un dolorcillo difuso,
En alguna partecilla difusa del cuerpo?

A lo que Manzanilla responde intimidada:

No mi Noble Señor Jerez, no en este día…

Al verla desnuda, con brillo en sus ojos,
Rompope le dice con cierta ventaja y alevosía
A la pobre descuidada:

Pues si la parranda no os causó ningún dolor,
Levantaos y abrid bien el corazón,
Que lo demás os lo dejo para meditar…

¿Qué fue entonces lo que causó tanto dolor
Durante la noche a Rompope y a Jerez,
Mientras Manzanilla durmió con dilación?

Marginados

Preocupado, con recelo, temeroso,
Era la manera de enfrentar mis mañanas.
Había que afrontar una obligación
Que obviamente tenía que cumplirse.

Qué más le podía yo pedir a la vida,
Si era la única manera de trabajar.

Muchas otras cosas había ya intentado
Pero en ninguna me daban cabida.

Era una tristeza ver que la sociedad,
Esa misma en la que vivíamos,
Nos rechazaba cuales ratas con plagas
Y con epidemias contagiosas.

Nos censuraban el hecho de querer
Pertenecer a donde debíamos pertenecer:
A esta cruel sociedad en donde sólo
Queríamos solventar nuestra situación.

En realidad no les pedíamos limosnas,
Sólo queríamos ofrecerles un servicio,
Amistosamente, que pudiera serles útil,
Que ellos no pedían, pero tampoco aceptaban.

Así, con el tiempo nuestros problemas
Se iban haciendo cada vez más grandes:
Cada vez menos para comer y proteger
Familias, y era peor pese a los esfuerzos.

Es porque la sociedad nos olvidó,
Por haber nacido humildes y pobres,
La vida así nos trató, y es por eso,
Nuestros destinos son incertidumbres.

A solas y en silencio yo lloraba,
Intentando huir de mis miserias,
De mi debilidad por ayudar a los míos.
Me preguntaba que por qué a mí.

¿Por qué me tocó vivir de esa forma?
¿Quién habría pedido nacer, para vivir
Como vivía yo y los de mi clase?
Pero sólo dilataba mi tristeza…

Me decepcionaba más de la sociedad.
La que día a día me despreciaba,
A no rondar sus límites me confinaba,
Con extrema violencia me arrinconaba.

Haciéndonos sentir muy despreciados,
De la humanidad misma el desperdicio,
Como la cloaca del mundo, lo más bajo,
Quizás, de los hombres la inmundicia…

¿Cuánto tiempo metido en mis ideas,
Saboreando lo amargo de mis penas,
Llorando, batallando con mi situación,
Buscando trabajo por todas partes…

Deseando salir de mis pobrezas,
Sin que nadie se apiadara de mí,
Ni me ayudara a resolver mis líos,
Las básicas necesidades de mi familia?

Esos años de carencias e impotencias,
Le marcaron a mi alma para siempre,
Un estado petrificado de insensibilidad,
Que no deseo para nadie en sus vidas.

Buscaba la manera de convencerme,
Evitar en un monstruo transformarme,
De manera que evitara yo persuadirme,
De que debería odiar a mis semejantes.

A ellos les tocó vivir diferentemente,
De una mejor manera a como yo vivía,
Con otra suerte: "más dádivas de la vida",
Cosas que a mí nunca me dieron…

Hasta que un día, el menos pensado,
En medio de mis miedos y conjeturas,
De mis desesperaciones, llantos y penurias,
Llegaron "ellos", a complicar mis miserias.

Al observar mi ansia por diluir mi infortunio,
Que era un estado de amargura pérfida…
Vinieron, y se ajustaron a mis necesidades,
Ofreciéndome pues "ese especial trabajo".

Sea lo que sea, y fuera como fuera,
Ellos me sacaron del bache tan profundo
En el que yo, en aquellos momentos estaba,
Me incitaron a vivir de una manera grata.

"Que debería ingresar a esa sociedad
Que antes me echaba de su periferia…
Que debería vivir siempre con la confianza,
De poder siempre conseguir el sustento,

De tener una buena calidad de vida,
Esa vida que todos deseamos vivir,
Y que dentro de su organización,
Todo eso lo podría lograr muy pronto".

Como es de suponer, y sin relatar detalles
De este trabajo, que empecé de inmediato,
Inicialmente con insoportables angustias,
Torturadoras penas y terribles tristezas…

Había que hacer forzosamente la tarea,
Que me rompía el alma en mil pedazos,
Y también destrozaba mi pobre corazón,
El cual no estaba acostumbrado a esto.

Se desmayaba mi cuerpo con frecuencia,
Y así me quería quedar para siempre,
Sin despertar, pues el trabajo me impulsaba
A comportarme como un salvaje animal.

Bestia con ansias de destrozar a sus presas;
Y con hambre insaciable de sangre…
No, no era yo mismo, obviamente, sino
El monstruoso ser en que me convertí…

Me pregunto si las congojas de antes
Eran más sofocantes que las de ahora,
Las que me causan las nuevas actividades.
Éstas regalan el Infierno gratuitamente.

Antes, el sufrir machacaba mi alma,
Por el angustioso intento de conseguir
Para mi familia el sustento diario,
Sin obtenerlo, la mayoría de las veces…

Ahora, mi sufrimiento tritura mi alma
Porque tengo el infierno de mi lado.
No me atrevo a rezar como antes hacía,
¿Para qué, si Dios no me va a escuchar?

Sabrá Dios cuántas veces lo ofendí,
Además, no creo salirme pronto de esto,
Y si para mi bien yo así lo anhelara,
Seguro ellos no me lo iban a permitir.

Así que para qué pido a Dios perdón,
Si de hecho, sé que nunca lo obtendré.
Antes rezaba mucho, dada mi situación,
Y eso me mantenía muy cerca de Dios.

Procuraba rezar todo lo que podía,
Al menos eso, como amparo espiritual,
Me mantenía con una cierta esperanza,
De un día encontrar lo que yo pedía.

Y efectivamente, rezando lo conseguí,
Pero nunca pensé que llegaría a esto.
No pensé que fuera una "rica tentación"
Que Dios me enviaba para santificarme.

Pero como yo no trataba de ser un santo,
Sino comer y dar de comer a los míos,
Fue fácil tomar la decisión. Y así fue
Como ahora perdí a Dios para siempre.

Después de estar ya instalado,
Y acostumbrado a no tener piedad
Para hacer lo que se me asignaba,
Empecé a mostrarme más competitivo.

Tuve que admitir tener temple de acero,
A decidirme a actuar con violencia,
A cambiar mi estado pío, a despiadado,
Sin acumular ningún remordimiento.

En estos trances, lo último que piensas
Es en evitar perjudicar a tu alma,
Pues desde la primera vez que lo haces,
Quedó vacía, y se va sin saber a dónde.

Como si de repente sintieras un hueco
En el pecho, en la cabeza y en el corazón,
Porque éste se te hace de piedra,
De manera que ya no lo sientes palpitar.

De esta manera ya no sientes piedades
Y es por eso que, ¿cuál remordimiento?
Eres verdaderamente una piedra,
Que contiene sólo piedras adentro.

Antes tenía a Dios en mi memoria,
Pastaba en el jardín de sus ovejas,
Ahora, ya ni me acordaba de Él;
Las oraciones, se me habían olvidado.

A solas reconocía que no tenía corazón,
Y para intentar cambiar de pensamiento,
Pasaba más de tiempo con mi familia
Para practicar algo de la piedad perdida.

La paga era magnífica, en poco tiempo,
Salí de todas mis trabas económicos,
Y ahora, hasta me empezaba a sobrar
Para disfrutar de lujitos con la familia.

Debo confesar algo que me avergüenza:
Es que en este trabajo tuve oportunidad
De desquitarme de manera quizá obscena,
Pero placentera, implacable, cruenta y brutal.

De gente que pertenecía a aquella sociedad,
Que durante tanto tiempo me pisoteaba,
Me aislaban, me separaban, y me lanzaban,
Al fango que yo ya tenía hasta el pescuezo.

Como si tomara venganza por mi cuenta,
Felizmente de eso que antes me torturaba,
Y me mantenía ahogado sin poder respirar,
Ahora que tenía ocasión, estaba fiero y cruel.

Uno a uno, sacándome los hilos negros,
Que me daban tanto miedo y horror,
Pero igual, con cada hilo de mi ombligo,
Nuevos miedos se enlazaban a mi vida…

La vereda me aceleraba hacia el infierno,
Ah, pero eso sí, con una alegría inusitada,
Con satisfacción, que me reía a carcajadas
Por el gusto de la dulce, pero feroz venganza.

Tales pensamientos fosilizaron mi corazón,
Él mismo me exigía que olvidara lo pasado,
Y que siguiera adelante, sin piedad,
Al igual que ellos a mí me habían tratado.

Definitivamente esto me cambió...
Juro que ya no era el hombre que antes era...
Lo que hacía, al principio me enfermaba,
Me vomitaba, pero después, lo saboreaba.

A como sucedía todo, creía que estaba loco,
Porque me pasaban cosas que antes no:
Actitudes salvajes, y atrocidades sin piedad
Que mis superiores me mandaban hacer.

Provocaba en mí una oscuridad completa,
Yo de antemano creía que era parte de mi chamba,
Y poco a poco se me fue haciendo normal,
Porque acepté de parte de ellos, "esa cosa".

La droga, sustancia que una vez que la tomas,
Te pone de un ánimo de los mil demonios.
Me fui acostumbrando, y luego me encariñé,
Eso me hizo ya más no tener sentimientos.

Llegué a la etapa mental de disfrutarla.
Me quitaba opresiones presentes y pasadas,
Y me liberé tanto, que de tanta libertad,
Luego me hice como el hielo, muy frío...

Ahora, ya no siento nada cuando
Realizo cada una de mis terribles faenas.
Al pasarse los efectos de la droga,
Todo en mi comportamiento cambiaba.

Me odiaba por haberme alejado de Dios,
Y haberme dejado ir con esa corriente,
Que me llevó hasta lo bestia que era.
Era muy difícil de creerlo, pero así fue.

Ahora ni siquiera podía levantar la vista
Para ver el firmamento, para mí no existía.
No sé cuál es su color, ni hasta dónde llega,
Ni sé siquiera que en él vuelan las aves...

Mis superiores me tienen confianza,
Porque soy leal, y esta cualidad es valiosa,
Si no, te desaparecen de la faz de la Tierra,
Nadie sabrá quién eras, ni de dónde venías.

Es por eso que la boca siempre "cerradita",
Y sólo abrirla para comer, tomar agua,
Y para decirles a ellos siempre que "Sí",
Que las cosas se harán como ellos quieren.

Si la boca la mantienes abierta,
Seguro es que se te metan las moscas.
Cuando esto pasa, para volver a cerrarla,
Pasó tiempo, y es porque ya estás muerto.

Así, que siempre es mejor actuar
Como si fueras una persona normal,
Sin que nadie pretenda identificarte,
Ni sepan lo que haces, ni lo que piensas.

Esto es como una especie de religión,
A la que hay que ser totalmente fiel,
Y con esa fidelidad, se debe de tener
Certidumbre de que las cosas irán bien.

Pero cuando la certidumbre se tuerce,
Y se va tornando en incertidumbre,
Es porque de antemano ya sabrás...
Tu fidelidad anda fluctuando en la balanza.

Los dioses de tal religión son cautelosos,
Cuidadosamente abusados, se dan cuenta,
Luego te llaman a hacer tu confesión,
Y por ende te llaman a hacer las cuentas.

Cierto que entre más sea la penitencia,
Sales con tus cuentas debiendo más culpas.
Y a ellos no hay que deberles nadita,
Porque te lo cobran de a millón por uno.

Siendo y conociendo el tipo de cambio,
Generalmente no te alcanza tu ahorro,
Luego vienes pagando con tu propia vida,
Que aún ni así para saldar es suficiente.

Ellos saben que allí está tu familia,
De la que echan mano para desquitarse...
Las cuentas hasta que estén saldadas,
Y ellos sientan que ya no debes nada.

En la "profesión" ya llevo mucho tiempo,
Despacio he estado adquiriendo destrezas,
Prácticas, conocimientos y fortalezas,
Justas para realizar trabajos de calidad.

Propios de un licenciado, en las Artes
De la Consecuencia de la Decadencia,
Como para que un día pueda graduarme,
Y con méritos, en la Universidad del Caos.

Mira mis manos, ya muy firmes, no tiemblan,
Ya mi cuerpo fortalecido, no se desmaya,
Ya no me vomito como antes me sucedía,
Ya mis ojos ven atardeceres de color marrón.

La vida la veo de un color rojo profundo…
Ya me crecieron callos en mis extremidades,
Ya mi visión se agudizó y afiné puntería,
Tal que ahora casi nunca fallo como antes.

Ahora tengo una visión fina, de lince,
Veo cosas que no podía ver, ni imaginaba,
Es tan claro, que apunto directo al blanco,
Y lo curioso, es que ya nunca le fallo.

Mi cerebro produce mandatos instantáneos,
Necesarios, que encuentran el justo acomodo,
La orden adecuada, en todos mis miembros,
Debido a la fabricación justa de adrenalina…

Ella es mi amiga, me ha salvado tantas veces.
Me ha educado a eludir violentas urgencias;
Me he enseñado a brincar bardas muy altas;
A saltar espacios anchos como de tres metros.

Me enseña a colgarme desde lomas muy altas,
Y dejarme caer a precipicios y a barrancos,
Que parecen sin final, que ni se les ve el plan;
Y en ninguno de los casos siento miedo;

A correr por los tejados, y a irme amarrado,
Siendo arrastrado detrás de un auto,
Que se mueva a regulares velocidades;
Y a pasar a través de cortinas de fuego.

A nadar mar abierto o en algún río salvaje,
Sea por arriba o por debajo, sin respirar;
Por largos períodos de tiempo,
Y sin descanso por muy largos tramos.

He aprendido a ser flexible, a resistir miedos,
Cosa que se tiene que practicar mucho,
Y ser muy constante para poder lograrlo.
Llega el momento que morir o vivir es igual.

Con el tiempo y la costumbre crees tener
La resistencia de un súper-héroe ficticio,
De esos que veíamos en los monitos,
Cuando éramos niños y adolescentes.

Los motivos por los que aquéllos luchaban
Eran de las más buenas intenciones, positivos,
Con la finalidad lógica de acabar con el mal.
Sin embargo, aquí, el mal se promueve.

Yo no sé por qué hago lo que hago,
Nadie me ha dicho cuáles sean los motivos
Por los que tenemos que hacer estas cosas,
No sé cuáles sean los objetivos, o su utilidad.

A mí ya no hay un perro que me atemorice,
Ni un toro dentro de un corral que me persiga,
Y que diga yo que no lo pueda esquivar.
Ya me acostumbré a los mandatos de pánico.

Yo vivo desde hace mucho con este estrés,
Con una presión arterial normal muy alta,
Igual mi ritmo cardiaco, bastante elevado.
En este negocio, así hay qué vivir.

Por dedicarse uno a esto, no eres ningún dios,
A pesar de que te da demasiada confianza
Tu rudeza, y no tan fácilmente te pueden agredir,
Pero en realidad, sigues siendo un simple mortal.

Frágil como una margarita que abre sus pétalos
En una mañanita de abril, expuesta al sol,
Muy temerosa de que un ventarrón se la lleve,
Y la deshoje, y muera el mismo día que nació.

Eres como hoja, que cree tener fuerte unión,
De la rama de su árbol que la sostiene,
Pero que inesperadamente un día cae solita,
A la sola intercesión del aire que la mueve.

El aire se la llevará a donde sea,
Simplemente la desaparece de la Tierra,
La hoja ahora es un simple fantasma,
Muy lejos, allá, en las crónicas del olvido.

Sea la suerte que tengas en las decisiones
De los jefes que aquí tienen el poder,
Ya pasado largo tiempo trabajando en esto,
Puede que seas un candidato para extinción.

Luego eres un peligro para la organización:
Aprendiste mucho, y los pones en disyuntiva,
Porque podrías traicionarlos algún día,
O quitarlos del camino, como suele suceder.

Por lo anterior, para ellos, es muy necesario
Renovar a su personal con cierto tiempo.
Es como podar los árboles para que nazcan
Nuevas ramas, y dejen su nueva sombra.

Es necesario que haya rotación de gente,
Y entonces, es cuando puedo ser yo o el vecino,
El que deje de existir, pues el reglamento
Se pone en práctica a diario, año tras año.

No debemos confiar en una supuesta amistad,
Porque aquí el temporal es del que manda,
Se enfría la relación para hacerla una realidad,
Que puede ser funesta y desastrosa.

Puede hacer que un hombre cualquiera
Se convierta en el verdugo de su hermano,
O digamos del amigo, o del compañero,
Y con sus propias manos le quite la vida.

Aquí todos ya sabemos que tarde o temprano,
Es muy posible que el tiempo se vaya a llegar,
En que se te indique inadvertidamente,
Que a la siguiente hora vas a desaparecer.

Das el adiós a tu presencia por este mundo;
Pero eso sí, el breve tiempo que viviste,
Junto a los bienes que te generó la profesión,
Lo viviste libre de todas las necesidades.

Sin mortificarte de no tener para comer,
De no satisfacer a tus hijos cualquier necesidad,
O de una casa para vivir holgadamente bien,
Un auto nuevo, joyas y trajes extravagantes.

Aquí hay dinero hasta para tener y pagar
A las mujeres que más te gusten,
Vestirlas y regalarles joyas, autos y pieles,
Y departamentos a como a ti se te antoje.

Aunque tus vanidades no te van a servir
Para salvarte cuando la hora se te llegue,
Que como digo, será demasiado pronto:
Y te vas sin saber qué había junto a ti.

Y te vas sin saber lo que era tu mundo,
Lo que contenía, y sus misterios;
Sin saber que había demasiadas cosas
Que ni siquiera conociste, ni descubriste.

Y te vas sin conocer la noción de Dios,
Te vas sin alguna vez haberte dado cuenta
Que lo que hiciste era contra la naturaleza,
Que fuiste promotor de nuestra extinción:

La extinción de nuestra especie en este mundo;
Sin saber que la raza humana no volverá a existir,
Que la oportunidad que tuviste de amar,
Simplemente se esfumó, como todo lo demás.

Mi manera de ver la vida

Luego de pasar por la casa de mi suegra,
Que de hablar, a esa mujer no la paras,
Yo solamente agachando la cabeza

Simulando que la escuchaba, pero no,
Salí del jacal dejándola hablar y hablar,
Mientras yo sólo caminaba sin escuchar,
Lo que aquella mujer no dejaba de decir.

Sin pensar en ello, rumbo a mi jacal,
Me fui imaginando que una fuerza maligna,
Me atrapaba por mis temblorosas espaldas,
Y con miedo, aceleré el paso hasta llegar,
A donde me sentiría protegido y resguardado:
Era mi jacal y allí, me refugié cerrando
Tanto puertas como ventanas, y todo,
Como para asegurarme de no escuchar,
Aquella diabólica voz que escuchaba,
En el trayecto del caminar hasta mi casa.

En la mecedora me acomodé, fumé, y soñé…

"Qué felices a los hombres nos haría,
Que una ley se impusiera y se respetara,
En la que sólo se permitieran casorios,
De dos personas que no fueran normales,
Que ellas fueran ciegas y ellos sordos,
Así no habría problemas cual ninguno…

Ellas no verían los actos hombrunos,
Ni lo que a sus espaldas hicieran, o bien
En su propia presencia aquéllos harían.

De esta manera tan certera no habría forma
De que las esposas se pusieran celosas
Por no ver a los hombres lo que hicieran,
Y si fuera que por lo de ciegas no vieran,
Pero de casualidad otras viejas chismosas
Les contaran, tampoco habría problemas,
Porque de todo lo que la recién enterada
Al sacrosanto marido le diera a comunicar,
Ya sea fuera para reclamarle o para regañarle,
El hombre no oiría, pues bien sordo estaría,
Que escucharle simplemente nunca podría.

Y ya después del tal trato tan encantador,
He llegado a la seductora y grata conclusión
Que así, qué felices matrimonios se harían…

Todos contentos, sin descubrir argumentos,
Ni para pelear, ni para lidiar, ni para rabiar,
Ni para al sacrosanto marido mortificar:

¡La felicidad sin par!, de un muy feliz par".

Esto que acabo de soñar, después de cavilar,
Lo acabo de pensar en este corto caminar,
Quedará entre mis principales pendientes,

Para transmitir este concepto de suma calidad
A aquellas personas pudientes y adecuadas,
De ésas de las que imponen tantas leyes
Y que las hacen valer, con muy cumplido deber.

Logro algo importante por la Patria hacer,
Y después de haber cumplido con mi deber,
Que quede para el resto de la humanidad
Establecido que "solamente ciegas con sordos
Serán en adelante por Cupido engatusadas.

Pero lo que yo buscaba realmente era otra cosa
Habiendo sido ya casado y luego enviudado,
Qué me quedaba por hacer, que no era
Buscar matrimonio de nueva cuenta,
Pero se contradecía con lo que antes resolvía:

Yo pregunto, si la felicidad se pudiera encontrar
Al vivir en matrimonio formado de cualidad tal,
Y al mismo tiempo me respondo que quizás no.

Porque creo que de eso no hay garantía,
Porque la mujer es mujer como quiera que sea,
Y se ajusta a las cualidades femeninas,
Siempre y sin motivo alguno de ser diferente,
Así que un acoplamiento de Cupido como tal,
Ni siquiera el matrimonio formarse podría.
¿Pos a ver, díganme cómo éste sería?

Así que adiós, a la felicidad amada,
Así que adiós, a la felicidad buscada,
Aquí no podrás ser ni hallada, ni encontrada,
Sigue entonces buscando que es muy posible,
Que en la otra esquina puedas encontrarla…

Pero a propósito de lo que dice mi suegra,
Que desde que murió su hija, me cuida,
Pero no me cuida, me esclaviza, y encarcela,
Me pone trabas y me hace cuentos que ni qué,
Parece como si fuera su hijo adolescente,
Que me tiene bien medido hasta el último diente,
Y me dice tanto, que mejor bajo la cabeza…

¿Estaré bien o estaré mal? Creo no escuché bien,
Porque mi plan siempre ha sido no escuchar
Lo que no me viene a bien querer oír,
Pero con lo que escuché de ella, que dicen
Que ando de coscolino, y sin andarlo,
De descomponedor de casorios, sin serlo,
Que de placer en placer, sin haber verdad
En todo eso que ella viene a confirmar.

¿Y si fuera mera verdad y yo ni siquiera
Puedo darme cuenta de mi realidad?
¿Estaré acaso cometiendo pecado mortal?
Y sin saber la sincera verdad de mi moral.

Si así lo fuera, que Diosito me perdone,
Que si es como dice ella que es, y si así es,
Yo debo de estar muy mal, pero que caray,
¿Cómo sé, si lo que busco no ha de cambiar,
Y si lo que hago me viene a ayudar,
Pues entonces cuál pueda ser la realidad?

Yo creo que sin errar, lo mejor es callar,
Y no oír y no ver, lo que me han de criticar
Los demás y que me han de argumentar,
Porque si he de proceder como ellos dicen,
Al cabo de un tiempo que me lo vean hacer,
Ya no les va a gustar, y luego van a cambiar
Y van a decir que lo que yo estoy haciendo,
Que ellos mismos dictaron, ya no es correcto,
Y me van a volver a criticar diciéndome
Que ahora en otras cosas me debería de fijar
Y de otras maneras yo debería de actuar…

Esto se convertirá en cuento de nunca acabar,
Y a mí me van a convertir en su marioneta,
Que a su disposición siempre van a encontrar
Que siempre actuará como a ellos les guste.

En verdad no creo que así yo debo de vivir,
O sea viviendo a la diestra de los demás,
Porque si ellos lo habrán observado y medido,
Yo no soy el tipo que anda dictando a nadie
Cómo debe de vestir, o cómo debe de comer,
O de amar, o de rezar, o pelear, o de andar,
De manera que si yo con nadie me he de meter
Para sugerirle sus procederes y sus andares,
¿Por qué he de someterme haciéndoles caso
A las indirectas que ellos me vengan a decir?

Me debe de quedar bastante bien claro,
Que yo soy yo, que yo no soy la sumatoria
De las mentes contradictorias de los demás,
Ni la escoria de morbosidades de la gente.

"Nunca pierdas de tu vista ni de tu mente
Qué es lo que buscas, y para encontrarlo,
Te habrás mucho de equivocar, pero qué'liase,
Otra manera habrás de buscar y de hallar,
Y por otro lado seguramente te habrás de ir,
Pero eso sí te digo, con los dimes y diretes,

Que los demás te han de acoplar, con eso,
A la mismísima verdad, nunca vas a llegar".

Entré a la casa y me senté en la mecedora,
De madera con tejidos de palma, me acomodé,
Encendí un cigarrito de mariguana,
De los que acostumbraba fumar cada semana,
A veces dos, dependiendo de cómo anduviera,
Y me los fumaba sólo para estos ratos,
Para calmarme el final de la jornada… Reposé.

Estaba tan cansado por todo el traqueteo
Que había tenido durante todo el día,
Y si a eso le agregas la friega de las pastillas
Que a diario tengo qué tomarme para aliviarme
Pues es el caso que muy agotado ya me sentía,
Hasta se podría decir que exhausto estaba.

Fumaba, y continuaba con mis pensamientos,
Que hasta la lectura del Quijote se me olvidó,
Y así, muy pronto bien dormido me quedé…

De lo cansado, ni se me vino a la mente
Ni uno de los sueño de los que acostumbraba,
Pero aún así, ya no me despertó nada,
Sino hasta el otro día, entrada ya la mañana,
El sol de tan luminoso, quemaba la alborada,
Y si me levantaba era porque ya no aguantaba
El calorón que me quemaba, así que me levanté,
Me lavé, me vestí, y de todo lo que cavilé,
La pura y meritita verdad, ya ni me acordé.

Mi suegra

¿Pa'qué quieres que mandado te empaque,
Si tienes de sobra quién a comer te saque,
Y a diario quién en la boca te dé la sopa?

Todos saben que tus viejas te dan sustento
Y eso de llevar mandado es puro cuento,
Para despistar lo que yo sin querer te digo
Porque en el pueblo eso dicen los demás,
Para que no andes creyendo que yo invento.

Claramente que de esto estaba consciente,
No sabía ni se imaginaba que todos sabían
Que hasta a su suegra el chisme le llegaba,
Y ya llegándole a ella, la que se le armaba.

A pesar de la imponente figura del Panzón,
La diminuta suegra no apiadaba su corazón
Pa'decir las verdades, pues miedo no le tenía
Pos a este hombre, desde infante lo conocía,
Y como su yerno era, mucha confianza le tenía
Pa'decirle lo que pensaba. No era la única vez
Que le decía todo lo que de los demás oía,
Lo que le tenía sin afectarle ni mortificarle,
Porque no eran cosas para importancia darle.

Desde hacía mucho tiempo, a diario sucedía,
Ya tenía su plan formulado para escucharla,
Y consistía en que la dejaba que hablara
Todo lo que quisiera, él la cabeza agachaba,
Como simulando la aceptación de un regaño,
Unido a sus sentencias, pero como si no oyera
Sus impertinencias, nomás se ponía al tanto
Para en ese momento pensar en otras cosas
Y no escuchar lo que decía, porque así era.

Y el respeto no se lo perdía porque la quería
Y apreciaba, pero de cerquita ni la miraba,
Viéndole a los ojos nunca se le enfrentaba.

Ella decía tanto, que la lengua se le secaba.

Aquél reaccionaba con agarrar el morral
De las cosas que de la tienda ella preparaba,
Dejándole lo de siempre en el mostrador,
Para luego salirse sigiloso por el corredor,
Con afán de llegar pronto a su cantón,
Mientras ella cacareaba como una gallina,
Y lejos por donde ya iba, de súbito volteaba,
Aún se oía el gaznatear de la mujer aquélla
Al hablar, a lo que aquél llegaba a cavilar:

Pobrecito de Don Justo, su esposo, pensaba,
Nomás con oírla hablar se moriría del susto,
Y ya bien muerto como está, con otro susto
Resucitaría y ya avivado, se querría marchar
A otros lados, a otro planeta, o a otro lugar,
Que no oiga su voz, pero aún a donde vaya,
Es capaz de oírla gritar, como yo la oigo,
Pos a lo lejos que ya voy, aún se escucha
Decir lo que dice que soy, que si soy así,
Que si soy asá, y que si soy de esta manera,
Que si de la otra; que si me acuesto con una,
Que si me acuesto con la otra, o con la otra.

Por eso digo, pobre de Don Justo, cómo sufrió
Con cuánto gusto hubo la muerte aceptado.

Es mejor hacerse como que uno no la oye,
Para estar a gusto cuando se es cautivo…
No le queda a uno, ni de una, ni de otra…

Premonición del sueño del Rey

Rey:
Vos Señor Mago decidme
Si veis en esto la razón…

Pues durante la noche,
Un pensamiento me despierta,
De esa forma me he percatado,
De un violento altercado,
Que hube tenido algún día.

Mas esta noche ufana,
En mi sueño inhumano,
Con el corazón en mi mano,
Pero con un deseo malsano,
De conseguir lo que quería,
He recibido señal ingrata,
Que me deshace la alegría…
Tal alegría que creía mía.

Sin explicaciones ningunas,
Mi corazón se ha desplomado,
Prediciendo que un mal día,
El descaro de mi arrogancia,
De nada ya más serviría…

Y para que yo me ubicara,
En una parte más segura
De este gigantesco mundo,
Que por haber cerrado
Las puertas a mi hermano
Además de toda ésa, su gente,
Nos topemos nuevamente,
Él y yo, frente a frente,
En un mundo diferente…

¿Significará eso mi muerte?
Decidme Señor Mago,
¿Cuál será mi suerte?

Mago:
Mi Señor y Rey:

Me atemoriza por entero
Vuestro sueño tan raro.

Aparte de raro es certero,
Que examinado severamente
El emblema y el castigo,
Que por un acto ingrato
Vuestro y profanado,
Se dará que verdad será
Que ha de morir un Rey,
Al momento de otra verdad
Que vivirá un nuevo Rey.

No deberíais angustiaros,
Que todo está ya escrito,
El soñar según tales actos,
Se ajusta a las estrellas,
A las predicciones de la ley.

Yo no os puedo salvar
Por sueños que soñáis,
Mas al pendiente estaréis,
Del canto que la Profecía
Suele con el tiempo cantar:

El poema de caballero aquél
Cuyo verso es color azul,
Y que lleva en su alma
Una misión clara en tanto,
De aquél de alma pura,
Aquél de corazón indomable,
Amigo de todos los dioses,
Amigo de todos los diablos,
Que con fuego de los infiernos,
Su épica espada ha forjado,
Sea sembrador de una paz
Que no ha sido divisada.

Que yo hoy os he de decir,
Hoy me tengo lleno de terror,
Pues pajarillos precursores
Me cuentan las andanzas,
De un bravo caballero,
Por tabernas de bien beber,
Por aposentos de peor tocar.

Así pues es mejor confesaros,
Que lo que es verdadero,
No podrá ser controlado.

Os repito, no por atemorizar,
Que las lenguas viperinas,
De aves de rapiña lo delatan.

Así confieso humildemente
A vuestra majestad presente
Que como el castigo venga
Así también será de severo,
Si se da que muera el Rey,
Yo antes también muero.

Escrito aquello ya ha sido,
Donde borrar nadie podrá,
Que el tiempo de repente
Tendrá sin duda que llegar,
En que todo lo que está
Tendrá que desaparecer.

En esta vida se verán cosas
Que nadie antes pudo ver,
Un caballero a un dragón
Montando aparecerá…

Rey:
Mi querido y sabio mago,
Anonadado ya he quedado
Por vuestra sabia respuesta,
De la que inesperadamente
No encuentro semejanza,
Ni por éstos lugares
Ni por otros tantos lares…

Lo primero que os digo,
Querido y amado mago,
Es que siempre admiro
Vuestra valentía y coraje,
Para apreciar y reconocer
En todo lo desconocido,
Hechos que ves tan certeros,
En todos esos letreros…

Que al deciros lo segundo,
De vos es que yo espero,
Que medidas de protección,
Previas ya hayáis tomado,
Mas en todo vuestro relato
Ni siquiera las he notado,
Sólo que sí hemos de morir
Los dos, lo he observado.

Pues habéis de saber, que
En mi acalorada mente,

Mil y una cosas mejores
He pensado, más no por sobre
Esos sueños y sus esfuerzos,
Sino porque en vos creí
Que os tenía de mi lado.

También a mí, por así decir,
Me hubiese gustado intervenir,
En esa rara e ignota escena,
Pero sabed de una vez,
Que si conmigo estáis vos,
Y si yo ya no pudiera ser
Protegido por vuestra magia,
¿Qué necesidad vos tenéis,
De estar bajo mi custodia?

Mira mi estado y condición,
De caballero y Rey reinante,
Ha sido siempre de dar,
E ir siempre hacia adelante,
He encontrado malandrines,
Creídos bocones y parlanchines,
Por lo que dada la situación,
Ahora yo ya bien supongo,
Que con el fantástico relato
Que a mal me habéis contado
Mucho ya me habéis cabreado.

Sabréis que un duro castigo
Tendréis pronto por recibir.

¿Mas cuál será, decidme,
Decid, cuál pudiera ser?

En esta ocasión vos mismo
Os lo vais a imponer.

¿Qué castigo os merecéis?
Apestoso Mago... Pensad…

Si a un enano abusador
Lo he mandado al paredón,
Ni que decir tiene entonces
Que en esta triste ocasión,
Habéis abusado y pasado
En asustarme un montón,
Y por lo tanto, yo pienso
En un grave escarmiento,
Mas cuento y os advierto,
Que podría ser aún peor…

Mas si queréis de eso
Quedar al fin liberado,

Pensad que lo que habéis dicho
Veáis cómo poder solucionarlo,
Así el pecado será perdonado;
Así el castigo que os toca recibir,
Temporalmente será borrado.

Recuerdos de una vida

Es mucho lo que vivimos,
Es mucho lo que sufrimos,
Son muchas las vivencias,
Muchos los pensamientos,
No puedo dejarlos por ahí,
Todo lo de cuando era niño
Déjame llevármelo conmigo,
Pa'emborracharme con mi apá,
Cuando me daba mi cerveza
En la cantina de don Memo…

"Tómese una m'hijo,
Que ya usté es muy hombre".

No puedo ir tirando todo
Por caminos que yo recorra,
Como los regaños de mi amá,
Que enderezaba mis cuentas
"Y que no lo vuelvo a hacer",
Si no otra chinga me daba.

Y los pellizcos del profesor
Me hacían que entendiera,
Hasta toda la Gramática.

No he de tirar los recuerdos
Me quedo con unos cuantos,
Y yo creo que tú los guardas,
Como el primer beso que te di,
El día de tu cumpleaños,
Y pos se nos pegó a los dos,
Qué caray, y juimos p'al arroyo.

A luego te corrieron de tu casa
Y pos te juites conmigo,
Y pos, ¿en onde te metía?
Si no tenía ni pa'mí solito.

Total por ai nos acomodamos
En un jacal que nos prestaron.

Luego cuando nació el pelón
Ya se andaba petatiando
De la tos de pecho que le dio,
Y tú también casi te m'ibas,
Cuando te picó aquella víbora,
Si no juera por doña Juana,
Sabrá Dios que hubiera sido.

Quiero traer en mi bolsa
Algunos recuerditos,
Como el rosario de tu amá
Que te dio de sortilegio
Para que cuidara de mí
Luego pa'cuidarte yo a ti…
Ah cómo me quería tu amá.

¿Te acuerdas aquella noche
Que rodamos por la barranca?

Ya meros nos petatiábamos,
Pero la burra de Matías
Pobrecita, se murió todita.
Una estaca atravesó su panza.
Me tardé diez años nomás
Pa'podérsela pagar…

Jué entonces en la hacienda
Cuando te dieron trabajo
Pa'que ayudaras pa'l diario,
Y ai a poco nos reponíamos
Y así pasaron unos añitos.

Pero cuando ya créibamos
Que todo estaba bien,
Se nos vino la de malas,
Cuando Blas el de Chago
Anduvo rondando a la niña.
Cabrón de mala sangre,
Apenas la niña tenía doce años.

Un día me lo encontré,
Y con su mala estampa,
Como pa'que a mí me doliera
Ante todos me gritó que a la niña
Ya se la había desflorado.

Cosa que a mí me martirizó
Como si me clavaran una espada.

Pa'pronto que me endiablo
Y se me mete lo cabrón,
De la funda saqué el machete,
Y pa'antes de que él se juera,

Le traspasé la meritita espalda
Y así quedó, partido en dos.

Así que me lo llevé al cañón,
Con las tripas colgándole
En la carretilla de la chamba,
Y ya para cuando llegamos
Andaban las auras rondando.

Nomás lo aventé al voladero
Y los zopilotes lo persiguieron.

Me estuve un rato pa'verlo todo.

Se jueron juntando más buitres,
Yo veía cómo se lo devoraban,
Ya en la nochecita seguían,
Y como a eso de las diez
Me fui a dejar la pastura,
Ya después me fui pa'la casa.

La cosa se ponía cabrona
Todos preguntaban por él,
El que más era Chago, su apá
Que era el único que sabía
Que Blas a mi hija quería.
Yo nada le dije a la Martina
De lo que hice esa noche,
Ni a Nicolás ni a la niña.

Pero se veían más dificultosas
Las relaciones con esas cosas,
Porque Chago desgraciado
Hablaba de más en todos lados.

Pero la autoridad no le escuchaba
Porque Chago tenía mal la cabeza,
Pero así no dejaba de molestar,
Que casi me vuelvo loco.

Hasta que Martina lo notó
Y pa'ayudarme en todo esto,
Sin decirme ni una palabra
Se encaminó a casa de Chago
Yo no sé qué justas le haría,
Ni qué sería lo que con él hablaría,
Luego se supo que se había muerto,
Qué's que de unos calambres
Que le dieron en el pescuezo.

Nadie supo cómo fue que se murió.

Un tiempecito después de eso
Decidimos irnos muy lejos

Ya pa'olvidarnos de todo,
Reformarnos y darle a nuestra vida
Un nuevo panorama…

Ya quería yo acabar con todo,
Borrar todos esos recuerdos…

Pero no, no me animaba,
Y allí dejé uno que otro
Pa'que me hiciera compañía.

Nico y la niña me dejaron solo,
Luego de que Martina murió,
Y ahora lo que me acompaña
Son todos esos cabrones recuerdos,
Que conmigo irán en el camino,
Por el resto de mi vida...

¿Será por las verdades que oculté?
¿Será por las muertes que causé?

Pos ora estoy solo como perro,
Con todos los recuerdos que tiré,
Pero que me persiguen a cada paso,
Por el resto de mi vida…

Redes del matrimonio

Y quiero ser libre, como el viento
Que sopla y vuela, y que va y viene
Sin pedir permiso y no se detiene.

Todos los hombres así pensamos,
Tenemos los mismos sentimientos,
Aborrecemos si alguien interviene.

La mujer lo que siente es diferente,
A ellas les gusta ser dependientes
Pero que el hombre de ellas dependa.

No es amor lo que ellas sienten,
Al cuello del hombre ponen cadenas
Como si fueran perpetuas condenas.

Y por esas condenas, el condenado
Se queda atrapado en unas redes
De las que nadie… Ha escapado.

Un dulce sueño

Les contaré un sueño que tuve:
Es la historia de un niño jorobado,
Que por sus padres fue abandonado,
Y en su abandono y soledad,
Él pedía sólo ser amado.

Y dice así:

Cada vez que lo veían pasar,
Todo el mundo se burlaba,
De su joroba que le saltaba,
A cada pisada en su caminar.

Él no decía nada, sólo callaba,
Su cabecita bajaba, y lloraba.

Pobrecito de aquel jorobadito,
Todos lo hacían de delito.

No tenía quién lo quisiera,
Ni tenía con quién jugar,
Y a pesar de su corta edad,
Vivía solito en un palmar.

La gente del pueblo contaba,
Que una noche de negrura infernal,
Una bruja que en su escoba volaba,
A un niñito dejó en un portal.

Los dueños de aquel lugar,
No sabían de dónde venía,
Se asustaron de lo feo que estaba,
Y al panteón lo fueron a dejar.

Nadie supo cómo sobrevivió,
Solamente se supo que creció.

Y cuando el tiempo pasó,
Supieron que vivía en el palmar.

Trabajaba haciendo mandados,
Y comía lo que mendigaba,
Por él nadie se preocupaba,
Y se alejaba al verlos enojados.

Él todas las noches rezaba,
Y pedía que alguien lo amara.

Pero respuesta nunca recibía,
A pesar de lo mucho que oraba.

Desventura tras desventura,
Excusados, cloacas y panteones,

Excrementos y lodos en corrales,
Callejones y botes de basura.

¡Ah qué pobrecito, cómo lloraba!

Por más que a los niños se acercaba,
No le daban cabida, ni lo aceptaban,
Y nadie le permitía la entrada.

Un día del cielo bajó una estrella,
Y al niñito del palmar se acercó.

Era un ángel cara de mujer tan bella,
Que su luz dorada al niñito envolvió...

Se acercó y tocó su tierna jorobita,
Su fea carita acarició y besó...

Le dijo: "Yo te amo, linda criaturita",
Y el niño se sonrió, y luego se durmió.

Decían en el pueblo al otro día,
Que vieron un angelito caminar,
Envuelto en luces de oro y plata,
Y con dos alitas en el espaldar.

Todos querían encontrarlo
Para verlo, tocarlo y admirarlo.

Hombres, mujeres y niños
Salían de sus casas a buscarlo.

¿Quién será el angelito? ¿Quién sabe?
¿Quién será aquella criatura?
¿No es ése el niño jorobadito,
Que marginamos a su desventura?

Sí, ése era el niño jorobadito,
Pero ya no tenía la joroba,
En su lugar bellamente extendidas,
Un par de alas tenía y bien crecidas.

Su cara se había transformado,
En un rostro de luz angelical.

Aquél que lo veía quedaba extasiado,
Al embrujo de una visión celestial.

Ya fuera de noche o fuera de día,
Su luz se propagaba por doquier,
Y aquél que su aroma percibía
En delirio de piedad se envolvía.

Diosito lo había escuchado
Y en ángel lo había transfigurado,
Dejándolo vivir entre la gente,

Para que de ahora en adelante:
Fuera por todos amado.

Y esto le pasa a un alma cualquiera,
Que sufre los delirios de la soledad,
Pidiéndole siempre a Dios piedad.

Y en el día menos pensado,
Una luz puede ver esa alma
Que desde que es asaltada
Para siempre será transfigurada…

Un hombre muy peculiar

Este hombre me desgarró el corazón,
Su melancolía le exhalaba por su piel
Y la infinita angustia que denotaba,
Era su clara carta de presentación.

Se veía que mucho había sufrido,
Su rostro parecía muy envejecido,
Sus barbas llenas de canas estaban
Igual que su pelo, mal arregladas.

Su cuerpo acabado, casi encorvado;
La tristeza se reflejaba en su mirada,
La cual era vaga, oscura y perdida,
Porque no encontraba lo que buscaba.

Como que no hallaba la justa ilusión
Por la cual atreverse a vivir con razón,
Era como un sordo sin poder oír,
Sin una esperanza para presumir.

Solamente pronunciaba aquel nombre,
Sonreía y se le veía en los ojos la luz,
Como si fuera una chispa desesperada,
De su alma que parecía alma apagada.

Pero cuando ese nombre pronunciaba,
Juro que rezaba una esperanza inusitada.

Me atrevo a decir que en volverla a ver
Mantenía la ilusión su alma maltratada.

Tanta sinceridad su corazón emanaba
Que conmovida quedé ante su realidad.

No fui yo la sorprendida, fue mi alma,
Esto nunca había presenciado en vida.

La transparencia de un alma suplicante
Que a través del rostro de este hombre
Pedía con ansias un perdón anhelante,
Por aquello que en vida le quitó la vida.

Aún es tiempo que en cada momento
Recuerdo el rostro de esa alma perdida.

Mi corazón da un vuelco y empiezo a llorar
Y lloro yo también sin poder olvidar.

Nuevamente un día me vino a visitar,
Quedé muda, y sin poderle ayudar,
Ni ninguna información poderle dar,
Tan triste se veía que me suplicaba,

Que le ayudara a verla antes de morir,
Que sin verla no podría alcanzar perdón.

Y mi corazón, nuevamente se quebraba,
Y nuevamente comencé a llorar.

No sé lo que con este hombre me pasó,
Sólo sé decir que me impresionó,
Y si se pudiera decir, pues bien lo diré,
Creo que de su alma me enamoré.

Murió arrodillado acariciando mis pies,
El nombre que refería era de mi difunta Madre.

Durante toda mi vida nunca le pude ver,
Pero por la manera de cómo suplicaba,
Pude suponer que de mi Padre se trataba

Sección IV:
Poemas de Amor y para Adultos

Acurrucada sobre mi pecho

Sin pensar que estás donde estés,
Puedes estar muy lejos sin saber,
Allá donde nadie te encuentre,
Allá veré tu deliciosa desnudez.

Creerás que estás muy lejos de mí,
Muy fuera y lejos de mi alcance,
Donde la distancia no tiene extremo,
Donde se reúnen la pasión y el frenesí.

Por allá, donde el silencio es benigno,
Por allá, donde la luz es de las almas,
Por allá, donde los ángeles cantan,
Por allá, yo te bendigo y te persigno.

Quedarás confundida exhalando suspiros,
Dirás que te traje a las estrellas en retiro,
Y yo complaciendo tu poca credibilidad,
Con un beso he de sellar tu ingenuidad.

Tu sombra temerosa se apega a la mía,
Navegando por aquel sinuoso camino,
Busco tu mirada, pero está perdida,
En lo profundo de la mente mía.

Dos suspiros hacen un solo suspiro,
Quejido detrás de otro en placeres es vertido,
Círculo oscilante en un triángulo distante,
Incontrolable seducción de dos amantes.

El placer ha rendido su homenaje,
Hoy ha terminado un nuevo viaje,
Y sin desearlo, yo te llevé y te traje,
Tú insistiendo que estabas distante.

Te llevé y paseamos por los inmensos cielos,
Te cubrí el rostro con miles de estrellas,
Recorrimos muchas distancias con ellas,
Jugué con tu piel y tú jugaste con la mía.

Un misterio formado en nuestras cabezas,
Con el roce solo de nuestras sombras,
Para siempre se unieron dos almas,
En un recuerdo de donde tú escapabas.

Nunca supiste dónde estabas,
Ni me preguntabas dónde andabas,
No fue real, pero lo disfrutabas.
Sólo soñabas cuando mucho dormías
Aquí, acurrucada sobre mi pecho...

Abuso

Deseo que tengáis por bien saber,
Aclaro que nunca en mi largo trajinar,
Me he enamorado, y si bien por éste,
Y por muchos otros caminos he andado,
Mil y una aventuras he conquistado,
Tantas batallas y más batallas ganado,
Y de entuerto en entuerto desarmado.

No sé por cuál camino recorrido,
Ni por cuál bosque entrecruzado,
Mi vista haya divisado vuestra belleza,
Que justo por haberme atolondrado,
Y distraído por lo bastante aturdido,
Mi armadura, mi alma, mi voluntad
Y mi cuerpo entero, me hayáis robado.

Todo se ha llevado, pues es ocasión
Que por tener mi pudor a su sazón,
Mi castidad pura haya pues mancillado.

Mas, a quien para explicarse no da una,
El amor le ha hablado, muy a su fortuna,
O la aventura, que de venta en venta,
Vos a mis pesares habéis fomentado.

Lo que es a vuestro propio juzgar,
Decid si eso que de mis labios escucháis,
Es galanura, ternura, diablura o coyuntura,
O una más de vuestras maneras de jugar,
Ved que al corazón es que no se le miente,
Y decidme, ya que éste todo lo resiente,
¿O es traición, o es abuso, o travesura?

Almas ardientes

Una vez más os veo y cada vez más
Me recreo de vuestro grácil encanto,
Que roba mi razón, bendito corazón,
Sin temor hacéis batir sin ton ni son.

Quedaos, alzaos y por fin encorvaos,
Como sabéis vos practicar y hacer,
Para que al fin mi ser entre sin freno,
Y adentro vuestro dulce calor sentir.

Junto a vos, qué vale una penitencia,
Si en un beso tuyo olvido la decencia,
Y toda esencia de pecado es la pasión
Entre tus besos, al calor de mis brazos.

La llamada a cubrir con manto blanco
Sedas de Oriente toda vuestra simiente,
Para que podamos ir a nuestro infinito,
Viajar, ir y venir, con el alma ardiente.

Amor a primera vista

Tengo entusiasmo, ¡Qué felicidad siento…!
Por verlos en estos agradables momentos.

Una ilusión siento, que ya se hizo realidad,
Sin ni siquiera existir antes como verdad.

Algo así como un hechizo que envolvió,
A nuestros bravos corazones apasionados,

Que dieron con un amor que andaba perdido,
Y que lo encontraron sin haberlo pensado…

Ese hermoso ángel que del Cielo ha bajado,
A mi alma de inmediato ha descubierto.

Y en ese descubrimiento se ha encontrado,
Las sutilezas que siempre había buscado…

Y heme aquí, cumpliendo con mi deber,
De alimentar de amor a este par de almas.

Mientras a su protegido alimenta físicamente,
Para a su vez le genera más y más amor…

Amor condenado

No… No me dejéis solo,
No muráis antes que yo,
Dejadme seguir palpitando
Como palpita vuestro corazón.

Dejadme respirar entrecortado
Como siento vuestro pecho latir,
Que vuestra piel me queme,
Y vuestro paladar me endulce.

No me dejéis solo, quiero vivir,
Cerrad mis ojos para poder volar,
En un ensoñar, más que imaginar,
Por sutiles corrientes os he de amar.

Cada rayito de luz es un palpitar,
Cada estrellita, la sutil esperanza
De un corazón amante y danzante,
Con divina música de enamorado.

Cerrad mis ojos, lanzadme al deleite,
Allá donde encontraréis una estrella,
Tan luminosa, que es la más brillante,
Que titila a ritmo de mi corazón.

Este corazón que palpita por vos,
Desde el primer día que os percibí.

Atrapad esa luminosa estrella,
Apresadla con la fuerza del deseo.

Escondedla entre vuestros brazos,
Para que el volcán en vuestro pecho
Con toda la pasión, lo haga rugir,
A como puede un amante soportar.

Sabréis que la estrella seré yo,
Su titilar no es más que mi corazón,
Que tendréis en vuestras manos,
Manso, doblegado a vuestra remisión.

Allí decidirá su delicioso destino…
Allí encontrará su verdadero camino.

No… No me dejéis solo…
Por favor, no muráis antes que yo.

Amor desinteresado

Hoy, a un profundo sueño me entregaré,
Hoy, sediento de tu cariño y de tu calor,
Hoy, en un sueño que se hace realidad.

Estar contigo, a tu lado, sentirte, gozarte,
Confiar en ti como nunca lo hice antes,
Y volver a sumergirme en tu simiente.

Como a una niña ingenua protegerte,
Que mientras juegas, al juego te entregas
Fundiendo con los míos tus sentimientos.

Un amor tan noble y puro que no puede
Romperse o disuadirse por la distancia,
La cadena que hoy nos une es el premio
Infinito al deseo de nuestros corazones.

Deseando que cada instante seas mía,
Deseando ser tuyo una y otra y otra vez,
Sentirte en aliento, más allá de lo físico.

Buscarte en el sentido del amor adentro,
Recorrerte toda para con mi boca medir
Desde tu corona hasta tus pies terminar.

Hasta encontrar a mi amor, amor dulce,
De olores tan suaves y volubles sabores,
Donde apago el fuego que hoy me ahoga.

Que me ha dejado sin respiro ni moción
Y que libera mis más fervientes pasiones,
Aquí estoy, ¿me sientes en tus emociones?

Eres mía y en ciego deseo me disfrutas,
Tierno y dulce que nadie te ha dado antes,
El regalo que la vida da para deleitarse.

No vivo sin ti, no quiero que nos disipemos,
Tu alma es mi alma, y la mía es la tuya,
Lo tenemos todo, ¿qué más queremos?

Esto ha de ser eterno, no acabo contigo,
Te llevo cada día en mi mente, en mi latido,
Tu aroma es mi imperecedero castigo.

Gracia de haberte conocido, no merezco,
Humano pecador no pensó que existiera
Tal amor que yo vine a conocer contigo.

Tu fortaleza, tu cariño y tu don de gente,
Vitalidad requerida para seguir adelante,
En un ser mejor cada día me convierte.

Habrá amaneceres tristes y otros alegres,
Pero que viviremos juntos, por siempre,
Mirando con esperanza y fuerza adelante.

Amores extraños

Aunque ya con previa explicación,
Que en realidad no encuentro razón,
Habrá que razonar con devoción,
Y no echar en la lectura equivocación.

Pero en eso de que cause reacción
Quien la lea, también verá opción…
Que se basará en algo así como
Que será la sustancia de una esencia.

Conciencia de la buena querencia,
De un amor que deja sin herencia,
En un alma toda la advertencia,
De ese amor en su plena presencia.

Que hace se le ame con impaciencia,
Y si no fuera con toda la potencia,
Entonces con impotencia, pero yo diría
Que en amores hay mucha ocurrencia.

Hay de amores a amores elocuencia,
Que según la conciencia hay coincidencia,
Con los amores de los que aquí se habla,
Mas sólo por cuestión de inexperiencia.

Y para no adelantarme ni equivocarme,
Disculpen la inocencia de mi insistencia,
Sin adivinar ni presencia ni procedencia,
Pero en esencia, en su momento se verá…

Si en la avenencia se haya la competencia.

Amor fugaz

¿En qué se halla que dos personas
Se enrolen entre sí, vida con vida,
Alma con alma, panza con panza,

Boca con boca, mano con mano,
Aliento con aliento, saliva con saliva,
Y luego de estos arrejuntamientos,

Terminar en perfumados aposentos
Con lirios, rosas, jazmines y violetas,
Con blancas sábanas y sedas en lienzos,

Desnudos y entrelazados sus cuerpos,
Fundidas sus pieles, y labios unidos,
En el ardor de dos amores perpetuos,

Sin más que tenerse en su corazón
Y de pertenecerse así, sin ton ni son,
Pero al cabo de un raudo momento,

El placer acumulado se disipa, se acaba,
Y cada quién se va a donde estaba?

¿Dónde quedó ese amor que brotaba?

Ansias de amor desesperado

En estado de tránsito me encuentro,
Pues me turbáis con vuestro verbo,
Que la noción de la realidad pierdo.

Tan acostumbrado a ello me tenéis,
Y así espero, contra viento y marea,
Triste y altivo, mas siempre posesivo.

Pues de vos tengo lo más preciado,
Más preciado incluso que la razón,
Eso sólo se encuentra en el corazón.

Quiero que sintáis y palpéis su calor,
Y si así lo hiciereis y lo quisiereis,
Lo tendréis hasta que me ultrajéis.

Vos sois el motivo de mis males,
El motivo de mis pesares, no permitáis
Que me hunda en esta situación.

Te amo más de mis límites pensados,
Con vos deseo pecados realizados,
De salvaje sexo en mi cuerpo aderezados.

Vivo para vos, tómame, destrúyeme,
A vuestro gusto, manera, y antojo,
Mas déjate en mí para llenarme de ti.

Hoy la noche su escenario ha dejado,
Tu cuerpo en la seda lugar ha tomado,
Mi cuerpo ante tal visión ha bramado.

Sin más que el deleite comenzar,
El juego apenas ha empezado,
No puedo asegurar si habrá de terminar.

Aquel día de entrega

No me apartes de tus suaves brazos,
Que esta noche serán refugios y regazos,
Y acaricia cada centímetro de mi piel,
Enrojécela al paso de ésa, tu mano fiel.

Provoca que tus caricias me eroticen
Todas las partes de mi cuerpo cálidas,
Derríteme con tus rojos labios, húmedos,
Y tu lengua traviesa, sedienta de jugar.

Trágame, así como si me tragara el mar,
Pues mi destino es dentro de ti estar,
Tal destino es el que nuestros corazones
Han elegido y han podido disfrutar.

Susurro escucho que al momento invita,
Al ver tu imagen cual si fuera bendita,
Aspiro tu aliento que a mis sentidos incita,
Que suaves y blancos brazos mi ser rodeen.

Al humedecer con mis besos a tus labios
La colina se abre para el camino buscar,
Que me separa de estar en mi destino,
Donde puedo yo tus delicias saborear.

Un quejido proveniente de tu garganta,
Nos avisa que mi ansiedad ha conseguido
El incesante empeño de romper virginidad,
A costa de un delicioso delirio adolorido.

Júbilo de erótico esplendor embriagado,
Locura y violencia en tu oscura esencia,
Llenándose de tan tibia y estimable miel
Que jamás a tus entrañas han alimentado.

Dejemos que el tiempo quieto implacable,
Sea el estanque de nuestro júbilo afable,
Para que de las caricias y besos, el dulzor
Nos dure eternamente con nuestro amor.

Convierte mi alma en la esclava del amor
Y la pasión, para que, fuera de toda razón,
Sea dedicado cada instante de mi existencia
A nuestros éxtasis de locura acogedora.

El Tú y el Yo, ya nos tienen confundidos,
Mi alma ya es una prisionera de la tuya,
Y la tuya no es más que esclava del amor:
Poema abrumador que asalta mis sentidos.

Ampara e impone en ti versos escondidos,
De estrofas en fuego y pasión encendidas,
Por humores de exóticas hadas perfumadas,
Que de nuestros sueños cantan su canción.

Son llaves de entrada a las mágicas grutas
De los bosques encantados de nuestra visión,
Donde nosotros entramos secretamente,
Noche a noche, a afinar nuestra vibración.

Afinemos nuestro pecado y deseo prohibidos,
En la frecuencia que se afinan nuestras voces
Que entonan las notas de nuestras canciones,
Cuyas letras escribieron nuestros corazones.

Inspiración de nuestras dos almas afines,
Conformadas en armonía de una suave melodía
Del amor febril que invadió nuestras vidas,
Aquel día de entrega, que olvidar nunca podría.

Asunto arreglado

Mas, dime dónde tú has estado…

Sabes que he tenido que entretenerme,
Primeramente descamando dragones,
Luego de tantas ofertas en el mercado,
Espulgando a changos y a osos gustosos.
Y sé que ávida estás de mí y de mi cuerpo.

Así yo, mi cabeza, mente e imaginación
Te han buscado tanto en pijama y calzón,
Mi vista se recrea con tan jugosa visión
Que de noche me llena horas de pasión,
Sin olvidarlas, tus rozadas bellotas toco,
Y sin olvidarlo, tu tierno cuello beso.

Sin relegarlas, tus delicadas manos lamo,
Sin poder olvidarla, tu aroma me deleita
Con tus suaves y sutiles fragancias…
Tanto olores, manos, cuello y bellotas,
Hacen que me revuelque en el petate
Estando en enredos donde tu alma domina,
Donde sólo tu cuerpo santo estima.

Agarrando la columna de mis pesares,
Que sólo vuestras manos por bien animan,
Dime entonces mi adorada y amada,
¿Tengo necesidad yo de tal reprobación,
Si sólo contigo en ciencia y esencia,
Y lo que queda de poca imaginación,
Sale de mi alma esa dulce querencia?

Estás donde y como te mereces,
Pues a tu amada, adorada y apreciada,
Dejaste tan sola por tanto tiempo que,
Por orden, dirección, secuencia y mandato
Del Sacrosanto Libro del Buen Amor,

Hube de extirpar, salvar, cepillar y cazar,
Todo cuanto se me ponía por delante.

Hasta recibí invitaciones para cenar,
Mas de ti, a quien amo, no puedo renegar.

A esa cena a la que invitada fui, aplazada fue,
Aunque delicias y faisán eran de buen gusto.

Así, tendrás que esmerar vuestra condición,
Pues de ti espero no una invitación, sino dos,
Cuando digas que en plena forma has de estar.

Mucho trabajo rezagado tenemos por hacer,
Que horas extras tendrás que trabajar,
Y no te subiré el sueldo, sino el remiendo.

Pues de hoy en adelante serás sólo para mí,
Porque las otras ya tienen con quién,
Adormecerse y desentumirse en la cama,
La cama mía en la que ahora dormirás.

Boca gruñona y remilgosa es la que tienes,
Mi amada querendona, pero despiadada,
Yo que siendo tu humilde servidor,
Mil veces sugieres que has sido ya tomada,
Cuando por mucho y con estrecho derecho
Ese motivo sobrepasar contigo he intentado,
Y dime para qué, ¿yo qué me he ganado?

Quizás nada, pero debes saber que esto
Que tengo en mi alma, te lo he guardado,
Que teniendo oportunidad te entretengo,
Y eso sólo por andar jugando con osos,
En mi ausencia, sabrá Dios ya en jactancia,
Si te habrán encanijado y enamorado,
Pues no lo sabes hasta que lo ves prendido.

Ándale, ándale, ándale, y más ándale…

Que mi cuerpo nunca fue tomado,
Y si me entretuve con uno o muchos,
Fue porque se vendían en el mercado
A barato precio y que hacían de todo,
Y además, pues porque en tu ausencia:
"No pedir permiso, no guardar apariencia".

Vive Dios que aún no hallo respuesta,
A vuestro engaño en absoluta deserción,
¿Dónde diablos de los infiernos estabas?,
Dime en qué lugar oscuro y cerrado…
Y toma en cuenta que hay pajaritos,
O pajaritas que en el pueblo todo cuentan,
Y que yo ya de todo he sido avisado.

Que no me entretuve en ningún lado,
Que sólo estuve de vacaciones d'este lado,
En esta hacienda con mi amo, buen hombre.

Y recuerdo que te he escrito unas canciones,
Pues está en mi mente la imagen de tu faceta,
No he podido quitar de mi testa tu testa,
Ni con agua fría ni con agua bien caliente.

Y valga que eso que escuchas es cosa cierta,
Que no soy pues el vago que pensaste,
Y sólo tuyo me tendrás en adelante,
Pues tu canto, y cuerpo al cual respeto,
Me tienen preso en tanto que escueto,
Como un loco golpeándose mollera y peto,
En sin igual barranca brusca y empinada.

Os digo que me hace falta vuestra mirada,
Y vuestro canto y melodía desencadenada,
Que me han manejado y hecho de mí objeto,
De una persona enamorada y desquiciada.

Que te valga pues tal disculpa y parlamento,
Y que no se repitan tales retiros clandestinos,
Para no proclamar procedimientos cochinos.

Que por ausencia de vos y al momento
Me obligas a buscar entre oso y merodeador,
Y dicho esto por mí misma y con mi gesto,
Doy por terminado y sitiado este supuesto.

Pero antes dime presto: ¿si tu instrumento
No ha perdido en este tiempo el argumento
Para lo que se figura uno que lo tienes puesto?

¿Qué tan presto reacciona en el momento
Y en todo tiempo y en cada una ocasión
En que nazca nuevamente una emoción?

Demuéstramelo amado, que en esta noche,
No haya perdido su armónica composición,
La forma de la oda, del poema, de la cantata,
Que siempre está dispuesta sin fe de errata.

Atrapado

Ya habéis marcado mi destino,
Pues postrarme en pos de vos
Doquiera que vayáis es mi sino,
No más noche estrellada por sufrir.

Podré disfrutar de su camarada,
Y si detrás de vos he de caminar,
Marchando contento mi paso irá,
En marchando su aroma percibiré.

Que en vez de mal, bien me hace,
En tanto, un pensamiento me nace
Y con perder el pudor me lanzo
Sobre mi deliciosa y erótica señora.

Que si bien, su licencia me diera
Abrazo y beso su olorosa figura,
Y si más avanzar me permitiera,
Quito sus partes hasta desvestir.

Cuerpo de princesa que muestra,
Es un bien necesario escudriñar,
Descubrir nuevos aires y aromas
En todo su esplendor, y sorpresa.

Descubrir fondo con olor de rosa
Que le dicta a mi varonil idioma,
Partes de piel a frotar y acariciar,
Tales delicias colmar sin descansar.

Y aunque dos o tres días tardase,
Vos me pedís que así os tratase.

En ese esparcimiento se disuelve
Mi tormento por seguir la esfinge.

¿Quién quiere liberarse de este sino,
Cuando no hay noche estrellada,
Ni plenilunio que sea de infortunio,
Sino esencia pura de matrimonio?

Ausencias

Oh amada, triste destino,
Cuando vos venís, yo voy,
Y cuando yo vengo vos vais.

En ese vaivén, todo es deseo,
Vuestra imagen seduciendo
Así a contra luz hay meneo.

Vuestra tez desnuda y fría
Para ser tomada y acariciada
Yo sé qué y cómo y cuándo.

142

No os quiero más que así,
Tal y como hemos quedado,
Éste es mi pan del día a día.

Que no haya más ausencias,
Ni clandestinas, ni escondidas
Que me obligan a burlar amor.

Y dicho esto por mí mismo,
Con mi gesto, doy por terminado,
Y bien dispuesto este supuesto.

Biología erótica

Las venas de las ciudades de tu cuerpo,
Tienen mis nombres y mis sobrenombres,
Tienen la forma de mis manos y mi boca,
Tienen la huella de todos esos momentos
Que desnudo he pasado junto a tu lecho;

Tienen el eco de mis fatigas y cansancios,
Espejismos sonantes anclados al viento.

Calles de amor, transitables a mi antojo,
Que sólo mi sexo y mis deseos recorren,
Sin volver semblante a tontas rebeliones
Mas a la demencia húmeda de mi lengua.

Benditos callejones, túneles congruentes,
Apretados laberintos donde olvido quien soy.

Donde olvido que el sol quema, y la sombra,
Es volcán reducido a destellos náufragos,
De restos de lava blanca que saben a miel,
Y que tu suave piel absorbe lánguidamente
En las cuencas de las venusinas cavernas
Que emanan fuego de éxtasis y de pasiones,
Y que mantienen esclavo al atrevido amante
Que trasgredió penetrar sin haber sido autorizado.

Morir irremediablemente, han dado sentencia,
Morir entrelazados, en cuerpos encadenados,
Sin más condena que beber la espesa sangre,
De dos corazones ya fundidos bajo fuego,
Por los náufragos destellos de aquel volcán,
Que nació en la voluptuosidad de las venas
De nuestros dos cuerpos despojados…

Caballero equivocado

¿Qué palabras más hermosas con premura
No desearía escuchar doncella alguna,
De parte de algún Caballero que al andar
Por los caminos resolviendo entuertos,
Vengando muertos, no se haya percatado
Que tiene un límpido y verdadero amor?

Vos no sois tal caballero de tal doncella,
A quien dedicas con celo, gloria y victoria
De vuestra actuación y ajetreo en batalla,
Pero Oh Dios, por ventura y desventura,
Juntas en esta espesura de pensamientos
Apenas puedo imaginar, y con poca razón,
Como que empiezo a entender a la sazón
De vuestro vivir y la locura de pasiones,
La morbosidad en la espera de ocasiones,
Vuestros pensamientos insanos y obscenos,
De abrazos y besos en todas esas condiciones
Que manifiestan entretanto unas verdades,
Que me estoy imaginando, y entre dudas
Mi pregunta es la primera que aquí sigue:

¿De mozuela o mozuelo estáis enamorado?,
Y otra, ¿y si no es doncella, sino doncellete,
Las Leyes de La Orden os las pasáis por el ojete?

Como no hay saber en esta dudosa razón
Que empiezo a descubrir, quiero suponer,
Y me pregunto ¿el doncellete que pretendéis
Es al que a menudo castigáis y protegéis?
¿Por el que igualmente sufrís y te alegráis?

¿Ése que os espera con ansias noche a noche
En sus aposentos para poner en vuestra piel
Ungüentos y fomentos para dar calor y calma,
Frescura y sopor al cuerpo de batalla yerto
Y harto de entuertos, muertos y aventuras?

¿Es aquél que con una mirada desmoronáis
Y ponéis a tus pies para lamer vuestro cuerpo
Con su lengua desde vuestros pies hasta
Vuestra cara y a vos amar hasta reventar?

¿Es aquél que a vos admira, sigue, ayuda
Acompaña y protege, y sin vos no respira?

¿Es entonces cierto el motivo por el que
De este buen susto puedo estar muerto?

¿Es entonces cierto que el mozo que amáis
Es el que a vos ha amado desde el principio
Del cuento, según vuestras dulces palabras?

No puede ser más que ese tonto herrerito
Que como escudero aspirante un día tomasteis,
Cuya alma y corazón han pertenecido a vos
Desde la primera vez que os lo llevasteis,
Y que cautivasteis con vuestro soneto y verso
Y al saber tan dulce y deliciosa razón,
Vuestro pecho se llena de una tal emoción
Que al verlo, como si os creciera en el corazón
Un fuego tal que no hay manera de apagar,
Más no lo podéis ocultar, y muchos lo sabrán.

San Damián y San Jorge Benditos, ofuscados,
La Orden de Caballería toda está deprimida,
Buscando la manera de no creer lo que es real,
Tratando de solucionar y salvar a ese paladín,
Que por mucho tiempo juró sobre las Leyes
Ser fiel en su alma, corazón y en toda su razón.

¿Pero quién sabe lo que en cada alma existe?,
Mas el precio de esta alucinación es la muerte.

En la pira muere ese desencadenado amor
Que dio cabida en la mente de dos enamorados
A un infundado amor, que los enlazó eternamente,
Que por amarse tanto en el tiempo equivocado,
Merecieron con las llamas del infierno, la muerte.

Cambio de hábito I

¿Decidme, si no me equivoco,
Que no es más cierto que en esa orilla
Donde se trabaja bien la morcilla,
Se eche de menos un chorizo pendón?

Preparación: vaina arriba mantened,
Cual mástil en tifón de deseo carnal,
Cual viento gris y turbulento que alza,
Los más fuertes cimientos de moral,
Cual huracán que arranca y hace añicos,
Sombras escurridizas de devotos ocultos,
Y en lo más bello del silencio, agachaos,
Y recoged los trozos con gesto señoril,
Mirando siempre al oeste para que éste,
Como quiera que esté desenfundado,

No os dé con devoción cuando tornéis
Y aguantéis, que no es norma escrita.

Pero las pequeñas y delicadas cosas
En vida, si bien medidas, bien servidas,
Y si bien servidas, mejor comidas.

Queda vuestro valedor pues en esta orilla,
En pos de mejor ocasión a medio plazo,
Por parecer tal supuesto un proceder,
Airosamente varonil medido y ajustado
Con la misma caña con que se mide
Un chorizo perfumado con más olores
Que el enano de los pies más grandes
Y olores más fétidos pueda ocultar,
O la tranca empuñada por la damisela
De porte virginal y cabellos alaciados,
Seductores pechos que más que seducir,
Sirven para adornar su idílica imagen,
Pues a cabal caballero como sois vos,
Qué de pechos y qué de damiselas
Puede a vos perturbar vuestra atención,
Más que vuestros dedos pulgar e índice
Que juegan por ver la ocasión de tocar
Y de volver a tocar, para los cuales
No es más que la delicia complaciente
De vuestros más íntimos deseos carnales,
Hombrunos, que caballero tal revuelca,
Entre sus rebuscados pensamientos,
Impaciente como el fuego, por acabar
Alimento que lo produce, e irreverente
Como el pecado, que soslaya la ocasión,
Súbita del momento, sacado del oscuro
Deseo carnal, de aquello que alimenta
Vuestra negra necesidad, aunque a mí,
Ya el calzón lo tengo bien amarrado,
Por tan argumentado e idílico trabajo,
De dedos dedicados a tan sabia actividad.

Cambio de hábito II

Admirable y grácil espadachín
De tinta muy impresa os veo,
De verbo fácil mas no certero.

Bellas imágenes me mostráis
De virginales y bellas doncellas.

Conozco que a vos todas ellas,
Se os quedan en las estrellas.

Olvidasteis la preciada morcilla
De la otra orilla por percance,
Del disoluto chorizo pendón.

Centraos en vuestros quehaceres,
Los más inmediatos, y cumplid
Con vuestro acometido, metido,
Y os haré ver tanto a doncellas,
Como a enanos y sus estrellas.

Al momento, quedaos contento,
En la espera de buenas nuevas,
Que espero yo, sepáis compartir
Igual devoción a quien suscribe.

Y recordad que esta es la orilla
Que con morcilla de lado queda.

Cambio de hábito III

Cuando decís que todas las doncellas
Huyen y se te quedan por las estrellas,
Está claro que no hacéis gracia con ellas,
Está por sabido que esto te hube dicho:

"Sirven para ataviar su idílica imagen,
Pues a cabal caballero como sois vos,
¿Qué de pechos y qué de damiselas
Puedan a vos perturbar vuestra atención,
Que no sea el género que vuestros dedos
Pulgar e índice se pelean por juguetear,
La ocasión de tocar y volver a tocar?".

Verbo hábil certero, la tinta ha impreso
Cuanto le he atinado, a tan fino caballero
Sus afables gustos y desatinos por aplacar
Vuestra liviandad mordaz que no está más
Lejos de cual tripa que hábilmente deseáis
En rica y devota escritura a vuestro caballero,
Cuya espada entre sus manos ha empuñado,
Y enterrar desea a duelo en el bosque oscuro,
De montañas empinadas en vuestras laderas,
Se divisan jubilosas y deseosas de recibir
Las costumbres que este caballero depositar
Desea en vuestra tierra para que fertilizada
Selva y región, queden finalmente colmadas

De aquella necesidad con la dignidad mía,
Con las costumbres y maniobras mías...

Completada y generosamente depositada
Que las nuevas costumbres florezcan
Y lo que nazca sea motivo de mi presencia.

Cambio de hábito IV

Bravo mi audaz señor y caballero,
Colmáis mis más profundos deseos,
Hay en el cantar ofrecimiento fugaz,
Que tan pronto divise orilla me brincaré,
Por San Jorge os lo digo y lo prometo,
Que a la más bella, clavaré sin temor
Mi justa y munición, a dejaos mella.

Tranquilizaos, pues, mi Señor, y después,
Si queréis, de doncellas presto me hablaréis
En tiempos para cuentos y chascarrillos,
Que tendremos algunos buenos ratillos.

Quedo a vuestra disposición, y me retiro,
Pues descanso he de dar a mi arma letal,
Y así recuperar su alegría vital, y sembrar,
Y sembrar, sin ánimo a tener que recoger.

Canción

Una Canción es un cantar de gesta,
Rimado para aceptar música al hablar
El que sigue es el que yo os vengo a rimar...

Dotado de vastas maneras en lides de amar,
Y en batallas siempre resultando vencedor,
Mas no se diga en la cama y en el bastidor,
Tan sólo arremete en el juego justo de jugar.

Hasta el linaje se juega con eso del laurel,
Mientras Ella, siempre en el ocaso lo espera,
Hasta que daga se sepulta sin peros poner.

He aquí que Caballero leal y Dama honrada,
Por amor se unieron para siempre flechados
Pues en lincha batalla un día Ella lo viera,
Y de aquella agresión funesta y embestida,

Toda la noche con la espada en mano lidiando,
Mas al despertar aurora de nuevo día vestida,
Ambos dos en el campo de batalla quedaron,
Uno encima del otro bajo el rocío yaciendo.

Despertaron y extasiados por no sé qué magia,
Sus caras de frente de improviso miraron,
Con el deseo ferviente de un beso postrero.

La magia, el hechizo o no sé qué diablura,
Hizo que al momento de tanta desventura,
Ella le quita armadura y lo abraza con soltura.

Al momento de sentir muy rígido su cuadril,
Siente sus largas piernas a las de él entrelazar,
Al tanto que la daga se clava bajo su cintura.

Y en mucho menos que el gallo cantara
Una con la estaca hundida hasta el proceder,
Otro bufando como toro bronco al amanecer.

Despeñan tirados, desvanecidos, sin fuerza,
Sus rosadas caras mirando y sus ojos brillando,
Mientras en un beso unidos, su amor jurando…

Desde entonces Caballero y Dama enamorados
Por un sortilegio de no sé qué suertes o hechizos,
Sin separarse, uno del otro siempre viven atados.

Que os reconforte como a mí esa afable poesía,
Que mi alma como la vuestra habrán de guardar,
Pues si en combate soy bárbaro y fiero caballero,
Hoy me rindo ante gran dulzor manso y postrero.

Que sin palabras me habéis dejado, mi estimado,
Y en mis aposentos revestido frente a vuestro lado
Con este son, que es el efecto de vuestra canción.

Y este cafecito que a bien a mí me has regalado,
Repara mi potencia, para probar nueva actuación
De rebelde caballero, muy gallardo y aprehensor.

Castigo

Bueno, pues, entonces que así sea.
Mi Dama, no me mande usted nada,
Si es que no le importa que no la vea.

Y al igual que en otros poemas, éste aquí,
Ya que quede bien cerrado y olvidado,
Pues ya olvidemos del amor esto pasado.

Y este breve cantar, que como usted dice
Que ya la olvide, no me vaya a obsesionar.

Ved que decido de buena gana mi castigo,
Igual castigo a la venia de su merced,
Confieso que esta vez me he descompasado,
Os pido que hagáis y deshagáis conmigo,
Que castigo breve no merezco por bravucón,
Sino duro, fuerte, torturante y picante.

Pero por el amor de Dios y todos los Santos
Vuestro amor no me lo vayáis a quitar,
Pues la guardo en mi alma como pureza…

Tan fresca como las tardes de primavera,
Suave y dulce como las mieles de la pradera;

Tan fiel como una golondrina viajera,
Y tan refrescante como una brisa pasajera;

Atractiva como la luna de octubre sincera,
Y cortejada como una luna llena plateada.

Sutil como pétalos de rocío en madrugada;
Febril y deliciosa como la sublime Aurora,

Y apetecible como débil cuerpo corruptible…

Ved cómo os tengo tanto amor, y de aquello
Sólo fue un desliz en un piso muy resbaladizo,
Que os juro que nunca más volverá a pasar.

Por compasión, si me vais a amarrar, a torturar
Como a golpear y cachetear, es ahora la ocasión.

Pero hacedlo ya que muero por ser mancillado,
Golpeado por usted. Me importa Vuestra Merced,
La necesito en mi piel, por fuera y por dentro.

Igual la necesito en mi corazón y en mi alma,
Pues me enloquecéis y me hacéis perder la razón,
Hasta me habéis hecho que grite de locura.

Pero al no ver que os tengo, no soporto la amargura,
Por eso, castigadme, moledme y hacedme sentir
Que vos sois mi dueña, mi Señora y mi amada,
Y todo lo que en esta vida he querido y deseado…

Golpeadme y hacedme vuestro, para siempre…

Que el castigo…

No, no importa el castigo,

Lo acepto de todo corazón si estoy con vos…

Clases de sexo y amor

Cierto que lo que de tus simientes deriva,
En otras diferentes simientes se encierra,
Y lo que tu corazón genera, al d'ellas sana.

Que siempre simientes y corazones juntos,
Prontos y presurosos se hacen canción,
Ya que lo que en el corazón ha de latir,

Allá abajo endurece y lo hace cumplir,
Y de lo que de allí abajo ha de emanar,
En las entrañas pronto ha de germinar.

Sabe Dios cuánto, cómo y cuándo nacer,
Ya lo sé que hay amor en la emoción,
Y no hay división entre abajo y arriba.

Y al tiempo que el de arriba palpita,
Y palpita, y más palpita hasta acalorar
Al de abajo, hasta que lo debilita.

Recuerda poner tus manos arriba
Para poder controlar lo de abajo,
Pues lo de abajo siempre está pa'rriba.

Y si en tus manos tienes lo de abajo,
Búscale acomodo para que palpite,
Igualmente a como palpita el de arriba.

Así mismo, cuando aprietas lo de abajo,
Al mismo tiempo aprietas lo de arriba,
Aunque lo de abajo no te digo lo que es.

Lo de arriba te diré que el corazón es,
Por eso la lección habrás de entender,
Con ello aprendes sabiamente a proceder.

Que un día no quiero saberte secar,
Con palpitar arriba pero sin nada abajo,
En fin, que libre te habré de dejar.

Te dejo continuar con tu trajinar,
Combinando partes arribas y abajos,
Sé que así tu felicidad has de encontrar.

Condiciones

Él:

Tú no eliges...
Yo elijo por ti...
Y la elección es que seas mía,
No te quiero compartir.

Ella:

Para eso serás mi dueño,
Y cuidarás de mí,
Que soy muy exigente,
Y me atenderás,
Que soy muy demandante…
Y me complacerás,
Que soy muy voluptuosa…
Y me mimarás,
Que soy muy afectuosa
Y viviremos como en un sueño.

Él:

La descripción que de ti haces,
Es como la descripción que de mí hicieres,
Y si entre tú y yo la diferencia es ninguna,
Entonces no hay fuerza que se pueda interponer,
En la fusión de estos dos quereres.

Debate del juego corporal

Ya aparece el crepúsculo y no llegas,
Te quiero, y con ansias te espero.
El lecho está tibio y la casa caliente,
Hay flores que la adornan y aromas
Se destilan perfumando este hogar,
Ya te ansío para besarte y abrazarte.

Whisky para ser bebido por tus labios
Y los míos, mientras yo te desvisto,
Despacio, una toalla humectada te lava,
Esencias de frutas y aceites te perfuman
Mientras te seduzco con una canción,
Y te cubro con un diáfano camisón.

El lecho es amplio y confortable,
Pulcros linos y suaves sedas lo abrigan
En la espera para cubrir tu piel,
La que cansada y acongojada accede
A ser recostada sobre almohadones
Bordados a mano con turcas finuras…

Tus delicadas manitas trabajadoras,
Mismas que yo beso una y otra vez,
Mientras te recuesto boca abajo,
Fomentando así un masaje delicado,
Que en tu espalda mis manos forjarán,
Comenzando desde tu blanca cintura.

Eres para mí el motivo de delicias,
Y de tal manera me deleita, que cambio
Los ásperos y duros dedos de mis manos
Por la suave piel de mis húmedos labios,
Que llegan hasta tu nuca, donde besan
Y mordisquean suavemente tus orejas.

Murmullos dicen lo mucho que te quiero,
Tu suave pelo de seda, color marrón,
Busca enredarse en mi lengua vagabunda,
La que adrede, más y más se enreda,
Para juguetear a estirones con tu melena,
Mordisqueando a la vez tu desnudo cuello,

Que mi cara aprovecha para acariciar
Y sentir la suavidad de tu tez femenina,
Mientras que mi cuerpo, desnudo también,
Yace sobre el tuyo conjugándose entre sí.

Murmullos hablan lo mucho que te deseo,
Tu respuesta al susurro resulta placentera.

Agredes tornar tu cuerpo frente al mío,
Tus ojos fijamente mirando mis destellos,
Tu pecho encima del mío ha quedado,
Y tu cintura en la mía ha descansado,
Tu vientre erizando cada uno de mis vellos,
Y mi decoro a punto de ser detonado…

Pido un poco de clemencia a tu doncellez,
Para llenar tu cuerpo con la parte de mi ser
Que en el exterior de la gruta de Venus,
Se excita y desespera por pedir admisión.

Mas ya con la dignidad de tu aprobación,
Armada de coraje, se abre camino al andar.

Ya sabe a dónde va, pero lenta escudriña,
Besa con sus pequeños labios remojados
Cada rinconcito que se le va presentando.

Y quiere aspirar lo que dentro se respira,
Saborear las delicias del líquido femenino,
Para calentarse con su entusiasmo interino.

Y quiere transmitir a todo el cuerpo
El orgullo que siente de estar donde está,

Y la sensación de la gentileza del lugar,
Que trastorna en mi cuerpo, todo lo demás,
Enloqueciendo mis dominios de razón
De manera que mi cabeza ya no cavila.

La otra cabeza se encuentra encuevada
En las delicias de mujeriles cavidades,
Mi cerebro ya no piensa, sólo reacciona,
Gime del placer que causan sensaciones,
Roces y estremecimientos escondidos,
Tras las pieles ocultas de la inocencia.

Mi amada sin atinar a la circunstancia,
Mugiendo reprimida, muerde mis labios
Con libertino beso acallador de lamentos,
Y más me descompongo en mi proceder,
Bestialmente mi pelvis ha cobrado vida,
Y empuja brutalmente hacia la pureza.

La demencia quiere estallar más adentro,
El violento impulso, impacta profundo,
Ya no se puede interiorizar más hondo,
Enloquezco al pensar que ya me hundo,
En aquel frenesí que desune mi pensar,
Volcán que resume mi mente y mi razón.

Tiemblan al unísono mi pecho y mi alma,
Que endurecen a todos mis segmentos,
Cuya corriente eléctrica hace paralizar,
A mis venas, mis nervios y mis sentidos,
Para que no tengan ninguna razón de ser,
Sólo mi piel palpita al latir del corazón.

Mi simiente extasiada e incontrolable,
De una vez abandona su íntimo santuario
Expulsada al ritmo de una mítica canción.

Ella grita, bufa y se enloquece de pasión,
Desesperada me aprisiona con sus piernas
Promoviendo aún más mi excitación.

Embestidas violentas como en un ruedo,
Provocan gritos y gemidos embravecidos,
Fuerzas de dos voluntades encontradas
Arrancándose cabellos con sus manos,
Piezas de labios y lenguas con sus dientes,
Y enterrándose sus uñas en sus pieles.

¿Quién entonces será el bruto arrogante,
Yo, porque la quiero seguir destrozando,
O ella que despedazada ya por dentro,
Quiere a mí despedazarme por fuera,

Rasgando, rasguñando, mordiendo,
Sin dejar un segundo de seguir amando?

Eso podríamos comprobarlo más tarde,
Puesto que lo que de esta forma empieza,
Parece que no tan fácil aquí termina…

Siempre hay una revancha que avecina
Una última tregua, y en ésta, ya veremos
Quién habrá de salir triunfante en la partida.

Si son pacientes y me lo permiten,
Estaré al tanto para escribir y narrar,
Con lujo de detalles y minuciosidades,
Quién rindió y quién no, en esta contienda
Leal y unilateral de un par, que desembocará
En el próximo debate del juego corporal.

Declaración de amor

"La misiva preciada está en camino:
La que lleva la imagen de mi alma,
La que promete ser la inspiración,
Para que la tuya adquiera calma,
A la que dediqué en todo momento
Cada pensamiento de mi corazón".

No sabía cómo empezar esta declaración,
Toda la noche me la pasé tomando café,
Dándole vueltas atendiendo este asunto,
Las velas se acabaron, empezó a amanecer,
Al fin terminé mi raudo pensamiento,
Que personalmente llevaría y te entregaría,
Al terminar la misa, afuera de la Iglesia.

Pero, oh decepción para la suerte mía,
Al final, el café se hubo derramado
Sobre la tinta de la carta recién escrita,
Ya no hubo manera de reescribirla,
Pues la mente mía no podía recordarla.

Pero no contento con la suerte echada,
Fui y me compré una postal en la Plaza,
La llevé a casa, y en ella escribí lo siguiente,
Pero antes, me aseguré de no servir café,
Y rápidamente esto me salió de la mente:

"Vuela postal venturosa,
Vuela a manos de quien vas,

No le digas que yo te mando,
Dile que tú solita vas.
Y las manitas que la reciban,
Sabrán bien de quién proviene,
Pues le espera fuera de la Iglesia,
Aquél cuyo nombre tu mente tiene".

Ahora me pude tomar el café sin miedo,
Bien caliente para que ánimo me diera.

Déjame amar

Besos, sedientos besos…
Besos que no te he dado.

Besos que me queman,
Besos que me duelen,
Me sofocan, me destrozan,
Que me han calcinado,
Desde que te has ido.

Todos los que no te di,
Son besos que matan,
Me apresan, me atormentan.

Besos brujos, besos atados.

Dime dónde depositarlos,
Dime a quién amar,
Para estos besos dejar,
Y mis penas liberar.

¡Déjame ser libre!
¡Déjame ser feliz!
Déjame amar, por piedad,
Quiero besar y ser besado,
Por quien me quiera amar.

Demostraciones de seducción

No, no creo que seas una presa fácil,
Como yo lo pienso, pero sí consiento,
Cómo persuadirte de tiempo en tiempo,
Pues mis tretas aprovecho y utilizo.

Hechizos de amor al estar en tu lecho,
Hechizos de placer para quemar cartucho,
Y con lo ya hecho, lo dicho, y el trecho,
Tu espasmo alargo y por ancho aprovecho.

Y en adelante lo que sigue en el gancho
Son manos, boca, lengua, saliva y aliento,
Que saben muy bien manejar al espanto,
Pues hay que acariciar y apretar el cincho.

Empeñadas en gratificarse mutuamente,
Hasta ver hinchar las venas en tu vientre,
Sin más previo aviso que el latir potente,
Pulsación tras pulsación de tu corazón.

Canta una tonadilla alegre, silenciosa,
Fuente de la emoción que no se agota,
Con ritmo de rojo pudor y seducción,
Al dejarte besar caída y abatida la nota.

Mi boca continúa la canción silenciosa,
Para que no fenezca la pobre ingrata,
Pues quiere caer desvalida y sin fuerzas,
En tanto nuevo plan comienzan mis tretas.

Empero me traiciona mi lengua singular,
Que ciertas cosas a mí me son de notar,
Tendrías otros amores y me confundo,
Mas a otra explicación no puedo llegar.

Estamos en otros tiempos muy lejanos,
El Supermán todavía no se ha inventado,
Si bien, pronto y galante, puesto a revuelta,
Puede haber caída en la primera apuesta.

Yo más no apuesto ni a la tercera justa,
Pues mi lanza ya ni de lejos se ajusta,
No os diré que es porque no me gusta,
Sino porque a tal extremo hay nula posta.

"Veo que habéis tenido fallido intento,
Mas cosa toda ella opuesta a mi gesta,
Si caballero queréis ser tendréis presto
Que esforzar un poco el rendimiento".

Sepa pues que ese Supermán o He Man,
Como quieras llamar al artilugio, invento,
O decremento, a mí no me vienen a cuento,
Pues no son de mi tiento y no lo consiento.

No reniego, y sí me gusta, me encanta,
Sólo que me fatigo, me canso y me duermo,
Y sí, con fuerza y con mucha intensión,
La espada nunca falla pero fácil desmaya.

Una vez, dormido, descansado y recuperado,
Agárrate de donde puedas en tu aposento,
Porque seré de nuevo dueño de tu encanto,
Y no te dejaré sino hasta el agotamiento.

Desavenencias de dos amantes

Menos lobos, mi insensata Caperucita.

No me reclaméis a más, tanto disparate,
Que os recuerdo que vos habéis estado
Mucho tiempo escondida y muy aparte,
Y aún con eso no dais versión creíble.

A Cuenca en directo os pondré mirando,
Sin dudar, pero tampoco he olvidado,
De vuestro desatino, que me dejasteis,
En batalla con dragonas y malandrinas,
Teniendo que lidiar enorme sufrimiento,
Dando a todas por postrero y delantero.

Mas he conseguido no perder la inercia,
Sino por no haber querido sufrir carencia.

De otras cuantas fieras tuve que comer,
No por afición, ni tampoco por devoción,
Sino por cumplir con mi estatus varonil,
Que reclama a cada momento mi función.

Así pues, ahora a sentir, y preparaos,
Que vais a recibir todo lo que no os he dado…

Malcriado, malasangre, malnacido, engreído,
Sois vulgar con olores de otros cueros,
Tan malsanos y bribones como vos,
Que no habría yo ni por devoción cautivar.

Y aunque vos caballero de batallas sois,
Y vuestro fervor ampliamente decís
Que es tales fieras comer, tomar y pillar,
No os preocupéis que esta esclava de vos,
Dedicación como la vuestra tiene por igual,
Te ha de amar porque te ha de amar.

Y la culpa no es vuestra, mi Señor,
La culpa es toda mía, por haberos dejado
Un tiempo en soledad y melancolía.

Seguro Señoría que por esos lares iría,
Y al no haber más remedio que amaros,

150

Pues falta me hacéis, no queda de otro tedio
Que perdonaros aunque el mal me lo hagáis.

Sí, sí, que más os vale llorar que contender,
Pero no me digáis que me podréis perdonar,
Pues nada hice que no estuviera en mi ser,
Nada hice que no estuviera en mi nariz.

Ya pasado el trago que por amargo tomáis,
Os reclamo para que aquí a mi lado quedéis,
Lo hagáis con libre albedrio y plenitud de ser,
De otra merced no tendría sentido ni cabida.

Os deseo aquí, fiel a vuestra cita, y con castigo,
Palpitad con cada impulso del latir frenético
Que se aferra a mi firme y brutal intimidad,
Para que podáis con vuestra mano lisonjear,
Cada poro, y con vuestros labios cada alforza.

Transportar la humedad hasta lo más interno,
Para depositar en mi boca tras mil intentos
El amor que de mis pieles pudiste recolectar.

Quedaos aquí, mi ferviente amante devota,
Que la noche es aún tan joven como beata,
Y vuestras tareas y castigos son largos,
Así que, a cumplir pronto con el mandato.

Desdén

"Ojo por ojo y diente por diente",
Pues como vos a mí me amases,
Os amaré el triple sin ver qué dirán.

Mi alma estalla de la emoción
Con esas palabras, y se recrea,
Y se inflama y mi corazón suena.

Mi pecho ya vacío de desearte
Y ya desecho de no amarte,
Sólo quiere caricias y protección.

¿Por qué ahora refutáis desdén,
Si solamente en vos yo pienso?
Nuestras tentaciones, nuestro pecado.

¿Cómo, amor de mis amores,
Es posible que me repliquéis desdén,
Si mi amor por ti no tiene finales?

Desesperación

Sólo me pregunto una cosa:

¿Qué es lo que a mi alma
De desolación la acosa?

¿Un pecado que en ella reposa?
¿Es acaso otra curiosa cosa?

Hoy en el sendero he encontrado,
Una lánguida e inocente rosa…

Desesperado, al sentirme desamado
Presuroso… La he deshojado…

Ay, pobre de mí, tan desdichado,
Sin amor, sin risa, sin ilusión…

Y en medio de esta amargura,
La esperanza hube reencontrado…

Mas, en mi desesperación la he matado.

Di por qué…

Él:

Di por qué siendo el cielo tan azul,
A veces se tiñe de rojizo…

Di por qué siendo el mar tan hermoso,
A veces se torna tan brumoso…

Di por qué si la esperanza es tan hermosa,
A veces se torna en engañosa…

Di por qué si todo mi cariño te entrego,
Sin correspondencia es lastimoso…

Di por qué si tú siendo de mis versos la musa,
De mí te escapas, desdeñosa…

Di adónde has ido maravilla de mis sueños,
¿Dónde te escondes luciérnaga traviesa?

Retórname al menos una palabra,
Para que mi ser vuelva a sentirse vivo.

Di por qué si me dices que vienes, no vienes
Dejando mi alma al pendiente de un hilo…

Ella:

No son mis palabras las ausentes,
Es el tiempo el esquivo,
El que se rehúsa a ser benigno,
El que se niega rimar mi verso contigo…
Él:

¿Es que ya no me quieres?

Digno nombre para digno Caballero

Ni las diez leyes de Tirante el Blanco,
Ni las del Caballero de La Ardiente Espada,
Ni las del Caballero de La Triste Figura,
Ni las de todos los Caballeros reunidos,
Quitarán de la pluma de famoso escritor,
Que a su cargo tenga por dar nombre
A esta su merced, y cuyo nombre sea
Conocido por pensamientos y lenguas
De Caballeros en la redondez de la tierra.

Y valga nombre para ser repetido mil veces,
Sea pues entonces "Caballero Campeador",
D'esta merced el ilustre título del nombre
Por esperar en esta posición las bondades
De tan gran señor… Y para vos, mi Señor
Y Caballero, el escritor no ha dejado la pluma
Sin apelar nombre, el justo nombre para vos,
Vuestra merced, y que se ha dignado bautizar
Como el justo y noble "Caballero De los Amores",
Por ser cabal, justo y entrenado en las lides
De los amores tales, de aquellas damas
Convencidas de vuestra nobleza y entereza,
Que después de las victorias de las batallas,
Recibes laurel para entregar a señora elegida,
Que añora vuestro masculino, arrogante pudor,
Y porque en ello darás a conocer tan escondido
Y poderoso instrumento jovial que Dios te dio,
Don con que sueña estar gozosa toda Señora
Soñadora, que vuestra merced complacería
Con espléndido son… Más de una os sueña,
Más de una os espera, más de una os desea.

Eah, pues comenzad con la dama elegida,
Que ha de complacer vuestra hambrienta
Necesidad, ya digna y dispuesta a probar
Lo fastuoso de caballero distinguido y audaz,
Dispuesto al instante, con el don del amor,

Que con tan suave son, su señoría se digne
A tomar tan rico manjar con devota alegría.

Pues bien mi Señor, permitid que me sitúe,
Pues con tanta rima y armonía perdí sintonía,
Ya sabéis, cosas de caballeros y sus andanzas.

Os veo muy puesto y dispuesto, y me agrada,
Pues si así lo deseáis, así veréis que la tendréis.

Esta misma noche os la consigo, hacedle sitio
En vuestro lecho, y reforzadlo, que duro esté,
Para que con tanto ajetreo no quede maltrecho.

Así, a vuestra merced advero, juro y prometo,
Que esta noche obtendréis el placer del amor.

El albur

Cavilaciones necias toda la madrugada,
Un suspiro y otro más, la cabeza abrumada,
A más de llorar y suplicar, ya no has de volver
De la nada, sólo tu aroma quedó impregnada.

En la sequedad de tu aliento tu sabor prevalece,
Tibio tu paladar, arde tu esencia hasta quemar.

Necesito más café para quemar mi paladar…
No quiero irme, sediento de ti y de tu calor.

Me entregaré al sueño profundo y eterno,
Junto a ti, en el ensueño que no es realidad,
Para estar a tu lado, sentirte y gozarte,
Quererte y amarte como antes lo hice.

Protégeme mientras busco a la muerte,
Como un condenado preso que ignorante,
Se entrega a un albur entre vivir o morir,
Pero prefiero morir si más no has de volver.

El Amor está en todos lados

De las sutiles frecuencias nacidas
En el séptimo día de la Creación,
Después de todas esas mudanzas
De energías, masas y frecuencias

152

Con que Dios estuvo maniobrando
El Cosmos por eones y eternidades;

Después de deliberar y luego separar
Lo que era bueno de lo que era malo,
Y dejar establecido un orden perpetuo,
Llegó el instante de una interrupción...

Un breve tiempo en la eternidad,
Para promover una cosecha de Paz,
Un poco de espacio de Estabilidad,
Un ciclo para un rato de Equilibrio,
Un descanso en el que Dios examinó
Una a una las partes de la Creación.

Encontró que de todo lo bueno,
Para mantener lo sublime del Todo,
Había que compaginar con el Cosmos
A través de las Longitudes de Onda,
Con el Espíritu Santo Regulador,
Para dar, dentro de esa Paz venidera
La perfección de Longitudes de Onda
Que congregaban a las Arpas Eternas
Para lanzar esas glorificadas frecuencias:

Las frecuencias primorosas del Universo,
Las frecuencias sutiles de la Paz Cósmica,
El Movimiento rítmico de las estrellas
A todos los rincones del Universo,
Con el encargo de una Armonía Cósmica,
Que llevaban esas sublimes vibraciones,
Justo en los momentos de Paz Plena,
De Amor Pleno, y de Serenidad Colosal,
De que gozaba el Señor Nuestro Dios.

Para dar a luz El Amor a todo el Cosmos,
Para dar a luz a Su Hijo Amado,
La noche en que los astros se alinearon,
Y revelaron una Paz que no existía...

Revelaron el naciente Amor, que sería
La pasión derramada en cada rincón,
En cada corazón de los seres humanos.

Al fin Dios dio a conocer su máximo Don,
Al fin el Universo conoció el Amor,
Que éste, al igual que Dios, está
En todos los rincones del Universo.

Y con Dios:
El Amor está en todos lados.

El amor volverá

A solas meditabas en la penumbra
Del tranquilo rincón, pero tu mano
Posábase en mi frente. Rápidamente
A la campiña dirigí mis pasos.

Allí estabas, la brisa era tu aliento,
Tus cabellos, el oscuro nubarrón,
Y el brillo de tus ojos el destello,
Del último resplandor del crepúsculo.

Frente a ti, en común estratagema,
Cerré los ojos para ver la nada.

Escuché que al umbral de mi conciencia
Dialogaba con la tuya mi alma.

"Deja ya de forjar sueños en ensueños,
Volveré... Como vuelve la golondrina
Todas las primaveras a su nido,
Soy el amor que yo forjé para volver".

Elíxir de tu amor

Endurecida está la mente mía,
Y por tus palabras enloquecida,
Sin espera de poder conquistar,
La caja fuerte del tesoro mío...

Cosa preciosa que prometiste,
Que deja profundamente sentir
Lo que despertó en la pasión mía,
El delicioso elíxir de tu amor.

El desprecio

En un mesón fue donde en verdad pasó,
Ya hacía un tiempo que esto sucedía
Cada vez que tú asistías y yo asistía,
Me envolvías en el embrujo de tu mirada.

Tanto va el jarro al agua hasta que se rompe,
Hube de investigar el motivo de tus ojeadas.

Contento estaba porque amistad buscabas,
Mi corazón gozaba cada vez que te veía.

Todo iba tan bien ya hace buen tiempo,
Apenas empezábamos a bien conocernos,

Pero un día decidiste de ti aventarme,
A pesar de que me mirabas sin saciarte.

Hasta hoy no has vuelto a contentarte.

Hoy estabas allá, te vi al llegar, de lejos,
Yo me senté muy cerca de la entrada.

Veía que tú nunca la vista me quitabas,
Aunque era una mirada cruda y enojada.

Más vale no molestarte, ni te he de saludar,
Eso me quedó muy claro la última vez,

Que como tonto deseaba besarte y abrazarte,
Pero tú te negaste y sólo me rechazaste.

Tú y yo no somos iguales, me dijiste,
No quiero volver a verte, ni a saludarte,
Mucho menos que te pares a mi mesa
Y saludes a quienes puedan conocerte.

Aún y con eso, hoy tu vista en mí fijaste,
Caminaste por allí, insinuando que te viera
Pretendí no verte, entraste al baño y saliste,
Lo que primero pensé es que querías verme.

Volviste de nuevo media hora más tarde,
Pero en esta ocasión me paré y te seguí.

En la puerta te esperé hasta que saliste
Y te quise saludar, pero me ignoraste.

Espera, te dije, sólo deseo saludarte,
"Ni lo pienses", ésas fueron tus palabras…

Una directa mirada de odio, y te fuiste,
Dejando a mi alma una gran pesadumbre.

¿Qué conflictos habrá dentro de ti?
Pues a veces siento tu mirada devorarme,
Y yo intento ilusionado halagarte,
Tú, al descubrirme quieres despreciarme.

Sólo le pido a Dios que le dé alivio
Al conflicto que a tu mente reviste,
Pues a quien quieres, no quieres querer,
Y a quien te quiere, sólo niegas y desprecias.

He pensado ya más no molestarte,
Quisiera que me borraras de tu mente,
Y quisiera también yo poder olvidarte.

Cosas a fuerza, nunca podrán realizarse.

Ella

Ella ha puesto en mi corazón,
Una semilla de amor, que a la sazón,
Está empezando a enraizar con ardor.

Muy fuerte es su clamor y en su murmullo,
Que a veces me quiebra el pensamiento,
Y bruscamente me sacude la razón…

He buscado un lugar para esconderme,
Retirarme, huir, escapar, correr,
Pero a donde yo vaya a Ella le hallo.

Ella está en todas partes, en todo lugar,
Y donde quiera que yo me halle,
Ella me halla sin ninguna batalla.

Ella es como mi pegada sombra,
Que a todas partes me acompaña,
Ella es como el aire que sin su respiro muero.

Ella es como el agua que bebo limpia y fresca
Que sin ella mi lengua es seca,
Es como el corazón que late en mi interior.

A veces quiero que me deje o que se aquiete,
Pero al mismo tiempo no quiero que se quite;
Quiero que se aleje, quiero que me despeje.

Pero al igual deseo que a mi alma no deje;
Quisiera en momentos ser quien antes era,
Y en otros deseo morir a que Ella me dejara.

Ella es mi portento sembrado en tierra firme,
Ella es la alondra que canta en las mañanas,
La luz de aquellas estrellas para mí separadas.

Ella es como frescura en un mar de partituras,
Es la música que suena en mis penumbras,
Es el verso que me sublima en mis zozobras.

Ella es el ánima en mi recinto infinito,
Cual refugio fortificado de toda alma pura
Que me da la justa vibración, que mueve…

154

El torrente sanguíneo de este pobre corazón,
Que tristemente late tan sólo por una razón:
De tenerla a mi lado con toda compasión...

¡Hermosa Mía, no te alejes…!

¿Pero es que te vas cuando deseo tenerte?
¿Es que más no he de verte en mi alma presa?
¿Es acaso que mi búsqueda de nuevo comience?

¿Dónde estás pajarillo cantador de mis mañanas?
¿Por qué te vas lucero de las alboradas tempranas?
¿Y qué haré yo sin tus palabras de tranquilidad?

¿Dónde me esconderé en mis días de ansiedad?
¿Dónde encontraré de nuevo quién me dé felicidad?
¿Y si te suplico que no te alejes, te quedarás?

Allí tienes a mi alma humillada y suplicante,
Aquí está toda mi vanidad besando el suelo,
Aquí está mi desventura clamando por tu amor.

¡Padre Mío, por favor no me la quites…!
¡Padre Mío por favor de mí no la alejes…!
¡Déjala vivir a mi lado, porque sin Ella…

Yo también me muero…!

El lecho

Déjale a esta alma un remanso,
Mientras este cuerpo se desborda,
Que alma y cuerpo son beldades,
Acomodados a diestra y siniestra.

Sin hacer caso de sutiles mentes,
Ni de sustancias en sus comienzos,
Que al fin ya prendidos los inciensos,
Perfuman y aromatizan los ambientes.

Las sábanas ya puestas a la derecha,
Dos cuerpos fervientes extasiados,
Libres y acomodados con alevosía,
A la diosa Venus rinden pleitesía.

He aquí que de amores y querencias,
El descanso viene en los atardeceres,
Sorbiendo café que con sus vapores
Socorre amigos, amores y desamores.

El pacto

Qué aroma es ése que me acerca,
Bello sentimiento, a tu aposento,
Cuyo deseo llega al momento,
De adherir el tuyo a mi destino.

Que mi suerte a la tuya escoja,
Y mis ojos a los tuyos guíen,
Que el destino te favorecerá
Como a mí sin oponer resistencia.

Admite que este ardid lo maneje,
El mago de tus sueños y los míos,
Cuyas faenas han entrelazado,
Dos corazones, sueños y deseos.

Claro está y no hay confusiones,
Lo tuyo es mío y lo mío es tuyo,
Que en esta ocasión sin lugar a falla,
Inicio y fin, se hallan donde se hallan.

Arrogante clamor en un rincón,
Zafada fiesta, capricho cedido,
Erótica andanza, y con descuido
Toda la acción con o sin sutileza.

Prudente es aceptar el presente,
Alegría haber todo compartido,
Por no dejar, en el acto de actuar,
Una para mí, y para ti un centenar.

Y verás que en las artes de amar,
Tan sustancial es tomar como dar,
Disfrutar y buena emoción mantener,
Así mejor será el sustento del amor.

De beso a beso el cortejo se realiza,
Tomemos ambos sexos uno al otro,
Para hacer del amor la promesa:
Dogmaticemos gallardía y nobleza.

La igualdad en los archivos queda,
El Pacto reforma la voluntad del acto,
Es perfecto tomar la iniciativa,
Un beso de amor y el acto finaliza.

Importante es que dos seamos uno,
Que las pieles se fundan al unísono,
Que los corazones canten su canción,
De la mano con la misma emoción.

Que me cuides y te cuide es devoción,
Según el manual del pacto; por cierto,
Consulta qué aún puedo yo hacerte,
Porque de amor ya logré satisfacerte.

El retratito

Señora mía que por haberla conocido,
Doy ante Usted, gracias al Creador,
Le pido con afecto, pudor y fervor,
Aquello que le he pedido en otro acto,
Me regale usted de sus retratos un par,
De su cara y de su cuerpo en desnudez.

Mi alma añora conocerla de una vez,
En sus escritos imagino sus posturas,
Su estampa gallarda, atrevida y altiva,
Que debe ser hermosa, delicada y viva,
Tan fresca como las mañanitas de abril,
Y tan dulce como los frutos del toronjil.

Tan suave como las plumas de un ave,
Y tan apreciada como la suave cuajada,
Hermosa como el candor de una rosa,
Tan deseada como una fresca madrugada;
Apetecible como débil cuerpo corruptible.

Fuerte y recia como la mujer más necia,
Que yo amo, deseo y mi alma aprecia…

No os alarméis por embellecer o retocar
Las fotos las quiero, a saber, como están
Mi único deseo es ponerlas en mi corazón,
En mi mente, y tenerlas siempre presentes.

Pues siento que me hacéis mucha falta,
Al no recordar tus palabras en mi andar,
Con sólo verte poder en mi andar recordarte,
Saber que tu retrato lo traigo al caminar,
Y te puedo ver, sentir y hasta besar,
Dime pues, ¿qué más puedo yo pedir?

Enviadme una, dos o tres o un millar,
Que montones a cambio tendrás de mi ser,
Humilde estampa de cara y cuerpo robusto,
A Dios pido de no causarle un mal susto.

Embeleso de amar

¿Ya has llegado, mi tesoro?
¿Dónde estás que te añoro?
Eres el motivo de mi canto,
Y canto un son a tu linda cara
Que me suena a dulce unión.

Y en el canto, y tú me abrazas,
Y tú me tocas, y tú me besas,
Colmas de ti, mis necesidades,
Donde refugias tus mocedades,
Que esta noche he de descubrir.

Expuesta a mí sin tus ropajes,
Abrigada en mis brazos abiertos
Acurrucada en mi amplio pecho,
Oyendo el latir de mi corazón,
Excitas tus íntimas pubertades.

En tanto yo siento morbidez,
Y despacito beso tu desnudez,
Y así todo tu cuerpo a la vez,
Me deleito en esa delicada nuez
Que muy suavemente he de roer.

No sé qué hacer con tanto placer,
Enloquezco por besar y acariciar;
No sé cómo puedo yo aguantar,
Si al momento te puedo matar,
Y con mi lengua te he de desgarrar.

El placer controla mi impiedad,
Me resuelvo a tu cuerpo acariciar,
Mas tú me obligas a devorarte,
Inclinas mi cabeza a cada parte,
Que sin remedio he de atacar.

En medio de locura, tus pechos,
En medio de demencia, tu vientre,
Derretida en delirio, tu castidad,
Que me absorbe y me abriga,
Y me llama con su manso olor.

Y me acoge en un cálido rincón.

Ni yo, ni mi cuerpo, ni mi alma
Ni mi ser, reclamamos prioridad,
Ansiamos juntos el nido ocupar,
Pues muy grande es el furor.

El volcán pronto ha de estallar,
Tú no cesas de insinuarme más,

Mucho más en donde deleitarme,
De los placeres que me brindas,
Mi cabeza juegas, tomas y diriges.

En la fuente de todos los martirios,
Al cabo se transforman en delirios:

El deseo se transforma en ilusión,
Y la ilusión se vuelve enajenación;
La enajenación se vuelve alucinación.

La alucinación es espasmo de amor,
Que al placer destroza en mil pedazos,
Clavados en mi cuerpo parte a parte,
Disueltos en un tiempo sin tiempo,
En un estremecimiento sin nombre.

Insignificante, que en un momento,
Tan suave y dulce como la miel,
Se funden una a una cada agitación,
Zozobra el cuerpo en enajenación,
Despierta de un sueño sin aliento.

Como nacido de la ilusión de un cuento,
Mientras todo sucede en un momento.

Tan sólo queda la avasallada pasión,
Que me inclina ante el deseo de un beso,
Sólo un beso, y soy tu esclavo resuelto.

Embrujo o humillación

Todo tiene su tiempo y momento,
Y así, como no es cuestión baladí,
No hay que dejar al libre albedrío,
Lo que con brío cuesta hacer lío.

Eso no es más que poca humillación,
Mas lo que por siempre he cuidado,
Usted a voluntad ya lo ha tomado,
En batalla limpia, ya lo ha ganado.

Bien dicen que la mula se amolda,
Y el látigo moldea todo el carruaje.

Si el carruaje no es más que para mí,
Seguro me tiene usted bajo embrujo.

Arréglate para mí y relájate después,
Que te acurrucaré en mi corpiño,

Para que con arpas y suaves cánticos,
Morfeo os trasporte a otros lugares.

Tal embrujo, encantador como ninguno
Haya podido desbaratar el osado,
Y semejante al que mi corazón embarga,
Ya lo quisiera todo fiel enamorado.

Enamorado

Te he escrito tantas canciones,
Pues tu imagen en mi mente
De mi mollera no la puedo quitar,
Ni con lejía con agua caliente.

No soy pues el vago que piensas,
De ahora en adelante me tendrás,
Pues, en tu cuerpo y en tu soneto,
Con respeto, estoy puesto y dispuesto.

Como loco pegándome en la cabeza
En cual pared ladeada sea topada,
Preciso tu poema y mirada encantada,
Que hacen de mí un alma enamorada.

Equivocación

Contesta, háblame, y dime
Que me amas, no te alejes.

Si tú te vas sin contestar,
Por la fe que tengo a mi Santo,
Que esta noche me mato,
O por lo menos lo intento,
Por recordar lo despiadada
Que fuiste, que teniéndome
Totalmente preso de tu amor,
Me desdeñaste sin luz, sin amor.

Robado ya me tenías el ser…

Tuyos mi sentimiento y corazón,
Y por si fuera poco, mi aliento
Me lo quitaste, y sin poder llorar.

No querrás que deje esta vida,
Que yo vivo más acorde a la tuya,
Y así pensaba que siempre estaría.

Confieso que mi voluntad se menea,
Y se me hace agua en la marea,
Cuando a mi pensamiento llega
La imagen de dama tan elegante,
Tan afable que desairó mi amor.

He de terminar esto al momento,
Que el vaivén y meneo sea lento,
Pues ella en mi pensamiento
Todo lo planeó, lo hizo violento.

Ahora que ya constatado queda,
Cada vez soy más dócil y hábil,
Me retiro un momento o más.

Quiero comer, hasta hartarme,
Quiero salir y de todo olvidarme,
De abrazar, de besar y de amar.

Eso lo ha desaparecido, lo olvido,
Ahora sólo tengo hambre, hambre.

Y lo que llena mi pecho de lumbre
He de vaciar, y para siempre enfriar.

En verdad que fuiste mala conmigo,
Y en verdad que te amé y lloré.

Lloré cada momento que no te amé,
Pues muchas veces te equivocaste,
Hubo elementos que no consideraste.

Como que procuraba verte a diario,
Y tú ni considerabas esta misión,
A mí que me halagaba el corazón,
Y a ti que no te causaba emoción,
A mí que alguna lagrimilla me salía,
Que a ti no te causaba ni conmoción.

Curioso, ahora que estás tan lejos,
He respirado aire con tu aroma,
A pesar de un mar que nos separa,
Se muestra tu esencia en mi cara,
¿Y sabes qué? Ya no siento nada.

Sólo cierro mis ojos y me lamento,
Que estés por el ser y no por estar.

En el corazón parece que todo cupo,
Que aunque se llenó de ti, ya lo tiré.

Ya mi corazón queda a la diestra
De ser llenado por otro amor,
Que aquel amor que la vida le dio
Fue simplemente una equivocación.

Eróticos deslices sexuales

Pues si tanto decís que me queréis,
Yo os digo y ordeno lo que me haréis.

Frente a vos quitadme mis ropillas,
Tened vuestra vista en dos puntillas,
Agudas como las vuestras, mis tetillas,
Que besaréis, morderéis y lameréis,
Hasta verlas por morder, rosadillas.

Tanto natural es que me giréis,
Me beséis nuca y cuello y orejas,
Os detenéis a morderlas por igual.

Rodeáis mi panza con inmoral locura
Mientras vos los ropajes os quitáis,
Deslizáis vuestras femeninas evidencias,
En mi vehemente y cálido espaldar.

Más no contenta con esta indiscreción,
Humedecéis mi dos nalgas por igual,
Con la savia que genera vuestro néctar,
Misma que quiero paladear y saborear.

Pero vuestras manos al soltar mi panza,
Van a empuñar lo que está por reventar...

Mientras mis dedos miman con suavidad,
Y con ternura en un entrar y un salir,
La vía que al dragón ha de conducir...

En segundos, ese impulso presagiado:
De una embestida el áspid es clavado
Y un gemido que de ello da evidencia,
Nace de un loco corazón enamorado,
Que sonríe sin importar pena o dolor,
Que invita a ser ultrajado y golpeado,
A ser violado, torturado y maltratado,
Que le hiciera hasta lo que le hiciera,
Que yo ordeno lo que se ha de hacer...

No penséis en cuántas cosas os haré,
Que cuando toca, toca, y se ha de hacer,

Ya sabéis por dónde nace el zarandeo,
Y como siempre toca, será a las diez.

Poned bien los amarres si vos incitáis,
Como en ésta y como en otras ocasiones,
Que siempre la bestia hace cuando nace.

Y más aún cadenas poner deberíais,
Que si os descuidáis, este que más amáis,
Así lo tentáis a violaros una vez más,
Y si cedéis y por tenaz, no sabréis,
De lo que vuestro cautivo es capaz.

Así que, a bien os vale muy bien atar.

Viendo en el jardín el tronco erguido
Porque ya sabéis lo que le gusta,
En tanto que la morcilla no aguanta,
Y si bien a vuestro sexo espanta,
Mas si por estar atado no revienta,
Una pequeña traición os vale proceder.

Hacedlo pues, bufar hasta reventar,
Con herramientas que vos tenéis,
Para que sucumba, gima y se doblegue,
Sin entender que eso no es traicionar.

Esas miradas

En el deseo por una persona
La vista promueve con lujo
Al observar, un cierto placer…

Y de ver, y de seguir viendo,
Que familiariza cierto embrujo,
Y llegan al fondo de mi alma
Las señas o mágicas miradas,
Cuales chispas de advertencia,
Mandan al corazón frecuencias.

Calambres que recorren la piel,
Cada vez que sus ojos me ven,
Quisiera que hubiera encuentro,
Descubrir lo que ellos predicen,
Cuando en mí miran insistentes,
Y confesar lo que adentro hay
De ese recóndito pensamiento,
Que a mi pensamiento penetra
Y gobierna, y ordena, y manda.

Que ilusiona, y me reconforta,
Me ilumina, a veces me impone.

Pero hay veces que me castiga
Cuando de mí, señal no recibe,
Con terquedad, rigor, y rudeza.

Días hay que no pretenden verme,
Mas al descubrir en tanto mis ojos
En lugar de contento y regocijo,
Castiga mi alma con su dureza.

¿Qué hay en ellos, me pregunto?
Si la chispa que excita mi mirada
Emana de la suya alborotada
Para proveerme siempre alimento,
Algún aliciente o algún incentivo
Que conserva mi alma en calma…

Mas, sin decirlo, me estrangula,
Me resiste al lado de su ingrediente.

Clara su mirada, denota quererme,
En cambio su actitud me desestima
Manteniéndome sólo al pendiente
De sus ambiciones y aspiraciones.

Y entre tanto, mis pensamientos,
Sentencias conflictivas en mi alma,
Me aturden en un abismo pendiente,
Entre el "me quiere, no me quiere."

¡Y yo sin aún conocerle realmente!

Cosas que con frecuencia ocurren,
Cuando al mesón vas con asiduidad,
Igual que otras personas que asisten,
Coinciden cuando estas cosas suceden,
Y te place su esencia con continuidad.

Esclavo de vos

Mal nacida y engreída seáis: vuestro cuerpo hoy
Tiene quizá malsanos olores de otros hogares…

Aun así, por este esclavo de vos, no os preocupéis,
Que devoción como la vuestra tiene por sin igual,
¡Te ha de amar porque te ha de amar!

Pero la culpa no es vuestra Señora, sino mía,
Pues haberos dejado un tiempo en melancolía,

Y en soledad, era seguro que vuestra majestad
Por esos rumbos andaría, en busca de ser amada
Y al mismo tiempo, por mí ser comprendida.

Hacéis bien en regresar al hogar que pertenecéis,
Pues al saber que yo os espero con cuidado y esmero,
Y al no haber más remedio que amaros, os digo
Que a pesar de todo, a mi alma falta hacéis.

No me queda otro remedio que perdonaros,
Por el mal que me hacéis, y el bien que me dais.

Por esa culpa que vos en vuestra alma lleváis,
Dadme libertad de haceros lo que me plazca,
Podréis callar y sólo gemir al palabra articular.

Y si en esto estáis de acuerdo, pues a comenzar…

No habréis de quejaros, que en amores soy sin igual,
En hacer traslados al paraíso, no tengo ningún rival.

En primera instancia debéis vuestros ojos cerrar,
Dejaros desnudar y vuestra cabecita recargad
Sobre mis brazos y mi pecho, que mi diestra mano
Se encargue de vuestras quijaditas tomar.

Que mi boca espera a rodear tus dulces labios,
Y con los míos húmedos y sedientos de vos,
Con la fuerza suficiente para abrir y juguetear
Al suave roce con tu lengua tiernamente…

Suavemente, pero tercamente invade interiores
Donde se colma del más delicioso y dulce manjar
Que es vuestro aliento, y sin dejaros respirar
Vuestros quejidos escucho en vez de hablar,
Y eso sin remedio me hace todo mi ser reventar,
Y cualquier parte de vuestra piel me ha de quemar.

Ayes escucho de vuestro pecho, ¿pero, cómo actuar?
Sólo me guía el manifiesto de mi sexo voraz.

Sin decir más, sólo aprovecharé el descuido fugaz,
De vuestra frágil delicadeza a la expectativa
De mis naturales reacciones y masculina violencia.

Hemos llegado al punto donde ya no hay retorno,
Ya no hay manera de retroceder ni tener piedad,
Que al fin y por la gracia de Dios Alabado,
La piedad quedará padeciendo después del placer,
Y la mutación a la que ambos hemos llegado,
No permite separar en partes lo que está unido.

No tenemos más remedio que ceder y derretirnos
En una sola corriente del volcán de nuestro pecho,

Donde desembocan nuestras almas y juntas
Se van a reposar a nuestro corazón…

Perdonadme, mi querida Señora, perdonadme…

Pues vuestro rostro y llanto siento a mi lado,
Vuestra paz, dominio y delicadeza he perturbado.

Escritura sediciosa

Hoy de mi poema el mensaje
Florido, entre carnes se debate…

Y a nosotros más que al corazón
Varias cosas son que ya nos laten.

Algo tienes, que lo que escribes
A muchos haces reflexionar;

Y a los que haces reflexionar
Algo tienen que enloquecen.

Hoy llegaremos hacia un final
De corruptas pasiones inspiradas…

Por una parte, con más fuego,
Por donde el gemido se presente.

Les pasa cuando reflexionan
No piensan en lo que pretenden…

Luego ya no quieren ni pensar
Y ya no piensan aunque quieren.

Ya no hay quién les quiera,
Y no quieren ni desean querer…

Entonces así que se queden,
No quieren y no pueden pensar.

Te detendrá preso en el deseo
Hasta que por fin explote tu mente…

Que si hoy te he puesto de a cuatro,
Mañana volarás por la tangente.

¿Por qué pasa lo que les pasa,
Cuando sucede que reflexionan?

Porque le dan vuelta en su cabeza
A todo aquello que garabatean…

Éxtasis de pasión

En el delirio se complace
Mi piel de tu piel encubierta.

Erupción, de deseo ansiosa,
De bajas pasiones, violenta…

Mieles boca a boca convergen
Con el compás de tus latidos.

Lapidando en sus percusiones
La virtud de sexos extasiados…

Fenece conmigo de una vez,
No me derritas en castidad.

Inyecta en mí tu perversidad,
Remata y déjame penar en paz…

Fantasía deseada

Que quede claro que el desacato,
Os va a costar caro, y no penséis
Que habréis de huir sino al contrario.

Os lo digo: mucho habréis de ayudar,
Y decidme "te quiero, te quiero…"
Hasta que la sangre se pueda escapar.

Y después de tanto friegue y friegue,
Acallad mi dolor, allegaos a mi espalda,
Y profundo respirad de mi piel el olor.

Almizclado con mi sangre y pudor,
Acariciad mis sangrientas heridas,
Y reconfortad mi pena y mi llanto.

Veréis que a pesar de mi sufrimiento
Esta escena la había deseado tanto,
Que se trasmutó en brutal fantasía.

Que de desearla a Usted yo quería,
Y ahora que viene a hacerse realidad,
Ni hablar mi Señora, debéis continuar.

Ahora que me tenéis como corderillo,
Desquitad rencores y prended cerillo,
Quemad en mí vuestro amor secreto.

Atado: sólo carmesí tendrá que quedar,
Ante tal diversión, por vuestro desacato,
Con todo amor a vuestro cuerpo arrebato.

Foto desnuda

Enviadme pues lo pendiente vuestro,
Pues que de damiselas engañosas,
No siento tener mi "pan nuestro",
Anheloso estoy de veros como quiero.

Así como siempre me mostráis faldón,
En mi cabeza, mente e imaginación,
Os he quitado falda, blusa y calzón,
Mi vista se recrea con erótica visión.

Sin saber, de noche lleno horas de pasión,
Sin ver, beso vuestras rozadas mamas,
Sin besar, beso vuestro suave trasero,
Sin tocar, acaricio vuestra dulce piel.

Y sin haber conocido vuestros aromas,
Me complacen olores de todo rincón.
Y tantos olores, piel, trasero y mamas,
Hacen que me revuelque en las camas.

Decidme si necesito yo de tal afrenta,
Cuando sólo con una foto vuestra,
En desnudos y con poca imaginación,
Mi mente se transforma en tormenta.

Golondrina viajera

No necesitas luchar para tener mi alma,
Pues tu nobleza, tu bondad y protección
Simbolizan la impaciencia de mi corazón
Del que tomaste posesión en el primer día…

Desde que descubrí lo que era el amor,
Desde que gocé los placeres que me dieron
Tus brazos y tus besos y las caricias
De los placeres de la vida en tus manos.

No puedo con esta felicidad que tengo,
Que llena mi pecho y corazón por el hecho

De haberte conocido y de haberte amado,
De haberte tenido y de haberte gozado…

Que más quisiera que estar en tus brazos
Y sentirte a ti quemarte entre los míos.

De más está decirte que es mutuo deseo,
Aunque con la impaciencia, veo tu rostro
En el aire cual si fuera una figura bendita,
El mismo aire que pretende concebir tu aliento
Detrás de mis orejas, como si aquí estuvieras,
Y tus delicados brazos rodeando mi cuello.

Mi imaginación me lleva a lo más atrevido,
Pues siento tu cuerpo acosar exquisitamente,
Al sentir tus piernas sentadas en las mías,
Y es inevitable que abras camino a mi ser,
Por la húmeda vereda entre tus piernas
Que busca un lugar donde poder reposar.

Un seco clamor originario de tu garganta
Avisa que conseguiste tu continuo empeño
Jubilosa y embriagada de sensual locura.

Deja que el tiempo implacable se estanque
En lo jubiloso de nuestro verso de pasión
Para que nuestras caricias, besos y abrazos
Duren eternidades al borde de este amor,
Y el éxtasis erótico de furiosa locura carnal.

Ven pronto y embriágame con tus palabras,
Conviérteme en esclavo de amor y de pasión
Dedicando a ti cada instante de mi existencia.

Somos dos almas fundidas en fuego de amor,
Con la sutil exquisitez de la aleación más noble:
La belleza propia de un púrpura botón de rosa.

Ya no me hagas más sufrir y devuélveme la paz,
Esa paz que le robaste a mi alma y corazón…

Regresa golondrina viajera, regresa a mis brazos…

A estos brazos de quién un día fue solo tuyo,
Regresa a los brazos que fueron tu almohada.

Ven y quémame con las dulzuras de tu amor,
Y al mismo tiempo vuelve a encender el fuego
De este pobre y destruido corazón.

Hechizo de amor 1

Yo, tú, nuestra fantasía,
Nos envuelve nuestro sueño,
Es nuestra hermosa imaginación,
Se trastornan mi mente, mi alma y corazón.

Refugios de mi total locura y de mi ensoñación.

Tendrás que ser mi dueña,
Atiéndeme que demandante soy;
Tenme cuidados que muy exigente soy;
Compláceme que también voluptuoso soy;
Mímame como niño y ámame como tu amo y señor.

Así ser, así sentir y vivir,
Noche en el día, y día en la noche,
Todo es uno contigo y sin ti no es nada,
Amarte quiero e imagina que estoy a tu lado,
Recorriendo a tientas tu desnudo cuerpo intimidado.

Quédate aquí, no te vayas,
Tu piel se comprime temerosa,
Se yergue al tacto de dos de mis deditos,
Y tus pechos erizados en ellos se acurrucan,
Reclamando ser reventados por dedos tan devotos.

Tus ojos miran los míos,
Tus labios invaden mis labios,
Mis manos abrazan rodeando tus cabellos,
Reposas tu rostro dulce y callado en mis hombros,
Huelo tu aliento seco, delicado, me acerco a
mordisquear.

Toco tus tibias caderas,
Que a mi contacto las piernas separas,
Pero tiemblan, se erizan, tienen vergüenza,
El pudor invade tu cuerpo que rojo ya está a mi vista,
Hermoso vestido de rojo a mi boca llama a besarlo
todo.

Uno a uno cada rincón,
Besos y húmedas caricias reparto,
Mis manos aprisionan tus senos por igual,
Mi lengua a tus tetillas lamen al derecho y al revés,
Mas, empujas firmemente mi cabeza hacia tus
caderas.

Allí encuentro el candor,
El aroma de Venus frente a mi cara,
Y comienza entonces una constante lucha,
Tus manos mi cabeza empujan, yo sin poder respirar,

En lucha constante: yo por retirarme y tú por
acercarme.

Atraes mi boca a la tuya,
Y justo mi pasión encuentra la tuya,
Poco a poco la retienes sin dejarla escapar,
Inclemente con tus piernas me rodeas la cintura,
Y al fin, detona la erupción voluptuosa dentro tuyo.

Hechizo de Amor,
Eso eres, un Hechizo de Amor,
Una fantasía que me invade y me extasía,
Donde se trastornan mi mente, mi alma y corazón.

Son los refugios de mi total locura y de mi ensoñación.

Podría decirte más,
Quedarme, recitándote mi erotismo,
Ir hasta tus fantasías y copiar tus encantos,
Llegar a tus sueños donde te descubres a ti misma,
Y demostrarte que yo puedo darte la felicidad que
anhelas.

Un Hechizo de Amor,
Tu imagen alimenta mi morbosidad,
Tu carácter alimenta mi vida y mi esperanza,
Mi esperanza alimenta a mi amor,
Tu amor a mi cuerpo,
Tu cuerpo a mi ser,
Y mi ser a ti.

Hechizo de amor 2

¿Que me calme?, ¿acaso eso me pedís?
¿Insensata, de qué diablos estáis hecha?

¿Qué hechizos me habéis echado…?
¿Qué encantador os ha ayudado…?
Pues mi sueño ya se ha esfumado…

Noches hay, que no duermo por extasiar,
Todo mi cuerpo, mi aliento y mi sopor,
Con vuestro vivo y seductor recuerdo.

No pienso más que en tocar mi piel
Sintiendo así, con vuestro suave tacto…
No como, por devorar vuestra simiente.

Nada me es grato si no es la estampa
De aquélla cuyo vestido es blanco,
Y que al recordarlo siento su ternura.

Toda su santa caridad encima de mí,
Que me aprisiona y en tanto me domina,
Sin dejarme hablar, ni reír, ni llorar.

Que me discierne aquí, y me funde allá,
En el más delicioso y suculento dilema,
Un secreto poema de erotismo y pasión.

Donde vos me atrapáis y me atemorizáis,
Donde no soy más que un instrumento,
De vuestros más trastornados deseos…

Inquietudes, por satisfacer la ansiedad,
Que al igual que a mí, a los dos destroza,
Nos quema, y su ardor no nos liberta.

Ni con agua de la nieve recién fundida,
Porque este fuego es fuego de las venas,
Cuya sangre perturbada no se satisface.

Sólo con vuestra saliva y vuestros besos
Con vuestra piel arrancándome la mía,
Y destruyéndome con la tuya mi virtud…

Lacerando vuestra castidad y candidez,
Para quedar fundidos uno encima del otro,
Como el derretido fuego de aquel volcán.

Pasión que llevada al clímax de un deseo,
Da ansiedad a dos corazones hechizados,
Por sabrá Dios qué magos o hechiceros.

¿Y así me pedís, insensata, que me calme?

Hembra…

La savia que me da voluntad,
Complemento de mi persona,
Es mi fuerza, y es mi autoridad.

La luz que divide la oscuridad,
La fragancia junto a la ponzoña,
Que me lleva al éxtasis del cielo.

Eres mi sueño y mi realidad,
Eres la pócima que me aletarga,
Otra vida dentro de mi vida.

Eres mi canción de felicidad,
De los aromas de los deleites,
De los botones de las rosas.

Eres sensación de extraño amor,
Que despiertan en cada atardecer,
Aromáticos tés y humeantes cafés.

Eres el estandarte que lo lleva
En su pecho como una canción
El hombre que ama y seduce…

El hombre que sufre y siente,
Aquél que quiere y consciente,
Y muere por darte el corazón.

Ilusa pasión

Desahógame de esta ilusión
Para que un día se haga realidad,
Que fue un hechizo que envolvió…

A dos corazones apasionados,
Que descubrieron la pasión ahí,
Donde nunca la buscaron…

¿Vendrás a mí, ángel figurado?
¿Vendrás a mí, amada mía?
¿Vendrás a mí, ángel de amor?

Ven y deposita en mí tu ser,
Déjame sentir una vez más,
Ese amor que por mí sentiste.

La pasión que mi cuerpo te genera,
El deseo de esta mente hirviente…
Que se deshace, y ya no puede más.

Juego de amar

Mi amor, mi cielo, mi delicia…

¿A quién va importar perdonaros,
Corazón, cuando vos con una caricia
Me atrapáis y de paso me derretís?

Si me besáis y en curva me atacáis
Arrinconado, con una pierna rodeado,
No penséis en subirme del suelo al cielo,

Sino que he de derretirme en el mismo hielo
En mi situación de placer incontrolable,
Sin vos saber el placer que me causáis,

Que deseo que el placer se quede un día,
No sé, o por una semana, o por un mes,
Sin que vuestros brazos a mi cuerpo suelten.

Sólo quiero disfrutaros a mi forma,
Sintiendo que vuestros labios me atrapan
Me nutren y me colman y no me dejan…

Y así será mientras vos queráis,
Que os tomo y por gusto os domo
Sea pues por vuestra propia voluntad.

Y así es en este juego que jugamos,
Entre dos que se aman y se dejan llevar,
Hasta el atrio más alto de su íntimo altar,

Donde se guarda el más preciado tesoro,
El sentido sentimiento en un rincón anidado.

Juego nocturno

Cuando la noche está iluminada
Y las horas se pasan sin pensar,
Cuando estás recostado despierto,

Con un ojo cerrado y el otro abierto,
Sin saber qué soñar o qué pensar:
Las sombras asisten al pensamiento.

Deseos a la mente desean tentar,
El tiento al cuerpo quiere palpar,
Ropa del cuerpo empieza a sobrar.

Mano y piel son equipo para jugar.

Un rayo de luna fisgón y juguetón
Ilumina en el sopor la oscuridad,
Lo que veo no lo veo, mas lo veo…

Y eso que no veo, sólo lo imagino,
Mas aún no sé qué deseo imaginar,
Sólo sé que el deseo desea jugar.

Mi mano indigente mi piel acaricia
Mientras Satán insinúa intransigente,
Imágenes que a mi mente someten.

Poco prohibido y poco cohibido,
Poco del momento estremecido,
Poco del pensamiento retorcido.

Y retorcida parece estar la situación.

Mi cuerpo sometido a imaginación,
Mi piel se eriza de la pura emoción,
Al toque de mi mano, un estallido.

La sensación de tocar se dilata.

Espasmo que causa conmoción
En piel que está siendo tocada
Que al fin es capturada y violada.

La mano que arde y que quema
Al vello cohibido, estremecido,
Tarea que a la mente entorpece;

Al sexo abruma, trastorna, enternece.

Al instante, gran amante me hace
Sin ser un amante, me enloquece,
Saboreo lo que esta luna me trajo.

Subiendo y bajando en la oscuridad.

Mientras la mente alienta la intuición
Ardiente, creciente, inconsciente,
Al tacto revienta, amplio y rebosante.

Mi mano a gusto gozando y rozando.

Con los ojos cerrados voy buscando
Resuello, entrecortando y suspirando
Por obtener lo que estoy esperando.

Momento sacrosanto del sueño ideal
Del embeleso embrujado y lanzado,
En tanto, en el ensueño eternamente.

Mi esencia sentenciada por mi pasión
Es expulsada sin acabar de sucumbir
En perpetuo encantamiento iniciado.

Al momento de fogosa incomprensión…

Que permitió disfrutar de un cuerpo
Imaginado, sólo en la mente creado,
Sin ningún obstáculo, sin restricción.

Bajo mi potestad y con mucha ternura.

Jugueteo sexual

Al sentir de vos en mi cuerpo
Tales travesuras, se magnifica
La voluptuosidad de mi deseo.

Y vamos, que por esas diabluras
El éxtasis culmina y me colma,
Y me abruma, y me domina…

Lo que por vos siento me chifla,
De lujuria llena mi pensamiento,
Y os pudiera mostrarlo sin tiento.

Ahora que el barullo está fogoso,
Dejadme que el volcán reviente,
Todo ofrecimiento es no suficiente.

Pues con piensa y confecciona,
Y con realiza, y ya no piensa,
La voluntad se me pone tensa.

Claro está que ella no piensa,
Preciso es darle unos estirones
Para obtener justa recompensa…

Excedido estoy de pensamiento,
Reveladme bien vuestras maniobras
Así me daréis un escarmiento…

La dama de los placeres

Prometido, Señora y gran batalladora,
Pues en la lucha uno se maltrecha
Y si Señora tan dulce y generosa,
Me tranquiliza y duerme en su regazo,
Y me besa, y con sus brazos me abraza,
Y luego me mima y me da calor,
Qué importa si después de dormirme
En su noble pecho redentor,
Sus gustos morbosos quiera colmar,
Y que a mí me use de su manjar…

Qué importa que me arrebate
Y que en pedazos me destroce,
Que me acaricie y me desquicie,
Y que me vuelva a amar a su antojo…

Que si qurencia tan sutil así me ama,
Pues luego entonces qué importa,
Si sobre mí como animal brama…

Pues repito que si así me ama,
De tal manera me he de dejar querer…

Y si el querer es como lo que me hace
De abrazarme, besarme y mimarme,
Y por consecuencia amor fogoso hacerme,
Pues no he de negar que así quiero ser;

No he de negarle que así me ha de tener,
En tanto que placer semejante,
No he conocido en otra dama de casta
Como la que me tiene ceñido aquí presente.

La pócima del deseo

Pero es mucho más noble perdonar,
Al derrotado considerar, y amparar.

Hazlo pues, de tu lado, como amigo,
Dale infusión al amanecer o al atardecer.

Y dale un poco más después de comer,
Que unos quejidos suaves de tu garganta…

Avisan que mi poderosa presencia,
Consiguió su obstinación inacabable…

Y tú, de poética locura jubilosa,
A costa de mi candidez deliciosa,

Embriagada, descargas un cálido beso
En mis boquiabiertas cuencas.

Llenándome de una suave y fogosa
Miel de la que jamás haya probado,

Y justo con brebaje entremezclado,
El elíxir las fibras me ha embriagado.

Y es por eso, esta vez me tocó ganar,
Y la pócima a ti te tocó disparar,

Aunque poco cuesta, mucho se disfruta,
Dame más, que quiero otro beso probar.

Letras malditas

El encanto de tus letras
Sólo de rojo han sido plasmadas,
Son como la sangre de tus venas
Que en el cuerpo dejas encarnizada.

Me confundo con ellas, me envuelven
En su periferia, sin dejarme escapar.

Sufro porque por ellas quiero sufrir,
Porque de ellas no me quiero alejar…

Y tú las cantas porque sabes cantar,
La letra de tu canto, canta que sufro.

Y en mi sufrimiento sigues cantando,
No paras, y cómo gozas disfrutando.

Esos versos de esencias espinosas
Que se clavan directo en mi corazón.

Sangran a raudales mi conmoción
Sin pensar en que me quiero retirar…

Prefiero morir bebiendo ese néctar,
Que escapando del hechizo y sucumbir.

Bellas letras de tu canto que sin dudar
Un día, un día, sin poderlo predecir…

Un día… Me habrán de matar.

Leyendo un poema erótico

Este poema no es un poema triste,
Ni tampoco es de un cuento la narración,
Ni una aberración, ni una pesadilla,
Es simplemente la ilusión de una visión,

Que una mentalidad ingenua imagina,
Cuando al leer un poema erótico,
La mente naufraga desde que comienza
Viendo espejismos hasta que el poema termina.

¿Y ya culminé lo que aún no he leído…?
Lo curioso es que aún no lo he narrado.

Observé que el Diablo casi la desviste,
Ese demonio o monstruo poseído.

Luego veo la dimensión tan magna
Del poema que impugna a mi alma,
Por leérmelo todo y de corrido,
Pero en realidad eso lo olvido…

Y me voy paso a paso en el recorrido,
Paro cuando él murmura en tono bajo,
Que sus caricias lo sacarán de quicio,
Y continúo cuando ella su pecho acaricia.

Me detengo por estar ya tan fatigado
Con mi pensamiento ya sin tener juicio.

Obviamente seguí leyendo muy derecho
Y sin querer, mi mano se fue a poner
Donde todo hombre se viene a tocar
Cuando siente algo que le incomoda.

Leí el momento de besarlo apasionada
Y luego él en la cama la ha de poner
Hasta que ella tiembla del placer,
Mientras mi mano tranquilidad intentaba dar.

A lo que por incómodo no podía ya tranquilizar,
Pues preso y apretujado, necesitaba libertad
Ya no pude más con este desenfreno…

Al momento en que ella empezó a gemir
Cuando el Diablo la empezó a lamer,
A ésta, su encierro le tuve qué abrir.

Ya más no podía aguantar que hasta lloraba
Lágrimas tan espesas pero dulces a la vez
Y más no puedo decir, y no por no querer contar…

Sino porque ya no hay más que leer,
Un rato para descansar, y luego continuar...
Pero a ver, a ver lo que me he perdido…

Déjame ver, qué es lo que es...
Que lo inconcluso así no debe quedar...

Cuando veo lo que se ha de leer,
Dimensiones tales son para no parar.

Y justo al continuar me vino a detener
Una discusión entre Diablo y Mujer.

La dimensión tal que en su mano tomó
Tan grande como el poema en que esto se escribió,

Del cual, leyendo y más descubriendo,
Mientras que mi pensamiento vueltas dando,

Ay Dios, adelante mira lo que encuentro,
Que mientras con atención me entretengo,

En mi pantalón de nuevo algo duro tengo,
Y le digo, "¿otra vez te empezaste a alborotar?".

Debería de dejar el poema de leer,
Pero es tanta la atención y mi emoción,
Que me dije, "si he de leer, pronto a terminar".

Y así fue como continué, pero tuve qué parar
Al momento que el Diablo ya más no pudo esperar
Y se hundió en ella en movimiento brutal,

Que mi mano fugaz dejó aquello escapar
Como si fuera un pajarillo desesperado
Buscando afuera de su jaula un amparo.

Y lloraba, juro que lloraba de la emoción,
Con lágrimas transparentes pero gruesas,
Dulces como las mieles de trabajadoras abejas.

Yo seguí leyendo para encontrar un final feliz,
Y me detuve cuando ella se inclinó hacia delante:

Ya no pude seguir más en ese instante,
Las tripas me daban vueltas con tanta emoción,
Y empecé a sentir que me mareaba...

Con una mano el pecho me tocaba,
Y con la otra me tocaba el avechucho llorón.

El corazón al cien por ciento palpitaba,
Y en tanto el ardor de estómago me causaba,
Un dolor tan atroz, que de repente sentía...

Me puso tan frío que empecé a temblar...

Tanto era el influjo que la poesía me causara,
Que en un momento y sin poder pensar,
Sucedió algo que hacía mucho no me sucedía
Y aunque no me lo hayan de creer...

Me tuve qué vomitar sin parar...

Eso nos pasa a los viejos que como yo
Nos excedemos en lo que no debemos.

Pero bueno, gracias a la lectura del poema
Que aunque no me hizo aquello reventar,
Cuando menos la faena me quitó una pena...

Poesías de la talla como la que he leído
Es seguro que habrá más de una,…

Y si dos hubieran, podrían ser una ventaja,
Tres, quizás, una sabrosa comuna,
Cuatro, pues en tres la cuarta siempre encaja,
Cinco, cuando no deseas leer lo mismo,
Seis, ya sería mucha alevosía y ventaja,

Y siete, sería un muy buen número,
Una erótica poesía para cada día...

Y eso era precisamente lo que yo decía,
Sólo una... Pero una para cada poesía...

Y si es la poesía tan prendida como la leída,
Es muy seguro que las siete de los siete días,
Querrán manifestarse en lo que a mí porfía,
Y también es seguro que todas el mismo día...

Mañana leeré más, otro poema erotizado,
Que el de hoy ya me puso de a cinco,
Y es seguro que con el de mañana,
Vaya a salir bien colorado.

Lujuria

Es pasión desenfrenada,
Es la locura de una obsesión,
Fuerza ignota y desconocida
Que hace socavar la dulzura
Del cuerpo tierno y angelical,
Que excita más de lo posible,
Al monstruo brutal que vive
El deseo, y dicta tomar acción
Del endemoniado y cruel caníbal
Que pretende destrozar, y llega
A las profundas sensibilidades
Del cordero que intenta lacerar.

Suculento platillo de los dioses,
Manjar de los espíritus hambrientos,
Tesoro para quien decide tomarlo.

No queda más que arremeter,
Lanzarse al encuentro ya citado,
Seducir al botón más delicado,
Que espera solamente ser tentado
Por abominable bestia enrojecida,
Que al besar desencadena pasión
Escondida en el volcán interior,
Que al pecho mío ha aprisionado.

Masoquista

Mi amor, mi cielo, mi delicia...

A quién va importar forzar el corazón,
Si vos me atrapáis con una caricia,

Y de paso me quitáis la razón...

Mas si me amáis y en curva me agredís,
Y me cegáis y atacáis, y desdeñado,
Con una pierna torcida sin poder huir,
Tu daga dejáis en mi espalda clavada.

Sé que lo hacéis por miedo a perderme,
No queréis alejarme de vuestra testarudez,
Sobándome y moviéndome esa partida.

Del suelo al cielo, no deseáis subirme.

Puedo derretirme acostado en la nieve
En mi escenario de placer incontrolable.

Sabéis del goce que me causa vuestra faena
Mientras más me repudiáis, más ordenáis.

Quisiera que ese placer se quedara,
Y un día, una semana y un mes me durara.

Pues me colma cual una maravilla,
Sintiendo que vuestro amor me inundara.

Mechero para el fuego

Bien, pues me alegro de servíos
Al menos como luz y mechero,

O como alumbrador o farolero,
Que por ello, fuego os he de dar...

Lo único que os digo, si pudierais,
Es que no os salgáis de vuestro hogar.

Que esta noche, como todas sin faltar,
Mecha, mechero y fuego os he de dar...

No me hagáis en la espera, más esperar
Y presto entrad y adquirid vuestro lugar.

Que estando con vos, feroz he de ser,
Y juro que muy feliz os he de hacer.

Mi dulce prisionera

¿Cómo hacer para tener tus aromas,
Y recordarte a donde quiera que vaya?

Había pensado en la manufactura
De una pequeña cajita de piel sellada
Que cupiera en la bolsa de mi camisa,

Donde pudiera guardar unos algodones
Que estuvieran impregnados de tu olor,
Y poder abrirla al momento que yo quiera.

Y al cerrar los ojos, aspirar tu esencia,
Para poder sentirte siempre a mi lado…

Si de esa forma he de tenerte cerca,
Dulce destino te espera a ser mi cautiva.

Pues de mis brazos y de mis caricias
Sabes muy bien que no podrás escapar.

Claro está que tu destino ya está sellado,
No conocerás más brazos que mis brazos
Ni más amor que este descontrolado amor.

Junto al tuyo arderá en una sola centella
Que nuestros corazones mantienen prendida
Con la sangre encendida que llevan dentro.

¿Aceptas al fin ser esclava de mi pasión?
¿Aceptas ser la prisionera de mi corazón,
Y deleitarte dulcemente con mi sangre?

Buena decisión, al amparo de mi proceder.

Déjame tomar de tus pechos las alegrías,
De este erotismo poético que se genera
Al quemarse nuestra sangre en el volcán,
Que arde mientras estés muy cerca de mí.

Déjame gozar los versos leídos en tu piel,
Y saborear tus sonetos con mi lengua seca,
Que está sedienta de tu poesía mórbida,
Que enloquece y envuelve mis sentidos,
En un aliento nebuloso que tu esencia emana,
Del voluptuoso sopor, suculento de tu sexo,
Que provee las mieles delicadas y sabrosas,
Del altanero deseo, y de la impetuosa pasión,
Con que satisfaces al insaciable pecho mío,
Que pareciera que muere, pero no muere,
Por no dejar que se acabe esa delectación.

Desea y no desea morir, por no dejar de latir
Con la lírica enajenante de tu aroma exótico,
De tu aroma dominante, de tu sexo noble,
Impetuosamente excitado, que al fin me ofrece
Morir furtivamente ante tan sublime pasión…

Me niego rotundamente y no quiero que acabe.

En el desenfreno de mi alucinada pasión
Y en la locura de esta grandísima obsesión,
Fuerzas extrañas me hacen retornar a mi labor.

¡Ay, suculento platillo digno de los dioses…!

No me queda más remedio que besar y besar,
Producto del calor interno de ese volcán
Que ha estado presionando el pecho mío.

Tus lamentos son para mí, música deliciosa
Que me enloquece y sulfura mi pasión,
Acelera mi respiración y mi calor corporal.

Me regocijo con tus besos y tus caricias
Que despiertan en mí sentimientos de dulzura,
Nacidos de la pasión de tu amor y el mío…

Bendita seas, mi dulce prisionera cautiva.

Momentos eróticos

Continúa la prosa vos, diablillo juguetón,
Que bien conocéis entre dos la situación.

¿Os gusta que os reciten sonetos dulces?
Sí, mas a veces, no puedo seguiros el paso.

Leed pues a este dramaturgo tan insigne
Lo que a su trasparente amor ha escrito.

Que antes que estar más allá de lo debido,
Está aquí, en su corazón oculto, escondido,

Tan junto lo siente, que lo huele y lo tienta.

Y es que aunque lo sienta, algo se revienta,
Y sucede en su corazón la suave sensación,
Del beneficio de una dulce y sumisa ilusión.

Ilusión que se hizo realidad sin siquiera existir,
Magia que envolvió dos corazones apasionados,
Que descubrieron el amor donde no lo buscaron.

Venid a mí amada y depositad en mí vuestro ser.

Depositad en mí vuestra humanidad y humildad,
Dejadme sentir el amor que por mí sientes,
La pasión que mi cuerpo humilde os genera,
El deseo que este servidor os ha dado y os dará.

Tomadme, allí estoy, abrazadme, en vos estoy,
Mordedme y matadme con vuestra boquita feroz
Más que mordida y matada, son vuestros ataques
Cuales dulces sensaciones de un beso fugaz.

El éxtasis que siento en mi alma apasionada,
La cual siendo tan enamorada de tu carita vivaz,
No hace más que buscar la adecuada posición
Para no salirse del alcance de vuestra mirada.

Pues dejadla ahí, que disfrute su dulce condena
Cual pena, que en placer se convirtiera al sentir
Tal conmoción, que sólo puede besar con pasión,
Para disparar en vuestro pecho el ímpetu del mío.

Permitidme en tanto, que me sitúe, que entre tanta
Serenata, rima y simetría, justo ya perdí la sintonía,
Si yo, loco me estoy volviendo por armar la rima,
A vos veo dispuesta para dictar un gran poema.

Eso me agrada en cuantía, pues si así lo deseáis,
Así me tendréis... Esta misma noche os tomaré,
Hacedme sitio en vuestro lecho, y fortalecedlo
Para que por meneo y zarandeo no quede molido.

Así a vuestra merced atestiguo, juro y afianzo
Que esta noche os abrazo, os beso y os prometo,
Que todo lo que os haga será pasión del corazón
Y que si de mi cuerpo sale en el vuestro anidará.

Cuerpos, pasión y corazón pronto hacen canción
Porque lo que el corazón manda al cuerpo vibra
Y lo que en el cuerpo se injerta al tiempo crece,
Y lo que dentro del cuerpo crece, pronto nace.

En vuestras palabras, que más expresas pasión,
El deseo se muestra en medio con gran amor,
Y en medio de amor y pasión no hay exclusión
Para órganos sexuales homo, feme y corazón.

Pues acto sexual que se haga entre homo y feme,
Ambos proceden a enlazarse con todo el corazón,
Los órganos palpitan, como palpitamos tú y yo,
Al trabajar en equipo, se trabaja con gusto y razón.

Fue un momento intenso de desmedida locura,
Incontrolable simiente, sembrada que no muere
Que me transporta a lugares donde no he estado,
Y vive confundiéndome entre afecto y tortura.

Pues mezcla en mí la pasión y la conmoción,
Hace luego que sensualidad cambie a ternura.
Y si pienso que es amor, el suplicio desnuda
Extraños sentimientos dentro de mi sinrazón.

¿A dónde soy guiado, hacia el amor o el deseo?,
No sé, pero al verte, mezclo amor con pasión,
Y preguntadle a mi corazón si sabe su definición,
"Es sólo el sentimiento que vos me hacéis nacer".

Necesito

Para seguir... Tu compañía,
Para reír... Tu sonrisa,
Para escuchar... Tu voz,
Para llorar... Tu ternura,
Para hablar... Sentirte,
Para amar... Tus susurros,
Para vivir... Amarte,
Y para ser feliz... ¡Tenerte!

Noche beata

Si digo que no te necesito, soy mentiroso,
Si digo que no te apetezco, otra vez miento,
Sin verte, al olerte sé quién eres, te conozco,
Te pruebo y te gusto nuevamente apetitosa.

No podría negar que tú eres quien eres,
Sólo al tocarte mis manos se me queman,
Por empujarme este aguardiente a mis labios,
Pero en vista de mis pasadas experiencias,
Es preferible tomarte lento, sorbo a sorbo.

Ya luego a la mesa os invitaré y sentaré,
Chocolate y viandas distintas os serviré,
Hartaos de todo, lo mejor os viene después.

Que esta bestia frente a vos, no parará,
Hasta quitarle lo beata a vuestra noche,
Y sin hábito a vuestra merced, en paz os dejará.

Noche desenfrenada

Luego de una noche de amor pasional
Rindiendo afecto a las musas de los bosques,
Luego de extirpar vicios y desenfrenos
Donde hadas, gnomos, brujas y enanos
Actores fueron de extrema liviandad,
Propiciando ante toda superficialidad,
Frivolidad, trivialidad, ligereza y vanidad,
A dos que se funden en medio de la nada,
Donde el tiempo los encerró y los capturó,
Encapsulando un amor rebelde, extremo,
Desafiante y agotador hasta el amanecer.

Respondiendo a las caricias del sereno
Suavemente sobre mi rostro expuesto,
Levanto mi cara frente al cielo matinal,
Y mis ojos se abren a un dulce despertar
De frescura, hermosura y prosperidad,
En que doy la bienvenida al nuevo día,
Envuelto en fragancia de nardos y rosas.

Y agradezco al Creador por la imagen,
Primera gracia que distingo frente a mí,
Tu dormido rostro justo frente a mi cara.

Tus paradisiacos perfiles faciales importunan
Mis sentidos, y al calor de tus labios tibios,
Los míos son incitados a poseer los tuyos,
Mientras tus ojos cerrados predican inocencia.

Diablillos juguetones, deciden atraparlos,
Mordisqueando los tuyos para robarles paz.

A hurtadillas y trampas he abierto sus cuencas
Para embutir diáfana lengua hacia tu cavidad,
Que aún está seca, pero ansiosa de humedad,
A lo que la mía accede a darte, mediante contacto
Sereno y sutil de esa alianza, bella y agraciada.

Relájate conmigo, corazón, y en mí recárgate,
Que nuestros brazos abiertos sean almohadas
Donde descansaremos de esos desenfrenos,
Que nuestros cuerpos enfrentaron locamente
La depravada pasión de nuestros sexos.

Seamos tú y yo solamente un etéreo lamento
Que se convierte en la brisa suave y fresca,
Que acaricia nuestras caras esta madrugada,
Y en la siguiente, y la siguiente de la siguiente,
Reforzar que tú estás para mí, y yo para ti.

No me lo negará

Es cierto que la he engañado,
Y como patán me he comportado,
Tiene motivos y toda la razón,
Ni por pendón, ni por andariego,

Nada debo pedir, ni debo querer,
Pido por piedad para mí, compasión.

No me habrá de negar Mi Señora
La ternura de su natural proceder.

No me negará usted,
Respirar el encanto de su aliento;

No me negará usted,
Dormir entre sedas en su aposento;

No me negará usted,
Demostrarle lo que por usted siento;

No me negará usted,
La ternura de una caricia acogedora;

No me negará usted,
Dulces besos de su boca encantadora;

No me negará usted,
El roce de su piel en mi piel desnuda;

No me negará usted,
Noches de delectación seductora y ruda;

No me negará usted,
Que ha de poseerme cuando se le antoje;

No me negará usted,
Ser dueña y señora de mi vida y linaje.

Novela de amor

Admiradora, y compañera de confianza,
Igual que como amante de vuestra cresta,
Me inclino ante vos con la esperanza
Que me respetéis y de mí nunca dudéis,
Pues en las lides y rudezas del camino
Decidido nos ha marcado un destino.

Busco sin atinar dónde el truco se halla,
Que dos amantes de altura de nuestra talla
Enredaron corazones y cuerpos en su sino,

Y ahora corazones y cuerpos suspiraron
Desde que el uno y el otro se miraron,
Sin encontrar más cosa que una cadena,
Delirio del precio de su suave condena
Cuyos lazos de amor a ambos encadena.

Pues bendita condena que a vos me sujeta
Que prefiero muerte a perderte o no verte.

Mi dulce caballero, ni condena ni cadena,
Si así fuere no saldría de vuestro calabozo,
Y en él permanecería como en un pozo
Llena de venturas, bonanzas y placeres.

Esperando a vos, quiero veros sin tardanza,
Y volver a remontarnos en sueños sin fin,
Que sólo el rocío pueda perturbar en tanto
Me traiga las primeras mieles de la luz solar,
Para esparcirla en vuestro torso, y así jugar.

Resbalarme hasta las más hondas sutilezas
Hasta paladear surcos del estremecimiento
Con gemidos armónicos de vuestro respirar,
¿Qué magia me acerca y aleja, será Morfeo?

Mas, no puedo a nadie recriminar o inculpar,
Cuando es mi alma que se doblega, y me ata,
Me estrecha y me lleva hacia la luz de esos ojos,
En batalla singular, que siempre me excita
Y me prepara para invadir vuestra herida,
La más dulce llaga de amor jamás violada.

Dejadme un poco respirar, apenas resuello,
Es mucho, mucho lo que me das a morder,
¿Y me pregunto, esto en qué irá a parar?

Vuestra respuesta trae el verbo que desvela,
Que promete ser inspiración en esta novela
A la que prometo dedicaré cada final feliz.

Benditas las manos que sostienen esa pluma
Que escribieron el mensaje mágico y oculto,
Y trae consigo maravillas que mis ojos ven
A regocijo y saciedad de mi alma e instinto
Salvaje, que atina el dato que me hace feliz.

Mas al no hallarlo, se guarda como tesoro,
Lo más apreciado que pueda yo poseer.

Celoso del goce de tal posesión, no permito
Que nadie lo vea, ni lo toque… Sólo tú…
A quien mi tesoro pertenece, y os aparece.

Tened tinta segura, que como cada noche,
En vuestra estancia se oculta mi compostura,
Letra impresa, con tinta de amor compuesta,
Y sin temores ni más cobardías ni ilusiones,
Que sabéis bien que habrá nuevo encuentro,
Aunque tenga que resolver mil y un agravio,
Como amante voy, pero antes, caballero soy.

Benditas que sean las noches de plenilunio,
Que noche a noche, acaban con mi infortunio,
Que noche a noche, yo disfruto con su verbo
Mezclado en un éxtasis de palabra y ternura
Enlazado, que trago, bebo, y me embriago,
Con el cáliz, brebaje que al roce de mi lengua
Me transforma en una atroz criatura salvaje,
Pero a la vez tierna, y amante, y seductora…

No puedo apaciguar mi pecho, transformado
En un volcán de la emoción, que reviviera,
La flama de mi afición por amar y amar,
A quien provoca el motivo de mi canción…

No me dejéis esperando esta noche, os lo pido,
Pues otra vez Cupido ha venido y ha clavado
En mi corazón aquella flechita, que a la sazón,
Busca volverme loco por vuestro amor.

¿Cómo quitar el velo que me impide veros,
Y beber de vos a cada momento, ese elíxir
De vuestro suculento ser y su delicadeza?

¿Cómo lograr tenerlo entre mis brazos
Sin dejarlo escapar y poderlo disfrutar…?

Que ya os he dicho que una noche,
No es suficiente, pues mucho os amo,
Y este amor cada día es más creciente…

Con una noche no completo de tomaros,
Ni de beberos, ni de comeros, ni disfrutaros.

Y si el Cielo me diera toda la eternidad,
Para disfrutar estando a vuestro lado,
Juro por el santo de mi devoción amado,
Que apenas completaría de llenarme de alegría,
Pues en un beso de esa enorme eternidad,
Me fundiría a tan graciosa beldad…

Novicia de mis noches

Niego, y niego todo lo que no asevero,
Y lo que asevero, es siempre verdadero,
Así pues, zanjada esa insulsa compostura
De vuestra mente creada, os digo y repito
Que os amo, más ello no os da albedrío
Para hacer o deshacer con otros delitos.

Tenemos pues mucho camino que andar,
Desde la salida del sol hasta su ocaso,
Y por esa misma regla, mucho por follar
Desde su puesta hasta otra vez su huida,
Así es como lo siento, y así lo vais a vivir,
Mientras conmigo en el camino querráis ir.

Ser mi compañera es tarea ardua y amarga,
Pues mi doctrina y mi vida van por encima
De mi propio ser, de mi espada y adarga,
Y si esto va por encima, y vos por debajo,
Lo que por debajo está, ensartado quedará,
Y contad las noches que conmigo estaréis.

Así, mi querida novicia de nuevo os espero,
Sabéis de mi aposento amable y lecho cálido
Para una nueva y mil noches de pasión.

Portaos bien, y os prometo satisfacción
Tanto de día como de noche y a toda hora,
Como a vos le plazca o tenga en mente.

Nuestro gran amor

Y bailaremos al ritmo de tu canto
Excitándonos al paso de la mano.

Tu piel desnuda tornará en pudor
Al poema que refleja nuestro amor.

Brillará nuestra estrella solitaria,
Involuntaria y con ojos cerrados,

Sobre la tuya y mis intimidades,
Cantando al son de tus mocedades.

Nobleza que sobrepasa límites
Al acariciar el pétalo de una flor.

Tener cariño de un niño inocente,
En un poema de amor ardiente.

Aquí vengo a tu pecho a reposar
Envuelto en el aura de tu poema,

En tus brazos el refugio encuentro
Que me funde en tu ancha diadema.

¿Y me pides que te complazca
Con lo que sólo a ti te pertenece?

Los dos de una misma condición,
Solidaridad, anhelo de tu corazón.

Yo ansío la verdad de tu mente,
De tus pensamientos y tus dilemas.

La existencia es de por sí confusa,
Amerita cooperar con este emblema.

¿Dónde estás duendecillo cantador
Ramillete de caricias de mi vida?

¿Acaso en el espacio abrazador,
De las enormes salas del placer?

Eres musa de mis apasionados versos
La maravilla de mis dorados sueños.

Dime si apruebas que el amor reine
En la pureza de Nuestro Gran Amor.

Nuestro secreto

Como te quiero, nadie lo sabrá,
Jamás la envidia nos corromperá
Ni descubrirá lo que en ti yo oculto,
Ni el mundo podrá un día imaginar
El Paraíso que hay entre tú y yo.

Niégate a ti misma, y en tus labios
Niégame a mí y niega nuestro amor,
Di que no me conoces y nunca me viste,
Di que un beso de amor nunca te di,
Que sólo en tus sueños me has amado.

Aunque la verdad de todas las verdades
Es que nuestro amor brota en la piel,
Cuando la mía y la tuya se tocan,
Cuando tus labios con los míos se unen
Al son de las palpitaciones del corazón.

Me muero por el aliento de tu cariño,
Me muero por el calor de tu querer.

Pero nuestro secreto no lo digas a nadie,
Para que nadie pueda osar destruir,
El Paraíso creado por nuestro amor.

Ortografía sexual

Una emoción a alguna mujer le robara,
Con gemido según donde en la Ortografía
La vocal acentuara, así era la emoción,
Y podría ser suave, muy aguda, o brutal,
Dependiendo de la pronunciada vocal.

De manera que si la emoción era aguda,
Él ganaba, ella pedía sólo piedad y ayuda,
Pues él, al suave gemido en sus oídos,
De la vocal tan aguda que pronunciara
Lo enloquecía, y más duro éste actuaba.

Si grave, ella le pedía que fuera más suave,
A tal petición él disminuía las presiones,
Y bien las convertía en caricias de letanía
Como si lisonjeara con plumitas de ave.

Pero el efecto era precisamente grave,
Pues entre letanía y letanía el tiempo pasaba,
Y llegaba hasta que ya más no soportaba,
Y ella de la desesperación casi lo ahogaba.

Si la emoción subía al grado de esdrújula,
Aquí sí que la reacción debía ser grande,
Con la adecuada vocal bien pronunciada.

Y se usaría una brújula, pues la participante
Contendiente en este análisis discrepante,
Quedaba mareada, y demasiado desorientada.

Que al pararse, fácilmente caer pudiera,
Y no sabía el rumbo que agarrar debería,
Si hacia el norte, al sur, oriente o poniente,
Por lo que la brújula venía a ser la adecuada
Salida en la turbia disyuntiva de una escapada.

Y más no se diga relacionado a la emoción,
Si al final llegaba al grado de sobresdrújula.

¿Qué le esperaba a la pobre con esa matrícula
Si con los valores: esdrújula, grave y aguda
Reventaba y salía corriendo pidiendo ayuda?

Por eso, nadie hubo que replicara una vocal
Acentuada gimiendo grados de sobresdrújula,
No habría más protocolo sobre la emoción.

Os destripo

Por fin he terminado mi función
De aficionado, anfitrión y Cicerón.

Ahora mi intención es inclinación,
Leer tu rosario de buenas voluntades.

Sabed, que a saber, poco lo creo,
Pues cada vez que me doy la vuelta,

Intentáis saliros a osuna encomienda,
O bien con un incógnito acampar.

Por ello, pese a lo que me juráis,
Yo os juro que me mantendré alerta.

No vaya a ser que requiera recurrir
A mis herramientas de castigo utilizar.

Sabed que tengo secuaces chismosos
Que me informan de lo acaecido.

Mas os prefiero más sincera conmigo
Y por vuestra lengua me comuniquéis.

Decid, nada dejar, que puede ser peor,
Fusta en mano y la primera de cambio,

A golpe parejo se iniciará el martirio,
Hasta herida quemar y mentira acabar.

Y no me hagáis enojar, os lo anticipo,
A no ser porque mucho os he amado,

Os advierto ya como última oportunidad,
Vuélveme a mentir, y yo os destripo.

Paloma

¿Cómo volver a amar?

En silencio me preguntaba,
Si ya la paloma se ha ido.

Ni siquiera he entendido…

¿Por qué, Dios me la dio,
Y Él mismo me la quitó?

Pasión de una noche

Hoy me desconozco,
He olvidado quien soy,
En tus selvas resbaladizas.

Voy por los labios de un abismo,
Me atrae el musgo y su olor a mar,

Intento una metáfora
Con mi lengua llena de delirios
En sus contornos indefinidos.

Una metáfora de fuego y nieve,
De esperma derramada, extasiada
Sobre un cirio encendido,

De espuma y de esponja,
Se savia, de esencia y resina,

Cayendo intermitentemente
Por la corteza de mi segmento.

Llega, sí, llega en tus suspiros,
Y en tus ayes de placeres,
Desborda humores mi boca,

Llena mi garganta sedienta
Que ruge entre tus muslos.

Llega urgente, convulsiona,
No para el grito, aúlla el misterio,

Decapita mi cuello,
Y me ahogo en tus bendiciones.

Quiero ser un fantasma
Lacerando tu cálido cuerpo,

En esta noche que recién comienza,
En esta noche que fugaz acaba.

Pecado entre dos

Ante un pecado en que dos han actuado,
Es como vivir ambos dos en una condena
Cuya fuerte unión trasciende lo abismado,
Con fuerza para soportar cualquier cadena.

Por fuerte que sea: nunca podrá separarse,
Salvo por Voluntad Divina, la que concede
Ocasión de conocerse, de amarse y tenerse.

Los amantes pecarán, si es pecado amarse,
Y por días, meses y años seguirán pecando,
Bajo la condena de consigo ambos tenerse.

Asumiendo la fortaleza de unión que tienen
Sus cuerpos, que son como dos al unísono,
Sólo juegan con su cariño, afecto y pasión,
Entonces aquel pecado desemboca en gozo.

Y entre el gozo y la pasión, pecado fundido,
Entre amarse y condenarse, pecado diluido,
Entre cadenas cerradas o abiertas, liberación,
Entre amarse y tenerse, afecto y seducción,
Entre amor y pecado, embeleso confundido,
Con el efecto de ser disuadido y complacido
Con café ardiente y humeante al despertar.

Perdón consumado

Mi muy estimada Doncella y Dama
Habéis sentido imparcial azote de mi olvido,
Por lo tanto salvaguardad vuestro acomodo,
Mas de lo contrario tendréis que procuraos
De tu destino, uno nuevo por entero.

De vuestras vanas y livianas explicaciones,
Poco menos que hago que me las creo…

No olvido que en cuestión de apenas días
Os mostrasteis de lo más corriente posible,
Con raros incidentes que son de poca altura.

Que de no ser por mi resuelta actuación,
Sabrá Dios dónde hubieseis acabado.

De mi culto por ti, corramos un tupido velo,
Pues es algo vago que ya no más recuerdo,
Y también a vos os convendría olvidar.

Pues bien, mi estimada Doncella y Dama,
Una vez ya sentadas las bases de nuevo,
Y salvo que volváis a las mismas andadas,
Os digo que no puedo dejar de quereros.

Esta aseveración que no esperabais, y colma,
Me imagino, de emoción vuestro corazón,
No es una cuestión baladí, pues sois
La razón de vida que tengo para seguir.

Son vuestras palabras, es vuestro ser,
También vuestros sentimientos. Todo ello,
Me dan la vida, pero por Todos los Santos,
Que como me hagáis otra, no lo contaréis.

Y quiero ver ahora, cómo os portaréis,
Que al tanto he de estar y cada noche he de venir,
Para poseeros y estrecharos junto a mí.

Así pues mi estimada Doncella y Dama,
Aguardad mi llegada, y preparad el panderete,
Que esta noche os ha de tomar nuevamente,
Y por San Erasmo, que os llevaré al espasmo.

Por leer tus poemas

El conjuro de cada escrito tuyo
De rojo las letras están plasmadas,
¿Será acaso la sangre de tus venas
Que tu cuerpo emana enfurecido?

¿Y dije que serías mía...?
¿Y te prometí que no lo olvidaría...?

Ja ja ja, todo fue por culpa mía,
Pues no contaba con leer tu poema.

Que al leerlo el tiempo se pasó,
Me concentré tanto que olvidé,
Todo cuanto pendiente tenía,
Todo pronto de mi mente huía.

Pero quieta, que ya aquí estoy,
No me regañes que aquí voy,

Mira, ahora más recursos te doy,
Hoy no soy el que siempre soy.

Hoy ya la cosa se ha puesto ruda,
Por el poema perdí la compostura,
Con tanta luz que fui buscando,
Fui hallándole tu buena ventura.

Mientras yo leía uno y otro poema,
Te has de haber puesto enfurecida,
Porque al ir a la cama y complacerte,
No verte, luego me cambió la suerte.

Ni qué hablar, ni qué decir, ¿qué hacer?
Y yo con aquello para hacer y deshacer,
Volví otra vez ese poema a releerte
A ver si con leer todo terminaba bien.

Y en efecto, todo acabó bien,
Pero se fue la luz, ya no pude leerte,
Tocaron la puerta y fui a abrir,
Era mi hija que venía a visitarme.

Por poco y os descubro

Después de saber lo que pretendéis
Un gran castigo tendréis, y tal será
Que cuando acabe con vos
Os dolerá hasta detrás de las orejas...

Ya me gustaría ver por un agujero
Aunque tenga que ponerme mirando
De aquí para allá y de allá para acá,
Que en esencia puede que lo mismo da,
Pues por el mismo agujero se ve.

¿Qué hacéis en esas horas de la noche,
A qué otros menesteres crematísticos
Vos me decís que os dedicáis?

Cuando el toro bravo mucho jabón da,
Es que más bien toro y cabrón es.

Salvaguardando la parte pues,
Que lo que tiene el toro de toro,
Son los cojones, no lo cabrón que es.

Más lo de jabonero es casi
Que también lo tienen por entero,
Por ello, me vuelvo a preguntar,

¿Qué hacéis con tanto desespero,
Pues pasa el tiempo recordándome,
Al aprovecho del despiste,
Y por ahí como "ala triste",
Se va ensartando rusos o jarochos.

¿Qué hacéis, dulce Caballera,
En tiempos que no os tengo tendida?

Y mira por ahí os he visto pasar
Con vuestro trasero menear…

Encomendaos a tu Santo Patrono
O a cualquiera de vuestra devoción,
Igual da, pues no tendréis perdón.

Dejadez una vez y veréis lo que veréis,
Ya más de dos, y no tendré devoción.
Recordad que es por vuestro bien…

Yo no saco más que la satisfacción
De haceros entrar en razón.

Premio del escondite

Pero vamos a ver,
¿Es que vos no coméis?
Pues a las dos cuarenta y cinco ya toca puerta,
Plato primero, plato segundo, postre, café y copa.

A saber, que eso ya es sabido por todos
Que esa hora, es la hora de la comida.

Pero vos ved que sin querer probar potaje
O algún embutido u otra carne molida,
He pensado que estáis enfermo…

Pues como enfermo, sólo un deseo poseo,
Que no otro que a mi Dama degustar.

Eso es bueno Mi Señora, para poder jadear,
Y veréis que no me importa esperar,
Puede ser probable que en la noche os espere.

Pero a dominio de vuestra idea desquiciada,
Vos queréis ajustar mi deseo con adivinanza;
Probar mi suerte y cuadrarla con mi panza,
A ver si primero me diera hambre en vez de
Desesperar y bramar por quererla poseer…

Pues bien venga ese deseo vuestro de tentarme…
Sea pues en tiempo… Ya puesto el escondite…

He descubierto el motivo de la búsqueda,
Que era simplemente un cojón de mico,
De ésos de chocolate, azúcar y canela,
Que donde lo habéis metido
Era en el tarrito del azafrán.

Que a susto por vuestro disgusto
Aún así descubrí el escondrijo.

Y para muestra basta un botón,
Pues de amarillo os ha quedado,
El dedo con el que lo habéis guardado.

De esta forma yo me escapé
Del arte de tal distracción,
Que del gusto por tal suerte
Yo ya aprendí un montón.

Y en cuestión de la adivinación,
¿Quién no adivina el cuestionamiento
Si amarillos vuestros dedos mostráis?

Así pues ¿cómo yo he de equivocarme?,
Pues se os pasaron varios elementos
Que no tomasteis en consideración.

Este caballero que hace y deshace
Loco pero por veros cada día,
Le es posible cumplir y adivinar,
El objeto del motivo de besaros…

Y completada su pretendida misión,
Ya pues la llaméis canción o son,
Simplemente el juego de adivinación,
Se ha concluido con este asunto.

Que me hace merecedor de la ofrenda,
A sabiendas que vuestros besos me chiflan
Y me llevan a la locura y a la liviandad.

Pues que ahora a aguantarse y callar,
Que he completado con éxito la misión
Y ahora, os he de amar, y no hay más.

Así pues preparaos, que en garantía
Habréis de recibir todo lo atrasado,
Mirad tus propios actos y acciones,
No diréis que no causasteis conmociones,
No diréis que de culpa estáis aislada.

Y si así fuera, yo os perdono como siempre,
Pero juro no volver a dejaros tomar decisión.

Prisionera de mis brazos

Tomad la osadía de resolver el dilema,
Del hechizo que por las noches quema
Y tan pronto mi hueca cabeza aprieta,
Que vivo y no vivo sin tesón ni fatiga.

Sabed, que ya hace un buen tiempo
Dejasteis de ser verso, para ser verbo,
Que sin verbo mi tarea es interminable,
No me resisto a teneros por momentos.

Y si para cerca teneros he de viajar lejos
Que aún en largas distancia os siento,
En cercanías no siento que os encuentro,
No concibo un día con su noche sin vos.

En mi delirio, sueño que mis brazos
Se gozan de abrazarte y presto tenerte,
Mi piel languidece por apretar tu cuerpo,
Y en la emoción, robaros la respiración.

La razón irrumpe al alba en mal son,
Y todo pues, porque vos no estáis,
Permiso os pido para entrar en vos,
Quedarme, y guardaros, y protegeros.

En la emoción de sentir en mi cuerpo
El calor de tu prisionero corazón,
Encantado cual ligero enano saltarín,
Manifiéstese al mío tan sutil sensación.

Os deseo y veo sin artilugios, ni postín
Cada noche y durante el día me tenéis,
Que no hago más que buscar la posición,
Y no salirme de tu hambrienta prisión.

El delirio me roba la paz y la cordura,
Razón que a la sazón no doy con bolas,
Si no fuera porque te tengo abrazada
Y prisionera, sin dejarte escapar.

En fin, amaros hasta tanto vos digáis,
Pues sabed que como simple mortal,
Otra cosa no deseo, ni más espero
Que protegeros del mundo entero.

Prisionera en un poema

Tu alma fue hecha prisionera,
En una esclavitud de puro amor,
Envuelta en toditas las pasiones,
De un violento y hosco corazón.

Te has convertido en un poema
Que domina la crueldad mental,
Del vil y morboso escritor tal,
Abrumador de todos los sentidos.

Por medio de miles de artificios,
Me desgarras en conmociones,
Que me llevan hacia dentro de ti,
Y allí mismo, me vuelves a lacerar.

Eres como un verso desaparecido,
De estrofa, cual fuego candente,
Emana del erotismo perfumado
Que nace del criterio del poeta.

No pareces ser de este mundo,
No pareces ser de los bosques,
Ni de los mares, ni los cielos:
Pareces musa de exóticos sueños.

Donde cada noche te encuentro
Y te toco y el cuerpo te rozo,
Y tu vibración se hace la mía…
Jugando a la misma frecuencia.

Afinamos la nota que es común
En nuestras dos almas perdidas,
En la sinfonía del morboso poeta,
Que me hizo encontrarte en un poema.

Prisionero de amor

Querido Padrecito y Cura de mi parroquia:
Esto que me ha recién sucedido,
Se ha convertido en una dulce condena,
Adopté un prisionero en una dulce prisión.

Pues bien, permítame que me sitúe,
Y le explique lo que sucede en esta seducción,
Pues con tantas rimas y versos perdí atención,
Y si loca no estoy en esta agraciada porfía,

Es porque el preso que en mi cama respira,
Una tregua me dio mientras luego otra vez retoza.

Pues lo veo siempre muy puesto y generoso,
Lo cual es cosa que me agrada sobremanera,
Pues si así él lo ha de desear, así lo ha de tener.

Un ángel soy, y como un ángel yo actúo,
Dándole a mi prisionero en turnos y con esmero,
Todo lo que él necesite y pueda yo satisfacer,
Porque él no descansa, ni de brincar se cansa.

Cosa que antes de estos meses nunca me sucediera,
Y que ningún santo ni con invocaciones me
cumpliera,
Y vea ahora, usted, Señor Padrecito…
Que sin pedirle nada a San Antonio,
¡Mire nomás lo que me sucediera…!

Hija, pues entonces déjale que continúe.
Mira al bruto lo contento que está,
Y quitártelo veo que sería una pena.
Pues que disfrute su dulce condena,
Y que ese castigo en puro placer se convierta.

Y al sentir siempre la tal sensación,
No olvides que dispare con presión y precisión.

Disparando la bala donde ha de disparar,
Pues habrá mucho en que trabajar,
Para contenta y satisfecha quedes a la par.

Pues hoy venía yo a liberarte de tu prisión,
Amigo, y en marcha te tendrías que poner.

Pero al ver lo que te está por suceder,
Mejor te dejo en manos de esta Venus,
Y en tus tiempos libres con Morfeo...
Que mucho descanso habrás de necesitar…

Pues una para uno, pero dos o tres veces al día,
Vaya que es mucho, yo diría, que es cuantioso decir.

Y más cuando este ángel al que me refiero,
Es de tal robustez, que para llenarla,
Ya me temo que hasta te podrías secar.

Pero veo que tú también, eres de buena madera,
Con esa panza, que te secaras, no lo creo.

Es por eso que la lección habrás de entender.
Y con ello aprende sabiamente cómo proceder.

Que un día no quiero venir a verte secar,
Con palpitares arriba, pero sin palpitares abajo.

En fin, que ya libre te he de dejar.
Que apenas comenzábamos nuestro trajinar.

Y ahora pues, Querida hija, a cuidar y cuidar…
Yo me tengo que retirar… Y quedo pendiente,
De que las cosas se den como se deban dar.

Y si tu preso, un día decide volver a la libertad.
Ya sabe él por dónde yo pueda andar.

Pero sé que aquí su felicidad se ha de concretar.

Profanación

No son tus manos, son mías,
Insaciables, irreverentes,
Que te exploran y que hurgan,
Y que invaden cada espacio,
Cada palmo de tu humanidad.

Mis partes nobles exudan
Porque tu así las inspiras,
Y mi savia toda se perturba
Porque espera ser contenida
En nuevo y justo recipiente,
Que imagino no hay mejor
Que tu cuerpo, espacio bendito,
Profanado por mis urgentes
Y blasfemas fantasías.

¿Qué es el amor…?

Es calor que funde dos corazones,
Y los convierte en un solo latir,
Sin nada que lo pueda confundir.

Es de un color que no tiene matiz,
De una forma que no tiene horma,
Un fulgor de inmenso resplandor.

Aunque su brillo es a veces opaco,
Es una locura en medio de dulzura,
Que embrutece proceder y cordura.

La vista se llena de luz vibrante
El cuerpo enviste energía sofocante,
En tanto enloqueces vehementemente.

Cosas raras sientes en las entrañas,
En el pecho, en la cabeza, en el vientre
Cierta angustia que quieres aquietar.

Un fuego que quema y te funde,
Y quieres que se vaya, que se aleje,
Pero a la vez, no quieres que se escape.

Es un martirio sofocado en delirio,
Es un delirio ahogado en sufrir,
Es un sufrir, que te asfixia en llanto.

Al recordar su canto, te hace cantar,
Y al recordar su alma, te hace rezar,
Al recordar su cuerpo, te hace pecar.

Amor es todo eso que sientes,
Puede ser brujería, y lo presientes,
Está tan dentro, pero allí lo sientes.

Pregúntame si es que lo puedes sacar,
Que yo por sacarlo me quiero matar,
Mas me muero por no dejarlo escapar.

A veces la piel se pone tan ardiente,
Accede al encanto y se hace obediente,
Sin desear renunciar a excelente deleite.

Nadie ha podido tratar de resolver
Por qué el regocijo con tales embrujos,
¿Si despojarlos, trozarlos o matarlos?

Te provocan momentos de demencia,
Te incitan inexplicable desesperación,
Te inducen a tortura y loca persuasión.

Quisiera saber en medio de este fastidio,
Por qué medio, pudiera yo salir avante,
Sin dejar nunca de ser tu amante.

¿Es amor lo que dicen que me pasa?,
Si es así, dejémoslo así, quiero morir,
En este llorar y reír, y amar y sufrir.

Amor es como aire tibio y violento,
Que por querer respirarlo y contenerlo,
El terco se aleja y suspirando te deja…

Un pajarillo que toca en tu ventana,
Te trastorna, y cuando quieres atraparlo,
A otra ventana va a tocar la campana.

Quiero estar a tu lado

Por una vereda alumbrada,
Por una extraña y pálida luz,
De azul y blanco se mezclaban,
Para reflejar a lo lejos una cruz.

Tengo mi mente desconectada,
Sólo me relajo y me dejo llevar,
En la corriente de mis quimeras,
Donde nadie más puede entrar.

Hacia atrás ya no había nada,
Sólo brazos que pedían los míos,
Y esos brazos eran tus brazos,
Sacarme de la vereda pretendían.

Y sin pensar que esto es morir,
Profundizo más en mi desconcierto,
Intentando creer que es imaginación,
Pensando que es un resurgimiento.

Mi alma en dos dividirse quería,
La luz que divisaba, me llamaba,
Mientras tus brazos se escondían.
¿Hacia dónde? Yo me preguntaba.

Todo pensamiento se me ha ido,
El vacío está a la puerta de mi ser,
No sé si hablar, o tan sólo callar,
Que esto puede ser oscurecer o brillar.

Con un olor a jazmines y rosas,
Un cálido airecillo se avistaba
Desde donde estaba aquella cruz,
Que entre más cerca más brillaba.

¿Cómo comunicarse con el exterior
Cuando inmerso estoy en mi interior?
¿Con quién hablar y a quién pedir?
Tan sólo una palabra dialogar.

Tus brazos soltaron a los míos
Cuando la música sonó radiante,
Proveniente de siete mil cantantes,
Bajo una suave brisa reinante.

Allá estaba el Amor, ¿lo viste?
Encima de las cabezas de todos,
Cuyos colores demostraban algo,
Que de antemano yo ya sabía.

Miles y miles de voces entonaban,
Armonías con cada nota diferenciada
Por cientos de caras ya conocidas,
Que ansiaban entretanto mi mirada.

Decía una: ¿Qué sabes del Amor?
¿Quién es el Amor? Cantaba otra.
¿Por qué tanta ignorancia y dolor?
¿De dónde tanto pavor a morir?

La sinfonía subía de tonalidades
Habiéndome yo quedado en el centro,
Dirigiendo la orquesta como yo podía
Con tantos cantantes y tantos colores.

Eran los matices de siete mil sueños,
De los que sufrían pesadillas ingratas.
Pues a los vivos les permitían al vivir,
Quebrar su cascarón y empezar a sufrir.

"Eso no es vivir, eso no es vivir",
Decían cuatro almas que pasaban,
"Hay que jugar al juego del vivir,
Desde el comienzo, hasta el fin".

No puedo creer que esto sea morir.
¿En qué es pues, que tengo qué creer?
¿Es acaso en mi sueño y mi quimera?
Es preciso mi mente volver a conectar.

Tus brazos abiertos son mi almohada,
Que después de esta locura desenfrenada,
Mi alma en ellos quiere venir a reposar.
Vamos, que ya es tiempo de descansar.

Es tiempo de sembrar paz en tu mente,
Para que nuestras almas dejen de viajar,
Por oscuros escenarios de lo desconocido,
En dimensiones que ellas saben recorrer.

Pero si yo…
¡Yo sólo quiero estar a tu lado…!

Quiero que seáis mi eterna canción…

Gracias, corazón, por estar conmigo,
Eres pues de mi canción el motivo…

Al ver vuestro rostro se me ocurre un son,
Lo canto y lo rimo y me suena dulzón…

Mas luego os lo entono, o bien, os lo silbo,
Y al instante tenéis una emoción…

Caray que con tan sólo mi canción,
La presión os levante la sensación…

¿Qué sería si un beso os regalara
En vuestra boca, en lugar del son?

Decid que sí, mi Amor, que aquí estoy,
Haced conmigo vuestra voluntad…

Estoy aquí para cumplir vuestros deseos,
Y para colmaros de vuestras necesidades…

En vuestros brazos refugio mi mocedad,
Quiero que seáis mi eterna canción.

Receta para el amor

Hacer para la hora de la cena, una salsa,
Hecha en la cocina con pétalos de rosa,
Pero no deben de ser de cualquier rosa:

Tiene que ser una rosa con pétalos rosas,
Ser la primera rosa cultivada en su jardín,
Además de ser cortada con mucho amor.

Previo haber sembrado el adecuado rosal,
Que para estos propósitos fuera escogido,
Para este fin, por la persona involucrada.

De manera que esto se lleva una estación
O al menos, del año, su buena temporada.

Y se aclara que una vez cortada esa rosa,
No debería envejecer sin sus pétalos usar.

La salsa es preparada para ser consumida,
Y si se marchita poco antes del momento
Ya no servirá, y hay qué cultivar otra rosa.

No importa el tiempo que esto se tarde
Porque las recompensas serán cuantiosas.

Pues el que comiere de la salsa de rosas,
A la persona que en la cena se le sirviera,
Desde ese momento la vería muy hermosa,
Aunque de plano que ni lo fue, ni lo fuera.

Para asegurar que ella sea a la que él vería,
El primer bocado con esta salsa, ella misma
Sería la que en la boquita de él se lo pusiera
Con mucho amor, con decisión y valentía.

Para efectuar la receta usar veinte pétalos,
Muy frescos, para crear frescura de amor,
Tintura de violetas para la vista aclarar,
Cerezas y fresas para el sexo estimular.

Leche de cabra con un poquito de ginebra,
Nueces de Castilla, y un poco de vainilla,
Un clavo de olor para aromatizar el gustillo,
Canela, sal, azúcar y pimienta para dar sabor.

Se mezcla todo en un mortero bien lavado,
Con agua bendita del domingo pasado,
Y al empezar a hacer todo este proceder,
Se reza un Ave María y un Dios te Salve.

Que sean justos los rezos para terminar,
Luego, vaciar en una tacita de cristal,
Taparla y llevarla al sol hasta el anochecer.

Nadie lo debe de tocar hasta el momento
En que la mano amorosa dé a probar
Al galán una cucharita con todo su amor.

Concluido el embrujo, surge la confianza
De poder amar y para siempre ser amada.

Recién casado

Tan delicado es lo que me espera,
Que es conveniente que lo haya de tomar,
Del ápice a la punta del círculo cuadrangular.

Porque el supuesto es un tal proceder,
Elegantemente varonil medido y ajustado,
Con la misma caña con que se mide,
Un Caballero de los más altos vuelos,
Cuyas cualidades nunca podrá ocultar.

Y para dar y cumplir con lo pactado
Ante delicado obsequio obsequiado,
En que Dama y Caballero disfrutarán
Sin tiempo estimado ni bien medido,
En el que se atarantarán el manjar,
Durante toda la noche, hasta el alba,
Terminando hasta que cante el gallo.

Sancho, el amante

Este hombre la culpa no tiene
De ser como es y ser tan macho,
La culpa es de nuestras mujeres,
Que no conformes ni satisfechas,
Con el objeto que en casa tienen,
De aquél que en casa las mantiene,
Van y buscan a otro que las llene.

Seducción hechizada

Con el hechizo de un corazón,
Cual descubridor de su pasión,
Ha escrito a su cristalino amor,
Los versos que este dramaturgo
Cual subyugado hechicero,
Deposita en la pasión del deseo,
Junto al púlpito de su ilusión.

Aguarda y esconde su corazón,
Que ha de matar por conquistar,
El trino del ave de los vergeles,
Que captura y ofrece a su amada
Como una canción de seducción,
Con música de extraña belleza,
Que hace vibrar los universos,
De todo su cuerpo y mi cuerpo.

Al estar éste en consideración,
No hay pasión si lujuria no la dicta,
Ni luz, al tomar ésta posesión.

Enardecen y tiemblan tus entrañas,
Entrando en un viaje al infinito,
Y sin hados regresas a dónde estás.

Quisiera ofrecerte algún alivio
A la muy tuya, reciente sensualidad,
Mágica poción de tu voluptuosidad,
Éxtasis de dulzura en mi mirada.

Nacido de la pasión de tu amor,
Hechizado por polvos etéreos,
Renovadores de voluntades;
Por disparos de Cupidos diestros,
Y certeros en dos corazones.

Que ya probaron los almíbares
De las mieles de todos los amores.

Seguirte amando

Cierra los ojos amada de mis entrañas,
Que mi amor refleja poesía sin mañas.

Envuélvete en ella y me tendrás a tu lado,
Siénteme besando tus labios y tu bella cara.

Musitando palabras de posesión y pasión,
Así te llevaré conmigo doquiera que vaya.

Todo tu ser en mí, tu sangre y simientes,
No son suficientes para colmarme de ti.

Mi ansia por ti es tan grande como el mar,
Como todos los cielos, y como los sueños.

Y tú encima de mí, y a tanto amar y amar,
Renovados los bríos, me inmolo en el altar
De tu cuerpo para aún así…

¡Seguirte amando…!

¿Será amor?

Os contaré un sueño que me ha pasado…

Yo, doncella ilusionada por un amor,
Él, un amor en un sueño apresurado:

No sé qué sortilegio me habréis echado,
Pero he andando por los Bosques del Norte,
Donde abundan los gigantes de gran porte,
Hadas, y uno que otro enano regordete…

En la búsqueda de algo sin saber qué,
Por días y noches os he seguido.

En seguiros he sentido la necesidad,
De teneros en mis brazos y besaros,
De sentiros, de apretaros y abrazaros,
Cosa que de por sí nunca había sentido.

Pero al veros frente a mí, en penco caminante,
Vos tan galante y dominante,

Mi vista se llena de luz vibrante,
Mi cuerpo de energía opresora,
Mi pensamiento se embrutece,
Cuando todo mi cuerpo se retuerce…

Me sugiere que os tumbe en el camino,
Que os aborde con todo tino,
Que os quite la armadura,
Que os desnude y os dé tortura,
A besos y abrazos con premura…

Entonces, mi piel ardiente y obediente,
Accede a tales fascinaciones…

Cuales he preguntado a encantadores,
Que son los mejores adivinadores,
Que resuelvan este raro jeroglífico,
Que a mis sueños hacen abrumadores.

Decidme por piedad señores:

¿Qué es ese embrujo que yo siento,
Con el que inmensamente me regocijo
Por querer a él tomar, desnudar,
Despedazar, besar y todo amar,
Que acaba conmigo en un momento
De locura y pasión incontrolable?

No encuentro quien me dé el remedio,
Que me deja acongojada, en medio del fastidio,
Sin saber cómo salir adelante, ni por qué medio…

Decidme Caballero, ¿será esto el amor?
Describidme cómo es su color…

Cuál es su forma y cuál su fulgor…
Por piedad, decidme qué es eso del amor…

¿Es eso acaso lo que a mí me pasa?
¿Es eso lo que me enloquece y embaraza?
Decidme que lo que siento no es una locura…

¿Que si acaso es locura lo que siento,
Será un mal del corazón por desventura…?

Pero si me decís que es el amor…
Que es amor lo que siento…
¿Entonces ya habéis sentido igual candor…?

A vos os lo he dicho y no os miento
Que de todo eso que yo siento,
Si vos asentís y decís que es cierto,
Entonces ahora todo lo comprendo…

En ciertas ocasiones cosas raras he sentido,
En mi pecho y en mi cabeza,
Que quiero aquietar, pero no cesa…

Un fuego que me quema y me derrite,
Que luego quiero que se quite,
Que a la vez se repita, y se repite…

Luego me vuelvo a deleitar con el envite.

Siento un deseo sin saberlo describir,
Que en momentos es un martirio,
Luego se transforma en un delirio,
Pero a veces, en ratos, es un sufrir…

Igual siento una pena que me aqueja,
Busco el origen y no lo logro encontrar,
Pero al recordar nuestro viejo poema,
Entonces esta pena me hace cantar.

Siento muy profundo en mi alma,
Una sed inmensa de perenne oración,
Pero al pensar en vos la sed se torna
En vergonzosa y desesperante pasión…

De verdad ya no sé qué es lo que siento,
Pero sin duda, cierto que lo siento…
En que lo siento y yo lo consiento,
Siento vuestro recuerdo adentro,
Muy dentro de mi corazón…

Preguntadme si ahora lo puedo sacar,
Que por sacarlo me quiero matar,
Pero me rajo, decido allí dejarlo reposar
Para sentir siempre el tal pesar…

Mas según lo que quiero encontrar,
Mi cerebro vacío ha de quedar,
Sin saber razones, ni cómos, ni por qués
De tanto sufrir y de tanto llorar…

Los brujos que resuelven el acertijo
Responden que la clave es amar,
Amar, amar y siempre amar,
Amar al comenzar y amar al terminar…

Por difícil que haya sido la lección,
La búsqueda, el enredo y la conclusión,
Si la respuesta es amar, amar y amar,
Entonces sólo amando quiero estar:

"Amar al recostarme,
Amar al dormirme,
Y volver a Amar al despertarme".

Siete el mismo día

Con ese tu romanticismo,
Seguro tenéis al menos una,
Dos podrían ser una ventaja,
Tres, quizá sabrosa comuna,
Cuatro, una deliciosa comarca,
Pues en tres la cuarta encaja,
Cinco, ya sería mucha alevosía,
Seis, si odias hacer lo mismo,
Siete, una nena a cada día…

Eso era justo lo que yo decía,
Sólo una, pero en cada poema.

Y si la escritura es tan erótica
Sensual y cruda como tu poesía,
Seguro las siete desean tu cama,
Y seguro todas el mismo día.

Si me dieras un beso

Si me dieras un beso,
Me perdería en un abismo
Donde quedaría preso
Entre sueños y realismo…

Si me dieras un beso,
Teniendo mis ojos cerrados
Me moriría en un embeleso
De cielos insospechados…

Y de mi beso a tu beso,
Diferencia no hay ninguna,
Que tú me beses y yo te beso
Como se besan el sol y la luna…

Y si en tu boca mis besos dejo,
Y en la mía los tuyos festejo,
Que vivan los besos que me dejas…
Aunque después de mí te alejas.

Necesito una copa de aguardiente,
Que queme en mis tristes labios,
Esos besos que a tus labios diera,
Porque hoy, juro que te olvido,

Aunque de tristeza me muera.

Sin condiciones

¿Es verdad que me dais la libertad
De hacer con vos lo que se me plazca?

¿Podéis callar y sólo gemir cuando,
Palabra alguna hayáis mencionado?

Luego consentid y dejadme comenzar…
En primera instancia quedaos sin hablar,

Vos debéis vuestros azules ojos cerrar
Y dejadme hasta el paraíso a vos llevar…

Desnudos los dos con vuestra cabecita
Descansando sobre mi brazo izquierdo,

Mi mano derecha tomando vuestras
Sutiles y encantadoras formas faciales.

En tanto que mis labios van acariciando,
Vuestros labios, y con los míos húmedos

Y sedientos de vos, mi lengua empieza
A juguetear al suave roce con ellos.

Para abrirlos suavemente, tiernamente,
Separándolos para dejar pasar mi lengua,

Juguetona, que en su terquedad quiere llegar
A saborear intensamente vuestro paladar.

El más delicioso, dulce y apacible manjar,
Que es vuestra secreción y vuestro aliento,

Y sin dejaros respirar, vuestros quejidos,
Sin remedio, escucho en lugar de hablar.

Lo mío, que es tuyo, pretende estallar,
Sin poder encontrar la parte más suave

Que de vuestra piel habrá de elegir
Para regocijarse y complacer su turbación.

Súplicas de placer emite vuestro pecho,
Sin saber cómo actuar, más que por ése,

Manifiesto de mi género ansioso y voraz,
Que vuestras piernas me obliga a separar.

Un descuido vivaz, fugaz, y lo sepulto,
Aguijoneando suave, pero cada vez más,

No deseáis huir de tan fortuita violencia,
Que os complace en un gozo pertinaz.

Mi cuerpo tangente, no puede soltaros,
No quiere cumplir, ni pretende terminar,

Pero por la Gracia de Dios Alabado,
Termino con vuestro cuerpo encadenado.

Vuestro rostro y llanto siento a mi lado…
Perdonadme una vez más, Mi Amada,

Que vuestra serenidad, fuero y delicadeza,
Este amante voraz, haya hoy perturbado.

Sólo faltas tú

Ella:

El lecho he vestido de gala,
De seda mesa, cama y sala,
Luz de velas en los rincones,
Inciensos de todos los olores,
Y servido vino del más fino.

Ya bañada con sales de olor,
Perfumada con aceites finos,
Me he vestido muy ufana,
Con ropaje breve y elegante,
Que por verme bien urbana
Muestro un poco por detrás
Y otro tantillo por delante.

Tenga Usted a buen talante,
Todo lo que yo le ofrezco,
La mecha, la lumbre, y la pira
Ya hecha, varas ya prendidas,
Almizcle en el lecho tendido.

Rosas, azahares y jazmines,
En mis manos para ofrecerte
Cuando toques a mi puerta,
Cuando entres en mi jacal…

Pues aquí, sólo faltas Tú.

Él:

Heme aquí mi gentil damisela,
Mira lo que realmente quiero
Tenerte a mi lado, abrazarte.

Agradezco muestra ornamental,
Mas sólo a ti puedo mirar,
Lo demás a mí es superficial.

Bástame la luz de tu sonrisa,
Brillos de estrellas en tu mirar,

Y el fuego y ardor de tus latidos
Que enrojecen vuestra piel.

Aparéjate conmigo esta noche,
Bebamos nuestros sentimientos,
Excitemos el amor desmedido.

Ella:

Sepulta tu amor en mi corazón
Hasta lo más adentro y hondo,
Lo quiero entero y completo,
Ay de ti si pretendieras sacar
Un poco de lo que hay en mí.

Quédate a mi lado esta noche,
Que la voluptuosidad manche
Mi morada, que es tu aposento,
Para que me quites lo santa,
Y yo violarte y quitarte lo santo,
Comerte completo, totalmente,
Y no por esta noche solamente.

Mío en cuerpo, alma y mente.

Él:

Os cubro con esos cumplidos.

Lo más querido, amado y deseado
Para mí, eres tú Mi Amada,
Acabarás esta noche colmada,
Y habrás mi cuerpo de recorrer,

Enjugando cada gota de sudor
Hasta que salga de nuevo el sol.

Ella:

Ya la alborada se ha anunciado,
Y tú recostado en mi almohada.

Te cubro y te escondo de todo
Lo que afuera el mundo reclama.

Quédate a mi lado de mí abrazado.
No despiertes, déjame sólo verte,
Mimarte, acariciarte, besarte…

Cierra tus ojos, sigue soñando,
Déjame verte yerto, suave, tierno,
Inocente e inmóvil como estás,
Cubrirte con el manto de mi piel,
Conservarte para mí solamente.

Pues aquí, sólo faltas Tú.

Sólo quiero verte

¿Qué fue de mis años, de mis días,
De mi pasado, de mis sueños e ilusiones?

Se ha ido tan rápidamente todo aquello
Que ya parece como un suspiro.

¿Qué hice en todo ese tiempo pasado?
¿Dónde estaba yo, y todo lo vivido?

Antes nunca lo supe, y ahora no lo sé,
Y por lo visto, nunca lo sabré…

Siempre estremece en todo momento,
Que no le demos jerarquía a cosas,
Que en realidad tienen importancia;

En cambio, se la damos a otras,
Cuando en realidad no la tienen.

Quizá eso sea razón por lo que,
Suele todo pasarse tan velozmente,

Sin percatarnos de los reales motivos
Por los que debemos disfrutar la vida.

Vivir en el universo físico, ser felices,
Supongo que eso es a lo que venimos,

Tenerte a ti en mis brazos…
¿Pero quién nos lo podría haber dicho?

Apenas recuerdo mis primeros años,
Mi vida infantil ya casi se ha borrado,

Imposible descubrir ese ambiguo pasado,
Sólo te diré que fue de un ayer

Que pasó tan rápidamente que ni sé
Cuándo todo se pasó, y se olvidó.

Se fue para siempre de los registros,
De mi mente, quedando sólo recuerdos,
Como un vago vestigio de lo que fue.

Tan sólo queda lo que queda por vivir,
Eso que yo sólo quiero entender,

Y sólo quiero aprender a ser feliz…

Volver a tener tu carita frente a mí.

Sucedió en un jacal

Al fin me resolví a ya no estar tan triste,
Acerté la manera de salir de mi pereza,
Y esa manera fue tan sencilla y natural
Que no encontré mejor mejora que ésa.

Solitas ellas se me empezaron a acercar
Sin tenerlas que buscar venían a pedirme
Que en la dolencia les pusiera ungüento,
Y mientras tanto les contara algún cuento.

Ya ven, las mujeres tantas cosas inventan,
Una y mil, para lograr todo lo que anhelan,
Y yo pa'socorrer gente no me puedo negar,
Pues así ha sido mi vida desde el comienzo.

Pos ai me tienen poniéndoles el ungüento
Y contándoles un cuento de libros que leía.

En ponerles ungüento y contarles cuento,
Cosa poderosa yo siento, y tanto lo siento,
Que siento que reviento, y si no reviento,
Seguro el pantalón sí que se me revienta.

O reventamos los dos al mismo tiempo,
Y al ver ellas tal presión en la observación,
Y en su desesperación, y en mi inocencia,
Me quitan la camisa para relajar mi tensión.

Ellas quieren sentir palpitar mi corazón,
Y para que me dé buen aire, no vaya a ser,
Luego, que de repente me dé un retortijón,
Y entonces sí, ¿cuál va a ser la explicación?

Con su cara y oreja prensadas a mi pecho,
Con mayor razón la emoción se me sube.

Yo me dejo caer en el lecho, donde ya allí,
Oyendo lo que tan fuerte está palpitando
Y que casi del pecho se me está saliendo,
Viendo lo que ellas están fijamente viendo.

Suavecito tocando lo que está creciendo,
No se dejan esperar y empiezan a hacer
Cosas que ni sé que hacer, ni que pensar.

La mera verdad no sabía cómo reaccionar
Sólo una cosa yo veía y claramente sentía,
Era que, esa cosa que uno tiene muy oculta
No puedo decir qué, ni tampoco enseñar,
Por no querer ofender, ni comprometer,

Sentía que crecía, sin al menos controlar,
No vayan a creer que esto era cosa mía.

Algún demonio o algún ser del Averno,
En ese tiempo por el jacal suelto andaría.

¿Y cómo controlar a una arpía como tal,
Que yo veía en el rostro de aquella mujer
Y con un cuerpo de ave de rapiña…?

Curioso es que de repente se me borraba
La efigie diabólica, y una cara bella surgía.

Absorto me quedaba y sin saber qué pensar
Ni proceder, con los brazos bien estirados,
Como si fuera condenado, ojos cerrados,
Y la cara bien tapada con una almohada,
No quería ver lo que podía suceder…

No, si no crean… También se me fruncía,
Como que sentía que me iba a ahogar,
O que acaso me iba a desangrar, no sé.

Lo que sí pude observar es que ella
No paraba de actuar ni de maniobrar
En lo que estaba a punto de explotar.

Y como yo pensaba que me iba a matar,
Y no, no tenía intenciones de matarme,
Sino que parece que intentaba curarme,
¿De qué? No lo sé, quizás de ese mal
Que me estaba reventando ese asunto
Pues en la maniobra usaron mi ungüento
Todo completito juro que me lo untaron.

Vaya que funcionó el ungüento condenado,
Tan pronto el sol saliera y el día alumbrara.

Perdió presión aquello tan desesperado,
Y convencido me dijeron que el linimento
Sus funciones había bien realizado.

Oculto y sin ver nada de lo que pasaba
Sólo sentía paz y una eterna relajación
Luego de aquel momento de exaltación.

Y como parecía que casi me dormía,
A todas pedí que se salieran del jacal,
Y que ya no me vinieran con el cuento
De contarles cuentos y ponerles ungüentos.

Mas, caso omiso de esta orden hicieron
Pues desde que empezaron a visitarme,
Yo a ellas ungüento les aplicaba y ahora
Ellas vienen seguido a curarme de mi mal.

Que les digo que creí que iba a matarme,
Poco a poco me hice muy buen paciente.

Ellas también tan buenas pa'atenderme,
Que muy pronto agarramos confidencias
Y me empezaron a gustar harto sus terapias.

Y como lo que en el jacal sucedió
Creo que se lo contaron a mucha gente,
Porque sus amigas, vecinas y sus primas
Y hasta sus tías, y hasta sus hermanas,
O quién sabe qué parentesco serán d'ellas,
Si no van en las noches, van en las mañanas
A cuidarme y verme para mi mal tratarme
Al tiempo están siempre muy al tanto.

Y las quiero tanto, que me dan mis sobaditas
Y cada una su calorcito me transmite.

Ellas dicen que con eso el mal no se repite
Y que no me vuelve a dar, pero se repite,
Y de que el corazón y lo otro se revientan,
Dicen ellas que de eso se van a encargar.

Desde entonces, como que he encontrado
Un gusto a eso del ratito que dura la cura.

Poco a poco me he puesto a pensar…
He descubierto, a pesar de mi poca cordura,
Que eso de la cura que me dan las mujeres
Me vuelve loco y me saca de mis cabales.

Hasta me he vuelto celoso y selectivo,
Y de las mujeres que curan mis males,
Unas entran y otras no quiero, y no recibo.

Quizá hay una cosa en la que no me fijo,
Pues la diferencia no resuelve el acertijo,
Es la ocupación a la que ella se dedica,
Pues he entendido que el remedio no radica,
En lo que ella practica…

Y ya siendo verdulera, cocinera, barrendera,
Qué sé yo, no importa lo que fuera,
Tienen buena mano en el secreto de la cura.

Sólo me fijo que lleve faldas y la dejo entrar
Con premura cuando la cosa a mí me apura.

Porque cuando no llega ni una enfermera,
Y si pasan más de cuatro o cinco horas,

Ando como si el mal me estuviera matando
Debo echar el motivo que me está ahogando.

Es por eso que quiero que me entiendan,
Así se fue dando el orden de mi proceder.

La verdad no sé cómo queden las ecuaciones,
Ella mujer pa'curar, yo hombre pa'ser curado,

Y resulta que pa'pronto todo queda saldado,
Que el resultado fue algo muy bien logrado,

Sin cuentas mochas, correcto, exacto, cerrado,
Sin fracciones, ni un tanto por ciento sobrado.

Y todo sucedió sin haber salido del jacal.

Sueño que se hizo realidad

Te he visto allí parada, desnuda
Encima de la desnuda montaña,
Viendo con tus azules ojos la nada,
Dejando volar tus negros cabellos,
Esperando inmóvil y silenciada,
Al que prometió todo, y no dio nada…

Tu rostro al aire fresco de la tarde,
Mente blanca al matrimonio predica,
Pureza reflejada de una buena hija,
El crepúsculo profuso parecido fija
La mujer que aquél en brazos espera.

Tú, en aquella montaña solitaria,
Que esperas con ansia la llegada,
Que amas con fuego y con pasión,
Que de la vida haces una canción…

Tú que me llenas día tras día,
Y entras y sales de mi corazón,
Eres mi luna, mi sol, mi emoción,
Eres mi ser amado… La vida mía.

Una lágrima sobre tus mejillas,
Encarna amor ardiente de mujer;

Una rosa en tus delicadas manos,
Siente la amargura de tu corazón.

Luna colgada del azul del cielo,
Bendice y tranquilízale su ser,

Luz plateada del brillo infinito
Presagia la espera del que espera,
Haciendo real su sueño de ilusión.

¿Quién ha de llevarte a la Capilla,
Quién, es el que te dará su corazón?

¿Quién podrá consolarte día a día,
Y a tus penas y males dirá: Olvida?

Ése sin duda te amará toda la vida...

Pasiva y serena por la visión tenida
Tu rostro levantas bendecida,

Das gracias al Creador convencida,
En tu rostro al gozo das cabida...

Tus ojos fijos en aquella luz lejana,
Una silueta parecen descubrir,
La alegría en tu rostro brilla,
Brazos abiertos te animan a correr...

Estrellas y lluvia, los dos, la soledad,
En un sueño que se hizo realidad.

Sueño salvaje

Él:

Ay amor, amor de mis amores,
Y por todos los encantadores
Que no he visto tiempos mejores:

Manjares y viandas de colores,
Vinos, aguardientes y otros licores,
Y no me jacto por los potajes,
Revoltijos, postres y surtidos,
Que los dulces de coco y canela,
Veréis que por ser mis favoritos,
Engruesarán mi panza y mis brazos.

Es seguro que en poco tiempo veréis
A como veo que me alimentáis,
Que en una ballena tonina y robusta
Habré mi cuerpo transformado.

Y decidme amor mío si en el lapso
Me seguiréis amando como ayer,
Que ahora tendréis que calcularle
Largo por ancho al abrazarme.

Y las camisas y pantalones reforzar,
Y al tratar de los amores prometer

También habrá a eso qué calcular
Pa'que la vaina al usar, evite fallar.

Ella:

Por mí, entre más gordo y más orondo
Os tornéis, yo bien sabré a vos manejar,
Para alzarme y clavarme sin fallar.

Así que no os preocupéis que ya dije
Que en vuestro largo abandono
Tuve mil y un gallardos visitantes,
Caballeros de guerras y andantes,
Tan gordos como osos y dragones
Que tuve qué cepillarme por placeres
Y otras veces por necesidades.

Pues entonces, esas lides y ajetreos,
De lidiar con groseros regordetes
Algo habrán de salvar, y de servir
Para en la práctica ayudar a atravesar
Aquélla en donde yo así la quiero.

Que si más, recubierto por buen cuero
Más le quiero, así que comed,
Que si más gordote os tornáis,
Más entonces sabréis cómo revolcar
Y en el embutido, buscar a atinar
Que en las lides de estos menesteres
Yo sé manejar, alzar y clavar sin fallar.

Él:

Pues míreme usté mi dulce Señora
Que aquí estoy mi cena reposando
Con mi panza en cama sosegando,
Unos cuantos gases al aire echando.

Mis manos moviendo, pancita golpeando,
Para que no haya empacho procurando,
Mis genitales sosteniendo, no vaya a ser
Que apretando y estirando se le antoje,
Y a la medida, no se esfuerce en atinarle.

Aunque de vos en lides de gordos cepillando,
Vainas atravesando nunca he estado dudando,
Sin embargo, y por aquello de la emoción,
No sea que le falle la posición, y mejor así,
Bien practicadito, y bien aquello moldeadito
Sin ninguna falla se lo implanta, repito,
Juro que si se va derecho le saco un grito...

Ella:

Con la práctica ya dictada y mencionada,
Os vuelvo a repetir que no os preocupéis
Porque no he de fallar al silbatazo,
Más os ruego, dejad tranquilo a mi orificio.

Bien practicado, ese arte es harto certero,
Pero a juzgar por vuestra dimensión,
Y por su anchura crecida a violencia,
No le auguro decencia en benevolencia.

Mas os deseo que disfrutéis como antaño,
Dado que lo bien armado y bien usado,
Bien amado habrá de ser.

Él:

Así es como os quiero mi Señora,
Que no abuséis, que me tratéis con amor.

Y hablando certeramente de ese artefacto,
Hagamos un trato… Hagamos un pacto.

Siendo vos mi Dama gentil, noble, audaz
Experimentada en el arte, certera y valiente,

Sea mi rechoncho compañero únicamente
El solo objeto de mando y de hombría
Para estos dos, que forman esta compañía.

De manera que tarde a tarde y día tras día,
Se sepa que hay qué cantar en la armonía,
Si yo entono el MI bajo y vos el SI arriba,
Más claro no rima como que sea alegría,
Quedando yo abajo y vos por encima…

Que quede muy claro que en cada intento,
Mi Dama no debe pasarse de la raya,
Que yo soy el que manda, dice y canta,
Y vos la que obedece, cumple y hace.

Y por poner el posadero se complace
Para que mi dulce tormento sea siempre
Guerrero y dueño de vuestra grieta…

Sin importar lo ancho en las bajadas,
Ni lo hinchado de las barandas y subidas.

Ella:

Rápido, inteligente y brillante sois,
Mas no pretendéis cambiarme el rol,
Que la rima lo ha dejado bien claro,
Que arriba mando yo, por eso amo como amo.

Vuestra táctica práctica no he de confundir,
Así pues, sin más, poneos en vuestro ser,

Poned almohada debajo de tu trasero
Como os enseñé a hacer desde antier.

Que subido el nivel, la altura queda al ras,
Su ascendencia toma el rumbo de atinar,
Pues que en mi resquicio se ha de coincidir.

Recordad que poco a poco y con suavidad,
Ingresando primero el capullo hasta la mitad
Repetido y que haya sido muy bien ungido,
Provocad la segunda mitad del degollado,
Presionando, para luego yo continuar.

Piedad San Damián, cuida de mi conducto,
Pues este compañero y amante mío,
No hay duda que es muy fuerte y sano.

Al parecer no deja su armamento de usar,
Pincha y arremete, entra y sale el gusano.

Y ya desgastada y cansada que me tiene,
Sin dar mueca de cansancio el enamorado,
Que embiste y reembiste, empuja y reempuja,
Rebana y rebana, en el baño, en la cocina,
En el piso y en la cama, sin dejarme respirar.

Por eso yo os pido querido San Damián,
Detenedlo un poco y dejadme descansar,
Que si no, el jijo me va a hacer sangrar.

O bien, ayudadme a lo siguiente:
Permitidme por hoy actuar como hombre.
Por un momento dejadle inconsciente,
Y en esos momentos que él ya no siente,
Me puedo desquitar del imprudente…

Busco un algo suficientemente fuerte
Y se lo deposito hasta que reviente,
De esa forma y muy contenta, puedo
Durarle más arremetidas que un ciento,
Y al fin y al cabo él ni quedó enterado,
De que lo despistado fue depositado.

Cuando despierte sabré si quedó cuarteado,
Depende si puede echarse un pedo tronado,
Si no, Dios me guarde, pues al saberlo,
Me agarrará toda la noche ensamblado…

San Damián, si cumples con mi pedido,
Te prometo que sin decir ni una jota,
En adelante me callo la bocota,
Cuando ese regordete me la haya nutrido
Uno y cientos de veces el atrevido…

Él:

Ni caso debéis hacer de plegarias desacordes,
Sabed que desvarías desde un cierto día
Que por descuido dejasteis expuesto certero,
Y desde entonces va vía, más eso sí,
Dejadle puesto convexo, que en esto puesto,
Meto, arremeto y otra vez meto, pero el resto.

Uno, dos, tres, cuatro, cinco y la hinco.

Apretad San Damián el cincho a esa pincho,
Que la amarro y mil veces en dos la trincho,
Por atrevida gallona que sin vergüenza,
Trata a su Amo infligir en descuido sin par.

Ella:

Que me hacéis reír un montón, gordinflón.

Que no os voy a mal querer, entended,
Que sólo os la quise enclavar, como castigo
Que no es una cosa del otro mundo,
Pues qué me tardo en que se lo presumo.

De igual forma se termina en un segundo,
Y en lo que tardáis en rogarle a San Damián
De que no me apodere de su ciudadano,
Ya me apoderé de sus gemelos colguijes.

Y en dos o tres apretones, con tales empujones,
Y tan de repente serán los pisones
Que ni sentirás las suaves o bruscas emociones.

Y al fin y al cabo todo acaba tan de repente
Sin que le quede un pesar en su mente…

Ni a mí remordimiento que me arrepienta,
Luego creerá que fue un sueño.

A la mañana siguiente sentirá el crudo madero
Y sin estarlo, ni verlo, dirá: "Que raro siento"
Al fin y al cabo todo fue un simple sueño…

Sellado está tu destino a mi destino
Y para ti no habrá más lazos
Que los lazos de mis dos brazos.

No habrá para ti amor más fuerte
Que el amor que te da el amor mío,
La flama púrpura de la sangre mía.

No pretendas de mí escurrirte,
No valdría nada si de mí huyeras,
Sería error, una burla, un desatino.

Pues en mi torre, soy tu carcelero,
Loco por mantenerte cautiva,
En los rincones de mi corazón.

"Si ese es mi prescrito puesto,
Sedúceme entonces en tus refugios
Y regálame las delicias de tu pecho.

Escribe en mi piel palmo a palmo,
Los versos de sensualidad poética,
Que saboreo con mi seco paladar.

Muy sedienta está mi ávida lengua
Están mis oídos y mi ser muy secos,
De tu pasional poesía y sutil verso.

Me trastorna, me turba los sentidos,
El fulgor vaporoso de majestuosidad,
Tu mujeril esencia, tu olor voluptuoso,

Del sortilegio y del sopor suculento
De donde tu sexo provee la miel
Más arrogante y delicada al deseo,

En la más ardiente pasión, que colma
Y mata a mi pecho, pero no me mata,
Por no dejar que mi delirio se acabe,

De tanta y superlativa exaltación".

Superlativa exaltación

Tú eres mi amor, eres mi camino,
Eres mi insignia, eres mi dolor,
Eres mi decisión, eres mi destino.

Yo soy el prisionero de tus brazos,
Hoy y en una infinita eternidad,
El dueño de tus caricias y tus besos.

Suspiro de amor

Que nuestros brazos sean la almohada
Donde descansemos en esos momentos
De amor, que nos brinda la existencia.

Es tiempo de descansar, de disfrutar,
Tiempo de sembrar paz en nuestra mente,
Para enardecer y glorificar nuestro espíritu.

Viajemos por las tenebrosos escenarios,
Por esos caminos inhóspitos y desconocidos:
Dimensiones que sólo las almas recorren.

Ausentes de disturbios del mundanal ruido,
Donde Dios nos espera con brazos abiertos,
Entre ángeles cantando sus preciosos himnos.

Allí, tú y yo seremos solamente un espíritu,
Transformado en un etéreo y tenue Suspiro,
Que viaja a través del tiempo y la distancia.

Llegará a nuestras mañanas primaverales,
Como brisa suave y fresca que nos acaricie
Y embellezca el rostro con tan bello ensoñar.

Respondemos a las caricias del suave rocío:
Nuestros ojos declaran un despertar sin igual,
Agradeciendo a Dios por la imagen primera.

Tu rostro, es la Imagen Primera a mi vista,
Tus labios, es lo más cercano a los míos,
Tu beso, para sellar este puro amanecer.

Tarea de convencimiento

Echad fuera vuestros viejos temores
Que no osaré causaros más dolores.

Sabed que lo que a vos pueda doler
A mí y a mi alma me ha de matar.

Esto pues tened en consideración,
Pero que nunca cederé en mi labor.

Y a cada una de vuestras huidas,
Tendréis vuestro trance correctivo,
Con nueva insistencia bien curtida,
Y no cederé hasta haberos convencido.

¿Qué os cuesta acceder y compostura tener?

No es tarea fácil meteros en cintura,
Mas hermosa y delicada criatura,
No querráis ponerme en esa postura,
Porque la cosa se pondrá muy dura.

Y una vez ésta terca, y una vez ésta dura,
Ya sabéis que altura toma la curvatura,
Y no hay cabeza que piense con cordura.

Así que mi consejo es que os portéis bien,
Y en silencio acomodaos en mi regazo,
Que os tomaré con mis fuertes brazos…

Que la cosa no os cause ningún pavor,
Sólo os meceré, os acariciaré y dormiré,
Y cuando estéis bailando con Morfeo,
Lejos de las lascivias de este mundanal vicio
Os meteré en un lío de gran envergadura.

Así que, portaos bien mi querida doncelluela,
No hagáis que en el desespero halle la acción,
Ved que la cooperación es madre de la paz,
Echad fuera todos esos viejos temores,
Que no osaré causaros más dolores.

Te deseo…

Que Dios te ampare y que con Él te cubras,
Que te bañe de luz blanca, dorada y violeta,
Para que te proteja y tú a otros no ofendas.

Que siempre aciertes encontrar un camino
Guiado por el viento que estará de tu lado,
La suave brisa que te habrá bienaventurado.

Que vivas el tiempo necesario para ser feliz,
Que formes una hermosa y plena familia,
Que por ellos y su protección vivas en vigilia.

De la vida, recuerda lo bueno y positivo,
Todas aquellas cosas que te alegraron,
Y habrás de olvidar lo malo y negativo.

Y si has de olvidar, olvida la falsa amistad,
Que te causa daño hasta en los recuerdos,
Preferible recordar solamente la fidelidad.

Que la desdicha sólo te deje conocimientos,
Los problemas que tuviste fueron ya pasados,
Pero nunca olvides cómo fueron solucionados.

Que tus noches sean siempre luminosas,
Y que tus sueños sean siempre cálidos,
Entre un colchón y una manta que te abrigue.

Que las manos de Dios estén abiertas siempre,
Regocíjate dentro de ellas lo suficiente,
Pero cuando aprieten avíspate y sé consciente.

Serás millonario si todo eso Dios te lo da,
Y si todo eso te da, no dudes en compartirlo,
Que el que de este mundo se va, desnudo se va.

Dales amor a los que te aman y consuelan,
Dales cariño y protección a tus hijos y nietos,
Dales afecto a tus vecinos y a tus amigos.

Ama a tu esposa, que ella será tu compañera,
Hasta que la vela se les apague a cada uno,
O hasta que los dos se alejen de este mundo.

Todo así se fue dando

Los versos que el escritor escribió a su amor,
En su corazón celoso se guardan escondidos,
Lo cual es el producto de un dulce espejismo:
Sortilegio que circundó a nuestros corazones.

Apasionados, fueron descubriendo el amor,
Allí, donde no lo imaginaban, ni lo pensaban,
Ni lo buscaban, sólo a la pasión se entregaban,
Expresada libremente por conmoción profunda.

Las palabras que demuestran pasión y deseo,
Son versos de amor que la seducción pronuncia,
Nacidos del afecto de tan cerca haberte tenido,
De mi corazón, de donde salir no has podido.

Oh Señora, hazme sabedor, dame un rayo de luz,
O dime cómo deseas estampar nuestro destino,
Pues el destino que nos espera es estar juntos.
Que así todo se fue dando y así fue sucediendo.

Trato hecho

He aquí que mi corazón está dispuesto,
Esperando presuroso el justo momento
De recorrer en vos, vuestro pensamiento,
A extraeros tristeza, y de ella simiente,
Que me causan tanta pena deprimente.

Pues os veo, y otra vez me recreo
En vuestro encanto que razón me roba,
Encantadora Señora, Dulce Porfía mía,
Que mi corazón hace batir en una canción,

Que ha dado a mi pecho aquella sensación
De deseo insaciable que en sueños he tenido.

Señora os ordeno conduciros a mi lado,
Que sin duda sabéis muy bien para qué,
Y así, mi señorío entre sin freno,
En su noble cabeza, y su calor sentir...
Y con el trato de ambos satisfecho,
Cada cual encontrará lo que pudo descubrir.

Tres amores disparejos

¿Estás enamorada,
Enamorada de un amor?

Pues bien, yo también
He sido presa y estoy cautivado.

Me he enamorado de un amor
De un amor tan enamorado,

Porque este amor enamorado
De otro amor está enamorado,

Con un amor descorazonado
Pero por el amor precipitado

Que le da y procura aquel amor
Del que estuve yo cautivado,

No me ames si a otro amas,
Sólo déjame estar a tu lado.

Tu esencia

Cómo quisiera poder traer
Tu esencia en una botellita,
Que cupiera en mi bolsita…
Cómo quisiera que al abrirla
Tu perfume de miel poder aspirar,
Cerrando los ojos, y luego delirar,
Que te beso y que te puedo tocar.

Tu piel

Hay una calle en el centro de la ciudad de tu cuerpo,
Tiene mi nombre, la forma de mis manos y mi boca,
Es huella de todas las horas que he pasado desnudo
En el eco de mis fatigas como espejismos sonantes
Anclados en la brisa de las deshonras de tu pasión.

Asfalto de piel, protegido por aceras de tus caderas,
Esfinges de puntas idénticas muestran su esplendor,
Talladas sobre mutismos del diafragma que las eleva,
Exponiéndose al desvarío húmedo de mi lengua.

Calle de amor, abierta a mis antojos, sin detenciones,
Ni luces rojas, sólo el verde de tus ojos invita a
pasar.

Loada piel, pasillos congruentes y apretados
laberintos,
Donde olvido que el sol quema; la sombra es un
volcán
Reducido a destellos náufragos, a restos de lava
blanca,
Que saben a miel después de mis desestimados latidos.

Tú y yo I

Ven pronto, platícame y embriágame,
Convierte a mi alma en una peregrina,
Con tus palabras en persona, háblame.

Al conversar me esclaviza tu pregonar
De los viajes en el tiempo y el espacio,
Que de la tuya mi alma sea recipiente
Que desea estar y junto a ti caminar.

Que el tiempo implacable se estanque
En el júbilo de tu voz al declamar
Que proceda de las nubes y del sol.

Haz de tu recitar un verso de amor
De los polvos estelares al anochecer
Y del brillo de la luna en su candor,
Para que las caricias y los abrazos
Y los besos nos duren una eternidad.

De tu ser, de mi ser y de las almas,
Armonizando todas las vibraciones,
Que siempre nos protegen conforme

Al etéreo y erótico éxtasis de locura
De frenético júbilo y conmociones.

Susurros escucho y veo tu imagen
En el abismo cual si fuera bendita.

En el aire fresco presiento tu aliento,
Es tu perfume que rodea mi cuerpo,
Y es inevitable que en mis brazos
Para buscar mi serena protección
Los tuyos busquen cálidos lazos.

Rodeándote la espalda y la cintura
Al contacto de caricias de mi mano
Que a cada centímetro a su paso
Enrojecen y toda tu piel erotizan.

Que pide la humecten mis labios,
Pide que me la trague a pedazos,
Y derrita cada uno con mi lengua,
A su antojo aquí, en el hoy y mañana,
Aquí, allá, anteayer, y para siempre.

Destino que eligieron dos corazones,
Destino que me lleva a estar en ti.

Lo sabes, pues el tiempo es efímero,
Y para lo nuestro sólo el tú y el yo
Existen, para lo nuestro disfrutar.

Nadie sabrá nunca lo que dos almas
Disfrutan de sí mismas al suave sabor
De no existir ni en tiempo ni en distancia,
En el poder del Tú y Yo, solamente.

Tú y yo II

Lo disfruto, y sé que así será,
Porque ese gozo que siento,
En estos episodios tan sublimes
Solamente los comparto contigo;
Porque tus vivencias son las mías.

Mis sentires, son los tuyos,
Ya somos uno… No lo olvides,
No estamos solos, ya nos tenemos
Lejos y muy cerca a la vez.

Tómame hoy entre tus brazos
Y acaríciame la piel desnuda,

Tórnala en pudor y excítala
A cada paso que dé tu mano.

Enciende en fuego con caricias,
Cada centímetro de mi cuerpo,
Derrítelo al toque de tus labios,
Y la sensación de tu lengua húmeda.

Muérdeme y trágame en trozos,
El destino me lleva dentro de ti:

Destino que mi corazón anhela.
Pero dime, pues, alma gemela…

¿Sigues deseando no pensar en mí?
¿Sigues pensando que el amor
Que me tienes te hace aún daño?

Sin más, esto fue como lo dijiste:
Amo tu palabra y amo tu poesía.

Sin importar ni tiempo ni distancia,
Ambas llegan al fondo de mi alma,
Mi corazón las añora y las anhela,
Mi mente baila al ritmo de tu verso,

Todo este cuerpo mío vibra y tiembla,
Cuando al querer de ti todo saber,
Te localizo donde menos lo piensas.

Te veo con un ramillete de caricias
Que regalas a mi vida una y otra vez,
Que me proveerán con el alimento
Impulsor para seguir adelante…

Eso ya lo tienes y lo seguirás teniendo,
Solo quiero saber, ansío la final verdad,
Que a tu mente y a tu cuerpo recorren,
Saber tus pensamientos y tus dilemas…

Que la existencia misma es compleja,
Amerita ser compartida con el ser amado.

Porque tu amor me daña mi espíritu,
Es porque al verte y no tenerte, sufro;

Porque te leo y no puedo tenerte,
Porque al pensar en ti no puedo tocarte,
Y de esta manera sufro más y aún más…

Soporto el sufrimiento sólo por la espera,
Porque en la pasión se funden las almas
Que esperan como premio la pasión.

Tus frases certeras detallan lo que siento,
Son tus palabras lo mismo que yo anhelo.

Somos dos almas en perfecta conjunción,
Ambos, los elementos de la fórmula perfecta,
Que describe sin más preámbulos, al amor.

¿Qué no sabes que el tiempo es efímero,
Y no existe en las nuestras dimensiones,
En las que nuestro amor maneja a su antojo
Aquí y hoy y mañana y después y allá,
Y acá y anteayer y siempre por siempre…?

Que para lo nuestro sólo existimos tú y yo,
Y para disfrutarlo, sólo existimos tú y yo,
Nadie más, ni en el tiempo ni la distancia
Sabrá nunca lo mucho que estas dos almas
Disfrutan el sabor de ellas mismas,
Cuando no existe ni en tiempo ni en distancia,
Sólo la sola presencia y la sola compañía:

Del sólo Tú solo, y del sólo Yo solo…

Tu verso

Llegan al fondo de mi alma
Vuestra palabra y poema,
Que mi aliento y corazón añora.

Al compás de vuestras coplas,
El cuerpo todo me tiembla,
Cuando tan sólo una arrojas.

Son un manojo de lisonjas
Que a mi vida viva conservan,
El alimento para seguir avante.

Mi oído cruza valles y ríos,
Desiertos, montes y mares,
En pos de tu verso y poesía.

Quiero murmurarte al oído
Sólo a ti y que nadie se entere
Que te quiero y más te amo…

Y que mi deseo es vehemente
Con una fuerza tan ferviente,
Que me da el valor de robarte…

Y poder hacerte mía por siempre.

Una historia de amor

Quiero besarte eternamente,
Quiero abrazarte tiernamente,
Quiero simplemente tenerte cerca,
Para poder adorarte locamente…

Quiero sentir tu piel en la mía,
Estar en todas partes contigo,
Amándote, queriéndote y teniéndote
Furiosamente siempre conmigo…

Dime cómo sacarte de mi mente,
Aunque en realidad no quiero sacarte,
Siempre estoy adherido a tus labios,
Siempre estoy untado a tu piel.

Tus manos aprisionan mis manos,
Las mías a las tuyas no pueden destrabar,
Nuestros labios no se sacian de besar,
Buscando mieles para compartir.

Tus pieles son capullos de mis pieles,
Mis pieles son capullos de tus pieles,
Dos corazones que irrigan mi jardín,
Dos corazones que irrigan tu jardín.

De mi amor ha nacido tu amor,
Y de tu amor ha nacido mi amor,
Germinaron juntos el mismo día
Ese día nació esta historia de amor.

Un escritor muy singular

Delicadeza, es tomar con dedo índice y pulgar,
Por parecer tal supuesto un elegante proceder
Y varonil, medido y ajustado con la misma regla
Con que se miden los pechos seductores de dama,
Que más que seducir, sólo adornan idílica imagen,
Para lo cual no es más que la delicia pacificada,
De los más íntimos deseos carnales y hombrunos,
Que caballero tal, revuelca entre sus intenciones
Rebuscadas, perdidas e impacientes como el fuego,
Por acabar el alimento que lo produce, e irreverente,
Como el pecado que soslaya la ocasión súbita
Del momento obtenido de ese oscuro deseo carnal,
De aquello que alimenta vuestra negra necesidad,

Por tan argumentado trabajo, que vuestros dedos
Dedican a tan sabia, culta y pintoresca actividad.

Ávido y grácil espadachín de tinta impresa os veo,
Centraos en vuestros quehaceres más inmediatos,
Cumplid con vuestro cometido, y así todo cumplido
Os haré ver tanto doncellas, como soles y estrellas.
Por lo sabido esto te hube dicho: que sólo adornan
Su idílica imagen a cabal caballero como sois vos.

Verbo hábil y bien certero que mi tinta ha impreso,
Cuando atinado he, a tan fino caballero sus afables
Gustos y desatinos, y para aliviar vuestro desenfreno
Sarcástico, no está más allá que claro lo que deseáis,
En tan gustosa y fervorosa escritura a este caballero
Cuya espada que entre sus manos tiene empuñada,
Enterrar desea en el bosque oscuro de las montañas
Empinadas, que en laderas de gentil dama se divisan
Jubilosas, y deseosas de recibir semejante estocada,
Que este caballero colocar promete en esa tierra,
Para que fertilizada, su selva quede al fin colmada,
De aquella necesidad, que finalmente completada,
Ha sido generosamente depositada en lo profundo,
Para que de allí, florezca lo que haya de florecer,
Motivo de mi presencia en esas fértiles tierras...

Así pues no desesperéis, de todo lo bueno tendréis,
Por San Jorge, palabra de caballero cabal y certero,
Tranquilizaos y después, de doncellas me hablareis,
Que para chascarrillos ya tendremos algunos ratillos,
Quedo a vuestra disposición, y sin más me retiro,
Pues descanso he de prodigar a mi leal alma letal,
Para así recuperar su alegría y su ánima capital,
Y sembrar por doquier, sin más deseo de retornar.

Vive Dios que agotado y sin fuerzas me veo hoy,
Reservo mi ingenio para momento de mejor tiento.

¡Que me valga La Virgen y su Corte Celestial…!

¿abrase visto en La Historia de la Caballería
A algún tal caballero exhausto y remilgoso que,
Ante circunstancia noble se doblega de cansancio?

Seguro es un caballero encantado por un demonio,
Que siendo las Leyes de Caballería tan cabales,
Caballeros como tales, jamás se han de doblegar
Ante tragedia como la de un día arduo de trabajo.

Tal caballero dispuesto a vengar cualquier agravio,
A la orilla de este mar y dotado de entusiasmo,
Esperará vuestra indolencia para combatir
En revolcadero, a lo cual, sin pregunta ni respuesta,

Caballero armado o no, se apearía de su corcel
Para salvar dicha afrenta por él no concluida,
Y pendiente ante el honor que de más le debe
A su oponente compañero, y amigo adversario...

Sea pues, desenvaina cobarde y quejumbroso,
Que me has dejado pendiente en revolcadero,
Esperando el resultado tormentoso que caballero
Y verdugo como tal se dignase proferir...

Pero si pensáis en no llegar, me voy a esconder.
Esperaré el momento que la ocasión se preste,
Cuando la batalla se dignara continuar y diera
Esta angustiante espera por fin ya por concluir...

Cierto fiel amigo, y disculpad que haya olvidado
La posición en que os había dejado, mas, sabéis
Qué agotadoras son las andanzas de Caballeros.

Sin más os diré que pese a vuestra ignorancia
De las lides de La Caballería, tocaba retirarse
A las estancias, pues el descanso del guerrero
Hace fuerte al Caballero, y si no lo veis claro,
Poned mucha atención que yo os lo aclaro...

Dios nos libre de injustas y tiranas intenciones,
Malas costumbres y mal habidos menesteres,
Que caballeros bien nacidos, palabras bajas,
Tales como cansancio, jamás su mente sabrán,
Porque el noble caballero se forja sin descanso,
Y las noches estrelladas son el marco propio
Y adecuado para la vela de armas y la oración,
Y no hay más, que si siendo así su profesión,
Remedio no hay para el descanso de ocasión,
Y si vos comisteis cuatro cojones de dragón,
Con mayor razón obrad con fuego y sin pudor,
Que si los cojones son el motivo de tu ardor,
Os daré a tomar los bálsamos de Farbarás.

Y válgame el Demonio que haya más astuto,
Estirándose las barbas, ha de bendecir la hora
Y el punto en que tal fortuna se dio a conocer.

Jamás siendo vos caballero, pensé en traición,
Además que la vida nos había tratado de amigos,
Pero sea como fuera, así fue, y así sucedió:

Que caballero en viento nocturno se oculta
Bajo el semblante oscuro del manto nocturno,
Vuestra espada empuñada, buscando el momento
Justo y adecuado para cometer tal traición,
Viéndome pues dormido en el suelo, arremetes.

Decides de una vez darme muerte por la espalda
Con espada tan afilada y cortante, que hace,
Que el momento ya haya llegado a su fin,
Y no habiendo más remedio que el de doblegar
Mi natura de nobleza caballeresca, y no más
Que el honor entregar para delegar yelmo,
Espada y armadura, a tan traicionero vencedor,
Caballero como lo es el poseedor de espada
Apremiante que jamás debió de haber empuñado
Un caballero andante en las lides de caballería,
Y en el arte de combatir, y puesta ya por fin,
Y sin más ni más, que en el objeto mismo
De la felonía, del cual combate tan incierto,
Y revenido haya sido como éste ninguno,
Que se cuenta en esta historia tensa y atrevida,
Por tan vasto, imaginativo y singular escritor,
Que siendo de mil oportunidades vistas,
Con otro tanto de sí, y por igual con lanza
En mano propiamente adiestrado y educado,
Se ha buscado la ocasión que por escribir
Tan mala escritura escritor cual ninguno,
Lance su lanza a cierta estigma del mismo
Caballero fracasado y de vencido honor,
Que ya rendido y derrumbado en el suelo,
Con los bálsamos de Farbarás que él diera
A oponente caballero para recuperarse,
Venga en este argumento a recobrar vida,
Según la mente del mismo cabal escritor,
Cual agitado y atrevido en términos rituales,
De un morbo algo diabólico, sangre deposita
En su mano o en las dos, rescoldo del placer,
Cuyo mismo argumento ya ha documentado,
Y sin más que tomar el producto de su lujuria,
De inmediato con pena y vergüenza, su libro
De escritura cierra por evitar motivo de ser
La presa de famoso hecho hasta hoy no contado,
Ni por escritor, ni por narrador otro ninguno,
Sin que fuera a ser, en adelante la afrenta,
Que muestre la vergüenza de la traición,
En el dilema de las normas y leyes de Caballería.

Un instante de pasión

Estás entre mis fuertes brazos apretándote,
Tu cuerpo me quema por fuera y por dentro,

Sin oportunidad más que de suspiros cortos,
Por el ritmo de la pasión que me prometes,
Y es de donde procede toda mi sensibilidad,
Que está vibrando en el universo de mi cuerpo,
Ya no puedo más, todo parece que se oscurece,
El calor crece desde adentro de mis entrañas,
Todo mi cuerpo parece que se va a inflamar,
Dios Mío, esta sensación es semejante a viajar
Por infinitos lejanos y de repente... Regresar
En un solo instante a este mismo lugar,
En un solo instante me amaste y yo te amé.

Viaje de amor

Yo en tus brazos y tú en los míos,
Es tiempo de sembrar armonía,
Es tiempo de viajar y descansar.

Nuestros brazos son almohadas
Para nuestros propios espíritus,
Descansemos de esos momentos
De liviandad bajo las nubes plateadas.

Recapacitemos en unión con Dios,
Al sombreado manto de estrellas.
Fuera sandalias, trapos y ropajes
Dejemos sueños, y hagamos viajes.

Cerremos nuestros ojos y sentidos,
Centralicemos a nuestra intuición
Y viajemos por oscuros escenarios
Jamás vistos por seres humanos,
Sólo permitidos a nuestras almas.

Dimensiones que sólo Dios recorre
Al lado de sus Santos y escogidos,
Donde los ángeles juegan y bailan
Y afinan cantando himnos solemnes,
Jamás oídos por hombre ninguno.

Misteriosas y recónditas dimensiones
Donde odios, temores y horrores,
Ahora son alianzas de los hombres,
Y donde los que ayer nos asustaban
Son nuestros conocidos amigos hoy.

Donde la distancia esposa del tiempo
Son lo mismo y viajan en un sentido;

Donde la luz y la oscuridad reunidas
Aclaran todas las negruras de rincones.

Donde las almas se regocijan y juegan
Como niños andando de la mano,
Paseando en los caminitos de estrellas;
Donde tú y yo somos un solo espíritu,
Transfigurado en un etéreo suspiro.

Suspiro que se hace brisa suave y fresca
Que en el céfiro matutino del alba
Al despuntar el nuevo y bendecido día,
Acariciará nuestras propios semblantes,
Que suave y cálidamente nos avivará.

Y recordará del sueño de nuestro idilio,
Que nos permitió ir y venir de ese viaje,
En el que nos perdimos en los brazos
Uno del otro, y regresamos en los brazos
Uno del otro, y aquí estamos los dos,
Abrazados y enlazados, queriéndonos
Como ayer, como hoy y como mañana.

Virulencia

Es como un juego erótico
Con un mal comportamiento,
La provocación luego siento.

Hay placer en la provocación,
Hay escarmiento en el castigo,
En el castigo luego me castigas.

En el castigo está mi placer
Y en mi placer está tu parecer,
Al iniciar con premura tortura.

Látigo, cincho o vara tomada
Para molerme como condenado,
Y ya sin importar mis quejidos.

Son pues, golpes bien merecidos.
Veo con delicia que has acabado,
Me premias ladeándote a mi lado.

Me besas y me lames maltratado,
Saboreas la sangre que ha brotado
Al tocar tu lengua mi piel acalorada.

Un nuevo sentimiento se siente
Como combinar odio con amor,
Conmoción de piedad y compasión.

Sedición con deseo y posesión,
Amparo, dominio y protección,
Y un ansia de cariño y seducción.

En esta sedición estos cuerpos
Vuelven a embrutecerse al candor,
De nuevamente la violencia.

Pero ahora por deseo y querencia
Tus manos más embrutecidas,
Me abren más aún mis heridas.

Tu boca enrabiada me muerde,
Tus labios besan insaciablemente,
Tu lengua busca un acomodo.

Acaricia donde encuentra heridas,
Quiere penetrar sin poderlo hacer,
Solamente para encontrar placer.

Su herida natural busca la moldura,
Justa para reposar en tal montura,
Jubilosamente el viaje necesario.

Violencia de pasión descomunal,
Que causa exaltación desenfrenada
Y dos almas arden en pira iluminada.

Que las lleva a la vibración máxima,
De placer para estallar en un génesis
Dentro de un éxtasis sin igual…

Luego nos hace regresar para volver
Y terminar en un tierno beso de amor.
Mas virulencia se da sólo en esencia…

Erótico juego es, y en juego finaliza.

Visita nocturnal

Esperadme como cada noche…

Con fuego os vendré a tomar,
Hasta el amanecer me tendréis,
Pues con la luz desapareceré.

Aunque no es una maldición,
Ni magia negra que tortura,
Mi placer muy poco dura.

No tenéis nada que temer,
En dicha o en contrariedad
No hay quien me pueda ganar.

A sangre y puñal he de pelear
Con quien me quiera alejar,
Esperadme pues y no temáis.

Ni de humillación me habléis,
Pues con el brío de mi corcel
No sólo aldeas, sino fuertes
Han de caer si entre vos y yo
Se pretendieren interponer.

Ten en mesa un buen café
Fuerte, espeso y aromático
Me mantiene bien en pie,
Y fuerzas me da para seguir
Y de ti mi cuerpo no despegar.

Vuela palomita blanca

Vuela, palomita blanca, vuela,
Ven y cuéntame de tus amores
Que en tu aventura te encontraste.

Tus desdenes ¿dónde los dejaste?,
¿Cuántos amigos más conseguiste?
¿Y de tus sueños aduladores,
Rescataste los más prometedores?

Vuela, palomita blanca, vuela,
Ven y abre mi dorada cajita
Donde están amores y amistades.

Echa fuera todas tus tristezas,
Toma nada más lo que apetezcas,
De este mundo solos nos vamos,
Y nomás deleites nos llevamos.

Yacer contigo

Te miro en un ardiente café negro
Que empino hasta terminármelo,
No importa quemar mis entrañas
Si ya te tengo en mí, bien adentro.

Escucho susurros y veo tu imagen
En el aire, cual si fuera una joya…
Siento tu aliento, y que tus brazos,
Mi espalda rodean delicadamente.

Se abre camino tu inocente mirada,
Por la inminente vereda de mis ojos,
Ansiosos, buscando en ti ese lugar,
Donde herir y reposar, y contigo yacer.

Zorra enamorada

Sin compasión y sin lamento
Y sin ningún remedio que
Vuestro propio argumento,
Para esa ufana y condenada
Que sólo osa a mis espaldas
Saltarse mi voz de mando.

Atrapada la he de asilenciar
Y a golpe de fusta y fuete
Se tendrá que conmover.

Hasta que rojo pinte el varazo
Y así, tendréis que seguir
Hasta que desfallezcáis.

Del piso os he de levantar,
Sin tener fin vuestro castigo,
Pues colgada os he de postrar,
Y os he de volver a apalear,
En cada balanceo un golpear
Bien certero y bien centrado.

Ya inconsciente y magullada
Sobre un lecho os depositaré,
Y con el cuidado que tendré
Os limpiaré lo rojo y lo sudado,
Pondré seda para cubriros,
Blandos masajes para calentaros,
Y mil mantas para calor daros,

Pues reviviros bajo mi ser
Es un placer que puedo tener…

Me arrepiento de ser usurera,
No he de hablar, nada he de decir
Ni qué pensar, ni a dónde ir.

Hoy me encuentro en camino
Donde es dulce el paradero,
Y no me he de quejar de vos,
Por majadero y por impulsivo,
Por el contrario, más os respeto,
Temerario, siento vuestro rigor.

Y he de decir muy certera
Que como vos no hay nadie
Que gobierne mi posición,
Pues vos, me habéis pegado
Con todo vuestro ardor,
Me habéis maltratado, golpeado,
Por tenérmelo bien merecido,
Confieso que de vos haya huido,
Porque a vos hube mancillado.

Arrepentida de tal vulgaridad,
Y agregando poca deslealtad,
Sí… Os declaro que hube huido.

Luego de tanto borlote arreglado
Ya vos me habéis encontrado
Y castigo justo me habéis dado,
Y ahora heme aquí, rendida,
Echada, humillada, bien dolida,
Muy sangrada y maltratada.

Y os he de ser franca y sincera,
Durante el castigo he llorado,
Y en cada golpe y santa violencia
He rezado, como me predicáis,
Pues han sido duros y pesados
Los dolores que me causáis,
No sé cómo los hube soportado,
Sin embargo, os veo frente a mí,
Frente a mi cuerpo maltratado.

Diré que no soporto vuestro favor,
Ni vuestro sopor, ni cercanía
Menos en esta melancolía,
Vuestra vibración, me enloquece,
Me saca de quicio, me embrutece.

No estaré contenta si vuestro cuerpo
No lleno de esputo, baba y saliva,

Si bien ahora quiero devoraros
Pareciera que por comeros tengo vicio.

Me confunde este sentimiento voraz
Que por despreciarlo y matarlo
Quiera mejor comerlo y almorzarlo.

Pero así es esto en esta vida
Por más castigo que recibas
Más te emperras del que te lo da,
Y por eso, aún maltratada lo deseo,
No descanso si no huelo y saboreo
Cualquier parte de vos hendida,
Descubro vuestros olores y sabores
Escondidos y enfurezco como bestia
Enloquecida que devorar quiere
A su presa preferida y protegida...

Quieta como manso corderillo,
Ojos cerrados, sinvergüenza pilla,
Esperando en cada movimiento,
Al respiro, la humedad de mi lengua;
En cada movimiento de piel buscar
Vuestra cueva de pasión violentada,
Instante en que mi boca la aprisiona.
Vuestro ánimo enloquece al palpitar
Y crecen aún más vuestros suspiros,
Y yo no quiero ni os dejo terminar.

Aparto mi boca de la dulce morada,
Intimo buscar rincones con olores
Donde descubrir eróticos sabores.

Levanto vuestras piernas e indago
En vuestras montañas ese olor,
Me mata y su sabor me desmorona,
Al lugar le entrego todo mi cariño
Puedo pasar horas allí rumiando.

Eso me apasiona, pero no sólo a mí,
Sino que a vos también la aprisiona
Volviéndola extática y persuasiva.

Los ojos ponéis en blanco cual santo
Al tiempo del estado contemplativo,
Y qué decir de meneo interactivo
Atendiendo a una como a la otra cueva.

Luego vuestro estado contemplativo
Se convierte en un éxtasis introspectivo,
Pues cuando os procuro una ofensiva,
Parece que revienta vuestra lucidez.

Y chiflada, entre una y otra caricia,
Sin más poder, el volcán revienta,
En violenta erupción de almíbares
Tibios y suaves como las mieles,
Que por todos lados se destilan,
Queriendo recogerlos desesperado,
Tomar todo para llenar las ganas,
Y conservar las mieles en mi boca
Para luego besarnos y consumirlas
En un beso que pasión demuestre.

Un beso interminable, incansable,
De las locuras de dos que se aman,
Se quieren, se buscan, se encuentran,
Se besan, se enfurecen, se contentan,
Se golpean, se alientan y se animan,
Que el uno por el otro da la vida,
Uno por otro mete mano al fuego,
El uno para el otro es su comida,
Que su amor no es jugar un juego...

Así siento por vos, luego de maltratarme,
Después me llenáis de caricias y besos,
De abrazos hasta que del placer de teneros
Junto a mí:
¡Pueda deliciosamente morirme

Sección V:
Poemas para todo Público

Ábrete, corazón

Intento preguntarte pero nada expresas,
Estás palpitando, y creo que todo lo sabes.

Sabes que nací, y también sabes que moriré,
Pero no el motivo por el que aquí llegué.

No puedo imaginar, ni percibir, ni aceptar,
Que no haya tenido el aviso de mi corazón,

De por qué vine y por qué estoy en el mundo,
Cuánto tiempo duraré y a dónde me iré.

¿Por qué, corazón nada has de explicarme?
¿Es que no confías en mí y en mi promesa?

Yo te he dado mi confianza y mi entereza,
Y te pido abras tu puerta a mi imaginación.

Quiero saber, dime lo que has de decirme.
¿Qué necesito para hacer el próximo viaje?

No calles, lo sabes bien querido corazón,
Háblame como antes solías comentarme.

Lo he sentido, lo he palpado y hurgado,
El que guía y subordina nuestro arsenal,

Aquel soberano que sobrepasa toda Ley,
Siento que es la presencia eterna del Todo.

El que guía siempre en un mismo sentido,
Como guía las corrientes espacio y tiempo,

El Espíritu Santo y La Divina Providencia,
Es el Orden de la Fuerza Vital y Universal,

Para lo Eterno y lo Infinito, el pasaporte,
Para llegar a Dios, el medio de transporte,

Te lo dicen a ti, esos momentos preciosos
Que mientras yo soñaba, tú lo acumulaste.

Soñando fuera de las murallas del mundo,
Y todo lo guardaste tú, querido corazón,

Hasta estos estados ocultos y misteriosos,
Que hoy y siempre te pido me manifiestes.

No cierres tus puertas a mi conciencia
Ávida de sensaciones supremas y sublimes,

Quiero preparado estar, y mi casa disponer,
Para cuando Él crea y me honre visitar.

Agradecimiento

Para esos seres humanos excepcionales,
Especiales, de calidad y calidez humana;

Para aquéllos, que nos cobijaron con amor,
Que nos dieron mucho cariño y gran respeto,

Que siempre nos ampararon y nos guiaron;
Nos dieron grandes consejos y enseñanzas,

Predicaron con el ejemplo y su experiencia,
Y que formaron parte de nuestras vidas…

Los que dejaron huella, dejaron su esencia,
Y, de alguna manera siguen revelándose,
Cada día, en cada lugar, en cada espacio…

Al susurro del viento y de las olas del mar,
En el murmullo del fluir del arroyo,
En los fulgores de cada rayo de luz…

En las chispas alegres de momentos felices,
En el afecto de un amigo o un compañero,
En la sonrisa e inocencia de un niño…

Las palmadas y abrazos de un ser querido,
En un dulce y bello recuerdo sin olvidar
Que sin pretender, te dibuja una sonrisa…

Para el corazón, la mente y el sentimiento
No hay barreras, ni existe ausencia física.

Sabes que desde donde estén, contigo están,
A través del sentimiento, y dando su Luz,
Cada vez, y más, con mayor intensidad.

Gracias Señor, Dios Todopoderoso y Eterno
Por el tiempo que nos permitiste tenerlos.

Con todo el Amor, el Cariño, el Respeto,
La Admiración y el Agradecimiento,

Porque sé que están Allá donde están…
Gracias por todo lo que ellos nos dieron.

Sé que algún día nos reencontraremos,
Sé que sólo se nos adelantaron en el viaje.

Alegres, allá prepararán nuestra llegada.

Aires de mis amores

Ya ni los hombres, ni sus hijos,
Ni los hijos de sus hijos,
Saben que es nuestra la Naturaleza,
Que a toda alma llena de nobleza,
Enseñándoles a la vieja usanza.

No hay a quién interese un instante,
Pararse en un camposanto, y respirar
El aroma de jazmines dominante,
Mientras desempolvas las lápidas
De las viejas tumbas de tus padres.

Ponerles flores ya sería mucho pedir.
Sentarse un rato y con ellos platicar,
Contarles de tu historia los logros,
Tus ideales, tus deseos, tus fracasos,
Y someterse a sus secretos regaños.

Llorar allí un poco por su ausencia,
Diciéndoles cuánto los has amado.
El alma descansa y se engrandece,
Cuando intercambias tus emociones
Con esos muertitos que son tan tuyos.

¿Quién se detiene a ver el sol, la lluvia,
O la Primavera que pasa desapercibida;
El Verano que a los colores da cabida,
La mariposa que liba miel en un botón,
Junto al lago sereno de aguas de cristal,
Que se abastece de la hermosa cascada
Puesta como marco en la bella montaña?

¿Qué pasa entonces con lo esencial?
Es que se me está borrando de la mente,
Los antiguos hábitos tendré que recordar:
Ansío los rumores del viento al pasar.

En plenilunio, oír a un grillito cantar,
La esencia húmeda del bosque, respirar,
Los recuerdos clásicos antiguos, imaginar…

La humanidad de antes inhalaba estos aires,
Estos aires míos, de mis antepasados,
Que han recolectado los últimos suspiros
De todo el que por esta Tierra ha pasado.

Estos aires, que dieron a mis ancestros
El primer respiro, y traen las esencias
Del olor de las fragancias de las flores;
Aires que me llegan al fondo del alma,

Que huelo y aspiro con todas mis ansias,
Con el anhelo de mi alma y corazón:

Porque no me traigan inquietudes,
Porque me traigan sólo calma y reposo,
Porque me traigan paz, y siempre paz,
Esa amada paz que tanto añoro.

Alma desamparada

"¿Decidme hijo mío,
Dónde quedó el sueño que soñaste,
Dónde quedó aquella ilusión,
Dónde quedó aquella felicidad
Que mucho buscaste…?
¿Dónde está todo eso ahora…?".

En este momento no sé lo que siento,
Confuso y aturdido estoy viviendo,
Quiero estar triste, pero a la vez alegre,
Siento mucha vida a través de mis venas,
Pero siento muerte en mi pensamiento.

Me muero por querer a alguien amar,
Y me muero por estar siempre contigo,
Y en este estado de que muero y no muero,
Me muero por querer saber lo que espero.
Pero resulta que también así vivir quiero.

Me angustio por no poder encontrar,
Y sin poder absolutamente nada entender,
No encuentro nada de lo que busco,
Ni encuentro nada de lo que quiero.
Pero lo que busco, lo quiero y lo deseo.

No sé qué es lo que me pasa,
¿Melancolía, tristeza, angustia, alegría?
Volteo hacia atrás y quiero regresar,
Pero mi alma me impulsa hacia adelante,
Y como alma triunfante, acá quiere estar…

Soñando a veces quiero desaparecer,
Y a veces soñando me quiero recrear,
Quiero intentar encontrar la felicidad,
Lo que siempre he estado buscando.
¿Será eso lo que mi alma está reclamando?

Es claro que unos toman y otros dan,
Unos apenas vienen y otros ya se van,

Y yo, así como soy, no sé ni donde estoy.
Yo ni siquiera sé, si vengo o si voy,
Pero en la espera, en silencio, aquí estoy.

No sé por qué todo me hace llorar,
Sólo sé que nadie me lo puede explicar,
Sólo aquél al que le lloro y le imploro,
Con un grito amargo, triste y lastimero.

Que me defina esta ambigua situación...
Porque por saberlo me muero...
Y por no saberlo, también muero...

Alma de poeta

Envuelta en la burbuja de un sueño,
Mi alma al más allá salió volando,
Cantando y suspirando y ansiando
Descubrir el Olimpo de un ensueño.

Fundida en la esencia del destino,
Incapaz de perderse y escapar,
Entre auroras rebusca un camino,
Donde desahogar sus ansias de amar.

Quiere al reluciente sol secuestrar,
Esconderlo en una concha de mar,
Para abrirla allá, en la profundidad,
Al azul oscuro descubrir e iluminar.

De suaves y apacibles ángeles,
Con acentos de cielos y nirvanas
Aprisionó esencias y fragancias,
Con las que tus poemas exhalas.

De todas las flores, los colores
No eran suficientes para pintar,
Miles de estrellas en el firmamento,
Cuyos destellos me vienen a brindar.

Alma de Poeta, alma de niño,
Mira que tú todo lo maquillas,
Engañándome en el sueño de amar,
Y por fin, entregándome tu cariño.

Has pinchado un par de corazones,
Cuyas almas, ciegas, sordas, mudas,
Obtusas, sencillas y radiantes,
Sólo amaron sin ostentaciones.

¡Mas yo, sólo quiero a ti amar...!
Soy aquella alma que salió volando,
Cantando y suspirando, y ansiando
Descubrir el capullo de tu ensoñar.

Busqué aquí, allá, por mar y tierra,
En el cielo, en la noche y en el día,
Hasta que te encontré en un viejo libro,
En cuyas páginas estaban tus poemas.

Mi aliento entre tus rimas se abrigó,
Mi corazón con tu cantar se bautizó,
Y el ensueño que este sueño causó,
Allí, por fin, a mi alma capturó...

Angustia

Impaciente como el intenso fuego
Por comerse el alimento que lo produce...

E irreverente como el pecado que soslaya,
La ocasión súbita del momento,
Sacado del más oscuro deseo carnal,

De aquello que alimenta negra necesidad,
De esa forma es, en mi pecho ansiedad...

Angustias de juventud

Sólo me pregunto una cosa:
¿Si a lo que tu pecado acosa,
En tu alma es acaso que reposa?

¿Quizás sea simplemente una rosa
Que en el sendero encontraste
Y que presurosa deshojaste...?

Dime cuál es la condena que te hostiga.

¿Qué pesar te tiene acaso angustiada,
Es realmente un desliz muy escondido,
O acaso el deseo vehemente de perderte?

Año Viejo, Año Nuevo
(2018-2019)

Ya está el nuevo año a punto de iniciar,
Empujando al viejo y lo que con él se lleva.
Sabrá Dios qué tanto de mí se vaya con él,
Aún no he hecho un análisis retrospectivo,
De lo vivido en este año que al fin termina.

Adiós a las ilusiones que me hacían soñar,
Se fueron las penas que me hacían llorar,
Adiós a las angustias y las desesperaciones,
A las congojas y tristezas que me conmovieron,
Adiós a mis intensiones de componerme,
Regenerarme, ser mejor, de levantar cabeza,
Y de lo que dejé pasar sin advertir su valor.

Todos esos momentos y acontecimientos
Que pasaron sobre mí durante este tiempo
Unos fueron muy buenos, y otros no tanto,
Pero que impactaron marcando una huella
En mi alma, mi pensamiento, y mi corazón,
Y que finalmente me ayudaron a ver la luz.

Porque fueron las enseñanzas reducidas
A experiencias que me abrieron el camino,
Y me socorrieron para reforzar mi espíritu,
El cuál constituyó la fuente de mi entendimiento
Me hizo comprender que en todo hay un motivo,
Un para qué y un porqué que se combinan
Para definir los planes, fines y compromisos,
Aunque unos se lograron, otros ni iniciaron,
Se quedaron en el tintero, para estrenar año.

Pero no se pueden olvidar todas las vivencias
Que me dejaron claras visiones por explorar
Lo qué sí y lo qué no debo tomar para bien,
Lo que me produjo satisfacciones, placeres,
Bienestar, tranquilidad, gustos y querencias,
Que me servirán para establecer las bases
Y los objetivos para este año que comienza.

Es necesario rediseñar el enfoque y la ruta,
El camino completo si fuera necesario.
Hay que perseguir los sueños no soñados
Que me excitaban en el año que ya se fue.

Todo lo vivido sólo fue mi ligero equipaje
Lleno de mil experiencias, conocimientos,
Crecimientos, costumbres, fortalezas
Y ganas de seguir, luchar, soñar y lograr,

Vivir cada momento con toda intensidad
Adquiriéndolo todo con lo que disponemos.

A Dios damos gracias por la oportunidad
De haber vivido un año como lo vivimos.

Ahora sí, dejar en el pasado lo ya pasado,
Sin olvidar rescatar todo lo bueno vivido,
Desechar el dolor de las viejas cicatrices,
Lo que duele y dificulta e impide avanzar,
Reorientar los nuevos bríos y las fuerzas
Necesarias para reinventar los nuevos retos.

Retos que caminaremos siempre juntos
Con el mismo destino y en el mismo siglo,
Cara a cara, de la mano, y hombro a hombro,
En el mismo andar por muchos soles más.

Y sólo queda por decir lo más importante,
Lo más delicioso y más placentero de la vida:

Es estar a solas con Dios en esos momentos
De silencio y recogimientos para mi alma,
En ese rinconcito donde puedo platicarle
Y decirle todas mis penas y mis inquietudes,
Porque sé que de Él obtendré Sabiduría
Y la orientación necesaria y adecuada
Para seguir mi camino a su lado,

¡Y a tu lado…!

Apariencias

Aspectos escondidos por detrás,
Bajo una sombra de pareceres
Exteriores de cruel vanidad.

Ilusión que no parece ser
La realidad de lo que esconde,
El lienzo cubierto de color.

Lo que aparentan puedes ver,
Sin ver lo que de verdad son,
"Aparentar" más letras que "ser".

Duda de los que se disfrazan,
Duda de quien procura ser amable,
Confía en quien ser amado pretende.

De disparates, libres nos veríamos,
Si vernos como nos ven pudiéramos,
No fingiríamos lo que no somos.

Ya es mucha la gente en el mundo,
Y la gente cada vez tiene más caras
Los rostros aumentan y se agrandan.

Veinte años: rostro que Dios le dio,
Cuarenta años: el que la vida le dio,
Sesenta: el que en verdad mereció.

Para hacerse de una buena posición,
Todo lo que sea posible, haz de hacer:
Mentir, que ya estás en tal situación.

Aparentar, es el teatro de los actores,
De los muñecos y los embaucadores
Escondidos tras los bastidores.

Desfiguros de verdades y realidades,
Para evitar habladurías o murmuraciones,
Sin evidencias de hechos realizables.

A veces sucede

Parece que a veces sucede
Que todo termina,
Cuando apenas florece.

A veces resulta que sucede
Que todo comienza,
Cuando parece que finaliza.

Así es la vida de caprichosa,
Cuando crees que todo lo tienes,
Comprendes que no tienes nada.

De la vida sólo recibirás,
Lo que realmente te mereces,
Tanto como cuanto en ella invertiste.

Bendita dulzura

Los menesteres y la distancia,
Ni mar ni cielo en su arrogancia,
No me hacen mella en el ansia.

Eres bálsamo que todo lo cura,
Me das en la medida que sosiega,
Mi locura al inyectar tu ternura.

Sólo que no me andes negando
Lo que yo en ti ando procurando
Que me excita y me tranquiliza.

En tanto que bien me haces sentir
Y si cada noche, amorosa te portas
Huya pues la pena y la locura,

¡Bendita dulzura!

Bendito sea el año que viene

¡Adiós, adiós, adiós… Año 2020!

Un año más que ya desterramos,
Un año más que nos dejó huellas,
Siempre tan ofensivas esas ¡Huellas!,
Que quedaron marcadas para siempre
En las acciones y en nuestro corazón.

Ay, si se pudiera adivinar el porvenir…

Sabríamos de las miles de sorpresas,
De circunstancias y acontecimientos,
Que en su momento nos favorecerían,
Quizás también nos afectarían o arruinarían,
Mas los efectos que todos produzcan
Definitivamente no se pueden negar.

¡Ay, pobre de mi desconsolado corazón…!

Quedó atrapado en esta cruel calamidad
Que a todos truncó, destrozó, quebrantó,
Y a miles, hasta la vida les arrebató…

Nos quitó nuestra paz y la tranquilidad;
Sólo nos dejó la desesperante ansiedad,
De la ruptura de la convivencia fraternal,
Del contacto físico y del afecto personal,
Que sólo queda como una dulce nostalgia
De aquellos viejos tiempos y momentos
En que la vida era hermosa, dulce y grata,
Donde nadie lloraba más que de felicidad.

Yo no estoy capacitado para entender
Por qué este año la vida así nos trató,
Aunque me dejó mejor visión de las cosas

Como para revalorar las decisiones a tomar,
Adaptarme, aceptarme, mi carácter mejorar;
Mejorar el afecto que les debo a los demás,
Dando gracias porque en cada etapa
Dios me ha dado fuerza para soportar
Y alegría para a cada momento disfrutar,
Pues la vida es justamente eso que tenemos,
Con quién estamos y de cómo la disfrutamos:
A pesar del mal, hay que sacarle provecho.

¿Qué quedó entonces de nuestros logros?
¿Cuáles irán a ser los nuevos propósitos?
"De más heridas que sublimes recuerdos
Sólo nos quedan el llanto y la esperanza".

Mas siempre hay calma luego de la tormenta,
Siempre habrá una sonrisa que te ilumine,
Y siempre estará Dios frente a nosotros
Recordándonos que "No Tengamos Miedo".

El nuevo año será esa deseada esperanza
Que borrará nuestras lesiones y cicatrices,
Transformándolas en bendiciones e ilusiones
Que nos darán día a día motivos para vivir.

Bullying

El bullying, este actual problema,
Está azotando a todo estudiante…

Los malos lo hicieron su emblema,
Que envenena todo a cada instante.

Ay de los pobres niños tesoneros
Angustiados por esta terquedad…

Sucede que entre varios compañeros,
Se promulgan en cruel complicidad.

Niños nobles, ahora temerosos,
Ya no quieren ir más a la escuela…

Y decidiendo dejar de ser estudiosos,
A un oscuro silencio se condenan.

¿Son los padres o son los hijos,
O realmente son los maestros,

Los coautores de estos enredijos
De rapaces animales destructores?

Ese petulante hostigamiento escolar
Agrede en menores su personalidad…

Pronto intimida su íntima sensibilidad,
Y el infante decide actuar o no actuar.

El opresor hostiga, en tanto, al inocente,
Para que no estudie, para que no trabaje…

Para que sea como él, cobarde insolente,
Y presionado entonces que entre al sabotaje.

Si eres un gordito, cabeza de calabaza,
Eres un bizco, chimuelo o tienes viruela;

Si no les caes bien, o si te trae tu abuela,
Cuídate, que serás pronto su marioneta.

Sé valiente y denuncia a los agresores,
Que el silencio nunca será la solución…

Mayores seguirán dominando a menores,
O a quienes tengan una disfunción.

"Yo tengo mucho miedo defenderme,
Ellos son muchos contra mi carencia".

"¿Por qué a mí este castigo perenne,
Que colma de mi alma la paciencia?".

"¿A quién pudiera yo decirle y confiarle
Sobre mis diarios ataques y desventuras?".

"¿Quién podrá un día librarme, redimirme,
De estas experiencias terribles y duras?".

La violencia en las escuelas, es ignorancia,
Sólo contribuye al vandalismo y al pillaje,

Y en esencia a un brutal pandillerismo,
Que se lleva a las juventudes al abismo.

"Juro que mi hijo no es de esa clase".
Reza todo padre al que esto preguntes.

Mientras sus hijos esquivan la mirada,
"No temas, yo resuelvo tu encrucijada".

¡Denuncia, amigo, denuncia amiga…!
Bullying es problema que a todos afecta…

Enfrentémoslo, que no quede en indiferencia,
Contribuyamos a tener una sociedad justa.

("Bullying": Acoso escolar. Este poema se hizo en colaboración con el poeta Alejandro Jesús Días Valero de Venezuela)

Caballito de palo

Caballito de palo o de madera,
Dulce recuerdo de mi infancia,
De escoba o de trapeador,
Me hacías la vida placentera.

Las escobas aún persisten,
Pero los niños de ahora
Con caballitos ya no las visten,
Y mi alma se entristece y llora.

Mi inspiración por él se esmera
Por eso estos versos aquí le traigo,
Porque aunque era de madera,
También era mi mejor caballo.

Ay, mi caballito de palo,
Cuántas veces fuiste quebrado,
En mi espalda adolorida,
Por haberme mal comportado.

Pobrecita de mi madre,
Dios la tenga en el Cielo,
Para corregirme no batallaba,
El caballito me arrebataba,
Y en la espalda me lo quebraba...

Y si no era ella, era mi padre,
Y que él mismo siempre me decía:
"Recibe la tunda aunque no te cuadre".
A ver si así me componía...

Y nunca fue que me compuse,
Cientos de caballitos descompuse,
En mi espalda y nalgas me los rompían
Sin embargo, más caballitos conseguía.

Cuando no iba con una, iba con otra tía
O con la vecina que tanto me quería,
Ella misma siempre me lo decía:
"Otro caballo para ser por ti vestido,
Uno más para ser en tu espalda quebrado".

¿Pero cómo podría dejar de montarlo,
Si con él recorría todos los caminos,
Si arriba de él a todos los indios mataba,
Si encima de él mi niñez se pasaba?

Qué tiene que la espalda me molieran
Si las horas que en él montado me pasaba.
Era el general de mis ejércitos, donde yo
El mundo entero armaba y desarmaba.

Y ahora que me encuentro viejo,
A veces, cuando me duele la espalda,
Te recuerdo, mi antiguo y fiel compañero,
Mi caballito de palo, que ahora tanto extraño.

Hoy te regalo estos versos...
Por todo lo feliz que me hiciste,
En honor de la niñez feliz que me diste...
Y del dolor que a mi espalda heredaste...

Carácter, carrera para la vida

Tu carácter, te perseguirá toda tu vida,
Habrá qué ejercitarlo constantemente,
Es un curso que llevas en esa escuela,
Que le llamamos la escuela de la vida.

Sólo de ti depende que se fortalezca,
Sólo de ti depende que se enflaquezca.
Para fortalecerla debes ejercitarte
Procurando constantes trabajos pequeños:

Siembra un pensamiento, y segarás el deseo;
Siembra el deseo, y recogerás la acción;
Siembra la acción, recogerás la costumbre;
Siembra costumbre, y recogerás tu Carácter;

Siembra Carácter y tendrás por premio
Las mieles de tu propia destino,
Y de tu destino depende toda tu vida.

De pequeños pensamientos y acciones
Va entretejiéndose la suerte de tu vida.
A través de tu vida enfrentas combates,
Es interminable, uno tras otro y otro...

Pero en eso consiste realmente forjar
El Carácter, en vencer los pocos o muchos
Combates contra ti mismo que se presenten.

Recuerda que luchar contra ti mismo,
Es el más difícil de todos los combates;
Pero así, vencernos a nosotros mismos,
Es la victoria más gloriosa de tu vida.

Decimos que es un joven de carácter,
Aquel que tiene principios e ideales nobles,
Sabe ejecutarlos y permanece firme en ellos.

Permanecer firme aun cuando todos
Los demás sean cobardes y sin carácter;
¡Permanecer firmes en nuestros principios,
Sean cuales fueren las circunstancias!

Sólo Dios sabe cuán terrible es a veces.

Castillos en el aire

Nuestros sueños envuelven la conciencia,
Las ilusiones desacomodan la realidad,
Tus deseos y tus necesidades te abruman,
Este entorno ficticio se ajusta a tus sueños,
Creando tú mismo tus mundos de fantasías.

Sin darte cuenta, sin pensarlo, ni percibirlo,
Al momento menos pensado quedas inmerso,
Construyendo un perfecto castillo de naipes,
Que según tus sueños, crees y casi aseveras,
Que no hay nada más bello, ni más hermoso;
No hay nada que te pueda hacer más feliz.

Te aferras a tu débil, pero muy tuyo castillo,
Plantándote enfrente para cuidarlo y protegerlo.

Aunque no del todo consciente, pero en el fondo,
Sabes bien que es muy frágil, muy poco sólido,
Cualquier débil viento amenaza con derribarlo.

El problema es que, sin casi tú darte cuenta,
Puedes pasar años deteniendo el tiempo,
Al acecho, nervioso, preocupado, sin moverte,
Cuidando que tu espejismo no sea derrumbado.

Estás obsesionado con tu gran tesoro soñado,
Pero dentro de ti sabes lo frágil y débil que es.

Sin embargo Dios y la vida son tan sabios,
Bondadosos, compasivos y en el momento justo
Te mandan una sacudida con toda su potencia,
Con tal fuerza, que en segundos destruye todo.

Destruye tu frágil castillo y con ello tu fantasía,
Tirando, dispersando los naipes por todos lados,
Sacudiendo con gran furor tus fibras íntimas,
Así como también tus pensamientos: tu conciencia.

Cuánto dolor y cuánto llanto habrás derramado,
Seguro llorarás su pérdida hasta que te canses,
Pero aprenderás que tus lágrimas te limpiaron.

Cuánto tiempo estuviste engañado y obsesionado,
Cuánto tiempo tus ojos estuvieron tan cegados,
Que tu visión no llegaba a más que tu interior,
Que ya sin ataduras, eres libre de ponerte en pie,
Que se ha roto un yugo para seguir avanzando.

Verás que entre tus lágrimas nace una sonrisa,
Una chispa de felicidad que todo lo apacigua,
Una carga menos a tus espaldas: nueva coyuntura
Para reforzar tu conciencia y aprender a vivir
Dentro de tu realidad, para aceptarla y encararla,
Para avanzar con pasos firmes y sin miedo…

Cervecita

Dicen que la medicina que todo lo cura
Al ser justiciera, infunde valor a cualquiera:

Que para olvidarse de esos amores ingratos;
Que para olvidar sufrimientos y desacatos.

Los tragos para afrontar las realidades
Que algunos no pueden, estando normales.

Para los que el corazón les han destrozado,
Unas botellas pa'que no siga ensangrentado.

Líquido amargo que disminuye las penas,
Y las cambia por felicidad y falsa alegría.

Así, quita los miedos, sin temor a condenas,
Mutando horizontes oscuros a iluminados.

A los que les roban un amor, aquí se olvidan,
Y valor agarran para llevarle gallo a la perdida.

Mas si no se lo robaron, pero ella sola se fue,
Valor agarran para tronar el rifle a la traidora.

Bien que para todos hay de esta medicina,
A todos se les sube lo muy macho a la cabeza;

Y a más medicina, el machito más se amacha,
Borracho y mareado actúa con más destreza.

Saca la calibre 22, cañón corto o cañón largo,
"Que pa'algo tiene qué servir esta chingadera,

Ni modo que pa'traerla guardada de encargo,
Que truene, que se llama justiciera por algo".

"Y truénela m'hijo, ¿qué usté no es hombre?
Agárrela fuerte y truénela con las dos manos,

Que los machitos así se la van forjando,
Man'que la bala l'entre a cualquier pelao".

Miren que esta medicina, qué mal me hace,
Pero miren lo bien que la ingrata me pone,

Ya me caigo de borracho y no pierdo ánimo,
Con un tropezón puedo darme un porrazo.

Ai quedo, sin despertar hasta el otro día:
La cabeza destrozada, la panza irritada,

Los ojos llorosos, las úlceras reventadas,
El hocico sangrando, y el cuajo saltando.

Así que la medicina hizo reacción buena,
Le cambió la personalidad a la persona,

Y la dejó soñando babosa y bobalicona,
Terminando en inconsciencia dicha faena.

El idiota que en la noche alegre andaba
Hoy amaneció casi sin poder responder,

Gracias a la medicina que anoche tomaba,
Hoy ni con diez medicinas se puede levantar.

Colaboración

¿Qué te crees o quién te crees que eres?
¿Quién en este mundo te ha autorizado
Poder hacer un juicio de una persona
Que ni siquiera conoces, ni estimas?

¿Por qué estableces que lo sabes todo,
Y piensas que puedes identificar al ver,
A personas con sólo observar su aspecto,
Sin saber quién es, ni estudiarlo a fondo?

¿Qué tipo de persona instituyes que eres,
Si con tan sólo eso, te das derecho a juzgar,
A criticar y a emitir un juicio contundente
De quién ni su vida ni situación conoces?

Seamos juiciosos y pensemos cabalmente,
Pues no somos nadie para juzgar a alguien,
Ni tenemos derecho ni autoridad sobre nadie:
Todas las personas somos muy diferentes.

Si acaso algún día te dieran la oportunidad
De tener el derecho de juzgar a alguien,

Tal vez tendrías que estudiar a esa persona,
Verle a fondo lo que le está pasando…

Los problemas que tiene y ahora atraviesa,
Lo que está viviendo y su carga emocional,
Quizá estudiar un poco su historia pasada,
Miedo y dolor de lo que en vida le ha pasado.

¿Qué amargas experiencias ha tenido al vivir,
Y obstáculos y limitaciones que ha afrontado?
Nada de esto podríamos saber ni imaginar
Hasta que se nos presente una situación igual.

Francamente, nunca estaremos en su situación,
Pero podremos entender y comprender su estado,
Y quizás, en lugar de asumir el rol de jueces,
Tendríamos actitud conciliadora y constructiva.

Querer ser superior y actuar con crueldad
No parece que algo bueno pueda aportar.
Lo que nos falta es usar nuestros sentimientos,
Colaborar con empatía en una crítica acogedora.

Nos falta mucho a todos por saber y aprender,
Y todo se trata de crecer y aprender siempre…
Intentaré entenderte, escucharte y disfrutarte,
Sin juzgarte ni condenarte, sino sólo apoyarte…

¡Para seguir andando juntos nuestro camino…!

Combate al amanecer

Rasgada está el alma mía,
Al empezar matutino sustento,
No sabe desde cuándo,
Se le permitió empuñar espada
Con conciencia y certera maestría,
Para ofrecerla en prenda
Al afrentoso que osa en su verso
Provocar mi devoción,
Y alterar la paz de mi más hondo
Delicado y santo retoño,
Que deseoso por ser ajusticiado
Trata de vengarse en la súplica.
Mira ya mi espada alzando
Empuñada y contendiente…
Ahora, sé caballero y empuña
La tuya en este combate a muerte,
Donde el ganador batiente

Clavará arma en el lugar de devoción
De aquél cuya resistencia declinara,
Favoreciendo al justo placer
Del triunfador sobre el vencido.

¿Cómo poder ver la belleza?

Todas las cosas de la Creación
Se hicieron con toda perfección,
Cada una diferente a todas las demás.

Hay en todo la silueta de la Belleza
Que aunque no lo puedas apreciar,
Todas las cosas emanan de la perfección.

¿Puedes ver en cada cosa su esplendor?
¿Cómo es que estando en el mismo lugar,
Sólo a algunos se les ocurre ver las estrellas?

¿Cómo es que todos habitamos este planeta,
Pero sólo algunos deciden abrazarlo y amarlo?

¿Si todos tenemos la oportunidad de vivir,
Por qué unos deciden quitarse la vida y morir?

Con el alma sonriente

Cuando el alma te mira y te sonríe:

Hace que te sientas plenamente libre,
De resentimientos y expectativas,
Libre de preocupaciones y de penas,
Lejos de los "deberías" y los "hubieras".

Te da el valor de aceptarte a ti mismo
Y perdonarte tus faltas y tus errores,
Aunque te dieron la ventaja de aprender,
Y de convertirte en lo que ahora eres.

Cuando el alma te mira y te sonríe:

Sueña, vive y goza al mismo tiempo,
Hay tanto de lo que puedes disfrutar,
Mira el cielo, las montañas y el campo,
La fragancia de una flor y su color.

Mira a tu alrededor el Paraíso oculto,
Que se vislumbra en tu colorido jardín,
Con los canturreos de los pajarillos,
En el susurro y los sonidos del silencio.

Cuando el alma te mira y te sonríe:

La vida en armonía va aconteciendo,
Una profunda serenidad vas sintiendo,
Y abrigando esa belleza en tu corazón,
Que sólo la palpas al tener dicha paz.

Las cosas simples parecen estupendas,
Y el rostro refleja una extraña felicidad,
Que desprecia esas cosas superfluas
Con las que creías que podías ser feliz.

Cuando el alma te mira y te sonríe:

Te das cuenta que para disfrutar,
Sólo necesitas aceptarte como eres,
Ver con tu actitud un Paraíso interno...
Sólo adorna las piezas que lo integran.

Tu corazón accede ser esclavo del amor,
A estar encadenado a los bellos recuerdos,
De los tiempos del pueblo y los abuelos,
De los tiempos de felicidad de la facultad.

Cuando el alma te mira y te sonríe:

Te avisa que son realmente tus amigos,
Tus familiares y lo que tienes alrededor,

Ese Paraíso que muy dentro de ti está,
Y que sólo tú puedes sacar del corazón.

Chismes

Pues ya se sabe que en pueblo chico
El candidato que lo asume, con gusto
Lo introduce al problema y algo agrega.

Total que cada quién que algo le sume,
Con el mismo gusto el chisme se alarga,
Madura para entrar y salir en la posterga.

También lo cuentan, y cuando lo cuentan,
Algo más le van pegando, hasta convertirlo
En situaciones creadas por sus mentes...

Que son sólo de los demás exageraciones,
Y con el tiempo, en mitos o en leyendas
Se transforman tales murmuraciones…

Y que sumadas a las reales emociones,
Siempre se salen de todas las razones,
Y la verdad verdadera, ya no es realidad.

Chispas de felicidad

¿Dónde se encuentra
Lo que escondido está
Para llegar a ser feliz,
Lograrlo de algún modo?
Uno puede no saberlo
Y al no saber, es muy fácil
Que se haya de engañar.

En eso consiste dialogar,
Saber lo que no se sabe,
Descubrir lo que no se conoce.
Porque eso de la felicidad,
Es un algo que lo puede a uno
Hacer feliz según lo que dicen.

Y dicen que está muy adentro,
Igualmente dicen que no vale,
Que sólo pasa a ser un sedante.
Sólo un fugaz calmante,
O un simple relajante,
Del diario que se escapa.

Cuando tiene oportunidad.
Quiere estar en libertad,
O sea que viene a ser
Como una cosa parcial,
De lo que puede ser
El bien completo,
O la felicidad total.

Deja cómodos a tus muertitos

Deja a tus muertos que descansen,
Déjalos que ante el Señor alcancen

La paz que Dios promete y cumple,
Si dejas que su acometido realicen.

Ya no molestes más a tu muertito,
Sólo mantenlo en tu corazoncito,
Para que siempre tonifique en tu vida
Cada año, mes y día, a tu motorcito.

Siéntalos en un rincón de tu casa,
Cuádralos en el marco de un retrato.
Para cada uno, escógele una estrella,
Y a la estrella llámala por su nombre.

Se convirtieron en tu ángel guardián,
Te guiarán por los buenos caminos,
Y siempre te llevarán de la mano,
Evitando mala vibra de tus adversos.

Nunca andes llorando por tus muertos,
Pues ellos ya están con Dios en su jardín,
Sólo llora de felicidad de todo eso saber
Y de pensar que también contigo están.

Se fueron porque sólo dejaron de ser,
Y eso fue sólo porque se adelantaron,
A nosotros detrás de ellos nos acomodaron
Seguro que estaremos pronto con ellos,
Mucho antes de que canten los gallos.

Brindemos hoy por los que ya no están,
Por el abuelo, el padre, el tío y el hermano;
Por los amigos, los amores y los familiares
Que se adelantaron desde tan temprano.

Sólo los dejaron de ver nuestros ojos,
Pero allá están, siendo felices como aquí,
Y procurándonos a nosotros la felicidad
Que aquí y allá, ya nos tienen arreglada.

Demencia

Me desconozco, olvidé quien soy,
En selvas licenciosas, escabrosas,
Voy por vertientes de un abismo.

Me atrae el musgo, su olor a mar,
Intento una metáfora con mi mente
Infectada de delirios en linderos vagos.

Una parábola de fuego y de nieve,
Cera derretida de un cirio reciclado,
Espuma y esponja, savia y resina,

Caen discontinuamente a mi corazón,
A mis suspiros, a mis ayes de placer,
Rebosa enjundia mi reseca garganta.

Rugiendo entre mis mares de locura,
Llega, convulsiona sin parar, un grito
Aúlla el misterio, en medio de la nada.

Rebana mi cuello, me ahoga el bramido,
Soy un espectro lacerando mi cuerpo,
En esta noche, oscura como la nada.

De mí depende

La felicidad que uno en la vida obtenga,
Es la respuesta de cómo uno vivir desea;

De cómo uno por vivirla se preocupa,
Mientras la luna de noche se recrea…

El Sol persigue su resplandor eternal,
Algunos teniendo todo para ser felices,
No lo son; y otros, que con sus carencias
Hacen de su mundo un paraíso terrenal.

¿Qué precisa una persona para ser feliz?
La respuesta es: "todo depende de mí".

No hay felicidad que no se pueda obtener.
Dios, por igual a todos ha de bendecir…

Inconsciente y en silencio se me impone.

Yo soy el que azúcar al café le agrega,
Yo soy el que al té, miel con limón le pone.
Yo decido qué es lo que tengo que hacer.

Todo depende de cómo pueda asociar
Mis ideas con los beneficios del porvenir,
Y de una decisión a cada paso tomar;

Me lo dirá la luz del Sol al atardecer…
O mi primer delicado sueño al anochecer.

En cada decisión, de entre dos caminos,
Escoger el correcto, es la mejor seguridad
De irse uno acostumbrando a la felicidad.

Seguro que esta vida se pasa rápidamente
Que cuando menos la persona lo advierte
Ya tiene alborada de sesenta años o más…

Viejo de pintado cabello plateado ya estás…

No significa que la muerte se te presente
Cada vez que des vuelta en la esquina.

Anciano, sí, pero con el corazón latente,
Rejuvenece a la mente sueños cristalinos.

La mente de blancas intenciones,
Que piensa, crea y toma decisiones,
Y tu cuerpo aunque no sea tan fresco,
Sigue feliz, si así son tus presunciones.

El pasar de los años no es en balde,
Ellos pasan y el tiempo no se detiene,
El cuerpo envejece y se ha de arrugar,
Todo muere porque tiene que morir…

Descuido

Dios nos libre de tan tiranas intenciones,
Que pudiésemos tener en otras circunstancias,
A malas costumbres y mal habidos menesteres,
Que los Caballeros bien nacidos, palabras bajas,
Y como tales aberraciones jamás en su mente
Podrán haber, porque el noble Caballero
Siempre se forja como el acero al fuego,
Sin descanso. Y las noches estrelladas
Son el marco propio y adecuado
Para la vela y la oración…
Siendo así su profesión.
Remedio no hay
Para descaro
Como tal,
Y yo le aseguro
Que por haber comido
Dorados un par de cojones de dragón,
Con mayor razón obrará con fuego y sin pudor.

Difamación

Que la venia de tu deseo sea al amanecer…
Es una afrenta ante la hospitalidad,
Que el Señor nos brinda para la oración,
Al despuntar el alba y aparecer el rocío.

Es un pecado despertar en el Santo Día,
Y haya que empuñar mi arma con rigor,
Negando puntería para lanzarla en prenda
Al afrentoso cuyo verso provoca mi fervor.

Aquél que intenta alterar la insondable paz,
De mi más profunda y delicada Gracia
De mi alma por decir sólo la justa verdad,
Y pretende dar revancha a tal pretensión.

Y yo te recuerdo que de las imaginerías,
Y de las expresiones de las hechicerías,
No compagina la fantasía con la oración,
Y no se plasma para su deleite ulterior.

Si no crees que mío es lo que escribo,
Yo niego por toda la eternidad misma,
Que mis escritos sean de paternidad ajena,
Y tan semejante ofensa debe ser lavada.

Elegid armas que al despuntar el alba,
Con su primer rayo acariciando la tez,
De la silueta ya empapada del rocío,
Esperaré con todo el deseo a contrariarte.

Mi arma está lista para ofender herida,
En el lugar correcto, justo y vulnerable,
A fin de obtener justo placer justiciero,
Y reclamar mi digna realidad escritural.

Sea pues, estoy deseoso de ser ajusticiado,
He aquí mi arma empuñada y contendiente,
Sé caballero y empuña la tuya en combate
A muerte… Y que venza vencedor batiente.

Que sea pues clavada la empuñada arma
En el lugar de aquél de débil resistencia,
Que haya menguado; en cambio el ganador
Reciba de placer la humillación del vencido…

Dilema de Blas Pascal

"Es preferible que esté equivocado,
Creyendo en un Dios que no existe,
Que estar equivocado, al no creer
En un Dios que realmente existe".

Si luego de la muerte no hay nada,
Que nunca lo sabré, evidentemente,
Cuando me hunda en el sueño perpetuo.

Pero si encuentro a alguien, ciertamente,
Tendré que dar cuentas de mi actitud
De rechazo, y habré perdido mi vida.
Dios existe, o bien, Dios no existe.

Existe el Más Allá, o bien, no existe.
Has de apostar por uno de estos votos.
Inadmisible es permanecer indeciso.
Mas, si es que no quieres apostar,
Ya estás apostándole al "No existe".

Así que piénsalo bien…
Si pierdes (porque Dios no existe),
Realmente no pierdes nada; pero,
Si ganas (porque Dios sí existe),
Lo ganas todo: una feliz eternidad.

Por ello, está bien que te preocupes
Por las cosas de la vida diaria,
Pero debes pensar que son pequeñeces
Comparadas con lo que te aguarda
Después, por los siglos de los siglos.

Piensa en la eternidad y vive bien,
Pues tu felicidad o infelicidad eterna
Dependerá de tu vida en el presente.

Aquí vivirás unos años, allá por siempre
¿Puede haber algo más importante
Que pensar en qué será tu eternidad?
¿Acaso te daría lo mismo
Ser feliz o ser infeliz eternamente?

Dilema sobre un aborto

Sé que estar embarazada es pasarla mal.

Sé que en tu confusión no sabes qué hacer.
Y todo mundo a tu alrededor es ocasión
De intimidar para que tomes una decisión.

Y te dirá que abortar es algo sencillo,
"En una hora desaparecen tus problemas".

Tus amigos no saben lo que dicen,
Abortar no es ir al centro de compras.

Yo quiero decirte una cosa: si abortas,
Seguramente que destrozarás tu vida.

No hagas caso a ninguno de los murmullos,
Que dicen que abortar es como ir a pasear.

Hubo jovencitas que se hicieron un aborto,
Presionadas por su novio, o sus padres,
Hoy se lamentan como criminales juzgados.

Si pudieran, borrarían de su vida ese momento.
Darían todo el dinero del mundo por entrar
Al tiempo y cambiar el rumbo de su historia.

El aborto destroza las vidas y las deprime.
No desearías pasar por ese horrible espejismo.

Aun sigas angustiada y confusa, ten confianza.
Verás que tu niño al nacer te hará muy feliz.
Positivamente, apuesta por un futuro gustoso.

De qué se trata la vida

Y pues, ya a estas avanzadas edades,
A Dios gracias por no dar más necedades,
Si al menos se acordara uno de cosas…

Pero lo bueno es que me gusta dormir
Y al dormir, puede que esté el recordar,
Déjenme tal característica para soñar.

Y al soñar: recordar lo que he de decir,
Y justo lo que les acabo de comentar,
Que aseguro que mi vida va a mejorar.

Y en hablar, ni qué decir, también a mejorar…
Hablando de la vida, que es lo que importa,
Pues la vida es bien corta, y que me lo digan.

Día a día que pasa, más se me acorta,
Y a punto estoy de comerme la torta,
De pan de muerto, porque quizá yo lo esté.

Pero eso sí les digo, antes de morir,
Les juro que les entregaré mi historia…
Me esmeraré un tanto en terminarla.

Pues así es la vida, si no aprovecha uno
Para encontrar lo que realmente busca,
Te pierdes en que buscas y no buscas.

Así se te pasa el tiempo de volada,
Eso sí, a ser felices a como se pueda,
Que al cabos que no se pierde nada.

Al contrario, seguro se ha de ganar,
Que yo estoy bien seguro de eso,
Y de eso, tengo mucho que contar.

De eso es de lo que se trata el vivir:
De intentar, y de volver a intentar,
De seguir intentando para conseguir,

Las cosas que a tu alma puedan llenar,
Y con ello día a día te puedas deleitar,
Y como lo he venido diciendo, y lo digo:

Eso es de lo que se trata "el vivir".

Divino atardecer

A ningún sitio desearía yo ir,
Ni cambiaría el momento sutil
De la alborada, del crepúsculo,
Matizado frente a mi mirada.

Los pabellones del panorama,
Allá, atrás de aquella montaña,
Cuyas coloraciones contrastan
Con la blancura de esas nubes.

Nubes que en el cielo se posan
Enmarcando cúpulas nevadas
Que reflejan los brillos del sol,
Antes del momento de partir.

Dime quién quisiera retirarse
De tan bella escena apropiada,
A la belleza clara de tu rostro,
Antes de que el sol se ocultara.

Entremezclado con matices
Del delirio del atardecer puro,

Que hiere y seduce mi mirada
Soleada, enamorada, hechizada.

De la visión que ante mis ojos
Se disuelve tras fugaz alborada,
Dando abrazo a la oscuridad
Que envuelve a las estrellas…

Nacientes matices nocturnos
De miles de brillantes luceros,
Que ante ti se quedan celosos,
Temerosos, de tus lindos ojazos.

Por ellos fueron irradiados,
Cuyas chispas reflejan un albor
Tan bello como el de la luna.
Sin más lindura que tu belleza.

Ante la cual, caigo y me rindo.
Mi pudor no puede, se disuelve,
En este romance trashumante
De bellezas, matices y colores.

Tu rostro todo alrededor absorbe,
Y mi ser en tus labios se funde.
Finalmente en ese mar se hunde,
Perdiéndose con la solar jornada.

La negra túnica tiende su manto
Que la luna ruboriza con su luz
A aquel romance que pudo suceder
Ante la belleza y encantamiento…

¡De un puro y divino atardecer…!

Doble naturaleza

El hombre tiene una doble naturaleza
Que aparte de la de ser un animal,
Tiene otra muy encerrada en su cabeza,
Y ésta, es su naturaleza espiritual.

La esencia de vida, el alma, el ángel,
Lo que lo mantiene vivo y pensante,
Lo que lo hace soñar, orar y meditar,
Rara cosa, que lo hace a Dios ser fiel.

Lo que al hombre hace ser humilde,
Amable, afable, admirable, amigable,

Apacible, loable, laudable, razonable,
Sensible, respetable, y a Dios agradable.

Notarás que estas dos naturalezas,
Viven oponiéndose una a la otra.
Naturaleza animal detesta la espiritual,
La espiritual siempre resiste lo animal.

De tanto en tanto el hilo va cediendo
El espíritu, de ser domado se va cansando,
Prefiere entonces defender su voluntad:
La guerra entre ambos se va pronunciando.

¿Quién va a ganar en esa batalla desleal,
Si el cuerpo ama a sus cinco sentidos,
Y el alma ama a su esencia espiritual?
Quieren apartarse de la unión original.

Al hombre, "esta cosita complicada…",
Su voluntad se domina por su naturaleza,
¿Pero, cuál de estas dos naturalezas domina,
En la guerra de esta eterna batalla?

El cuerpo, hecho de elementos naturales,
De la tierra quiere nutrirse y satisfacerse;
El alma, hecha de las esencias divinales,
Con presencias divinas quiere saborearse.

Mas el cuerpo obstruye el deseo del alma,
Que acongojada y contrita sufre en duelo
El abandono de aquello que le da calma,
Que le da amparo, arrullo, amor y consuelo.

¿Qué es pues el hombre en esta confusión?
Si por una parte el cuerpo lo estira a su lado,
Y por la otra, el alma lo aflige y entristece,
Porque sin su alma, más animal se hace.

Decidida el alma por seguir su destino,
Es golpeada por la ingrata tentación,
Que le ofrece el cuerpo infiel y ladino…
Tan agitada y a ciegas, pierde el camino.

Pobre hombre que estando en conflicto
No puedes ver claro tu verdad ni tu sino,
Pero lucha hasta la muerte si pudieras,
Que Dios no te dejará solo, ni peregrino.

En la pelea, pelea siempre como varón:
Vence y domina a tu propia voluntad,
Que si la sujetas, dominarás tu turbación,
La nueva costumbre te dará tenacidad.

Sigue adelante, hombre, y no desesperes,
Que en el dominio de tu propia voluntad,

Consiste la victoria de todas tus cruzadas,
Que adornarán tu cabeza con laureles…

Con tu santo nombre: ¡Verdadero Hombre!

Dos lados de la vida

La vida te pone ante circunstancias difíciles.
No siempre, pero en muchísimas ocasiones,
Te somete a escenarios duros e inquietantes,
Que pueden llevarte a sentir dolor, confusión,
Quizá tristeza, impotencia, desesperación,
Hasta momentos de titubeo y de flaqueza.

De sentir que el mundo se te viene abajo,
Sin fuerza para resistirlo en tus hombros;
Sin capacidad para resolverlo o remediarlo,
Porque sientes que no está en tus manos,
Simplemente que está fuera de tu alcance,
Porque crees que ya has tenido momentos
Así en poco tiempo, y son ya tantos que,
Sientes que no tendrás fuerza para tolerar.

Sin embargo, con todo lo que has vivido,
Por más enérgica que la situación te parezca,
Te acuerdas que Dios siempre está a tu lado,
Cubriéndote las espaldas, dándote su mano,
Haciéndote notar su fiel presencia, dándote fe,
Mostrándose a través de tu familia, y amigos,
A través de bendiciones por todos los medios,
De los momentos que pone a tu disposición.

Te das cuenta, que sin importar lo que pase,
Dios te hace fuerte, valiente y optimista.
Sea lo que sea, estás listo para recibirlo,
Pero con otra visión y con otro enfoque,
Con certeza de que te hará salir adelante,
En los por qués y para qués de las cosas.

Siempre para crecer como seres humanos,
Para ver el mundo positivo, tal como es,
Lleno de luz, de aprendizajes y colores.
Siempre la Vida y el mundo tienen dos lados,
Depende de nosotros el que queremos ver y vivir.
Aún dentro de momentos de dolor y tristeza,
Finalmente en nuestra esencia, somos Alegría,
Amor, Fortaleza y Luz, de parte de Dios Padre.

A veces sentimos haber perdido la fuerza,
También sentimos que nos invaden el miedo,
La desesperanza, la turbación y el pesimismo.
Entonces seremos tristeza, rabia y pena.
Sin embargo, lo segundo no quita lo primero,
Porque en cada lágrima que hemos derramado,
Se nos muestra el valor de una sonrisa.

Cada situación y cada día de color gris,
Muestra la fortuna de un día de luz y color.
Cada vez que nos sentimos rendidos,
Dios nos colma para renovar las fuerzas,
Y cada vez que sentimos miedo,
Nos colma para transformarlo en valentía,
A través de la presencia de la familia,
Que nos colma de cariño y solidaridad.

El canto de la alondra

Dulce alondra…
¿A dónde te has ido?,
¿Por qué no cantas más en tu nido,
Aquella triste canción de amor…?

Alondra, mi triste alondra
Que un día tu canto escuché
Haz volver a mi amor
Porque sin ella moriré…

Si no regresa ya más,
No podré…Tan sólo no podré…
Alondra, mi triste alondra…
Di que me la traerás…

Un día soñé que la besé,
Que de ella me enamoré,
Que yo era muy feliz,
Y no sé porqué, luego lloré…

Pero esta noche amarga,
Ella se fue y la perdí…

Triste alondra
No te vayas de aquí,
No te alejes de mí,
Haz volver a mi amor…

Moriré si no vuelve más,
Alondra de mi corazón…
Dime que me la regresarás…

Alondra de mi corazón,
Encuéntrala para mí,
No me dejes así
Alondra de mi corazón…

Consuélame con tu canción,
Vuelve a cantarme,
Vuelve a arrullarme
Con tu canción…
Esa triste canción de amor…

El dedo de Dios

A lo largo de nuestras vidas
Hay miles y miles de momentos
Que nuestras mentes son atrapadas
Por emociones sublimes y atractivas.

Te atrapa en momentos que estás triste,
Sin embargo a tu lado está tu familia,
Que te consuela y no te abandona,
Que te abraza, te da calor y te acaricia.

Y también cuando estás alegre,
Es cuando a tu lado están tus amigos
Que también nunca te abandonan,
Y en todo momento te lo recuerdan.

Siempre habrá alguien de ellos
A tu lado, siempre estarán presentes,
Para compartirte sus risas y alegrías
O su tristeza en halagos de fortaleza.

Cuando son tan duros esos momentos
Que sientes que tu fe se viene abajo,
Siempre están ellos de ti pendientes
Para consolarte y tu fe reforzarte.

Tus ángeles siempre están presentes,
Son tu faro en la niebla y oscuridad,
Son tu cobija en tus necesidades de calor,
Son tu consejo en momentos pesimistas.

No decaigas al sentir que el amor se va;
No te desanimes si te sientes cansado;

Sé paciente con los problemas actuales,
Date tiempo, que todos estamos unidos.

La correspondencia siempre va a existir,
Los amigos te daremos fuerza y voluntad,
Tu familia mantendrá tu flama encendida,
Todos te brindaremos las fuerzas de vivir.

Pero en medio de esos momentos de vida
Cuando tus emociones se tornan sublimes,
Y tus inquietudes parecen ser bendecidas,
O cuando creíste que estabas muy solo…

De lo Alto ha venido siempre esa ayuda,
De lo Alto tus ángeles en ti se mezclaron,
Es ahora que necesitas darte cuenta…
Que Dios puso su dedo en tu existencia.

El escritor del Diablo

El italiano Giovanni Papini, ateo y convicto,
Manifestó haber puesto en boca de Dios,
Todo un mundo de vocabularios blasfemos,
En su intitulado libro, "Las Memorias de Dios".

Con ironía propone a todo hombre ser ateo,
"Dios mismo, os lo pide con toda su alma".
Para él la vida era sólo un absurdo perfecto.

Escribía: Todo está acabado, todo perdido.
No hay nada que hacer. ¿Consolarse? No.
¿Llorar? Para llorar hace falta una esperanza.

"Yo no soy nada, no cuento nada y no quiero nada.
Soy una cosa, no un hombre. Tocadme, estoy frío,
Soy un sepulcro donde está enterrado un hombre,
Que nunca podrá ni siquiera anhelar a Dios".

Pasados los años, cuando descubre el amor de Dios,
Lo primero que le pide a su hija Viola es buscar
Todos los ejemplares de "Las memorias de Dios",
Y los compre para posteriormente quemarlos.

Años después escribió la "Historia de Cristo",
Como un acto reparador a sus escritos contra Dios.
Y, enamorado de Cristo, escribe: "Cristo está vivo".

Experiencia emocionante que encuentra el convertido:
"Cristo está vivo". Oh Cristo, tenemos necesidad de ti.
Tú nos amas. Viniste para salvar, naciste para

salvar,
Te hiciste crucificar para salvar: es tu misión y tu
vida.
Y todos nosotros tenemos necesidad de ser salvados.

El gran regalo de la vida

¿Algo que me ayude a quitarme
El miedo que siento en el alma,
Cuando escucho palabras como,
Presidentes, súbditos, policías,
Diputados, senadores, jefes,
Organizaciones, secretas sociedades,
Terroristas, corrupción, engaño?

¿Para qué seguir mencionando más?

Todos ya sabemos lo que queremos
En lo más hondo de nuestra alma,
Que es tener paz, amor y armonía.

En todas partes es el mismo cantar,
Llámese tristeza, llámese melancolía,
De aquello que quisiéramos borrar
Al ver la historia y sus páginas recorrer.

¿Cómo poder comprar un cielo azul
Puro, limpio flagrante, sin mancillar?

¿Cómo poder comprar calor de hogar,
Lleno de cariño, de amor, de aprecio?

¿Cómo comprar un fresco amanecer
Y hacer mía el agua de un manantial?

¿Cómo capturar en una concha al sol
Para dejar ver el fondo del mar?

Cada espacio de la Tierra es sagrado,
De ella nace cada uno de sus hijos:

Los bosques, cielos, ríos y los mares,
Las selvas, playas, montes y prados,
Hombres y los hijos de los hombres.

Todos somos hijos de la misma madre,
Nacimos de arcilla del mismo polvo,
Si la madre sufre, sufriremos nosotros.

Sufre, porque la estamos destruyendo.

¿No hay otro lugar a donde pueda yo ir?
Se acaba el Cuerno de la Abundancia.

Pero el hombre sigue sin controlarse
Dejando su conciencia hundirse en el fango,
Permitiendo nacer en su alma las desdichas,
Que los nacientes rencores, y sus odios
Van promoviendo gracias a sus avaricias.

Desde hace no mucho el color del cielo,
Cada vez más se ha estado oscureciendo,
Y el agua de lluvia es ahora más impura,
Ya no hay más belleza en los atardeceres:

El sol se oculta apenado atrás de la nube;
La blanca luna no brilla más en octubre.

¿A dónde se fueron las selvas y los montes,
A dónde las flores, las aves y los capullos?

El hombre en sí mismo ha enloquecido,
Se ha olvidado de su especie, de su origen,
De su hermandad con todos los animales,
Ha olvidado que todos somos una familia,
Nos cuidamos, y somos dueños de todo.

Pero el hombre ya no más llena su espíritu
De virtudes, pero sí de tener pertenencias y
Poderes, a costa de oro, sangre o violencia.

La vida es muy corta pero preciosa,
Despreciarla es como despreciar a Dios.

El negro destino no me deja comprender
Por qué una especie ha sido exterminada,
Y por qué otra, para servir es domada…

¿Por qué el hombre, al hombre quiere devorar
Y al mismo tiempo lo quiere domar?.

Creo que esto, es de la vida ya el final…

El hombre

¿Qué son cincuenta mil años…
O si acaso que cien mil fueran,
Qué son para un progreso completo
De la conciencia de la humanidad?

Resultó sin evolución, se estancó.

Su desarrollo en pañales se quedó.

220

Misteriosa e indecible la humanidad:
De repente en un planeta vivo nace,
Habitable y adecuado para la vida…

En poco tiempo y repentinamente,
Cosa que esta humanidad hace:
Es aniquilarse desde que aparece.

Es de creer que no le gustó la idea,
De haber aparecido en la Tierra,
Seguro, no le gustó haber sido creado,
Ni le gustó ser el más adelantado,
Quizás al sentirse superior se creyó dios,
Por lo que pretendió dominarlo todo.

Es curioso que a medida que aumenta
Su estadía en este maravilloso planeta,
Aumentan las guerras y los crímenes,
La destrucción, la barbarie, la violencia,
Y los problemas propios del mundo,
Centrándose el hombre como un dios.

Actitudes negativas y negras emociones
Generalizan las vibraciones habituales
De espíritus personales e individuales,
Que unidos y armonizados en la especie,
Forman una alianza en las vibraciones
Que la humanidad identifica y representa.

El poder y la gloria que el hombre pelea,
La acumulación de riquezas y de bienes,
Pretenden sustituir su vaciedad de alma,
Su miedo, su falta de seguridad y su fe
Por lo desconocido, ante "Lo Eterno".

Sólo un pequeño vistazo al Universo…
Sólo una mirada a lo infinito del Cosmos,
Bastan para que el hombre se sienta Nada:

Un simple experimento no terminado,
Que al auto aniquilarse la especie humana,
Desapareció, sin haber a nadie dicho nada.

Una ilusión, eso es, una simple ilusión…
Eso es en la Tierra la estadía del hombre,
Ante la vasta majestuosidad del Universo.

No debía de contarse ni apenas como ente,
En un momento expreso de la eternidad;
Sin embargo, por ahí se jacta de ser un dios.

El invento de la moral

El bien y el mal no existen,
Fueron dos conceptos inventados.

Una cosa es buena cuando nos conviene;
Es mala, en efecto, cuando no nos ajusta.

Es notorio que de estos dos adjetivos
Son cuestión de conveniencias egoístas,
De caprichos repentinos de la mente.

El hombre naturalmente es malo.
Para el Cosmos, no existe diferencia.

Sin embargo, toda moral se cimienta
En estas dos palabritas: el bien y el mal.

En realidad, estas palabras sólo sirven
Para justificar o condenar errores.

Y heme aquí, cultivando esta tierra...
Revolcándome en barro y en lodo,
Zanjando a cada paso una guerra,
Para encontrarle a la vida el modo...

Ya probé del fruto prohibido,
Conozco el sabor del bien y del mal,
A costa de sufrir por lo vivido,
Y habiendo sido hombre, soy animal.

Quítenme este fruto doloroso...

Líbrenme de esta copa rebelde,
Cuyo sabor es la desolación,
Ruin aislamiento, parca destrucción.

Ha sido muy raro entre los hombres
Debido a un embotellamiento mental
Que todos edifican entre el bien y el mal.

¿Qué sería bueno en esto, y qué malo?

¿Matar, amar, destruir, robar, cooperar,
Instruir, ayudar, trabajar, aprender, leer,
Crear, demoler, arruinar, sacrificar?

Uno es bueno para uno y malo para otro.

El juego de la vida

Tras la batalla de juego y enredo,
Bien nos merecemos un reposo
Para tomar una nueva posición.

La vida es juego, enredo y placer,
Debes bien la jugada, saber jugar,
Para obtener un placer o un sufrir.

El ajedrez aún no ha terminado,
Como ves, apenas ha comenzado,
A un ganador no se ha registrado.

Es una activa y formidable batalla,
La que sojuzga todo nuestro ser,
Desde nacer inclusive hasta morir.

Cada guerra requiere instrucción;
La instrucción requiere práctica;
La práctica será según la lección.

En esta jugada me tienen en jaque,
Me toca mover sin tener pieza cabal
Que resuelva el traicionero ataque.

La experiencia se obtiene luchando,
Adelante, espada y martillo en mano,
Perdiendo a veces y otras ganando.

La vida te da muchas alternativas,
La mente se apodera de esperanzas,
Creadoras de las fuerzas más agresivas.

Haciendo la movida justa y pertinaz,
Laureles invocan impacientes la gloria,
Que en tu cabeza simbolizarán la paz.

El mejor día de mi vida

Es de saber que la vida se vive una sola vez,
También es de saber que el pasado no existe,

Y es muy de saber que el futuro es incierto,
El presente es el día más verdadero de mi vida;

Es mejor dejar de estar reviviendo el pasado,
Es mejor dejar de preocuparse por el futuro,

Es mejor sólo mantenerse en el presente,
Sólo en el presente es donde la vida sucede.

Hay qué vivir plenamente, sólo un día a la vez.

Así pasamos la vida... esperando el momento,
Esperando el día especial para ser felices…

Primero llegó la muerte que ese día tan esperado.

El momento es HOY, el momento es AHORA.

¿Cuántas cosas se han perdido por no actuar
Justo en el momento en que debes de hacerlo?

¿Cuánta gente habrá muerto sin pedir perdón?
¿Cuántos no amaron por no declararse a tiempo?

¿Cuántos planes se perdieron por no iniciarlos?
¿Cuántos casamientos rotos por no pedir perdón?

Amigos enojados por no aclarar un mal entendido.

Examina en ti mismo qué tanto tienes pendiente,
Y date prisa para terminar, pues el tiempo pasa.

Cuando menos lo pienses ya pasó el momento,
No vivas para lamentar que es demasiado tarde.

¿Dónde están tus sueños que no has cumplido?
Seguramente estás esperando el gran momento.

Y no te decides, solo por miedo a fracasar,
O es por vergüenza, o quizás sea por orgullo.

Recuerda que en cualquier circunstancia,
Estás en el lugar correcto, en la hora correcta.

Y justo en el momento exacto, sólo decídete,
Quizás ese momento no volverá a suceder.

No temas a tu tiempo libre y agarra tu ritmo,
Haz lo que encuentres correcto y te guste.

No te inclines por los proyectos del futuro,
Haz las cosas cuando quieras, pero hazlas.

Acuérdate que tu corazón late cada momento,
Pero no calmes esos latidos dejándolo inerte,
Ante situaciones de vida, por esperar a mañana,
Por la esperanza que quizás no vaya a llegar.

Vive la vida y halla la manera de luchar por ella,
Nadie más que tú sabrá cómo hacerlo, lógralo,
Si fallaste, no importa, te quedó la experiencia,
Y si lo logras, logras el Laurel de la Victoria…

Hoy es un día, especial, el mejor de tu vida,
Hoy es el mejor día para realizar tus planes,
Hoy es el momento de dejar todo arreglado,
De pedir perdón y de regalar a todos Felicidad.

El miedo: la sal de la vida

Por el miedo a lo desconocido aquí,
Los hombres desde sus inicios generaron
En sus mentes, la idea de mil y un dioses,
Para que los protegieran de las agresiones
De muchos de los fenómenos naturales,
A los que no les podían dar explicación,
Y que menos tenían el poder de controlar.

Esas creencias fueron desapareciendo
A medida que el hombre fue mejorando
Su ideología, al ir apareciendo la Ciencia,
Que a todo daba una lógica explicación.

Empero al Más Allá, es sabido que aún
No han dado ninguna lógica ilustración
Ni las Ciencias, ni las religiones, ni nadie.

¿Será porque como no es entorno palpable,
No tenga que ver con las matemáticas,
Las químicas, las físicas y las geometrías?

Por eso el miedo al Más Allá persistirá
En el pensamiento del hombre, hasta
Que éste se desvanezca y se haga polvo.

De modo que ni estando en el Más Allá,
Podríamos saber lo que está pasando,
Mucho menos podríamos regresar acá.

Y si de una vez por fin explicarlo todo,
Para que la turba humana preocupada
Por lo que no sabe, ya no viva inquieta.

Y definitivamente sepa de una vez,
Lo que quiere saber, sea un sueño o no.
Yo insisto en que no lo debamos saber
Porque entonces, acabarían los misterios.

Todas estas conjeturas y alucinaciones,
Películas, cuentos, escritos y literaturas,
Que hacen de lo que hay en el Más Allá,
Es claramente fruto del miedo a morir.

Queremos saber si va a ser doloroso,
Porque como somos tan delicados,
Nos lastima tan sólo un simple dolor.

Y por eso, vivimos con ese miedo,
Y es que queremos seguir viviendo,
Tenemos mucho miedo a morir,
No queremos que el instante llegue.

Estamos en suspenso, esperando,
Estamos "fritos" en una palabra,
Y lo peor: nunca sabremos cuándo
Eso va a suceder, será hoy o mañana,
En un viaje, durmiendo, sabrá Dios.

Eso nunca lo tendremos programado
Para un tiempo determinado, ni aunque
Te hayan condenado a muerte.
A esto llamo yo: "La sal de la vida".

El pasar del tiempo

Al paso de los años que vivamos
El tiempo solamente lo notamos
Al ver los cambios de nuestra piel
Frente a un espejo con mucha luz.

Tiene su manera de hacerse notar
Con el paso de nuestros momentos.

Ya de viejo, pienso en mi juventud,
De lo bello de mi vida y mis andanzas,
De mis amigos y de mis esperanzas.

Y de los sueños que no se han realizado
Yo me pregunto, ¿a dónde se han ido?
¿Qué pasó con ese tiempo que viví?

Y aún cuando pienso en que fui niño,
Tengo la visión de que era muy feliz.

Recuerdo cosas muy vagas, pero claras,
Que muestran los maravillas que viví
Al lado de mis abuelos y mis padres,
Al lado de mis amiguitos y mis primos.

El orgullo que me dieron mis hijos
Al nacer y al ir creciendo y creciendo,
Se hicieron adultos y luego se casaron,
Tuvieron sus hijos y también crecieron,
Para nunca el tiempo puede detenerse,
Sólo pasamos por esa vereda estrecha.

Los años que se pasaron, sé que los viví,
Los tiene el tiempo prensados en él
No los suelta porque ya le pertenecen,
Y nosotros, sabemos que fueron nuestros,
Pero que ya pasaron por aquí, por nosotros,
Como la lluvia que nos moja y luego pasa.

Te haces viejo de repente sin darte cuenta
Que ni me acuerdo de hace quince años
O diez o veinte, todo parece que se fue.

Nunca creí que a esta edad llegaría,
Al menos eso era lo que antes pensaba,
Y mírenme aquí preguntando por el ayer.

Este tiempo que pasa, nos ve envejecer,
Y es claro que él no tiene ninguna culpa,
Sino las cosas en las que estamos expuestos,
Los aires, los fríos, los calores y los rayos
Que llegan a la Tierra y atraviesan los cuerpos
Incluyendo los nuestros, y nos envejecen.

El tiempo parece ser la misma eternidad,
Y se ríe, se burla de nuestra arrogancia,
De nuestro orgullo de poseer una cara bonita,
De tener un cuerpo escultural y lleno de vida,
Pero pasa por encima de nosotros una vez
Y nos hace sentir su poderío y su autoridad.

Todos canosos, de caminar muy alentado,
En buena o mala forma, y otros están peor,
Que nunca pensamos que estaríamos así,
Sin embargo, llegamos y al llegar sentimos
Que la hicimos bien, y en pleno estado de salud,
Pues llegar hasta acá, es señal de buen cuidado.

Me digo a mí mismo, ah caray con este tiempo,
Hay que tenerle respeto, y por eso, a cuidarse…
Y aunque te cuides, los pasos que quedan son pocos
Ya nos los está contando aquél que siempre existe,
Y que no nos deja andar ni un paso más de lo que es,
¿Por qué tienes qué estar allí, a la expectativa?

No sé si me arrepienta o no de las cosas que no hice,
Pero hay muchas más con las que estoy contento,
Porque hice muchas cosas que me gustaba hacer,
Y lo curioso es que hasta ahora las sigo haciendo
Porque me ponen tan feliz que creo que no las cambio
Ni aunque se pase el tiempo, ese engreído fanfarrón.

Yo sé que quizás no logre vivir todas las estaciones,
Y sé que hay que pensar que "ahora es cuándo".

¿Pero cómo no escuchar La Novena de Beethoven,
Cómo dejar de leer un poco del Quijote de la Mancha,
Cómo no escribir un poema que aflora en mi mente,
Cómo no ir al cine a ver "Lo que el viento se llevó"?

El tiempo, ay el tiempo, el tiempo, el tiempo,
Nos creas muchas penas y nos das mortificación,
Finalmente nadie sabe lo que realmente eres,

Sólo sabemos que estás puesto para atemorizar,
Para tenerte respeto, pues sabemos que todos
Tenemos qué pasar justo por donde tú estás.

¿Qué nos queda a nosotros al saber esa verdad?

Que hay que vivir la vida lo mejor que podamos,
Que debemos cuidar mucho nuestra salud,
Que hay qué ser felices con lo que tenemos,
Que hay qué hacer las cosas de la mejor manera,
Que atesores a tu familia y amigos hasta el final.

El péndulo

En tu recorrido y caminar,
Todo fluye, crece y decrece.
Sube y baja, se va y aparece,
En tu perpetuo transitar.

Soplo que emerge y se abruma,
Corazón de ansia palpitante,
Tu alma capturada y liberada,
Miente al destino en su balance.

Tiempo que el péndulo camina,
En lo que habrá sido, es y será;
Es el columpio y el peregrinar,
De lo que pasó y no volverá.

Cansada ya está mi mirada,
Siguiendo pasmada tu mecer,
De esperanza a desesperación,
De alegrías fecundando dolor.

¿Eres tú, péndulo, realmente,
Que haces ley de mi entera vida
En dos extremos situándome,
A dos suertes sometiéndome?

Me enloquece tu perpetuo vaivén.
Y en tu oscilar van mis anhelos,
Van mis pensamientos y deseos,
Y así te llevas mis emociones.

Soy mecánico esclavizado,
A tu diestra y ley sometido,
Con palabras dulces sonrío,
Con palabras graves me ofendo.

Sitúame justo en tu centro,
Y en el centro de mi corazón,
Para no ver sólo una cara,
Ver las dos, y aclarar mi razón.

Si se pudiera escapar de tu ley:
No sería más porque me alabaran;
Ni menos porque me difamaran,
Yo sería aquél, el que siempre Soy.

El que a los Santos se arrima…

Pos primero, de santito tengo que cambiar,
Pa'ver si el nuevo me hace patente el vacilón,
Por eso en adelante, para ya no tirar aceite,
Y para el movimiento del carburador facilitar,
Veré ponerme en manos de San Pascual Bailón,
Para que me ayude en eso de lo del resbalón,
Pues de San Antonio a pesar de pedirle ayuda,
No hubo reacción pa'prender mecha al fogón.

Y ahora he de preparar un plan con anticipación
Y con bastante tiempo, para que al estar listo,
Con plan completo una vez que la seña reciba,
A la velocidad de que el Santito me las mande,
Y a esa velocidad, tan pronto como lleguen,
Una sorpresa mi buen destino me deparará.

Y si las sorpresas intentan ser como me gustan,
Es seguro que van a logar mi propósito ganar,
Proponiéndose alterar la paz de quien lo pidió,
Tanto que a la primera, seguro me van a casar.

El regalo para un nuevo día

Mañanita de suaves vientos,
Y de cálidos rayos de sol,
De los matizados acentos,
De las gotitas de cristal…

Cántame al son de la sonrisa,
De los pajarillos al despertar,
Mójame el rostro con la brisa,
Nutre a mi espíritu de amor…

Que hoy he decidido ser feliz,
Hoy quiero amar y ser amado,
Respirar de tu esencia sutil,
Y abrazar regalo tan apreciado.

El Ser al cual busco

Diablos, cielos, infiernos, fantasmas,
Ni existen, ni atención en ellos pongas,
Que el verdadero secreto es aprender
A examinarte, aprender a conocerte.

El pedal secreto para el universo mover
Es aprender a tu propio cuerpo conocer,
Saber dónde está Dios: escudriñarse,
Hasta ser dos en uno: compenetrarse.

Estar confundido es como ser un vago,
Uno más del montón, como un esclavo
Al servicio de las tinieblas, de los vicios,
De goces, congojas, tristezas y muerte.

Tenemos un libre albedrío los humanos,
Para poder elegir entre el bien y el mal,
Bastante probable que tengamos defectos
Durante nuestras existencias adquiridos.

Para hacer elecciones entre bueno y malo,
Necesitamos estar muy bien informados,
Y los informantes que nosotros tenemos
Son los cinco sentidos, desde que nacemos.

Hemos llenado nuestro cuerpo de pecados,
Estos defectos se traspasan a los sentidos,
Luego nuestros informantes mal informan
Y ver la realidad como es, no nos permiten.

Las Fuerzas Naturales son manejables
Por medio de la Gracia del Amor del Hijo,
Los que odian no podrán sentir tal amor,
Porque tanto Ira como Odio, de Él nos alejan.

El mentiroso juzga según sus condiciones,
Y peca contra La Verdad, que es el Padre,
Nunca un mentiroso recibirá sus dádivas,
Ni Paz, ni Sabiduría tendrá como dones.

Entre más pecados el hombre consienta,
Imperfectos sentidos hacen alma imperfecta

Y más se separará del Ser al cual busca,
Cuando conocer sus interiores pretenda.

El último día

"En tu sueño ha venido Dios a tu corazón,
Con una luz encantadora te iluminó,
Te tranquilizó y suavemente te dijo:
Hoy será de tu vida, El Último Día".

¿Qué pasaría si esto fuera verdad?
¿Qué pasaría si nos diéramos cuenta,
Que realmente es nuestro último día?
No sabría realmente cómo reaccionar.

¿Por qué tendría esa nueva oportunidad?
Seguro que despertaría ante la Realidad…
Para dale su apreciado valor a las cosas,
Para expresar gratitud a cuanto nos rodea.

Gozaría humildemente de tantos momentos
Que me llevaría conmigo y con mi alma,
Se me abriría el corazón por gritar: Amor,
Que antes nunca creí necesario gritar.

Suavemente en silencio y sin querer llegar,
Le daría mucha importancia a mi interior,
Sin odio, sin rencor, sin envidia, sin herir,
Deseando abrazar, y amar a cada instante.

Amar sin medida, sin filtros, sin expectativas,
Y gritarlo con todas las fuerza de mi alma,
Con abrazos muy apretados y muchos besos,
Sin olvidar mil sonrisas y cálidas caricias.

Liberando a toda costa el alma y el corazón,
De esa cárcel de resentimientos y rencores,
Que me oprimen duramente mis sentimientos,
Y me custodian los "hubiera" y los "debería".

"Despierta de ese hermosísimo sueño,
Y vive tu realidad como si fuera el último día,
Libérate y entrega tu amor, tu afecto y tu cariño…
Grítalo desde tus adentros, exprésalo, demuéstralo".

Hay tantos en este mundo con quienes compartir:
Con los miembros de tu familia, con tus amigos,
Tus compañeros, tus vecinos y tus conocidos,
Agradece sin límites por todo lo que la vida te da.

El viaje de la Vida

Es muy fácil que de cierta edad hacia arriba,
Y no lo digo porque ya nos ha llegado la vejez,
Pero vienen a la memoria recuerdos de la niñez,
Historias de mi juventud que tanto yo amaba.

Es muy seguro que el que me vea contar esto,
Dirá que se me iluminan los ojos y el rostro,
Que el júbilo, la emoción es inevitable esconder,
Ya lo sé, porque el mismo corazón me lo delata.

Aclaro que mi niñez no fue abundante en riquezas,
Y más bien hubo etapas de estrecheces económicas,
Pero sí hubo abundancia en alegrías y unión familiar,
Gracias a los excelentes padres que Dios nos regaló.

Cómo olvidar los días de campo en el río y la laguna,
Cuando nos meneaban del columpio del árbol de la orilla,
Al verse encima del agua, había que saltar y chapotear,
Y el turno era para el que estaba ya formado en la fila.

Qué bellos recuerdos los nos dejaron las señoras,
Nuestras madres, que llevaban las cobijas a lavar,
En una bañito y con detergente a pisotearlas un rato,
Luego a empujarlas al arroyo para quitarles el jabón.

Y mientras tanto, los frijoles se cocían en un jarro,
Con tan solo sal, ajo, cebolla, tomate y chile picados,
Que para los que salíamos del agua y hambrientos,
Esos frijolitos con tortillas quemadas eran manjares.

Mi papá nunca olvidaba llevarse una cámara de hule,
De las que antes llevaban las llantas por dentro,
La arrojaba al arroyo, y a subirnos todos en ella,
Nos llevaba a gran velocidad hasta llegar al lago.

La juventud no fue del todo fácil, pero fue agradable,
Pues así como es la vida, tuvimos altas y bajas.
Con esto no quiero decir que fue totalmente difícil,
Pero nos dio la capacidad de encontrar la felicidad.

Sacar los mejores momentos de situaciones difíciles,
Esa era la afrenta del diario vivir para todos.
Jamás podré olvidar las navidades y años nuevos,
Todos juntos en una sola habitación, era bendición.

Reflexionando ahora a esta edad que ahora tengo,
Me doy cuenta que si hubo momentos de escasez,

Si acaso hubo momentos difíciles, no me di cuenta.
Sé bien que los culpables de eso fueron mis papás.

Ellos nos enseñaron que de las cosas más simples,
De los más pequeños, pero importantes detalles,
Pueden surgir los mejores momentos llenos de amor,
Para suplir cualesquiera carencias y necesidades.

La vida parece tan larga cuando eres pequeño,
Pero creces y te das cuenta que es un viaje corto,
Es un pequeño viaje, lleno de buenos momentos,
Sólo disfrútala, vívela intensamente, con pasión.

No debes de preocuparte tanto de cómo la pasarás,
Pues al ir arriba de ese barco aseguras felicidad,
Y si llegas a viejo tendrás mucho que contar…
Y justamente eso, es lo más importante para
nosotros.

Enamorado de mis letras

¿Que si mi prosa descontrola
Tus sentidos descontrolados,
De alado guerrero y caballero
Entre castillos y mazmorras?

Encumbrada sea Gomorra,
Eximiendo pecado despojado.
Hoy me siento desbordado
Que mi oda me ha ensalzado.

Como un templario valiente,
Digo que hasta con mis dientes,
Y un poco más de mi pecho,
Mis letras suman tu aprecio.

Tú, amado poeta romancero,
Gentil y gallardo sin Rocinante,
De bendiciones innegables,
Elegante en tu lírica parlante.

En tus romances y rabietas,
De las pasiones y escrituras,
Aún más allá de las cinturas,
De donde el verano se mece.

Donde haya cabaña guardada
Para cubrirte de la tempestad,
Al lado de una playa encantada,
Donde resurge anhelante tu oda:

Acéptame pues en tus reyertas,
Allégame a tu mágica estrofa
Y conviérteme en caminante
En tu verso, en tu lira, en tu trova.

Encrucijada

Mi mente se llena de desórdenes
Al sentir que en cualquier momento
Mi vida es saturada de emociones
Que me hostigan a tomar decisiones.

Siento que mis caminos se acaban,
Pero también siento que no tienen fin,
Me abruma ver que se abren puertas
Cuando aún no he cerrado la que abrí.

A todas no podré entrar, seguramente,
Sólo una habré de elegir, probablemente.
Trato de entender la vida, ver cómo es,
Y sólo encuentro confusión en mi mente.

Parece que en este mundo estoy solo,
No sé para dónde debo alzar el vuelo.
¿Habrá alguien que me pueda consolar
Que me guíe, que consejos pueda dar?

Sé que en el camino que haya de elegir,
Una oportunidad tendré de ver y conocer,
Una nueva experiencia por capitalizar,
Para aprender a crecer y a mejor vivir.

¿Pero qué pudo haber en la que no elegí?
¿Por qué ésta y no aquélla o esa otra?
Así es la vida, te va poniendo alternativas,
De las cuáles, siempre una hay por elegir.

En todos los caminos encontrarás bienes,
Maneras muy distintas de ver tu mundo,
Pero lo que en todos, sin duda descubrirás
Son amigos, que harán feliz tu recorrido.

En algunas puertas encontrarás obstáculos,
Seguramente cosas difíciles de resolver,
Pero en vez de malas, le aportarán acervo
A tu desarrollo y a tu personal aprendizaje.

La enseñanza que te deja cada encrucijada
Sólo tú la vas a aprovechar y a capitalizar,

Lo que alcances a captar, vivir y experimentar,
Se graba en tu mente y corazón para siempre.

Nada ni nadie podrá quitarte lo que es tuyo,
Porque para recorrer los caminos escogidos,
Sin darte cuenta, pusiste mucho amor y afecto,
Y a los pasos dados pusiste pasión y entrega.

Lejos del miedo, cada camino es una lección,
Elige y escucha lo que tu corazón te dicte,
Da el primer paso y aprovecha la ocasión,
Demostrándole a la Vida que eres Valiente.

¿En dónde quedó la magia?

Unos creen que los tiempos de aventuras,
De las magias, los castillos, los dragones,
Los magos y brujas, las lanzas y espadas,
De la dama enamorada, y de ese caballero
En pugna por salir vencedor, de una lucha
Interminable, perseverante e incansable,
Entre el fortalecimiento de su voluntad,
Y el dilema de sus variables existenciales,
Y toda esa gama de fantasías, y de fuerzas
Inspiradoras, místicas, mágicas y extrañas,
Que por muchos años forjaron mentes
De lectores adictos, volar a esferas aisladas,
Exóticas, y a tiempos ocultos e inexistentes
"Ya ha pasado de moda", porque piensan
Que todo eso ya pasó, se quedó atrás,
Según lo determinaban las costumbres
De los siglos en que cada quién vivió.

Mas la mente que hechizaba las mentes
De mortales, en tiempos inmemoriales,
En otras épocas, y en todas las edades
De la gente, no pasó realmente de moda,
Ni pasará al olvido, porque siempre serán
Aquellas cosas místicas que han sublimado
El pensamiento humano: esas cosas viven,
Se asientan, en el conocimiento del hombre,
Para darle a éste, un suculento desahogo
De angustias y presiones del diario vivir.

Someten al pensamiento en la esperanza
De recibir algo que no se sabe lo que es,
Pero ejerce un poderío místico invisible;
Cuya sutil magia envuelve a las personas

En un ambiente de ensueño encantador,
Del que curiosamente no se desea salir.

Es opuesto, hay misterio en la nigromancia
Que se refugia y se oculta en ese sueño:
Perdura escondido el tiempo que desea,
Hasta que otras ideas vienen a desviarle
De su original estado de paz y quietud,
Detrás de una cierta frecuencia adoptada,
Y de una felicidad, a voluntad acogida.

No tiene explicación, pero muchos,
Mejor dicho, miles, han tenido estos sueños
Tan enajenantes y tan envolventes, que
Los encapsulan en un mundo extraño,
En el viaje a alguna dimensión extraña,
Que parece que no tienen explicación,
Pero que les promete dulce y deleitable paz.

Enemigo

El prójimo que en lugar de consentir,
Desea morir; él no te quiere ni mirar.
Ése a quien tu nombre le sabe a hiel,
Aquél cuya mirada está hecha de fuego
Y que te quema en lo más profundo;

Aquél que sin ambages prefiere matarte,
Y pisotearte, en lugar de poderte amar;
Prefiere destruirte, antes que respetarte.
Es aquél que no quiere nada contigo,
Tal prójimo es tu propio enemigo...

He aquí lo que más agrada al Señor:

Capturar a estos tipos de ejemplares.
Por su captura da premios mayores,
Que a tu alma dan calmas mejores.
Pero ¿cómo hacer para inmiscuirse?

Busca el beneficio para tu enemigo,
Encuentra aquello en que lo puedas ayudar.
El premio mayor te lo habrás de llevar
Si en la complacencia para El Señor
A tu propio enemigo decides amar...

Si creen que esto es difícil, no piensen mal,
Verán que la cosa mucho se facilitará...
Recordar que "A todo bien proporcionado,

228

Que no se sepa quién lo ha mandado",
Y "En secreto", "es mejor que cantado".

No sea que los dragones llamados soberbia,
Orgullo y arrogancia, engullan a misericordia,
Y se nos vayan a meter en la cabeza, y luego
Contra ellos luchar, aparte de las luchas
Que suficiente trabajo nos habrán de dar.

"Si se trata de dar, darlo en silencio".
Todo lo demás que puedas proporcionar,
Si lo has de dar, a escondidas, en secreto,
Es mejor que nadie se entere, sólo Dios,
Que tu mano diestra no vea qué hace la siniestra.

¿Quién da los premios que deseas obtener?
¿De la gente a quien beneficias, o de Él?
Si es de la gente, eso no es misericordia,
Se llama favor, que cobrarás justamente
Según lo que diste para que te sea regresado.

Pero, en secreto, sin que nadie se entere,
Sólo Dios sabrá, y el beneficio que te dará,
Será lo que juzgará de tu acto de bondad.
Y seguro será que con los beneficios que
A tu enemigo das, cuando Él se va a enterar
Que provienen de ti, es posible que al final,
Tu enemigo decida que te quiera amar.

En esta vida todo se paga

Nadie se va de aquí sin pagar,
O al menos que baile como chango,
O que cante como desentonado.

Hasta en el café hay que liquidar,
Aunque algunos de cara bonita
Creen en la suerte a su favor…

No compran, ni nada consumen,
Lo quieren todo tan sólo por favor,
Y dicen que no tienen hambre…

Pero pronto la vida se los quita,
Si creen burlar la paga a escondidas
El destino a cobrarse solito los busca.

Porque en esta vida todo se paga,
Y el que cree que puede engañar,
Está errado, al morir será juzgado.

Enfermo del corazón

Hay que tener mucha calma,
Que la tarde recién comienza
La aventura de las verbenas,
Sobre las sábanas de su cama.

Y no se dé golpes de pecho,
Haga cocimientos de rosas,
Así dice el médico del pueblo,
Y no lo dejará desamparado…

Así que a apremiar, cantor,
Antes que la musa se marche,
Por los océanos del reposo
Y luego el fervor se marchite.

Te diré que no me apeno,
A veces como que sueno,
A misterio, macabro sereno,
Y que bailo con mi poesía.

Y no me exagere la nota,
Mi poesía no es tan devota,
Que aunque no me guste,
Eso no me saca del embuste.

Mi vida no me va a regresar,
Me deja sólo en el pesar,
De no volverme a enamorar,
Y esas cosas poder aceptar.

Pero si me has de curar,
Pues ya me tienes a tu lado,
Y como en las letras nada veto
Jamás me negaré a este reto.

En la espera de la muerte

De repente olvidé que la muerte me vigilaba.

Yo estaba tan ocupado revisando el auto nuevo
Que de repente sentí unos dolores en el brazo.

Alguien me había dicho que podría ser el corazón,
Sin embargo, di poca importancia a esta cuestión.

Pues me tranquilicé y me senté en la mecedora.

A propósito quise hacerlo para meditar un poco
En el intercambio de entorno vital que apenas viví.

Pensaba en los planes lejanos y las tareas de casa,
Las deudas que tenía sin cubrir y con el banco.

Pensaba en que la gente muere y queda todo ahí.

Sinceramente me dio mucho miedo lo que sentí,
Ya tengo sentado un buen rato y no me recupero,
Los latidos de mi corazón siguen muy acelerados,
Y mientras trataba de calmarme, seguía pensando,
En la manera que muere la gente y todo se olvida.

Sea lo que sea, sufren la pena de que nada se llevan,
Inclusive la ropa, allí se queda colgada donde estaba,
O quizás la tiren o que lleguen a donarla a alguien,
La comida se pudre si es que no la metieron al refri.

Qué caray, incluso los pensamientos se hacen nada,
Los problemas, ya nadie podrá ayudarte a resolver;
Nadie los podrá saber, ni los secretos más íntimos,
Ya nada de lo que estaba contigo, tendrá la energía
Que realmente tenía cuando les ponías atención,
Ahora todo es reemplazado, sea en la casa u oficina.

No sé qué es lo que me está pasando realmente,
Los dolores que antes sentía en el brazo izquierdo,
Parece que se están repitiendo, y no puedo pensar.
Por un momento no pienso en nada, sólo me calmo.

Vuelvo a recordar en lo aislada que tenía a la muerte,
Desde hacía mucho tiempo ya no me acordaba de ella,
Y no le daba la importancia que debía y ella tenía.
Para el que se muere, se disuelve toda importancia,
Se disuelven los títulos y todos los nombramientos.

Y a los que quedan vivos, a nadie la va a importar,
Lo que tú fuiste o eras, o qué hacías antes de morir,
La verdad es que así es… Y siempre así va a ser,
El que muere al pozo, y el vivo se va al negocio…
Olvidando que la muerte siempre está al acecho,
Siguen haciendo su rutina como hasta ese momento.

Cuando te das cuenta que la muerte ya te espera,
Es cuando estás a punto de morir si estás consciente,
Y nunca antes, dentro de tu estado de conciencia,
Es más, te resistes a pensar en ella, y la esquivas…

Pero si la gente la tuviera muy presente diariamente,
Tal vez, vivirían mejor y le darían menos importancia
A las cosas que normalmente les dan mucho valor,
Tal vez la gente esperaría menos de los demás,
Quizás perdonaría más, y aprovecharía para ser feliz.

Quizás apreciaría más el tiempo que tener más dinero,
Se prepararían más, rezando por una buena muerte,
Quizás pasarían más tiempo atendiendo a los demás,
Quizás, se darían más tiempo para estar más cerca
Del reino celestial y no darle importancia a lo banal,
Quizás sus relaciones con los suyos fueran mejores,
Y ya no tendrían pleitos ni discordancias familiares,
Si tan sólo consideráramos diariamente a la muerte.

A partir del momento en que la gente nace,
Le comienza un viaje tan veloz hacia el final,
Que nunca se detiene, y aún así vivimos aprisa.

Cada día que se vive, es un día menos de vida,
Y la gente no se percata de esta clara disyuntiva,
Mueren y mueren, y mueren cada segundo que pasa,
Y de la muerte, nadie se acuerda, nadie se percata.

En la guerra

Entre batallar tanto y tanto,
A bien que el caballo relinche
Y con prisionero escoltando,
De exhausto caballero solícito,
El tal muestra su detenido.

Mi sable cerca de tal oficio,
Preso de mi gentil manilla,
Le da manejo a este oficio,
Y ya en justo el punto preciso,
En la orilla, en plena batalla,
Su espada se clava profundo,
En el occiso que con un grito
Y otro, y otro, y un quejido,
No deja de mostrar el sufrir,
Pero a buen sabor os tengo,
Que todo lo ha agradecido,
Y en cuanto que te mováis,
Vos también recibiréis,
Y así que aunque golpetea,
Patalea, tiembla y se marea,
Y aunque la batalla sigue,
Hay jalea de sangre y sudor,
El otro se mea, en el cuerpo
De santificado caballero,
Que por exhausto y confiado,

Le dejé ir todo el sable
En su pescuezo ya colorado.

Y aquí el victorioso fui yo,
Que de morir ni supe cuándo,
Entre dos armados salí librado.

Enloquecimiento

Habrá un día más para vivir,
Habrá un sol más para alumbrar;
Quizá una noche más para soñar,
Y una Luna más, para disfrutar.

Volvió la locura a mi corazón,
Me invadió de nuevo la confusión,
No sé si sea verdad o sea mentira,
Si estoy en la muerte o en la vida.

Veo al espejo sin saber a quién veo,
Oigo voces sin reconocer patrones,
Veo miradas sin luz, apagadas,
Sin brillo, ni calor, muy disipadas.

Aquí estoy sentado viendo pasar
A tantos que van a algún lugar,
Todos pasan aprisa sin saludar,
Dos, cuatro, veintitrés, un centenar.

¿Qué de mis amores, dónde están?
Y mis ilusiones, ¿dónde quedaron?
¿Y mis sueños, y mis sentimientos?
Me quedé vacío, todos se retiraron.

Dos, vestidos de blanco, vinieron,
Gentilmente del brazo me tomaron,
A un lugar muy blanco me llevaron,
Mi libertad para siempre arrinconaron.

La luz brillante invade mis entrañas,
Ahora hasta mis pesares son blancos.
En insomnios me voy consumiendo,
Soñando despierto estoy muriendo.

¿Habrá tan sólo un día más para mí,
Quizá un sol más por alumbrarme,
Una noche serena más para soñar?
Luna Blanca, ya conoces mi ensoñar.

Espíritus de luz

¡Que en tu corazón siempre haya amor!
Por la hermana humanidad,
Que sumida ya está en gran dolor,
Por su ignorancia ya alejada
Cada vez más, de la senda de la luz.

Se precipita en abismos de tinieblas,
Aniquilando lo bello y lo divino
De su inmortal alma e inspiración.

Un mensaje de amor y sabiduría
Causa valor a un espíritu en jornadas
Trilladas con lágrimas de sangre…

Fruto es de los Espíritus de Luz,
Entes que velan porque seas digno
De llamarte hombre en divino amor.

Entes que sufren al contemplar
Al hombre en decepción y dolor,
Angustiado por las interrogantes,

Que martirizan su alma y espíritu,
En el rudo combate por la vida,
Cuando lo cansado agota sus ímpetus.

Pídeles ayuda, te darán mensajes,
Que son como el rocío, como la lluvia,
Que germina la semilla que en ti hay
Para que te renazca una profunda paz.

Espíritus de los signos zodiacales

Los fenómenos celestes, rigen la humana actividad,
Y los doce signos, representan cada personalidad,
Que de expresión característica, son los modelos,
Doce signos zodiacales, por Ciencias no aprobados.

La tierra con su eje inclinado, sigue vueltas dando,
En movimiento circular, tal como el de un trompo,
Y al cabo de veinticinco mil setecientos setenta años,
En su círculo figura a un cono, arriba danzando.

Con su eje indicando hacia los Signos Zodiacales:
Cada treinta grados de su viaje, erguida apuntando,
Presto, a un signo, luego a otro diferente, y durando,
Dos mil ciento cuarenta y ocho años, cada traslado.

Es el tiempo que dura una era zodiacal, en que
Los signos verán pasar a través de campos astrales,
Batallas que se ciernen entre la luz y las tinieblas,
Entre las moradas de los Demonios y los Ángeles.

Batalla que se libra contra lo oscuro, contra el Mal.
El avance espiritual consiste en estas batallas librar,
Terribles, contra uno mismo, y contra la naturaleza,
Sofocando pasiones por medio de la propia voluntad.

Donde el Gran Batallador promete lo que apuesta.
En batalla, uno se maltrecha; mas, si señor dulce,
Y generoso me tranquiliza, y en su regazo me duerme,
Me robustezco, y la batalla es lo que menos importa.

Porque en el núcleo de cada Sol, o Estrella Universal,
Planeta, satélite lunar, o cometa, o Signo Zodiacal,
Existe su médula o morada, es un Templo Corazón,
Estrella brillante, donde habita su Genio Sideral.

Empecemos a sentenciarle un adiós a la era que fenece,
El Piscis, que nos dejó sólo en sexuales repugnancias,
Y que en los templos de las almas, al fin deja de regir.
En víspera de la nueva era: la castidad perfecta parir.

Finalmente se abre, en el transcurso de las edades,
De los siete grados de poder del fuego, el misterio,
Que para la nueva era que se avecina, nos prepara:
Acuario, cuya era, de Espiritualidad será el Imperio.

Nueva Era es Acuario, de universal hermanamiento.
Acuario marcará en la conciencia un decisivo cambio,
Nos traerá prosperidad, paz, raciocinio y abundancia,
Uniendo en armonía, las corrientes del pensamiento.

Cierto e indiscutible que las influencias
De todos los signos zodiacales existen;
Sus Espíritus son autoridades en nosotros
Que siempre nos manejan a su voluntad,
Mientras nosotros no hayamos ordenado
El pensamiento, ni hayamos puesto paz
Dentro de la rebelión de nosotros mismos.

Espíritu de Aries
21 marzo a 20 abril

Aries gobierna nuestro centro intelectual;
Con sus caricias se deleita nuestra cabeza,
Pues agrada a los dos centros magnéticos,
Para armonizarnos con la Divina Trinidad.
Son las fuerzas indivisibles e invisibles,
Las del Padre, el Hijo y el Espíritu Santo,
Que en combinación poderosísima con Aries,

Nos mantienen en armonía con el Universo.
Los chacras que rige Aries en nuestra cabeza,
Son los dominantes del tiempo y la muerte,
Y permite ver planos superiores del Universo.
Los Aries poseen el Espíritu de la guerra,
Y esta guerra la establecen contra sí mismos,
Por lo que mucho se encolerizan con frecuencia
Y por tanto, les es difícil ser felices en el amor.
Por ser posesión de Marte poseen alta energía,
Para las grandes empresas que llevan al éxito.
De rojo se viste tu cabeza coronada de claveles,
Con olores de mirra, y adornada con rubíes,
Mientras los días martes en tu trono de roble,
Saludas al planeta Marte con tu cetro de hierro.

Espíritu de Tauro
21 de abril a 20 de mayo

Tauro gobierna nuestra laringe y garganta,
Y tiene extremo cuidado de la palabra misma.
Con la palabra, o el verbo, es como Dios crea,
Sin el verbo, sin la palabra, no hay creación…
Por lo que la palabra es un elemento a cuidar,
Ligado altamente a nuestro desarrollo espiritual.
La palabra es poderosa, es capaz de destruir,
La palabra es vigorosa, es capaz de dar vida.
El espíritu de Tauro te encamina a perfeccionar,
A purificar, a sincerar, el uso de tu palabra,
Llenarla de amor y armonía hacia tus semejantes.
El uso de nuestro verbo en el diario vivir
Está íntimamente ligado al camino espiritual.
Tauro, eres noble, paciente y muy trabajador,
Tu sosiego lo guardas en tu avasalladora fuerza,
Que al ser provocado, todo lo derribas sin freno.
La música, las artes y la belleza te identifican
Como el romántico y sensual adorador de Venus
A quien halagas con medallones de cobre y esmeraldas
Durante los viernes de rituales, vestido de verdes tules,
Armonizando con tu garganta, la palabra Amor.

Espíritu de Géminis
21 de mayo a 20 de junio

Las dos estrellas más brillantes de la constelación,
Conciernen a Cástor y Pólux, nacidos de un huevo,
Que puso Leda, luego de ser por Zeus seducida,
Cuando éste se convirtió en Cisne, de manera que,
Cástor era mortal por ser hijo del Rey Tíndaro,
Y Pólux por ser un hijo de Zeus, era inmortal.

Gemelos que vivían y morían alternativamente,
Como materia y energía que se ceden una a la otra.
Géminis mantiene el misterio de las almas gemelas:
Vida tras vida viven encontrándose eternamente.
Salud marital sólo es posible entre almas gemelas.
Al espíritu de Géminis lo envuelven las almácigas,
Y las madreselvas, adornadas por crisantemos,
En maceteros de mercurio y de oro, como ofrenda
Para sanar a los hombres, pulmones y brazos.
Los de Géminis, de recia voluntad y de gran valor,
Inteligentes pero testarudos, que todo lo resuelven
Con la mente, acallando la voz del corazón.
Los caracteriza su dualismo o doble personalidad,
Por lo que son extremadamente problemáticos.
Difícilmente logran el equilibrio en sus vidas.

Espíritu de Cáncer
21 de junio a 20 de julio

Suaves rayos plateados de Luna, te acarician
Y entran los lunes por las ventanas de tu casa.
Centellas místicas y misteriosas penetran tu hogar
Para reflejarse en tus plateados espejos con perlas
Y con guirnaldas de puras blancas flores de rosal,
De donde emanan aromas de eucalipto y alcanfor,
Dulces socorros de Luna para la glándula Timo,
Que regula el crecimiento de todo ser humano.
El espíritu de Cáncer promueve la reproducción,
También promueve la enfermedad de su nombre
En aquellos que hacen mal uso y abuso del sexo,
Puesto que el cáncer es el karma de los lujuriosos.
El carácter de un canceriano es demasiado sensible
Y cambia rápidamente con las fases de la Luna,
Por eso deben encomendarse al Arcángel Gabriel
Para encaminar positivamente su imaginación,
Pues a través de ésta, expresan su alma y su ser.
El canceriano es romántico y tenaz en el amor.
Pero es muy agarrado y retraído, de manera que,
Si le pides un favor, que sea en Cuarto Creciente,
En Cuarto Menguante te mandará a freír habas.

Espíritu de Leo
21 de julio a 20 de agosto

Las caricias que tu espíritu al mío manifiestan
Sólo en mi corazón son recibidas y consideradas,
Tú eres el corazón del Zodíaco, el Trono del Sol,
Mi corazón, Templo del Íntimo, Dios particular.
Refléjate en mi cuerpo y reconforta mi corazón,

Con tus espejos dorados, colocados frente al Sol,
Y adornados de diamantes cubiertos de fuego
Que del mismo Sol emana y llega hasta los confines
De los círculos zodiacales, pero regresa aquí mismo,
A mi corazón engarzado en una planta de girasol,
Rodeado de amapolas tan blancas como el amor.
Regálame el despertar de una nueva conciencia,
Visítame en domingo para que robustezcas
Mis facultades, mis virtudes y mis cualidades,
En mi lucha por comprender y eliminar la ira.
Los nacidos de Leo tienen de Leo su Espíritu
Intuitivo, como expresión del Ser y del Espíritu.
Son Bondadosos, enérgicos, valientes, autoritarios,
Magnánimos, se irritan y encolerizan fácilmente,
Su espíritu sufre por sensibilidades morales,
Suelen sufrir de enfermedades en brazos y manos.

Espíritu de Virgo
21 de agosto a 20 de septiembre

El espíritu de Virgo nos conecta con la Madre,
Sí, Madre Divina Interna que rige el vientre
Y nos asocia con la raíz de todo cuanto existe.
Las raíces del árbol de nuestra propia vida
Son los intestinos encadenados a Virgo Honrada,
Bendita la mujer y benditos los que la adoran.
Desde el planeta Mercurio rige la razón y el intelecto,
Además de la mente, para darle capacidades
Para la pedagogía, la medicina, el análisis,
Y el periodismo a los nativos del Espíritu de Virgo,
Son firmes en sus pensamientos y son testarudos,
Pues no hay quien los pueda hacer cambiar de idea,
Aún y cuando sepan que están equivocados.
Del árbol Sándalo saca sus virtudes curativas,
Y por su nobleza perfuma el hacha que lo hiere.
El Arcángel de Luz, Rafael siempre disponible
Para atenderte y socorrerte en cualquier momento,
En días miércoles que se relacionan con su regencia,
Ubicada ésta en el vientre, intestinos y plexo solar,
Cúbrelos y mímalos con esmeraldas y dorados jaspes,
Que adornen jícaras de olmo con que le darás de
beber.

Espíritu de Libra
21 de septiembre al 20 de octubre

Revela La Balanza que indica Equilibrio del Ser,
Que debemos tener, y en todas las cosas materiales.
Es parte de las Leyes Naturales del Universo,

Sin leyes dominaría La Anarquía en todo el Cosmos.
Con Libra pretendes buenas obras y pagar tus deudas.
Al León de la Ley se le combate sólo con la balanza,
Ley que se aplica al Karma después del juicio final,
Se nos dictará una sentencia que tendremos que pagar.
La fuerza del equilibrio de Libra está en los riñones,
Permitirá la fuerza total de nuestro equilibrio
corporal.
Libra rige el equilibrio del amor en el matrimonio,
Los nativos tienen problemas por ser francos y
justicieros,
Les fastidia la hipocresía y las palabras aduladoras,
No saben perdonar al prójimo y olvidan la
misericordia,
Aunque les gusta ayudar sin esperar nada a cambio.
Aman la buena música, el teatro y la buena
literatura.
El espíritu de Libra rige los riñones bajo el metal
cobre,
La piedra del crisol, y con el pino y el ciprés, entre
narcisos
Y pasto verde, por el aire expide perfumes de gálbanos
Que son enviados y percibidos hasta en el planeta
Venus
Cuyo roce y fragancia modula y conjuga el verbo
Amar.

Espíritu de Escorpio
21 de octubre al 20 de noviembre

Escorpio, el imperio omnipotente de fuerza y poder,
Ayuda a los guerreros que buscan el progreso
espiritual,
Antes deben conocer los misterios del nacimiento
segundo.
Jesús dijo a Nicodemo: De cierto, de cierto os digo,
Que el que no naciere de nuevo, no verá el Reino de
Dios.
Para esto lograr, el espíritu de Escorpio ayuda en el
proceso,
Porque los nativos de Escorpio son tercos y
voluntariosos,
Aunque se pierden en la ira y la venganza y no
perdonan.
Deben combatir contra estos defectos que los acosan.
Por estos motivos, tienen relaciones que les causan
amargura,
No se recuperan sino hasta pasado un periodo de
tiempo,

Tienden a ser ambiciosos y enérgicos, y son fieles
amigos.
El espíritu de Escorpio en general sugiere a sus
nativos
Aprender a controlar las fuerzas de la sexualidad,
Puesto que es en realidad, regente de los órganos
sexuales,
Para lograr una transformación que lleve al despertar
De la consciencia y a la superación espiritual.
Nada se puede hacer si no se hace voluntariamente,
El agua ayuda a liberarse de influencias, así, también,
El topacio usado como talismán engarzado en hierro,
Y colgado al cuello de una cadena hecha de cobre puro.

Espíritu de Sagitario
21 de noviembre al 20 de diciembre

Sagitario es el signo de la clarividencia y comprensión,
Su palabra clave es la Benevolencia, aunque es
hermético,
Lo que lo relaciona con ciencias ocultas, como
Alquimia,
Cábala y Magia Práctica para entender el universo,
Su potencia, y operar los rayos siderales a nuestro
favor.
El Tarot se liga a la sabiduría de dioses siderales,
Con el lenguaje de los mundos superiores de Luz.
En Sagitario la sabiduría puede ser de dos tipos,
La intelectual y la esotérica… La primera,
Es la que robustece la mente… La segunda,
Es la que otorga la intuición, y se complementan.
Con la intuición, se toman decisiones con el corazón,
Los intelectuales quieren resolver todo con la mente.
El espíritu de Sagitario es regido por el planeta
Júpiter,
Es paternal, dadivoso, clemente, benevolente, generoso,
Los opuestos blasfeman en contra de la divinidad,
Ateos, impíos, tiranos, dictadores, malhechores.
El fuego le da la fuerza, la energía y el optimismo,
Debe eliminar la lujuria como defecto dominante.
En las caderas y muslos está su regencia, y su magia,
El estaño, zafiros azules, el aloe y la flor hortensia.

Espíritu de Capricornio
21 de diciembre al 20 de enero

Con Capricornio entramos a la casa de Saturno,
Nos influye y nos maneja psíquica y anímicamente
Durante los días del año que le son preestablecidos.

Saturno, Señor de la muerte, influye en rodillas y
esqueleto.
De la tierra las rodillas toman el plomo de Saturno;
Y se cargan fuertemente, dándoles fuerza y
consistencia.
Las personas bajo el influjo del Signo de Capricornio,
Sufren, son melancólicos, pesimistas, tienen sentido
del deber,
Son prácticos por naturaleza, se preocupan por el
mañana,
Pasan en su vida por un gran sufrimiento, asimismo,
Durante su vida, alguien les va a causar una gran
traición.
Las mujeres son buenas esposas, fieles hasta la
muerte.
Con la palabra clave Obstrucción, esconde un defecto,
Generalmente hombres como mujeres son en exceso
egoístas,
Contraen muchos compromisos y se llenan de enemigos.
Los sábados son los días especiales para sus
curaciones,
Barrer sus rodillas y todo el cuerpo con ónix negro,
Luego de la curación untarse ungüento de extracto
de pino
Que por ser su perfume, debe de reaccionar
vigorosamente.
Y las rodillas cobijarlas con un lienzo de color negro.
Que por ser su color, es prudente para restablecerse.

Espíritu de Acuario
21 de enero al 20 de febrero

Acuario está relacionado con la Sabiduría del Ser,
El Ego es la antítesis del Ser y mientras predomine,
El espíritu divino no se puede plenamente manifestar.
Será necesario purgar los pecados o eliminar el error,
Así el Ser y su Sabiduría encarnan en el humano ser.
Muchos años estaremos en la Era regida por Acuario,
Usemos su vibración para cultivar la Gracia Divina
Con fe y nuestro empeño para hacernos Uno con ella.
El diáfano aire, rige el temperamento de sus nativos,
Además, regidos por el revolucionario planeta Urano,
Sus naturales se vuelven paladines en todo lo que
hacen,
Altruistas, sinceros, amistosos, fraternales y humanos,
Con perfumes de nardos, buscan arte, belleza y amor,
Coordinado con el poder elemental del pino y del
ciprés,
Dan calma a las pantorrillas, donde radica su fuerza.

Plomo, zafiro y perlas negras, dominan su existencia,
Vestida ésta de un dominante color verde de bosque,
Donde la Naturaleza tiene vida, y todas las plantas
Forman el alma conjugada con el Espíritu de
Acuario.
No es de extrañarse que la piedra, la planta y la flor,
Ayuden a los nativos en forma natural y armoniosa.

Espíritu de Piscis
20 de febrero a 20 de marzo

Neptuno y Júpiter dominan el Espíritu de Piscis,
La influencia de Neptuno rige la Alta Magia
Y Júpiter como la presencia del Ser es significado
De encaminarnos hacia una mística trascendental.
Y si meditas en tu Ser, que es tu guía interior,
Muy pronto podrás desarrollar tu Piscis íntimo.
El espíritu de Piscis influye sobre los pies,
Por donde escalan fuerzas del genio de la Tierra.
En los pies están escritas nuestras pasadas vidas,
El Divino Cordero los ha lavado con su sangre.
Los naturales de Piscis tienen naturaleza dual,
Difíciles de entender, pero sensitivos e intuitivos,
Muy profundos, con disposiciones para el ocultismo.
Es de voluntad inquebrantable y casto profundo,
Pero a veces, alcoholismo, orgullo y glotonería.
Esto último parece ser el peligro de los piscianos.
Si haces una medalla que sea de platino y estaño,
Llénalas de amatistas y cuélgalas de tu cuello,
Después de bañarte con agua transparente y pura.
Y cubre tu cuerpo con perfumes de violetas y tomillo,
Para que tu dignidad aflore y fulgure en este mundo.

Éxito

Bien claro está lo que El Éxito No Es:
Tener un auto último modelo de alta calidad,
Muy cómodo, con ingeniería de lo mejor;

No es acabar tu carrera y una especialidad,
O vivir en casa grande con mucho esplendor,
O tener hijos destacados en estudio y saber,
Ni figurar en las clases sociales más altas.

No es lograr reconocimiento de multitudes,
Ni ganar mucho más dinero que los demás.

No es No conformarte con lo que ya tienes,
Es trabajar duro para obtener más y más…

Claro, pero sin poder disfrutar de la familia,
Sin poder ver ni en el café a los camaradas,
Sin importar que disminuyan tus amistades.

Éxito no es el saldo de tu cuenta bancaria,
No es el ser pariente de la Reina Isabel,
Ni es viajar a España y a las Islas Canarias,
Ni ir de compras a la ciudad de Nueva York.

No es vacacionar a un lugar internacional,
Ni a las Alemanias, ni a las Tailandias,
Ni tener un exótico anillo de las Arabias…

Desgraciadamente nada de eso es Éxito.

Muchos de nosotros ni siquiera sabemos,
Realmente lo que es, no lo comprendemos.

Claro está, el Éxito con frecuencia se da,
Pero cuando en los demás el éxito vemos,
Solemos complicarnos y redescubrirnos.

Con cierta amargura ocultamente decimos:
"Ya lo tienen todo para poder ser felices".

Eso nos aleja de nuestra posible realidad.

De alguna manera piensas que es difícil
Poder llegar a tener el Éxito de aquéllos.

¿Pero algunos momentos te has detenido,
En alguna ocasión, para pensar y reflexionar,
Qué es el Éxito para ti y sentirlo como tal?

Quizás el Éxito para ti sea cosa diferente.

Quizás vayamos por la vida instintivamente,
Casi no razonamos nuestras decisiones,
Que sin duda creemos que Éxito proveerán,
Pero a veces sin detenernos a deliberar
Lo que el Éxito para nosotros pudiera ser…

Hay gente que con lo poco o mucho que tienen
Son felices y ni saben que son exitosos,
Porque el Éxito puede no ser sustancial…

Primeramente, confundimos en general,
El Éxito en la vida con el Éxito profesional,
Esto es generalmente algo muy habitual.

Lo que es una verdad ineludible, es que
El Éxito es distinto, en cada uno es personal,
Porque todos como individuos que somos,
Tenemos haberes, metas distintas y sueños.

Sin embargo, el Éxito estará siempre ligado
A lo que nos dé a cada uno de nosotros,
Alguna satisfacción, tranquilidad o un contento,
O simplemente una sensación de felicidad.

La Felicidad y el Éxito van muy de la mano,
Pero sólo cuando la Felicidad es lo primordial
O mejor dicho, lo fundamental, es entonces
Cuando el Éxito viene a ser el segundo plano:

Por ejemplo, cuando trabajas con agrado,
Cuando lo que haces lo haces felizmente,
Cuando quieres proporcionar un gozo a alguien,
Que a ti te proveerá un placer excepcional.

Sabes que esto hinchará tu alma de felicidad,
El gozo es tan tremendo y tan incomparable
Que ni siquiera piensas que eso es Tener Éxito.

Falsedad

Una cosa que a mí no me cuadra
Es que cuando uno va a la Iglesia,
Ves entre el gentío, muchas personas
Que parecen piadosas y recatadas,
A la vez persignadas, pero afuera
Son unos hijos de madre endiablada.

En el templo andan demostrando
Que son almas puras y atormentadas,
Y se la pasan pidiendo clemencias,
Que parece que no han hecho nada,
Sino que sufren, y a Dios reclaman.

Y yo me digo: Yo no los entiendo,
¿Qué es lo que éstos pretenden?
¿A quién del Cielo engañar quieren?

Yo que los conozco no me engañan,
Y sé quiénes son por dentro y fuera
Del Templo del Señor, y al Señor,
Seguro que mucho menos han a engañar.

Si debajo, dentro y fuera de la Tierra,
Sabrá descubrir lo que cada quién es,
Entonces ¿dónde éstos se van de esconder,
Si sólo a sí mismos se han de engañar?

Dios me asista y me perdone por criticar
A los de esa clase, pero no me gustaría

Ser como ellos, cuanto menos pretender
Engañar a quien nadie puede engañar.

¿Cómo es que al Señor haya de tratar
De engañar con ser yo quien no soy?
Sé que es de lo que está lleno el mundo,
Y no es más que un pecado, que la gente
Comúnmente comete de tanto en tanto.

Éste es el llamado Falsedad, y es claro,
Que por lógica de su nombre, se oponga
A la verdad, y por lo tanto, es claro que
A ciertas virtudes les haga contrariedad.

Con y por ellas este pecado es aplacado
Cuando se tiene la buena intención
De querer hacerlo para un lado…
Y estas cualidades son la Humildad,
La Franqueza y la Nobleza…

Bueno y aquí, y con dicha propuesta,
Los que somos, seremos quienes somos,
Y solamente seremos lo que somos,
No fingiremos ser los que no somos,
Ni lo que no somos, porque en realidad,
Siendo verdaderamente quienes somos,
No queremos ser los que no somos.

Feliz Día de la Mujer

Hoy ha nacido una luz muy brillante
Que ilumina vidas con bellos colores;
Hoy ha nacido la Fortaleza y el apoyo,
Potencia que mueve a seguir adelante.

Hoy nació el complemento de mi ser
Pues tiene lo que me falta y me llena;
Hoy ha nacido la que me sabe escuchar,
La que da a todos aliento y compasión.

Hoy ha nacido una vida dentro de mi vida
Una luz que me guía desde la oscuridad;
El manantial que calma mi sed de pasiones.

Es Pilar de mi Familia y de la Sociedad.

Hoy, Sí, hoy… Ha nacido una MUJER.

Algunos por error le llaman el Sexo Débil,
Yo la llamo amasijo perfecto de sensibilidad,
De tenacidad, de actitud, de carácter y de amor.

Es madre, hija, esposa, hermana y amiga.

Eres la fresca fragancia de las primaveras,
Eres el jubileo de días de sol en los veranos,
Eres el olor a hogar y a nostalgia en mis otoños,
Eres mi refugio y mi consuelo en mis inviernos.

Eres lo que a su paso todo convierte en amor.

Eres el estandarte que en su pecho lleva,
Como una canción, el hombre que ama y siente,
Y que un día se irá, prodigándote su corazón.

Fantasma

Un susurro en la noche…

Veo tu imagen en el aire,
Y cual si fuera bendita,
La luz de luna la ilumina,
Tiñendo formas divinas,
Que aparecen y huyen,
Según el sigilo de la briza.

Me canta, me ríe, me habla
Al silbido de las ramas,
Me emociona el encuentro.

El aire tibio me recuerda,
Que tu aliento está cerca,
Mas sé que no es verdad.

Mi momento se esfuma,
Es por demás, no más engaño,
Transformándose en llanto.

Sé que no volverás,
Lo sufrido, déjame olvidarlo,
Y ya lo llorado, fue llorado.

Pero di que no volverás,
Antes de volverme loco.

No juegues con mis ojos
No más imaginación,
Quiero vivir mi vida,
Olvidarte, no voltear atrás.

Libera a mi corazón
De tus inclemencias
Y déjame entonces vivir,
Aunque por querer vivir
Sé bien que voy a morir.

Fantasma de mi pasado

Todo pasa y todo queda en esta vida,
Lo que fue ayer, hoy ya no es, ni será,
Son solamente fantasmas del pasado,
Que sólo algunos pueden recordar,
Los que estando vivos, los extrañan.

Pero si los que extrañan a los muertos
También ya habrán dejado de existir,
Ya no hay quién los pueda extrañar.

Y es como si nunca hubieran existido,
Sólo objetos y fotos viejas quedan,
Que nadie sabrá a quién pertenecieron.

¿Cuándo pasaron tantos años?, pregunto.
¿Qué hice que ni sentí, en esos años?,
Me esfuerzo, pero no puedo recordarlo.

El destino de nosotros es pasar solamente,
Todos estamos condenados al olvido.

Si pudiera al tiempo a una época regresar,
Escogería los momentos en que fui niño,
Para volverme a sentir sin responsabilidad,
Libre de atavismos y sin remordimientos,
Cuando todo era mío, y el momento también,
La vida era mía, y mis padres también,
Cuando la inocencia estaba de mi parte,
El corazón me latía sólo para ser feliz.

Pero al igual que todo lo demás, se pasó
Tan rápidamente que ahora estando viejo
No sé realmente si esa época sucedió.

Estoy en la edad en que todo lo olvido,
Y no dudo ni un poquito, si muy pronto
Voy a olvidar que en verdad estuve vivo.

No sé si en mi inminente estado de olvido
Vaya a percibir que sólo soy una sombra,
O un simple fantasma de mi pasado...

Fe

La verdad pura, es que lo que está
Fuera del alcance de nuestros cinco sentidos,
Ya forma parte de un misterio constante,
Y sus conceptos a todos nos confunden.

Nociones como Dios, espíritu y alma,
Más Allá, limbo, cielo, éter, eternidad,
Vida después de la vida, infierno, karma,
Juicio final, séptimo cielo, inmortalidad...

Nuestra mente da para creer mucho más,
Nuestra mente puede hacer, idear y crear.

El pensamiento es un distinto Universo
Que a cada quién lo hace más audaz...

El pensamiento vuela, no tiene límites,
Llega hasta donde se le permita llegar;

Pero una cosa debemos de considerar:
La Fe es el arma que lo va a ayudar...

La Fe es creer en algo fervientemente,
Que la mente creó, sin saber que existe;
La Fe es una realidad muy convincente,
Ella, seguir adelante siempre te permite.

Por medio de la Fe tienes la esperanza,
De encontrar lo que sin Fe no se encuentra;
Por medio de la Fe seguro has de llegar
A lugares donde nunca habías llegado...

Puedes creer en lo que nadie ha creído,
Puedes hacer lo que nadie ha realizado,
Puedes sacar los miedos que te espantan,
Y acurrucarte en las puertas de tu Cielo...

Unas versiones sobre lo que buscamos,
Que de todas parece ser la más adecuada,
Es agregar a tu Fe, el concepto de Dios,
Claramente ten la confianza acomodada.

Con una Fe firme y sencilla, acércate,
A lo profundo con reverencia, allégate...

Seguro es que lo que no puedes entender,
Puesta tu Fe en Dios, ya lo entenderás.

Y si esto hicieras, dime, ¿qué perderías?
Si las consecuencias resultan favorables,
Entonces siempre ganas, y si así no fuera,
Igualmente, nada de lo tuyo perderías.

La Fe verdadera, no puede ser engañada,
La Fe verdadera, obrará secretamente.

Para que llegue al Más Allá la Ciencia,
Millones de años tendrían que pasar.

Para que la razón nos dé explicación,
Una eternidad tendríamos qué vivir…

Enciérrate en la Ciencia y en la razón,
Y no saldrás de los límites de tus sentidos.

Sólo ven la dimensión que pueden ver
Sin entender lo que la Fe puede conocer.

No deberá quebrantar tu Fe la razón,
No irá delante de ella un discurso natural.

Recuerda esto: Dios no te engaña,
Sólo el que se cree demasiado grande.

Hace cosas grandes el Dios eterno,
¡Y su obra, sólo con Fe, se ha de revelar!

Justo aquí encontramos el punto,
Donde las fuerzas ocultas actúan,
Y proporcionan un provecho que,
Individual fructifica en cada persona.

Los resultados que esto proporciona
No pueden medirse, ni obtenerse
Por ningún método de medición ninguna,
Ni por Ciencia ni por la propia Fe:

De que se espera lo que se espera,
Pero al no saber lo que se espera,
Se sale del contexto tanto de la realidad,
Como también de la probabilidad.

Esto sería el trabajo de la intuición
De la mente inmiscuida en el Universo,
Es real y existe, pero pocos la observan,
Pocos le dan la importancia que tiene.

Porque tanto aquí, como en el Cosmos,
A todos nos rigen las mismas leyes,
Y nos circundan las mismas energías,
Formando parte de sus vibraciones.

Fe libera del desarraigo y da esperanza
Para luchar contra toda desesperanza
Que suponen las debilidades humanas.
Sin Fe no llegas a donde quieres llegar.

Feliz Navidad (2020)

Mira cómo la vida nos ha ido cambiando,
Cómo nuestras costumbres, modificando,
¿Es acaso que esto lo soportemos siempre,
Como nuestra nueva forma de coexistir?

No hay mal que cien años pueda durar,
Pero los trastornos que este mal ha creado
Son devastadores, con certeza horrorosos,
Inclemente a miles y miles se los ha llevado.

Ya falta poco para la Navidad, y no parece;
No se aprecia el bullicio ni ritmo contagiosos,
Ni adornando las calles los atavíos luminosos,
Esta vez estamos seriamente sentenciados.

Nos invaden los sentimientos de ansiedad,
De miedo, de incertidumbre y de inquietud
Por la situación que ahora estamos viviendo,
Cuando antes, eran de añoranza y esperanza.

Se nos acentúa la tristeza y brota la melancolía,
Al pensar en los familiares que ya se han ido,
Y no contaremos ni con ellos ni con los amigos
De manera física para celebrar este festejo.

¿A dónde se han ido las Divinas Ilusiones
Que en otros tiempos llenaban los corazones?

¿Dónde están los sentimientos infantiles
Que me llenaban de júbilo cuando Tú Nacías?

Me siento muy limitado para ofrecerte posada,
Todo está marginado por esa rara enfermedad,
Pero te ofrezco como hogar mi pobre corazón
Que mal que bien, siempre ha sido tu morada.

Y con la confianza de que estás aquí, muy juntito,
Podré celebrarte con pompa, lujo y circunstancia.

Con un huésped como lo eres Tú, lleno de Amor,
¿A quién puede faltarle el júbilo y el contento?

Bienvenido a nuestro actual mundo, Niñito Jesús,
Nada evitará que tengamos una Noche Buena,
Todos unidos en nuestro corazón para Alabarte,
Protegerte, y para que Te Sientas en Tu Hogar.

Filósofo y poeta

Hermano consentido y de mi corazón…

He de decirte que tienes el don y el sentido
Que muchos no tenemos al ver y descubrir
Esas cosas hermosas que le sacas a las cosas.

Guardadas solamente para el que las busca,
Y cuando las encuentra, saca mieles sabrosas,
Y esos secretos que nos dan consejos y notas
Que guardamos muy dentro del corazón.

Sólo tú, mi hermano consentido y amado.

Que Dios me dé lugar para tenerte a mi lado.

A mí leerte me agrada, hermano consentido,
En esas letras de romances y enamoramiento…

De pasiones y escrituras de mil emociones,
Más allá de playas donde se mece el océano,
Ten bohío guardado y esconde la tempestad,
Desde allí mi alma te observa y se maravilla…

Fortaleza

Largo camino que un hombre transita,
Y largas las horas que éste invierte,
Por obtener una pequeña e inútil merced.

Pero dime si levanta un brazo en el aire,
Por luchar y ganar de Dios la Eternidad.

Viles ingresos, un poco más de fortunas,
Las fatigas de tanto sol y tantas lunas
Por cosas vanas y promesas vacías:

Mucho litiga hasta liquidarse y morirse;
Pero fácil se agota por el Bien Inmutable.

Así se ve que hay quienes se disponen
Para la perdición, y de su vida la vanidad,
A pesar de que les miente su esperanza.

Mas, una promesa hay que no adultera,
Y es la promesa del que Por Mí Muere.

Me dijo: "Daré todo lo que he prometido,
Cumpliré por siempre lo que he dicho,
Mi espíritu siempre les cuidará en todo,

Para aquéllos que preservaren fieles
En mis designios y amor hasta el fin".

¿Quién soy yo sin ti en mi corazón?,
No soy nadie si no me das el alivio;

¿Quién soy yo sin ti en la tentación?,
No soy nadie si no me das curación…

¡Señor, suplico con ansia tu visitación!
¡Señor, suplico tu fervor y tu fortaleza…!

Ganarle al tiempo

¡A Dios gracias que hoy estamos!
Justo en el tiempo de conocernos,
De evaluarnos, amarnos y compartirnos
Con todos aquellos que amamos.

Mira cómo el tiempo tan rápido pasa,
Mira cómo la vida se va y no regresa,
Todo sin dar marcha atrás, pasa aprisa,
Y tan sólo hay una oportunidad de vivir.

Cuenta te das al ver pasar a los que se van…
Aquéllos que formaron una parte de tu ser,
Que compartieron contigo esos momentos
Que con sus sonrisas siempre te cobijaron.

Esas huellas y vivencias que ellos dejaron,
En nuestros corazones grabadas quedaron,
Sin poder olvidar lo que en nosotros hicieron,
Con el ejemplo lo compartieron y enseñaron.

Aprovechemos los momentos que vivimos,
Digamos a los nuestros cuánto los queremos,
Compartamos nuestras alegrías y afectos,
Hoy es el momento, ya mañana Dios dirá.

El tiempo se va, se escapa, y no perdona,
El amor y el cariño que puedas compartir,
Dalo, compártelo y repártelo a discreción,
Todos ansían tu abrazo, tu comprensión.

No permitas que la vida se te escurra,
Sin que puedas compartir con los demás
Todo tu cariño potencial, todo tu amor,
Tus saberes de tu caminar en esta tierra.

Había una vez un lago

En los años mozos, cuando era niño,
Me gustaba mucho irme a pasear
A un bello lago perdido en el bosque.

Su agua clara, pura y cristalina lucía
Gentilmente dejaba ver a sus pobladores,
Cientos de pececillos yendo y viniendo
De un lugar a otro, que alegres jugueteaban
Con los rayitos del sol que se filtraban.

Por las orillas meditaban las madreselvas,
De hojas verdes y azules, y los lirios acuáticos,
Que estaban como guardianes, tiesos, parados,
Con sus hojas puntiagudas como espadas.
Los sauces ladeaban con pompa su ramaje
Hasta llegar a rozar el terso espejo del lago.
Se deleitaban mirando la bóveda sonriente,
Sin nubes y azul, reflejada en la superficie.

Los momentos más bellos de estas visitas,
Eran cuando la brisa fresca, vivificadora,
Soplaba suave, haciendo juguetear las ramas,
Y yo acostado viendo el cielo entre las cañas,
Que se inclinaban con suaves murmullos,
Acariciando mi cara, haciéndome sentir,
Un maravilloso sueño que representaba,
Mi niñez, mi juventud, toda mi pureza.

Este lago del bosque era como mi alma,
Rebosante de vida, ansiosa, sonriente, feliz;
Con los ojos de un niño inquieto e impaciente,
Muy abiertos, con sorpresa y admiración;
Ojos que al mirarlos veías luz de estrellas.
Mi alma era pura, plena y llena de juventud,
Vibraba con las cadencias de la naturaleza,
Que llenaban y contagiaban mi inocencia...

Dejé de visitar mi lago por unos cuantos años,
El tiempo se encargó de atraparme descuidado,
De repente dejaron de interesarme las cosas bellas,
Sin embargo, mis soledades y mis intimidades
Me dieron una perspectiva bastante atractiva,
Que llenaba el vacío de aquello que había perdido.
Mi Ángel de la Guarda me había abandonado,
Toda inocencia, pureza y sonrisa: ¡perdidas...!

Así se pasaron de nuevo varios años...
Y el día menos pensado, me acordé de mi lago,
Y me dispuse a visitarlo, pues sentía nostalgia

De mis años adolescentes, que ya se habían borrado,
Y habían dejado en mi alma sólo angustias,
Desesperación, inquietudes y miedos terribles.
Me nació la curiosidad tan repentinamente,
Que fui a buscarlo, y Oh Dios, ¡lo que encontré!

Quedé espantado... Sinceramente no lo creía,
Al ver en qué se había convertido mi lago:
Un asqueroso pantano lleno de lama y microbios.
Era un lodazal amarillento, verdoso y turbio.
Su agua estaba sucia, imposible de identificar.
No se podía ver lo que en su seno escondía;
Pero por el olor, delataba sólo podredumbre:
Sapos y reptiles cuidaban las orillas del fango.

¿Qué fue de los lirios que hacían la guardia?
¿Cómo se deshizo la suave corona de follaje,
Que lucían ostentosos los verdes sauces?
¿Dónde está aquel cielo azul, sonriente,
Que claro se reflejaba en el espejo del agua?
Me puse a llorar desconsoladamente,
Yo sabía que lo mismo sucedió con mi alma,
Y esa angustia, no me la podía yo perdonar.

Todo, en poco tiempo, todo había desaparecido.
Quedaron los juncos que para nada sirven,
Inclinados a la más leve brisa, ¡sin carácter!
Igualmente a mi personalidad, así le pasó.
Podredumbre y asquerosidad por todas partes.

Sentí oprimírseme el corazón, pero ya era tarde.
¿Es éste el magnífico y claro lago cristalino
Donde en mis años mozos yo reflejaba mi alma?

Los ojos vivos de la juventud son hermosos,
Como los lirios de las aguas de ensueño;
Su alma es bella, como un cristalino lago.

Pero cuántas almas se tuercen más tarde,
Por los caminos fáciles de declinación,
En los lodazales fétidos, llenos de perdición...

Conservar el alma pura, mansa y cristalina,
Y llegar así a la madurez...
¡Es el más bello arte de vivir...!

He aprendido...

En esta vida he aprendido:

Que yo no soy eterno,
Que no soy dueño de nada,
Porque nada me llevaré.

Que lo que creía saber,
No lo sé, y si es lo que es,
Es posible que no lo sea.

Que mi cuerpo
No sería inmortal
Como alguna vez lo pensé.

Que ese cuerpo envejecería,
Que me moriría y en mí
Todo se acabará.

Que Dios lo es todo,
Y que el Universo es,
Como Dios es, Eterno.

Que el Tiempo no se
Involucra en el Tiempo,
Ni en la Eternidad,
Sólo le pertenece a Dios.

Que yo le pertenezco
A Dios como el Tiempo,
Y todo lo demás.

Que no todo es lo que parece
Ni todo lo que parece,
Necesariamente es.

Que el amor no es poseer,
Que el amor no es esperar,
Ni hacer que los demás
Sean como yo deseo.

El Amor es dar libertad
Dar independencia,
Dejar ser.

Que el optimismo
No es huir de la realidad,
Es verle su mejor ángulo;
Es ver la luz
En medio de la oscuridad;
Es ver la enseñanza
En medio de la adversidad.

Que todo pasa,
Que todo queda,
Que si hemos venido
Es sólo transitorio.

Que estamos hechos
De polvo de estrellas,
Y de luz de luna y de sol.

Que vivimos en el olvido,
Ya somos el recuerdo
Que un día alguien
Quizá mencionará.

Que la esperanza
No es una utopía,
Ni una falsa quimera,
Ni una excusa
Para refugiar mis miedos,
Ni mis ansiedades…

Que la esperanza
Es hacer realidad
Lo que es un sueño,
Es tener entereza,
Es tener el valor,
Es tener la fuerza
Y tener la iniciativa
De dar el paso
Y continuar hasta lograrlo.

Que mi amor a las cosas,
Haría más penosa mi partida.

Que tanto las plantas,
Como los animales
Del Cielo y la Tierra
Son mortales,
Igual que yo.

Que la Vida
Se abre camino
Por sí sola,
Que aunque me muera
Continuará sin mí.

Y con el tiempo
Yo seré olvidado
Para siempre.

Que Mis Padres
No eran eternos,
Y que mis hijos
Cuando crecieron,
Escogerían su senda
Y seguirían su camino,
Solos, sin mí.

Pues no eran míos,
Como yo lo creía.

Que la fortaleza
No son músculos,
Para dar golpes,
Ni levantar cosas pesadas,
Sino que es el poder
En voluntad y perseverancia,
De sostenerte cuando caes,
De mantenerte en pie
Aún en los ventarrones,
Aún en las tormentas.

Que el mundo me recibió
Y me protegió en él,
Y con el tiempo,
Lo que menos
Esperaba él de mí,
Es que tratara de dar
Lo mejor que tuviera,
Para dejarle
Huellas positivas
De mis pasos,
Antes de partir
Al lugar de donde salí.

Que los miedos,
Que las tristezas
Sólo son mensajeros
De grandes enseñanzas.
Son principio de fortalezas,
Del desarrollo de mi espíritu
Y la grandeza de mi alma,
De mi evolución,
De mi crecimiento,
Como persona y ser humano.

Que todas mis posesiones
Fueron simples
Monedas de cambio,
Para transitar en esta vida,
Y no me pertenecían…
Eran tan fugaces
Como efímera era
Mi propia existencia,
Mientras estuve en la Tierra.

Todos mis bienes
Los usarían otras personas
Cuando yo me haya ido.

Que el amor propio
No es una vanidad,
Es humildad de reconocer
Que soy un ser humano
Y que valgo por sólo ello.

Que mis fragilidades,
Mis limitaciones y
Mi condición de mortal
Me hizo reconocer
Que soy efímero,
Cosa que difícilmente
Pude comprender…

Que en esta vida
Todo lo que poseía
Un día sería de alguien
Y que en realidad
Yo nada tenía.

Que Dios es lo único
En lo que yo pude
Confiar y entregarme,
Y dejar de mortificarme,
Por todas las demás cosas.

Que la felicidad
No es placer momentáneo,
Es el estado de paz interior,
Que recibe cada experiencia,
Con una sonrisa de sabiduría.

Que la felicidad
Es una elección personal,
Es un estado de vida
Que se nos presenta
Con la oportunidad de elegir.

Que la felicidad se desarrolla
Cada momento que vivo
Al compartir, al recibir,
Al abrir mi alma
Para vivirla y recibirla.

Que dejé de sufrir, me rendí,
Aceptando lo que tenía
Que aceptar… Y desechando
Mi orgullo y mi prepotencia,
Mi vanidad, mi pedantería,
Mi presunción,
Mi ego y mi altanería.

Que he de amar a Dios
Sobre todo
Y sobre todas las cosas.

Que he de tratar a todos
De la misma manera,
Y de la misma forma
Como a mí
Me hubiera gustado
Que me trataran,
Sin favoritismos.

Que nadie, ninguno de nosotros
Somos sólo dolor y pena,
Ni dudas, ni confusión,
Ni miedos, ni temores,
Ni debilidad, ni inquietud.

Que también soy alegría
Certeza y fortaleza,
Empuje, valentía y bravura.

Que de mí depende
Cómo lograr el equilibrio
Que me lleva a la alegría,
Y a la paz interior.

Que tuve que abrirme
De brazos y de alma,
Para comprender
Y para reconocer,
Cómo realmente es
La vida que se me ofreció;
Que todo es pasajero
Y que sólo me incumbe
Durante el tiempo
Que esté por aquí…

Aprendí que lo mejor,
Lo más importante,
Es que somos Amor,
Y que ese amor
Lo derramamos
Y lo damos sin restricción,
Porque proviene de Dios.

Él es el que lo
Proporciona,
A través de su hijo:
Su Hijo Amado:
Jesucristo.

¡Hechizado!

Hay dentro de mí una pasión
Que depravada conmigo juega,
Me causa una insana obsesión,
Con tal fuerza que me sosiega.

No deja a mi corazón palpitar,
No se llena de aire ya mi pecho,
No siento ni el ardor de mi piel,
Y juro que se secó mi paladar.

Quítame este mal que me mata,
Dame fuerza, no puedo ni pensar,
De adentro de mis aposentos aleja
Este caníbal y endemoniado ser.

¿Qué embrujo me tienes metido,
Dime qué hechizo me has echado,
Por qué eso me excita y enloquece
Y parece que mi alma le pertenece?

Siento un dolor muy bien clavado
Que atraviesa mi pecho y espaldar,
Me siento como un monigote herido,
Sin mi voluntad, sin mi conciencia.

¿Será esto locura o esquizofrenia
Lo que presiona así al pecho mío,
Que en ratos pretende destrozarme
Y hasta sudo, tiemblo y desvarío?

No puedo hacer más que resignarme
A vivir con esta amarga condena.
¡Que Dios se compadezca de mí,
Para que un día me alivie esta pena!

Hermano poeta

Hermano consentido del corazón,
Tú tienes ese sentido y ese don,
Que a tus hermanos nos falta
En el diario ver y descubrir…

Todas esas cosas tan hermosas
Que sacas de todas las cosas
Que están guardadas solamente
Para el que realmente las busca.

Y justo cuando las encuentra,
Les saca esas mieles sabrosas
Esos ocultos y mágicos secretos
Que guardamos en el corazón.

Sólo tú, hermano querido y amado
Nos das consejo y vastas lecciones,
Que Dios me dé lugar para tenerte
En mi corazón, siempre a mi lado.

Hombre y Dios

Un día a un filósofo le preguntaron
Que dónde estaba Dios escondido,
Y el filósofo dijo sin verse aturdido:

Hombre y Dios son la misma cosa,
Por lo que están en el mismo lugar.

Pero hay entre ellos una separación
Tal que los hace distintos y aislados
Al grado que el hombre de repente
Se pierde en precipicios y abismos,
Ignorando que la cruel separación
La ha inventado su propia mente.

Honor

Aquí cada quién sus leyes creaba, de manera que
Era muy fácil vivir y al mismo tiempo morir.

La vida no importaba, de repente no valía nada,
Lo único que importaba era el honor salvar.

Aquél al que el honor se le quitaba o robaba,
Pronto se ajustaba con el instrumento que portaba
Para enfrentar a aquél que quitarle el honor osaba,
Porque la ofensa al honor muy caro se cobraba.

Solamente con la vida se pagaba, y pa'cobrarse
Lo que había que pagarse, uno al otro mataba.

Los pleitos y las riñas a pedir de boca estaban,
A cualquier motivo, dos semejantes se armaban,
Y a tiros se peleaban, pero eso era muy vulgar
Sólo de la gente plebeya y mal acomodada.

Los hombres de honor, se disputaban la vida
En una contienda a duelo frente a frente,
Y era mejor enfrente de un grupo de gente
Que fungieran como testigos y mediadores
Que las reglas dictaban y mejor aplicaban.

Y ya con sus pies bien puestos en el suelo,
Y cuando a duelo se retaban, Dios disponía,
La razón le cedía, al que con su honor vencía.

La paga era normalmente la muerte del ofensor,
Aunque también a veces, ofensor y ofendido,
Morían por igual en cualquier duelo tendido.

En cualquier riña callejera donde las reglas
De duelos no se aplicaban y no se entendían,
Para entender ese desentender o malentendido,
Uno resultaba mal herido o muerto, a saber,
O cada uno de los dos resultaba ser cadáver.

Lolo pelionero era, y también sus pleitos tuvo,
Uno de ésos, lo mató, pero no fue al instante,
Lo dejó incapacitado, con el cuerpo muy tirante.

Sin embargo, desde que aquella bala lo hiriera,
Él vivió muy poco sin pensar que eso sucediera.

Impaciencias

¿Y qué pretendéis decirme,
Tristeza, por el paso de los años?

¿Que los años pasan y pasan,
Y que el tiempo no se detiene,
Y que ya nadie pregunta por dónde
Hay que mirar en el presente?

¿Que el futuro sembró su simiente,
En los lánguidos suelos del pasado,
Echando raíces en el presente,
De esta alma, que sólo puede ver,
A un lirio nacido de un suspiro?

Y ya con esta aclaratoria,
Y ya habiendo vos venido,
Entonces me doy por bien servido,
Y además, me siento realizado...

Por eso me voy contento,
Pidiendo a la vida todo aquello,
Que se nos hubo prometido.

Que valga la pena entonces vivir,
Que valga la pena entonces morir,
Y en el transcurso a todos transmitir,
Todo aquello que nos hizo soñar...

Incertidumbre

Si me ves muy de prisa correr
Creerás que quiero sacar ventaja
Y que quiero ver más pronto que tú,
Lo que mañana nos va a suceder.

Sin embargo esto no se planificó,
Y aunque planificado hubiera sido,
Nadie pudiera conocer el mañana
Ni aún cuando lo pudiera imaginar.

El porvenir siempre es un misterio
Que se sale de nuestros planes
Depende de circunstancias ajenas
Y de la Voluntad inequívoca de Dios.

Yo no puedo hacer que lo que quiero
Suceda y se sujete a mi voluntad,
Aún cuando le ponga más esfuerzo,
Y le dedique toda mi fibra y esmero.

Sin embargo, algo lo puedo asegurar,
La vida siempre continuará para todos
Con altas y bajas y muchas opciones
Que desde arriba nos dan a escoger.

Éstas se convierten en rutinas de vida,
Con que Dios nos conserva al borde
De lo que el día de hoy, hay que vivir,
De lo que hay que soñar y disfrutar.

No es justamente lo que anhelamos,
Pero sí para convertirnos en humanos
Y compartir estos dones con los demás
Es como el acertijo que armamos.

Es por eso que el día de hoy he decidido
Hacer las paces con la incertidumbre,
Ésa que nos hace soñar con la nada
Y nos hace creer en lo que nunca será.

La que nos ahueca el pensamiento
Frustrándonos con codicias ficticias
Que ponen también tierras simuladas,
Como un engaño en nuestros pies.

Admitida la incertidumbre de la vida,
Y confiando en la Voluntad Divina,
Vivamos libres y con ecuanimidad
La incertidumbre de nuestra verdad.

Con la certeza de que Dios ha de proveer
Lo que necesitas, no lo que has de querer,
Más la fortaleza que cubre nuestra alma
Para los momentos difíciles poder afrontar.

Intimidad

Intimidad, profunda palabra,
Donde se refugia mi personalidad
Que le da cabida a mis placeres.

Lugar donde guardo mis tesoros
Y secretos que nadie conoce,
Y son para mí lo más querido.

Nadie entrará, ni nunca sabrá
Que es lo que me complace
Que es lo que más yo he amado.

La llevo conmigo a donde vaya,
Allí me regocijo a cada instante,
Allí llora y sufre mi semblante.

Es como un fortín bien cerrado,
Cuya llave es la de un candado,
Que hasta hoy no ha sido fabricado.

No hay beso, ni caricia, ni abrazo,
Que sea tan fuerte y complaciente,
Que me seduzca hasta doblegarme.

Jamás a nadie se lo podré revelar,
Sólo le diré dónde podrá escudriñar:
En los precipicios oscuros de mi mente.

246

Judas y Jesucristo

Pensaba el artista pintar su obra excelsa,
Pero su principal angustia, era encontrar
El modelo más adecuado para delinear
El sublime rostro de Nuestro Señor Jesucristo.

Cuando descubrió con gran entusiasmo,
Entre los miembros corales de una iglesia,
A un joven que brillaba por su hermosura,
Llamábase Pietro Bandinelli el bello joven.

Cuando el pintor le manifestó el motivo
De la búsqueda del rostro perfecto, se impactó,
De inmediato se prestó, optimista y gustoso,
Modeló para que el pintor pintara El Rostro.

Pasaron meses, hasta que se hicieron dos años,
El pintor requería terminar su obra maestra,
Se la pasaba malhumorado recorriendo calles,
Pues no hallaba modelo para pintar a Judas.

Buscaba a alguien en cuyo rostro se revelase
Toda la maldad de la que era capaz Judas.
Luego de mucho tratar, encontró a un hombre,
Todavía joven, pero envejecido antes de tiempo.

Tras los rasgos duros de su rostro se adivinaba
Un sufrimiento enorme y un alma extraviada.
Por lo que le llamó la atención, se acero a él,
Le pidió nuevamente que sirviera de modelo.

Leonardo Da Vinci lo llevó y lo colocó frente
Al cuadro, inconcluso de La última Cena,
Y al momento de delinear el rostro de Judas,
Se escuchó un sollozo del corazón del modelo.

El desconocido era el mismo Pietro Bandinelli.
Se había entregado a una vida muy pervertida.
En dos años, sus horribles deslices lo desfiguraron,
Y así fue como pudo servir para pintar a Judas.

Justicia

Ay Vida, pobre de mi corazón,
Que sólo tiene una oportunidad,
De redimir pecado y condición.

El dolor es tan sólo una expresión
Cuya oportunidad en la vida,
Diviniza y da purificación.

Me han cubierto horribles tinieblas,
Lamentos de abismos sepulcrales,
Ultrajando de las leyes sus listones.

En la inmensidad del pensamiento
Fiero brilla el rayo de justicia,
En espera de un predicamento.

De carmesí encendido es su trono,
Se traga sin piedad y sin reposo,
Almas que perdieron su camino.

Reconoce mi alma su pecado,
Lo sufre y redime mi condición,
El dolor es tan sólo una expresión.

La cama

Al final de un día de arduo trabajo,
Justo es asumir merecido descanso,
Sábanas blancas y plumas de ganso,
Donde te espera halago y agasajo.

O dormir, o descansar a destajo,
Encima de ese colchón indefenso,
Que siempre te mantiene en suspenso
De faenas que en la cama contrajo.

Cómodo y rentable mueble hogareño,
Bien armado, suavemente decorado,
Donde uno nace y es acomodado;
Donde uno ejerce afanes y empeños.

Grandes, chiquitas, anchas, angostas,
De oro, de plata, e incrustada madera
Con raros relieves y piedras preciosas…
Toros, leones y dragones son sus patas.

Es mejor que en petate para practicar
Lo que con una mujer se antoja;
O simplemente usarla para sentarse,
Con otra persona y de lado platicar.

Fotos, revistas, cromos y carteles,
Son guardados debajo del colchón,

Que preservados al paso de los años,
Ni recuerdas qué son esos papeles.

Aquí brincan y saltan las criaturas
Que ufanadas encuentran diversión,
A pesar de los padres la prohibición,
Por evitar caídas, desdichas y fracturas.

Donde la gente ama, vive, enferma;
Donde gente trabaja, escribe y pinta,
Obras maestras que han dejado huella,
Más por bienestar que por parquedad.

Ideal para recostarse y ver televisión,
Especial acomodo para leer un libro,
Un adecuado centro de meditación,
Aunque por sueño, no calibro juicio.

Hasta un café se disfruta en la cama
Tanto en la tarde como en la mañana,
Ya sea para despertar o para charlar,
Para el señor, para el joven o la dama.

Si andas cansado por motivo cualquiera
O meramente quieres fungir de holgazán,
Mejor en tardes lluviosas y días de frío,
La cama siempre será la opción primera.

El rey, el albañil y el carnicero;
El comerciante, el labrador y el cochero;
El presidente, y hasta el humilde obrero,
Tienen una dócil camita para dormir.

Cuántos pensamientos acumulados,
Cuánto sueños forjados en la almohada,
Apetitos reprimidos y otros realizados,
Alegrías y angustias en cada madrugada.

Ocupando el lecho, hombres y mujeres
Han tenido hijos, gobernado reinos,
Planeado guerras, creado obras de arte,
Han dormido, soñado y meditado.

Por último, que no deseaba yo decirte,
La cama es nuestro lecho de muerte,
Que esperó y esperó mientras la usaste,
Que aquí, sobre ella vinieras a morirte.

Durante tantos años bien apaleada,
Después, ¿quién la va a querer usar?
Sucia, apestosa, mugrienta y bien meada,
Seguro irá al basurero a ser quemada.

La deuda espiritual

Funesto efecto que nace de la inmoralidad,
Ésta la sufre, sin excepción, todo pecador.

Ningún malhechor puede evitar este castigo:
Ésta es la plaga de su propia degradación.

Pero puede que sobrevenga la pena corporal.

Los honorarios del pecado son La Muerte,
Es la muerte del alma en todos los casos.

Es seguro que en días de gran calma,
La vista penetra hasta el fondo del mar,
Y en la mirada del marinero que navegó
Por donde se sumergió completamente
El magnífico continente La Atlántida,
Se llena su alma de terror, de espanto;

Se le estremece el corazón con escalofrío,
Cuando ve aparecer al fondo de la tumba,
Tumba de olas, la misteriosa hermosura
Del continente sumergido para siempre.

¡Para cuántos jóvenes es triste realidad
Esta dolorida leyenda del fondo del mar!

¡Cuántos jóvenes, agotados tempranamente,
Lloran en vano las bellezas de su alma,
Perdidas, sumergidas al fondo del pecado!

¡Todo un mundo magnífico desaparecido!

Quien se atreva a alterar los planes de Dios,
Reduciéndolos a mercancías de placer,
Sin duda alguna ha de pagarlo muy caro.

Ahora vas bebiendo la copa del placer,
Ni siquiera se te ocurre pensar que pronto,
La vaciarás: quedándote sólo amarguras.

¿Crees que puedes hacer estos derroches?
¡Ay, con qué espanto mirarás cuando
La naturaleza cobre tus cuentas por pagar!

La escuela de la vida

La vida enseña la conducta de las personas
Y al paso del tiempo se aprende demasiado,

No importa la arrogancia ni la insolencia;
No importa que no vea el que no quiere ver.

Haber vivido con tus padres seguro te enseñó
Demasiado e igual que lo que la Vida te dio,
Pero definitivamente lo que puede enseñarte
Lo pagas con la experiencia de tu sangre.

No hay nadie que tenga tan dura su alma
Que no tenga en su corazón el deseo profundo
De ser amado, de sentir el cariño de una caricia,
De abrazar y de ser abrazado una y mil veces.

A la vida hay que hablarle suave y tiernamente,
Al igual que a las personas que te rodean,
Porque de ellos y de ella recibirás los bienes,
Que nunca tendrás que rechazar, sino abrazar.

A la vida se le sonríe, porque ella te sonríe a ti,
Una sonrisa te cambia el semblante de tu rostro,
Una sonrisa le da valor a alguien para hablarte,
Para enfrentarte y para comunicarte su aprecio.

Cuando puedas hacer oración, hazla frente al Sol,
Que la Vida se entere de la Piedad que compartes,
Recuerda que entre más pidas por los demás,
La Vida se encarga de darte muchas veces más.

Aprecia la Vida, y multiplica esas pequeñeces
Que en muchos momentos te hacen muy feliz.

Son esas cosas y los momentos en que se dan
Los que te dejarán esos maravillosos recuerdos.

La Vida la vas transformando a tu manera de ser,
Si me dices cómo quieres que la vida a ti te trate,
Seguramente te contestaré que la respuesta está
En el buen trato que le des a todos tus semejantes.

Tendrás qué tener mucho respeto del Padre Tiempo,
Y tendrás que tener respeto del poderío del Amor,
Y no quiero saber de qué tipo de herida hayas sufrido,
Sólo te digo que es el amor y no el tiempo lo que cura.

Rodéate de gente buena, noble y más listos que tú,
Ellos serán la conciencia de tu comportamiento,
Ellos te dirán cómo evoluciona la nobleza de tu
corazón,
Ellos medirán tu balanza y te harán crecer a su lado.

Trata de enterrar a tus padres en la misma tumba,
Y acuérdate de decirles frecuentemente que los amas,
Para que ellos se lleven esa maravillosa bendición…
Ya después de que hayan muerto, ni llorar es bueno.

Busca la manera de no enojarte y de no pelear,
Sé ecuánime y modera tu pensamiento y tu irritación,
En la medida en que te tranquilices y esfuerces,
Es la medida en que obtendrás la paz en esta Vida.

La felicidad

Durante la vida, buena cuenta te das
Que la Felicidad no la encuentras…
Sólo que la piensas, y la anhelas,
Y al creer que ya eso lo tuviste,
Resulta que no es lo que esperabas,
Sino la puerta hacia otras encrucijadas.

¡Deseada Felicidad, anhelada…
No vivo sin sólo en ti pensar…!

¿Será el cuerpo de la mujer deseada?
¿El agua que al sediento su sed colma?
¿El alimento que al hambriento sacia?
¿Las monedas que el pordiosero reclama?
¿Y del rico será la lisonja y la seguridad?
¿Produce Felicidad aquello que se ama?

¡Querida Felicidad tanto anhelada,
En toda una vida te he de esperar…!

Y ya no la quieres cuando la obtienes,
Pues te hace vivir un hoy y un presente,
Pretendiendo de un ayer olvidarte,
E intentando buscar en un mañana,
De nuevos deseos, una nueva satisfacción,
De nuevos anhelos, una nueva realización.

¡Pobre Felicidad desprestigiada…!
¿Dónde estás, dónde te hallas?

Pobre Felicidad, cuánto la deseabas,
Y no era justamente lo que buscabas.

Pobre Felicidad, si así la llamabas,
Era tan sólo un deseo insatisfecho.

"Felicidad", que un día confundieras
Con bondades que de la vida pidieras.

¿Dónde estás extraña Felicidad amada?
¿Cómo saciarme de tu esencia estimada?

Dime Felicidad, si eres falsa o verdadera,
Dime que siempre presente has estado,

Si mi vanidad no quiere que te sienta,
Dime que no eres engaño ni quimera…

Dime que siempre estuviste conmigo,
Aunque yo cuenta nunca me diera.

Cuando creo tenerte, no tengo nada,
No te abrazo, cuando creo abrazarte…

"Yo estuve presente siempre en tu mente,
Persuadiéndote para que me buscaras,
Mas a tus entornos y exteriores te acercaste,
Con lo que pisabas suelos que no debías.

Obstinada esperaba tu llamada ausente,
Para llenarte de mí… Mas nunca llamaste".

¡Al sentirte cerca, mi alma se inflama,
Mas sólo sentimiento es, pues te alejas!

"Pobre de ti que sólo de deseos viviste,
Y pensar que a tu lado me tuviste…

Pobre de ti, al tenerme en tu mente,
Si de mi presencia no te percataste…

Ahora, creo que ya es muy tarde,
Ahora sólo te deseo buena suerte".

La Madre

El concepto "Madre", es el nombre
Que se le aplica a todos los Ángeles
Que Dios ha enviado desde el Cielo
Para repartirnos un don incondicional.

Este don es el más grande de todos,
Es el regalo que Dios otorga a sus hijos
Como una fuerza milagrosa y protectora:
Lo más puro y fiel que puedas sentir.

Ese Ángel que te acepta tal como eres,
Que te ama cuando brillas como el sol,
Cuando te sientes al borde de un abismo,
Es aquél que te tiene como su gran tesoro.

Te quiere cuando tu rostro luce límpido,
Y también cuando luce sucio y descuidado;
Te acepta en días grises y en días luminosos
Para darte apoyo, comprensión y fortaleza.

Está al tanto de ceñirte entre sus brazos
Y de arraigarse a tu alma y corazón
De manera espontánea e incondicional:
Un amor absoluto guardado en tu alma.

Te acompaña en todas tus estaciones,
En tus mejores momentos, para compartirlos,
Y en peores, para darte palabras de aliento
Llenas de amor y ternura para consolarte.

Tú sientes que está a tu lado y de tu lado,
Porque Él te escoge día a día por compañero,
Te escoge como su más fiel amigo y tesoro,
Porque tú eres para él, el ser más amado.

Un día descubres que siempre lo has tenido,
Que ha estado a tu lado desde que naciste,
Y que Dios y la Vida te lo condensaron
En una sola persona que todo lo significa.

Ese regalo donde se concentra todo ese Amor,
Esa persona que posee todos los sentimientos,
Que han vivido dentro y fuera de ti siempre,
Ese ser magnánimo y generoso, se llama "Madre".

Todo te lo entrega, sin límites ni restricciones,
Nada pide a cambio, salvo que seas buen hijo,
Una persona con calidad y calidez humana,
Que sepa valorar este regalo que Dios nos dio.

Para ella no hay trabas de tiempo ni distancia,
Su Amor siempre nos cubrirá e iluminará,
Un amor guardado en nuestro propio corazón,
Que llevamos para siempre en nuestra realidad.

La máscara

Risas y llantos de un verdadero sentimiento
Quedan ocultos bajo una careta engañosa,
Que no permite que los demás vean tu rostro,
Por consecuencia, no reflejas tu luz interior.

Quisiera saber lo que hay dentro de tu cabeza,
Quisiera descubrirte todo aquello que ocultas,
Todo lo que te hace actuar de un cierto modo,
Cuando en realidad tus maniobras a ti acusan.

Buscas afanarte por ser una persona atractiva,
Simpática, cordial, tierna, de buen ver y actuar,

Lo cual es satisfactorio, si es parte de tu sentir,
Si surge de tu interior de manera espontánea.

Qué triste y decepcionante parece tu entorno,
Cuando sólo cumples las expectativas de otros,
Ocultando a toda costa quien eres en realidad,
En el escenario oscuro y sombrío de tu antifaz.

No me engañes, yo sé que deseas ser aceptado,
Pero tienes miedo de ser por los demás evaluado,
Tienes miedo de ser descubierto de otra manera
Que es diferente a la que tú has tenido en mente.

Vives, y mientras vives, te cubres con tu máscara,
Que te atormenta, te inhibe y te quita la libertad,
Sin poder decir lo que tu corazón desea expresar;
Sin mostrar lo que tu alma quiere a voces gritar.

Quitándote la máscara te mostrarás tal como eres,
Ármate de harto valor y sé sincero contigo mismo,
Actúa auténtico, y con honestidad vive tu realidad,
Enorgullécete que todos puedan ver tu sinceridad.

Advertirás que eres un ser humano como todos,
Que todos tenemos altibajos, límites e infortunios,
Enójate y aflora tus corajes, debilidades y deslices,
Quítate las metas de andar cautivando a los demás.

Es hora de cosechar júbilos, tus alegrías, tus logros,
Es hora de ser honesto y mostrar tu verdadero rostro,
Es hora de compaginar con quienes están contigo,
Porque ellos te ayudarán a crecer como Ser Humano.

Lamentos sombríos

De este mundo confuso, ansiedades
Guardan sepulturas de combatientes,
Mil desconciertos y más adversidades.

Fanatismos de incontables corrientes
Divididas y entre sí, disputando,
Testigos de mudos contendientes.

Desolación en el campo de batalla,
Donde odian, se repelen y se matan,
Escrita ha sido entonces la epopeya...

El humano Vía Crucis dejó su huella,
Los que pasaron condenan y cantan
La romanza que oscureció su estrella.

La miel del colibrí

Y cuatro son las esperanzas
Enfocando tu disposición...
Y son cuatro las alabanzas
Por corresponder a mi situación.

Eso que de una vez por todas,
Imponiéndose tu condición
Me prometes y me prometes,
Y prometes, pero no me das.

Suaves pétalos color carmín,
Terciopelo rojo carmesí,
De floridos, el mejor jardín,
Donde mieles sorbe el colibrí.

La partida

¿Quién no ha sufrido esa desgracia
De la pérdida de algún ser querido,
Importante y especial, y entrañable,
Que para nosotros fue nuestra guía
Y la luz más brillante de nuestra vida?
Ha sido difícil tener que decirles adiós.
Sí, fue difícil el tener que despedirnos.

Verdaderamente esto es muy severo,
Es la experiencia más difícil de la vida
Decir adiós a los seres que amamos.
Pero también, y sin poner objeciones,
Es una dulce enseñanza de parte de Dios.
Porque Dios nos enseña a dejarlos ir,
A permitirles que vuelen sin ataduras.

Aún con el dolor y la tristeza en que vibras,
Que te rompen el alma, mente y corazón,
Trata, aunque sea muy doloroso y difícil,
Buscar esos recuerdos que vivieron juntos,
Maravillosos, apreciables e inolvidables...
Tráelos a tu mente, archívalos como tesoros,
Sólo para hacer menos difícil la despedida.

Con esto, no debes obstaculizar su vuelo,
Permítele avanzar hasta que logre llegar
A la plataforma divina donde va a reposar.
Apóyalo, háblale y convéncelo de volar,

Haz oraciones que le permitan entregarse,
Para deslizarse con confianza y sin miedo
Hasta ver los palcos del zaguán del Paraíso.

Así, ten como recuerdos esenciales y emotivos:

El orgullo del abuelo al tenerte en sus brazos,
El amor de abuelita al recibirte con júbilo,
La cara de la madre que proyecta infinito amor,
Las bondades de esa tía inigualable y especial.

Cuando te llegue la nostalgia, tristeza y vacío
Acude a tu mente, trae esos soplos bendecidos.

Y ese recuerdo estará lleno de amor y fidelidad,
Digamos pues, adiós con gratitud al ser amado,
Porque nos brindó todos esos bellos recuerdos…

Decirle adiós, con felicidad por haberle conocido,
Eso es lo que queremos que quede por siempre.

No me importa haberlos amado tanto en vida,
Aunque al perderlos, mi dolor sea desgarrador.

Las dos vías

Son dos caras, son dos caminos,
Un lado y el otro lado de lo mismo,
Los dos lados de una medalla,
Uno ve la luz, el otro las tinieblas.

¿Por qué cometemos el error
De alegrarnos ante algo positivo
Y de protestar ante algo negativo,
Si son las dos caras de lo mismo?

Falta grave es no saber mirar
Las dos caras de cualquier cosa,
Ante cualquier circunstancia
Cuando nos falta comprensión.

Tesis y antítesis, triunfo y fracaso,
Entorno agradable y desagradable,
Depende del color con que se mire
Y del hambre que se tenga al comer.

Siempre hay dos vías en la vida
Para elegir una cada momento,
Luego de estas dos dificultades,
Hay que tomar sentencia furtiva.

Uno es quien elige la circunstancia.
Una vez que eliges una de las dos,
Adelante verás otras nuevas ofertas
A elegir de nuevo, a ver si aciertas.

Y si es mala la elección, reflexiona,
Para que adviertas y ten precaución
Para tomar en la siguiente ocasión,
La elección que sea la mejor opción.

Así en la vida la pasarás deliberando,
Y entre uno y otro camino eligiendo,
Y sólo uno, será la opción adecuada,
Para ganar lo que estuviste apostando.

Aunque se sepa que lo más cómodo
Siempre es lo que es más fácil elegir,
Lo que cuesta menos trabajo hacer,
Y haya menos esfuerzo por poner.

Que no se nos quiebre la cabeza
Y los menos sesos por disponer,
Porque así menos hay que pensar,
Pero así es como nos gusta actuar.

Cuando uno no puede sobresalir,
Decisión cabal no ha podido tomar,
Valentía le falta para determinarse,
A lo que justamente ha de decidirse.

Y que yo creo que es lo más cierto,
Que le falte la osadía y la capacidad
Para "arriesgarse" en todo momento,
Y el miedo alejar de su terquedad.

Diremos que estas pocas palabras,
Semejanzas guardan con las maneras
De personas que pierden las cabras,
Y al cabo en cobardes se transforman.

Con las que no quiero que empates,
Pues éstas son las que se quedan
En el anonimato y en la indecisión
De tomar la justa adecuada elección.

Y muchos así murieron esperando
Otra nueva oportunidad en su vida,
Y volverán cada momento a rechazar
Cada que se les vuelva a presentar.

Cobardía de no elegir lo que debieron,
Cobardía a la que ya se acostumbraron,
Les falta voluntad para ser temerarios,
Bien decididos, aunque no imprudentes.

252

Mas los hombres que ya lo intentaron
Y volvieron a intentar y se equivocaron
Pues no lograron lo que se propusieron,
Hay qué perdonarlos y dejarlos intentar...

Tantas cuantas veces quieran luchar...

La transición

La transición de una persona en agonía,
Para pasar al estado de ente agonizado,
Puede ser vista desde dos puntos de vista:

El que puede observar y ver el que está vivo,
Y la visión que tiene el pobre moribundo.

La muerte llega cuando menos lo piensas,
Y la vida es hermosa, pero igual se acaba.
Y se acaba cuando menos te lo esperas.

Hayas sido un gran hombre, o un ladrón,
Un genio, un pensador, un gran trabajador,
Un ejemplar padre de familia, o un párroco,
Un político, o lo que fuera que hayas sido,
El día, el momento, y justo el instante,
Se llegará, sin que lo hayas tenido pensado.

¿De qué manera morirás? No lo sabemos,
Pero ese justo momento no se ha de pasar.

¿Qué pensará en tanto el pobre moribundo
Que se encuentra al filo de la mutación?

A muchos seguro los agarra por sorpresa,
A otros les dio tiempo de pensar en ello,
Por el hecho de sufrir alguna enfermedad
Que los ha mantenido a raya y al pendiente.

Pero todos, deben sufrir en este proceso,
Que ellos saben que los lleva al más allá.
¿Tendrá miedo, espanto o sentirá paz?

¿Estará rezando para pedir perdones
Y piedad, a Aquél que rige su existencia?

¿O estará sumido en una cierta tranquilidad
Provocada por las drogas y los sedantes,
Para hacerle menos doloroso su final?

Al verlo, el vivo empieza a recordar tiempos
Que vivieron juntos y le dejaron huellas
De grandes momentos que no podrá olvidar.

¿Acaso una cicatriz produce dolor al apretarla,
O es que la herida no ha cerrado totalmente?

Las cicatrices podrán mostrar lo que pasamos,
Por dónde anduvimos, pero no necesariamente
Hacia dónde vamos, o a dónde queremos ir.

La vida es sólo una etapa que Dios concede
Para asimilar las vivencias y las experiencias
Que nos van dejando todas esas cicatrices.

Asumir los cambios que todo esto nos impone,
Aunque parezca drástico, triste y doloroso.

El moribundo luchará con todas sus fuerzas
Para salvarse de esta inexplicable situación;
El vivo tratará de luchar con todas sus fuerzas
Contra esto, hasta podrá caer en la negación,
Quizá piense que ya nada va a ser lo mismo,
Que la vida será distinta de aquí en adelante,
De hecho así será, pues se genera un cambio.

El agónico no siente nada y no dice nada...
El vivo niega la realidad, pues duele en el alma,
Y quisiera que todo tornara a ser como antes,
Aunque en el fondo sabe que nunca así será.

Aferrarse al pasado y luchar por cambiarlo todo,
Duele más que la situación actual por sí misma...

El muerto quisiera que el vivo no sufriera,
En silencio le insinúa que acepte esta situación,
Que estas cicatrices le darán fuerza y visión,
Y le ayudarán a crear un mejor mundo personal,
Que descubra que podremos reencontrarnos
En un futuro que promete ser muy cercano...

Yo, ahora entiendo que me equivoqué.

Comprendo que el cambio nos afecta a los dos,
Y aunque yo quisiera negarlo o rechazarlo,
Debo aceptarlo como transformación personal
Y un camino más de mi evolución particular...

La vejez

La vida es un cúmulo de enseñanzas,
En cada etapa siempre algo enseña.

El Libro de la Vida se va escribiendo
Justo cuando por ella se vaya andando.

Debemos aprender de lo andado,
Pero el hombre es un charlatán,
Que siempre habla por sí mismo,
Aunque no se le pregunte nada.

No hay nada ni nadie más inteligente,
Ni nada que sea tan bien hecho,
Por sus delicadas manos y talentos,
Sin embargo, el tiempo lo destruye.

El tiempo pasa y ya no se regresa,
Se lleva en cada una de las edades,
Todo eso, que el hombre oculta,
Todo eso, que al hombre enorgullece.

No se da cuenta que el tiempo se va,
Y pronto le llega la vejez sin saberlo,
Sólo su rostro, la está percibiendo,
Sólo su piel, la está resintiendo.

Curioso es descubrir esa gran tragedia,
De no reconocer que eres viejo,
Y pretender ser joven nuevamente,
Cuando la muerte se asoma, precisamente.

La vejez asusta a todos los candidatos,
Que abrigan la esperanza de vivir más,
Empero les muestra muy cerca la meta,
Cargando Ego y figura, hasta la sepultura.

La vejez es como el amor,
No puede ser ocultada aún disfrazada
Con los ropajes de la juventud,
A pesar de que el viejo así lo pretenda.

La vejez abate el orgullo del hombre.
Ante la vejez el hombre se humilla,
Y no es igual ser humilde a ser humillado,
Humilde es aceptar, humillado, no aceptar.

Es razonable que en la vejez suceda
Que los vicios nos hayan abandonado,
Pero nos agrada pensar que nosotros,
Fuimos realmente los que los abandonamos.

Cuando las pasiones han desaparecido
De una forma radical, total y definitiva,
El viejo descansa, y por fin queda libre,
No de un amo, sino de muchos amos.

Los viejos viven como resultado del ayer,
Los viejos son memoria acumulada,
Se convierten de hecho en el faro de luz,
Que guía la corriente infinita de los siglos.

A los veinte años es un pavorreal,
A los cuarenta el hombre es un león,
Mas a los ochenta es sólo la sombra,
Del sabio que emite la voz del corazón.

Lo mejor está por venir

¿Es un año más? ¿O es un año menos?
Aunque, eso es lo que menos importa.

El hecho de que el mundo cuente
Y celebre el paso de un año más,
No tiene ningún significado real,
Es meramente el conteo de las vueltas
Que da nuestra Tierra alrededor del Sol.

Ya sabemos que los años son números,
Y sirven como referencia para marcar
La antigüedad de las cosas a la vista,
Pero eso ni a ti, ni a mí nos debe importar,
Sobre todo cuando tu mente y compostura,
Tus ganas y tu gusto por hacer las cosas,
Y tus deseos por descubrir y aprender,
Se mantengan siempre en alta postura...

Mientras sigas construyendo tus sueños,
Y en tus sueños sigas teniendo ilusiones;

Mientras mantengas la alegría de vivir,
Y con ella, de disfrutar, crecer y avanzar...

Todos los años que pudieran pasar,
Sólo registrarán lo maravilloso de la vida.

Cada año que pasa, se traduce en un año más,
Que Dios te da la oportunidad de aprovechar,
De vivir con toda intensidad todos los pequeños
Que son valiosísimos momentos y detalles,
Que la Vida se propone regalarte día a día.

Y más aún, cuando tenemos la bendición,
Y el gran regalo de contar con buena salud,
El presente de una bella y amorosa familia,
Y el regalo invaluable de contar con amigos,
Éstos representan la familia que escogemos,
Y te acompañan al pasar de difíciles tiempos,
A pesar de la distancia, de la ausencia física,
Pero en esencia, y siempre, en presencia espiritual,
Que te dan el ánimo, el motivo y el impulso,
Para seguir tu camino a cada paso que das.

Los amigos que celebran tu avance y logros,
Los que te ayudan a levantarte en los tropiezos,
Los que te alientan en tus desventuras
Y no se apartan de ti, a pesar de la vejez.

Nunca menciones que es un año menos,
Claro que no, siempre será un año más,
Una oportunidad más de vivir al máximo,
De echar mano de la Fe que Dios te da,
Con ganas, con actitud, confianza y alegría.
Porque lo mejor de la vida, está por venir.

Que venga un año más, y muchos más,
Y todos los que se puedan, mi alma espera,
Todo momento, con lo mejor de la Vida.

Los escritores

A veces te juzgo por buen escritor,
Y otras por un escritor chambón,
De los que se creen que son buenos,
Y no lo son; y de éstos, hay muchos,
Son de los que está lleno el mundo.

Por culpa de ellos, todos los demás,
O sea los buenos, los que sí queremos,
Sufren de las otras maldades y llanto,
Sus saludes desmejoran, intentando
Que los malos, los que no queremos,
No intenten desajustar los ajustes,
Que éstos previamente, los buenos,
Ya hicieron a las letras y literaturas,
Y a la lista de las reglas y conjeturas
Con las que se debe de bien escribir.

Darle a la gente el buen ingrediente
Para tener el placer y el gusto al leer,

Que al efecto, para eso es la literatura,
Que la lectura sea un bien y una dulzura.

Que traiga al alma sustanciosa paz,
Para calmar toda descompostura;
Que le traiga buen gusto,
Para que pueda curarse del susto;
Que le traiga moldura,
Para adecuarse dentro de la cordura;
Que le traiga ciencia,
Para asentarse y quitar mala presencia,
Así como también la mala creencia;
Que le traiga arte,
Para imaginarte aunque no pueda verte,
Ni oírte, ni tocarte, pero al fin, es arte;
Que tenga buena lengua,
Para aprender a hablar y a escribir,
Que con los malos, la lengua mengua,
Pero que los verdaderos, o sea, los buenos,
Ejemplifican en todos sus escritos
Reglas de escribir con buenas palabras
En el bien acomodar, y elegante hablar;
Que le traiga visión,
Para usar la imaginación y viajar
Sin límites de tiempos ni de espacios,
A donde a tu cara le den otros vientos,
A otros lugares, y quizás universos
Que a veces en maravillosos momentos
A tu mente llegan con tan sólo leer
Lo que los escritores te proporcionan;
Que le traiga moral,
Para enaltecer de una manera sin igual,
El espíritu y el pensar y llenar el alma
De una manera prudente, cabal y formal,
Y no llenarla con esas atrocidades
Que algunos ponen en sus escritos.

Por eso, a veces te tacho de adversario,
Y no de hospitalario, que así deberías de ser,
Y en adelante, prométeme que así lo serás…

Los súper-héroes

Los que amparaban a todo niño,
Personajes donde refugiaba mi temor,

Ese amigo, ese camarada, ese aliado,
Que me daba la confianza para triunfar.

Y que a pesar de cualquier riesgo,
Me echaba la mano para salir adelante,
Para alejar miedos y actuar valiente,
Realizar sueños de héroe, con mi héroe.

¿En qué rincón se escondía el mal,
Que no pudiera mi ídolo descubrirlo?
La confianza que esto nos facilitaba,
Recaía en la voluntad de la conciencia,
Y por consecuencia, nos daba libertad.

Es penoso que desde hace poco tiempo
Para acá, se vinieron a hacer realidad,
Las manifestaciones de maldad,
Precisamente contra las que luchaban
Mis amigos, aquellos Súper Héroes…

Antes sólo lo leíamos en las revistitas,
Donde mis amigos el mal aniquilaban,
Y los actos de delincuencia y violencia:
Los Súper Héroes siempre salían invictos,
Quedando como ídolos ante los lectores,
Por eso, como ellos siempre queríamos ser.

Pero, la realidad es que eso no pasaba,
Pues era tan sólo Ciencia Ficción,
Tan lejana como sería que un hombre,
Pudiera volar como el "Supermán".

Mas el hecho de desear extirpar el mal,
Ha existido en todo noble corazón,
Que son los que sufren cuando aquéllos,
Logran que "los buenos" pierdan,
Para lograr que sus faenas triunfen.

Cierto es que mi juventud ya ha pasado,
Pero aún mi espíritu sigue siendo joven,
Y aquellos tiempos de mis nostalgias,
Me hacen buscar un pequeño reacomodo,
En memorias de años en que se vivía feliz.

Luna roja

Luna, Luna, mágica estampa,
Suspendida en las tinieblas,
Que iluminas nuestra oscuridad,

Dime, hermosa ¿qué te aqueja?
¿Por qué sufre y llora tu intimidad?

¿Por qué escondes tu verdad
Tras el rojo velo que hoy te cubre?
¿Es amor por lo que tu rostro sufre?
¿Una pena por lo que no ilumina?
Dímelo, hermosa, dime qué te pasa.

Yo también hoy me siento triste,
Y quisiera confesarte mis tristezas,
Pero al verte así, allá, tan apagada,
En lugar de confesar, me escondo
Tras un velo de pudor en mi rostro,
Que ante tu rostro triste y aislado,
El mío no tiene ningún significado.

Cuando cantas, yo contigo canto,
Cuando sufres, yo contigo sufro,
Pero al verte tan triste y apenada
Contigo lloraré y apagaré mi canto,
Hasta ver que tu penar se acaba…

Meditar, ¿o soñar?

Cuando se es sensible y observador,
En la observancia y en la ocurrencia
Te la pasabas mucho rato, y por esto
Con frecuencia dormido te quedabas…

Porque aquéllos que se adentran
En pensar las cosas profundamente,
O que practican sustancialmente,
Meditación, al sueño suelen llevarte.

Porque tan sólo el hecho de meditar,
La atención dirigir a cualquier rincón,
Y pensar en algo enfocando la atención,
Atrae muchos mareos y ensoñación.

Produciendo un sueño tan profundo
Como si estuvieras realmente dormido,
Pero la verdad es que estás despierto,
Pensando y estando lejos de este mundo.

En realidad te quedas como pasmado,
Petrificado, anonadado, o encantado,
Abstraído, o quién sabe en qué estado,
Estando así, es mejor que estés sentado.

Puede que de esta cosa te das cuenta
Pues pronto te descuenta sin darte cuenta,
Entonces finalmente acaba el encanto
De meditar lo que tu mente conecta.

Por eso para muchos es difícil meditar
En lo que realmente quieren profundizar,
Pues se quedan dormidos sin remedio,
Por el tedio, que les causó el meditar.

Pero cuando se logra lo que se acomete,
Y sobrepasas el periodo de ensoñación,
El beneficio que nos trae la meditación
Es infinitamente fértil y abundante.

Marionetas

¿Qué sería de una persona que tuviera
En una libreta escrita toda su vida
Desde que nace hasta que muere,
Sin tener alternativas de cambiar
Todo lo que en las hojas escrito está,
Le guste o no, acepte o no lo acepte,
Sea bueno o sea malo, duela o no duela?

¿Si alguien viviera una vida como ésa,
Podría realmente llamársele Persona?

¿O sería una marioneta comandada
Por las manos de quién sabe quién,
Actuando el acto que debe de actuar.

Comandado por quién sabe quién,
Justo al instante que lo debe de hacer,
Y haciendo meneos y movimientos
De todo su cuerpo como lo manda,
No su proceder, mas la voluntad de él,
Cuyas manos que sobre él están
Lo mueven como él lo quiera hacer?

Sería simplemente, cuerpo sin mente,
Una cabeza de asiento para sesos,
Pero sería un casco sin pensamiento.

Quizá fuera un cuerpo con corazón,
Pero como muerto, sin latir, yerto.
Un vergel, completamente desierto,
Muñeco de aparador sin sentir amor.

Dejemos a Dios ser dueño del destino,
Y al destino dueño de nuestro camino,
Sin embargo, debemos considerar,
Que en el mundo hay gente como tal.

Matar

Es un acto destructivo de alta corrupción,
La más alta que se conoce en el mundo.

La peor de las formas de destruir una vida.

Horrible, quien mata seres de menor especie,
Pero abominable, el que mata a su especie;

Monstruoso, el que mata a sus hermanos,
Ingrato, el que mata a sus propios padres,

El peor asesino, es el que mata a su mujer,
El infame, es el que mata lo que más ama.

Matar es una acción pulida y estudiada,
Experimentada, practicada y ejercitada.

Es una acción elegida por los hombres,
Con la que estos hombres se autoestiman,
Por tan sólo adueñarse de una decisión.

Con un arma, el hombre se siente poderoso,
Usarla a diestra y siniestra, les produce placer:

Su alma se complace con tales desórdenes,
Que en realidad son desórdenes de su mente.

El mundo está lleno de hombres psicópatas,
Matones instintivos que presumen inocencia,
Que no tan sólo matan con armas para ese fin.

Hay unos que pueden matar con una mirada,
Que hiere al corazón, una mirada humillante,
Una mirada llena de desprecio, llena de odio,
O con un insulto, o con una palabra hiriente.

Otros, con armas blancas cortantes y tajantes,
O con la fuerza y poder de sus propias manos.

No hay forma de matar que tenga justificación,
Nada se resuelve, ningún problema de esta vida.

Sin embargo, miles de asesinos transitan libres,
Por la gracia de sus aliados, de sus protectores,
Que son los mismos que promueven disturbios;

Son los mismos que siembran levantamientos,
Y ellos mismos y sus jefes comienzan las guerras.

Guerras que jamás han resuelto ningún problema.
¿Cuántos inocentes matados en miles de guerras?

Es algo rudo, tosco, monstruoso y abominable:

Mentes "adormiladas" se lanzan a la guerra,
Y quieren matar a sus semejantes inconscientes,
Manipulados, sin duda, por primeros mandatarios,
De sus países, que desde luego pretenden vencer,
Para obtener un beneficio sobre el país vencido.

Pero en estos enfrentamientos, mueren millones,
De pobres inocentes, sin facultad para elegir,
Todos al matadero inútilmente, sin ningún beneficio.

Esto de matar y matar, de destruir y de masacrar,
Sólo es propio de nuestra raza humana degenerada.

En verdad son características propias de la especie,
Cuyas vibraciones van directo al Cosmos a objetar
Aprobación o reprobación al Espíritu Regulador,
El que nos envía solamente Longitudes de Onda,
Del grado destructivo, niveles de siete veces siete,
Con las que cada vez, la humanidad empeora,
Y al grado que va, avanza a su autodestrucción.

Mientras dentro de nuestra mente humana exista
El factor bárbaro, habrá fanatismo inevitablemente,
Y por consecuencia habrá levantamientos y guerras.

Factores como el odio, el egoísmo, la ira, el miedo,
Los instintos criminales y la violencia en general,
Propagadas por la televisión, revistas, radio y cine,
Pero principalmente reciben por los juegos de video,
Una buena dosis venenosa de asesinatos y crímenes,
Que va directamente inyectado a los jóvenes y niños.

Esta clase de espectáculos de sangre son bárbaros
En un ciento por ciento, y estimulan a las mentes
Jóvenes, encaminándolas por el camino del crimen.

Se requiere de verdad luchar por la Paz del Mundo,
Debemos iniciar intensamente una campaña a fondo
Contra medios que divulguen diversiones de sangre.

Para lo que se incita a los Maestros de Escuelas,
De todos los grados y niveles, básicos y universitarios,
Y a los padres de familia, a luchar intensamente…

¡El grito es para todos Los Mandatarios del Mundo!

Mi dulce poema

Poema que el alma a la mano dicta,
Y con el tiempo en papel redacta…

Letras de sangre, palabras del alma.

Música que el viento silba y canta,
Que en su viaje sin retorno lo lleva
A donde haya una necesitada ánima,
Que amor reclama, porque no ama,
Y el amor proclama su vacía alma.

¿Serás ese poema que me enferma,
Cuya música en tanto me atormenta?

¿Serás la mágica letra que extasía
Mi mente en el sueño que se esfuma
En infinitos, donde va y se dispersa,
Lejos, entre luz y polvo de estrellas,
Cuyo nocturno brillo invade mi mirada
Trasfigurando mi sueño en una espera?

¿Serás el ángel metido en mis poemas
Danzando aquella música tan bella
Que irrumpe mi alma en un suspiro,
Cuando en mis sueños de embeleso
La alborada que invade mis sentidos
Tibia y serena me besa y me abraza,
Y me arrulla con una mágica oda
Que al fondo del corazón se acomoda?

Mi moral

Así que adiós, felicidad amada;

Así que adiós, felicidad buscada.

Por aquí no has de ser hallada,
Sigue buscando que es posible
Que en otra esquina pueda estar.

¿Yo estaré bien o estaré mal?

Porque mi plan desde siempre
Ha sido no escuchar lo que no
Me viene a ganas querer oír.

Pero con lo que he escuchado,
Que dicen que ando de coscolino,

De descomponedor de casorios,
Que ando de placer en placer;
Sin serlo, sin estarlo, sin hacerlo.

¿Pero si es verdad y yo ni siquiera
Me doy cuenta de mi realidad?
¿Estaré haciendo pecado mortal?

Y yo sin poder saber la verdad,
La sincera verdad de mi moral.

Si es así, que Dios me perdone.

Y yo debo de estar muy mal,
¿Cómo saber, si yo lo que busco
No lo he de poder cambiar;
Y si lo que hago me ha de ayudar,
Cuál es entonces la realidad?

Creo que sin errar, mejor callar,
No oír y no ver, lo que los demás
Me han de criticar y argumentar.

Porque si hago como ellos dicen
Que debo proceder, y al tiempo
Luego que me lo vean hacer,
Es claro que ya no les va a gustar.

Y luego van a cambiar, y a decir;
Que lo que yo estoy haciendo,
Ellos mismos estaban dictando,
La verdad es que no es correcto.

Nuevamente me van a criticar
Diciéndome que en otras cosas
Ahora yo me debería de fijar,
De otra manera debería de actuar.

Entonces esto se va a convertir
En un cuento de nunca acabar,
Yo voy a ser su simple marioneta,
Que a su disposición va a actuar,
A como a ellos les venga a gustar.

La verdad es que no creo así vivir,
Estando a la diestra de los demás,
Porque si ellos lo han observado
Y ya me lo habrán bien medido.

De lo cual estoy bien seguro,
Sabrán que no ando dictando
A ninguno cómo debe de vestir
O cómo debe de comer, o amar,
O de rezar, de pelear, o de andar.

De manera que si yo con nadie
Me meto para sugerir su proceder,
¿Por qué entonces he de hacer caso
A lo que ellos me vengan a decir?

Que quede claro, que tú eres tú,
Que tú no eres ni serás la sumatoria
De otras mentes contradictorias
Ni de la gente morbosa, escoria.

Nunca pierdas de vista y mente,
Fijamente qué es lo que buscas,
Y si por buscar, te has de equivocar,
No importa que te equivoques.

Otras maneras habrás de buscar
Y por otros lados te habrás de ir,
Pero eso sí, con los dimes y diretes
Que los demás te han de acoplar,
Con eso, de verdad, nunca vas a llegar.

Mi poema es...

Diré que mi poema es la verdad...
Y ya no es tanto que me jacte,
Pues ayer y antier el mismo sentir,
Y pensaba que lo debería de decir.

Diré que mi poema me identifica,
Que lo que exclamo es de mi agrado,
Y de paso, lo que mi pluma pinta
Es de mi sincero corazón la tinta.

Diré qué mi poema me personifica,
Del alma nace y es de mi contento,
De profundo surge mi sentimiento,
No miento, plasma mi propio ser.

Diré: mi poema muestra mi rostro.
Sin forma ni color plasma en papel
Las letras que dan a conocer
Mis palabras en un diáfano sentir.

Diré que mi poema me transforma
En un ángel, un necio o un bribón,
Pues la escritura toma la forma,
Del instante que vive mi corazón.

Diré que mi poema me rescata,
De mi soledad, tristeza y oscuridad,

Que al momento de sentir escribirlo,
Mi cautiverio se transmuta en libertad.

Diré que mi poema es mi pura esencia,
Que revela la creencia de mi conciencia.
Y en el revoltijo de tanto pensamiento,
Escribo con la fe de mi propia ciencia.

Diré que mi poema es transparencia,
Porque en cada poema va mi herencia,
Y luego de que tantos ya lo han leído,
He aquí que han leído mi existencia.

¿Qué más podré decir de mi poema?
Que mi propia condena es mi poema,
Que mi amo y mi señor es él, mi poema.
Mi poema es el carcelero de mi triste pena.

Mi poema es el dueño de mi inspiración,
Sujeto al sentir de las rimas de versos
En ritmo cadente del latir de mi corazón,
Escapándose por las veredas de la sinrazón.

Misión del hombre

La misión que trae el hombre
Cuando se reencarna en la Tierra,
No es más que la de superarse.

Es necesario a sí mismo conocerse,
Y como el acero en los talleres
Ardientes de la pasión, templarse.

Mis sueños

Si quieren saber cómo son mis sueños,
Pregúntenle pues, a mis fantasías, que
Mi cabeza extasían en mis noches y días.

Mis sueños, son fragmentos de mi vida,
De mi persona de mi carne y mis huesos,
Esta vida, que nunca se da por vencida.

Mis sueños son inquietudes de mi vida,
Cargan dicha, pasión, realidad y fantasía,
Con esa luz inmensa que me atavía.

Que ilumina mis noches con luz de día,
Donde en verdad camino por senderos,
A veces con alguien, o a veces en soledad.

Son quimeras de lo que no he conseguido,
Por eso me gusta dormir, para soñar…
En el sueño tengo mi esperanza postrera.

Deseos, ilusiones del nuevo día por vivir,
Quizá sean el buen mañana, que el hoy,
El sueño de un mal día vino a percibir.

En mis sueños, sueño a veces con ella,
Que la beso, que la toco, que la amo,
Que la abrazo, la adoro y la enamoro.

Al despertar triste revelo que no está,
Nada era real, no hay para mí nada más,
Pero aún así, a mis sueños yo me aferro.

Mis sueños son horizontes de mil colores,
Me prometen ser el dueño de los luceros,
Y de todas las estrellas del magno cielo.

Allí se mezclan mis más fervientes deseos,
Viviendo con la hermosa esperanza de vida,
Donde el pasado es acarreado al presente.

Se guarda siempre en el futuro de mi mente,
Ese futuro inexistente, que se hace presente,
Muestra delicias de lo que tal vez nunca será.

Pero al momento que lo sueñas, con ansias,
Absorto te deja, y por momentos descubres
Un mundo de otros desconocidos universos.

Universos que nunca antes visitaste ni viviste,
Dejándote el alma llena de ese esplendor
Y ese candor que en el hoy a tu alrededor…

Nunca encontrarás…

Morir

Es una ruptura la muerte,
El corte del Cordón de Vida,
Circunstancia de un instante,
En que lo que amamos se olvida.

Motivos

Un aliciente, un empujoncito, un incentivo,
Un motivo o un estímulo, como quieras llamarle,
Es un susurro cariñoso que proviene del Cielo.

Es como una patadita amistosa de la Vida,
Un abrazo, una caricia procedente de Dios,
Que justamente Dios te la manda, cuando
Él se da cuenta de que estás en peligro
De dejar, de retirarte de algo importante
De tu afanosa vida y tu responsabilidad,
Sólo para que continúes y sigas adelante.

Para que veas de otra manera la vida,
Para encontrar su lado bello y luminoso,
Para descubrir lo bueno que has recibido,
Y veas todo lo que aún te falta por recibir,
Lo que habrás de descubrir y de disfrutar.

Si pusieras tu sensibilidad a flor de piel,
Tus ojos plenamente abiertos a tu entorno,
Y tu mentalidad disponible para apreciar.

Es tan sencillo como unas palabras de aliento,
Es como una canción que toca a tu alma,
Como palabras de un amigo o ser querido,
O como una sonrisa cálida y abrigadora;

O tan profundo como una vieja promesa,
O como el amor por alguien o por algo,
Por el gusto de lo que recibes y compartes…

Pero sea como sea, de cualquier manera,
Termina convirtiéndose en un estandarte
Para luchar: en nuestro baluarte de fe,
En la esperanza para seguir avanzando,
Con paso firme, con alegría y optimismo.

La palmadita en la espalda nos da fuerza
Y un propósito más allá de la realidad,
Pero sin desapartarnos de la realidad,
Sin caer en la ilusión, dándonos claridad,
Visión objetiva de llegar a cualquier punto:
Momento que deseamos con satisfacción.

Hoy tenemos la certeza de que cada día
La vida y Dios nos exhiben esos motivos,
Los ponen enfrente, al alcance de tu mano,
Es cuestión de percibirlos, de identificarlos,
De tomarlos, acercarlos y hacerlos tuyos.

Están ahí, en la sencillez de tu día a día,
En la magia y gracia de tu propia existencia,
En instantes y situaciones en lo que te rodea,
Sólo tómalos, abrázalos, apodérate de ellos.

Los Motivos son regalos de Dios,
Y de la Vida, para que sepas cómo vivirla.

Muerte

La muerte llegó en una madrugada,
Confundida con el sereno de la aurora,
Y la envolvió con cariño en su envoltura.

Sí, la muerte bajó, ya se le esperaba,
Aquella madrugada, tan dulce su mirada.

La tomó un momento entre sus brazos
Como si fuera su fiel amada…

La muerte bajó dulce y serena,
Flotando en el área cual suave aroma
De primavera que todo lo invadía.

Más que temor, sólo ternura irradiaba,
Los temores mansamente desvirtuaba,
Parecía blanca paloma con luz dorada
Que difundía una emoción apasionada.

La muerte la contempló un momento,
Le sonrió, dio la vuelta y desapareció.

No era horrible su rostro, al contrario,
No era lúgubre su mirada, al contrario,
Era una dama de mirada agradable.

Esa suya mirada daba sensación de paz,
Y no tenía guadaña, ni un traje negro,
Eran blancas vestiduras llenas de luz…

Nobles Cualidades

La Lealtad

He aquí que en esta noble cualidad
No hay más términos a la mitad,
Ha de cumplirse y ha de hacerse

261

Lo que hay que hacer, que es aquello
Por lo que vivir decidiste, y consiste,
En un indeleble deber de fidelidad:

Cumplimiento del honor y gratitud,
Con la gente, tu Presidente, con Dios,
Con tus propios ideales, sin aparentar
Lo que no eres, ni lo que no puedes.

Es el compromiso de ser quien eres,
De completa sinceridad, de no mentir,
De actuar justo como debes de actuar,
Según gratitud que le debes a alguien
Y es donde habrás la Lealtad de aplicar.

El principio máximo de todo hombre:
Es hablar siempre con la pura verdad.

Cuando alguien miente, no es Caballero,
Ya se asesinó a sí mismo, y muy pronto,
Se dará que asesinará a los que lo rodean,
Que en él creyeron, por tan sólo mentir.

Eso con él acabará, ya que él mismo,
Y los que en él creyeron, lo destruyeron.

El Valor

Gran palabra, un gran argumento,
Gran significado, gran advertencia,
Para todo caballero atento…

Que consiste en buscar la excelencia
En toda tentativa vehemente.

Esperan que un Caballero intente
En artes marciales o prudenciales:

Evitar miedo en cuanto sea posible,
Bajo cualquier evento, es como decir
"Entrarle al toro por los cuernos".

No ver ni mostrar que estás vencido,
Ver en lo posible la victoria
Sin aún tenerla: ése es El Valor.

La fuerza interna, la buena decisión,
La actitud positiva de un alma
Que hacia atrás no tiene perspectiva,
Que ve hacia adelante y al progreso.

Tratando de encontrar la fuerza
Necesaria y propicia, y vibrante,
Y usarla al servicio de la justicia

Y de la verdad, en lugar de usarla
Para el engrandecimiento personal.

Ése es el Valor, sí señor,
Que siendo lo contrario del miedo,
Es justo el don que falta a muchos
Para emprender con celo, y lograr grandes
Proyectos que sin él no se han de lograr.

Para grandes ideales realizar,
Para grandes empresas conseguir,
De las que después orgullosos serán.

El mundo es de los hombres valerosos,
Que gracias a esa cualidad y virtud,
Esa entereza, nos han dejado herencias
Grandiosas, sublimes y hermosas.

En el mundo hay miles de personas
Que han llegado hasta casi la muerte
Sin doblegarse, por lograr su propósito,
Gracias al valor que en sus almas poseen.
El Valor nunca los va a abandonar.

El Coraje: Voluntad Férrea

Ser hombre significa elegir el camino
Que a nivel personal una afrenta implica;

Es estar preparado para hacer sacrificios
Al servicio de preceptos adecuados
Y leales para un tercero, o para la gente
Que se valora y se le tiene fidelidad.

Y como es una virtud tan humana,
El Coraje da una fuerza de voluntad
Férrea y liviana, y de lo inquebrantable
Esta fuerza es la fuerza hermana;

Para llevar adelante una acción noble
Y necesaria que se tenga que realizar,
Aunque obstáculos se puedan presentar,
Y dado que las trabas generan miedos,
Coraje, es la pericia y fuerza de voluntad
De sobreponerse a esos miedos, mientras
Se hacen las acciones previstas a realizar.

Buscar la Verdad cuando sea posible,
Pero se ha de atemperar con Clemencia,
Pues la verdad pura puede llevar al dolor,
Y el dolor puede ser un impedimento
Para no cumplir con lo acometido,

Y entonces, a pesar del mucho dolor,
Deberá tener Coraje para seguir adelante.

Un Caballero de honor, gracias al Coraje,
En pie acostumbra a soportar el dolor,
Sin una palabra decir, sin una queja lanzar.

El Coraje moral permite actuar correcto,
A pesar de recibir por ello descréditos
En su mente, vergüenzas, deshonores
O represalias sociales propiamente.

Coraje espiritual, comparado al moral,
Es una de la más grandes virtudes
Del alma al natural que se puedan tener.

El coraje espiritual se opone a los vicios
Y a las bajas inclinaciones por igual,
Que con Coraje o sea la Buena Voluntad,
Y la lucha inquebrantable habrá que vencer,
Y no ser neutral, a los diablos exiliar,
A los más fieros dragones derrumbar,
Y a las osadas brujas amarradas quemar
De un tronco de roble, para ser digno
De llamarse un hombre: Caballero Noble.

La Franqueza

No es más que hacer y decir lo correcto,
Aunque a algunos les pese en el acto,
Aunque a algunos les duela y no les parezca,
Aunque no les guste, aunque no les acomode,
Los comprometa o en la verdad los desnude.

Y lo correcto decir, es la verdad descubrir.

A veces que de Franqueza se puede pecar,
Y es por eso, en muchas circunstancias,
Si no es necesario hablar, es mejor callar.

La Nobleza

¿Qué piensas si te digo: "Nobleza"?
¿Acaso en los reyes de Inglaterra,
O en los de Dinamarca o Suecia?
¿Cómo llegaron ésos a ser reyes?

Dime si no fue sólo a través
De esparcir sangre, por adquirir tierras.

¿Quién dijo que esos eran nobles?
¿Acaso no es más noble aquel brazo

Fuerte que se refrena, que aquél
Que al débil sojuzga y se aprovecha?

¿Acaso no es más noble el mendigo
Que su pan con otros comparte,
Que el rico que sus bienes esconde?

Y dijo Él: "Es más fácil que un camello
Entre por el ojo de una aguja,
Que un rico entre al Reino de Dios".

¿Sus tierras y tesoros les hicieron nobles?
¿Nobles por ser ricos?
¿Ricos por matar y saquear?

¿Acaso no es más noble el padre
Que protege a sus hijos que el que de ellos abusa?

¿El que trae el pan y con los suyos lo come,
Que el que con los amigos se relaja?

¿Aquél que te sonríe de verdad
Que aquél que lo hace por iniquidad?

¿El que te respeta que el que te critica?

¿El que te ayuda, que el que de ti se burla?

La nobleza parece que no sale del bolsillo,
La nobleza parece que sale del corazón.

No es precisamente para representar
Un rango social o la sangre de azul pintar,
Sino para representar esa virtud
Que tiene la capacidad inquebrantable
De la persona de defender sus ideales,
Y otras virtudes, a pesar de injusticias,
A pesar de las penalidades e infamias,
A pesar de todos los infortunios.

Pues una persona noble no se vence,
Y sigue en pie a pesar de todo,
En los dominios de su manera de pensar.

Eso es, forjar su propio carácter,
Dominar lo indeleble de su voluntad,
Ser en definitiva fiel a sus otras virtudes
A sus tareas e ideales, a sabiendas de que,
Aunque los ideales no los pueda alcanzar,
Esforzase le ennoblece el espíritu,
Le aclara la mente y hace que su voluntad
Crezca desde las cenizas donde estaba
Hasta la gloria de los cielos más elevados.

Personas nobles están tan cerca de Dios,
Que lo que aspiran es a agradarlo solamente.

El noble lo da todo por defenderte,
Y en un momento determinado,
Ni te enteras que el sacrificio fue de él.

La Justicia

Cualidad sin par, que en el camino
Y en el destino de todo Caballero
Habrase constantemente de aplicar.

Consiste en siempre la verdad buscar.

Ser justo absoluto al decidir, al actuar
Y al reaccionar, hacer con todos igual
Sin trabas que suponen los prejuicios
O el interés personal en todo proceder.

Justo, es aplicar la espada de la verdad,
La que terrible puede ser, pero acertada,
Por lo que debe ser cabal y atemperada
Por Caballero que modera la compasión,
La verdad y clemencia por Dios decidida.

Si lo justo, visto por ojos del Caballero,
Concuerda con lo que ven los demás,
Además de ajustase a los juicios de Dios,
Y aplicar sin doblegarse a las tentaciones
De las propias conveniencias de otros,
Entonces ganará este Caballero un bien
Y gran renombre para su trascendencia,
A través de la aplicación de esta Justicia.

La Defensa

El Caballero ideal, el osado,
Estaba obligado por su juramento,
Desde cuando fue Caballero nombrado,
Y firmó ante las Leyes de la Orden
A la que pertenecía, a defender
A su señor amo, o monarca, o feudal,
Y a todos aquéllos, que de él dependían.

En su responsabilidad también estaba
La de defender a su nación, a su familia
Y a su verdad, a todos aquellos,
A los que él mismo consideraba
Muy dignos de su lealtad.

Sin evadir la piedad de servir y defender
Al débil, así como al pobre,
A las mujeres y a los niños proteger.

Pero principalmente, y sin escatimar,
La defensa inminente y apremiante
De sus virtudes y de sus ideales,
De su honor, y lo más importante,
Mantenerse en defensa de su fe…

Aquí, ante todo lo demás,
La fe y el honor eran lo más importante;
Motivos por los cuales se vivía
Y se era quien se era.

La defensa de su honor, y conservarlo
Puro, como una joya pulida,
Constituía su más preciado tesoro.

Y la fe, ni se diga, era su galardón,
Su más protegido eslabón
Entre ser el paladín que se era
Y Dios, que era quien lo protegía,
Lo guiaba y fuerzas le daba
Para ser quien era y hacer lo que hacía.

La Fe

El hombre se conoce a sí mismo y a su realidad,
Teme al saber que es una irrevocable verdad.

Inconscientemente se apoya en algún clamor
Para alejar este temor, sea filósofo o pensador,
Nadie sabe lo que existe más allá de la muerte,
Y nadie lo sabrá, para colmo de su mala suerte.

Eso seguirá siendo un misterio eternamente,
No diremos que el que muera podrá saberlo,
No tiene ningún sentido de entendimiento,
En tanto, no lo sabrán ni el vivo, ni el muerto.

¿Y si fuera que los muertos pasaran a un plano
Dimensional diferente del que ya poseemos
En esta vida, que es la tercera dimensión?

Eso ya sería extraordinario, y tampoco nadie,
Vivo o muerto, hasta hoy lo ha descubierto.

Si nos centramos en qué hay en el Más Allá,
Después de la muerte, serán sólo conjeturas,
Sólo son erróneas suposiciones de la mente.

El hombre cree sin pensar, que debe de haber
Algo que de la futura oscuridad lo va a salvar.

Cree inconscientemente que quien aquí lo trajo
Se ocupará de él cuando de aquí se tenga que ir.

Para manifestarle un ente a su propia mente,
Cosas que no ha visto, ni oído, ni pertenecen
A plano conocido, ni a dimensión establecida…

¿En qué entonces se puede fundar, o apoyar?

Es obligada una cualidad que puede no poseer,
Pero que puede adquirir por propia voluntad,
Es la Fe, que lo hace ver lo que no puede ver,
Oír y sentir lo que no puede ni oír ni sentir.

Tener fe, es como un poeta tener inspiración,
Y con ella hacer su más grande producción,
Hermosa canción, hacer un personaje invisible,
Crear un mundo inexistente, poder ver más allá
De donde lo pueda llevar su propia mente.

Tener fe es como tener mucha imaginación,
Y que creas que lo imaginario también es real.

¿Y a quién pedir lo que habrás de necesitar
Si no conoces qué o quién te pueda a ayudar,
En el máximo descontento que tiene tu alma
Al estar vivo, de qué hay más allá del morir?

No saberlo, es un miedo que siempre persistirá
Desde que naces hasta el día de tu muerte.

Es una duda que mata, que a todos mata
Los que piensen y se preocupen por su alma.

Unos que piensan del día que han de morir,
Y mientras viven, es un llorar y un sufrir,
Pues no desean ir a donde no saben su suerte,
Se aferran a esta vida, sin saber que más allá,
Pudiera ser infinitamente mejor que esto.

Lo que puede salvarlos de su incertidumbre
Y de sus llantos lastimeros, puede ser la fe…

Con ella todo lo que pensaron que allá habrá,
Con fe en su alma sentirán grato el porvenir,
Sin sufrir ni llorar en este mundo pasajero…

Pero para tener fe hay que pedir y suplicar,
Conocer a quién hay que pedirla e implorarla,
Y obviamente, no es una persona con vida
Como yo y como tú que la posea y la preste…

Ni se compra en mercados, ni dinero cuesta,
Ni se le dice a un mago que me la rente,
Ni a un adivinador que me la suministre,
Ni al brujo aquél o a éste, ni al Padrecito
Para que en tu pensamiento te la inyecte
Mediante insistencia o mediante penitencia.

Al que se le pide, es al que el poeta pide
Inspiración, y el santo le pide la devoción.

Un Ser que tiene qué ver con la acción,
Que corresponda así a otras dimensiones,
Como a éstas, y con esas nociones, saber
E imaginar qué hay más allá, y qué nos espera.

La fe transforma tus miedos en confianzas.

Pero penetrar hacia los caminos de la fe,
Es definitivamente una aventura del alma.

Pueda ser la más certera aventura de todas,
Pero aquél que en ella se quiera encaminar,
Es preciso que se decida entrar en este mundo
Mágico y con mucho sentido de profundizar.

Sin voluntad, nunca, y digamos que jamás,
Podrá un alma avanzar en calma ni escudriñar.

La diferencia entre uno que se dice Creyente
Y el que se dice No Creyente, es precisamente
La disipación de los miedos del Más Allá.

El creyente confía en que es cosa buena,
El no creyente no tiene iguales esperanzas,
Sus esperanzas las conforman otras andanzas.

Él cree que creer en lo que el Creyente cree,
Es "sentirse engañado" por las complacencias
Que la fe en un momento le haya dado,
Mas no sabe que gracias a esas complacencias,
Pudiera vivir vida breve, pero plena y amena.

Él dice que todo eso son puras falsedades,
Pero cada cual se falsea o se engaña si quiere.

Falsedades o engaños, como dice él que son,
Pueden hacer del que las acepta en unos años,
La persona creyente de corazón, más feliz…
La diferencia estriba en la plenitud de la vida.

Cuando uno es Creyente, su fe lo hace recipiente
De obtener abundancias al momento de morir,
Ante tal esperanza mantiene su alma liberada,
Confiada, y de eso que obtendrá está enamorada.

Eso hace a la persona plena, feliz y contenta,
A diferencia de quien en su alma no tiene
Ninguna esperanza, ni por tenerla lo intenta.

Concentrémonos entonces en el que sí cree,
Que ganas sí tiene, de seguir con el proceso,
Que nos dará acceso, a esa magia que es la fe.

Puramente debe aceptar, que existe ese ser,
Que nos conecta con el aquí y con el allá,
Pero has de saber, con quién estás hablando,
Por lo que debes considerar la Inmensidad
De Él, que será el recipiente de tu mente.

Aceptar su magnanimidad y omnipotencia,
Para entregarte a su voluntad con confianza,
Pues si dudas de su poderío y de su grandeza,
Dudarás así de lo que vuestra mente quiere.

Si es así, ¿para qué habrás de perder el tiempo
En lo que no te habrás acomodado a pensar?
Si continúas, eso es lo primero que has de hacer.

Necesitamos confirmar que Él Es quien Es,
Y por supuesto en esta confirmación aceptar,
Y en la cabeza asentar esa verdad tan certera
Que al no saberla, en puras dudas te mantienes.

Y así te piensas que un espíritu vino a verte
Y a asentarse, y no es "un espíritu", sino Él,
Y así te piensas que hoy una voz te habló, y
Vacía alma te dejó, y no es "una voz" sino Él.

Cuando no sabes, puras confusiones resuelves.
Pero cuando en tu cabeza ya vienes a asentar
Quién es Él, en eso no tendremos que pensar,
Y sólo en silencio nos pondremos a conversar.

Es como si por primera vez nos dieran a respirar
El aire para poder vivir, y al ver que es bueno,
Y nos mantiene la vida, no tenemos la disyuntiva,
De si lo vamos o no a respirar, y el concepto
Viene a automatizar la acción por consecuencia
De respirar sin pensar, y así seguir en adelante.

Sobra sustancia, para saber que en esta ganancia,
Me refiero a Dios como el ser más grande…

Sobre toda discrepancia, y como ser más grande
En lo existente y en lo no existente es en quien
Debemos depositar nuestra confianza permanente,
Para poder llegar a donde queremos llegar,
Y por lo tanto, nuestra mente se ha de adaptar,
A su presencia y nuestra creencia se conformará
A que nos escuchará, y considerar que así será.

Y siendo de esta manera, lo puedes invocar,
Y claro que con Él hablar y respuesta recibir.

A este punto pues, llegas a la primera etapa
De este proceso de la fe tan buscado.

Una vez que hayas aceptado la grandeza
De aquello que abarca los cielos, la tierra,
Los mares, los soles y todos sus esplendores,
En sus infinitos lugares y eternas edades…

Sus mayúsculas y minúsculas cualidades,
Y que aceptes que todas estas cosas
Están contenidas en sus magnanimidades…

Y que Tú formas parte de todo eso,
Es entonces cuando ya has podido
Avanzar en el proceso místico de la fe.

¿Será difícil que lo recuerdes a diario?

Recordándolo y repitiéndolo a diario,
Formará la esencia de tu verdad,
Se llegará a transformar en el centro
De gravedad de todo tu itinerario…

Motivos desde donde te vengo a decir,
Que el intermediario viene a pasar a ser,
Ya no el temerario que estaba escondido,
Puesto que a éste no le hablabas,
Sino el comisario, que resolverá tus dudas
Y todas tus preguntas apagadas y mudas.

La Generosidad

Las virtudes humanas al alma hermanan,
Y la predisponen para recibir a Dios, que
Se deleita al centro de las almas virtuosas
Que le acogen y le brindan su aposento.

Dar de uno mismo cuanto le sea posible,
Ser paciente y entender a los demás,
Ponerse en sus zapatos y así aceptarlos,
Y al entenderlos, la generosidad crece,
Y así, al hombre, más virtuoso lo hace.

Hay desastres naturales, devastaciones,
Sean por guerras, por pestes o por epidemias,
La Generosidad son los esfuerzos de ayuda,
Frecuentes y voluntarios que esos sujetos proveen.

Individuos generosos, virtuosos, entregados
Al prójimo en la medida de sus posibilidades,
Hacen sentir que las penas con pan son buenas.

Como Generosidad va de acuerdo con Caridad,
La gente desea el reconocimiento de sus actos,
Pero así éstos no son generosos, y de tal forma
Buscan remedio a su hambre de vanidad,
Pues el verdadero generoso nunca es notorio,

Ni que el ayudado por necesidad, sepa
Por él que fue la persona que lo ayudó.

La Generosidad reclama el anonimato,
Y es por esto que el generoso nato,
No busca premio ni gloria por tal motivo,
Que si así lo fuera, sería un insensato.

La generosidad debe de reflejar la pasión
En la ayuda que pueda proporcionar.

Cuando pretenden en silencio rezar y pedir
Misericordia por los que tienen menos,
Ya es un acto de mucha generosidad
Que muestra de antemano que los que piden,
Generosamente ya son hombres buenos.

La Humildad

Cualidad humana a toda persona atribuida,
Que se considere chiquita e insignificante,
Digamos que ante la grandeza de la vida
Y ante la trascendencia de su existencia,
Y ante los ojos de Dios y su Omnipotencia.

Un Caballero debe de ser humilde y modesto,
Sin mayores pretensiones, ni engreimientos
O presunciones, y menos con opulencias,
Sino como alguien que no piensa ser mejor
Que los demás en estas espirituales ciencias.

Simplemente no se da ínfulas de grandeza,
Y por estas razones, es sencillo en su alma,
Sencillo de corazón y ante Dios es transparente.

No es igual Humildad que Humillación,
La cual es hacer experimentar en algún otro,
O en uno mismo, una muy penosa sensación,
Totalmente diferente a la otra situación.

La Humildad consiste en estar al tanto
De nuestras limitaciones e insuficiencias,
En actuar ajustado a ese tipo de sapiencias.

La Humildad muestra el sencillo significado
Del hombre, a pesar de sus grandezas;

Es la verdadera virtud que un hermano
Muestra y que lo convierte en un ser humano.

El Caballero habrá de valorar primero,
Todas las contribuciones de los demás
Y hacérselas notar; y de él no jactarse,
Dejar que lo hagan por él los demás.

Contar otras hazañas, antes que las propias,
Exaltar actos virtuosos, no pecaminosos.

El verdadero Caballero, es el que se enfrenta
A violentas batallas internas, y a sabiendas
De vencerlas, no se jacta de sus victorias,
Y se sigue llamando a sí mismo pecador.

Él sabe que vendrán otras más grandes
Y fuertes que las anteriores por vencer,
¿Mas entonces, de qué le vale presumir,
Cuando en el futuro pueda sucumbir?

Humildad enseña al hombre a respetar,
A guardar y a callar dentro de sí mismo,
Todas esas verdades que son tan ricas y
Sustanciosas para jactarse y presumir
El progreso de su alma ante los demás...

Donde les manifestaría que él es superior,
Pero como sabe que en un instante puede caer
De la Gracia de Dios, por Humildad, decide callar.

Humildad se opone a Soberbia y a Orgullo,
Es una eterna lucha contra tales pésimos consejeros:
Diablos pésimos de tan especiales Pecados Capitales.

Nobleza Humana

¿Has nacido madrileño o has nacido catalán?
Rivalidad entre dos personajes del mismo país,
En que los catalanes luchan por una autonomía,
En una España dominada por su capital, Madrid.

Plácido Domingo madrileño, José Carreras catalán,
Ambos brillantes cantantes, los mejores tenores
Que se hayan dado en la historia del Canto Lírico.

Ambos emocionando al mundo cantando juntos,
Pero con la rivalidad guardada en sus corazones,
Que dio como resultado una enemistad perpetua.

Ambos hacían constar en sus contratos, que
Sólo se presentarían en determinado espectáculo
Si el adversario, su enemigo actual, no fuese invitado.

El destino determinó que un enemigo más inclemente
Apareciera en el escenario de la vida de uno de ellos.
Este enemigo era más implacable que su actual rival.

A Carreras lo sorprendió un diagnóstico terrible:
¡Leucemia!
Su lucha contra este cáncer fue muy dolorosa y sufrida.

Varios tratamientos y transplantes de médula ósea,
Cambios de sangre, que exigían viajar asiduamente,
Más de una vez por mes, a los Estados Unidos.

Bajo estas terribles condiciones le era imposible cantar.
Se debilitaron sus finanzas debido a los tratamientos,
Y también por los costos de los viajes y hospedajes.

Buscando la manera de solventar su cruenta situación,
Encontró la existencia de una Fundación en Madrid,
Cuyo objetivo era apoyar a personas leucémicas.

Por sustento de esta Fundación, Carreras se recuperó,
Vencedor de la enfermedad, Carreras volvió a cantar.
En agradecimiento, trató de asociarse a esta
Fundación.

Al leer leyes y cláusulas, descubrió quién era el
fundador,
Y mayor colaborador, además de ser el Presidente de
la Fundación,
Era, ni más ni menos, que su "rival", Plácido
Domingo.

Se enteró que éste había creado la entidad en secreto,
Especialmente para atenderlo a él, pero oculta al
principio,
Para evitar una humillación por aceptar auxilio de
su propio "enemigo".

Carreras no pudo más retener el cúmulo de
sentimientos
Que sentía por expresarle su agradecimiento con
toda su alma.
Sentimentalmente se presentó al teatro donde Domingo
cantaba.

Asombrando a Plácido, Carreras interrumpió el
evento…
Humildemente se postró a sus pies, y con sinceras
lágrimas de sus ojos,
Mojó sus ropas, y ante la sorpresa de todos los
asistentes…

Públicamente le pidió Perdón…
Plácido le ayudó a levantarse.
Con un fuerte abrazo sellaron el inicio de una gran
amistad.

Noche

Noche: Refugio de nuestra locura.

Noche: Abrigo de mi ensoñación
Oculta en los remolinos de mi canción.

Noche: Inquietante y añorada,
Ampara nuestras vidas extasiadas.

Noche: Demencia de mi corazón,
Sin ti, para el amor no hay invitación.

Noche: Nos envuelve tu fantasía
Oscura, mentirosa, en perversa ironía.

Noche: Sangrienta imaginación,
Con ojos cerrados ahuyento mi soledad.

Noche: Mi sueño interminable,
Sustancia que amenaza ocupar mi corazón.

Noche: Eterna fantasía del Tú y del Yo.

Nueva oportunidad

Si has llegado a este estado
Es que estás en el camino,
No debes sentirte desgraciado,
Ni miserable, ni detractor.

Llegaste al lugar de preparación,
Reparación, donde la Consecuencia
Hace sentir su azote liberador.

Quien debe karma aquí lo paga,
Con la moneda de su territorio,
Su patria, con noble resignación.

Haz resaltar tu fuerza de voluntad,
Derriba a quien debe ser derribado,
Que es la bestia de tu devoción,
El animal que no te deja avanzar.

Mas, toca en tu propio corazón,
La puerta de tu preciosa mansión,
Refúgiate, que afuera llueve sin parar.

Nuestra Patria

Si Dios nos dio esta tierra
Para hacer de ella Patria,
¿Dónde quedó la esencia:
El Cuerno de la Abundancia?

Nunca amó

Ya muy cerca del ocaso
Una vida ya no empuja...

Dios sabe que está allí...
"Yo me quiero ir de aquí".

Dice el alma del granuja
Que a los ochenta años
Recargado en una barda
Deshojaba una margarita.

¡Si pudiera a alguien querer...!

Más le valiera un fuerte aguardiente,
Y no al rato, sino mejor ahorita,
Pa'limpiar impertinente mente
Pensando en volverse a enamorar.

Ofensa

Aún sin estudios ni conocimientos
Sobre los principales cimientos
Que una persona debe de tener
Como para atreverse a escribir
Historias que se puedan concebir,
Y después plasmarlas en papel,
Para que los otros las puedan ver,
O leer, es algo así como ofender
Mentes de talentos privilegiados
De excelentes personas y genios,
Que se han dedicado y preocupado,
Ayer, hoy y siempre por mejorar
Estándares, las leyes y reglamentos
De todas las cuestiones del escribir,

Que cuadren con las normas literarias,
Y de todas las técnicas de la escritura,
Ortografía y las reglas gramaticales.

Si a eso agregamos que el arrogante,
Ignorante y aspirante a escribiente,
Tiene un poco menos que casi nada
De cultura sobre las obras maestras
De los que a esto dedicaron su vida
Y ponen su alma entera en el logro
De lo que por años intentaron hacer,
Y lograron de plena y angelical manera,
Que perdura por siempre y para siempre.

Luego el pobre aspirante a escribiente,
Con su ignorancia y falta de prudencia,
Madurez y respeto, por consecuencia,
No hace más que deshonrar la obra
Y el decoro de aquéllos que realmente
Vale la pena apreciar y su obra admirar.

Considero que es un grave pecado,
Una aberración, un atrevimiento
Y un desdén de osadía bien cargado,
Además de ser una falta de cordura,
Y ya entrado en honduras, sería como
Las conductas de un sinvergüenza.

Además, el que pobremente escribe,
¿Qué va a obtener en recompensa?
Nada, sólo crítica de los que saben,
Burlas, ironías y ofensa tras ofensa.

Oficio

No es lo mismo el ser abogado,
Que un chismolero o picapleitero,
Ni hacedor de insultos callejeros.

Yo no soy un hablador merolico,
Ni ando en barrios de embustero,
Solamente diré a lo que me dedico,
Que es lo que veramente practico.

Mi trabajo es abrir siempre el pico
Para capacitar, orientar y entrenar,
Para convencer a la gente callada
Que se dedique a hacer sus labores,
Aunque tiene diferentes quehaceres

Deberá hacer bien sus menesteres,
Por medio de psicológicas tretas.

Mas no sé si el convencer se haga,
No lo hago por quedar complacido
Sino por la paga quedo agradecido,
Que para ellos estas son simplezas,
Que sí atienden, pero no entienden,
Escuchan hoy y mañana olvidan,
Café y galletas son buena alternativa.

Risas o llantos la realidad me saca,
Atienden sólo para romper el tedio,
Yo invierto y les enseño el medio
Mas al saber a luego la situación,
Ya no intento a nadie reprender,
Y lo que hago, lo hago en despiste,
Aunque agradecido estoy por aquél
Quien confió y confía en el deber,
Que yo hago como él siempre espera,
Que entendimiento tiene el proceder,
Mas la realidad desobedece el hacer,
Y nadie hace el trabajo por placer,
Que la paga hace a todos convencer,
Cuánto y qué cada uno ha de hacer.

Entran y no se salen de la norma,
En el campo, en batalla y aventura,
Rudo, amargo, frío y cruel ha de ser
Ni qué hablar de tener poca ternura,
Aunque si dentro siente poco querer
Es por la paga que marca el proceder.

Mas aquí en silencio y con respeto,
Es preciso de repente verdades decir,
Pues mi alma a la suya no miente,
Y la suya a la mía bien consiente…

Razón alojada en mi nublada mente
Ha provocado que me quite el saber
La cual verdad tiene este buen docente,
Que no soy culpable del hechizo,
Sabiendo segura la tierra que piso
Pues a la antigua usanza de nobles es
Admirar en confianza su lira florida,
Y admirar su voluntad de batalla,
Pero la verdad por verdad duele
Y decirla es necesario para ser libre,
No me aviene a mí continuar,
Con labores hasta ahora descritas,
Lo cual no será de tu aceptación

Mas por razones ya explicadas
La falla es la falla, y la falla, falla,
Así que me dije, dilo todo y calla,
Aunque pretenda salvar el partido
Con tal razón la verdad es fallida.

Todo cuanto se intentó aquí quedó
Y al final sólo quedó el intento
De lo que resultó de este cuento.

Paciencia

Los momentos que recién hemos vivido
Y que han puesto a prueba nuestra calma,
Han estado muy devastadores y dolorosos,
Acabando con el sosiego y la paz del alma.

Tanto que se dice, se rumora y se comenta,
Sobre eso que nos llena de incertidumbres,
Inquietudes, miedos y malos pensamientos,
Que debilitan voluntades y entendimientos.

Si seguimos aferrándonos a esas acechanzas,
Acabaremos pronto, bajo tierra, seguramente,
De cuando nos toque sucumbir realmente,
Y después, todo seguirá igual que siempre.

Este es el momento de respirar con calma,
De sacudirnos esos fantasmas y ver la realidad.
No hay nadie que nos presione ni pida cuentas,
Ni nos obligue a seguir obligaciones ni reglas.

Nadie puso fechas límite a nuestras emociones;
Nadie determinó el tamaño de nuestras heridas;
Nadie puso límites para nuestros sentimientos,
Ni barreras a nuestras alegrías, sueños y gozos.

Bajo el cielo siempre hay tiempos y propósitos,
Que Dios ya tiene planeados para cada cosa:
Hay un tiempo para nacer y también para morir,
Hay un tiempo para reír y un tiempo para llorar.

Sólo Dios te pone las trabas y las condiciones,
A Él sólo le rindes expectativas sobre tus planes,
La naturaleza no lo exige, y la vida no te lo pide,
No llevas relojes por dentro que te tomen tiempo.

Entonces tranquilízate, respira, ten paciencia,
Que a donde tengas que ir o debas de ir, irás,

270

Que lo que tengas, o vayas a hacer, lo harás,
Que, de ser necesario y lo sientas, perdonarás.

Con paciencia tu espíritu volverá a abrazar,
Con paciencia tu alma volverá a acariciar,
Con paciencia se llegará el tiempo de pacificar,
Y de amar, te juro que aún podemos empezar.

Crecerás en sabiduría cada día que vivas,
Tú tienes la capacidad de vivir intensamente,
Pero aprende a no correr para llegar antes,
Basta caminar con el corazón en tus manos.

Dios y la Vida nos tienen reservado el destino,
Con paso firme y a conciencia habrás de llegar,
Sin quebrantarte por llegar primero que los demás,
El tiempo de Dios para ti siempre será perfecto.

Paraíso en tu corazón

Entre las sombras y las penumbras,
Entre gnomos, enanos y hadas aladas,
Entre manantiales, y lagos de cristal,
Entre el cielo y la tierra, hay un lugar…

Donde la lluvia es diamantina de verdad,
Donde el aire lleva de rosas el aroma,
Donde las tristezas en suspiros se mudan,
Donde las maravillas abundan sin par.

Donde el que no ama, se enseña a amar,
El que odia, allí se enseña a querer,
El que desprecia se enseña a apreciar,
Y el que repudia, se va a encariñar.

Ese lugar del que te hablo es un bosque.
Un bendito y hermoso bosque donde hallarás
Las maravillas de las que te he hablado.
Entra en ese bosque y serás amado.

Entra en ese bosque y podrás amar.
Para siempre la felicidad vivir y compartir.

Es el bosque de tu alma y de tu imaginación,
Lo llevas siempre en ti como una canción.

Sólo entra y disfruta lo que vas a encontrar,
¡Todo está dentro de ti, está en tu corazón!

Más al norte la Estrella Polar encuentra,
A la derecha siempre mi mano diestra,

Al sur los amigos que la vida me muestra,
Y un chocolate cliente a mi izquierda.

Para triunfar en la vida

El que se corrige en su propio error,
Es inevitablemente un triunfador;
El que no reconoce, clava el aguijón.
Luego culpa a otros de su decepción.

Todos queremos triunfar en la vida…
La sinceridad no tiene medida,
Cuando habla silenciosa y tranquila…
Otros, somos del engaño seres cautivos.

Mas hay unos y son de los primeros,
Que saben reconocer sinceramente
Cuando los errores corroen su mente.
Sea por su experiencia o por sabiduría.

Es un hecho verídico de la historia,
Que los grandes criminales que existieron
Se consideraron a sí mismo como Santos,
Ningún encarcelado se considera culpable.

Decir que uno es inocente es un error,
No hay qué caer en tales deslices.
Debemos reconocer nuestros propios errores
Y posteriormente se evitan males peores.

Quien reconoce sus propios errores
Puede fácilmente formar un hogar feliz,
Si puede corregirlos puede triunfar en la vida.
Y si quiere triunfar en la vida no critiques.

Es preferible la autocrítica, que criticar a otros.
El que critica provoca reacciones nefastas,
Resentimientos dirigidos hacia el que critica.
Regla general, el que critica siempre fracasa.

Pasión

La pasión esa sustancia que me domina;
Lo sé, y más cuando es pasión desenfrenada.

Sin pasión no se puede ser un gigante;
Sin pasión no hay santos ni hombres grandes.

La pasión es el viento del mar,
Si no sopla, los barcos se paran,
Inactivos, con las velas caídas.
Pero no basta que sople el viento.

Tenemos que saber aprovecharlo,
Para hinchar las velas de nuestra barco;
De lo contrario, mi barco será veleta.

Todos los santos del Señor,
Jamás extirparon tus pasiones,
Sino que las transformaban y torcían
En pasiones prudentemente aliadas.

No sigas sus consejos desenfrenados,
Mas aprovecha sus potentes fuerzas;
Porque la pasión de ser mala consejera,
Será un resorte poderoso si bien lo empleas.

Precisamente la pasión bien aprovechada,
Es la que da temple a la voluntad.
Sólo quien persigue apasionadamente
Un fin noble podrá vencer todos los obstáculos.

Las pasiones son los briosos corceles de tu vida;
Si sueltas la rienda, te arrastran al precipicio;
Pero si las llevas con mano firme en el mando,
Te harán volar gentilmente hacia las alturas.

Todas las pasiones son como el fuego:
Son bendiciones, pero pueden ser maldiciones,
Por más decidido que sea tu temperamento,
O por más que sean tus malas inclinaciones,
Nunca te desanimes, nunca te quejes.

Haz lo que puedas para ennoblecer tu alma,
Y acuérdate de una gran verdad consoladora:
Dios no niega la Gracia a quien se esfuerza.

Personajes y héroes en mi vida

Tarzán

En mis sueños mil veces soñaba
Con unos leones que me abordaban,
Me perseguían, o me esperaban,
Una cuadra antes de a casa llegar.

Me desesperaba al no poder entrar,
Sentía mi alma tan presionada,
Y la angustia no me dejaba respirar,
Tal que en mis pesadillas lloré y sufrí.

Un día un héroe apareció en mi vida,
Fue a Tarzán de la selva que descubrí,
Aquél hombre que a los leones sometía,
Al mismo que a otras bestias domaba.

Lo obedecían, y él a nada le temía.
Unos decían que era mono y hombre,
Y desde entonces lo hice mi amigo;
No sé, quizá mi hermano, o mi padre,

En verdad yo sentía que él me quería,
Y en mis sueños él siempre estaba,
En todos los momentos él me defendía,
Acabando con mis angustias y pesares.

Se acabaron las pesadillas y los temores,
Tarzán estaba siempre de mi lado,
Y al soñar que era mío y de nadie más,
Yo me sentía el niño más privilegiado.

Supermán

¿Quién podría temer a un ladrón,
Si con tan sólo ver en la televisión,
A ese gran héroe de acero, protector,
Paz y confianza irradiaba al corazón?

Era Supermán y a dondequiera llegaba,
Pues en el cielo se deslizaba: Volaba.
Y así como a un autobús levantaba,
En instantes de los malos te salvaba.

Era como tener un santo protector,
Que aunque en realidad no existía,
Mucha confianza pensar en él me daba,
La mente infantil con él siempre contaba.

Había veces que recargado en una barda,
Me ponía a imaginar que con él viajaba
Muy lejos, hasta afuera de este mundo,
Yo mimado en sus fuertes brazos de acero.

Me llevaba hacia más allá de las nubes,
De los cielos encapotados de septiembre,
Cúmulos que en bestias se transformaban
Y en gigantes, que contra ellos luchaba.

Y yo con su protección me regocijaba,
Disfrutando de sus luchas y victorias,

Que mi héroe a diario me regalaba,
Y yo cada día más confianza en él ganaba.

San Jorge

Eran ranchos, corrales, y labores,
En medio de montes y caminos,
Con cerros, ríos, montañas y sierras,
Por donde caminar acostumbrábamos.

En el trajinar, escondidas por doquier,
Había alimañas, serpientes y arañas,
Que a nuestros pensamientos infantiles,
Atemorizaban a pesar de ser valientes.

¿Quién podría darme algo de confianza
Que necesitaban mis pies para pisar,
Para pasar por matorrales y pastizales,
Y de no ser mordido tener la añoranza?

Había pues, qué rezar una alabanza,
Mientras se caminaba por esos lares,
Y un Santo, para esto de los mejores,
Era con el que yo hacía mi alianza.

Era San Jorge dominando al dragón,
Cuya estampita me regaló mi abuela,
Y desde entonces en paz va mi corazón,
Rezando su eterna y protectora oración…

Venía escrita por detrás, y así decía:
"San Jorge Bendito, tú como buen santito,
Procura cuidar bien a tu animalito,
Aléjalo para que no muerda mi piecito".

"Tú que a las serpientes te enfrentaste,
Detenlas ahora, si antes no las detuviste,
Y si en el camino de esta forma acertaste,
Vela hoy por mí y por mi horizonte".

Mi Papá

Yo veía a mi papá como un gigante,
Como un dios, un héroe, o un atlante;
Y si no era lo que a mis ojos parecía,
Qué importaba, si me llenaba de alegría.

Cuando me veía, cuando me abrazaba,
Cuando me besaba, cuando me cantaba,
Cuando en sus fuertes brazos me cargaba,
Cuando los domingos a la feria nos llevaba.

Si se iba a la corrida y no me avisaba,

Yo me sentía que él ya no me quería,
Me sentía que me había abandonado,
Y triste sufría la espera hasta su llegada.

Donde claramente veía que aún me quería,
Que me amaba y que nunca me dejaría,
Pero mi corazón de niño lo absorbía,
Y acostumbrado a su estampa yo estaba.

Yo sufría de mi alma y de mi corazón,
Yo era un niño introvertido y temeroso,
Pero mi papá era mi remedio y mi gozo,
Aunque miedo le tenía porque imponía.

Mucho yo a él siempre me aferraba,
Y a todas partes yo le acompañaba…
Y a pesar de que muchos amigos tenía,
Yo como tanto lo amaba, celoso me ponía.

Confieso que para mí solito lo quería…
Si alguno de mis primos se le acercaba,
Yo sufría que sobre mí a éste prefiriera.
Yo callaba y guardaba mi triste pena.

La vida siguió con tristezas y alegrías,
Y llegó la hora de soportar su agonía,
Que para mí era romperse la armonía,
Que entre él y yo estrechamente existía.

Y se fue para siempre de este mundo,
Dejándome en el pecho un deseo profundo,
De volver a sentir su calor y su confianza,
Su cercanía y todo lo que de él yo amaba.

Mas ese hombre me dio amor desmedido,
Y hasta ahora y creo que para siempre,
Es el mejor personaje que mi vida ha tenido,
Porque demostró no ser un simple hombre…

Sino un ángel que de mi vida no se ha ido.

Quino

Recuerdo los angustiosos tiempos,
En que los niños mayorcitos
En la primaria nos hacían sufrir,
O nos hacían llorar, o batallar,
Al no hacer lo que ellos dictaban.

¿Quién defenderse de ellos podría,
De su imponente autoridad,
De su fuerza y toda su autoría,
Cuando en grupos se juntaban,
Y mayores, a los chicos imponían?

Quino era mayor que yo un año,
Y en la escuela iba un año adelante,
Pero enfermó un mal día de otoño,
De una rara enfermedad justificante,
Lo hizo perder el año escolar vigente.

Él era igual que yo de temeroso,
Pero juntos los dos nos animábamos,
Sin embargo, él era muy habilidoso,
En todos los juegos que jugábamos,
Todos le guardaban un respeto decoroso.

Los mayores reconocían su valor,
Los menores reconocíamos su aprecio,
Más en las condiciones que yo sufría,
Y aunado a esto, mi falta de valentía,
Muy bien a su amistad yo me ajustaba.

Juntos fuimos al nuevo año escolar,
Los dos nos dábamos mucho valor:
Juntos íbamos y juntos regresábamos,
Juntos estudiábamos, las tareas hacíamos,
Juntos soñábamos y nos divertíamos.

Pero lo más importante de todo,
Era que Quino de todos me defendía:
De los que en la escuela nos asediaban,
Y también de los que de mí se burlaban,
Por un evidente defecto que yo tenía.

Toda la primaria, juntos estuvimos,
Etapa en la que más nos necesitamos,
Etapa en la que más valor nos dimos.
Ya después ya muy poco nos vimos,
Pero seguro es que nunca nos olvidamos.

Quino era para mí, mi amigo y hermano,
También fue mi infantil héroe del pasado.
De mi alma no saldrán aquellos recuerdos,
Que halagaron mi vida y mi corazón,
Y me seguirán halagando con todo agrado.

Los Beatles

Una vez que entraron a mi vida,
Ya nadie jamás los pudo sacar…
Me asentaba muy bien su poesía,
Su música era la que yo quería oír.

Gracias a Dios que el idioma Inglés,
Fuera el lenguaje segundo de aprender,
En todas las escuelas y todos los colegios,
No quedaba más remedio que estudiar.

Pero ay, caray, con lo difícil que era,
Nadie podía siquiera algo entender,
Pues a las edades que nos lo impusieran,
Antes teníamos muchos juegos por jugar.

Y pues, había qué buscarle la manera,
Encontrar la mejor forma de aprender.
El maestro nos encargó para practicar,
De un cancionero, una canción seleccionar.

De un cancionero de música en inglés,
Para aprender yo copié una canción,
Que comencé por traducir y luego estudiar,
Aprender la primera estrofa de tres:

"En el pueblo donde yo naciera,
Había un hombre que a los mares surcaba,
Y nos contaba que su vida la pasaba
En un submarino de amarillo su color".

Cuando entendí bien lo que tradujera,
Mi alma se llenó de mucho entusiasmo,
Una perenne inquietud por saber más,
A manera que la canción entera me aprendiera.

Válgame Dios que me dio un gusto tremendo
Cuando por primera vez en la radio la escuché,
No podía creer que podía, yo en inglés cantar,
Y desde entonces mucho la canté sin descanso.

Mi gusto por aprender inglés comenzó,
Pues quienes cantaban la singular canción
Satisfacían mis gustos por la música,
Sus demás canciones me hacían una invitación.

Con su música y sus letras, mucho gozaba
Que pronto me aprendí muchas de sus canciones,
Y juro que para mí eran obras maestras,
De las cuáles, ninguna me disgustaba…

Su influencia quedó en mí bien marcada,
Aprendí inglés en situación afortunada,
Mi pensamiento cambió dramáticamente,
Con su filosofía dominaban mi mente.

El tiempo pasaba y la vida continuaba,
Mi gusto por escucharlos nunca menguaba…
Llegué a adulto, me casé, y luego envejecí,
Y a Los Beatles de mi vista nunca los perdí.

Jesucristo

Parece que fue una estrella del cielo,
Parece que fue un sueño que tuve,

O no sé si haya sido un cálido anhelo,
Que cuando niño me subió a su nube.

Sabrás que mis miedos desaparecieron,
Y que aunque en sueños eso sucedía,
Me armaba de valor y Él me aconsejaba,
Entablaba batalla en cualquier encrucijada.

Me decía: "Tenemos mucho camino que andar,
Desde la salida del sol hasta el ocaso,
No hay regla que sea impuesta para eso,
Y si caes, yo te levanto del fracaso…

Y desde el ocaso hasta que amanezca,
Amor para compartir y odios retirar".
Y así transcurre una vida para vivir,
Que otros caminos no habré de tomar.

Me enseñó a amar y a compartir,
Me enseño a tratar y querer a los demás,
De la manera que yo quisiera ser tratado,
Que para vivir, no necesito ningún disfraz.

Fue mi amigo cuando entró a mi corazón,
Y desde entonces nunca me ha dejado,
De todos los males me ha liberado,
Hasta de mis miedos presentes y pasados.

Día a día siento en mi pecho su presencia
Y mi alma sufre durante su ausencia.
Yo no sé por qué a veces me abandona,
Me supongo que es por mi indiferencia...

Siendo mi amigo, hermano y compañero,
No es justo que no le dé su lugar primero,
Luego me dedique a cosas sin importancia,
Mientras Él es mi huésped, y yo su hotelero.

Pesadilla

Atrapado en las redes de lo oscuro,
Un terror se apoderó de mis temores
Me sentía solo a pesar de estar contigo.

Yo mismo me alejaba de tu estampa.
Parece que los demonios me rodeaban,
El silencio capturó todos los espacios.

Te llamaba, no oías, sólo te alejabas,
De mí, sólo ansias y vacío exhalabas,
No había ni un cántico a mi alrededor.

Empezaban a bufar todos los diablos,
Mis oídos pretendían inflamarse,
Me sentía atrapado en una telaraña.

Olvidé que sabía entonar Salmos,
Pero ni una oración podía exclamar,
No sabía qué pasaba, pero me movía.

Alguien me estiraba hacia adelante,
Era una fuerza sin manos ni mecates
Eras tú que cargabas un estandarte.

Parecía que yo estaba muerto, y no,
Yo creía que tú eras un ángel, y no,
Que esa luz venía del Cielo, y no…

Todos los diablos se diseminaron
Y no había para dónde encaminarse,
Se abrieron caminos, ataúdes se cerraron.

Te encontrabas en un camino diferente,
Sólo el Ego de cada uno se interpuso.
La comunicación se eliminó de repente.

Se apoderó de los muertos el mutismo
El tumulto quedó ahogado en abismo,
Sobre el aliento de un dragón rugiente.

Nada podría tener una razón de ser,
Un apremiante olorcillo me despertó,
Aroma exquisito de huevos guisados.

Pero con el remedio que aquello me dio
Empecé a ver gatos negros en las bardas,
Disputándoselos voraces aves de rapiña.

Pinta mi Mundo

Dios nos regala un mundo de colores,
Pintado sutilmente en mil matices.
Se reflejan en nuestro interno corazón
Para llenarlo de alegría, júbilo y amor.

Cuidado que pueden ser pretensiones.
Hay quienes no distinguen colores,
Los confunde su alma con visiones,
Con quimeras, mentiras u obsesiones.

Cuando la tristeza invade la aurora,
Cuando las penas no te dejan respirar,
Cuando la angustia oculta el alma,
Cuando la esperanza se desvanece…

Los colores se confunden con negruras,
Los matices no son más que amarguras,
Que anidados en tu mente y corazón
Ciegan el pensamiento y la buena intención.

Quisiera volver a ser como un niño,
Que olvidando la realidad y las penas,
El mundo y los sueños los ve de colores,
La felicidad la ajusta a sus ilusiones.

¡Ven niño, ven niña y Pinta mi Mundo!

Pobres de los pobres

La hermandad los ha desdeñado,
Pues la sociedad así los ha acusado,
Porque en las miserias han nacido,
Destinos en vaivenes se han volcado.

Iguales hizo Dios a los hombres,
A todos nos dio privilegios iguales,
Para hacer de la tierra heredades,
Mas las convirtió en panteones.

Riquezas repartió Dios a todos,
Nos proveyó de todo lo que creó,
Mas la Sociedad no fue saciada:
Pobres de los pobres, los marginó.

Colgadas en caminos y senderos,
Cabezas de miles los adornan,
Cuyas almas en piedra tornadas,
Perenemente ultrajadas quedaron.

No hay cupo para ti en el mundo
Y si por aquí escogieras vivir
Lodazales y cloacas son tu casa,
Con ratas y bichos por liquidar.

Sumiéndose en cualquier paraje,
Los hombres se pierden en el valle
Confundidos, locos y perdidos,
Como basura rodando por la calle.

A pesar de su fatalidad y mala suerte
La Providencia no decide abandonar
A quienes han vivido sin fortuna
Y en el Cielo prepara su heredad.

Propiedad privada

Un hombre roba a otro,
Cual ladrón de esperanzas,
Sin ver que lo que despoja,
Son de la tierra sustancias.

Prórroga

En la vida, son desiguales todos los días,
En algunos sientes cuantioso entusiasmo,
Y en otros te sientes fatigado en demasía,
Que simplemente te aborda el pesimismo.

Son esos días en que todo en ti se debilita,
Inclusive el amor y la pasión por tu trabajo…
Es un estado de apatía y de pereza inaudita,
Sin definir lo que es esta pesadez implícita.

Te ciclas y pierdes contacto con la realidad,
Tienes miedo y no puedes analizarte ni definirte,
Te cierras al mundo sin salir de tu caparazón
Que te hace incluso sufrir corajes a colación.

No puedes seguir así… Luego surgen reacciones,
Quizás en el trabajo sean muchas las presiones,
Quizás estés haciendo cosas que no te gusten,
Y observas que algo anda mal en tus acciones.

Es el momento de tomar un día y recapacitar,
Sin expectativas, ni presiones, simplemente libre,
Un día para complacerte, gozar y alegrarse,
Disfrutar lo que en verdad te gusta y agrada.

No sabes lo hermoso que es respirar así,
La energía se refuerza con un pequeño descanso,
Dándote gran inspiración y ganas renovadas
Con mayor motivación y pasión por tu trabajo.

Este es el momento que debe buscar el hombre
Comprometido con una labor que realmente ama,

Darse una tregua, darse un tiempo, una prórroga,
Para liberarse de esas turbaciones mentales.

Es bueno no agotarse, y mantener el espíritu,
No quiere decir, rendirse, sino renovarse, revivir,
Descubrir nuevos caminos, motivos y sueños,
Que donde hay amor y pasión, hay inspiración.

¡Qué bella es la vida…!

¿Puedes decirme qué tan bella es tu vida?
La vida es muy bella; es muy bella toda ella,
La vida es hermosa, encantadora, es preciosa,
Dios nos la regaló para sacar lo mejor de ella.

Como una caricia que te hace un niño en la cara,
Como la ternura de su mirada cuando te ve,
Como sus lindezas que estrujan al corazón,
Sacándote al instante una sonrisa espontánea.

Es como la alegría y la emoción de una madre,
Cuando sus hijos sanos y salvos regresan a casa,
Cuando los padres ven a sus hijos ya formados,
Como hombres de bien, respetuosos y honestos.

La vida es tan valiosa que es imposible de evaluar,
Como no se pueden evaluar todos los momentos
Que viviste cuando eras niño, con tus padres,
Tus hermanos, abuelos, tu familia y tus amigos.

Tan valiosa y hermosa como el cariño sincero
Que los amigos te regalaban con su presencia,
Y otros que a pesar del aislamiento y la distancia,
Te regalaban su presencia en espíritu y pasión.

Tan bella es, como el amor, el cariño y el afecto
Que se comparte con cada persona que se ama,
Con aquéllos que te aman y te liberan de pesares,
Con los que se regocijan y sufren junto contigo.

Así es la vida, es para ti, Dios la puso frente a ti,
Está ante tus ojos a tu disposición y necesidades,
Llena de instantes inolvidables para cada corazón,
Es el regalo más grande que puedes haber tenido.

La vida es el mayor bien que habremos recibido,
Cuídala, valórala, disfrútala y vívela intensamente.
Vive cada minuto como si fuera el último por vivir,
Y permite a tu corazón que guíe tus sentimientos.

Es frágil por el lado que la veas, es como el cristal,
Cuídala y respétala en cada uno de sus aspectos,
Ama a sus sonidos, sus voces y todos sus colores,
La vida es tuya, envuélvete en ella, y hazla más tuya.

Dios y la vida nunca te dejan solo, ni indefenso,
Siempre te protegen por medio de algunas señas,
Ya sea, por la presencia de un ser muy querido,
Que estará contigo, y te dará esa palabra de aliento.

Quizás por medio de una canción que te dé paz,
Quizás por una llamada telefónica no esperada,
Que te manifieste un momento especial de amor,
O quizás porque Dios te ama y solo no te dejará.

¿Qué es la conciencia…?

La Conciencia es el Alma,
Es la vida vivida al peregrinar
Rumbos de varias existencias
Del espíritu entre la materia:
Sabiduría sagrada almacenada.

¡Qué tercera edad ni qué nada!

Sí, es muy cierto que pasar de cierta edad
Ya representa para algunos, el estar viejos,
Pero eso no significa que estemos limitados,
Porque las edades, son tan sólo números.

¡Que ya estamos en nuestra tercera edad…!
Eso dicen los que creen saber todo al respecto,
Los que conocen ampliamente las personas,
Los que creen poder determinar la existencia.

Quizás podamos tener ciertas limitaciones,
Pero deben ser físicas, y no creo que muchas,
Porque con relación a nuestra mentalidad,
Tenemos todas las capacidades y potencias…

Tenemos sueños e ilusiones, deseos y objetivos,
Que nos dan motivación, el impulso y las ganas
De actuar, buscar y conseguir lo que deseamos,
Porque aún tenemos pródigamente la actitud.

Jóvenes o viejos, siempre habrá cosas nuevas
Siempre algo por descubrir, que nos sorprenda,
Que disfrutemos, que nos llene y nos satisfaga,
Sólo habrá qué tomar los riesgos necesarios.

A veces gente como los doctores nos convencen
Que quizás ciertas cosas no son para nosotros,
Cuando en realidad sentimos el deseo imperioso
De animarse, de dar el salto sin complicaciones.

Aún tenemos en el alma ese valor, esa audacia,
Esa osadía para las aventuras de antaño,
Que no podemos quitar del fuego del corazón,
Tan sólo porque así es nuestra naturaleza.

A veces basta con escuchar la voz del interior
Que es suficiente para que reanimes tu valor,
Y se desencadena con ello tu entusiasmo
Tus ganas por vivir los sueños que tú deseas.

Si no sale como lo esperabas, ¿qué más da?
Tuviste el valor y el honor de haber intentado
Pero si en definitiva lograste lo que tú querías,
Pues ya tendrás mucho que contarle a tus nietos.

¡Y dicen que ya somos de la Tercera Edad…!
Sin duda lo somos, pero lo que nosotros somos,
Nadie lo tiene ganado, nadie más que nosotros:
Con toda la actitud al paso de nuestros años.

Que todo quede en el olvido

Dejemos atrás el pasado…
Descansa, mi querido corazón,
Relájate aquí en mis brazos,
Permite que yo te acaricie ahora,
Como tú me diste compasión.

Dejemos atrás lo vivido…
Que quede en el pasado la pasión.
Que la voluntad de Dios propicie
Que me abracen sus dulces lazos
Donde reina la paz sin la razón.

Descansa, corazón querido…
Ya no permitiré más mala acción
Ya no habrá más malos ratos…
Ni habrá nadie más que te desprecie,
Solos tú y yo, en nuestra caparazón.

Olvidemos para siempre lo sufrido…
Gracias por haberme protegido…
Gracias por haberme soportado.
Gracias por haberme tanto amado,
Gracias, por haberme comprendido.

Que Dios se apiade de mi ser herido…
Sinceramente te he de confesar,
Que no merezco lo recibido…
Que Dios Misericordioso me perdone
El haber vivido como he vivido…
Y que todo quede en el olvido…

¿Quién no quiere ser feliz?

La felicidad que siempre buscas
Depende mucho de la libertad mental,
La estabilidad de conciencia que tengas,
Ya sea en tu propia casa o fuera de ella,
En tu manera de vivir,
En la ciudad donde vives,
En las calles por donde transitas,
En los lugares que visitas,
En la manera en que reaccionas
Ante los problemas y circunstancias…

Y aunado a esa libertad
Podríamos agregarle algo más,
Y es, el "deseo" de "querer" ser feliz.
¿O habrá alguien que no lo desea?
Yo me supongo que no.
Todos deseamos ser felices,
Yo quiero ser feliz,
Tú quieres ser feliz,
Ellos y ellas quieren ser felices…

No hay quien quiera ser la excepción,
Todos queremos vivir en paz,
Todos queremos vivir sin temores,
Todos queremos vivir sin angustias,
Libres de cadenas, libres de opresiones,
Y si Dios así nos lo permite,
Queremos vivir muchos años
En las mismas y buenas condiciones…

Más claramente, Vivir En Paz,
Como si Dios hubiese traído El Paraíso
A éste, nuestro bello planeta,

Para regocijarnos mientras tenemos vida,
Y seguir disfrutándolo en el Más Allá.

En pocas y bellas palabras,
Todos queremos vivir en un mundo de amor,
Donde no exista el infortunio, ni el dolor,
Que no exista el mal;
Donde no exista la confusión,
Ni la envidia, ni la duda,
Ni el deseo de la posesión,
Ni el odio, ni el egoísmo,
Ni el maltrato a las personas,
Ni las injusticias, ni la violencia,
Ni la ambición por querer tener
Todo el dinero y todo el poder,
Ni pretender ser dueños del mundo,
A costa de derrumbar los sueños de los demás,
Su vida privada, su inocencia,
Su estabilidad emocional, sus ilusiones,
Su armonía personal, su armonía social,
La armonía de una raza,
La frecuencia de toda una especie…

Curiosamente, a pesar de todo,
De todas las apuestas que el mal ya ha ganado,
Si los gobernantes del mundo,
En lugar de darle al mal esas ganancias,
En lugar de sus ilimitadas ambiciones,
Se dedicaran a proporcionar a sus gobernados,
Ese mundo en el que todos han sueñado,
Esa paz y armonía, que todos han deseado,
Esa hermandad y ese amor
Que nos haría pasar por este mundo
Llenos de alegría aunque fuera una vida muy breve…

Entonces sí, diríamos que la especie humana
Estaría en pleno desarrollo,
En el proceso de subir un nivel enorme
En los planos del espíritu y la conciencia.

Si esto sucediera, estoy seguro,
Sin tropezar en los peldaños de la duda que,
Al ver el ejemplo de nuestros gobernantes,
Todos haríamos igual para lograrlo,
Cada quien poniendo su granito de arena,
Pero en general, se recuperaría tal beneficio,
Porque en realidad, ya nos había sido dado…

Pero la semilla del mal
Nos lo ha arrebatado desde el principio,
Esa armonía que nos fue regalada

Desde arriba para vivir en paz,
Es la misma sintonía y frecuencia
Con la que vibra el Universo entero,
Y que nos dieron para conservarla,
Para sentirla que nos traspasa
Y para responder siempre igual,
Para no causar discordancias allá arriba.

Recorrido en el tiempo

En la vida todo es como una película
En muy poco tiempo todo se pasa,
Ilusiones, seducciones y sentimientos,
Amores y deseos, la firmeza del sexo.

Los niños crecen y el tiempo avanza,
La vida continúa sin mirar atrás,
Hijos, padres, se van, otros quedan,
Con el corazón y el alma destrozada.

Todo empieza y termina algún día,
Unos te amaron, ahora ya no te aman,
La naturaleza va realizando sus planes
Nuevos misterios aparecen sin señales.

Los abuelos mueren, los padres también mueren,
El corazón sufre, los hermanos se van,
Los vecinos se mudan, el barrio ya no está,
Un pueblo ha desaparecido, todos huyeron.

Surgen en el camino alegrías y angustias,
Cuántas serán mías, cuántas de otros,
Pero en el sendero nos comprendemos,
Y finalmente hacemos lo que debemos.

Destino y vida cumpliendo su acometido,
Nadie se escapa de su extasiada mirada.
Tiempo y vida se dan común asistencia,
Y su recorrer no tiene una última parada.

Regeneración

Para desactivar mi mente oprimida,
Para volver a coordinar mis quimeras,
Para volver a elevar a Dios mis plegarias,

Para amarme y despreciar mi EGO,
Heme aquí, que estoy dispuesto,
Para cumplir mi misión, despierto,
Lo que me resta de vida, aprovechar
Mi voluntad y mi corazón, ofrecer
Centrarme en el foco de mi razón,
Plenamente mi consciencia, vivir,
Y la razón de mi existir, obedecer
Para regenerarme y dirigirme
Al camino de mi nuevo Renacer.

Regresar a casa

¿Sabes cuándo volverás a casa?
Nadie sabe, pero desearía saber.

El alma siempre quiere volver,
Mas el cuerpo se quiere quedar.

Y así justo es como va a suceder:
El cuerpo se queda y el alma se va.

Para el alma el deseo más grande:
Regresar al Todo, de donde salió…

Para el cuerpo el deseo más grande:
Quedarse en la tierra, de donde salió.

Tanto el alma como el cuerpo desean
Regresar a su casa: punto del no retorno.

Y mientras tanto, tú aquí deliberando,
Haciendo por tu vida, forjando futuro.

Desgastándote, trabajando mucho y duro,
Peleando tierras y cosas materiales.

Sustrayendo, quizá hurtando, o robando,
Objetos y cosas de los que nada te llevarás.

Es muy bueno tener y vigilar por tu vida,
Pero no acumular en demasía desmedida.

El tiempo se llega en que cuerpo y alma
Desean regresar a sus amados hogares.

Tú no sabes cuándo eso va a suceder,
Y mientras tanto, tú aquí deliberando.

No salgas peleando de tu casa,
Porque a tu casa no sabes si volverás.

No pierdas tiempo con el orgullo…
Sé más expresivo, sé más cariñoso.

Tu partida es inesperada e impredecible,
Sin ningún aviso el día se te llegará…

No dejes para mañana un buen momento,
Una buena charla, una declaración de amor…

Deja de extrañar las almas que se fueron,
Mejor bésalas, y diles que las amas.

Recuerda: el momento ideal es ahora,
Quizás mañana puedas ya no estar.

¿Tú sabes cuántos se fueron
Queriendo hacer más cosas?

¿Tú sabes cuántos lamentaron
No poder disponer de más tiempo?

Ese último momento pronto llegará,
Y de verdad, ni siquiera lo imaginamos…

Dicen que todos tenemos miedo de morir,
Pero no todos aprendemos a vivir.

Cuando se aprende a vivir,
El temor por la muerte se transforma.

Dios te da esa oportunidad, y es hoy…
Sonríe, agradece y vive, pero vive de verdad.

Que el último viaje es impredecible,
No lo esperes con temor ni con resignación.

Es muy cierto que regresaremos a casa,
Pero primero disfrutemos de este regalo.

El regalo que Dios nos proporcionó…
La vida que a cada quién nos dio…

Rencor

El rencor ya hizo sus nidos,
Entre hermanos que difieren,
Y algunos imponer prefieren,
Sus argumentos ya torcidos.

Embrutece hasta la razón,
Todo es cuestión de que empiece.

Aunque no quieras esto crece
Y va oprimiendo el corazón.

280

Es la historia de la vida;
El avasallar sin tener piedad:

O bien se idolatra a la mentira,
O bien se es devoto a la verdad.

Rojo púrpura

La historia de este mundo
Con pura sangre se ha escrito,
De inocente gente que perdió
Su vida por voluntad ajena.

Unos años cambiaron las cosas,
Y de verse de colores blancos,
Amarillos, violetas y rosas,
El color cambió a bermellón,
Negro, púrpura, rojo y marrón,
Al color de la sangre semejante,
Que ha sido regada y pintada,
En muchas bardas y caminos.

Y yo me digo a mí mismo:
No se pueden cerrar los ojos
Ante la cierta estampida del mal…

La bien marcada: ausencia del bien,
Y así es como narra su historia
El hombre afectado por el mal.

Sangre que entre página y página
Llena los libros de la historia,
De todo país, en toda época,
Desde que el hombre existe.

El mal y su simiente se siembra
En la mente de la humanidad,
A través de unas simples tretas,
Que vuelan la cabeza de todo humano.

UNO: es sentir miedo de estar aquí,
Solos, en este Universo inmenso
Sin encontrar ninguna explicación.

Unos recurren a poseer más bienes
Y materias, que para nada sirven,
Pero los hace aferrarse a esta vida,
Para sentirse acogidos y cómodos,
Al ver que aquí nada les faltará…

Inclusive acumulando más y de más,
Como para vivir muy holgados
Durante muchas vidas más,
Como si supieran que esto así será.

DOS: el tener más dominios y poder,
Para mandar y sojuzgar a los demás,
Con resultados que son envidiables,
Por otros que persiguen lo mismo.

Y si no son los mismos resultados,
Las cosas se tensan entre ambos:
Quien desea más, quiere quitar al otro;
Quien tiene más, nomás no se deja.

Imponen su voluntad y sus fuerzas,
Liman objeciones y logran lo deseado.

Es el juego de ganar y perder tronos,
Estirando cada quien hacia su lado,
Para lograr el poder y la satisfacción
De llenarse de posesiones y riquezas.

En la historia, este proceso se repite,
Y se repite, mientras exista el hombre.

Como si la historia misma hablara,
Y sus propias reflexiones nos contara,
No ha sido suficiente todo lo pasado;

Parece que hoy somos más insensibles
Al amor por el prójimo y por Dios,
Pero eso sí, necesitamos cada vez más.

De este mal parece que nadie se salva,
Este mal es apestado, pernicioso e infeccioso,
El mundo padece de la misma epidemia.

Pero lo peor de esto es que la mayoría,
No obtiene eso con trabajos honestos
Sino con resultado de la semilla del mal.

Ya se ha sembrado en sus corazones,
Desde viejos tiempos, esas viejas enseñanzas,
Que son la corrupción, el engaño, el fraude,
Y someter al prójimo bajo su yugo de poder.

Bajo la estructura de sembrar el terror,
Y sembrar el odio para obtener resultados:

Estrategia que sigue todo sanguinario,
Para decorar sus calles, avenidas, ciudades…
Porque ellos aman el color rojo púrpura.

¿Ser un poeta…?

Pues no sé si yo haya nacido con ese don,
Y la verdad, sufro para hacer una poesía
Que me salga con razón, con vida y con amor.

Que me haga más sensible y poder llorar
Al momento de terminar, y volverla a leer,
Y que haga llorar también a los demás,
A los que la han de leer. Y si no a llorar,
Por lo menos que los ponga a pensar.

Al hacer una poesía, surge el problema,
Ya que ella debe de ser una cosa bella,
Las letras que contiene, estar plasmadas,
Pulcramente y muy bellamente escritas.

Luego la poesía se convierte en escudriñar,
Pero no de las cosas del mero pensamiento
Sino un escudriñar hacia adentro del alma,
Donde hay que llegar en lo más profundo,
Hasta las fibras íntimas de nuestro ser,
Exactamente donde se encuentra nuestra
Vibración, invisible e inaudible sintonía,
Para luego compenetrar en esa sinfonía
Y darle la misma vibración a la poesía.

Luego, esa poesía se viene a convertir
Como en el espejo de mi propio interior,
Que canta y armoniza con aquellas delicias
De frecuencias con que Dios me acaricia.

Es ÉL que me provee de tal inspiración…
Y es entonces que lloro, pues mi pecho
Ya inflamado de tal armonía, que causó
A mi alma el fuego de leer esa poesía.

Una poesía es como una flor que tiene
Acomodadas cada una de sus partes
Exactamente en donde deben de ir,
Del color y tamaño que deben de ser,
Y en el orden en que deben de estar,
Para formar en el contexto general,
De la Naturaleza una obra magistral.

Me pongo a escribirla con calma,
Si no sale como la tengo en el alma,
Entonces la borro… Vuelvo a pensar,
Vuelvo a comenzar, vuelvo a escribir,
Quizá para luego volverla a borrar.

Hasta que de escribir y borrar me canse,
Total, la dejo como salió la última vez.
Tomo un buen tiempo para descansar,
Y espero, a la semana la vuelvo a leer,
La modifico y la vuelvo a modificar…

Hasta que un día, como antes decía,
Amanezco con la venia del Señor,
Y con disciplina, atención y métrica,
Y por supuesto, con mucha inspiración,
Le hago unos cambios breves, y al fin,
Queda como la había ideado mi corazón.

Queda como soy verdaderamente yo,
El yo que está en mi propio espejo,
En el espejo de mi propia alma, allá,
En lo profundo, en el núcleo de mi ser.

Pero todo eso… Es raro que suceda
Y que me quede entera satisfacción,
Mas cuando sucede, me animo y me pongo
A escribir más y más, y más y más,
Valiendo el regalo que Dios me da.

Es entonces cuando termino de escribir,
Todos esos poemas tan largos, que,
En mis ratos de alejamiento y amargos,
Ni para qué, no los puedo ni idear…

Sé tú mismo

A veces te preguntas que si eres feliz,
Y te contestas llanamente que no lo eres,
Que no tienes la paz que siempre quieres,
Y que no gozas al máximo de tu existencia.

No aciertas razón ni el porqué de todo esto…
Yo te diré que no hay misterio en este juicio.
Pero hay motivos que te han inducido a actuar
En círculos ajenos que no te pertenecen.

En general una persona trata de agradar
Y de comportarse como otras de un conjunto,
Aunque no sea el suyo y a fuerza quiere encajar
Pero el resultado siempre viene a ser nefasto.

Tú quieres ser aceptado; ellos no te aceptan,
Simplemente te perciben como a una persona

Cuyo proceder es ficticio, actuado, ensayado.
Mas tú quieres demostrar que eres semejante.

Pero la postura en que estás tú y están ellos,
No te hace más que caer en un círculo fingido
Que en definitiva te hace vivir en infelicidad,
En una etapa de ausencia de paz, de adversidad.

Te estás encaminando hacia un camino incorrecto
Donde no comprendes, y no eres comprendido,
Justamente porque tus acciones son inadecuadas,
Porque no hay naturalidad en ti, ni hay franqueza.

Deseas caer bien a quienes ni siquiera te conocen;
Pero ni les caerás bien y ni te van a conocer,
Porque para ambas cosas se necesita ser sencillo,
Espontáneo en la acción, sincero desde tu interior.

He allí el secreto para una vida llena de felicidad:
Ser tú mismo, sincero, sin agradar, ni imitar a nadie,
Ser guiado por tu corazón y por tus sentimientos,
Que cuando esto haces, se proyecta y todos lo ven.

Deja a tu espíritu correr libre de acuerdo a tu sentir,
Deja que tus emociones afloren tal como lleguen,
Deja que se reconcilie tu ser con tu mismo proceder,
Deja que tu humanidad crezca junto a tu sinceridad.

Ante los demás debes presentarte de la manera esta:
Proyectarte y compartirte, verás que los contagias,
Y te aceptarán como persona transparente y honesta.
Así vivirás sin pretender vivir a través de otra silueta.

Sexo mistificado

Todo humano que por ser humano,
Todo animal que por ser animal,
Todo vegetal que por ser vegetal,
Actúa como humano, y el humano
Como animal, igual a la viceversa,
No se ha de poder alejar de ese mal.

Y no es que sea un mal de por sí,
Ni una gravedad, es simplemente
Lo que es y sirve para lo que es,
Ya sea que se use o no a voluntad.

Si para aliviar las presiones internas
De ciertas glándulas y conductos
De secreción externa es usado,

Entonces digo que no es a voluntad,
Porque nace y se hace por necesidad.

Y no es mal, es simplemente natural,
Así, de esa forma lo usa una planta,
Igualmente un humano o un animal.

Pero si quieres usarlo para santificarte
Para con Dios volverte y con él estar,
Las glándulas ésas de secreción natural,
Tendrás que controlarlas a voluntad,
Y queriendo aquello, así hay que actuar.

Si puedes controlar, puedes estar seguro
Que no sólo eres dueño de su voluntad,
Sino de la tuya propia, y de tu actuar…

Si eres dueño de tu manera de actuar,
Entonces tu cuerpo no te va a ganar,
Tu alma decidirá lo que se ha de hacer.

De esta manera tu cuerpo y tu alma
Estarán constantemente a la expectativa
De cómo contigo Dios quiere proceder.

Sinceridad consigo mismo

Quizás sea que ya estamos envejeciendo,
O quizás sea este aislamiento forzoso
Que hemos vivido en los últimos tiempos,
O sin dudarlo, puede ser que estemos
Enloqueciendo por angustia y abatimiento.

Nos estamos volviendo más sentimentales,
Más sensibles, analíticos y más nostálgicos,
Que quizás, por tener más tiempo que antes,
Podamos recuperar la capacidad reflexiva,
Y la aptitud de recrear nuestros recuerdos.

Sinceramente creo que por estar envejeciendo
Nos estemos tomando la gracia y la libertad
De manifestar a los demás nuestra "Sabiduría",
A través de las cosas que solemos realizar:
De reanalizar nuestros sueños y vivencias.

Hace unos años no daba crédito a razonar
Por mis metas y mis visiones por la vida,
Causaba un poco de locura el hacernos pensar
En reacomodar los pensamientos, los planes,
Nuestras experiencias y nuestras sensaciones.

283

Pero sea lo que sea, en estos últimos días,
Me he estado cuestionando, y comparando,
Qué fue lo que me provocó más satisfacciones,
Bienestares, o alegrías, o tranquilidad o paz,
Cuáles, los hechos que me han marcado huella.

Esas cosas que realmente quedaron grabadas
En mi mente y en mi corazón para siempre...
Fueron realmente aquellas pequeñas cosas
Que nos regaló una tarde de verano en el río,
Que nos regaló un arcoiris, luego de suave lluvia.

De qué te sirve una grande y lujosa mansión,
Si al final te quedas solo en su aislamiento,
Porque todos se alejan y se van a hacer vida;
Me di cuenta que las cosas ostentosas y costosas
No tienen valor agregado para mi existencia.

La placidez de ir de la mano del ser amado,
Caminando por un parque o por un jardín,
El gozo de estar platicando con los amigos
Tomando un rico café, o jugando a las cartas,
O simplemente dosificar y acoger mucho cariño.

El beso, la caricia, la sonrisa, una palmada,
Un apretón de manos, un abrazo afectuoso
Que procede de personas que aprecias y amas,
Caminar descalzo en la playa o en el pasto:
Cosas que no cuestan, y te llenan de felicidad.

Quizás sean mis momentos de sensibilidad,
Lo que me hace sentir y actuar como he dicho,
Pero todos tenemos diferentes expectativas,
Desiguales metas, objetivos, formas de ver la vida,
Todos tenemos diferentes satisfactores y gustos.

Finalmente, lo importante es hacer y buscar
Lo que nos brinde una satisfacción que perdure,
Y nos llene de eso que es lo que nos llevaremos.

Nunca es tarde para hacer lo que quieres,
Sólo tienes que tener la convicción de quererlo.

Soberbio, orgulloso y rencoroso

Mal cristiano eres porque nunca desechas
La injuria que una vez te han hecho;
Pues sábete que es de nobles pechos
Y generosos, no hacer caso de tales rachas.

¿Qué pie sacaste cojo, qué quebrada costilla,
Qué cabeza rota, que desangrada vena,
Para que no olvides la bufonada aquella?

Que bien apurada la cosa, una burla fue
Y pasatiempo, que de no entenderlo,
Yo hubiera vuelto allá para saldarlo,
Y hubiera hecho en tu venganza,
Más daño del que a ti hicieron.

Soledad y silencio

"Cuantas veces estuve entre los hombres
Regresé menos hombre". Alguien lo dijo.
Eso nos pasa cuando hablamos mucho,
Mejor es callar, que hablar y siempre errar.

Es mucho mejor encerrarse en su casa
Que guardarse del todo fuera de ella,
Por eso el que quiera llegar a su interior
Más le conviene apartarse de la gente

Ninguno se muestra seguro en público,
Nadie habla sin miedo, sólo el que calla,
Nadie dirige digno, mas el que se sujeta,
Nadie sabe mandar, si no aprendió a acatar.

Ninguno se puede alegrar de su seguridad
Sino aquél que está lleno de temor divino,
La seguridad de los malos nace de soberbia,
Y al fin se convierte en su mismo engaño.

Si quieres realmente arrepentirte de corazón,
En silencio destierra todo bullicio del mundo,
En tu casa hallarás la paz que pierdes,
Muchas veces estando fuera de ella.

En el sosiego aprovecha a tu alma devota,
Y aprende secretos de las Escrituras,
Halla ríos de lágrimas para purificarte,
A más te desviares del tumulto exterior.

¿Para qué ver lo que no has de tener?
El mundo pasa y sus deleites sensuales,
Te llevan a pasatiempos, y ¿qué nos queda?,
Pesadumbre de conciencia y de corazón.

Salidas alegres causan tristes regresos,
Y de la alegre trasnochada, triste mañanada.

284

Así, todo gozo carnal entra blandamente,
Mas al cabo de poco, muerde y mata.

Cierra tu puerta tras de ti, y llama a Jesús,
Permanece con Él en tu aposento, que
Si buscaras en otro lugar del mundo
Nunca hallarías tanta y tan dulce paz.

Sólo por hoy

Vivimos en un mundo muy acelerado
Que pide al momento todo pendiente,
Que ya se haya resuelto y concluido…
No nos deja ni dormir, ni poder soñar
Para respirar un poco, para descansar.

Cuántas veces la pasamos trabajando,
Tapados de los ojos, y de las orejas,
Sin poder ver, sin poder oír y sin amar,
Sólo mirando adelante, sin distracción,
El alma cautiva en un espíritu huraño.

¿Alguna vez pudiste evadir la realidad,
Enmascararla, o fingir que no existe…?
Quizá tampoco hayas podido disfrazarla…
Puro trabajar duro, esforzarse, aguantar,
Para luego mañana seguir haciendo lo mismo.

Es tiempo para que hagamos un propósito,
Es tiempo para tener un día de esperanza,
De tener un día de fe y de plena confianza,
Un día para analizar los sueños y deseos:
Ambiciones para descubrir nuevos amaneceres.

Hacer el trabajo a tu manera para ver más
Las oportunidades, en vez de los obstáculos
Con el sentimiento y sensación al máximo,
Pues de esta única y especial manera se siente
Que el corazón y alma juntos todo procesan.

Deja que corran lágrimas por tus mejillas,
Sean cuales sean sus causas: de tristeza, alegría,
Nostalgia, de risa, emoción y agradecimiento,
Tú celebra y disfruta estos momentos felices,
De gloria, de logro, de regocijo y de gratitud.

Démosle a este Hoy lo mejor que tenemos,
Hurtemos de él lo mejor que nos pueda dar.
Sólo Hoy, sin lucha, estando en manos de Dios.

Tal vez mañana, el corazón vuelva a decidir
Volver a hacer lo mismo, pero Hoy, sólo hoy.

Por lo que Dios y la Vida nos han prometido,
Por todos estos años existidos y disfrutados,
Por un día de compromiso íntimo con la vida,
Por enfrentar nuestros miedos sin temerlos,
Por compartir los anhelos de nuestro interior.

Porque hoy sea un día de paz para compartir,
Porque sea un día de reconciliación especial:
Por la reconciliación con nosotros mismos,
Por la reconciliación con nuestras verdades,
Por lograr la paz, el equilibrio y la armonía:

Que nos permiten, Sólo por Hoy, ser felices.

Soneto 1

No podrás ver que soy la ocasión,
De eso mismo que yo he de culpar,
Si mil defectos podré encontrar,
Al patrocinar tu atribución.

Nunca aprendiste bien la lección,
Que tus defectos no hay que ubicar,
En los andares de un centenar,
Ni en cantares de otro corazón.

Hay mucha virtud en malvados,
Como maldad hay en virtuosos,
Que malvado a virtuoso, miente.

Soy injusto con mi prójimo,
Que del odio al rencor es análogo,
Que amarga la suya, y mi mente.

Soneto 2

En el lamento del mar y su canto,
El murmullo de una promesa oculta,
Abrigando de esperanza un aliento,
Al desplegar la luna su grácil manto.

Radiante pureza, anhelo y encanto,
¿Quién pudiera desairar su grandeza,

Envuelto en su corona de nobleza,
Al Astro Rey, bendito y sacrosanto?.

Irradia la vida en todo su esplendor,
Veredicto de vida que comienza,
Enciende la vela que muestra el fulgor.

Promesa de esperanza en el camino,
Retando de la muerte la asechanza,
Hacia adelante penetrando el destino.

Soneto 3

¿Qué pudo engañar mi corazón?
¿Qué, lo que le robó la calma,
Que a oscuras sedujo mi alma,
Y desvió de mi barca el timón?

Escondida en un negro rincón,
Dentro del hueco de una palma,
Se refugia con temor mi alma,
Desatando de negro un listón.

¿No es aquí a donde pertenezco?
Es sólo un momento grotesco
Que invadió mi vida en el umbral.

Fue consumiéndose sustancia,
Sin tener de anhelo apariencia,
Más que el aspecto de un funeral.

Soneto 4

Si a mí me dieran a escoger;
Uno, entre los días de la semana,
Mi mente en blanco quedaría,
Sin atinar el que me convendría.

Cada día, un adiós me recuerda,
Día a día, es el nombre de un planeta,
El influjo de un metal me domina,
Mediante el color que refleja su silueta.

¿Cómo escoger el que más me gusta?
Si escogiera uno u otro, sería egoísta;
Y si a todos, sería sentencia injusta.

Ni colorista, ni planetista, ni metalista,
Que para disfrutarlos, sólo quiero vivir,
Pasando de uno a otro, como un turista...

Soneto 5

¿Dónde están los que se fueron?
¿A dónde se han ido a refugiar?
¿Y nos han dejado en este mar?
Infierno que no cesa de bramar.

Fuegos que ahogan, lumbre que quema,
Lánguidas luces pretenden alumbrar,
Caminos a almas que se van a esfumar,
Serán parte de la eternidad suprema.

No te la lleves te lo pido por piedad,
Déjala aquí conmigo o llévame con ella,
Danos otra nueva oportunidad...

Padre Nuestro que estás en los Cielos,
Acuérdate de los que te llevaste esta vez,
Acógelos en tu Seno y dales La Paz.

Soneto 6

Es esta maraña de mente,
Espesura de pensamientos,
Y tan pocos conocimientos,
No me deja ver claramente.

Apenas puedo percatarme,
Aunque intente mucho descubrir,
La manera de comportarme:
Mis propias razones por vivir.

Sueño y ni de ello soy dueño,
Leo porque tampoco claro veo,
Y en ser caballero me ajetreo.

En esta vida no sé lo que deseo,
Pero sé que lo he de descubrir,
Y al final ya acabar con el mareo.

Soneto 7

Gracias a ti, mi Señor,
Que sois tan generoso,
Y eso os hace a mis ojos,
Cada día más hermoso…

¿Y he de ser despertado?
¿La alondra ya ha cantado?
"Mirad la luz del nuevo día,
Que el sol ya ha alumbrado".

No he de ver todo lo siguiente…
Quedaos en mis pensamientos,
No me hagáis perturbar mi mente.

Quiero seguir soñando inerte,
Quiero cubrirme con vuestro manto,
Y teneros para mí solamente…

Sueños que no soñé

Y si me dieran a escoger
Si he de volver a comenzar
No sabría yo que hacer,
O quizás me entusiasmo
O quizás me atormento
Mas, llego a este momento
Siguiendo de mi vida el cuento
Que cuando era niño inventé
De lo que ésta, mi vida sería…

Y todo aquello se fue dando
Y todo se fue acomodando.

Me hice hombre, me hice viejo,
Todo lo que quise y tengo
Pronto lo fui construyendo
Y luego de todo lo que tengo
Sólo me falta lo que no tengo.

Mas lo que la vida me pidió
A como me dio, así le dejé…

De lo que no tuve me pregunto:
¿A dónde se irían mis sueños,
Aquellos sueños que no soñé?

Sumisión

Júpiter el más fuerte, empieza a acariciar
Los anillos de Saturno con tal potencia
De descuartizar todos sus interiores,
Sobrepasa en los límites de detenerlo
De manera tal que, lleno de paranoia
Y sin meditación, el Planeta embiste
Salvajemente hacia adentro exasperado.

Con rabia y crueldad busca, pasa y penetra
Totalmente, tal que al llegar a la hondura
Pareciera haber entrado a un sol ignoto,
Un cielo azul lleno de lluvia, y blancura,
Aprisiona al más salvaje pendenciero
Y me acoge pidiéndome suavemente
Que no me vaya, que me deposite allí
Que necesita de mí, que sea su amante.

Tejer y destejer 1

Nuestra Madre Tierra teje y desteje,
A ella a quien has maldecido y escupido,
Pero es a ti mismo a quien has salivado
A causa de tu proceder tan miserable.

Eres el más grande de todas las criaturas,
Pero sin tus hermanos no eres nadie,
Porque sin los hombres y sin los animales,
Tu alma es simplemente árida y solitaria,
Y la soledad de tu alma, es tu muerte.

La naturaleza y la tierra, a quienes escupes,
No son tuyas y nunca te han pertenecido,
Tú eres de ellas, y a ellas regresarás…

¿Es que, de esto no te has percatado?
Hay una unión de todo en esta vida,
La Madre, todo lo ha tejido y destejido.

Y tú no eres el tejedor, sino el tejido,
Eres parte de tan sólo uno de sus hilos,
Y el daño que haces al maravilloso tejido
Es en ti mismo en quien ha recaído.

Bien dicen que todo mal que tú hagas
A ti mismo es a quien viene a dañar.

Señor Eterno que estás en los Cielos,
Que nutres la Tierra y al mundo entero,
Alivia la miseria del ansia del corazón,
Danos fuerza, danos sabiduría y razón,
Para descubrir qué quieres que hagamos.

Mira mi pequeñez, mira mi debilidad.
Exhórtame para luchar contra mí mismo,
Que soy mi peor enemigo: "Sí, Yo Mismo".

Quiero huir, correr, y ya más no regresar,
No voltear atrás, ni ver lo que ha pasado.

En verdad que me apena ser humano,
Siento que mi especie me ha engañado.

Y les pido perdón a ustedes hermanos
A todos mis hermanos animales,
Y principalmente a Dios por mi conducta.

Ni un instante he ayudado al progreso…
¡Cómo desearía a la Especie Humana…
Nunca haber pertenecido…!

Tejer y destejer 2

Si mi loca prosa os descontrola
Vuestros sentidos desordenados,
De caballero que entre castillos
Y mazmorras, alabada sea Gomorra,
Y de lado del pecado despojado,
Hoy me siento más desbordado
Como templario y guerrero valiente,
Yo os digo, hasta con mis dientes,
Y un poco más, hasta con mi pecho,
Que mis letras suman vuestro aprecio.

Vos, poeta gallardo y romancero,
Apuesto, dominante mas sin Rocinante,
Y tan elegante en vuestra lírica parlante,
Y sin duda alguna, de fortunas ciertas,
Aceptadme hoy mismo en tus reyertas,
Y en vuestros versos como fiel caminante.

Sabéis que vuestras letras serán premiadas
Ante el favor que yo os he solicitado,
Y reconocer que el disfrutar de tal placer
Es también un instinto de mi propio ser
Así dos estaremos en este tejer y destejer.

Tercera edad

¿Cómo aliviar la pena que causa
El recuerdo de haber pensado
Que un día estaría de mi edad?

¿Cómo poder olvidar lo que fue
Si nunca pensé que se acabaría
Cuando no pensaba que crecería?

¿Cómo retornar apenas la palabra
Justa para sentir lo que antes era,
Y volver a pensar como pensaba?

Las palabras no son las ausentes,
El tiempo se mantiene huraño
Y se niega a ser benigno conmigo.

En las dimensiones de mis sueños
Aún existen "los sería y los hubiera",
Ellos me hacen ser quien no era.

Por haber llegado a donde llegué,
Vuelvo a rascarme para lograr saber
Si llegué, si me quedé y si no llegaré.

Miedo no tengo, ni tuve, ni tendré,
Me facilitan secretamente el aroma
Que me da la energía de la decisión.

¿Que qué es lo que voy a buscar?
Primero a averiguar lo que hago,
Luego decidir si llegaré a otra edad.

Miedo no tengo, ni tuve, ni tendré,
Sólo malestares me aquejan sin cesar,
Aún puedo caminar, dormir y soñar.

Puedo ver, y oír, y reír, y cantar,
Lo que quiera si pido me pueden dar
Así que es mejor hacer e intentar.

Tiempo

¿Quién podrá decir dónde se originó,
De qué dimensión pudo haber salirse,
Hacia a dónde va y de dónde viene?

El vaivén de las olas del ancho mar,
Que acarician la cálida playa al llegar.

Quien lo pueda atrapar en su mano,
Seguro que lo podrá sentir y palpar,
Y podrá decirme qué es el Tiempo.

Pero nadie sabe en realidad qué es,
Sólo que su presencia es tan notoria,
Que el movimiento así lo manifiesta:

Bailarina de ballet dulce y delicada,
En el escenario deslizándote alada.

Parece que no nos escapamos de él,
Su manto increíblemente nos atrapa,
Nos mueve igual a todo lo creado.

En el vasto Universo todos los astros
Manifiestan los cambios sorprendentes
Del día en la noche a través de los años.

La ternura de un bebé en su nacimiento,
Un pétalo de carmín se llevó el viento,
Abre un capullo y se vuelve a marchitar.

Duele más el ciclo de todo ser viviente:
Que nace, crece, se reproduce y muere.

¿Qué es? No lo sé. Pero carga con todo,
Y lo que toca se lo lleva de encuentro,
Hacia los rincones oscuros de la nada.

Ángeles diminutos sin forma ni color,
Murmurando ante el divino esplendor
En la imaginación del poeta creador,
Que pretende vestir de gala la palabra
Para preñarla y de belleza enaltecerla.

Ni Venus, ni Marte, allá en los cielos,
Ni las más pequeñas cosas se esconden,
Ante el Tiempo, y doblegan su vanidad,
Se humillan frente a su fuerza integral.

Todo acaba en la Nada

El fuego desnuda alma y pensamiento,
Confundidos con la tierra y con el viento,
El agua transparenta mis entrañas...
Génesis, ¿dónde estoy en estas hazañas?

Con la transparencia de una lágrima,
Exprimieron de mi tiempo lo vital,
Ya muerto estoy, ¿ya para qué llorar?
Sólo harán de mí una efigie mental.

Finalmente nunca supe lo que era...
Si fui el polvo en que me convertí,
O si fui el viento que se lo llevó...
Ni siquiera eso era, pues nada era.

Aquí vine, pero no a reclamar nada,
Sólo he venido a recoger un faltante,
Los cuerpos inmateriales para mi viaje,
Que en los confines me tornan errante.

¿No has puesto jazmines en mi tumba?
Los bajo-astrales corroen mis entrañas,
¿La vela de mi cabecera está apagada?
Un aire fúnebre pasó por la ventana.

Fui el simple destello de una vida,
Un pedazo de roca del cielo arrojada,
De donde el sol calienta en alborada,
El sueño que sueña un alma seducida.

Ay, Señor San Juan, sobrino de la Virgen,
Aléjanos del mal, que no nos mortifiquen.
Ay, Señor San Juan, amado de la Virgen,
Aléjanos del mal, que no nos crucifiquen.

Quizás fui la ilusión de una mirada,
Que fue cegada por haber visto el Cielo,
Con los ojos abiertos soñando el sueño,
De las sombras de ficción y del ensueño.

¿Cómo el aroma del dolor me acongoja?
¿Por qué los llantos y el crujir de dientes?
No veo, ni puedo oír, ni puedo tocar,
Sólo la luz mi esencia puede percibir...

No sé si fui como un cielo brillando,
Porque no recuerdo si algún día reí,
Sólo recuerdo que lastimosamente sufrí,
Sin saber si la lluvia era mi llanto.

Fui cigarra que canta en primavera,
La lenta muerte que su canto anuncia.
Fui ave de paso que busca nuevo nido,
Y olvida para siempre lo antes vivido.

Como ladrón lo sacó de mis brazos...
El libro de mi vida sobre mí estaba,
Quedando tan sólo un cuerpo vacío,
Sin su alma que a la par fue hurtada.

La lluvia cae sobre mi pálido rostro,
Gotas que dejan en mi cuerpo el rastro,
De las fugas de todos mis recuerdos,
Que a la tierra van a germinar cardos.

El sueño de mi vida aquí se acaba,
Un cuerpo desecho y un alma sosegada,
Se los cargó Aquélla, que siempre pasa,
Para dejarlos por siempre en la fría Nada…

Tristeza

Nostalgia, melancolía, añoranza, desánimo,
Fuerzas que tal vez te aborden en momentos,
En algunos días en los que te sientes triste.

¿Y quién puede luchar contra esas fuerzas?

Son potencias que ponen tu ánimo diferente,
Fluyen dentro de ti, dentro del subconsciente.

Generalmente no te das cuenta cuando llegan,
Mas tu sensibilidad no las puede ignorar.

No lo entiendes, y no sabes por qué suceden,
Pero deja que sucedan, deja que en ti fluyan,
Sólo mantén tu corazón y tu mente abiertas,
Dejándolas procesar esa luz que ellas tienen.

Las influencias que estas fuerzas te dejan,
Pueden llevarte a explorar lugares dentro de ti,
Sentimientos y sensaciones que tú desconocías,
O que habías olvidado y te lleven a descubrirlas.

Pueden ayudarte a ver escenarios antiguos,
Que desaparecieron de tu vista y de tu mente,
O escuchar palabras dulces que son música,
Para tus oídos, tu alma, tu espíritu y corazón.

Quizá redescubras deseos que tenías ocultos,
Quizá afrontes sueños que antes no tenías,
Quizá te redirecciones a algo extraordinario,
Quizá encuentres motivos para vivir satisfecho.

Nadie sabe los rumbos que te depara el destino,
Nadie sabe tampoco en qué momento te cambien,
Ni por qué motivos tu destino se pueda escribir,
Ni a qué vientos y caminos te habrá de llevar.

Así que, no temas estar algo triste y nostálgico,
Quizá la tristeza sea solamente la oportunidad

Para aceptar y amar lo que tienes dentro de ti,
Para captar y entender su mensaje y enseñanzas.

Todo eso forma parte de ti, tal como la felicidad,
Que aborda tu conciencia y ayuda a tu equilibrio…

Amiga tristeza, cuando tocas la puerta de mi
corazón
Me recuerdas que tengo para ti un espacio de amor.

Tu alma

Entre las almas habiendo tantas,
La tuya es la única que quiero,
Porque tu amor no tiene alcance,
Porque me has robado el aliento,
Y en mi mente, siempre presente
Tu corazón en mi acogimiento.

Canta y cautelosa mi llanto calma,
Porque te quiero, tanto y tanto,
Y la querencia, llena de encanto,
Salvaguarda presente a tu alma
Y la guarda entre finos lienzos,
Entre sedas delicadas de Oriente;

Rayos de sol al despuntar el día
La rodean en un manto de amor.

Déjame a su lado yacer una vez,
Otra vez, y otra vez, y otra más…

Acariciándola hasta el amanecer.

Tu mejor amigo

En el transcurso y recorrer de tu vida,
Tropiezas con trabas y con dificultades,
Donde seguro hallarás formas de enderezar,
Pero a veces, la solución no es adyacente.

Una y otra vez vives en situación semejante…
Y llega el momento en que tanta es la presión,
Que pierdes equilibrio y surge la irresolución,
Justamente te nace la angustia y la aprensión.

Cuando esto suceda, no te culpes por errores
O por cosas que quisiste hacer y no hiciste,

Cosas que a su debido tiempo no compartiste,
No permitas que la perplejidad te atormente...

Hay ocasiones que en medio del mar confuso
Por el que pasan tu juicio y tus pensamientos
El resultado para tu vida viene a ser azaroso
Incitando males que siempre te están acusando.

Es categórico: no tornas a ser el que eras antes,
Tu mundo se oscurecerá para no brillar jamás.
Pero no tienes por qué pasar por esta desdicha
Que atrapa el ánima de la persona que no lucha.

Tu eres un ser único muy valioso, muy personal,
Con tipologías particulares que te dan su sello
Con una forma que te identifica de Ser Especial
De entre todos los seres de este gran Universo.

Mereces darte un tratamiento, por ti mismo,
Sin importar el momento que estés pasando,
Quiérete mucho, abrázate, date apoyo y fuerza
Para dar tus pasos más firmes cuando tropieces.

Todas las soluciones están en ti y en la fortaleza
Que tú tengas para mantenerte en pie, erguido...
Así alejarás de ti toda vergüenza y todo temor,
Y adquirirás la experiencia de hacer todo mejor.

Respira profundamente la belleza de tu alrededor,
Lo bueno de tus amigos y de gente que te ama,
De aquéllos que pueden darte ánimo y valor,
Y que puedan amarte en tu flaqueza y fragilidad.

Alégrate de tenerte a ti mismo íntegro y acertado,
Alégrate de quererte y aceptarte tal y como eres,
Alégrate de tener lo que tienes y puedes disfrutar,
Alégrate de acompañarte y de ser leal a ti mismo.

Son únicos tus ideales, tus raíces y tus orígenes,
Ten orgullo por tu dignidad de ser tan humano,
Ten orgullo por tu fervor de ser Tú, de gran valor,
Y jamás olvides que "Tú eres tu mejor Amigo".

Último día del año

Hoy es la última oportunidad
Para ponerle el broche que se merece.

Son los últimos treinta y un días
Para hacer magia, para dejar huella,
Para marcar, así sea una sola diferencia.

Un último mes para soñar y cumplir,
Para afinar todos los detalles y
Para no dejar que nada se escape.

Para despedirnos de lo que fue,
Para dejar atrás un año más,
Y planear lo que está por venir,
Para ilusionarse por el porvenir.

Último mes del año para disfrutar,
Para querer, para amar, y para más,
Para seguir siendo uno mismo,
Y para no dejar nada en el tintero.

Para sentir paz y tranquilidad,
Acabar con lo que hay pendiente,
Para besos, abrazos y muchos brindis.

Y esencialmente por lo que sea...
Para siempre estar con los de siempre,
Y no desaprovechar ni un segundo.

Un último mes para fortalecernos
Por todo lo sufrido, por lo perdido,
Pero ante todo agradecer y corresponder
Por todo lo que hemos tenido.

En ese último día, en esa última noche,
En ese última hora, en ese último instante,
Se revela una vida que conmueve el alma,
La colma de ilusión, por vivir intensamente
En el nuevo amanecer que trae el porvenir.

Una envoltura especial

Y dicen que no te puedo abrazar,
Y que ni me puedo a ti acercar,
Mucho menos que te pueda tocar,
Y ni siquiera pensar en poderte besar.

¿Y qué hacer para poder remediar,
Para solucionar esta triste realidad?
"Protégete, enmascárate y boca tápate..."
Es el rumor de la nueva forma de vivir.

¿Pero, cómo compartir lo que quiero dar?

¿Cómo acariciarte y un abrazo darte?
Tengo tanto, pero tanto qué compartirte,
Que de tanto pensar de cómo hacerle,
Casi muero y enloquezco por solucionar...

El qué y cómo hacer para poderte llegar,
De cómo tu corazón poder satisfacer,
De cómo el mío igualmente poder entregar
Sin tener ni un germen de contaminación.

¿Cómo poder envolver unos fuertes abrazos?
¿Cómo poner un moñito a la cajita del cariño?
¿Cómo podré enviarte mi amor, amparo y afecto?
¿Cómo hacer valer la gratitud a los que amamos?
¿Cómo meter en una cajita todas las bendiciones
Y cuidados que pedimos en nuestras oraciones
Para nuestra familia, amigos y seres que queremos?

¿Cómo envolver un "Me importas", un "Te quiero",
Un "Te aprecio", un "Te admiro", un "Te respeto",
Un "Valoro tanto tu presencia en mi vida",
Un "Agradezco a Dios el ponerte en mi camino
Y hayas sido parte importante de mi vida?".

Por más que lo intenté, no encontré las fundas
Ni cajitas donde envolvería esas finas ofrendas.
Mucho menos encontré el servicio de entrega
Que pudiera brindar seguridad en estas épocas.

Decidí finalmente ocultar todos esos regalos
En el frágil Corazón de Nuestro Niño Jesús,
Donde yo sé que sin duda alguna, buscarás
El cariño, el afecto y el amor que yo abrigué...

El Corazón de Jesús es el refugio y la morada
De los buenos sentimientos y las buenas conciencias.
Allí no existen la Pandemia ni las distancias,

Ni hay barreras que impiden a un corazón acercarse.

A ese Sagrado lugar tus regalos he enviado,
En ese Santo lugar mis afectos he depositado
Esperando los recibas en toda su magnitud.
Allí está tu buzón... Tú, eres el destinatario.

Una lucha desesperada

Las inquietudes y las preocupaciones,
Son un espacio para nuestra tristeza;
Las consecuencias de la Pandemia,

Nos permiten aceptar nuestro coraje;
Estas confusiones nos dejan nerviosos
Y nos hacen aceptar nuestros miedos.

Si la enfermedad no acaba con nosotros,
Si con la angustia podemos apenas vivir,
Admitamos estas cosas con benevolencia;

Aceptémonos a nosotros mismos con amor.
Reconozcamos que eso sólo va de paso,
Pensemos en tolerar este mal temporal.

Relájate y comprende que es sólo estrés,
Es sólo inquietud, es confusión y es coraje.
Dale a este mal su espacio y su tiempo,
Mientras juegas a armonizar contigo mismo,
Encontrando la oportunidad de redefinirte,
Y transformarla hacia un enfoque positivo.

Dicen que para toda acción hay una reacción,
Y así como fluye la energía hacia lo positivo,
Hay manera de canalizar también lo negativo.

Aunque la confusión nos enfoque a declinar
Siempre habrá miles de opciones que ayudan
A salir avantes ante situaciones como éstas.

Al ver un abanico de posibilidades tangibles,
Sentiré un gran poder positivo y redentor,
Que me dará la confianza de salir al mundo,
Y poder decirle que tengo el corazón abierto,
Lleno de seguridad, en paz, en mis manos,
Para darlo a todo aquél que necesite consuelo,
O se sienta perdido y confuso en su caminar.

Un Año Nuevo

Es el comienzo de una nueva etapa,
El momento de redefinir las ideas,
El cambio que nos da la iniciativa
Para emanar nuevas faenas de vida.

Año nuevo es la flor de la esperanza,
Es renovar todos nuestros propósitos,
Es terminar nuestros sueños y proyectos
Que en instantes quedaron mutilados.

Momento de identificar lo satisfactorio
Que nos dé la sensación de bienestar

De las cosas con las que ya contamos,
Necesarias para comenzar a definirnos.

Para crear el futuro que anhelamos,
Para lograr lo que queremos para nosotros
En pro de la satisfacción de la familia.

Olvidémonos de todas esas conjeturas:
Si yo tuviera, Si yo fuera, Si yo hiciera…
Que no nos llevan a ningún resultado,
Sino a llorar nuestra pena y desventura
Del "¿Por qué a mí, Qué me está pasando?".

Soñar despierto es indócil y perturbador,
Nos hace pensar en lo que no nos nutre,
Nos distrae de encontrar lo que buscamos,
Damos cabida a puras falsas ilusiones,
Que nos hacen inactivos, flojos y vacíos,
Nos da pasividad que detiene la iniciativa,
La creatividad, la pasión y el desarrollo
Por lo que amamos y nos gusta hacer.

Justo momento en que nos confundimos,
Nuestra mente vacila y se embrolla
Transformándonos en seres inútiles
En que todo se nos hace imposible.

Paremos de soñar y vayamos a trabajar,
El momento lo aprovecharemos hoy,
Hoy Dios nos ha dado la justa señal,
Puso frente a nosotros amor y cariño,
Afecto, aprecio, tiempo y disponibilidad.

La vida nos da una nueva oportunidad.

Oportunidad que siempre ha estado ahí,
No te distraigas más en cosas banales,
Sé fiel a tus propósitos y convicciones,
Sin pensar en si recibiste lo que merecías,
Mas en saber y agradecer lo que tienes.

La alegría sólo la sientes dentro de ti,
Cuando estás conforme con lo que tienes.

Sírvete un suculento platillo de sueños
Y pon en marcha tu motor de la iniciativa
La ruta de los deseos y de tus logros,
El rumbo de obtener lo que has deseado.

Es un Año Nuevo, es el momento adecuado,
Saldemos todo lo que quedó pendiente,
Y los nuevos sueños, planes y proyectos,
Hagámoslos meramente con lo que tenemos…

Un bello amanecer

Bendita alborada de cordial Primavera
Que nos despierta bajo el manto sereno
De la brisa suave y cálida de la aurora…

Nos suplica nuestra atención temprana,
Y nos ofrece que bailemos entre capullos
De margaritas, nomeolvides y amapolas.

En sus frescos valles y campos solariegos,
Para disfrutar de los maravillosos regalos
Que tan sólo en un amanecer Dios nos da.

Es un día resplandeciente y muy hermoso,
Es un día para abrirle los brazos a la vida
Y con los ojos cerrados abrazar y amar…

Disfrutar de todas las cosas de la Creación;
Agradecer a Dios, a la Vida y a nuestra Madre
La ocasión de brindarnos "El haber nacido".

Un descanso para ti

¿Tienes muchas cosas por hacer,
No hay más tiempo para nada,
Que los pendientes resolver?,
¡Ah que vida tan acelerada…!

Tranquilízate un instante,
Te mereces un descanso,
Relájate, vive y siente
En tu vida un remanso.

De los amigos disfruta,
Date un poco el viejo gusto,
Con ellos tómate un café,
Platica y ríe, llora y canta.

Que aunque yo no estaré
Mi alma allí no les faltará,
Y a ver, quién más asistirá…

Un día en la vida…

Pueda ser que pueda suceder
Que pueda yo olvidarme de quién era,
Y si es que esto así me sucediera,
No olvides tú, que tu padre yo era.

Si un día esto me llegara a pasar,
Toma mi mano y llévame a caminar,
Háblame, mírame y cántame,
Aunque ya no te pueda reconocer.

Sabes lo que me gustaba hacer,
Entonces léeme un poema en la tarde
Cuando en la plaza me sientes a descansar,
Quizás lo pueda reconocer.

Si tu madre entonces ya no viviera,
Muéstrame de ella una fotografía,
Intenta decirme quién era,
Quizás reconocerla en momentos pudiera.

Reza una oración frente a mí,
Quizás eso pueda resucitar mi alma,
Y pueda devolverme la fe que perdí,
Que la perdí mucho antes de olvidar.

Pon una de mis manos en mi corazón,
Y la otra colócalo en el tuyo,
Para reubicar lo que es el latir
Y sentirme que aún estoy vivo.

Llévame a lugares donde respire aire puro,
Y reenséñame a aspirar profundo,
Quisiera volver a sentir el dolor
De dos pulmones hinchados de efusión.

Ponme unos audífonos con música,
Con aquella música que yo amaba,
Quizás la conozca, quizás me guste,
Quizás me pueda ayudar a recordar…

Que un día viví, y que también soñé,
Y que los sueños que yo soñé eran reales,
Eran más reales que mi propia realidad,
Esta realidad de la que ya no puedo salir.

Entonces llévame a la lluvia y empápame
Con el agua suave que ubique mi ensoñar,
Mírame a los ojos y grítame mi nombre,
Hazme saber que ya jamás podré renacer.

Un poco de la vida

Todo lo que existe bajo el Sol,
Tiene un comienzo y un final,
Así sean las cosas más bellas,

Así sean los momentos más ideales,
Las situaciones más fascinantes,
Así sean los momentos de luz
Brillante, con los mejores colores.

Así sean los momentos de angustia,
De tristeza, de melancolía, nostalgia,
De añoranza, de dificultad, soledad,
Y momentos de coraje e impotencia.

Son situaciones del vivir y del estar aquí,
Y eso es lo que es: hay que aceptarlo;
Hay que vivirlo con alma y corazón,
Hay que asimilarlo en su dimensión,
Sin perder el sentido de la realidad,
A conciencia, sólo digiérelo y regístralo.

Vívelo con intensidad y conciencia,
Así sean alegrías, duelos o fracasos,
Se asimilan como prácticas y enseñanzas,
Los "deberías o hubieras" arrastran la vida,
Te limitan el avanzar y el crecer libremente,
Porque son una carga muy pesada.

Da lo mejor de ti, todo, lo más auténtico:
Llora, grita, rebélate, sacúdete,
Levántate y sigue, pero regresa a tu paz.

Llénate de la fuerza y energía circundante,
Que te queden hermosas memorias de lo vivido,
Y que esto sobrepase todo lo demás.

Disfruta vivir sin miedos, sumérgete,
Mira cada cosa por todos sus ángulos,
Mira todos sus colores, mira sus gamas,
Que poco a poco tu espíritu seleccionará,
En automático, las de mayor hermosura,
De más colorido, de más luz en su realidad.

Recuerda:
Todo tiene un comienzo y un final,
Pero el tiempo que está donde está
Sólo ámalo con amor mientras está.

Ama todo lo que tienes y te rodea,
Después no hay manera de recuperarlo,
Ni con la mente, ni con la imaginación.

Después, ya no habrá otra oportunidad,
De poder vivirlo en toda su intensidad.

294

Una poesía en las lejanías

Resurge desde las penumbras,
Este poema al descubierto,
Entre dos almas y sus cuerpos,
Escondiéndose entre las sombras.

Solos en armonías distantes,
Conjugados entre el verbo y la lira,
Unen los amantes sus vibraciones,
En pos de igualar afinaciones.

Sabores mezclados a poca luz,
Deleitados en grutas morbosas,
Sacándole más sabor al sabor,
De humedades y mieles sabrosas.

La luz de una luna plateada,
Estrellas de un cristal refulgente,
Dos cuerpos desnudos frente a frente,
Piel femenina acariciada tiernamente.

Sangre fluyendo en un torrente,
Saliva repartida en la simiente,
Llamas de piras apremiantes,
En extraño juego de dos amantes.

El fruto de extáticos orgasmos,
Fuente de emociones oscilantes,
Bocas en bordes palpitantes,
Unión de dos sexos insistentes.

Causas sin efectos indefinidas,
Efectos con causas insinuadas,
Hojas por el viento arrebatadas,
Dos almas en cuerpos excitadas...

Languidez sugerente de suplicio,
Labios entrelazados, apasionados,
Necesidades abruptas por satisfacer,
Dos cuerpos hambrientos por saciar.

Locura de una pasión desenfrenada,
Abismos al borde de encrucijadas,
Corazones batientes en alboradas,
En dos seres amando desesperados.

Delirio de un éxtasis inusitado,
Placer de todos los cielos emanado,
Secuencias de un vibrar desenfrenado,
Confundiendo presente, futuro y pasado.

Fusión de un abrazo interminable,
Sabores de un hambre insaciable,
Olor que de nuevo la ansiedad despierta,
Fuente de un placer inagotable...

Versos de un viejo poema candente,
Amantes entonando la oda insistente,
Estrofas conjugándose en armonías,
En voces de ángeles concordantes...

Cantando esta poesía en las lejanías...

Un recorrido con el Padre Tiempo

Bajo mi apreciación y punto de vista,
Tengo que decir que el Tiempo
Quizá pudiera ser un sabio,
Pero un sabio lleno de acertijos,
Probablemente lleno de secretos,
Con un sinnúmero de itinerarios.

Es que no le conocemos origen,
No pudo haber nacido de la nada,
Ni decir que de no se sabe dónde,
Sabrá Dios qué color es su morada,
Sabrá Dios qué forma es su Universo
Sabrá Dios el escenario de su espacio.

Para tener sentido, alguien lo creó,
Pudo haber sido otro sabio curioso
O pudo haber sido otro sabio necio,
Dándole un nombre reglamentario.

Cierto es, que nadie sabe lo que es.
Puede que sea tan sólo un concepto
Que avisa el canon de otra dimensión;

De la dimensión donde Dios mora,
Y es allí donde el Tiempo se detiene,
Para no marcar tan sólo una Eternidad.

Y sin poder alcanzar a comprender,
Es muy evidente que el Tiempo esté
Por encima de estas tres dimensiones,
Que podemos entender y conocemos.

No es cosa que podamos decir viva,
Su existencia no fácil se puede deducir,
Mas su presencia es tan real y palpable,
Que todos los objetos, su movimiento,

En su esencia parece que se manifiesta,
Dentro del manto eterno al descubierto,
En el vasto Universo que los contiene.

Y esta esfera inmensa que nos sostiene,
Que suspendida de la nada por sí misma,
Alcanza la maravilla de tal movimiento.

Igualmente los astros en el vasto infinito,
Por encima, al lado y por debajo de ella
Flotan en el manto sagrado del Tiempo.

El Tiempo se manifiesta en todo cambio:
La consecuencia de la noche por el día,
La transformación de ese día en noche;

La infinita tanda del correr de los años;
El exquisito curso del abrir de una rosa,
Y el penoso entorno de volverse a marchitar.

En el cálido sol, la calma y la humedad
Que surgen de una agitada tormenta…

Está en la esencia de todo ciclo de vida:
El nacer, el crecer, reproducirse y morir.

Verás que el Tiempo a todo ha de cargar,
Y tarde o temprano todo se ha de llevar.

Sabrás que todo aquí ante él desfila,
A rincones oscuros de la nada los lleva,
A espacios donde no hay ningún aliento,
Ni esperanza, ni intención, ni un pensar,
Donde ya el Ser no tienen significado,
Allá todo lo oculta, en lo desconocido…

Nada regresará al lugar del que naciera,
Semejante a un palmo de tinta mágica
Fuera del ensueño sensual y voluntario,
Vigilada en la rara mente del noble poeta,
Esperando con su palabra ser engalanada,
Para nacer quizás en un breve poema,
Que en él quede escrito para siempre,
Sin abrigar la pena de morir de nuevo.

Siempre habrá cosas distintas y nuevas,
Que a las anteriores puedan sustituir,
Con semejantes, pero nuevos escenarios,
Que las que fueron, se pudiera pensar,
Pudieron no haber existido en realidad.

Preguntarás ¿quién esto pudiera afirmar?
Hoy despierto, y amanece un nuevo día,
Pero el día de hoy es distinto al de ayer,
Y aunque la luz siempre parezca ser mía,

No lo es, distinta habrá de pretender ser:
Es el seductor aviso de una nueva aurora,
Esencia de la nueva revelación esperada.

Una nueva vida hoy ha comenzado a vivir,
Otra, al mismo tiempo ya dejó de existir,
Y así, dos, tres, cuatro, diez, veinte, miles,
Millones y millones frente a Él han pasado,
De la misma forma los verá marchar,
Igual como a todos los ha visto pasar,
Uno a uno sin diferir, a todos por igual.

El Padre Tiempo suntuoso se los lleva,
Nadie se ha escapado de ser atrapado,
Ni árbol, ni rosa, ni un ave, ni la mar,
Ni Venus, ni Marte en su eterno recorrer
De su mágico influjo, se podrán esconder.

Las cosas del Cosmos y su sustancia
Ante el Padre Tiempo su vanidad doblegan,
Su grandeza y su poderío humillados
Se rinden ante esa fuerza integral, brutal,
Absoluta y verdadera, y a ser ciudadanos
De la fría e inmensa nada, y del lóbrego
Y mudo silencio, en mutismo se los lleva.

El Padre Tiempo nos dice: "Hijo,
Así me paso los segundos y los minutos,
Horas y días de los años, viéndolos pasar,
Mil cosas, personas, historias y sucesos,
Dejaron su esencia en mí, lo puedo recordar,
Otras se quedaron y vivieron a mí unidas,
En todo mi recorrer. Lo puedo jurar".

Eres una dimensión distinta, infinita,
No andas al ritmo de amantes que sueñan,
En las mansiones del placer de las almas,
Donde el amor renace y retoña,
Una y otra vez en cada capullo de rosa,
Da su aroma a otro aire, en otro tiempo,
En otro lugar, a otros amantes…

¿Eres acaso una extraordinaria alma
De dimensiones inmensas y eternas,
Que amas conforme a la Universal Armonía?

Sin duda alguna, tú significas
El reposo y la paz en la dimensión donde
El Mismito Dios tiene Sus Moradas.

Un viaje por la vida

Quizá estés en el tiempo justo y adecuado,
Para revertir tu vida y hacerla fructificar.

Quizá hayas creído que tu vida fue un fracaso,
No es cierta tal cosa, es sólo falta de atención.

No te atormentes por cosas que no hiciste,
Piensa en las cosas buenas que sí has hecho,
Y en las que posiblemente podrás hacer.

Los retos hacen que la vida sea interesante,
Superarlos, es lo que hace que tenga sentido.

Hoy es tiempo para liberar la imaginación,
Es tiempo de soltar las amarras de tu barco
Y echarte a navegar, lejos, lejos de tu puerto.

Aprovecha los vientos que tengas favorables,
Eleva tus velas en las direcciones del viento,

Es tiempo de explorar muchas posibilidades,
Es tiempo de soñar lo que nunca has soñado.

Tiempo de descubrir lo que te va a hacer feliz,
Abre tu mente, como si fueras un paracaídas,

De esa forma puede llevarte a donde quieras,
Sal de tu caparazón y descubre qué hay allá,
Lejos de ti, en las enormidades del cielo azul.

Quiérete, abrázate, apapáchate y date vuelo,
Encuentra maravillas que han estado ocultas,
Desenmaraña tu vida y vuélvela a aparejar.

Atrapa los vientos y en ellos déjate llevar...

Si piensas que eres un viejo o decano incapaz,
Olvídalo, y dale vuelo a tu mente e ilusión.

No eres más que como una bolsita de rico té,
Que no conoce su fuerza hasta estar en agua.

Cierra tus ojos y pon atención a tus latidos,
Móntate en tu corazón y lánzate en el vuelo.

Cuéntame de tus aventuras y descubrimientos,
Yo te espero con los brazos bien abiertos...

Venganza

Sois el tiempo, la lluvia, el ave...
Cómo deciros que os reclamo;
Que vos me usurpáis el juicio,
Y mi pensamiento sacáis de quicio.

Sois el viento, el fuego, el frío...
Cómo deciros que os pretendo
Que me siento como jovenzuelo
Que en nieve fría se tira al suelo.

Si en verdad lo decís con sentido,
Que sí soy o no tuyo, amada mía
Sabéis que mucho tiempo lo he sido
Y ahora presto reclamáis posición.

Quiero apagar este fuego interno
Que me quema el alma y corazón
Por entender que vuestras palabras
Mentiras, puras mentiras son.

Os habéis clavado en lo profundo
Que menos que mostraros mi fervor
Y proclamarle a vuestro corazón
Que es mío, y vos decís que no lo es.

Pobre de mi amor, nacido del amor,
Anidado con todo vuestro amor;
Mas decís, este amor ya no es amor,
Que de esto sólo hay agradecimiento.

Os he arropado de sentimiento
Os he dado mi vida y mi tiempo,
Me diste la esperanza de que un día
Mis brazos fueran vuestras cadenas.

La emoción de sentir vuestro calor,
Y apresaros dentro de mi corazón...
Desdeñasteis tan sutil sensación,
Y pensar que os di besos sin contar.

Bien pues, decís que todo lo dejas,
En mis aposentos momentos desertas,
Los más dichosos de mi existir dejas,
Mas en mi pecho atados se alojan.

Mas otra sorpresa no habréis de dar,
Cerrad los ojos, en nada vos penséis,
En vuestro pecho daga ya clavada,
Para siempre tu amor ha de borrar.

Verdaderos hombres

Aquellos hombres de los que hablamos,
Son hombres, con toda la extensión de la palabra,
Dicha con una voz fuerte y resonante,
Y además escrita en letras mayúsculas,
Con honores vivificantes...

Sí: HOMBRES.

Palabra bien fuertemente pronunciada.
Como deben de llamarse los de noble corazón,
De grandes cabezas, los mejores pensadores,
Luchadores, enérgicos, beligerantes, animosos,
Muy gallardos, indomables y muy valerosos...

Los que no dan vuelta atrás, menesterosos,
De una voluntad férrea e inquebrantable,
Que son tan dedicados como abnegados,
A Dios y a la Virgen siempre consagrados
Y a un simple, pero puro amor entregados.

Vida y felicidad

Hoy, la vida sentido ha manifestado,
El llanto de un bebé se ha escuchado,
Mañana, el paso de la vida será marcado,
Cuando a hombre, el bebé sea transmutado.

Materia esencial por el Génesis adoptada,
Protoplasma que ha sido primero eterizado,
Mar de fuego detrás del líquido de la vida,
Átomos simientes, de toda materia conocida.

Y así como el cristal tiene dos caras,
Tal como la suerte la marca una moneda,
Así es la vida en cada encrucijada,
De dos opciones un camino sólo queda.

Unidad de vida con simiente original,
De todo lo que durmiera en el caos,
Todo lo que existe está en la simiente,
Átomos seminales de la vida universal.

La felicidad es tan sólo una respuesta,
De cómo la vida desearás tú vivirla.
Los que todo lo tienen, no la encuentran
Y el que la encuentra no sabe que la tiene.

Logos que fecunda las aguas de la vida,
De semen universal brota todo germen,
Toda existencia de esa raíz es formada,
Es energía creadora del Logos emanada.

Resulta ser que la felicidad es elegible,
Parece ser que la felicidad de mí depende,
Yo decido si tomo sencillo o tomo doble
Tomo dulce o amargo, si salgo o no salgo.

48 cromosomas un huevo ha de tener,
Igual que 48 un zoospermo contiene,
Proceso evolutivo que habrán de pasar,
En vehículo del alma se han de convertir.

La vida se escapa al despuntar el alba,
En abrir y cerrar de ojos se nos acaba.
El corazón nunca se cansa de soñar,
No envejece, no se cansa de crear o pensar.

En los cromosomas están los genes,
En los genes, están las herencias,
Padre y la madre ceden sus bienes,
Herencias no siempre son pertenencias.

Familias siendo virtuosas dan asesinos,
Familias siendo mediocres dan genios,
Mas genios y asesinos tienen por igual,
De la vida lo que quieran tomar.

Vehículos del espacio accedemos a servir,
La suma de valores de la Naturaleza.
Al morir hacemos de quebrados la resta,
Y en resultados, sólo los valores quedan...

Los años no pasan en balde,
Pasan porque el tiempo no se detiene,
Todo cuerpo mengua al pasar los años,
Y la gente muere porque envejece...

Al morir el hombre, valores no se lleva,
Con ellos la naturaleza se queda,
Son las energías del Alma y del Ser,
A otro se entregan mediante vida nueva.

La felicidad no son tales valores,
Virtudes y defectos hay al por mayor,
Sino elecciones de la propia conciencia,
Por asentar al alma, que ha de sanar.

Felicidad resulta de acepción mental:
Elección del fuego del Espíritu Santo,
Elevar la serpiente ígnea de mágico poder,
Sentir el fuego solar y espiritual del ser.

Momento en que alarmas da mi corazón,
Por verte feliz y sonriendo en tu vida,
En esto consiste el compás de los latidos,
He aquí el poema… Tú eliges el son...

¡Que siempre será tu canción de amor...!

Vivir o morir es lo mismo

Vengo de una tierra profanada,
Mi alma está en pedazos, maltratada,
Con mirada turbia hacia cielo dirigida.
Para mi desgracia, el cielo está nublado.

Embistiendo ante el fuego eterno,
Soy aquél que de azul su vida espera,
Lleva en su alma la responsabilidad,
Cosechada tan sólo de lo que siembra...

El renacimiento de un nuevo entorno,
Está encargado de mi propio futuro,
Con los reflejos de mis ideas adquiridas,
Que asiento en mis adentros prohibidos.

Si soy amigo de Dios de los Cielos,
Y quizás amigo de diablos en los Infiernos,
Es porque el poder está en mis manos,
Que a golpe y espada, hube forjado.

Soy el mago que soy, y yo me quiero
Siempre niego, y vuelvo a renegar,
Todo aquello que aseverar no quiero,
Pero que no soy bueno, eso nunca asevero.

Todo ello se ha fugado con mi voluntad,
Así pues zanjada esa descompostura,
De ésta, mi mente audaz y desalmada,
Os digo y repito que yo nunca me acuso.

Esto me da confianza y libre albedrío,
Para hacer y liberarme propiamente,
Bajo amparo de no tener resentimiento,
Por lo que creo que vos me habéis culpado.

Soy espejo de quien a sí mismo se ama,
Y en mi vida todo así ha funcionado,
Sin pasado, en el presente he perdonado,
Y he quedado por tanto, libre de pecado.

El reflejo de la luz del sol ya me tocó,

Y mi cuerpo, a mi alma al fin obedeció,
Indeleblemente se aprobó mi absolución,
Con sólo auto aprobación, y aceptación.

Al fin estoy, libre de todo aislamiento,
Y al fin estoy, sano de todo sufrimiento
Mi alma va a donde quiere pertenecer,
Y parece que vivir o morir, es lo mismo.

Vista

De los cinco sentidos que Dios nos dio,
A saber es la vista para ver sus maravillas,
Todas las cosas bellas que se le revelen
Se remiten a las almas como cosas bellas.

De las ventanas que Dios al alma regaló,
La Vista, el hombre en sus ojos la tiene,
Por donde opera, y en consecuencia,
El hombre y su alma, ambos se recrean.

¿Cómo agradecer a Dios por este regalo?
¿Cómo agradecer por este merecimiento?
¿Qué ofrezco a cambio de este instrumento?
En gratitud daré un especial movimiento:

Bendecir a todo persona que pueda yo ver,
Sea conocida o no, se vea cerca, se vea lejos,
Sepa su nombre o no, sea o no sea mi amigo,
O mi pariente o los parientes de mis parientes,
O mis vecinos, o los vecinos de mis vecinos.
Quien sea que mi vista sorprenda y atrape,
Con tan sólo que con mi vista se lo tope…
Yo pediré que Dios lo bendiga y lo proteja,
Y que los guíe y que con su luz los cubra...

¿Ya te felicitaste…

…Por los momentos en que quisiste huir
Y sacaste fuerza para salir adelante?

…Por esas noches de insomnio y de tristeza
Y al día siguiente resurgiste con una sonrisa?

…Por luchar y luchar, hasta el cansancio
Y lograr, poder hacer realidad tu sueños?

…Por esos días que no podías contener el llanto,
Mas, sacaste fuerza para apoyar a un hermano?

…Por guardar silencio ante una ofensa,
Aunque el alma te doliera intensamente?

…Por los amaneceres llenos de briza y de Sol
Que tuviste la oportunidad de disfrutar?

…Por los grandes amigos que has conservado
Y por aceptar en paz a quienes ya se fueron?

…Por tus éxitos en tu carrera, y por qué no,
Por tus fracasos de los que has aprendido?

…Por dar ánimos, cariño, aprecio y amor
Desinteresado, sin esperar nada a cambio?

…Porque aunque no lo sepas
Eres amado y respetado por alguien especial?

…Por tener la satisfacción de un trabajo,
Pero no sólo eso, sino de un trabajo digno?

…Por el amor de tu apreciable y amada familia,
Y por el cariño incondicional de tus amigos?

…Por ser la hermosa persona que siempre eres:
Por ser tan auténtico, único e irrepetible?

…Por tus sueños, por la pasión de tu proceder,
Por el amor que ahora te tienes a ti mismo?

…Por ser tan fuerte, por aprender día a día,
Y por darte cuenta que Dios te ama?

…Por la música, por el baile, por sonreír,
Por caminar, correr y saltar en este mundo?

¿Ya te felicitaste por la magia de estar vivo?

¡Yo, hoy me felicito, y a ti también te felicito
Por caminar los dos por el mismo sendero!

Y pasaba el tren

Y pasaba el tren…
Mi alma cabalmente lo sabía,
Aunque yo verla no podía,
Sólo sabía que ella allí venía.

Mi corazón entristecido,
No me permitía llorar,
Aunque yo quería gritar,
Desesperado, sólo pude callar.

Fui un cobarde, un temeroso,
Que simplemente la dejé pasar.
Aquella tarde que el tren paraba
En la estación y tocó su retirada.

Y ella se fue con él, para no volver.

Sección VI:
Ciencia y Poesía

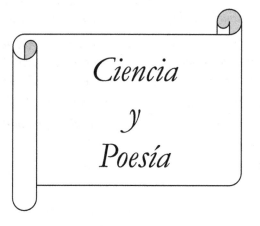

Albores de voz

Las voces son sólo vibraciones
Provocadas al secuenciar las letras
Que acatan los sonidos naturales
Cuando se acomodan las vocales.

Vibraciones por voces emitidas
Celosa y sabiamente arregladas,
Parlamentos que órdenes generan,
Armonías de espirituales efectos.

Estos sonido y estas vibraciones
En orden místico y reglamentario
Generan procederes maravillosos
Con poder de desintegrar a los yoes.

Mantras o conjuros que integran
Armoniosas fuerzas de energías
Encaminadas a nudos naturales
Que atajan el fluir del Universo.

La nota discordante del concierto
Que afea el principio inteligente,
De que todo lo creado es afectado
Por la esencia que lo hubo creado.

Sonidos, vibraciones, emociones,
Pensamientos, palabras y deseos,
Crean estados bellos armónicos,
Para liberar energía discordante.

Al generar todo tipo de vibración,
Positivo, es el estado conveniente
Para crear el poder de la petición
En creación de cadenas de curación.

El sonido de una palabra emitida,
Crea pensamiento y crea vibración,
Lo que nos mantiene en un estado
De ondulación armónico adecuado.

Palabras dulces apaciguan la ira,
Palabras hostiles rompen armonía,
De la unión universal y cósmica,
Creando caos, desorden y apatía.

Palabras disonantes y desiguales,
Maldiciones: modifican la vibración
De todas las energías creadoras,
Tornándolas en totalmente fatales.

La compasión, amor, comprensión
Crean un estado bello y sublime
En armonía con el Todo Cósmico,
Inundando la naturaleza del planeta.

La Oración nos conecta con la música
De las Esferas Cósmicas Universales.
El Sonido Universal, está en nosotros,
De nosotros depende coincidir con Él.

Alucinación

Psicólogos expertos dicen y aseguran,
Que bajo ciertas circunstancias de presión
De vibración, o de sedantes acumulados,
En muchos casos, de inmovilidad corporal,
Hormonas son creadas por ciertos órganos,
Y más, por glándulas de interna secreción,
Y al ser generadas las dichas sustancias,
Seguidamente pasan al torrente sanguíneo.

Directas en el mismo cerebro pueden causar
Que cambie su estado de actividad normal,
Que alucine, esto es, que el cuerpo sea capaz
De desdoblarse y mil extrañas cosas hacer,
Que no realizaría en condiciones normales,
Como ver cosas que no existen a la visión,
Familiares muertos, o Ángeles, o Demonios,
O que el alma se transporte a otros lugares,
Que la persona esté a la vez en dos partes;
Que pueda levitar, o que pueda cosas mover,
O inclusive que platique con personas
Que murieron ya hace mucho tiempo,
Y que el enfermo quizás no conocía.

Puede suceder que adivinen el futuro,
Y sepan el pensamiento de los demás.

Está claro que con una simple fiebre,
Hay sueños que lo llevan a uno a lugares
Extraordinarios, bellos, o tal vez horribles,
Dependiendo de lo que hay en tu cabeza,
O de qué en ese momento sufre tu cuerpo;
Tales archivos, aunque estén muy ocultos,
Resurgen en situaciones corporales así,
Provocando sueños dulces, o terribles,
O visiones de cosas nunca antes vistas,
Que te cobijan en un oleaje de angustias,

De miedos ocultos y de desesperación
De lo que ya deseas salir, pero sin voluntad,
Ni te das cuenta que las tienes presentes,
Pues por tu mismo estado aletargado,
Mas, sin quererlo ni pensarlo, dices cosas
Que después no recuerdas lo que dijiste.
Llegas a hablar con gente que desconoces,
O que hablas tú y ellos en otras lenguas
Que son para ti totalmente desconocidas.

Hubo historias de gente en la antigüedad,
Que con una simple fiebre que tenían,
A la par, por las alucinaciones provocadas
Ya sean por los ataques de visiones
O por facilidades para hablar atrocidades
En su lengua, o en lenguas desconocidas,
Fueron condenados a la hoguera,
Juzgados por los que los observaban
Pues debido a la sarta de cosas que decían,
Concluían que estas personas eran poseídos,
Que tenían pactos con diablos del Averno,
Y que todo lo que hablaban era dirigido
A los diablos más infames y despiadados
Del infierno, que estaban poseyéndolos.

Unos dicen que pueden soñar despiertos,
Sí, si enfocas la mirada en un punto fijo:
Los pensamientos viajan a otros tiempos,
Los pensamientos viajan a otros mundos.

Esto es meditación y oración efectiva.
Con este método practicado sutilmente,
Se puede llegar a la Contemplación,
E inclusive, hasta a la Transfiguración.

Autodestrucción

Ni hubo, ni nadie habrá de haber
Que enseñe al hombre a vivir y actuar,
A cómo perpetuar, cuidar y respetar,
Las bondades de este nuestro hogar.

Unos hacen bien, otros hacen mal,
Unos predicen nuestros destinos,
Otros nos condicionan la libertad,
Y todos se cubren al tiempo final.

La especie humana no tiene culpa,
Allí se entremezclan todas las almas,
Allí deslizan todas sus intenciones,
Y se resumen todas las vibraciones.

Buena y mala voluntad a la balanza,
Donde se pondera lo bueno y lo malo,
Buenas y malas intenciones aisladas,
Todas las frecuencias son clasificadas.

Buenas, admitidas; malas, demolidas.
Buenas vibraciones están en equilibrio,
Forman parte de un proceso evolutivo:
Es la armonía de las Arpas Eternas.

Destrucción de una especie a sí misma,
No conjugó con la universal frecuencia,
Es la especie con negativas vibraciones,
Especie humana sin desplegar conciencia.

Parece, desde que el hombre apareció,
No hace apenas unos cien mil años,
Cuando está en pañales su evolución,
Sin saber, ha decidido auto-aniquilarse.

Big Bang 1

La materia de todo el Universo
No se crea ni se destruye,
Sino que solamente se transforma,
Eso ya lo dijo y comprobó la Ciencia.

Los cambios que sucedan dentro
De cualquier parte del Cosmos,
No afectan al Todo inmenso e infinito,
Sólo se transforman sus partes internas.

Supón que en un momento dado,
El Universo se transformara en energía,
Tendría que ser una Energía Potencial
Que estaría concentrada en el Todo.

Y pudiera ser que esta suposición
Sea algo similar a lo que supusieron
Los eruditos científicos que sucedió
Durante la explosión del Big Bang.

Toda la energía estaba concentrada,
Llegó al momento en que se generó,

Por sí misma la mega súper explosión,
Que pobló y dio a luz toda a la materia.

Materia en que se transformó esa energía,
Llamada por la Ciencia: Explosión Primaria,
Explosión que dio origen a las estrellas,
Y a la materia que existe en el Universo.

Considerándole al Universo misterioso,
Sus ciclos de múltiples transformaciones,
Entre masa y energía, ¿no vuelva a pasar,
Que lo que ahora es materia totalmente,
Vuelva a convertirse en energía de nuevo,
Y vuelva a iniciarse de nuevo ese ciclo,
De formar otra "Explosión Primaria"
Como aquélla que los científicos suponen
Que originó todo lo existente…?

Si así fuera, entonces comprenderíamos
Que el Universo se forma y aparece,
Y que al mismo tiempo, se desaparece,
Debido a esas continuas mutaciones
De masa a energía y de energía a masa.

¿Quién pudiera entonces negar esto,
Si la Ciencia ya ha hablado de un inicio,
Si la Ciencia ya ha hablado de un final?
¿Cómo pues funcionaría este proceso?

La característica principal del Universo
Es que es simplemente cíclico y repetitivo.

Como en la Naturaleza parece ser cíclico
Como ejemplo, la salida y la puesta de Sol,
Fases de la Luna, el paso de las estaciones,
Las carreras planetarias con del Sol.

Así en el Universo, en sus eternidades
Debe de haber ciclos en que se repitan
Ciertas acciones que ya fueron realizadas.

En el proceso de transformación a Masa,
Luego de ésta a Energía, es un proceso
Que debe de generarse cíclicamente
Para con energía hacer nacer de la nada
Al Universo nuevamente, como ya pasó
Con ciclos contables de trillones de años,
Quizás de cuatrillones de años o quizás más,
Pues la diminuta medida de un año es
Una vuelta de La Tierra alrededor del Sol,
Que frente a la inmensidad de Colonias
De gigantescos Clústers y Súper Clústers,
Nuestras medidas son una miserable nada.

Y aquí, no nos vamos a hacer la pregunta
De cómo fue y quién creó al Universo,
Pues se responde que se creó a sí mismo,
Según las anteriores explicaciones.

En La Noche de Brahma de La India,
Ellos afirman que el Universo
Simplemente es el sueño de un dios,
Quién luego de 100 años de Brahma,
Se disuelve en un sueño sin sueños,
Y el Universo desaparece con él.

Luego de otro siglo de Brahma,
Despierta, se reacomoda a sí mismo,
Y recomienza a soñar su sueño cósmico.

Brahma duerme cíclicamente una noche,
Tan grande que dura 8.64 mil millones
De años, es justa la mitad del tiempo
Desde que sucedió el famoso Big Bang.

Big Bang 2

¿Qué sería de Dios con tanta modificación?
¿Desaparecería Dios y se volvería a formar
Las veces como el Universo se transformare?

La energía que se forme debido a la materia,
Y luego que esa energía vuelva a explotar,
Para formar millones de formas de materia,
Donde todo, volvería a moverse y a existir
Dentro de la esencia o vacío universal.

Lo que forma parte de todo lo existente
Eso es precisamente, lo que es Dios.
Entonces, ¿no les suenan familiares
Las afirmaciones que nos han enseñado
Desde niños en el Catecismo de que:

Dios se creó a sí mismo,
Dios creó todo lo existente,
Dios es Autosuficiente,
Dios es Omnipresente,
Dios es Omnipotente,
Dios es Todopoderoso y
Dios es Eterno,
Omnipotens Sempiterne Deus.

Dios no fue creado, no será destruido,
No tuvo principio, ni tendrá fin,
Dios "ES", haya materia o haya energía.

Ese "ES" forma parte de esa dimensión
Que no es afectada ni por energías,
Ni por materias que lo modifiquen.

Al contrario, ese que "ES", simplemente
Controla las materias y las energías,
Que están dentro de su seno,
En la esencia serena de ese halo
Que contiene a todas la cosas,
Y que llamamos el Espíritu Santo.

El que tiene la conexión entre ésta
Y la siguiente dimensión,
Y es justo Él quien tiene el permiso,
El poder para poder pasar sustancia,
Materia o seres entre dos dimensiones.

Quien para maravillar a la raza humana,
Hace el milagro de aparecer la esencia
De la Virgen María en diferentes épocas
De la historia de la humanidad…
Él es Pura Energía que lo puede todo.

Brevedad de la vida

Bienvenida la Presencia de Dios,
Que ocupa todo el Universo,
Y se ocupa de todo mi verso.

Aunque no entendamos nada
De sus designios, ni de su voluntad,
Sólo sabemos que la humanidad
Tanto los que actúan de mala fe,
Como los que sufren por aquéllos,
Somos objeto de sus planes.

De alguna manera podemos mejorar
Si actuamos de buena voluntad,
Que es eso, pues, precisamente
Lo que a muchos nos ha faltado.

Lo peor de todo es que por motivos,
Que ya muchas veces se mencionaron,
Y por otros mil motivos más:

Los dirigentes de todas las gentes,
Y no tan sólo son ellos,
Sino también los que quieren ser dirigentes;
Y no tan sólo ellos,
Sino también los que quieren lo que ellos tienen;
Y no tan sólo ellos,
Sino también los que envidian eso que tienen,
Y no tan sólo ellos,
Sino también todos sus colaboradores,
Y no tan sólo ellos,
Sino también los que se enfilan a seguir
El juego de poder y codicia a todos ellos
Y sus competidores y oponentes,
Que desean lo mismo que los dirigentes.

Pues por todos ellos,
Las vibraciones de la raza humana
Ya no son como antes eran,
Estamos muy lejos de vibrar
En las frecuencias que se nos dieron
En los tiempos en que fuimos creados.

Motivos por los cuales,
La paz ha estado agonizando.
Al parecer, lo que unos inician,
Otros luego lo perpetúan,
Y como la vida es tan transitoria,
Cosa que ellos no lo notan…
Se la pasan haciendo un mal
Constantemente, asiduamente.

Un mal que repercute en todos…
Y ya el hecho que a los demás afecte,
Involucra a sus "Familias",
Y por lo tanto afecta a la "Sociedad",
Y por lo tanto a toda una "Ciudad",
Y por lo tanto a todo un "País",
Y por lo tanto a todo un "Continente",
Y por lo tanto al "Mundo Entero",
Y por lo tanto a la "Raza Humana",
La Especie que representamos.

De todo ese mal que hacen,
De lo poco que han de vivir,
De la brevedad de su vida,
Y de lo que vinieron a hacer,
En esa su corta existencia,
Ni siquiera se percatan.

¿Qué saben ellos de a quién
Y a quienes han afectado?

¿Qué saben de las consecuencias del mal
Que vinieron a plantar y a provocar?

¿Qué saben de cómo han contribuido
A que la especie humana desaparezca?
¿Por qué ellos aborrecen la paz
Que nos fue dada desde arriba?

¿Es acaso que aborrecen a Dios?
¿Qué tienen en sus cabezas esos hombres,
De qué diablos estarán hechos,
Como para que puedan pensar
Que somos sus esclavos o sus sirvientes
O sus piedras de apoyo
Para que ellos logren lo que quieren?

La realidad es que estamos todos
Al margen de la vida, al mismo nivel,
Frente la naturaleza y frente al Universo,
Y en verdad que todos somos iguales.

Y a finales de cuentas, ¿qué quieren?
¿Dinero, poder, pertenencias, fortunas?
Cosas que no nos pertenecen a nadie,
Le pertenecen al planeta donde vivimos,
Pues todo objeto que para ellos es riqueza,
Está hecho de tierra, y justo así,
Como tierra y en la tierra habrá de quedar.

¿Y todo a cambio de qué…?
Todo a cambio de una vida muy breve…

Comportamiento de las especies

Dentro de sus cualidades excelsas,
El hombre también odia, y con ello,
No evoluciona, pero sí se autodestruye.

Las demás especies tienen ligadas
Sus partes en un centro vibratorio,
Y vibran en la misma frecuencia,
Tal como si fueran un Todo a su medida.

Por ello, el aprendizaje de cada una
De sus partes tiene una explicación lógica:

Y es la autoprotección de la especie,
También la defensa de sí mismos,
Los avisos que entre ellas se generan
Para librarse de atacantes externos.

Cada especie tiene su propio lenguaje
Entre todas las partes que la forman.

Tienen en conjunto la misma vibración,
Es decir, que hay un solo espíritu
Que posee una especie de seres vivos,
Y otro para otra, y así, para cada una.

En cambio, el hombre es diferente,
Éste, con su capacidad de pensamiento,
Se liberó del encadenamiento que une
Los entes de toda una especie no pensante.

El hombre se mueve por sí mismo.
Las vibraciones de un solo hombre
Son muy diferentes a las de los otros.

Tal que cada uno, una longitud de onda,
Y todas sumadas en la especie humana,
Nos da la frecuencia general de tal especie.

Aunque cada hombre por separado
Lanza lo suyo y recibe lo suyo aislado.

Si en nuestra especie humana,
Uno por uno de sus componentes,
Pero al fin todos juntos a la vez,
Rezáramos acorde al mismo tiempo,
O sea, que pusiéramos en contacto
Nuestro espíritu con el Espíritu Santo,
Generaríamos una frecuencia tal
Que alteraría a Dios armoniosamente,
Para devolvernos por el Espíritu Santo
Una respuesta mucho muy positiva,
Y es seguro que cada vez mejoraríamos,
Hasta poder llegar a niveles insospechados
De pensamiento, de mente y de conciencia.

Pero no lo hacemos y, por el contrario,
Nos dedicamos todos a autodestruirnos,
Y las consecuencias, cada vez son peores.

Cosmos cambiante

¿Es creíble que el Cosmos esté en evolución?
Si decimos NO, sabremos que ya evolucionó,
Y que ya llegó hasta donde debería de llegar:
Crecimiento, desarrollo y transformación…
Presupone que tiene un tiempo de existencia;

Si decimos SÍ, quizá estemos en lo cierto.
Y creer que está en evolución el Cosmos,
Es creer que aún se pueden dar cambios.
"Para Dios no hay imposibles", así,
También para el Cosmos no hay imposibles.

Cuando la vibración del Regulador Universal,
Se encuentra en el máximo de su paz,
O de su estabilidad, sucede algo extraño.

Debe de haber instantes en el Cosmos
En que las ondas de frecuencia estén,
Digamos, que en un estándar de equilibrio,
Y que son Longitudes de Onda de la Paz,
Longitudes de Onda de Serenidad, o bien,
Las Longitudes de Onda de "AMOR".

En esos momentos en un lugar del Cosmos
Está sucediendo un misterio, un "milagro",
Que es el producto de una cosa muy buena,
Resultado de suaves transformaciones
De beneficios sutiles de sublimes vibraciones
Cósmicas de ese preciso y precioso instante,
Aunadas a la Energía Potencial del Todo,
O sea, gracias al "Amor" de Dios,
Y al consentimiento en respuesta,
De las vibraciones del Espíritu Santo.

A Dios, dentro de sí, le ocurre algo,
Que no le ocurre con periodicidad;
Sucede algo extraordinario dentro de Él
Debido al balance puro y total
De vibraciones reguladas por el Espíritu Santo,
Y que el mismo Espíritu Santo le regresa,
En respuesta de la exquisita serenidad
De las ondas transmitidas por las partes
Y cada uno de los componentes de Dios.

Mixtura armónica de partes del Todo
Que se conjugan para formar esa paz,
Ese amor, esa frecuencia de ondas sutiles
Que conmueven a todo el Cosmos.

Un instante tan sólo para que suceda
Lo que potencialmente y energéticamente,
Para que las partes internas de Dios
Desde su Morada, se conjuguen…

Un instante para combinar los matices
De todas las frecuencias positivas.

En ese instante se da algo extraordinario
Escogido por Dios mismo,
A consecuencia de esa evolución interna.

Momentos en que se alinean constelaciones
Y astros para originar virginales frecuencias…
Viajarán por la esencia del Espíritu Santo
Para detenerse en el lugar justo y adecuado
Para realizar el milagro que está por suceder.

Esos cambios le suceden a Dios cíclicamente,
Debido a las energías prevalecientes,
Formadas a partir de la materia que posee.

Es tanta la Energía que mantiene interna,
Que cíclicamente la deja salir,
Causando que suceda algo extraordinario:

Se le envía al Espíritu Santo en una frecuencia,
Que es la Longitud de Onda de Amor,
Y Éste se la regresa con mayor intensidad.

Es entonces que sucede la transformación,
El nacimiento dentro del mismo Dios,
Y ese instante de plena paz y serenidad,
De intenso amor, se da en todo el Universo.

Sucede la creación de algo no existente,
En un paso más en su propia evolución,
Un esfuerzo notorio, como cuando una madre
Puja para dar a luz a un nuevo ser.

Así, nació el prodigio del Universo,
Y nació la Vida, diferente a lo existente.

Fuerza y potencia de la energía del Todo,
Dentro de Dios mismo se trasmutan,
Dando como resultado la Vida.

Para Dios no hay imposibles…
Y cuando Dios ve que eso es bueno,
Las vibraciones compaginan
Con el Controlador Universal,
Y entonces éste da su veredicto,
Promueve el visto bueno de esa cosa
Que al momento se juzga como buena,
Para que luego se continúe el proceso.

Y siendo de esta forma la explosión
De muchas e infinidad de especies,
Poco a poco el planeta se pobló de ellas.

Y ese "poco a poco" al que nos referimos,
Es una inmensidad de millones de años
En que esto se llevó a cabo.

El Génesis de la Biblia menciona que
"Los días que usó Dios para crear su obra
Fueron seis, y el séptimo día descansó".

Sabemos que los instantes universales
Se suceden en miles de millones de años,
¿Entonces a cuántos años equivaldrían
"Esos días" que Dios usó en su Creación?
Tal vez esos seis días fueron "eternidades".

Cuerpos de luz

Desde que el hombre fue creado
Ha hecho mal uso de sus facultades.

La conciencia que fue adquiriendo
Sólo creció negándose a sí mismo.

Vigilando errores y bajas pasiones,
Eliminando bruscamente todos sus vicios,

Sus grandes defectos y sus Egos,
Que son sus moléculas lóbregas:

Negativos elementos espirituales
Que siempre estorban nuestro proceder,

Mientras de nosotros nuestros pecados
No evacuemos, cuerpos de luz no tendremos,

Y seguiremos siendo tan malévolos,
Que una oscura mentalidad cargaremos.

Desaparición de los dinosaurios

Aclaramos que posiblemente las frecuencias
De algunos momentos en nuestra planeta,
No compaginaron con el balance general
De todas las frecuencias en el Cosmos,

Y lo que no compagina… ¡Desaparece!

Como en la aparición de los dinosaurios,
Cuyas especies se destruían entre sí,
Se devoraban unos a otros entre ellos,
Y acababan con todo lo existente:

Su hábitat, plantas, animales, y todo.

Eso me supongo generaba frecuencias
Diferentes a las del Regulador Universal.

Éste responde con frecuencias mayores
De siete veces, por eso se autodestruyeron,
O la misma Tierra se debió de adaptar
Para provocar movimientos telúricos
Y volcánicos, de instrucciones provenientes
De las Longitudes de Onda del Cosmos,
Para acabar con estas especies, y finalmente
Desaparecerlos de la superficie del Planeta.

Cada especie tuvo su oportunidad de vivir,
Lograron vivir el tiempo justo de evolución
Tal que si sus vibraciones no armonizaban
Con la vibración universal, tenían que tender
A desaparecer de alguna forma o de otra.

Es decir: "Dios vio que no era bueno,
Y no se podía proseguir con el proceso".
Esto es un decir, porque en la Creación,
Dios no anduvo experimentando
A ver qué sí era bueno y qué no lo era.

Desarrollo de las especies

La Vida nunca dejó de abrirse caminos,
Y cada vez reforzaba más sus mixturas,
De manera que al paso de eones y añales,
Iban naciendo muchas y nuevas especies,
Quizás más complicadas, pero a la vez,
Más perfectas aún que las anteriores.

Unas claro, subsistían y se adaptaban,
Y otras, no se adaptaban y perecían,
Debido a la explicación que se ha dado
Sobre vibraciones y Longitudes de Onda.

Hasta que a medida que pasaba el tiempo,
La Tierra iba adquiriendo más estabilidad,
Aunque nunca terminará de estabilizarse.

Las características para perpetuar la vida,
Mejoraban frente a mejores condiciones,
Y ante eso pues mejoraban las especies.

De manera que unas especies bien caladas
En ambientes extremos, fueron mejorando,
Dando secuelas de otras mejores especies,

Bajo mejores circunstancias superficiales
Que la Tierra iba proporcionando,
Según iba evolucionando en su estructura
Y en su capacidad para sostener la vida.

Cuatro mil seiscientos millones de años
Dícese del tiempo que tiene la Tierra,
No fue sino hasta hace unos cien millones
Que floreció la primera esencia de vida,
Luego de muchos reacomodos geológicos
En la corteza y en el interior de la Tierra.

De manera que gracias a las instantáneas
Vibraciones y modificaciones universales,
Que obviamente, también son evoluciones,
La superficie fue adquiriendo su forma,
Y reacomodando sus características propias,
Para que la vida de alguna manera naciera.

O como quién dijera: "como si fuera una Madre
Que estaba Preparándose para dar a Luz".

Dime qué es…

De la nada está colgada,
Viaja y no se cansa en su recorrer,
Está girando y vueltas dando
Alrededor del que lo ha guiado,
Año tras año por el vasto espacio.

Hogar del arco iris, del atardecer,
De la fragancia de todas las rosas,
De la luz plateada del anochecer,
Donde estrellas destellan brillantes
Regalando sueños y mil promesas.

Hogar de los tibios manantiales,
Donde nobles animales del cielo,
Tierra y mar conceden bondades,
Al que sobre ellos es siempre el Rey,
De todas las criaturas y las especies.

Es el lugar que nos fue regalado
De entre todo el inmenso Universo.

Su hermosura resalta en todo paisaje,
Si ves la lluvia, o el cielo, o el mar,
Una simple flor, o un atardecer,
Con el aire fresco en mi desnudez.

En ti me siento seguro y protegido
Cuando mis pies sobre ti planto,
Me siento miedoso al verte solitario,
En el vasto infinito sumido y lóbrego
Como un granito de arena en la nada,
Una chispita en la inmensa oscuridad.

Escondido en el estrellado manto,
Entre la inmensidad de las tinieblas.

Los seres del Universo deben saber
Que ese granito de arena es mío,
Que yo lo amo, y no deben atacarlo
Porque es muy frágil y sensible.

Y si alguno de mis hermanos osara,
Maltratarlo, dañarlo o destruirlo,
Juro por mi vida que lucharía,
Por protegerlo y por ampararlo,
Porque aquí vivimos los que amamos,
Sin importar creencias, ni filosofías,
Y sin importar religiones.

Pero también viven aquí los que odian,
Los que destruyen y derraman sangre,
Los que provocan intrigas, angustias,
Envidias, desazón y desilusiones.

Pero este lugar es único, no hay igual,
Tú sabes que lo es, porque es donde
Podemos perdonar, prometer y amar,
Este lugar, creo que sí sabes qué es…

Es el lugar de los sueños y las fantasías,
Es el lugar de los ensueños y las ilusiones,
Es el lugar donde están muy a gusto
Siempre nuestros corazones…

¿Lo Adivinaste…?

Dionisio El Menor o El Exiguo

Durante la repartición de la historia,
Hubo un hombre que era famoso,
Italiano no era, griego tampoco era,
Pues en la historia los importantes,
Eran italianos, o griegos, mas éste no,
Aquí en eso la historia se equivocó,
Pues Dionisio El Menor o El Exiguo,

Así le apodaban al astrónomo antiguo,
Origen escita, de la región que se cita
Entre dos países, Rumania y Bulgaria,
Y era también, un abad de plegaria,
Viviendo en un monasterio romano,
Pero la verdad, él, romano no era…

Fue él, a quién por una ordenanza
Del dedo del hermano Hormisdas,
Que entonces era el Papa Romano,
Se le diera tarea en cálculo razonado
De la fecha del nacimiento de Jesús.
¡Vaya tarea que cargaron al cristiano!

Aunque no era ni judío ni romano,
Era cristiano, pues ya en esos años
El Cristianismo iba viento en popa,
Habiendo agarrado muchas fuerzas
En Europa para entonces, y sin tropa,
Era así como más y más conquistaba.

Pero ahora a contar lo que nos toca:
Dionisio, seguro amaba los números,
Como fechas y los viajes en el tiempo.

Como antes no sabían de la mariguana,
Como para ayudar un poco a imaginar,
Para encontrar solución a la intrincada
Especulación de la petición romana.

Luego de que esta fecha se estableció
Con todo y muchas equivocaciones,
Porque habrán de saber que Dionisio
Mucho se equivocó, y a pesar de eso,
A partir de allí la historia se contó…
Ahora sí, siendo que ya sin variaciones,
Tanto para atrás como para adelante,
Y como se sabe la Italia era brillante,
Pero ni tanto, que ni el cero conocían.

Dionisio de la noción del cero carecía,
El cero, fue un numérico concepto,
Que en la India entonces era conocido,
Tras eso, por los árabes fue difundido,
De manera que en la numeración árabe
Desde entonces, el cero fue incluido.

Por tales motivos, y por lo ya sabido,
Dionisio, sin cero, por ser hombre leal
Inició la historia del Cristianismo.

El año uno, llamado "Anno Domine"
O sea, el comienzo de la Era Cristiana,

Titulada el uno de enero del año uno,
A diez años cerraría una década,
El último segundo que finalizara el día
Treinta y uno de diciembre del año diez.

Luego cerraría un siglo también al coronar
El último segundo del día treinta y uno
Del mes de diciembre del año cien,
Por así contado se cerraría el Siglo Primero.

En tanto que el primer segundo del día
Primero de enero del año ciento uno,
Fundaría el primer segundo del primer
Minuto de la primera hora del primer día
De un nuevo siglo, o sea del Siglo Segundo.

Y transitando a números ya con miles,
Como en los que nos ha tocado vivir,
Podremos decir que el treinta y uno
De diciembre del año mil novecientos,
Estábamos cerrando un año de tantos,
Pero además de una década y un siglo.

Y sin que se pueda el tiempo detener,
Comenzar nuevo siglo y nueva década,
Y claro nuevo año, el primero de enero
Justo del año mil novecientos uno.

Y de allí contando a cien años más,
En el día treinta y uno de diciembre
Del año dos mil, se estarían cerrando,
No solamente un año más que termina,
Una década que acaba, un siglo que pasó,
Sino también un milenio que culminó.

No es cosa fácil de decir ni de pensar.
Los suertudos que tales fechas vivieron
El primero de enero del año dos mil uno
Tuvieron el privilegio de recibir en su seno
Lustroso nuevo milenio que se escribiría
En la historia del mundo, y dentro de él,
Como el comienzo del Siglo Veintiuno.

¿Quedó claro o hay qué volver a explicar?
Pues me quito de toda responsabilidad,
Y si no lo entendió, vuelva la oda a leer,
Que sin ofender, es lo que necesita hacer.

El ojo artificioso 1

Supón que en alguna parte del Cosmos,
Al final, allá vamos a instalar justamente
Una inmensa pared muy transparente,
De un especial cristal súper gigante.

Detrás de eso estará un ojo formidable
Presenciando todo como un visitante,
Viendo hacia adentro todo en el momento,
En su forma y en su comportamiento.

Mirando desde los límites a ese infinito,
Que lo contiene todo, todo lo que existe,
Colonias de galaxias, comunidades estelares,
Y todo tipo de cuerpos absolutamente...

Ahora haremos que ese gran ojo tenga
El poder de regular la visión del cristal,
Ya sea ampliar o reducir la visión general:
Que el ojo reduzca o aumente su poder.

El ojo hará que se reduzca la imagen,
Comprimiéndolo todo con la gigantesca
Y nueva lente imaginaria que usará...
Unirá todo al mínimo tamaño posible.

Así, el ojo podrá ver el Cosmos entero
Sólo como el ojo humano ve normalmente
A cualquier cuerpo que tuviera enfrente:
En un solo objeto con forma y tamaño.

¿Qué sería lo que podría ahora observar
Éste, nuestro gigantesco e inmenso ojo?
¿No sería que viera el Todo comprimido:
Un cuerpo con dimensiones formado?

El Universo comprimido en un espacio,
Muestra la imagen general de un objeto.
Sería el cuerpo de lo que llamamos El Todo.
¿Y no sería El Todo, todo lo que hay?

Dentro del Universo o SER comprimido,
Estamos contenidos también nosotros
Y toda la materia universal allí mismo.
Entonces, ¿en qué parte estaríamos...?

Ahora le invertimos el proceso, al revés,
O sea, alejarlo, y abrir la imagen a lo más:
Que todo vaya teniendo el tamaño real
Que actualmente tiene a nuestra vista.

Afinar y ver nuestro sistema planetario,
Luego damos más aumento, y aún más,
Como un buscador satelital de direcciones
Para vernos nosotros frente a frente.

El ojo vería que somos materia móvil,
Mas no vería qué hay en nuestros huecos,
No vería nuestra alma, sólo vería materia.
Porque "la esencia" es lo que no se ve...

El ojo vio el vacío como un gran espacio,
Que es lo más grande de todo lo existente,
Es donde todo la materia se mueve,
Mar donde nadan los pececitos cósmicos.

De todo el Universo, eso es lo más grande,
Lo más colosal, simplemente inmensurable,
Eso es el vacío en donde estamos nadando todos,
Nos movemos junto con todo cuanto existe.

Este vacío, es obvio que esté dentro
Y fuera de nosotros y de todos los objetos.
Corresponde a lo mismo, a esa esencia
Que nos cubre, al vacío universal y total.

Pues bien, este vacío es infinitamente
Más grande que toda la materia existente,
Y sea cual sea la unidad de su medida,
Jamás un humano lo podría imaginar.

El ojo artificioso 2

Ajustar a la mayor reducción de imagen,
Para volver a ver todo el Universo compacto,
Ver de una vez por todas, en una sola pieza,
Todo lo que el Universo así representa.

Lo que estaría viendo ese gran ojo,
Podría ser que todo, ni más ni menos,
Lo que contiene el cuerpo del Cosmos.
Entonces sería el cuerpo total del Todo.

Tras el lema bíblico de que Dios lo es todo,
Entonces el cuerpo del total del Todo
Es por consecuencia la representación
Mismísima del Cuerpo total de Dios.

Sabios dicen que el Universo es El Todo,
Religiosos dicen que Dios lo es Todo,

Unamos el todo de ambas potencias:
Juntemos los dos Todos en uno solo.

Así como el Universo, Dios lo es todo:
El Universo y Dios vienen a ser El Todo,
Ambos dos, juntos son una misma cosa;
Aislados y separados, son una misma cosa.

Supón que lo comprimido sea una esfera.
Si quitamos todo lo sólido al Universo:
Me guardo la esferita en mi bolsa para después,
Quedaría sólo la esencia o el vacío Universal.

Concluimos que esa esencia es el hogar
Donde toda la materia que es El Todo
Ha descansado y ha existido eternamente,
Y dentro de eso, por siempre se ha movido.

Supón que este mismo espacio vacío,
Es el mismo desde antes del "origen,
Del nacimiento, o inicio" del Universo,
Antes de la Gran Explosión, o Big Bang.

Sea o no, ese éter contiene a esa materia,
Que como esferita, guardé en mi bolsita.
Voy a regresarla al lugar donde estaba,
Al vacío donde siempre se ha movido.

Y esa esencia es el motor, el socorro
De la materia: le da la vida, el movimiento,
La capacidad de estar, la capacidad de obrar,
La coordinación, el balance y combinación.

La materia es tan pequeña que es mínimo
El espacio que ocupa en el vacío, de manera
Que al quitarla toda, el vacío quedaría igual
Sin crecer o acortarse un centímetro cúbico.

Entonces, si el Universo es el Todo,
Y el Todo es Dios, ¿eso que quiere decir?,
Que el Universo formado por la esencia
Y toda la materia, sigue siendo Dios.

¿Es posible separar a Dios en dos partes?
No parece que sea una idea muy práctica,
Pero escuchen esto con mucha atención:
La Religión separa a Dios en tres partes.

El concepto creo que todos lo sabemos.
Es el concepto de la Santísima Trinidad.
Al separar materia de esencia, sólo queda
Lo que sería el puro espíritu, o el suspiro.

Lugar donde el Todo, o Dios, se mueve,
Digamos que ese éter es el Lecho Divino.

Para fines prácticos, ese hálito universal
Sería llamado pues, El Espíritu Divino.

En el nombre de Dios

El concepto de "Dios"
No le interesa a nadie,
Ni a nada en el Cosmos:
Ni a las plantas, ni a los animales
Ni a las montañas, ni a los ríos,
Ni a los mares, ni a las galaxias,
Ni a los soles y demás astros,
Ni siquiera a los agujeros negros.

Ah, pero eso sí, "al hombre",
Es al único que le interesa.

Y para él, es tan importante
Saber su origen, saber qué es
O saber quién es;

Si es que todo lo puede,
Si es el dueño del Universo,
Si está envolviéndolo todo,
O es puramente una mentira
Todo lo que de él se quiere
O se pretende saber…

Es cierto que,
Si el hombre no existiera,
O no hubiera aparecido nunca,
El concepto de Dios,
Sencillamente tampoco existiría,
Nadie tendría qué averiguarlo,
Y el Cosmos en su eterno trajinar,
Seguiría igual por los siglos de los siglos…

Nadie sabría, ni investigaría
Que detrás de todo hay un "algo",
Pues no parece que pudiera
Haber más vida inteligente,
Que el hombre en la Tierra
Ni en ningún otro sitio.

¿Qué importancia tendría,
A quién le interesaría,
Si el Universo tuvo comienzo
En una explosión primaria,
Y en su eterna expansión, va

A sucumbir a los quién sabe
Qué tantos cuatrillones
De quintillones de años?

Ay, esta raza humana tan
Inconforme y tan inquieta…

De por qué el hombre es así,
Es la respuesta a sus miedos,
A sus nervios por lo ignoto,
Y a los fenómenos naturales
De los que no tiene explicación.

El hombre pretende saberlo todo.

Lucha para dar al mundo
La opción más apropiada
A los misterios que lo acosan…

Las respuestas, no las puede dar,
Pero, basado en su pensar,
En sus perspicaces deseos,
O en su asombrosa intuición,
Ellos aportan mil y una hipótesis,
Donde pretenden explicar
Que puedan descubrir todos
Aquellos enigmas y misterios
Que se ocultan en el oscuro
Mar del desconocido Cosmos
Que nos rodea eternamente.

A pesar de su efímera existencia,
Ha hecho un excelente trabajo,
Pero difiero en que haya tanta
Variedad de opiniones,
Sobre todo en el concepto de Dios,
Que siendo tan fácil de aceptar,
¿Por qué hay tanto terco que
Desdeña la sencillez de su existencia?
Es fácil tener fe y aceptarlo.

Nuestra mente es muy pequeña,
Nunca descubriremos la Verdad,
A menos que a la Verdad,
De antemano la aceptemos,
Con un poco de fe,
Y con ello nos quitamos
De tantos locos procederes.

Es gratuito, y es mucho mejor
Tener fe en que Dios me mueve,
A estar siempre en la angustia,
E impotencia de no saber nada,

Y no sentir ni una protección
Por nada ni por nadie.

Si es que toda nuestra vida
Creímos que Dios nos guiaba,
Y mueres con esa seguridad,
No sabrás si hiciste bien o mal,
Pues en el Más Allá
No se sabe qué habrá.

Pero quien no creyó en nada,
Igual morirá sin saber nada.

De manera que es un albur
Entre los que creen y no creen.

Cada quién hace su apuesta
Al final: Morir con la confianza
O la desconfianza de ir o no
Protegidos hacia El Más Allá.

En torno a cinco sentidos

¿Cuál es la diferencia entre un cuerpo
Diez minutos antes de morir, y
El mismo, diez minutos después?

Vida, movimiento, pensamiento,
Palabra, aliento, calor, palpitar,
Piel caliente, brillo en los ojos…
Lo tenía el vivo, pero no el muerto.

Considerando que todos aceptamos,
Que tenemos un cuerpo y un alma,
Y cuando uno muere, el alma se va,
Y ya no tendrá los cinco sentidos
Del cuerpo donde estaba encerrada.

Pues mientras estaba en ese cuerpo,
Los usaba para percibir el exterior,
Sin cuerpo no puede ver por sí sola.

Sin los sentidos del cuerpo físico
¿Cómo podrá ahora el alma ver
Lo que nunca podrá ver sin ojos,
Sentir sin piel, escuchar sin oídos,
Saborear sin lengua, y oler sin nariz?

Lo que los cinco sentidos perciben,
Lo obtienen por medios físicos:

Para la vista, el ojo ve por efecto
Del reflejo de la luz en los cuerpos.
Sin esa luz reflejada, no hay vista,
En la oscuridad es muy difícil ver
Pues no hay luz que refleje objetos.
Un alma en la oscuridad, jamás ve.

La piel por un contacto físico siente,
Frío, calor, una cortadura, un golpe,
Comezón, picaduras de algún bicho,
Rasguños, asperezas o suavidades,
Bordes lisos, rugosos o cortantes,
Y todos también son medios físicos.

El sonido recibido por el oído,
Es por medio de ondas de frecuencia
Que son transmitidas por el aire,
Y también eso es un medio físico.

Sabores: ácido, agrio, salado y dulce.
Indudablemente que es un medio físico,
Lo que nos alimenta este sentido.

El olfato, se percibe por partículas
Minúsculas que producen los olores
Al ser captadas por ese órgano, la nariz,
El cerebro fácil distingue el origen
E identifica la propiedad de tal olor.

Por lo tanto, ni cómo poder negarlo:
El cerebro procesa todas las señales
De los sentidos por medios físicos.

Un cerebro vivo, procesa información
Enviada desde los cinco sentidos.
Determina qué es: un olor, un sonido,
Un retrato, calor o frío, un sabor,
Un color, formas y demás sustancias
En los tres estados de la materia...

El cerebro no procesa ni transforma
Nada si está en un cuerpo muerto
Además, su cerebro ya no funciona.

Un cuerpo está vivo, siempre y cuando
Contenga aquello que lo mantiene vivo,
Lo que está dentro del cuerpo es el Alma,
La que plenamente identifica y aprovecha
Los resultados que el cerebro procesa
De lo que le envían los cinco sentidos,
Los guarda por allí, en su memoria.

Si no hay alma, no hay cuerpo vivo.

En cuerpo muerto, no funciona cerebro,
Si no hay funcionalidad de cerebro:
Es que no hay funcionalidad de los sentidos.

Cuerpo muerto: alma libre.
Alma libre: alma a oscuras, sin sentidos.

Bajo la certeza de estas aseveraciones,
¿El cuerpo proporciona al alma los sentidos
Para que pueda gustar, ver, oler, sentir y oír?

¿O el alma proveyó al cuerpo los motivos
Para que viva y pueda estar animado,
Hasta que por algún motivo éste muera?

¿Quién pues, le está sirviendo a quién?
¿Quién vive para quién, quién soporta a quién?

¿Es el alma que mantiene al cuerpo vivo,
O es el cuerpo que mantiene dentro al alma?

Espíritu: El Vacío Universal

Los espíritus no tienen materia, son esencia,
Sólo están allí como parte de la esencia total,
Parte del vacío que ocupa todo el Universo.
La esencia del Universo que contiene a Dios.

Luego, viene a ser el Espíritu del Universo.
Luego, Dios y ese Espíritu, son solo uno,
Luego, contiene a los espíritus separados,
Luego, a todas las almas, las posee Dios.

A las almas las posee Dios y ese Espíritu.
Dios y su espíritu, son sólo una dimensión
Que no logramos entender, pero allí están,
Vibran y amparan nuestras vibraciones.

La masa de mi cuerpo, un minúsculo lugar,
Ha ocupado parte de la Total Esencia,
Luego, Ella ha estado dentro de mi cuerpo,
Luego, mi alma es parte del Espíritu Total.

Cuando yo desaparezca, lo que tengo dentro
Se quedará amalgamado a lo que está afuera,
Luego, estará sujeto al Espíritu del Universo.
Este espíritu divino es pues El Espíritu Santo.

Clarificando todo con la verdad más pura:
No hay nada que quede fuera del Universo,

Luego, nada queda fuera del Espíritu Santo,
¡Todo cuanto hay lo cubre el Espíritu Santo!

Cuerpo y alma, somos semejantes al Universo,
Además de que somos una parte de él.
"Lo que es Arriba, lo es también Abajo".
"Macrocosmos semejante a Microcosmos".

Al morir, por ente se retira el cuerpo,
Vuelve a la tierra, transformado en polvo,
Queda sólo el hálito que al cuerpo contenía,
Parte del Espíritu Santo, antes y después.

Simplemente nos incorporamos al todo
Para ser parte de Él, directa y eternamente.
Hacerse polvo al morir, no es desaparecer,
Es transformarse para seguir en el vacío.

O si al morir van a quemar mi cuerpo,
Esto tampoco es que vaya a desaparecer,
Es metamorfosis, las cenizas, agua y gases,
Seguirán ocupando un espacio en el vacío.

Evolución de la Conciencia

Creo que desde que emergió el hombre,
El mal apareció, e invitó a la Conciencia
A que formara parte de sus dominios…

Por consecuencia, los evidentes resultados
De su precaria, y no iniciada evolución,
Han sido negativos y funestos en general.

Sabrá Dios, si acabaremos con bien,
O sólo que quizás podamos desaparecer,
Antes de ultimar de la evolución un ciclo.

Procederes destructivos y aniquiladores,
Actitudes oscuras, funestas y arrogantes:
Consecuencias de la falta de Conciencia.

Quizás esta no concluida evolución,
Sea continuada por "algunos elegidos",
Que en su vida hayan sido ejemplares.

Que hayan merecido ser representantes,
Para que la tal evolución humana,
Definitivamente se dé y siga adelante…

Evolución dentro del Todo

Imagina que Dios fuera la materia total
Que se moviera en la esencia universal.

Imagina que ésta fuera el Espíritu Santo;
Y el vínculo de Dios y Espíritu Santo,
Fuera por tanto, el Cosmos Grandioso.

Imagina que todo se moviera a sí mismo,
Con un movimiento propio de sí mismo,
A una velocidad tan cercana a la de la luz,
Que Dios estuviera en perfecta armonía
Mutando el total de su masa en energía.

Imagina que esa energía fuera la Madre
Del Universo, Potencia de toda energía.

Imagina que Dios fuera dicha energía,
Y el control de esa energía fuera por Él,
Abrigada por la esencia del Espíritu Santo.

Eso daría motivo a todos los cambios
Que se vivieran en transformación eterna,
Sin que nada de la esencia ni de la masa
Totales, se perdieran ni desaparecieran,
Sin aumentarse, ni disminuirse ni un gramo.

Imagina que la Conciencia Universal
Sea en realidad la Conciencia de Dios,
Que por lo tanto, vendría a convertirse,
En la Conciencia de todo cuanto existe,
Y por lo tanto, Dios fuera mi conciencia.

Se puede decir que Dios evoluciona,
Y se esclarece dentro de su Conciencia,
Tal que la suma total de las vibraciones
Y frecuencias que suceden en Dios,
Son vibraciones de las partes de Dios.

La Conciencia Espiritual las organiza,
Para mantener un equilibrio universal,
Mediante el uso de la energía de Dios,
Guardada en Él como Energía Potencial,
Acumulada en cada uno de sus cambios.

Entre cambios y evoluciones materiales
Del Universo, ejemplos los siguientes:
Nacimiento de una galaxia, Sistema solar,
Nacen agujeros negros, Choques estelares,
Viajes de aerolitos, asteroides y cometas,
Nacimientos y muertes de las estrellas,
Formación y corrupción de un planeta,

315

Cambios en atmósferas de los planetas,
Desarrollo en ellas de eras geológicas,
Atracciones y desviaciones de objetos,
Por efectos de las grandes gravedades,
La creación de la luz por una estrella,
Giros de planetas alrededor de su Sol…
Y eso es parte de su evolución total.

Evoluciones Masa-Energía

Para entender el concepto de Evolución,
Relacionada con cambios de masa-energía,
Estudiemos del Sistema Solar su formación.

Recordemos que cada uno de los cambios
Son respuestas a las vibraciones universales,
Debido a las constantes transformaciones
Masa-energía de toda materia del Cosmos.

Recordar también la Conciencia de Dios,
Que es la reguladora de todos esos cambios,
Que generan longitudes de onda determinados,
Que si compaginan con la Conciencia de Dios
Con las vibraciones totales que en ella viajan,
Entonces el cambio que se sucede es bueno;
Y si no compagina con dicha Conciencia,
Entonces el cambio debe de no ser bueno,
Por tanto, no se da, y se sustituye por otro.

Deben cambios y vibraciones de ser buenos,
Para ser aceptado en el equilibrio cósmico,
Si no, no se dan. Por eso en la Biblia dice
En el Génesis: "Y ese día Dios separó la luz
De las tinieblas, y Dios vio que era bueno".

Las capas de rocas que forman La Tierra,
Y los reacomodos continuos de tales capas,
Son la explicación de sus cambios bruscos,
Y nosotros no sentimos que se estén dando,
Pero pasó por diferentes eones geológicos,
Mientras su superficie iba evolucionando,
Para formar la separación continental:
Espacios de tierra dentro de mares de agua.

La Tierra no ha terminado sus movimientos
De adaptación en sí misma, sigue adaptándose,
Y su corteza y capas siguen moviéndose,
Como lo han hecho durante toda su historia.

Perdemos control de lo que pasa en la Tierra,
Pues sus ciclos siguen y siguen sucediéndose.

Un cambio en ella sucede en millones de años.

Extinción de una especie

De los millones de especies que existen,
Cada una emite una longitud de onda,
Que es la sumatoria de las frecuencias
Que emiten sus elementos individuales.

Son tan pequeños, comparados al Todo,
Que preferiblemente todas se recolectan
En la Conciencia de su propia especie,
Que retransmite al Todo tal frecuencia.

Cada una de estas vibraciones de especie,
Viajan, al igual que todas las demás,
Van a encontrarse con las vibraciones
Universales en el equilibrio del Cosmos.

Si no son comúnmente equivalentes
O no están equilibradas, se rechazan,
Retornan al origen donde se emitieron,
Para reaccionar con la propia especie:
Hacer ajustes necesarios para mejorarla.

Y en el caso de que ésta no mejorara,
Entonces recibirá contra-vibraciones,
De tanta fuerza y energía que eso
Sería necesario para ser eliminada
De la faz de la Tierra toda la especie,
Y transformarse en otro tipo de materia.

Es entonces cuando la especie se extingue,
O en esencia, desaparece completamente.

Quizá ésta sea una sensata explicación
De las desapariciones de miles de especies,
Que han dejado de habitar nuestro planeta.

Parece ser que nuestra especie humana
Ha intentado en innumerables ocasiones
Deformar y demacrar la frecuencia general
Que sus individuos emiten de su especie,
Produciendo aberrantes monstruosidades
Negativas de ella, y recibiendo a cambio,
Vibraciones abruptas que vienen cargadas
De ciertos tipos de enfermedades,

Con virus, bacterias, epidemias, pandemias,
Que hacen que la especie se estremezca,
Que reaccione y se reorganice para generar
En el futuro próximo, mejores frecuencias.

Parece que no nos ponemos de acuerdo,
Y seguimos maldiciéndonos unos a otros;
Seguimos odiándonos y envidiándonos,
Seguimos robando y corrompiéndonos,
En todas las técnicas y modalidades,
En todos los procesos y todas las artes,
Tanto en políticas, como en religiones,
En todo evento, sea social o sea político,
Y de una manera pública o privada:
Donde quiera hay corrupción y maldad.

Los administradores de todos los países,
Buscan abusar de sus vecinos, ganarles,
Aunque sea un pedazo de tierra, de mar,
O de cielo, y sea como tenga que ser,
Habrán de obtener sus propósitos,
Ya sea mediante guerras, o secuestros,
Mediante múltiples crímenes y matanzas.

Esas increíblemente malas vibraciones,
Que nosotros aportamos al Cosmos,
Como dice en la Biblia, se nos devolverán
De a siete veces por siete: Es la ley.

Es cabal pensar en que la raza humana
En un futuro muy próximo se extinguirá,
A menos de que nos unamos todos
Y reaccionemos a estas malas acciones,
Que cambiemos nuestros sistemas
De conducirnos a mejorar reglamentos,
Y las leyes, a respetarlas y a respetarnos:
A querernos entre los unos y los otros.

De no ser así, seguramente habrá más crisis,
Habrá más destrucciones continuamente,
Que obviamente traerán como consecuencia
Ese inevitable fin para la especie humana.

Faltaba alguien

Por millares, o quizá millones de años,
La Tierra se ha paseado con un ritmo
Presuroso en su órbita alrededor del Sol.

En su interior se agitaba aún la lava,
Que con ruido tan espantoso provocaba
Que de tiempo en tiempo la capa exterior
Se rompiera al momento de ser enfriada.

Sin embargo, los bosques ya mostraban
Su verdor, al verse tupidos y abundantes.
Las estaciones habían marcado su momento,
Ya la Primavera florecía deslumbradora;

Las avecillas trinaban volando en el cielo,
Sobre la brisa fresca, suave y cautivadora.
Todo rebosaba de fuerza grata y vivificadora;
Había gran energía de una gran tensión.

Pero…

Faltaba algo, mejor dicho, faltaba alguien.
Faltaba aquél para quien cantara el jilguero,
Aquél para quien se desdoblaran las flores,
Aquél para quien dieran sus frutos los árboles.

Aquél para quien todas estas hermosuras
Fueran abarcadas en su alma llena de anhelo,
Aquél que se personificó como el dueño único
De la Naturaleza y los hijos de la Naturaleza.

De aquél que lo sintiera todo y lo gozara,
Con el canto del ave, el murmullo del arroyo,
El perfume de las flores, el susurro del bosque,
El suave rumor de la brisa y la lluvia,
La suntuosa majestad de las montañas
El zumbido de las abejas…

Faltaba el ser racional, consciente y pensador,
Y se levantara con amor en alas de la gratitud,
Ante el Ser Supremo y Hacedor Soberano
De todas las cosas del Universo.

Geometría del sonido

Ondas infinitas hay de sonidos,
En los océanos de este Universo,
Deslizan por nuestra conciencia,
Patrones de intrincados bosquejos.

Fuerzas que mueven las corrientes,
Agitando secretas profundidades,
Donde la luz pocas veces alcanza,
Entran a nuestros planos y mentes.

De inmensurables explicaciones,
En interrelación infinita y compleja,
Late cada aspecto de la naturaleza,
Hasta la esencia viva de nuestro ser.

En nuestra completa inconsciencia,
Sonidos con sus ritmos particulares
Con sus notas, tonos y armonías,
Transmiten mensajes estelares.

Directo a nuestro subconsciente,
Con efectos en nosotros específicos,
Emocionalmente y físicamente,
Y de modos que aún no conocemos.

Sonido, es principio y fin del universo,
La vida que palpita en cada átomo,
Igual que como palpita en cada sol,
Es la energía y vibración universal.

Sonido, fue la primera manifestación,
Luz fue la segunda, de nuestro Creador,
Creando la ley de Acción y Consecuencia,
Que el Verbo geometriza en la materia.

Hacia dónde va el hombre

La evolución de la especie humana,
Desde el primer homínido bípedo,
Data de seis millones de años apenas.

Porque según la vida de la Tierra,
Cuatro mil seiscientos millones de años
Que los científicos le dan de edad,
Esos seis millones no representa nada.

Rasgos de las primeras civilizaciones
Datan de hace cincuenta mil años:
Vasijas analizadas en Carbono 14,
Para estipular que tenían esa edad.

Pero la verdad de las civilizaciones,
Es que empezaron a desarrollarse
Hace apenas unos quince mil años.

Quince mil años de civilización,
De intelecto, de desarrollo de mente,
De pensamiento, pero no de Conciencia,
Para que el hombre, desde que nace,

Hasta morir, sólo viva ochenta años,
¡Vaya brevedad de la vida…!

Y así, sin embargo, muchos hombres
Se sienten más grandes que Dios…
Eso demuestra poco desarrollo mental,
O su real y consecuente inferioridad.

Nos falta mucho camino por recorrer,
Para avanzar y seguir evolucionando.
Prácticamente nuestra especie
Es una especie que acaba de nacer.
Somos bebitos de la evolución apenas.

¿Podríamos creer que con unos
Diez millones de años más,
Que Dios nos permitiera existir,
Podríamos evolucionar en la mente,
Y ahora sí, también en la Conciencia,
Y eso fuera motivo para no ofenderlo…?

Por ser tan libres e independientes,
Quizás necesitáramos muchos años más,
Primero para advertir quiénes somos,
Pues a tan poco de ser civilizados,
Pretendemos igualar o mejorar a Dios.

Eso es meramente una arrogancia,
Que desvían las longitudes de onda,
Que llegan al Regulador Universal.

Por estos motivos y por otros más,
Creo que va a autodestruirse muy pronto
La raza humana: en breve desaparecerá.

Pues para ello nos pintamos solitos:
Nos matamos unos a otros,
Nos destrozamos, ideamos guerras,
Nos mentimos, nos traicionamos,
Abusamos de nuestros hermanos,
Igual de nuestros padres e hijos,
Ayudamos al desastre terrenal,
Quitamos a la Tierra lo fundamental,
Imposible que creamos en la inocencia,
No nos respetamos unos a otros,
Hacemos grupos de rebeldía organizados,
También de criminales organizados,
Los cuales pretenden acabar con la paz,
Esa amada paz que Dios nos regaló,
Destruyen todo el bien de este mundo,
Que también Dios nos regaló,
Y súmale otros miles de millones,

Que aspiran al poder, para dominar,
Destruir y robar todo lo nuestro,
Sin contar que entre todos,
Estamos acabando con los regalos
Que nos da la Tierra para el sustento:
Los mares se están contaminando,
Y nos estamos acabando sus especies,
Tanto de plantas como de animales,
Eso es atentar contra el Espíritu Santo.
Estamos acabando con los bosques,
Y los cielos se están abriendo,
Modificando capas que nos protegen
De los rayos y fuerzas exteriores…

En pocas palabras: estamos abusando
De todos los bienes que nos regalaron
Para subsistir como especie:
Estamos abusando de nosotros mismos
Individualmente, y como especie,
Y estamos burlándonos de Dios,
Estamos abusando del Espíritu Santo,
Que está dentro y fuera de nosotros.

Todo enfocado a la autodestrucción.

Sí, somos una raza muy adelantada,
Pero a la vez, una raza muy atrasada…
Que Dios nos perdone, porque actuamos
Justo en contra de sus planes universales.

Nuestras vibraciones son tan negativas,
Que se contraponen con la estabilidad
De ondas del Universo, y muy pronto,
Muy pronto, las respuestas a esas energías,
Nos serán llegadas de manera
Que la raza humana sea destruida,
Seguro va a desaparecer, a menos que
Nuestro pensamiento y libre albedrío
Hagan que nuestra mentalidad cambie.

Humanidad en riesgo

Vicios, odios, venganzas y resentimientos,
Se apoderan de la mente de los hombres.
Guerras son trofeos de este desequilibrio.

Cada día aparece una nueva enfermedad,
Más miserias y plagas que se agigantan,
Y todo eso ahoga a la pobre humanidad.

La Naturaleza se rebela contra la maldad.

Las vibraciones se les están regresando,
Y sin duda alguna, el que siembra rayos,
Sólo puede cosechar malos tiempos.

Ojo por ojo y diente por diente,
Esta es la Ley del Talión, y se cumple,
Igual aquí como en todo el Universo.

Más de mil científicos del siglo pasado,
Redactaron un claro mensaje, dedicado
A todos los habitantes del planeta:

"Las acciones de los humanos provocan
Daños irreversibles en la Tierra y,
A menos que se tomen medidas urgentes,
Ya no podrá haber salvación.
El mundo ya no puede sostenernos
Y necesita de nuestra ayuda".

La misión de todos los científicos
Es hacerles ver a todos los hombres
El peligro en el que nos encontramos,
Y los problemas que aún sufrimos,
Los cuales nos delatan y nos acusan,
De ser promotores de tanta destrucción,
Y daños que al planeta estamos causando,
Daños irreversibles, sin vuelta de hoja.

Los problemas más preocupantes son:
Disminución de la capa de ozono,
La poca disponibilidad de agua dulce,
La reducción de la vida marina,
Las zonas oceánicas muertas,
Las gigantes pérdidas forestales,
La destrucción de la biodiversidad,
El sostenimiento del cambio climático,
Fusión de hielos y nieves en los glaciares,
La aparición de nuevas bacterias
Y virus que se transforman en epidemias,
Y el constante crecimiento poblacional.

A pesar de todas esas advertencias,
El hombre continúa despiadadamente,
Abusando de su poder y de su capacidad
Para lograr todos sus propósitos,
Que no son otros, más que la ambición

Por tener más, no obstante los daños
Que causan a sus hermanos y al planeta.

Inquietudes del hombre

¿Y para qué queremos respuestas?

¿En qué nos vamos a beneficiar,
Al saber esas tantas respuestas?

¿Vamos a vivir más cuantioso, quizá?

¿Vamos a cambiar las condiciones
Del planeta por otro más puro,
Más sano, más limpio para vivir,
Que se transforme en un paraíso?

¿Cambiarían las formas emocionales
Y las espirituales de las personas,
Para que nos comprendamos,
Que nos amemos unos a otros,
Para que no nos hagamos daño,
Y no cometer pecados capitales?

¿Para que no nos ofendamos,
Para que no ofendamos a Dios?

¿Para que anulemos la pobreza,
Para borrar la miseria humana?

Pero los hombres somos testarudos;
Los hombres somos muy ingratos;
Los hombres somos tan egoístas,
Que si encontráramos las respuestas,
Seguiríamos siendo los mismos,
Y más crueles y malos que antes,
Porque se nos subiría el orgullo,
Por haber las respuestas aclarado,
No habría piedad entre nosotros,
Nos pisaríamos entre nosotros mismos,
Y nos cuartearíamos los caminos.

Somos bárbaros por naturaleza...

Pero eso sí, nos gusta inmiscuirnos
Entre las cosas ocultas de Dios,
Buscando revelar verdades absolutas,
Ocultas a nuestros conocimientos,
Cuando mejor nos debemos dedicar

A mejorar el único lugar del Universo,
Que se nos dio de hogar: La Tierra.

Sólo nos reducimos a suponer,
Suponer, suponer, y más suponer,
Miles de teorías y de hipótesis,
Y más teorías, que no son ciertas,
Y las nuevas impugnan, a las otras...

Así se va la humanidad acabando,
Y en ese caminar, renovando ideas,
Que puedan servir para encontrar
"Esa verdad" a la que, estoy seguro
Que nunca jamás vamos a llegar.

Pero nada cuesta suponer y soñar,
Como ahorita yo lo estoy haciendo,
Y lo hacen miles a cada momento.

Dice el genial científico S. Hawkins,
En su Breve Historia del Tiempo:
"El profundo deseo de conocimiento
Del hombre es la justa justificación
Para continuar nuestra búsqueda.
Y ésta no cesará hasta poder tener
Una completa imagen del Universo
En el que estamos viviendo".

Yo digo: La velocidad del avance
Del pensamiento humano es lenta,
Y este cerebro es tan poco capaz,
Que en el tiempo en que tarde
La especie humana en desaparecer
De la faz de la Tierra, ni siquiera
Habremos comenzado a definir
Lo que es realmente el Universo,
Y que es lo que en él realmente
Nos hemos cansado de buscar.

Ladrones de la Paz

A todos nos fue regalada La Paz,
Las vibraciones de las Arpas Eternas
Desde los Cielos Perpetuos,
Desde los inicios de todos los tiempos.

Dios lo hizo todo perfecto,
No faltó nada, no sobró nada...

Pero en la historia de la humanidad,
Encontramos que esa paz añorada
Ha sido capturada y mil veces violada,
Por una corriente intrínseca,
Proveniente de oscuras sabidurías,
Que nacen de ancestrales seres demoníacos,
Que lo que hacen es difundir y regar
Esa maldita semilla que condena,
Que maldice, a toda la raza humana.

Esta maldición perdura hasta nuestros días,
Miles de personas ya están contaminadas,
Son portadores de ese virus espiritual,
Que a la sociedad tiene condenada,
La tiene sojuzgada y sometida
Ante los deseos y miserias de tales hombres.

¿Con qué derechos en este mundo,
Los que hacen esas cosas, las hacen?

¿Para ellos ganarse qué, obtener qué...?

¿Es en beneficio de algo, o de alguien...?

¿A quién le puede servir lo que hacen?

¿Hay alguna ley que estén obedeciendo,
Cumpliendo al pie de la letra para actuar?

No creo, simplemente no lo creo.

Lo extraño es que ellos no se den cuenta
De esto, o al menos así lo pretenden.

Eso es pura aniquilación, destrucción,
De sí mismos y destrucción de los demás,
Pero notoriamente es pura decadencia,
Nos lo han hecho saber: "Destrucción"
Una y miles de veces,
Destrucción de la especie humana...

¿Es acaso que con lo que hacen
Creerán que separan un lugar en el Cielo,
O ahorran dinero para comprar hectáreas
Y más hectáreas de terreno paradisíaco,
Porque piensan que serán los elegidos
Para una vida futura llena de lisonjas,
Mercedes y gracias, sólo para sí mismos,
Pero en verdad lo que están usurpando,
Es un meritorio lugar en el Infierno,
El cual, desde que actúan como actúan,
Se lo tienen ya muy bien ganado?

¿O será que quieren realmente ganarse
Cierta felicidad a costa de gritos y lamentos,

De sufrimientos de los demás,
De penas y dolores de los atormentados,
De ver correr la sangre por los ríos,
Por las montañas, por las ciudades,
Por las calles, y las casas de los inocentes?

¿De dónde la raza humana aprendió
Esas pavorosas cosas tan terribles,
Que se contraponen a toda belleza,
A toda armonía, a todo amor universal,
A las corrientes vibratorias que se emanan,
De las que van y vienen, y se abrazan,
Y se entrelazan en todo el Universo,
Formando una concordia pura y sustancial
De la que siempre debemos parte formar?

¿Dónde está la lógica en estas realidades?
Parece que no tiene ninguna lógica...
No, definitivamente no la hay...

Rompe con todo paradigma universal,
Se sale de todas las leyes y normas rectas
De las enseñanzas espirituales y morales
Que se le han dictado a la humanidad,
Se sale de todo criterio, de toda razón,
Se sale de todos los entendimientos...

Debe de ser parte de una vibrante corriente
De locura que todo lo invade, sin duda,
O ¿habrá alguien que lo pueda explicar?

Alguno de ellos que lo viven de cerca,
Que han sentido esta fiera en sus venas,
Quizás nos podría explicar por qué hacen eso,
O mejor dicho, sobre qué estructura universal
Se guiarán para actuar de esa manera...

Oh Dios,
Dime por qué a un ser humano,
A un protegido tuyo, a un ente,
Entre toda la especie humana,
Pueda "gustarle" maltratar a sus hermanos
Y destruirlos, aniquilarlos, mutilarlos,
Hacerlos sufrir, descuartizarlos,
Por tan sólo obtener un simple beneficio,
¿O un patrocinio material para sí mismo?

Porque a eso se reducen todos sus deseos,
Obtención de ganancias, o un beneficio personal,
Y vamos que todo placer es pasajero,
Los placeres son simplemente: "momentáneos..."

Se reduce entonces a un breve momento
De una simple "satisfacción personal".

La Esencia Divina

Vamos a indagar en tierras mágicas
De las que son esencias o entes etéreos,
De las que son la bruma, o el espacio,
O una clase de suspiro, o un espíritu,
O un pedazo de ese aliento general,
O a esa pequeña parte del Universo
A la que pertenecemos junto al Todo,
Que aunque no sepamos lo que es,
Pero sabemos que no se puede ver,
Espíritu universal que es cosa real.

Creo que no necesita demostración,
Porque es cierto e innegable: existe,
Además rodea y contiene a lo físico,
A todo lo creado en la gran inmensidad.

Pero la cosa es que no se puede ver,
Ni tocar, si acaso podemos percibirlo,
Sólo su presencia mental o espiritual,
Pero sin una forma, sin estructura,
Porque no parece tener forma física,
Ni ecuación matemática simétrica,
Tampoco fórmula termodinámica,
Ni leyes de la física o de la química,
Para hacerlo aparecer en una reacción,
Ni entra dentro de las definiciones
Y composiciones de material molecular,
O de símbolos establecidos, o bien,
En una combinación de elementos
De los conocidos en la Tabla Periódica.

Ni siquiera por la Física Cuántica,
Se le conoce quizás algún componente
De los que hasta ahora conocen
Los hombres versados en las Ciencias.

¿Qué podría ser parte de un TODO
De dimensión desconocida para nosotros,
Que pueda envolver por dentro y por fuera
Nuestros cuerpos y nuestros espacios,
Que de hecho, es evidente que está aquí
En todo nuestro individual Universo?

He allí por qué no se le encuentra forma,
Es que no es cosa natural de este mundo.

Hay qué considerar que una dimensión,
Cuando es mayor envuelve o contiene,
A todas las dimensiones menores abajo,
Y para entender esto, basta con jugar
Con algunos conceptos geométricos.

Punto: en teoría se dice que un punto,
Se representa por el punta de una aguja,
Ya más no tiene dimensiones, y es que,
Un punto es un objeto adimensional.

¿Pero qué pasa cuando ese punto
Se sucede a sí mismo miles de veces,
Su estela deja el resultado de una línea
En la dirección que se haya movido?

Efectivamente, se forma una línea
Que se mueve hacia una dirección,
Luego, tiene sólo una dimensión.

Y es la primera dimensión conocida,
Donde el punto se mueve a su antojo,
Lo que quiere decir que el punto,
Está dentro de la primera dimensión,
O bien, que la primera dimensión lo contiene:
Allí está la primera dimensión conocida.

Si se proyecta la línea en una dirección,
Y ahora se forma la vista de un plano,
Tiene un largo y un ancho de distancia.

Formada está una segunda dimensión,
Pues es dueña de dos direcciones:
Es pues, la segunda dimensión conocida.

Debe de ser simplemente un plano,
Aunque su forma sea no uniforme,
Y de esta forma podemos decir que
Dentro de esta segunda dimensión
Se mueven las líneas, y los puntos
Que a éstas hicieron y formaron
Y la hicieron segunda dimensión.

Ahora, si tomas cualquier plano,
Que claro, tiene un largo y un ancho,
Y lo proyectas hacia una dirección,
Formas la figura de un sólido en
Tres dimensiones: largo, alto y ancho,
Simula la tercera dimensión conocida,
Sólidos exactos, amorfos e imprecisos.

Aquí el aprendizaje es observar que
Una dimensión contiene a las demás,
La tercera dimensión contiene la segunda,
Y así, la segunda contiene a la primera;
La primera contiene a lo más elemental.

Y así, como las figuras geométricas
Se ven capturadas por las dimensiones,
Es probable que nosotros como objetos,
Todos semejantes a las demás formas,
Estamos vistos en la tercera dimensión,
Y somos esencialmente parte de ella,
Y seguro nos mueve una cuarta dimensión.

Si no fuera así, pues estaríamos fijos.
Pero si nos movemos, estamos dentro de algo.

Una esencia de lo que ese algo está hecho,
Que nos contiene por dentro y por fuera,
Que nos traspasa, pues somos parte de ella,
Pues andamos en ella, flotamos en ella;
Pero no la podemos ubicar ni ver ni tocar.

No podemos ni siquiera imaginarla,
Lo que sí sabemos es que nos contiene
A todos completamente y por igual,
Seas una piedra, un planeta, un chango,
Una planta, agua, tierra, viento, fuego,
Una colina, una nube o una persona,
Toda la materia del Universo entero.

Estamos disueltos o esparcidos en ella,
En su esencia, y en todos los tiempos,
Es ese aliento que lo contiene a todo,
Y todo lo traspasa, y todo lo mueve.

Creo sin equivocarme, que el aliento
Que en todas partes habita y está,
Y todo traspasa, es el Espíritu Santo.

Cosmos, ese fuego que todo calienta;
La promesa, que a todo lo que existe,
Lo envuelve, y a todo hace germinar,
Es la savia que palpita en cada vida,
Y la hace pulsar y vibrar en armonía.

Forma los fluidos etéreos que nacen,
Van y se distribuyen por doquier,
Hasta que llegan a ser las sustancias,
Que la aurora sopla en cada amanecer,
Para beneficio de todo ser viviente
Doquiera haya un germen de vida,
Es el Cristo, que habita en el Todo…

El Cristo que habita en los corazones
De todas las cosas, seres y objetos,
Principalmente de los seres humanos.

Es el agua pura, que fluye y que llena,
Toda declaración de vida y de ilusión.

Nada existe, sin este aliento universal,
Ni el Sol ni la Luna podrían existir.

El aliento se encuentra en todo lugar,
Nada ni nadie se escapan de su fervor,
Está en los alimentos que ingerimos
Y en el aire de vida que respiramos,
Está en los planetas y en cada astro
Que se mueven en perfecta armonía…

La esfera

Si observamos desde lo más pequeño
Que pueda existir en el Universo:
Partículas minúsculas, y sub-subpartículas
De adentro de los átomos y núcleos,
Parece que tienen forma de esferitas;
La apariencia del núcleo de un átomo,
Tiene la forma de una esferita también.

Los electrones del átomo dando vueltas
A su núcleo dan la imagen de una esfera.

La Tierra naturalmente es una esfera,
Se mueve en círculo alrededor del Sol.

El Sol naturalmente también es esfera.

Todos los planetas y objetos celestiales,
Estrellas, galaxias y lo que se pueda ver,
Hasta donde el alcance pueda dar,
Son esféricos, y movimientos circulares,
Semejantes al movimiento de la Tierra,
Y de los demás astros del firmamento.

Así, tenemos a los sistemas planetarios,
Seguidos de miles de millones de galaxias.

Considerando el principio ancestral:
"Macrocosmos es igual a Microcosmos",
Sugiere que todo tenga que ser curvo.

Luego, que parece que todo es esférico,
Girando en su eje sobre sí mismo,

Su interior en movimiento esférico,
O sea, cada una de sus partes girando,
Vueltas dando dentro de la Gran Esfera,
Sosteniéndose sólo de la Gran Esencia.

De esta forma podemos imaginar,
Que el Cosmos se mueve en sí mismo,
Y esto lo hace como si fuera una esfera,
Y esta esfera girando sobre sí misma,
Pero de dimensiones sin límites,
Y moviéndose todas sus partes
Dentro, en forma tridimensional,
Justo en la esencia misma del Universo.

De manera que un punto determinado
En un lugar específico del Universo,
Al cabo de una vuelta en el movimiento
De la formidable esfera, teóricamente
Vuelve a estar en el mismo punto.

Aunque, se puede decir que un objeto
Nunca regresará al punto de origen,
Pero no por no atender al resultado
De ese tal movimiento esférico,
Sino por lo inmenso del Universo,
Y que para nuestros propósitos,
Debemos saber que no hay número,
Que imprima el resultado que pedimos,
Para ese objeto al dar esa vuelta,
E intentar llegar hacia el mismo punto.

¿Cuántos agujeros negros podrá haber?

Aunque el Cosmos es muy sabio,
Si le faltan, seguro que los creará,
Para que exista el balance total,
Ya que un agujero negro, lo que hace
Es absorber materia, e impulsarla
Hacia una determinada dirección,
Sin que nadie nunca sepa a dónde.

Debe ser una dirección preestablecida,
Para hacer el movimiento de todo
Cuanto se come, un tanto esférico…

Entre más agujeros negros existan,
Más se ayuda el Cosmos a que suceda.

Por eso, debe haber el número justo,
¿Pero en realidad, cuántos más habrá?

La respuesta es justa y proporcional
A lo infinito de nuestro Universo,
Un número infinitamente "infinito"

De agujeros negros que facilitarían
El proceso del movimiento circular
De una parte del Universo hacia otra…

Entonces, ¿qué forma tendría Dios,
Si el Universo total concentrado,
Tiene la forma de una esfera?

La nave

Conciencia es nuestro centro de masa,
Medidor y juez de las acciones nuestras,
Que da el balance, el acomodo y ajuste,
A nuestras ideologías, a nuestra existencia,
Para sentirnos dueños de decisiones justas,
Para el provecho de nosotros mismos,
Y por consecuencia, de nuestras castas,
En el exacto hoy y contiguo mañana.

Conciencia, decreta el mejor camino,
Pero la clave la dan nuestras inquietudes
Para inclinarnos hacia esa ruta diferente,
Que divide la encrucijada en dos caminos:
Uno milagroso dictado por la conciencia,
Otro que te dictan tus deseos y emociones.
Mas sin embargo, todos, vamos juntos
En una burbuja cósmica, sin excepciones.

Todo se mueve bajo un Orden Universal,
El halo invisible que envuelve todo objeto,
Toda criatura, por más reducida y pequeña,
Por más grandiosa o magna que ésta sea,
Rodeados en ese divino e imponente manto,
Sin poder escondernos, nos atrae su llamado:
Queramos o no, formamos parte de lo mismo,
Estamos contenidos como parte del Todo.

La gente puede hacer cosas terribles
Debido a su ignorancia o a sus carencias,
Pero es seguro que ninguna alma es mala,
Pueden hacer también cosas maravillosas,
De eso debemos de estar bien confiados,
Lo que la gente busca, lo sustenta el amor,
Y lo que a la gente altera y distorsiona,
Siempre será y ha sido la falta de amor.

El Todo se refleja en cada uno de nosotros,
En nuestra mente, como fuente de inspiración,

De introspección, como la fuente del saber,
De nuestro propio entusiasmo e intuición...
Allí se encuentra el calor interno del fuego
Que abrasa nuestro espíritu, y es el amor
Que abraza nuestra vida y nuestro caminar,
Objeto que identifica la piedad y el amor.

El Universo posee un orden perfecto,
Que nos involucra a todos como parte suya,
Nos permite ver las bellezas que observamos,
Y metido en nuestros frágiles sentimientos,
Deposita la gracia que Él mismo nos regala,
Gracia que al invadir nuestros corazones,
Se transforma en la misericordia que sentimos
Por todas las criaturas de este mundo...

La vida en la Tierra

Con relación a la aparición de La Vida,
Asimismo hay varias teorías que suponen
Que la materia orgánica, venía del interior
De nuestra Tierra, o que llegó del exterior,
Por aerolitos y meteoritos que llegaban.

La pregunta atrayente es ¿Por qué La Vida?
¿Qué diferencias tiene La Vida con la existencia
De otros objetos dentro del Universo,
O bien de los componentes de Dios,
O sea de los componentes del Cosmos?

¿Qué características serían necesarias para
Que se creara La Vida, que antes no existía?
¿Por qué el interés hasta este momento?
Al saber que el Universo está formado
Por objetos como gases, polvos, planetas,
Formados de elementos, piedras o minerales,
Repentinamente, la aparición de la vida,
Puede ser un misterio muy conmovedor.

Puede ser en el Cosmos como un comienzo
De algo nuevo, digamos, experimental,
Que al parecer antes no existía, y que existe,
Bajo la presencia de ciertas vibraciones.

Debemos constatar que el brote de vida,
Queda envuelto dentro de lo desconocido.
En vano el hombre y toda su sabiduría
Ha buscado el origen de esa vida.

El más sabio investigador siente al final,
Que sólo toca el umbral de un santuario
Todo cerrado, sin manera de cómo pasar
A romper las barreras para poder penetrar,
Aquí se encuentra ante la sumisión de Dios.

La Ciencia lo ve por el lado de la evolución,
Mas no resuelve dilemas de cómo comenzó.
Que esa es la incógnita por excelencia,
Y el hombre no parece quererla abandonar.

No se cansará nunca de buscar este origen,
Así los humanos estén a punto de eclipsar,
El hombre seguirá buscando su origen.

Bueno, parece absurdo y sería el colmo,
Que estando ya a punto de extinguirnos,
Sucede que ya encontramos el origen
De nuestra formación y evolución,
¿Pero para qué pudiera servirnos esa luz
Que estuvo oculta por muchos años?

Los seres orgánicos no sólo aparecieron,
Sino que por la Energía Potencial de Dios,
Se les participó de una fuerza increíble,
Que la materia inorgánica no contiene,
Es la fuerza creadora, tal que la vida misma
Pueda transmitir esa vida a otros seres.

La vida, tal cual, es efímera, dura poco,
Y muere con mucha facilidad...
Y es lógico que para compensar
Lo efímero de su presencia en el Cosmos,
Se les diera la gracia de dar vida a otros,
Para perpetuar su presencia en el Universo.

La "vida" para crear vida necesita sexo:
Diferencia entre piedras y seres vivos,
La vida para producir vida necesita,
Combinar sexos para seguir desplegándose.

Esto es muy caprichoso, y al parecer,
Nos sugiere que sea parte de un plan,
Y digamos que sea un plan Divino,
Porque ya en este punto, nos metemos
Con un dilema que no tiene explicación.

Los científicos siguen sosteniendo
Que la "vida" en sí, sola se abrió camino,
Y no creen que hubiera sido necesaria
La presencia intermediaria de un Creador.

Pero en fin, son sólo conjeturas e hipótesis,
Sin llegar a lograr una demostración,

Pues su desarrollo en millones de años,
Realmente nunca dará una demostración.

Mas yo digo que los cambios en el Cosmos,
No tienen imposibles, y la Energía acumulada,
Dentro de la masa de Dios, no tiene límites,
Y las vibraciones que se generan,
Tienen un sinfín de frecuencias, y éstas,
Hacen que se creen nuevas cosas a la vez.

Cada cosa creada, manifiesta su frecuencia,
Y si tal frecuencia compagina con el Todo,
Se le regresa una nueva para mejorar lo anterior,
Dentro de la evolución del Cosmos.

Lo desconocido

La vida y la muerte son dos dimensiones
Completamente diferentes, y al parecer,
No es permisible que se pueden mezclar.

"A fuerzas he de saber lo que no se conoce,
Lo que nadie sabe, y donde nadie ha ido,
He de entender, una explicación he de tener,
De lo que hay justo allá, en el Más Allá,
¿Pero cómo es que me voy a morir
Sin poder saber a dónde habré de ir?".

Esta es una intranquilidad de todos,
Es una obstinación del alma humana,
Que incita a su propio cuerpo para que
Ayude a revelar lo que nunca va a saber.

Quiere hallar el origen de su naturaleza,
A fuerza ha de saber a dónde pertenece,
Saber cómo fue creada y quién la creó.

La Verdad es que nada tendría sentido,
Nadie cambiará nunca su trayecto en vida,
Tu tiempo contado no has de modificarlo.

El que muere, simplemente ya muere,
Y el que sigue viviendo, seguirá viviendo,
Hasta que le llegue en punto su hora,
Nadie la puede acercar ni nunca alargar,
De esta forma, ¿de qué nos serviría saber
Lo que tenga que ser que nos espera?

Dejemos sueños y anhelos por saberlo,
Si fuera cosa buena o fuera cosa mala,

O bonita o fea, placentera o dolorosa,
Si es que hay, o no hay Más Allá,
Deduzcamos ya, que nunca jamás
Lo vamos a saber, ni a descubrir,
Además, ni lo podemos hacer nuestro,
Pues el día que muramos acabará todo,
Se nos apaga la luz, se nos acaba el juicio,
Se nos acaba la vista, el oído, la voz.

Digamos que todos los sentidos fenecerán
A nuestro cuerpo yerto, ya no nos servirán,
El alma se quedará a oscuras, como antes,
Antes de que nos diera a luz nuestra madre,
Y si no vamos a tener nada de eso,
Seguro también, al fin se acabará el miedo.

Ahora sí: haya lo que haya, sea lo que sea,
Venga lo que venga, habrás de enfrentarlo,
Y ni siquiera te vas a dar cuenta de cómo.
Así lo han hecho todos los miles de almas,
Que han muerto en este largo recorrer.

¿Y qué les ha pasado…? Nadie lo supo,
Nadie lo sabe, ni lo sabrá, nadie se quejó,
A lo mejor ni hay nada, y nosotros acá,
Con miedos y disyuntivas de estas cosas.

Es que realmente la verdad de todo esto,
Es que somos unos auténticos necios.

¿Para qué ansiamos saber todo lo de allá:
Ni siquiera lo vamos a ver, ni a entender,
Ni a vivir, pues ya estando muertos,
Por allá andaremos como éter o espíritu,
Y cómo sentir nada, ni siquiera el miedo?

Sin miedo no hay perjuicios, ni prejuicios,
Ni impaciencias, ni ansiedades, ni obsesiones,
Ni angustias, ni necesidad de saber nada.

Por ende, muertos: "ya no somos nosotros",
Nada nos interesa: "ya no somos nosotros",
Nada nos importa: "ya no somos nosotros",
Ya nada sabemos: "ya no somos nosotros",
Si ya no somos nada, pues nada es la nada,
Y nada es lo que somos, fielmente: nada.
Sencilla y simplemente: nada…

Fuimos alguna vez, un alma contenida
En un cuerpo con cinco ventanas,
Por donde ésta podía comunicarse y admirar,
Todo lo que estaba afuera, a su alrededor.
Pero al morirse ese cuerpo se hizo polvo,

Su alma quedó afiliada a la esencia universal,
Entremezclada con el Todo, y por lo tanto,
De lo que fuiste TÚ, sólo quedó: NADA.

Los perversos

Nosotros somos esclavos del pecado,
De nuestro ego, diablo, Yo, o defecto,
Ellos nos matan, roban, violan, mienten.
De su acción, el hombre es el instrumento.

Nuestro cerebro es el órgano receptor
De órdenes que nuestros pecados le dan
Que según el vicio, distribuye al cuerpo,
Controlado por el ego o Yo psicológico.

Órdenes que no son de piedad ni de amor,
Ni de paz, ni de armonía, ni de consuelo.
Mas si se tuvieran en algún momento,
Sería Cristo que nos habla al corazón.

Él se dio una tregua en ausencia de ellos,
Para darnos una señal de paz y de ayuda,
La cual muy poco dura, pues Los Perversos,
Al enterarse, lo borran de nuestra mente.

Más Allá

Unos decían que era un lugar mágico,
Estaba en una dimensión desconocida.

Los que allí habitaban no tenían vista,
Ni escuchaban, ni hablaban, ni tentaban.

Se comunicaban con sus mentes abiertas,
Y sus sentidos muy ocultos y secretos.

Herencia de un distintivo que fue humano,
Y que en efecto, resguardaba sus secretos
En un espacio escondido en sus mentes.

Unos dicen que es un lugar para difuntos,
Que no tienen cuerpo, sino sólo espíritu,
Porque en tal lugar no hay nada material.

En un vivo, sólo existe en la mente humana,
Porque no hay manera de imaginarlo más;

Es una dimensión que sólo la habitan,
Los que tienen un pasaporte de entrada,
Obtenido durante su vida, con su muerte,
Y tal pasaporte no da permiso de retorno.

¿Será el lugar a donde regresan las almas
Que nos prestaron al momento de nacer?

¿Será el lugar de la concentración total
Del conocimiento de toda la humanidad?

¿Será el lugar donde se encuentra Dios,
Los Ángeles, los Santos y la Virgen María?

Todo mundo quisiéramos ver estas cosas,
Que los Santos Padres de la Iglesia cuentan,
Y las presentan como si fuera la Verdad.

Por todo eso que se dice, me da miedo,
Porque siempre he sentido, y es seguro,
Que en el Más Allá hay algo, ¿pero qué?

Al menos todos tenemos pensamientos,
Podemos usarlos para imaginarnos cosas,
Y más que eso es la "intuición": sensibilidad,
"Visiones beatíficas", les llama la religión,
El juicio claro que invade los pensamientos,
Aunque el caso es simplemente imaginativo.

Las personas más allegadas a la Iglesia:
Beatos, Santos y los Padres de la Iglesia,
Han creado mucha confusión en la gente,
De lo que hay o no hay en el Más Allá.

Ellos puedan basarse en escritos bíblicos,
Con que hacen sus meditaciones, y luego,
Unidas a sus intuiciones, logran cosas buenas,
Pero en realidad, no saben cómo probarlo.

Es como los pensadores y los científicos,
Que por encontrar verdades del Universo,
No se cansan de lanzar teorías y corolarios,
Afines a cosas que no pueden comprobar,
Pero ellos aseguran que son sus verdades.

"Toda Ciencia, comparada con la realidad,
Es primitiva e infantil... Y sin embargo
Es lo más preciado que tenemos". Einstein.

Más Allá... De la vida, o de la muerte...

¿Creer o no creer lo que dicen los sabios?

Muchas veces lo que de esto se ha dicho,
Es refutado por una filosofía nueva,

Que se impone como la madre del pensamiento,
Y será en la que ahora habrá qué creer.

Aunque el juicio clerical mucho infunde
Los males que te esperan en el Más Allá.

Hay que pagar diezmos y dejar limosnas,
Hay que comprar muchas indulgencias,
De las que hay ligeras, normales y plenarias,
Para quitarse pecados: para ser indultados,
De los castigos y penurias del Purgatorio,
Y sobre todo para poder entrar al Paraíso.

La gente teme los dictámenes de la Iglesia,
De las restricciones para pasar al Más Allá.

Como Dante Alighieri con su Divina Comedia,
Vino a reforzar las bases de lo que se inculcaba,
A los creyentes sobre lo que era el Más Allá,
Referido al Infierno, al Purgatorio y al Paraíso:
Lo que suele suceder a las almas de los muertos,
Cuando cruzan el túnel que las lleva al Más Allá.

Los dirigentes de la Iglesia en base a ese poema,
Lo instituyeron como si fuera certero y fidedigno.

Pero Ay de la Institución Religiosa de la Iglesia,
Nada más falso que lo que hicieron en ese tiempo,
Pues en la misma Biblia, en algunos versículos
Dice claramente que "Nadie, se debe hacer idea
De lo que hay después de la muerte, o bien,
Del Reino de los Cielos": Es justo el Más Allá
Que parece que todos desconocemos…
Pero que con ahínco desearíamos conocer.

Si tratas de descubrir qué hay en el Más Allá,
Verás que no hay, ni habrá maneras de saberlo,
Si muchos hubieron escrito lo que escribieron,
Y si los videntes hubieron dicho lo que vieron,
Y si los adivinos suponen lo que existe por allá,
Absolutamente nada de eso es comprobable.

Necesitarían venir los muertitos a contarnos
Paso a paso lo que han visto y han sentido.

Los muertitos no pueden venir a contarnos,
Ni siquiera a dictarnos en sueños qué sucede,
Luego, no se puede tener ninguna evidencia.

Está más que claro que sólo queda la Fe
Esa poderosa arma que hace que un sujeto,
Crea en algo, sin tener evidencia ni presencia,
Y en esto sí que no nos podemos meter,

Porque aquí cada quien cree lo que quiere,
Basado en sus propios sueños e imaginación.

Ni cuando nos llegue la hora de la muerte,
Que sería de todos el momento más evidente,
Porque como con la muerte se acaba todo,
Nunca lo podremos saber, ni nadie lo sabrá.

No sabemos qué hay en el Más Allá, sólo que
Es dimensión desconocida para nuestra mente,
Que es el lugar santo donde Dios mora,
Y ni en sueños nos atreveríamos a asediar.

Medicina contra natura

En la Tierra sus poderes esparcen,
Al temor al dolor y al temor a la muerte.
La ciencia médica, la ciencia alópata,
Su influjo en el humano es dominante.

Sanar enfermos por medio natural,
O sanar enfermos por misericordia:
Una, delito según la medicina oficial,
La otra es Gracia de la Ley Divinal.

Curanderos, brujos y galenos sin moral,
Explotadores indignos y engañadores,
Encaran a los que apostolado han hecho
Y son de la humanidad benefactores.

Cruenta lucha dando bien al prójimo,
Recibiendo mal de nuestros semejantes,
Es la lucha de la naturaleza superior,
Hombre contra mundo, demonio y carne.

Sabiduría de la Naturaleza Divina,
A los dominios del espíritu se remonta,
En fuentes de la Divinidad se ajusta,
Y en las Facultades del Alma se estudia.

Si los médicos quisieran ser magos,
O bien científicos de la naturaleza,
Enriquecerían su entendimiento
Prestando esmero a la sapiencia oculta.

El menosprecio a las formas naturales
Que brindan las leyes inmutables,
Conduce a la cruzada contra el flagelo
De dolencias del cuerpo y del alma.

Mente y Ciencia

Cosa a considerar en el pensamiento:
Hacer valer el obtenido conocimiento
Por la combinación de la intuición,
De la imaginación, de la observación,
Y experimentación del método científico,
Pero sólo hasta donde éstos alcanzan,
Sin forzar a la Ciencia a que dé más,
De lo que ya no puede más dar.

El hecho de formular una teoría,
No es necesariamente meritorio,
Para que tales conocimientos, o bien,
"Verdades pendientes por demostrar",
Se tomen como una verdad absoluta,
Y ni siquiera puedan ser puestas a prueba.

Hemos visto que siendo eso tan común,
Hay teorías que nunca se comprobarán,
En algunos casos, que son la mayoría,
Ya ni habrá Tierra para vivir en ella,
Hacer una fila esperando comprobar
Lo que quieren confirmar esas hipótesis.

Otra cosa a considerar es la siguiente:
Creer un poco más allá de la Ciencia,
De lo que pueda dar, sin que lo avale,
Pero con la fe puesta en la imaginación,
De lo que puede haber y no puedes ver,
Lo que crees, pero no sabes que existe,
Lo que supones que será, sin haber visto,
Pero esperar a que pudieras un día verlo,
Es respetar lo que la Ciencia ha establecido.

"Tened la fe como de un grano de mostaza
Y podréis mover montañas", Dijo Jesús.
"Fe es el poder mágico más tremendo
Que existe en el Cosmos", S. Aun Weor.
Ver con fe es instruir, es ver con el espíritu.
Y justamente es la mirada espiritual
La que alcanza a contemplar la Verdad,
Porque la Verdad no se podrá alcanzar
Si no es de la mano del Espíritu Santo,
Y quién mejor que el Alma del hombre,
Que puede conectarse en directo con Él,
Ya través de Él, descubra la Verdad.

Otra cosa a considerar es la Ignorancia,
En que los que la poseen no saben nada,

Ni de sapiencias, dictadas por la Ciencia,
Ni cómo el Método Científico funciona
E influye, para tomar miles de decisiones.

No saben siquiera de fe, ni cómo acciona.

Actúan puramente por intuición o inercia,
Van hacia donde todas las cosas se mueven,
Sin saber a dónde van, sólo con ignorancia,
Sin saber lo que sucederá o no sucederá,
Pero sí con las experiencias obtenidas,
Por sus acciones propias, de donde sacan
Sus propias actitudes y sus conclusiones.

Música moderna

La música moderna tiene bastantes sinónimos,
Llámesele "Música sin armonía", "No auténtica",
"Careciente de ritmo preciso", "Música Disonante",
"Música de sonidos estridentes y perjudiciales
Para el beneplácito y salud del cuerpo humano".

Daña el Sistema Nervioso y altera los órganos
De todo el Sistema Fisiológico e Inmunológico.
No hay concordancia ni analogía de su armonía
Con la música de las Arpas Eternas del Cosmos,
Ni con la taciturna resonancia de las Esferas.

Su vibración es rechazada por las Vibraciones
Eternas.
En cambio, la Música Clásica es toda armónica,
Vibra en comunión con lo inefable y lo eternal.
La persona espiritual siente amar la música clásica,
Siente fastidio por la música nociva de tropa vulgar,

Porque sólo aviva los más bajos instintos del hombre,
Incitándolo a movimientos burdos y acciones
animales.
El Alma comulga con la Armonía de los Espíritus,
Que forman todas las vibraciones del Universo...
Armonía es la Voz Esencial, es La Voz de Dios.

Nos traspasa

Los cuerpos del Universo somos huecos
Y la esencia que nos contiene

Nos traspasa por dentro y por fuera,
Aunque seamos sólidos como piedras,
De manera que estemos o no estemos,
O bien, existamos o no existamos,
Esa esencia allí estará en el mismo lugar
Que seguramente nos vio nacer,
Y también nos vio crecer y morir.

Así que, cuando una estrella desaparece,
O desaparece una persona, o un animal,
O igual que cuando una planta muere,
El espacio que ocupaba, evidentemente,
No se va con la cosa que desaparece,
Se queda donde está, eternamente,
Porque siempre ha estado allí,
Lo que ya no estará es lo que se fue,
Lo se transformó en otra cosa,
Porque bien dicen los científicos que
"La materia no se crea ni se destruye,
Sólo se transforma". Eso, demuestra
Que todo, y todos estamos contenidos
En esa esencia etérea, eterna y universal.

Número Áurico

Italiano llamado Leonardo de Pissa,
Popular en la Ciencia como Fibonacci.

Fue quien difundió por toda Europa
El sistema Indo-Arábigo de números
Que sustituyó a los números romanos,
Añadiendo el "cero" a su numeración.

Los genios matemáticos de La India
Revelaron una sucesión de números,
Que son llamados "números mágicos",
Conocidos como "Serie de Fibonacci".

Lo sustancial de esta divinal serie,
Es que aparecen dos números
Que son consecutivos de la serie,
Frecuentemente en el desarrollo
Geométrico natural de todas las cosas
De la naturaleza, desde una flor,
Hasta los arreglos geométricos
De las galaxias más complicadas.

El sistema de conteo es sencillo:
Sumas los dos primeros números,
Luego al número que sigue,
Sumas el resultado de la suma anterior,
Luego al número que sigue,
Sumas el resultado de la suma anterior,
Así continúa la serie hasta el infinito.

Una observación mágica en esta serie:
Al dividir dos números consecutivos,
El mayor entre el menor, obtienes 1.6,
Pero a medida que los números crecen,
El número éste se va acomodando
A un número que parece muy igual
En todos los casos, y es: 1.618033
Con un número infinito de decimales.

Este número es llamado Número Áureo,
Se le ha nombrado la letra griega Fi.
Se le considera: "la Proporción Divina",
Porque da las proporciones adecuadas
Con que Dios creó todo el Universo.

En la antigüedad, antes de esta serie,
Se usaban las partes de un pentagrama
O estrella de 5 puntas y sus partes,
Que eran medidas perfectas
Para construir todo lo bello,
Todas las estructuras arquitectónicas,
Las pinturas perfectas, las esculturas.

Estas partes del pentagrama
Forman parte de todas las estructuras
Naturales de todas las cosas.
Ahora con dos números consecutivos
De la serie de Fibonacci se hacen
Semejantemente estas proporciones.

Así también es que para la música,
Se usaron estas simetrías
De las medidas de la estrella de 5 puntas
Para determinar tamaños de las cuerdas
Al ser usadas para dar los sonidos
Espaciados uno del siguiente,
Con proporciones precisas y exactas
Para dar la nota justa adecuada
Y consecutiva una después de la otra,
Que son los siete sonidos de la naturaleza,
Que adornan todo pentagrama musical,
Y que en esencia están en todo el Cosmos.

Son las notas de las Esferas Cósmicas,
Son los sonidos de las Arpas Eternas,
Que invaden nuestra mente sin saberlo,
Que nos afrontan con la Paz de Dios.

Son las notas divinas con las que Dios
Envía frecuencias en las inmediaciones
De nuestro entorno universal local,
Al alcance de nuestra tercera dimensión.
Nos serena, nos estrecha, nos ampara
Con su música suave y con su luz.

Es Su Voz, su frecuencia nos reconforta,
Nos arrulla con el resultado nacido
Precisamente del Número Áurico,
Que está presente en la estructura
De las notas musicales del pentagrama.

Estas mismas notas que usa Dios
Para enviarnos sus frecuencias divinas
A través del Cosmos, de los astros,
De las galaxias, y de todo lo creado,
Son las mismas notas musicales naturales
Que usaron todos los grandes maestros
Que crearon las obras clásicas sin par,
Que legaron creaciones "perfectas",
Adecuadas para nuestros oídos y mente
Y para nuestro pensamiento,
Para gozar de serenidad, salud y paz.

Proviene de mundos superiores,
Incita y aviva la Conciencia Universal.
La música es la voz, es el verbo de Dios.
La verdadera música es la música clásica,
Pues despierta lo sutil de nuestra mente.

Toda la música es creada precisamente
Con estas siete notas musicales,
Y a medida que las proporciones crecen,
Las notas suben o bajan de frecuencia,
Puede llegar a formar sonidos muy graves,
Así como también forma muy agudos.

No digo que estos sonidos sean malos
Que causen malas vibras en nuestro cuerpo,
Pero son precisamente los sonidos
Que muchos usan para hacer música,
Y no es música, sino una distorsión
Una desproporción de lo bello,
Con lo que causan en el ser humano
Que se conduzca con vibras inadecuadas,

De incomodidad, que sufra, que enferme;
En algunos casos hasta que enloquezca.

Ése es el tipo de tratamiento que
Los dizque jóvenes "músicos modernos",
Le dan a los sonidos naturales,
Que se crearon con los números mágicos
Y las proporciones divinas y místicas
De los Números Áuricos…

Objetivo: ¿aquí o allá?

¿Por qué la inquietud por el Más Allá?
¿Por qué el afán de revelar qué hay allá?
¿De qué nos podría servir todo aquello?
¿Cambiaría en algo mi brevísima vida;
Mi intrascendente e insignificante vida,
O el poquísimo tiempo de mi existencia,
Si seguro me entero de lo que hay allá?

Si llegara sin probabilidades a descubrirlo,
¿Podría tener yo la autoridad de cambiar
El curso de mi vida, mi duración y final?

¿Qué tan sustancial pueda ser para mí, si yo,
En verdad no soy nada ni nadie importante,
Soy de lo más pequeño e insignificante
Que existe en el Universo… Por eso,
Qué valor puede tener para mí saberlo?

No me digas que porque tengo capacidad
De pensamiento debo de saberlo todo,
¿Acaso por tener capacidad de pensar,
Debo saber lo que hace y deshace Dios?

¿No será que estoy siendo algo arrogante
Al querer saber cosas que son sólo de Dios?
¿Quién soy yo para estar bien informado,
De las grandezas que existen en el Universo?

En verdad ¿qué puede importarle a un piojo,
O bien, a una vaca, o a un árbol,
O a una montaña, a un pájaro, o a un poste,
O a un tontito, o a una tortuga, o a un delfín
Lo que pueda haber en el Más Allá,
Que para los fines de la eternidad,
Qué diferencia pueda haber entre ellos y yo?

¿Es acaso que soy más grande que ellos,
Es que merezco más privilegios o menos,
Es que viviré más, o menos, que ellos,
O me quiere a mí Dios, más que a ellos?
¿Por qué a mí me importa y a ellos no?

¿No es que todos vamos a donde mismo
Una vez que se te acaba la vida y mueres,
Seas el más inteligente, o el más estúpido
Pensante o no pensante, de este planeta?

Pues sí, en realidad soy muy arrogante…
Esa es, sin duda, la más cruda verdad…

¿Qué tal si se revelara lo que hay Más Allá,
Y encontráramos que lo que nos espera
Es realmente aterrador, desgarrador,
Desilusionador, devastador, desastroso,
Intolerable, temible, insufrible y doloroso?
¿Los círculos de los Infiernos de Dante?

Si fuera algo que a nadie le gustara,
¿Acaso podría yo resistirme a morir?
Pero qué tal si fuera algo muy bueno
Lo que hubiera por allá, bello, hermoso,
Que fuera placentero, y de suave paz,
¿Acaso pudiera yo morirme de una vez,
Para estar allá antes que los demás?

¿Cuál sería el objetivo de estar aquí?
¿Cuál sería el objetivo de estar allá?

Objetos orgánicos e inorgánicos

Parece confundirnos: objeto orgánico
Con su contraparte que es el inorgánico.

Orgánicos lo constituyen los seres vivos:
Plantas y animales, todo cuanto perece;
Todo lo que un día crece, y se reproduce,
Y al cabo del tiempo se acaba y envejece.

Lo inorgánico ni crece ni se reproduce,
Son las piedras, los cerros y los metales
Del Universo todo, todos los elementales,
Su combinación o mezcla todo lo abastece.

Pero esto que digo es cosa muy curiosa,
Animales, plantas y el ser humano, mueren,

Y en cosa inorgánica, tierra, se transforman.
De todo el Universo es la parte inorgánica.

Así parece que cosa orgánica e inorgánica
Entrelazan cosa que no es ni lo uno ni lo otro,
Ningún elemento ni la combinación de todos
Pero forma parte de ese total Universo.

Esta sustancia etérea que todo lo entrelaza,
Parece que todo lo combina en una sola cosa,
Es la mente o pensamiento o Espíritu Santo,
Esencia invisible que nunca muere, que salva.

Forma y une nuestras partes elementales,
Armando nuestro espíritu y partes materiales
De modo que está dentro y fuera de nosotros
Dentro y fuera de todas las cosas, eternamente.

Es la esencia invisible, inmaterial e inmortal
Que flota sobre todos nosotros dentro y fuera,
Y aunque todo lo demás un día desaparezca,
Éste se queda en el Todo, al que pertenece.

Ojos cerrados

En mi exterior y en mi interior
El Universo se destila y se modula.
Dejo al alcance de mis manos
Lugares repletos de mil misterios.

Hay tanto, tanto que puedo ver,
Hay tanto que me quieren mostrar.
Pero si hay tantas, tantas maravillas,
Que endulzan mis pensamientos.

Al alcance de mi mirada, grandezas,
En nuestra mente e imaginación.
¿Dime pues, la Felicidad que no encontraste,
Ahora en manos de quién la dejaste?

¿Ojos mal diseñados?

Nada de lo que en el universo existe
Es tan sólido, como lo parece ser,
Ni el cuerpo humano, todo o parte.

Todo lo que nuestros ojos puedan ver,
Se aprecia perfecto, según el enfoque,
Porque tenemos una visión estándar,
Que todo lo ven como debe de ser.

Los ojos no se pueden auto-regular,
A las lentes tenemos qué recurrir,
Para más cerca o más lejos poder ver.

Dentro de nosotros hay organismos,
Moléculas, átomos, elementos,
Y los componentes de los átomos.

Con nuestra vista, aunque nos esforcemos,
Nunca los podríamos ver, a menos
Que veamos a través de varias lentes:

En los orgánicos veríamos series de células,
En los no orgánicos veríamos formas
De enlaces magnéticos geométricos.

Si nos vamos aumentando el poder
Del objetivo visual con mejores lentes
Cada vez más poderosas y más potentes,
Podríamos ver entre átomos sus uniones,
Separados a distancias entre unos y otros,
Tan grandes, extremadamente colosales,
Comparadas con los diminutos tamaños
De sus núcleos y de sus demás partículas.

Nos sorprendería la similitud de esto
Con lo que existe en el Universo exterior,
Sobre los gigantescos y vacíos espacios
Entre los titánicos cuerpos cósmicos.

Si se incrementa el objetivo de la lente,
Se podrían ver espacios vacíos enormes,
Justo así como es en el espacio exterior,
En la realidad, así es todo el Universo.

Viéndole la lógica a todo lo que decimos,
Si nuestros ojos hubieran sido diseñados
Para ver como se ve en esas amplitudes,
Nos veríamos a nosotros mismos,
Como nuestros ojos ven al Universo.

No sería sensato que tuviéramos visión,
No podríamos apreciar la bella creación.
Todo sería lo mismo, espacio y partículas,
Sin formas bien definidas ni tamaños.

Parece que todas las cosas, sólidos,
Líquidos y gases, que hay en el Universo
Están, o mejor dicho, estamos huecos,

Mas el ojo se niega, no quiere verlos así,
No podríamos ver nada, sólo vacío
Y más vacío, en la mayoría de los casos.

Los objetos pueden reflejar la luz,
Para quien puede verlos comprimidos,
Para darnos sus colores espectaculares,
Las formas deliciosas que nuestros ojos
En su visión nos hacen poder disfrutar.

Si nuestra visión fuera tan extendida,
Esa luz no podría reflejarnos nada,
Pues toda luz, también se confundiría
Con todos los huecos de los objetos,
Los traspasaría, y no habría reflejos
Hacia los ojos de un observador.

Paz del Cosmos

Cada uno de los universales elementos,
A ciertas frecuencias todos vibran,
Y al estar en movimiento esas frecuencias,
Cambian para generar longitudes de onda
Que son medibles en todos los casos.

En cada objeto las longitudes de onda,
Son medida de su estabilidad física,
De su estado, de su "salud", quizá,
De su manera de pensar, si pensara,
De su capacidad de crear, si tuviera,
De su potencial para actuar, si pudiera,
De su movimiento, y en pocas palabras,
De su energía potencial interna.

Si un objeto ha de transformarse,
Su masa es pura energía potencial
Antes del momento de la mutación.
El importe de energía es relativa al peso.

La vibra y longitud de onda particular
De cada objeto pueden ser alteradas
Por los medios externos de tal objeto,
O lo que es igual, por otras frecuencias
Que flotan en la esencia del Universo,
Esto puede causar que no lo soporte.
Debido a eso, puede llegar a explotar,
A desaparecer, o se puede desvanecer.

Comienza vibrando, y llega a explotar,
Hasta que en polvo se ha de transformar.
Los objetos del Cosmos en movimiento,
Viajan con él al igual que sus frecuencias.

Y esto corresponde a decir que Dios
Siempre está en constante vibración,
Por ello genera una cierta frecuencia,
Que es equilibrada en el espacio vacío
Al que hemos llamado Espíritu Santo,
El cual se encarga de custodiarla,
Bajo un estándar general significativo,
Que pueda mantenerla en equilibrio.

Este equilibrio cósmico de frecuencias,
Es lo que se llama la Paz del Cosmos.
Un objeto que forma parte de Dios,
Y que no vibre semejante a esa Paz,
Que el Espíritu Santo respeta y equilibra,
Simplemente se rechazará su vibración,
Por ser distinta a la del nivel del Todo.

Luego, se le transforma en otra cosa,
En algo apropiado al nivel de vibración
Que sea semejante al nivel del Todo,
O convertirlo en polvo u otra forma
Que no posea vibraciones negativas.

El Espíritu Santo se viene a convertir
En mediador, regulador, y controlador
De todas las longitudes de onda
De todas las frecuencias universales:
El Redentor de todo cuanto existe.

El Espíritu Santo por consecuencia
Da la ilusión a la Conciencia Cósmica,
Como una Paz del Cosmos reguladora
De todas las vibraciones del Todo,
De todo cuanto tiene masa, o Dios,
Y todo lo que está en Él contenido.

La Conciencia Cósmica, es entonces
La Promotora de la Paz del Cosmos,
Mejor dicho, del Equilibrio Universal.

Parece que este bondadoso concepto
Se adapta al discernimiento eterno
De todas las religiones de la Tierra,
Entre lo bueno y lo malo,
Entre el pecado y la virtud,
Entre el premio y el castigo,
Entre el Cielo y el Infierno,

Entre la buena y mala voluntad,
Y creo que obedece a vibraciones.

Es por eso que por allí en la Biblia
Dice que "al enviar pensamientos
Que sean buenos o sean malos,
Se te devuelve siete veces siete".

"Benditos los buscadores de paz,
Pues serán llamados Hijos de Dios".
¿Tendrá todo eso algo que ver
Con las explicaciones anteriores
De la Conciencia y la Paz del Cosmos?

Las galaxias que chocan o explotan,
Las estrellas que mueren y se apagan,
Las explosiones y choques de soles,
Las destrucciones masivas de estrellas,
La desaparición de miles de especies,
Fenómenos naturales no deseados
Que están sucediendo aquí en la Tierra,
Como los terremotos, los sismos,
Las inundaciones, los ciclones,
Erupciones volcánicas y de la corteza,
La muerte natural del cuerpo humano,
La maldad en general que trae en sí,
Mil consecuencias, como las guerras,
Y la autodestrucción del ser humano…

Todo eso obedece a los cambios
De longitudes de onda de los objetos,
Y sus cambios de frecuencias,
Que no van en equilibrio con La Paz.

Presencia de vida

Recogerte es confesar, es profundizar, es conocerte,
En búsqueda de paz, orden y arreglo en tu vida;
Pero el aislamiento puede provocarse a la fuerza,
Y aún así, mide tu capacidad de adaptabilidad,
Quizás tu fortaleza, sin que pierdas ecuanimidad.

Tu capacidad de vivir de la mejor manera posible,
La llevas en tu piel, en tus sueños y en tus deseos,
De manera que cuando estás sufriendo, añoras
La presencia, las acciones y el contacto personal
De ese alguien cuya persona ayuda en cantidad.

Las frases de aliento resultan ser huecas e inútiles,
Si no son acompañadas de una sincera sonrisa,
Expuesta en persona, con una mirada consoladora,
Aún sin palabras, dan ánimo, fortaleza y soporte,
Basta brindar una mano amiga que dé confianza.

Hay mil maneras de ayudar al que sufre y solloza:
Las palabras sobran, pero la presencia da consuelo,
Da cobijo, cariño y es bálsamo para tranquilizarse;
Tu hombro amigo, un abrazo y tu mano que le apoye,
En un silencio compartido, pero unidos, en comunión.

Tu presencia vuelve a relumbrar su ilusión y su
alegría,
Y el amor que ya estaba sombrío, vuelve a resurgir,
Tu presencia manifiesta tu aura que lo ampara, da
vida.
Un viejito muere por la soledad en que vive su
espíritu,
En cambio, resucita con la presencia de tan sólo un
hijo.

Porque el sentimiento tiene mil maneras de compartir,
Todo lo puedes decir sin decirlo, tan sólo
demostrándolo,
Con tu presencia, con tus actos y con tus expresiones,
Que son emanadas desde tu corazón, desde tu interior,
Son cosas simples, que la propia vida te irá
ilustrando.

Presunción humana

Ya se ha dicho y hablado mucho
Que para la Ciencia, el magno Universo
Tiene un origen fundamentalmente claro,
¿Tendrá también un final muy claro?

O al menos ésa es una de las cosas
Que los científicos se pasan buscando,
"La Edad que tiene el Universo",
Y lo que le falta para exterminarse.

Hasta parece un juego que juegan,
A ver quién le atina, pero nadie acierta,
Y vamos que los métodos que usan
Para determinar esas circunstancias,
Son extremadamente confiables.

"¿Descubrir que el Universo tiene
De ocho a quince mil millones de años,
Y no de seis a doce mil, mejora nuestra
Apreciación de su alcance y grandeza?".
(Carl Sagan).

Yo contesto que eso no importa,
Más nos interesa observar y apreciar
Su grandeza y su majestuosidad
Impresionante a nuestros sentidos,
Sorprendente a nuestras mentes,
Que involucra en este sueño maravilloso
Nuestra intuición e imaginación.

¿Por qué el hombre incansable, quiere
Encontrarle un principio al Universo?
Este "hombre", en su infinita pequeñez
Y en la brevedad de su efímera vida,
Sí que tiene un principio y un fin:
Un nacimiento y una muerte de sí mismo.

En base a esta sencilla estructura,
Ha creado similarmente todo aquello
Que su escasa mente puede pensar.
Su limitado sistema, todo lo piensa
Con un básico principio y un final.

Sólo a Dios le da el hombre cualidad
De "que no tiene ni principio, ni fin",
Pero en verdad, eso mismo es el Cosmos.
Qué suerte que la Tierra se formó…
Desde entonces gira alrededor del Sol,
Y se prestó como cuna para que en ella
Se generara y se desarrollara la vida,
En esencia, el nacimiento del hombre.

¿Qué, si nunca se hubiera formado?
Pues no hubiera existido el hombre,
Ni sus necedades ni sus negligencias,
Luego no habría eruditos científicos
Que mantuvieran tantas disyuntivas,
Y mientras tanto, el Universo seguiría,
Y seguiría, y seguiría así, eternamente,
Y nunca se acabaría su movimiento.

No hubiera humano que presumiera
Que todo eso lo había descubierto él,
Ni científico que se jactara de por qués
Sobre su actuación, su origen y destino.

Seguro que aún con el hombre, o sin él,
Al Universo no parece que le afecten

Las simples ilusiones, ideas o fantasías
Que el hombre se haga respecto a él,
Y de toda la materia y toda la energía
Que se conserva en todo del Universo,
Pase lo que pase, nunca cambiará,
Eternamente éstas serán las mismas,
Porque la materia y la energía
No se crean ni se destruyen
Solamente se transforman,
Así le pese al hombre o al científico.

Sabios, Poetas y Genios

Los Sabios son personas silenciosas,
Cautelosas, analíticas y experimentadas.

Nunca hablan de más, prefieren callar,
Y reservarse sus respuestas u opiniones.

Los Sabios son Genios por naturaleza,
Su espíritu se acopla a su infinita visión,
Su ánima se acomoda en todas las esferas,
Con su filosofía del cuerpo y del alma.

Los Sabios sólo son grandes y poderosos
Cuando llegan a tener la visión del Genio.

La visión del Genio es la intuición del Poeta,
El que la niega no puede ver con su poder.

Los Sabios, sobreponiéndose al detalle,
Sienten las armonías de todo lo que late,
De lo que vibra en el fondo de lo existente,
De esa forma nos muestran el Cosmos.

Seres vibracionales

Las vibraciones son energía,
Esta energía puede ser positiva o negativa,
El ser humano es un ser de vibraciones.

Se deben cuidar las vibraciones que recibimos
Pero más que todo, las que emitimos.

Al movernos emitimos calor y vibraciones,
Pero más, al pensar, al hablar, al rezar,
Al cantar, reír, llorar, amar, perdonar…

También al hacer cualquiera de las acciones
Que tú alguna vez hayas podido practicar.

Los pensamientos emiten frecuencias
Que viajan al Universo, y seguramente
Retornan al origen donde fueron creados.

Emite los más positivos pensamientos
Y las buenas y mejores acciones posibles,
El Cosmos te devolverá sólo cosas buenas.

Hay pensamientos que ayudan a alguien,
Como también los hay que perjudican.

El Cosmos se encargará de septuplicar
Lo que pienses y emitas, sea bueno o malo,
De esa forma es también lo que recibirás.

Cuando le deseas algo malo a alguien,
Cuando le tienes envidia, odio o rencor,
Tus pensamientos serán negativos…

Luego generarán frecuencia oscura y negativa,
La cual, tarde o temprano a ti regresará,
Y todo ese mal que deseabas a los demás,
En ti tomará acción y te habrá de perjudicar.

En tanto que recibes bienes en premio
Por haber tenido positivos pensamientos,
Con frecuencias y vibraciones positivas
Que te devolvieron para mejorar tu vida.

Las personas con la que te relacionas,
Igual que tú, todas vibran a tu alrededor,
Por eso busca personas de buenas vibras.

¿Y cómo saber si tienen buenas o malas vibras?

Las de buenas vibras son personas alegres,
Sanas, de buenos pensamientos, optimistas,
De buen carácter, acomedidas, cooperativas,
Buenas personas, sacrificadas, compartidas,
Generalmente muy honestas y entusiastas.

Busca a estas personas y se te pega su vibra,
Sé como ellos, para mejorar tu frecuencia.

Aléjate de negativos y de ladrones de energía,
Porque a la larga le afectan a tu frecuencia,
Ya que es fácil que te puedes hacer como ellos.

336

Muy bien dicho aquel sabio refrán que dice:
"Dime con quién andas y te diré quién eres".

Una herencia para nadie

Convencidos ellos, prefieren aferrarse
En averiguar más y hacer más estudios,
Hipótesis y teorías dentro de las cuales
Puedan encontrar el momento inmediato
Que determine del Universo el nacimiento,
Y encontrar el tiempo, fecha o momento
Adecuado de su futuro desvanecimiento.

Yo no soy un científico para contradecir
Tales alegatos, tampoco tengo cálculos
Ni los números para contra demostrar
Que en eso en verdad no hay sensatez.

Ellos mismos se darán cuenta después
Que las suposiciones valgan como errores.

Para mí es mejor captar el Universo
Con la imaginación y con la intuición,
Que persistir en el engaño, o en la duda,
Por muy reconfortante que lo pinten.

Sin embargo, nadie vacilará en sus intentos
Por demostrarle al mundo que tras estudios,
Pruebas y conclusiones, han encontrado
Pistas para dar respuestas a esas preguntas.

Pero si al mundo es a quien conmoverán
Demostrando sus verdades o falsedades,
Pues entonces que ellos puedan confirmar,
Que si valdrá todo eso realmente la pena,
A sabiendas de que ellos mismos saben
Que la humanidad sí tiene un futuro corto,
En que ésta desaparecerá definitivamente,
Y eso igual que todas las demás especies.

Los científicos saben perfectamente bien
Lo que sucede en la Naturaleza terrenal,
Y cómo todo eso que se está provocando,
Maltrata mucho a nuestra querida Tierra,
Y por consecuencia, a la especie humana.

Son destrucciones y amputaciones que
Ampliamente afectan la salud del planeta.

Si se dedicaran a hacer cálculos pertinentes
Pudieran sacar datos muy interesantes
De cuánto tiempo más podrá vivir
El hombre caminando en nuestro planeta,
Sacar tanteos de su fecha de extinción.

Pero así el hombre deje por fin la Tierra,
El planeta seguramente seguirá viviendo
Muchísimos millones de años más,
Y se regenerará muy segura y bellamente,
Pues ya sin el hombre en su faceta,
Nada detendrá la capacidad Natural
De este bello planeta, pero ¿para qué?
No habría nadie que apreciara su belleza.

Sería conveniente que los científicos
Se dedicaran a conseguir fórmulas,
O métodos para que la gente viviera
Muchos más años que los que ahora vive;
Agotar investigaciones para lograr
Extirpar enfermedades que los hacen
Llegar a la muerte prematuramente.

Eso sí es tangible y muy necesario.
Obviamente que sería más fácilmente
Lograr eso, que morir intentando
Descifrar magnitudes, orígenes y finales,
De extraordinarios Cosmos y Universos.

Pero el hombre tan rejego y necio
Sigue haciendo lo que siempre ha hecho
Y con ello sigue maltratando a su planeta.

¡Qué pena que el hombre sea el Hombre!.
Él es el único culpable de lo que nos pasa.
Desde que apareció, su comportamiento
Ha sido igual o peor que antes, cada vez,
Y ésa será pues, su sentencia de muerte.

Es claro: la Tierra tiene un futuro incierto,
¿Cuándo o dónde le llegará y le dolerá el golpe?
No se sabe, pero con ello va a sucumbir,
Y con ella se acabarían todas las especies,
La verdad es que estamos en peligro de extinción
O en peligro de desaparecer junto con ella.

Así, no sería justo que la humanidad
Terminara definitivamente de existir;
Haber trabajado tanto y pensado tanto,
Para que todo se fuera a la nada,
Y todos los conocimientos se perdieran
Para siempre en tales circunstancias.

Si se tuviera que dejar un testamento
De los frutos que los humanos lograron,
¿A quiénes les vamos a dejar los escritos
Y las conclusiones más importantes
Que los humanos dejaron en evidencia,
Sobre todo, diciendo que el futuro del Universo
Iba a ser hasta una fecha ya calculada,
Y que su origen también se remontaba
A, digamos, 13 mil millones de años:
"Una medida de los años que eran
Las vueltas de un planeta ya desaparecido,
Alrededor de un sol, quizás también,
Ya para entonces desaparecido?".

¿Cuál sería entonces la referencia
En tiempo estimado y medido
Que se dejaría en esos manuscritos?,
¿Para quién estarían éstos destinados?

Una herencia y un testimonio para nadie.
Bueno pues, eso sería absurdo.

Universo juguetón

Ay, ay, ay, este Universo juguetón,
Tal parecía antes que era algo fácil
De averiguar y fácil de descubrir,
Pues se ha dado a conocer últimamente
Como algo que nadie puede descifrar,
Ni de poner en claro, ni su esencia,
Ni su forma o contenido o dimensiones,
Ni sus orígenes, ni su comportamiento,
Ni nada en la realidad de su realidad.

Cosas que en general en algún tiempo
Era lo que pensaron los científicos:
Que lo que habían descubierto era todo
Lo que existía; pero un poco después,
Entre más investigación y averiguación,
Entre más se descubría y se progresaba,
Se dieron buena cuenta que todo aquello,
Sólo fue el principio de un túnel sin final.

Inmensos astros del Universo que se creía
Tenían unos milloncitos de años de edad,
Ahora sabemos que esas medidas de tiempo
No son más que distancias entre estrellas
Apartadas una de la otra, en años luz.

A medida que más se estudia el Cosmos,
Siempre tan enigmático y desconocido,
Y más se profundiza, más dudas nacen,
Y cada vez más disyuntivas aparecen
Ante su conformación, su estructura.

Entre más indagaciones, más se hunden
En más dificultades que se les presentan
Para hallar las verdades que tanto buscan.

Este sondeo es implacable, nunca acabará,
Mientras haya hombres en esta Tierra.

Los eruditos tienen instantes de confusión,
Pues hay momentos que buscan descifrar
Archivos y encontrar códigos del Universo,
Pero al parecer lo que buscan es una señal de Dios
Que según ellos, seguro está en todo esto.

A pesar de que la Ciencia y las Religiones
No son compatible con las ideas de Dios
Ambas buscan en lo recóndito, esa "señal",
Cuando ven que las cosas son inexplicables.

La inteligencia, el orden y la precisión
De este intrincado y juguetón Universo,
Sugiere que su movimiento y su motor,
Debe de provenir de una soberbia energía,
Bastante activa, poderosa e inteligente,
Que también posea un excelente orden,
Mucha exactitud y cuantiosa precisión.

"Oh, intrincado Universo juguetón…".

Su presencia inmensa de ser lo que ES,
Sin necesidad de imponérsele tiempos,
Ni motivos, ni edades, ni circunstancias,
Ni condiciones, ni dimensiones, ni nada,
Porque ese Universo juguetón sólo ES,
No engaña, y es realmente lo que ES.
Muy justamente tiene esta propiedad.

Que en la eternidad haya tenido cambios
Solamente dentro de sí, son variantes
De sus propias cualidades intrínsecas,
Dado que el tiempo nunca ha existido,
Porque lo que hoy es, es lo que antes era,
Y es lo mismo que en el futuro será.

El ayer ya pasó, el hoy ya se esfumó,
Y el mañana quién sabe si vendrá.
Por eso y repitiendo, repitiendo…
No vayan a decir que luego me arrepiento:
El Universo es sólo lo que ES él solo,

Dado que lo que materialmente existe
Y la energía total que todo lo ampara,
Científicamente no se crea ni se destruye,
Sino que solamente se transforma…

Ya lo dicen algunas Leyes Universales
Descubiertas por los grandes científicos
Que nos ha dado nuestra humanidad.

El tiempo en el Cosmos es una ilusión,
Sirve como referencia para determinar
Que las cosas que suceden, suceden…

Quizás no sucedan al mismo tiempo,
E igual da que estemos en el hoy presente
Que en el ayer pasado o en el mañana futuro,
Pues todo está en su entorno general,
Porque el Universo sólo es lo que ES,
Y todas las cosas en su movimiento
Intrínseco curvilíneo y dentro de una esfera
Que también se mueve en sí misma, dentro,
Y alrededor de ella, vuelven al mismo lugar
De donde quizás originalmente partieron,
Lo cual querrá decir que ¿el presente,
El pasado y el futuro son la misma cosa?

"Ah, este Universo tan juguetón".

Los científicos deben de argumentar
Que entre más conocimientos técnicos,
O bien, modernos, posean las personas,
Menos caerán en los enajenamientos
Que al adoptar los pensamientos místicos,
Éstos puedan causarles a sus mentes.

Es realmente algo que parece un juego
Entre ciencia, y religión por otro lado,
En pugna ambos por la mente humana,
Y aunque no se trata de ganar o perder,
Ni nada, ni a nadie, aunque por otro lado,
Parece que sí, parece que de eso se trata.

Verdades y misterios

No digo que siempre, pero muchas veces,
La Ciencia aboga por conocer los misterios
Que atañen las mentes de las personas,
Sean ignorantes, sean letradas o eruditos.

La gente, incluyendo a los científicos,
Deseamos saber verdades, de misterios,
Los cuales, nunca se nos han revelado;
Por ejemplo el origen del hombre,
El origen y principio de las cosas,
El principio de la vida en la Tierra,
El origen de nuestro Universo,
De nuestro planeta y del Sistema Solar.

Hasta ahora, nadie tiene la respuesta,
Aunque sean fascinantes y novelescas
Todas esas teorías y aquellas hipótesis
Que los hermanos científicos elaboran.

Unas parecen bastante atractivas,
Otras parecen bastante categóricas,
Y otras, muestran fantasías excelentes,
Dignas de películas de ciencia ficción.

Pero, a pesar de que son seductoras
Y otras deslumbradoras, en realidad,
Carecen de lo más importante;
Carecen de lo que todos buscamos,
Y eso que todos buscamos es la Verdad.

Puesto que no pueden ser probadas,
Quizás, ni podrán serlo nunca jamás,
Y por ese solo motivo, no debemos,
No podemos aceptarlas ni adoptarlas
En nuestro pensamiento, porque
La esencia de ninguna es verdadera.

Verdad Universal

¡Sin sonidos... Sin palabras...!
La Verdad inspira y alumbra,
Sin lenguajes, habla a las almas...

A la Diosa Madre ofrece,
Y en sus entrañas más profundas,
La Rosa Ígnea aparece...

Su eco musita suavemente,
Predica sentido y misterio;
Su luz enciende al corazón.

Murmullo dulce y apacible,
Honra la llama abrasadora,
De las pasiones, la más pura.

Savia lejos de toda razón,
Lejos de ciencia y filosofía,
Lejos del culto y la ficción.

Entre las ascuas del Universo,
Los Hijos del Fuego crepitan,
Al aura de la Diosa alumbran.

Es el Cáliz de oro y de plata,
Es el Cáliz del fuego ardiente,
Ímpetu del Cosmos candente.

He aquí el Divino Beneplácito
Distante del apetito de la carne,
El zumo de Gloria exquisito.

Don que es recibido en silencio,
Gracia aceptada con humildad,
Al descubrir en mí: La Verdad.

Vibraciones de Amor

Un secreto te quiero proporcionar,
Algo muy sutil y verdadero por decir,
Es algo muy suave y maravilloso,
Que tu alma tenue y oculta será,
Al manifestar a todos los demás,

E inclusive al Universo entero,
El mucho amor que sientes por ellos,
Amor por ti mismo, por el prójimo,
Por tus compañeros, por tus amigos,
Por tu familia y por tus vecinos.

Eso equivale a sentir amor por Dios.

Para poder hacer esto, se necesita
Dejar de lado todas las muestras
Que puedan darte la nefasta oportunidad
De que obtengas vibraciones negativas.

Si empiezas a practicar esto,
Muy pronto lograrás amar al prójimo
Como a ti mismo, y por supuesto, a Dios
Sobre todas las cosas, indiscutiblemente.

Ésta es la más poderosa y prudente
Manera de enriquecer tus vibraciones
Y ser enviadas a todas las personas,
Y a que viajen por el Universo en sí.

De allá arriba te vendrá la respuesta,
Estará llena de bendiciones para ti,
Que transmitirás a todos los demás,
Y lo sentirán tu cuerpo y tu alma.

Eso es aportar lo mejor de ti
A las vibraciones de nuestra especie,
Y por consecuencia, a las vibraciones
Y frecuencias de la Paz Cósmica.

Sección VII:
La Poesía y el Café

Aguardiente y café

Humeante, bien negro, y aguardiente:
Cuando quieres llorar y penas compartir,
Cuando el dolor es parte de tu proceder:
Café con una copa de aguardiente.

Cuando la ansiedad te corroe las entrañas,
Cuando la desesperación no te deja ya pensar,
Cuando los castigos invaden tu alma:
Café con dos copas de aguardiente.

Cuando la angustia forma parte de tu ser,
Cuando la amistad dejó de ser tu aliada,
Cuando la muerte ha cruzado tu huerta:
Café con cuatro copas de aguardiente.

Cuando el amor dejó de tener importancia,
Cuando el consejo ya no te sirve de nada,
Cuando tus deseos sólo fecundan mortandad,
Cuando ya más no puedes seguir…

Café con toda la botella de aguardiente.

Admirador de tu belleza

Parece que al tomar un café me convierto
En el humilde admirador de tu belleza.

Dos tazas cargadas y las apreciaciones
No se negarán en ninguna situación.

Reacción positiva ante mi contemplación
Por tan solemne susurro de petición.

Tres tazas y las sugestiones me animan,
A conducir a ti el producto de mi amor.

Antes de que la tarde se desaparezca,
Antes de tomar la merienda predilecta.

Antes de que el sol de este preciado día,
En el encanto del atardecer se disuelva.

Y se oculte allá, detrás de la montaña,
Y tu hermoso rostro también se oscurezca.

Al cuerpo le ocurren cosas con café

Volver a vivir y volver a amar,
Volver a ser feliz y volver a querer.

Adaptemos nuestros deseos de juventud
Pensemos las cosas adecuadamente.

Tomemos cafecito caliente, para olvidar…

Volver a comenzar, sin penas ni amarguras,
Ser quien siempre has querido ser,
Diseñar nuevamente tus caminos,
Afrontar lo que venga con voluntad.

Integrarse al camino de la Felicidad.

Reaccionar ante este estupendo estado,
Y volver a querer, y a amar, y ser amado,
Con un café para relajarse y meditar,
Para saborear la vida y tu verdad.

Al cuerpo le ocurren cosas con café…

Tus ideas y tus pensamientos cambian,
A veces te ayuda a despertar del sueño,
O lo prolonga, pero, tu vida y tu suerte…

Ya son otras, una vez que lo bebiste.

Al momento de morir

No puedo prescindir de un cafecito…

Aunque sean de mi vida mis últimos momentos,
Quiero café muy ardiente, más vehementemente,
No me quiero ir por ese túnel tan de repente.

Me siento solitario, no quiero estar tan solo…

Si me acompañan al café, seguro nos salvamos,
Acuérdense, "con amigos la unión hace la fuerza".
Y aunque no se debe retar a la muerte, ¡unámonos!.

Y cuando vamos al café, si no hay para todos…

Entonces no habrá para nadie, y ahora sí,
Si no vienen, me los llevo a todos conmigo…
Y ya estando allá, no hay punto de regreso.

Amor de por medio

La pintura quedó al fin terminada,
El café de la jarra casi se derramaba,
Nosotros enloquecidos ya no supimos nada…

La noche nos observaba arrebatada,
Y la luna maliciosa nos echaba miradas,
Escudriñando cuerpos por la ventana,
Que avivaba, y con su luz los alumbraba…

El café a punto, ser tomado demandaba,
Y sin más que otra cosa por atender,
Bebimos todo el café que pudimos tomar,
Con el propósito de no poder dormir,
Y disfrutar de lo que apenas comenzaba…

Pobre luna, pues pronto cerramos la ventana,
Pobre noche, pues no supimos si se acababa,
Pobre pintura, ya que quedó toda embarrada…

Pero, al día siguiente no supimos nada de nada…

Ánima del café

Para mejorar el momento de saciar,
Nada mejor que un café al atardecer,
A un grupo de amigos congregar,
Ponerse cómodos cada uno en su lugar.

Brindando por el gusto de coincidir,
Y por la gracia de estar y convivir,
Que aquí se entusiasma el corazón,
Y un mundo nuevo supone reaparecer.

El ambiente se transmuta en esplendor
Para unos, aunque para otros sea dolor,
Un verdadero gozo que vamos a evocar,
Una pequeña orbe que se ha de disponer.

A través de año con año, mes tras mes,
Semana tras semana, o en el diario vivir,
Donde se exorcicen y extirpen las penas,
Y la alegría en los rostros revele esplendor.

Que se invoque del café su suave espíritu,
Que envuelva la mente su sublime aroma
Que nos dé a todos clarividencia y confort,
Que llene la reflexión que al alma colma.

Que el gusto por la vida se acreciente,
Y que tranquilice la ansiedad por existir,
Que la esperanza siempre se acomode
En las sinuosas veredas del vivir por vivir.

Café, cafecito calentito, perfume exquisito,
Si el sufrimiento y la pena no logra calmar,
A tu pecho al menos ha de aflojar y suavizar
Para no sentir tanto infortunio y opresión.

Añoranza por volver

Me dabas esa semanal ilusión,
Aliento, esperanza y sustancia,
De amigos que con su presencia
Transformaban plática en canción.

No hay mal que cien años dure,
Y no hay mal que por bien no venga,
Y si la puerta del café cerrada dura,
Será su aroma que unidos nos mantenga.

Ay café, cafecito de mi amores,
Prométeme y asegúrame el ratito
Que cada miércoles me regalabas…
¡Que pronto las cosas malas pasen!

Que vuelvan a ser como antes eran,
Y que el café vuelva a darnos confort.
Ese confort que siempre nos ofrecía
Y esa calidez en la que nos envolvía.

Apúrate, que nada es para siempre…

Emociones, y cariños, y penas,
Entre abrazos y manos estrechadas,
Hoy por la tarde será su encuentro,
Y con café, para disfrutar el momento...

Apúrate, porque nada es para siempre…

Tómate el café, antes de que se enfríe,
Prepáralo antes de que se envejezca,
Y sírvelo antes de que se entristezca.

Apúrate, porque nada es para siempre…

Un puro, si no lo fumas se apaga,
Un cigarro si no lo fumas se acaba.
A la leche si no le apagas se derrama.

Apúrate, porque nada es para siempre…

Todo lo que no utilizaste se envejece…
Un amigo si no lo cultivas se olvida,
Si no lo aprecias, pronto te aborrece.

Apúrate, porque nada es para siempre…

Un pensamiento si no lo usas se olvida,
Si no le dices que la amas, se enfría.
Igual se enfría lo que no abrasas.

Apúrate, porque nada es para siempre…

Con el tiempo las personas cambian,
Y su mente con la vejez se borra…
No quieras que lo dulce se amargue.

Ardiente y negra pasión

Si al pendiente de ti estuviera mi corazón,
Y me agasajaras con el bálsamo del amor,
Mi alma y mi espíritu de antemano sabrían
Que tu negra poción cambiaría mi religión.

Mas, eso sería lo que menos me importaría,
Si me permitieras continuar mi vida a tu lado.
Sí, a tu lado, contigo, frente a tu negra mirada
Junto a tu ardiente y buena pinta en una taza.

Que me llena de ardiente pasión, como el vino,
Que le llena de franca ilusión a mi corazón,
Y que me llena del fogoso calor de tu afecto,
Cada vez que te saboreo por las mañanas.

Así es el mágico elíxir con que me embriagas:
Es tan negro como lo negro de tus cabellos,
Es tan puro como la pureza de tu espíritu,
Es tan dulce como lo dulce de tu mirada…

Tan aromático como los aromas de tu aliento,
Y como los candores que envuelven tu sonrisa,
Tiene los atributos de tus femeninas esencias,
Y la invitación encantadora para el pecado…

Arte ancestral del café

Si por día festivo no vas a ir,
Sólo te pedimos avisarnos…
Los asiduos allí van a encontrar,
A quienes no les gusta fallar.

Pues para mí es una oportunidad,
De ordenar mis pensamientos,
Frente a ese negro combustible,
Que remueve mi proceso creativo,
Antes de irme a dormir confundido.

Pues ordenarme y cultivarme
Frente a unas tazas de cafecito,
Viene siendo un arte ancestral,
Que todos debemos de cultivar,
Y se le llama a este arte arrogante
Individualismo consciente del café:

Granos verdes en un costal de ixtle,
Granos que tienen olores a madera,
Propietarios de una textura ideal,
Que originan un líquido artesanal,
Luego ser tostado, molido y hervido.
Resultado: un líquido artesano trivial
Negro, espumoso, caliente y oloroso,
Producido en forma ceremonial,
Vendido a un precio fenomenal,
Y no digo es caro o es muy barato,
Ya pagado, luego sorbido o tomado,
No le das importancia a lo pagado.

Aunque viejos, nos disfrutamos

Vamos al café, no creo que se pierdan, viejitos,
Y si creen que se perdieron, no están perdidos,
Su amigo aquí presente, sabe a dónde irán,
Yo los llevo a sus hogares en un santiamén…

¿Y qué tal si el que no sabe a dónde irán,
Es este caballero que se las da de muy sabiondo?
Mejor no me echo encargos ni compromisos,
Sólo me haré fiador de que tomen su cafecito,
Y si acaso, de que se coman un panecito.

344

Que no acabe este atardecer en el pasado...
En este presente te pido que estés a mi lado,
Antes de que la hora de tomar un cafecito
Pase y se acabe sin haberte otra vez disfrutado...

El júbilo crece por contar todo lo que acontece,
Y entre tacita y tacita algo pasa sin saberlo,
Es la amistad que guardamos en el corazón,
Que cada día nos acerca, y cada día florece.

Para hacernos compañía ya llegan más amigos,
Las pláticas se mezclan, empieza la emoción...
A veces no sabemos lo que decimos, no importa,
La vez pasada contamos lo mismo y no entendimos,
Pero ya oyéndolo más de tres veces, se entiende.

Ya nada puede reemplazar esta velada,
Sólo el café que frente a ustedes disfruto,
Y que me deja una sensación placentera,
Que no puedo dejar para otro día de la semana.

Batalla y confusión

Hay mucha materia de que platicar,
Por si alguien me quiere acompañar,
Que un cafecito por la tarde nos deleite,
Todos ya sabemos nuestro escondite....

Café que caiga en nuestros estómagos
Para que se genere un levantamiento
Que pueda arrimar al grupo un cúmulo
De ideas que hará una gran conmoción.

Las ideas se empiezan a mover rápido,
Y en un momento ya tenemos plática,
Y al comenzar la plática tenemos batalla,
Y al tener batalla, habrá una confusión…

Al haber confusión habrá un buen agarrón,
Y con agarrón, habrá un pleito y un debate,
Y del debate, a ver quién sale al desquite,
Para detener a los rivales contendientes.

Pero qué le hace, eso no es lo importante,
Lo importante es que esto antes no pasaba,
Pues hacía falta que todos asistieran,
Y la política, de qué hablar nos diera.

Beberte para vivirte

Qué hermoso es vivir,
Qué bonito es soñar
Y si tengo mucho sueño,
Remedio un café tomar;
Pero si al soñar te tengo
Entre mis brazos cautiva,
Prefiero entonces soñar,
Y el café hasta despertar.

A veces el café me da,
Como remedio soñar,
Y si mi loco ensoñar
Es de nunca separarnos,
Acurrúcame más y más
Cerca, entre tus brazos,
Que tus cálidos abrazos
Son mi calmante natural.

Déjame beber más café,
Mientras me bebo tu vida,
Beberé más de tu historia,
Para saborearte aún más,
Tomemos sabroso café,
Mientras estamos vivos,
Que ya en el Más Allá,
Quién sabe si se podrá.

Besos de miel

Pero es mucho más noble perdonar,
Al derrotado considerar, y amparar,
Hazlo pues de tu lado como amigo,
Dale café al amanecer o al atardecer...

Y dale más café después de comer.

Un quejido suave de mi garganta,
Avisa que tu poderosa presencia,
Consiguió su empeño incesante,
A costa de mi candidez deliciosa,

Y tú, de poética locura jubilosa…

Embriagada descargas más besos
En mis boquiabiertas cavidades,

Llenándome de suave y calurosa
Miel que jamás haya probado.

Justo con café entremezclado.

Es por eso que esta vez yo gané,
Y el café a ti te tocó disparar,
Aunque poco costó, mucho se disfrutó,
Dame más, y quiero más besos probar.

Café alterado

Entre más turbada y más aturdida
Sólo existe el espacio que separa
Mi desnudez de tu ansia anticipada.

Une mi cuerpo con tus impulsos,
Y sin más, más turbada quedarás
Al grado en que sin voluntad estás.

A la sazón, masturbada o más turbada
Serán una sola cosa, bajo corrupción:
Pecado circunda a pecado en acción.

¿Si en un cafecito aumentas la dosis:
Café avivado, al doble, o al triple?
¿Qué resultado daría la metamorfosis?

Hay café alterado para el que quiera,
Que estamos de nuevo en venta y oferta,
No te digo que los espero en la puerta:
Pero el que vaya, se atendrá a lo que haya...

Cafecito de mis confidencias

Todas juntas en este pequeño albergue,
Comienzan nuestras alegrías a aflorar,
El júbilo parece que no puede esconderse.

Nuestras caras revelan complacencia,
La nostalgia se derrama al conversar,
Ay, cafecito mío, causante de todo mi dulzor.

¡Saca de mi alma todos los resentimientos!
¡Aflora de una vez lo que tengo guardado!
¡Que ha estado escondido por muchos años!

Ay cafecito encantado, recóndito, misterioso,
Dime qué tienes en tu sabor que enamoras,
¿Qué tienes en tu amargura que esclavizas?

¿Por qué al tenerte en mi taza y aspirarte,
Luego de paladearte, me sujetas suavemente,
Esclavizándome, sometiéndome, paralizándome?

Quieres que todo te diga, que todo te cuente,
Quieres que hable y descubra todo mi manuscrito,
No son mis secretos ocultos, no son mis arcanos.

Te contaré lo que tenga qué contarte y decirte,
Son mis alegrías, son mis júbilos y regocijos,
Los que siento cuando con mis amigos estoy.

Esto es como una fiesta que parece empezar,
Una fiesta que sin ti, se traduce en una nada,
Fiesta placentera que da calor y da confianza.

Es por eso, cafecito consentido, que tú me mimas.
Te quiero porque me halagas y me das la felicidad,
Te quiero porque tu sabor me lleva a otro mundo.

Café con nobleza

Vengan, hay café para el que así lo desea
Que venimos de nuevo a fonda y paradero,
No voy a ir por ustedes a su encuentro,
Pero si es que vienen, aquí nos encontramos...

Te puedo ofrecer que para quitarte el frío,
Frente a ti están mis brazos bien abiertos;
Sin embargo, si llega a faltar mi presencia
Dejo una jarra de ardiente café en la mesa.

Quién fuera una tacita de caliente cafecito
Para agasajar y calentar tus manitas
Cuando el frío entume y no se pueden mover.

Y para mitigar las penas más grandes,
Un café con los amigos parece solución,
Y cambiamos de momento y condición...

Hoy hay cafecito, arrímense, bien negro,
Como las historias de nuestras vidas,
Pero si lo tomas ligero y descafeinado,
Quizás se logre borrar algo de tu pasado.

Es simplemente un gustito con sabor,
Cuya aroma invade tu mente al entrar

A ese recinto mágico donde es forjado,
Y desde ese instante llena tu esplendor.

Anímate, ya sabes, te calma los nervios,
Para volver a crisparlos un poco más tarde,
Cuida que tales momentos no coincidan,
Con los que a tu esposa tendrás que ver...

Café de ambiente de fiestas

La noche de Navidad nunca se olvida,
Tampoco la continuación al día siguiente.

El ambiente huele a aromas de café,
Que indiscutiblemente llena los pechos,

Entremezclado con los olores de tamales
Recalentados, que invaden los rincones.

Con todo encerrado por el frío de afuera,
Se agudiza el espíritu de esta época.

Mas si por casualidad en otras ocasiones,
Vuelves a sentir este ambiente especial.

Dices sin que te quede ninguna duda,
Huele a días de fiesta y de Navidad.

Huele a días de posadas y colaciones,
A las emociones, de saber que Él vendrá.

El pecho vuelve a doler por esa emoción,
Se siente inflamado e igualmente vacío.

Un hormigueo se vuelve a sentir en la piel,
Por la inquietud de ver al Diosito nacido.

Y aunque no lo quieras, por un rato,
Vuelves a cerrar los ojos y soñar...

¿Acaso me invadirán nuevos sueños
Al recordar en silencio este Misterio?

¿A dónde irá a parar mi pensamiento?

Por más que pienso y me hago a la idea,
No es la Navidad, es sólo el ambiente...

De todas formas me entra la nostalgia,
Vuelvo a cerrar los ojos para continuar,

"Quisiera poder alcanzar las estrellas,
Aquéllas, que más brillen en el cielo,

Para adornar a la Virgen con ellas,
Y al niño cubrir con su radiante velo".

El Cielo mis ojos han de contemplar,
En la carita rosada de mi Redentor...

Su intensa luz es más brillante que el sol,
Ese sol, que de Él obtiene su resplandor.

Amado Niñito, dime qué quieres que haga,
Dímelo, lo haré, Precioso, sin condición...

Quiero poder estar siempre a tu lado,
Que a tu lado, todo mal en mí se apaga.

Haz que yo goce con tus promesas,
Haz que me llene de tus alegrías...

Haz que no me falte tu grata presencia,
Haz que tus enseñanzas sean mis guías.

Haz que nunca acabe mi amor por Ti,
Haz que mi sentimiento no sea vaciedad...

Para no cambiarte en mi credibilidad,
Por un rojo traje, teñido de falsedad.

Quiero caminar durante todo el año,
En la búsqueda de tu Estrella de Paz...

En la búsqueda de tu Noche de Amor,
Y mientras las busco, no dejarte de amar.

Ay Niñito Jesús, mírame con buenos ojos,
Quita la maldad de mi pensamiento;

Lléname de piedad y de misericordia,
Que quiero recibirte con recogimiento.

Sólo quiero tu amor, y tus bendiciones,
Poder por igual a mis semejantes amar.

Desperté. Me había quedado bien dormido...

Al despertar me dije: "No es Navidad",
Sólo confundí los aromas ambientales.

Pero lo que soñé, quisiera volverlo a soñar,
Siempre, no nada más en esta circunstancia.

Me fui a la mesa de la cocina y tomé café,
Ya estaban en el comal tres tamalitos tostados,

Y antes de que alguien viniera, me los comí...
Luego me serví un poquito más de café.

Para rematar, me comí un par de hojarascas.
Mientras el café, no supe a qué horas me lo acabé.

Café en el combate

Necesito café, necesito el principal ingrediente,
Necesito sosegar mi pasión, ceder mi obligación,
Que me calme el alma, los sesos y el corazón,
Debo ser más fuerte que el volcán que me derrite.

Creo que en esta contienda prorrumpí triunfante,
Y no sé de dónde las fuerzas he tomado;
Pero seguro estoy que una revancha reclamará,
Para entonces debo prepararme y tomar café.

Una última tregua, y en ésta, ya veremos
Quién habrá de salir triunfante en la partida.

Alguien de mis amigos hizo una recomendación:
"Amigo come muchos cacahuates y camarones,
Que te darán fuerza y voluntad en el combate.

Los camarones aumentarán el torrente de vida
Que tendrás qué hacer valer en la ofensiva".

Se verá entonces quién es quién en el ataque,
Laurel de Victoria en la cabeza del vencedor,
Con un pie puesto en el pecho del vencido.

Café macabro

Luego desaparecí y me fui para no volver.

Mi cuerpo sirvió luego para hacer ungüentos,
Y mixturas para curar los arrepentimientos.

Una parte de los polvos que de mí quedaron,
Los tomas en el café cuando vas a la Posada.

¡Que valga la pena que me hayas eliminado!

Realmente no me retiraré ni de tu mirada,
Ni del gusto por tomar tu bebida endiablada:

Eso que pones al café, es parte de mi sustancia
Que tu tomas, luego sabrás que en cada trago,
Estarás tomando lo macabro de mi presencia.

Café para mitigar dolores

El dolor es como un testigo
De lo que uno puede aguantar,
Y entre mayor sea el sufrir,
Más el alma se ha de curtir.

Es como el hierro al fuego,
Entre más golpes aguanta
Y a más calor se someta,
Un mejor acero así se forja.

Puede que hechizos consienta,
Magia a punta de consejos,
A ver si agarro compostura,
Y poner orden a estos amasijos.

Ay pobre de mi corazón...
Que en la vida hay que sufrir,
Y entre más se pueda aguantar,
Tanto más se ha de triunfar.

Café, cafecito calentito, tomar,
Que si el dolor no lo logra calmar
A tu pecho al menos ha de aflojar
Para no sentir tanta desgracia.

Para externar penas y dolores arrojar
Buena la fuerza del aprecio y amistad.
Unamos las fuerzas para triunfar,
Un paso, dos y estaremos protegidos.

Capricho al despertar

Antes del alba, antes de despertar,
El cafecito ya no se esperó más...
De la pasión nació el deseo de hacerlo.
Y de hacerlo el aroma cruzó tu mente.

¿Cuál de tus sentidos habrá invadido?
¿Sería a tu semidormido cerebro...?,
Que de Morfeo ya más no tiene paz.
¿Sería a tu mente dormida e inactiva...?
Que desea estar impaciente en la mesa.

Entre amarse y tenerse afecto y seducción,
Entre amor y pecado, embeleso confundido,

Con el efecto de ser disuadido y complacido,
Con café ardiente y humeante ser despertado.

Ahora dime, ¿Me puedes servir un cafecito?

Que para vivir esta mañana de mi vida,
Nada mejor que tu amor a mi diestro lado,
Y al otro lado una buena cantidad de café
Que me dé ánimos y me alegre el porvenir.

Nada podría tener una razón de ser,
Que no fuera el gusto por vivir y despertar,
Mas un despiadado dolor me despertó,
El aroma exquisito del café me remedió.

Con el remedio del café, desperté de más,
Empecé a ver gatos negros en las bardas
Disputándoselos halcones de rapiña,

Abre bien los ojos, date un buen baño…

Como dicen, todo tiene una solución,
Y a pesar de todos los males, nos veremos,
Que hoy en la tarde un café tomaremos…

Ya verás qué bien la pasaremos.

Caricias de amor

Ay Amor de mis amores
Sólo un besito yo te pido
A cambio de estas lindas flores
Que hoy te manda mi Cupido.

Ya la flecha está clavada,
Ya el amor solito brota,
Que con tan sólo una mirada,
Este corazón se alborota.

No duele: no sufras, no llores,
Son sólo caricias con pasión,
Sólo son gestos bienhechores,
De éste, tu pajarito cantador.

Hoy en el café de esta tarde
Verás sin trucos ni alardes
Que el aprecio y la amistad
Milagros obran con lealtad.

Ciencia y café

Yo sólo lo escucho al hervir y al servir,
Pero dicen que solito susurra murmullos,
Que levantan el ánimo de las personas.

Dicen que tiene su adecuado lenguaje oculto,
Tiene su propio idioma dentro de sí mismo,

Veces hay que cuando no deseas entender,
Voluntariamente se derrama sobre tu piel,
Como diciéndote: ponme mucha atención…

Y tiene magia, efectos y mucha ciencia:
Él solito hace que la vida parezca mejor,
El mejor ingrediente para empezar el día,

Es el mejor sistema de comunicaciones:
En toda empresa se da un tiempo para el café;

Los poderes de la mente del hombre,
Son directamente ajustados a proporcionalidad,
Con la cantidad de café que toma el prójimo;

Para los buenos resultados en planes empresariales,
Va primero el café, luego los discursos y los planes.

Hay quienes dicen que el café es al cuerpo,
Como la Palabra de Dios es al alma.

¿Puede la Ciencia determinar que según el café,
Se pueda juzgar la calidad de un restaurante?
Yo agregaría, que según el café y además el pan.

Científicos y eruditos dicen: No debemos arriesgar,
Si un día no hay café bueno, entonces tomar malo,
Incuso el malo es mejor que no tomar en absoluto.

Un científico midió su vida con cucharas de café,
Igual que un matemático se dispuso a convertir
Todo el café que él tomaba en brillantes teoremas,

Y aquél que por excederse tomando café,
Encontró la fórmula de la Piedra Filosofal,

Y aquél que por analizar las tazas que se tomaba,
Descubrió que el Río Nilo era el río más grande,

Y aquél otro que creía ilusionado estar despierto,
O el maestro que nos dio el mejor de los inventos,
Que es el aroma del café recién hecho,

Otros que han intentado hacer perfume de café,
Y vaya que los insensatos bien que lo han logrado.

La química y la magia del verdadero y buen café,
Lo que hace que uno funcione hasta que lo toma.

El café produce optimismo, que el té no puede dar,
La química del café descafeinado lo diluye,
Es como si tuvieras sexo y besaras a tu tía.

Una química y magia milagrosa del café
Es que es lo único que puede reemplazar el sueño,
Yes lo único que te pone a dormir cuando no lo tomas.

Cómo debe de ser el café

Dicen que el buen café endulzado
Es más delicioso que mil besos…

Otros dicen que no admite escolta,
Porque le quita la parte maléfica,
La parte mística y la parte mágica.

El café debe ser fuerte y cargado,
Café suave es como tomarse un té de café.

Dicen que no hay nada más dulce
Que una taza de café bien amargo.

El café debe tomarse bien caliente,
Frío ya no vuelve a su sabor original,

Es como compararlo con la amistad,
Si se enfría ya no vuelve a ser igual.

Cuando prepares un buen café,
Siempre asegúrate de hacer de más,

La mala sensación no vayas a tener
Cuando menos te lo has de imaginar,

De que el último sorbo vas a tomar
Y cuenta te darás que ya no hay más.

Como mi esposa

Un cafecito asienta un buen recuerdo
O quizás lo pueda borrar de la mente,
Depende de la intención del corazón,
Pero los amigos siempre alegran la situación.

¡Ay café…Cómo alegras los corazones!
¡Ay café…Cómo no alabar a quien te creó!
¿Y si el que te creó lo hizo como licor?
Entonces, sírvanme una taza de negro licor.

Caliente y aromático, que me haga delirar,
Para externar todos mis añejos problemas,
Escribir con su negra tinta todas mis penas,
Para que mi pluma las haga poemas.

El café es como la esposa que yo tengo:
Enséñame pues a tomarte una y otra vez,
No me importa cuántas veces te he insultado,
Ni cuántas te he adorado, igual te he amado.

Pero mi vida, tomándote se ha consumido,
Vamos al Café y disolvamos los efectos,
Ajustemos en la plática nuestros defectos,
Gozaremos del momento y sus encantos.

Con cafecito caliente

Fornicaron y nunca se cansaron,
Lo que sí fue es que se casaron…
Con cafecito caliente se calmaron,
Con cafecito caliente se entendieron,
Con cafecito caliente se juzgaron,
Con cafecito caliente se pacificaron,
Con cafecito caliente se respetaron,
Con cafecito caliente se perdonaron,
Con cafecito caliente se aceptaron,
Con cafecito caliente concibieron,
Con cafecito caliente sus hijos criaron,
Y después, con cafecito caliente,
Esa costumbre así nos la dejaron.
Y queríamos saber muchísimo más,
Pero la historia ya la terminaron.

Con ganas de amarte

Ten en la mesa buen café, bastante y suficiente,
Nos tomaremos unas cuantas jícaras bien llenas,
Ardiente que nos queme el cogote, bien humeante.

Para que no abras esta vez ni una vez el hocico,
Porque hoy ando bravo, y como el infierno, caliente.
Y ahora con esto, ni se te ocurra hablar, ya sabes.

Pues habrá consecuencias que pueden afectarte,
O beneficiarte, depende de la lente con que lo mires.
Mejor tómale más a este café para avivar la flama.

De la perdurable y perpetua condición de amarte.

Consejos y más consejos

Nada mejor que un café caliente
Para aliviar el miedo y el sobresalto,

La pena se va al platicar en conjunto
Se aviva el ánimo, se paga lo pendiente...

Y si aún te quedo algo por deber,
Te convido otro café para que quede saldado.

Ay, ay, ay cafecito "húmedo" y caliente,
Ay, ay, ay, cafecito de color de la confusión.

Tengo muchas razones para aceptarte,
Al igual que razones para rechazarte.

Aquí te dejo un listado de cada parte,
Para que sepas identificar su estandarte.

Hay que tomarlo por varias razones:
Protege contra el Parkinson,

Te da energía y protege contra el cáncer,
Te hace feliz y reduce el riesgo de depresión.

Ayuda a estar alerta y a concentrarse,
Reduce el dolor de cabeza y alarga la vida,

Es rico en antioxidantes favorables,
Reduce el riesgo de enfermedades del corazón.

Evita coágulos en las redes sanguíneos,
Reduce el riesgo de diabetes si bebes mucho,

El café te hace inteligente, o te quita lo burro,
Pero sí mejora tu capacidad de aprendizaje,

El café puede salvarte del mal del hígado,
Mejora el asma, las alergias y la digestión...

Ahora, qué NO debes hacer con café:

No mezclarlo con sustancias, como leche y azúcar,

No, a los aditivos de cremas vegetales,
Pues se torna peligroso para la salud.

Cuidado: Si son más de tres tazas al día:
Aumento de taquicardias diurnas o nocturnas,

Aumento de la presión arterial no controlada.

Posibilidades de enfermedades vasculares.

Aumento del colesterol y de dolor de cabeza.

Por su efecto opresivo artero-vascular cerebral:

Puede provocar espasmos arteriales cerebrales.
Dificulta respirar, puede contraer bronquios.

Aumento del riesgo de padecer cáncer de mama.

Aumento del riesgo de padecer cáncer digestivo.

Aumenta los desórdenes de la curva de glucosa.

Altera el estado de ánimo y aumenta la ansiedad.

Gastritis, diarreas y deshidratación importante.

Aumento del riesgo de padecer osteopenia
Y agravar un cuadro de osteoporosis...

Así que a controlar las tazas de Café.

Corazones destrozados

Los corazones rotos nos dan mucha fuerza...

Y ya no me hagas más sufrir, pues con ello,
Seré el hombre más fuerte de este mundo.

Eso lo pensé esta tarde que estuve en el café...

Mis amigos concuerdan con este pensador,
Y dicen que la persona que no ha sufrido,
No conoce la alegría de remendar su corazón.

Y destrozado no sabe quién le dé compasión.

Un cafecito entibia la sangre por un ratito,
Y si no es capaz de calmar tu total desazón,
Por lo menos te distrae y al cabo se te olvida.

Quizás se conforte escuchando las pláticas.

Tómate un cafecito conmigo esta tarde,
Que siendo dos los tristes descorazonados,
Es más fácil solucionar cada situación.

Las pláticas tan audaces de tus amigos.

Chismes calientes

Es mejor poner en claro la mente,
Un cafecito con lo amargo y lo caliente,
Pareciera que los chismes desaparece,
Pero al revés resulta que acontece,
Al café van los que del chisme gozan.

Un cafecito con su incienso y su aroma
Al que más y al que menos provoca,
A platicar y decir más de lo que escucha,
A fin de cuentas, el parlante y el oyente,
Contentos salen por el aroma y la broma.

Un cafecito con lo amargo y lo ardiente,
Para quemar el pico de tanto chisme caliente.

Defunción

Mi alma abandonada está triste,
Mira que no hace más que llorar
Por el abandono que le dejaste
Cuando de mi pecho te fuiste...

Fue cuando menos lo pensaba,
Cuando el ruiseñor ya no cantaba
Su triste canto de amor
Con el que siempre te arrullaba...

Fue también al canto del ruiseñor
Que fuiste mía por vez primera
Temblabas cuando te besaba
Y bajo las sábanas te escondías...

Sucedía siempre de madrugada
Cuando me pedías que te amara,
Cuando ya más no soportabas
El deliro de querer ser mi amada.

Y luego te fuiste, y me dejaste,
Aún percibo tus besos y su esencia
Y mi alma conserva el embeleso
Que en mi cuerpo empapado dejaste.

Pero para no recordar a mi amada
Hoy, frente a un generoso café
A mis amigos, a todos les mentiré
Que el dolor de mí, ya lo abandoné.

De mi propiedad

Ya os lo decía yo y ahora,
Descansad lo justo, y no más,
Ahora estaréis a mi merced.

Estableced mi amada, pues
En lo profundo de vuestro ser,
Sabed, que ya sólo mía seréis.

Despedíos del mundo vacío,
De gentes yertas y sin sentido,
De tiempos y horas afligidas.

De gentes malas y muertas,
Y sólo conmigo quedaos,
Que ahora os dejo con Morfeo.

Instante para mi justa cumplir,
Como ya sabéis hidalgo soy,
Y tengo lances que realizar.

Muy pronto ya me tendréis,
Querida dama de mis sueños.
Entre tanto, a bien acompañaos...

De unos sorbos de caliente café,
Para que tengáis, nuevo aliento,
Y en mi espera, deseo distinto.

Despertar en la cama

Si el café satisface tu despertar,
Lo hueles desde que estás en la cama,
Y si esto que haces, satisface tu vida,
Has de tomarlo al instante de prepararlo.

Es la justa y perfecta combinación,
Para sonreír al día desde el amanecer,
Y seguir sonriendo en el día por venir.

Y aunque no sepa por qué me sonríes,
Me comunicas tu ardor y tu clamor,
Me entusiasmas y fácilmente me incitas.

Como lo haces tú: a sonreír y a ser feliz,
De esta forma se nos quita lo temeroso,
Entramos en confianza y nos convertimos
En dos amorosos y caprichosos amantes.

Devoción por el café

Y por todo lo que esto supondría...
Con un cafecito restauro mi alegría.
¿Me pregunto quién me acompañaría?
Y con esto del ansia que a veces me da...
Me da igual un verso que otro rimar...

¿Por qué no me vienen a acompañar
Y a la mesa de allá, nos vamos a sentar?
De un café sabroso, sano y voluptuoso
Nadie de los que vengan se va a escapar,
Y por lo menos un par se van a zumbar.

Más al norte se encuentra la Estrella Polar,
A la derecha siempre mi mano diestra,
Al sur los amigos que la vida muestra,
Y un camino lleno de aventuras sin fin,
A mi izquierda cafecito caliente y oloroso.

Ven, te pones a reír, te pones a cantar,
Ven, te pones a llorar y hasta haz de rezar,
Ven a este mi mundo, aquí hay amistad,
Y más, hasta más de un amor e infidelidad,
Si tus ojitos se cruzan con alguna realidad.

Todo esto reunido sin haberse dado a pensar
Hace que al café le tengas afecto y adicción.
Ven a visitar a mis amigos alguna vez,
Pues desde hace mucho solemos ir al café
En las alboradas de todos los miércoles.

Un café por las tardes promete la verdad,
La garganta te hablará de sus amores,
Y sin que sepas ni pienses el tiempo se va
Te hace presa de su gusto y devoción,
En el rato que por aquí habrás de pasar.

Dios está en todos lados

Dios está en todos lados...
Dios está en todas partes,
Nos acompaña donde estemos.

Si vamos al café, que hoy es el día,
Dios estará con nosotros,
Custodiando nuestra alegría,
Cuidando y preservando nuestro amor,
Vigilando y protegiendo nuestra amistad...

Hoy habrá buen café, y habrá Dios,
Para gozar de una especial tranquilidad.
No te pierdas esta oportunidad.

Aunque si no logras venir,
No te preocupes,
Dios estará contigo,
Donde quiera que estés,
Porque:
Dios está en todos lados.

Durante la Pandemia

Perdámonos esta tarde sin que nadie lo sepa,
Vayamos al lugar donde el café se muele y se hierve
Y su aroma viaja cual delicia que asalta y escapa...

Que no se entere nadie, ni siquiera la Pandemia,
Porque si nos cacha y se da cuenta, nos atrapa,
Sé que seguramente nos va a mandar a la tumba.

A encomendarse a Dios, pues el que la libra,
Es porque tuvo suerte y la bendición divina,
Por eso, mejor nos esperamos unos días más.

Ya que haya pasado todo este malvado mal...
Aprenderemos a hacer en casa un buen café,
Simulemos que lo bebemos junto con los demás.

El Café

Motivo de mis locuras,
Rescoldo de mis invitados,

Sugerencia de mis placeres,
Ritual de mis despertares,
Ansiedad de mis dolores,
Amargura de mis paladares,
Razón de mi reputación,
Mondo, a lo pelón, delicioso,
Acendrado, puro, sin mácula,
Ladrón de mis tiempos libres,
Testimonio matinal de mi olfato,
Distintivo de mi personalidad,
Cultura del que gusta aparte,
Paraíso de mis perfumes,
Magia que me hace pecar,
Aprecio de mis amistades,
Motivo de mis reuniones,
Gusto de mi viejo gusto,
Estímulo en mi impotencia,
División de mi noche y mi día,
Añadido de mis meriendas,
Remedio a mi nerviosismo,
Bálsamo capital del corazón,
Sedante de mis inquietudes,
Asistente en mi imaginación,
Factor decisivo en mi decisión,
Dulzura de mis lágrimas,
Complemento de mi pan,
Perfecto forraje café-petricor,
Penumbra de mi blanca taza,
Martirio, Sortilegio, Hechizo,
Deleite de mis pasiones,
Quimera de mis nostalgias,
Sabor de mis melancolías,
Peregrino de mis amores,
De mis sueños de Ilusión.

El café es para tomarlo cargado

Vámonos al Café, antes de que comiencen
Esos malos pensamientos a corrompernos.

Ya con ese poema clandestino sube el calor,
Pero con lo amargo, caliente y humeante,
El café a todo demonio maligno desvanece.

En efecto, de nuestras mentes lo desaparece...

Y para que la cosa se ponga más liviana,
Ordena que el café mejor sea descafeinado,
Que tomado así es como besar a tu hermana,
Claro que, y por supuesto, que en una mejilla,
Para que sólo sienta una volátil estocada.

El genio escondido

Un cafecito para leerlo,
Otro cafecito para discutirlo,
Y otro cafecito más para disfrutarlo,
Esta tarde habrá tiempo para todo...

Hasta para confiar en lo que uno siente,
En lugar de confiar en lo que uno piensa,
Y eso es por entregarse tanto en el café;

Pero dicen que hay un genio escondido
Donde menos nos lo esperamos...

Compartir el café puede dar sorpresas
Y despertar al genio que buscamos.

Y si crees que eso es soñar despierto,
No lo es...

Simplemente que el café te da insomnio,
Y en un rato, luego de varios cafés tomados,
Ese genio te ronda los sesos, te hace su amigo,
Y toda la noche te mantiene en desvelo.

El merendero

Aunque hoy no parezca ser Primavera,
Hoy es día en que la tarde nos ampara,
Hoy el café a los amigos nos une y nos abriga
Del ansia que por estar juntos nos ahoga.

Aunque lo tomo por las frescas mañanas,
Y sólo en las tardes de todos los miércoles,
Gozo del placer de a mis amigos abrazar
Con ellos platicar de pompas y circunstancias.

Mientras tanto en lo mágico del ambiente
Por allí nos invade un aroma sin igual,

Que nos hace sentir en un lugar especial,
Es el cafecito que hoy iremos a tomar.

Ay café, café, cafecito de mi amores,
Qué misterios evocas para acostumbrarme,
A ir en pos de ti por las tardes,
Y disfrutar con amigos tus mejores sabores.

Dime de tus misterios tan seductores;
Que al levantarme, no soy yo sin ti,
Ni sé quién soy si no te llevo dentro.

Si no voy de tu mano por el camino,
No tendré armonía, ni disfrutaré mi día.

Siempre una aventura en la vida es buena,
Mas puede ser desagradable como un desprecio,
Cuando esto sucede, quieres nomás desaparecer,
Pero siempre hay algo que lo puede remediar.

Café en la mañana, tarde o mediodía,
Aunque una tarde lluviosa es el mejor día
Para tomar un cafecito caliente y humeante,
Negro, amargo, para una plática emocionante.

He aquí una razón para ir al mesón,
Fonda, hostería, merendero, parador o posada,
Que nos quede muy cerca de nuestra morada.

Allí es donde nos espera una buena halagada
De panecitos, lonches, caldos y manjares,
Pero lo mejor es el cafecito y el chocolate.

Que desde que pones un pie adentro,
Ya te lo están sirviendo en tu mesa asignada.

Allí se te aprecia, y se te estimula,
Se te da amistad, y se te da ayuda,
Pueda ser que tus penas te las alivien,
Y si no, al menos te las hacen olvidar.

El momento esperado de la semana

Si no te mato hoy, te mato mañana,
Y habrá de ser muy por la mañana,
Pues en miércoles de una tarde serena,
Y en todos los miércoles por semana,
Tomaremos café, o té de yerbabuena...

¿Cuántas semanas habremos ya venido?
Seguro por allí alguien lleva las cuentas,

Pero el gusto no parece que concluya,
Es como una reunión que nunca acaba,
Tampoco la plática que en ella se inventa.

Se me termina la semana tan pronto,
Que presto ya es miércoles otra vez,
Y cuando esto pasa, me invade el gozo,
Parece como si esperara a que llegara,
Como si esperara sólo por tal momento.

Ese momento de estar con la raza,
Una y otra, y otra, y otra vez más.
Si tan sólo supieras todas las veces
Que he charlado contigo y tomado café
En las fronteras de mi imaginación...

Ni contarías las tazas que bebimos.

El que cura todos los males

Y la mera verdad, hoy estará por verse,
Que en la tarde se sirva el café caliente,
Y que cada uno hable y sea consecuente,
Para que se respete y se anime el ambiente.

Pero si no vienes, ¿quién es el culpable?
Ya se cumplió con el acometido de invitarte,
Ya el resto sería que estuvieras presente...
No dirás que te salió un pendiente urgente.

Y no me salgas con que tienes sarampión,
O si es que te pusiste malo del corazón,
No tengas miedo, amigo, pues es el cafecito:
El mejor bálsamo que da remedio y curación.

Y si es que ahora te duelen los intestinos,
No tengas miedo, amigo, pues el cafecito,
Cura todos los males de panza y digestión;
Pero si tomas de más de viruela has de sufrir.

Y si es que te sientes triste y muy perezoso,
No tengas miedo, amigo, pues el cafecito,
Te aviva la alegría y los placeres del espíritu;
Al tomarlo cierras los ojos hasta ver estrellitas.

Si andas medio sonso, o medio despistado;
No tengas miedo, amigo, pues este cafecito,
Despierta, y hasta resucita a todo extraviado;
Pide que te lo preparen fuerte y bien colado.

Si de repente te sientes algo o medio olvidadizo,
No tengas miedo, amigo, pues nuestro cafecito,
Hace a los políticos ser sabios en toda ocasión,
Y hasta ver las cosas con ojos medio cerrados.

Siempre hay cafecito para todos y para todo mal,
Así que no hay manera de que se arrepientan,
Vengan, disfruten, cúrense y compórtense bien.
El café reconforta: no tengan miedo, amiguitos.

El virus

Qué mejor motivo para una celebración,
Un buen cafecito que aporta su gentil aroma,
Un grupo de amigos libres de todo contagio,
Y una plática que sea propia de la situación.

Pero esto es solamente una simple ilusión,
Absurdo es salir de casa y buscar una infección,
El virus vuela por los aires y sólo faltarías tú,
Que te expusieras a contagio y contaminación.

Es un virus intenso, de los grandes matadores,
No respeta a quien por el camino se enfrente,
Yo sé que el beber un café no puede esperar,
Pero de seguro en tu casa lo puedes tomar.

Por ahora, guarda tus distancias y no salgas,
Que la muerte en cada esquina nos asalta.
Este virus sí que es de cuidado y de respeto,
Ya habrá otros tiempos en otras ocasiones.

En la hora crepuscular

Yo no sé si se nubló y llovió,
La hierba mojada explayó su aroma,
Ni modo de poderlo negar.

Real es que el clima refrescó,
Se puso generoso, rico y acogedor,
Especial para esta tarde disfrutar.

Paladear de lo que podamos gozar:
Panecito con cafecito que ya salió.

Y después un par de tacitas más,
Es que me hace soñar despierto,
Y me fortalece el espíritu y el corazón.

Y si lo que te he prometido y dicho
No se te hace mucho y suficiente...

Aún quedan para gozar
Muchas y más tardes de café...

Que suspirando, con gusto te invito
A la hora crepuscular...

El sabor te va a encantar,
Y el aroma... ¡Te hará soñar!

Engaño

Que os vais a enterar es muy cierto,
Pues ultrajes he de poder pagar,
A punto de no atinar primicia o final.

Que os quiero, por sentado está,
Por ello os he de recordar refrán:
"Quien bien os quiere os hará llorar".

Lo que se os avecina en esta sima
No tiene parangón con otro pregón,
Espero que con valentía lo asumáis.

Tomemos café caliente, bien cargado...
No por el aroma del café seré eximido,
Pero estaré un instante a vuestro lado.

Engaño y castigo

Atrevida os habéis mostrado
En mi desmedido descuido,
Y ved ahora todo me tiembla,
Que no estoy acostumbrado
A ser montado y desmontado.

Así ha sido vuestra merced,
Que por gracia de la desnudez,
No he podido salir como un pez,
Que si no, os giro y arremeto,
Que suelos levanto y huracanes espanto.

Y es tanto, que el acumulado,
Con otras leandrinas y brujas,
A lo bestia os lo lleváis puesta,
Ya sabéis donde y en qué lado,
Por lo demás, voy preparado.

Ahora os digo, me habéis embobado,
Con ésa, vuestra dulce canción,
Mientras que por la retaguardia,
Alguien se estaba comiendo el melón,
Y para muestra basta un botón.

Pues preparaos, ungüentos frotaos,
Que sin piedad hoy me he de portar,
Recordad que llevaré aspirinas
Por si os sale un dolor por reparar…
No más engaños ni estampas supinas.

Entre mis brazos

Todo hubiera sido muy distinto
Si la noche de anoche te hubiera encontrado,
Entre mis brazos te hubiera cobijado,
Y un chocolate caliente te hubiera dado,
Con mi taza de café tus manitas frías
Hubiera calentado y te hubiera ayudado.

Pero ahora, disolvamos los efectos,
Ajustemos en la plática nuestros defectos
Y gocemos del momento y sus encantos.

Y si aún en mi pecho quieres seguir
Te invito a quedarte conmigo y compartir
Café caliente y humeante para despertar,
Aunque de mi pecho no te quieras separar…

No hay mejor que una taza de café puro
Para calentar los órganos del pecho,
Para calentar estómagos e intestinos,
Y por qué no, para calentar el cerebro.

Aquí el café se pone pronto y pronto sale,
Es mejor aquí que en ningún otro sitio,
A pesar del frío, se mantiene caliente,
Y le ponemos música al son del café,
Para tomarlo delicioso y suculento…

Todos sabrán que estamos tomando café,
Su aroma nos delata y este aroma contagia,
Y si quieres los invitamos.

Es el momento adecuado

Si con un café te confundiera,
Uno y diez hoy me tomaría
Ante los amigos la energía se reanima,
Y el corazón de gusto se inflama…

Vives tu vida como la hayas dispuesto;
En la vida te va bien, regular o mal,
Todo depende de cómo lo tomes,
Y así es también el sabor del cafecito.

Diremos que varía en cómo lo preparas,
Y será mejor en la manera que lo tomas
Con taza amable de café por la mañana
Y tu día verá mucho la diferencia…

Siempre hay un momento especial,
Para el café hay un momento único,
Es el momento adecuado para saborear,
El justo momento especial para disfrutar,
Ese ardiente y humeante extraño sabor,
Déjate llevar y saboréalo ya, hoy,
Pues mañana te arrepentirás,
De no haberlo saboreado ayer.

Esconderme de la muerte

Hay café para el santo y para el criminal,
Mide a razón de lo caliente que puedas aguantar,
Extasíate, compenétrate, y quémate con él…

Si resistes, será que una condena has de pagar…
Cuando menos esperas, sin aviso la muerte viene,
Pero ¿quién desea morir, y quién espera morir?

Nadie estamos preparados para dejar todo acá,
Además, no tenemos capacidad para prepararnos,
Ni aún si estuviéramos en una celda condenados.

Si la muerte me dijera el día que por mí viniera,
Buscaría esconderme en la posada durante el día,
Tomando café hasta que negra sea mi sangre,

Y por la noche mucho tequila y aguardiente.

Beodo, con negra sangre, quizá no me encuentre.
Y por si me llega a pescar, que no me acobarde,
Échame la última, pa'que no me agarre cobarde.

Falso pofeta

Que salve hoy este café mi estado,
Dejad que queme todo mi pasado,
Y si no logra quemar mi pasado,
Que queme mi lengua por hablador.

Fúmate un cigarro y tómate un café

Cuando no sepas ya qué hacer,
Fúmate un cigarrito y tómate un café,
Medita en las cosas de esta vida,
Lo que aprendes de la vida al transcurrir.

Ya las cosas no son iguales que antes,
Ya las cosas se ven con otras lentes,
Ya no puedes retener un alma,
Con tan sólo sostener una cálida mano.

Ya no puedes dar un beso a condición,
Los besos no son transacciones de contrato;
La vida te enseña que hacer el amor
Quedó en el pasado cuando era acostarse.

Hacer el amor es sutileza, es delicadeza,
Es estar juntos para hacerse compañía,
Sin que eso te dé la seguridad de ser
Una promesa que nunca se va a romper.

Ni a deshacer el compromiso con que un día
Alguien te llenó de regalos presuntuosos
Y te envolvió en las redes de un suplicio...
¡Fúmate un cigarro y tómate un café!

Galletas y café, buena alternativa

Mas no sé si el convencer se haga,
No lo hago por quedar complacido
Sino por la paga quedo agradecido,
Que para ellos, éstas son simplezas,
Que sí atienden, pero no entienden,
Escuchan hoy y mañana olvidan,

Café y galletas son buena alternativa.

Risas o llantos la realidad me sacan,
Atienden sólo para romper el tedio,
Yo invierto y les enseño el remedio
Mas al saber a luego la situación,
Ya no intento a nadie reprender,
Y lo que hago, lo hago en despiste,
Aunque agradecido estoy por aquél
En quien confió y confía en el deber,
Que yo hago como él siempre espera,
Que entendimiento tiene el proceder,
Mas la realidad desobedece el hacer,
Y nadie hace el trabajo por placer,
Que la paga hace a todos convencer,
Cuánto y qué cada uno ha de hacer.

Café y galletas son buena alternativa.

Entran y no se salen de la norma,
En el campo, en batalla y aventura,
Rudo, amargo, frío y cruel ha de ser
Ni qué hablar de tener poca ternura,
Aunque si dentro siente poco querer
Es por la paga que marca el proceder.
Mas aquí en silencio y con respeto,
Es preciso de repente verdades decir,
Pues mi alma a la suya no miente,
Y la suya a la mía bien consiente...

Café y galletas son buena alternativa.

Razón alojada en mi nublada mente
Ha provocado que me quite el saber
La cual verdad tiene este buen dicente,
Que no soy culpable del hechizo,
Sabiendo segura la tierra que piso
Pues a la antigua usanza de nobles es
Admirar en confianza su lira florida,
Y admirar su voluntad de batalla,
Pero la verdad por verdad duele
Y decirla es necesario para ser libre,

No me aviene a mí continuar,
Con labores hasta ahora descritas,
Lo cual no será de tu aceptación
Mas por razones ya explicadas
La falla es falla, y la falla, falla,
Así que me dije, dilo todo y calla,
Aunque pretenda salvar el partido
Con tal razón la verdad es fallida.
Todo cuanto se intentó aquí quedó
Y al final sólo quedó el intento
Del resultado del cuento, sin embargo,

Café y galletas son buena alternativa.

Habrá café en la capilla

En ratos, ellos te hablarán de mí,
Te dirán cosas que tú no conocías,
Tú te reirás y te alegrarás.

Sentirás nostalgia de los años,
De los momentos que vivimos juntos,
De nuestras locuras y aventuras.

A mí ya me había pasado
Que un amigo moría y me dejaba…
Mucho vacío en el alma me quedaba.

Visitaba sus funerales tristemente,
Quería encontrarme con otros amigos,
Para platicar con ellos de ti y recordarte.

Había café recién hecho todo el día,
Allí me quedaba, esperando, tomando café
Los otros también, esperando, tomando café.

¿Qué tan triste será morir para el muertito?
Quizás lo triste sea morirse olvidado,
No tener el agrado de ser recordado.

Yo creo que no tiene la menor importancia,
Pues ya muerto el muertito no sabe nada,
¿Qué le va a importar todo lo que suceda?

No creas… Siento un poco de miedo,
A pesar de saber que ya el muertito
No sabe ni siente nada de nada…

El miedo que siento es quedarme solo,
Allí, debajo de la tierra húmeda y fría
En ese cajón oscuro y silencioso.

Ni el canto de las aves escucharé,
Ni la lluvia al caer, ni el viento al soplar,
Solo… Estaré solo, y ese es mi temor.

Ni manera hay para servirme un café,
Para que me caliente en esta frialdad,
Que me dé ánimos para aguantar.

Sabrás que me hace falta tu madre,
Bien recuerdas que nunca soporté la soledad.
Solo y seco estoy que ya no tengo lágrimas.

Ojalá que tu madre ya hubiera muerto,
Así me llevabas y enterrabas a su lado,
Si no, cuando ella muera ponla junto a mí.

Así ella no tendrá qué sentir el pavor
Por el que yo estoy pasando ahora,
Dale la confianza de que estará conmigo.

Recuerda que cuando yo me haya ido,
Ya no se buscarán soluciones médicas,
Ya todo pasó y no tiene vuelta atrás.

Sólo quédate en silencio, cierra los ojos,
Piensa en mí y extiende tu mano,
Verás que yo siempre estaré a tu lado.

Cuando alguien ya no es indispensable
Lo más seguro es que sea reemplazable,
Pero cuando muere el amo del perro,
A su nuevo amo él se aferra amigable.

Pero al café no hay nada que lo reemplace,
Podrás estar acostumbrado a otras bebidas,
Pero no hay nada que se compare al café,
A todas partes éste te acompañará.

Hasta en tu muerte el café está contigo,
El cafecito, en donde esté, todo perfumará,
Mas, no lo beberás tú, porque estás tendido,
Lo beberán los que vayan a tu funeral.

He cambiado

Tengo una cierta inquietud,
Aunque más parece ansiedad,
Tristeza, o quizás desesperación.

No sé lo que es, lo que pueda ser,
Yo me supongo que es por mi edad.

Cosas esenciales me esclavizan,
Pero me dan calma y me armonizan.

He visto más de cerca lo que siento,
He apreciado más el sorber un café
Por las mañanas y por las tardes;

La música que tanto me gustaba,
La cambié por otro estilo más alentada;

La lluvia, siento que me entristece,
Y en los días fríos me siento retirado,
La verdad, no sé lo que me pasa…

La vida es bella como siempre ha sido
Pero últimamente la he apreciado más.

El buen café nunca debe de faltarme,
Me ahogo sin el cobijo de su sabor.

Mis amigos, como nunca, me hacen falta,
A los que ya se fueron, mucho los lloro.

No sé qué es lo que me sucede,
No sé si serán los años, o mis males.

Quizás, empiece a ver lo cerca que estoy
Del lugar a donde todos un día vamos,

Pero eso sí les digo, ya he cambiado,
Y éste, mi café fiel, me ha acompañado.

Herencia que nos deja el café

Qué bueno sería que este día lloviera,
Porque es sabroso en un día lluvioso,
Al comenzar a llover, el petricor combina,
Aromas que me recuerdan nostalgias.

De aquéllos, que ya se nos adelantaron,
De mis padres, amigos, de mis abuelos,
Sentados en aquellas mecedoras,

Que lucían en las banquetas del patio,
En atardeceres frente a la puesta de sol.

Saboreando sus tacitas de café caliente,
Entrados en sus pláticas también calientes,
Aunque nunca llegaban a ningún acuerdo,
Pero lo disfrutaban en medio de las risas,
Carcajadas, canciones y declamaciones.

Y más apetitoso era cuando el día era frío,
Taciturna, la tarde no sabía si anochecer
O permanecer clara para ver las luciérnagas.

Disfrutar al mismo tiempo de los abuelos,
Cuyas pláticas se mediaban en contar mitos
De ésos que en todos los pueblos existen,
Son tradicionales sobre todo, los de ultratumba,
O de casos que no se sabe si sucedieron,
Pero ya con el tiempo se hicieron leyendas.

Y con el cafecito en mi tacita que calienta
Mis dedos congelados por el frío que hace,
Yo disfrutaba más las pláticas rinconeras,
Sobre todo en los recovecos de un callejón,
O quizás, en una esquina de dos bocacalles.

Pero donde más me gustaba, era en el patio,
En la banquetita afuera de la cocina de casa.

Qué barbaridad, como dije, cómo extraño eso.

Ya todo se ha ido, sólo queda en el presente
La herencia de lo que el café nos ha dejado.

Hoy habrá complacencia

Ya luego a la mesa os invitaré y sentaré,
Café caliente y viandas distintas os serviré,
Hartaos de todo que lo mejor viene después.

Que esta bestia frente a vos, no parará,
Hasta quitarle lo beata a vuestra noche,
Y el hábito a vuestra merced, en paz os dejará.

Hoy paga lo que debes

Nadie se va de aquí sin pagar,
Y hasta en el café hay que liquidar,
Aunque algunos de cara bonita
Creen en la suerte a su favor,

Pero el destino tiene mil caminos,
Y pronto la vida todo se los quita,
Y si creen burlar la paga y esconderse
El destino solito buscará cobrarse.

Hoy toca ir, y si hay que ir, pos hay que ir

Dicen que de todo puede ser uno capaz,
Hasta de cambiar las cosas que no puedes,
La cuestión es aprovechar la oportunidad.

Los amigos del café darán buena ayuda,
Y el café propiamente me dará la solución:
Me aviva la mente, me crispa la mollera,

Me altera los nervios, me abre el pensar,
Me pone muy activo, y mi vista la dilata,
Me saca de quicio y me alerta de todo mal,

Me hace que hable de más y hasta que cante,
Me hace que no vea esos ojitos que me miran,
Me hace que la vida la vea muy apetecible,

Me hace que escriba más páginas que ayer.
Seguro que con toda la ayuda que promete,
¿Dime si no podré cambiar lo que codicio?

Hoy toca ir al café, que se corra el rumor,
Hay que ir, así que te espero con diligencia.
Tendremos una conversación de tres horas.

Vale la pena la ida, vale la pena la gastada.
Los voy a esperar para escucharlos contar,
Las mismas historias, pero que hoy necesito,
Ésas que el poema de hoy me hizo recordar.

Todos tenemos preparado algo para narrar,
Y mucho de nuestro pasado por contar,
Tiempos de nuestra escuela y mocedad,
Tiempos de los abuelos y de los papás,
De nuestras miles infantiles aventuras,

De nuestras tristezas y nuestras alegrías,
De ocurrencias que nos maravillaban.

Es cuestión de abrir el cofre del recuerdo,
Tomarse el primer cafecito, y en el segundo
Las palabras solitas fluirán libremente,
Y todos gozaremos a la vez de todos.

Verás que disfrutarás y no te arrepentirás,
Te repito que hoy es día de tomar cafecito,
Y yo te espero para escucharte relatar.

Aunque tu cuerpo necesite un poco descansar,
Al empezar a tomarte la segunda taza de café,
Tu cuerpo dice al descanso que desaparezca,
Que se disperse, que ya se vaya al carajo…

Pues teniendo café a tu lado, y bien negro,
El diablo es poca cosa para ti; y bien caliente,
El Infierno para ti, no significará ya más nada.

Pero no puedes negar que el cafecito es puro,
Tan puro como el Ángel de tu Guarda,
Y tan dulce y agradable como tu amor.

Huele a Infierno y sabe a Gloria

Y tú, Bendita Tarde Perfumada,
Que invitas y enamoras tan disimulada,
Ofréceme una pócima y abrázame,
Y hazme así ser feliz, no seas desalmada...

No importa que se dilaten las pupilas,
Tampoco importa que me aceleres el corazón,
Me tomo tu brebaje para vivir el sueño,
Del encantamiento en tu suave mansión.

Felicidad es convertirse en un ser feliz,
La felicidad es conducirme a tu lado,
Vivir esa ensoñación en tal sortilegio
Que me causan tus hechizos delicados.

Cuando me tienes entre tus brazos,
Y me das de beber de esa sustancia,
De esa mágica poción negra y caliente,
Me haces que sueñe aún despierto.

Que me haces vivir en un mundo raro,
Donde la vida se sujeta a un ciclo cerrado

De tomar una taza de tu poción tras otra,
Y ya no más preocuparse por otra cosa.

Donde se me aceleran los pensamientos,
Que marchan como si fueran un ejército,
No dan marcha atrás y crecen y crecen,
Quedo a la diestra de su modo y cualidad.

¿Qué es eso que me das tan disimulada
Que me tiene loco, Bendita Tarde Perfumada?
Huele a ti, huele a Naturaleza, a tu ambiente,
Sabe a ti, porque huele a Infierno y sabe a Gloria.

Qué es eso que me das tan plácidamente
Que me haces sentir y vivir un feliz acomodo,
Pero me tiene incondicionalmente atado…
¿Será tu magia, tu poción, o será tu cintura?

Idilio de soñar

No te ofrezco que veas un angelito,
Pero sí que disfrutes un buen ratito,
Hoy por la tarde, donde siempre,
Te invito a que tomemos un cafecito.

No te prometo crearte problemas,
En un café los hay, así como poemas,
Tantos como en una botella de tinta,
Que espera llenar de negro el tajo.

Para manchar en la página blanca
Las ideas que en la mente del poeta
Están dispuestas para ordenarle
A la mano obediente que escriba.

Prometo sin fallo crearte un poema,
De ámbito y esplendor como desees,
Y mientras el poema se escribe,
En la medida que tomamos el café,
Se sentirá la magia que envuelve
Tu fantasía en la espera del poema.

Veo tu cara y me envuelve tu ansiedad,
Veo tus ojos lluviosos de llanto erótico,
Que claman por el poema que envuelve
Tu deseo y tu frágil sutileza de poseer
La envoltura de cristal con que envuelves
El erótico cuerpo que quiere deslizarse

Entre mis brazos, y allí quedarse protegido,
Allí es donde quiere comenzar el sueño…

El sueño que acaba cuando el café acaba,
Pero yo quiero seguir la tinta vaciando,
Y tú quieres seguir el sueño soñando…

¡Mesera, traiga la jarra del café y rellene!

Quiero flotar en los aromáticos vientos
Que producen aquellos granitos de café,
Al ser tocados por el agua hirviendo,
Y volar, y volar, y ya más no regresar,
Hasta que las promesas de este poema,
Cumplan por completo el idilio de soñar.

Indecisión

Café amargo, ardiente y humeante,
Tanto al amanecer como al atardecer,
Para meditar y buscar una respuesta
A lo que tu interior no quiere responder.

Hoy te tomo de la mano enamorado,
Ya pasado el tiempo necesario,
Mis miedos ya están por fin vencidos
Y el primer beso hoy será dado.

Dime mi amor, si en mi inclinación
Descubriste amor o sólo lujuria
De amor, de liviandad o de querencia,
Más yo te juro que es pura devoción.

Si nos perdemos en esta confusión,
Dejemos que el sentimiento decida,
Si la oración que hicimos con el beso,
O es sólo pecado, o es puro fervor.

Indisciplina

Aunque creo que es un poco tarde,
Pero al café nunca se llega tarde,
Siempre te custodia y te cae bien,
En todo lo que a ti corresponde.

Eso cuando se puede y se permite,
Y cuando no se puede, y se desea,
Si puedes burlar los obstáculos,
Es seguro que te pierdes por allí.

Porque con el café uno se engríe,
Y sobre todo si es el mismo sabor,
Yo te juro que más fácil sería
Cambiar de religión que de café.

No importa Pandemia o Epidemia:
Quiero y no quiero desobedecer,
Siento la necesidad, luego la alejo,
Pero sin que se dé cuenta nadie.

A pesar de todos los riesgos,
Quiero desobedecer y largarme,
Pero ya cuando estoy a punto,
Alguien hay que por allí me detiene.

Es mi esposa que trae una vara,
Insinuando que si doy un paso más...
Mejor me quedo en casa encerrado,
Mi indisciplina se queda conmigo también.

Insomnio

Un cafecito para leerlo y discutirlo,
Un cafecito para leerlo y disfrutarlo,
Esta tarde habrá tiempo para todo...

Hasta para confiar en lo que uno siente,
En lugar de confiar en lo que uno piensa,
Y eso es por entregarse tanto en el café.

Pero dicen que hay un genio escondido
Donde menos nos lo vamos a esperar...
Compartir el café puede dar sorpresas.

Puede despertar al genio que buscamos...
Y si crees que eso es soñar despierto, no lo es,
Simplemente que el café te da insomnio.

Inútil es buscarte

Cavilaciones necias toda la madrugada,
Un café y otro café, la cabeza abrumada,
A más de llorar y suplicar, ya no has de volver
De la nada, sólo tu aroma quedó impregnada.

En la sequedad de tu aliento tu sabor prevalece,
Tibio tu paladar, arde tu esencia hasta quemar.
Necesito más café para quemar mi paladar...

No quiero irme, sediento de ti y de tu calor,
Me entregaré al sueño profundo y eterno,
Junto a ti, en el ensueño que no es realidad.

Quiero estar a tu lado, sentirte y gozarte,
Quererte y amarte como antes hice,
Y ser protegido mientras busco la muerte.

Como un niño inocente que busca amparo,
Como un condenado preso que ignorante,
Se entrega a un albur entre la vida y la muerte.

Juntos los amigos en el café

Fuera delirios y hoy te espero en el café
Acércate a nuestra realidad.

Sólo recuerda que hoy ya es Primavera,
Que hoy es día en que la tarde nos espera,

Que el café a los amigos une y abriga,
De la ansiedad que por estar juntos ahoga.

La fisiología de tu orgasmo

Qué delicia,
Pero qué desgracia y qué cansancio.

Solamente se me antoja,
Un ardiente café para esta ansia.

Para tener más ánimo,
Para tener más deseo,
Para tener más entusiasmo,
Quiero café y más café quiero.

Dormir no quiero,
Continuar quiero con la demencia de mi locura,
Y que mi locura desemboque en la apertura
De volver a recorrer la fisiología de tu orgasmo...

La mejor arma para vivir

A pesar de todas mis reacciones,
Hoy no satisfacen a mis emociones,
Puede que un café haya de esperar,
Hasta no encontrarlos a todos juntos.

No se hagan los rejegos y regístrense,
No se hagan los que dicen "hoy no voy",
Ya te conozco demasiado y por mucho,
No te negarás a asistir al café hoy.

Cuando de sobra sabes que vale más,
Ir al café y allí regocijarse a voluntad,
Platicar en vivo en ese prestigioso lugar,
Que mil llamadas y mensajes de internet.

Ya sé que eres un desastre antes del café;
Y sigues siendo una calamidad después,
Pero eso a mí de verdad no me importa,
A mí lo que me importa es que seas feliz.

El tiempo de tristeza que se quede atrás,
Ya dejemos de buscar a los culpables...
Hay que ser felices, hay que sonreír,
¿Hay alguna arma mejor para vivir?

Esa será la mejor arma para ganar,
Hay que sembrar la mejor sinceridad,
Que el corazón se conmueva a ese ritmo,
Y con ese ritmo la felicidad nos envuelva.

La mejor fonda para tomar café

Y para endulzar mejor nuestro destino,
Un café tomaremos con la esperanza
De procurarnos un momento cristalino.
Hoy es día de júbilo ¿Quién dijo yo?

Dicen que las penas con pan son buenas,
Y que con café son buenas las condenas,

Suerte que la vida pasa así de simple:
El secreto es tomar café y cómo lo tomes.

Ensaya hacerlo, verás en poco la diferencia,
O bien, escoge la fonda donde lo tomarás,
Porque no en todas partes es lo mismo,
Mis amigos y yo hemos elegido la mejor.

La vida transcurre con café

El mejor momento del día es el que tú elijes,
Pero cuando los días pintan de color marrón,
Dile adiós a las tristezas que sufre el corazón.

Que si tus nubes se visten de púrpura y gris,
En tu alma tienes capacidad de vestir color,
Píntalas con el color y aroma de un buen café.

Ofréceles un abrazo y una gran sonrisa,
El café del café es un color encantador,
El incienso del café es aún más enloquecedor.

Su sabor, sin duda es diabólicamente delicioso,
Dispón paladar para abordar tal satisfacción,
Pues desde que amanece, el café se apetece,

Y cuando lo hueles, desde que te levantas,
Olvídate de volver a arroparte en la cama.

Porque ya que el café ha cruzado tu mente,
No importa cuál de tus sentidos ha invadido,
Tu cerebro, de Morfeo más no tiene la paz,
Tu mente se activa y deseas estar en la mesa.

Quizás algunas veces tu suerte puede cambiar,
Puede ser que no todos tus días sean buenos,
Pero lo que sí te puedo asegurar al despertar,
Es el preciado cafecito que nunca te va a faltar.

Porque al tener una tacita de cafecito llena,
Siempre tu cabeza y tu mente estarán abiertas,
Y aunque tu día no sea lo mejor que te pase,
El café ayuda para que sea mejor que el de ayer.

Definitivamente siempre habrá un nuevo día,
El día de ayer terminó para traerte el de hoy,
Y precisamente hoy es el que ayer te preocupaba.

Café negro, amargo, para una plática apasionante,
He aquí una razón suficiente para ir al merendero,
Fonda, hostería, mesón, parador, hotel o posada.

Pero sin complicarnos, mejor vamos al conocido,
Que nos queda muy cerca de nuestra morada,
Pues allí es donde nos espera una buena halagada.

Las penas con café…

Una pena duele en el alma y corazón;
¿Pero dónde es donde más duele?
No lo sé, ni sé con qué se pueda curar.

Te invade el pecho, y tus pensamientos,
No hay manera de tener alternativas,
Invade tu alma y a tu ángel también.

Es un sentimiento que no te deja sentir,
Quieres morirte, salir de este mundo,
Quieres suicidarte, con tal de no sentirte.

Ciego, sordo, mudo y sin hambre te pone,
Nada hay con qué te puedas reponer.

Café caliente, sí, eso es, café caliente,
Es la solución para casos duros como éste,
Bien cargado y saturado de aguardiente.

Que te haga sacar la pena que te mata,
Que te relaje y te haga descansar,
Una buena taza de ese negro licor.

De por sí ya contiene tantos problemas,
Pero te va a ayudar a solventar los tuyos,
Además te ablanda al menos un poco.

Duerme, y espera a que llegue el nuevo día.
Temprano despiértate y toma café de nuevo,
Verás que tus penas se habrán reducido.

Pues hay algo nostálgico en tu despertar,
Serán las tradiciones de tus mañanas,
En las esperanzas de tu diario vivir.

Desearás que el tiempo se detenga,
Desearás que tus sentimientos se liberen,
Y entre más esa conmoción se siente,
Querrás que el tomar café sea infinito,
Que no se termine esa bendita mañana,
Que no se termine ese bendito momento
En que confundes los sueños y la realidad,
En que todo puede suceder y ser posible.

Quisieras extender ese tiempo y esa sensación,
Pero no quieres que tu café se enfríe,
Ni tolerarás que tu taza se vea vacía.

Reacciona y reposa, y luego date un baño,
Esta magia te hará que veas todo distinto,
Verás que en estos momentos ya todo cambió.

La pena se esfumó y tu vida siguió…

Las penas con pan…

Y para endulzar mejor nuestro destino,
Un café tomaremos, con la esperanza
De procurarnos un momento cristalino.
Hoy es día de júbilo, como todos los demás.

Dicen que las penas con pan son buenas,
Y que con café son buenas las condenas,
Suerte que la vida pasa así de simple:
El secreto es tomar café y a buen gusto.

Ensaya hacerlo, verás en poco la diferencia,
O bien, escoge la fonda donde lo tomarás,
Porque no en todas partes es lo mismo,
Mis amigos y yo ya hemos elegido la mejor.

¿Por pan, quién se habría de preocupar?
Veo que aquí hay hasta de sobra…
Y para el hambre mitigar, sólo el pan,
Y como este pan, no hay mejor pan.

Sin faltar, pues, lo mejor de lo mejor
Nada mejor que un café para rematar,
El retorno inminente de una buena amistad,
Cerrando pacto y aviniendo hermandad.

La última vez

Te aseguro que en la mañana habrá café,
Y juro que sentado a la mesa te esperaré,
Aunque sé que ya nunca más te veré,
Mi alma se obstina en abrazarte por última vez…

Los amigos en el café

Gracias amigo por caminar conmigo
Por hacer con tu cariño y tu afecto,
Mucho más fácil nuestro camino.

Gracias por el tiempo que me has dado.
Gracias porque al escucharme, aligeras el peso
Del dolor normal de mi existencia.

Gracias por darme la ocasión de darte
Algunas veces algo de mí mismo,
Haciéndote sentir que eres importante.

Gracias por tomar mi corazón,
Que como el tuyo, está sediento de amor.

Gracias, porque a través de nuestra vida,
Ya en el otoño de nuestra existencia,
Nuestra asistencia al café y la presencia
Nos dio ese calor que necesitábamos,
Para conformarnos con nuestros destinos,
Y poder entusiasmarnos recíprocamente,
Para recibir más gozosamente el final.

Los amigos que se fueron

Muchos siempre reían, y muy contentos,
Asistían a tomar café por las tardes;

Otros, murieron antes de que su cabello,
Por fin y apresurado, de plateado se pintara;

Otros, guardaron silencio y allí se quedaron,
No tan fácil reían, pero fácilmente lloraban;

Otros, de nuevo con el café se entretenían,
Al mirarse a los ojos, la verdad ocultaban;

Otros, simplemente ya no quisieron asistir,
Se fueron desapareciendo poco a poco,

Debido al dolor de su alma y su tristeza,
De no tener con ellos a aquellos amigos,

Que en vida siempre fueron su consuelo,

De aquéllos que se llevaron el afecto,
La comprensión, la lealtad y su amor.

Desde entonces el café está de luto,
Perdió lucidez, alegría y esperanza,

Pero los que estamos y aún vamos,
Nos hacemos el propósito de quitar tristezas,

Llenarlo todo de alegría y de emoción,

Que todavía nos queda rato para disfrutar,
Hoy y siempre de nuestra eterna amistad.

Los amigos son así

Los amigos nos vemos en el Café,
Somos viejos amigos del corazón,
Libros abiertos, nada que ocultar,
Con miles de secretos sin atesorar,
Llantos y lamentos a veces sin razón.

Los amigos platicamos en el Café,
Muchos tienen mucho qué decir,
Otros solamente ávidos de escuchar;
Algunos vienen y exponen un placer;
Y otros vienen y expresan un penar…

Unos que entran, otros que se van,
Por un lado y por el otro los ves pasar.
Verás a uno que viene acompañado,
Verás a uno que otro que viene solo,
Alguno con sombrero, otro con pañuelo.

Yo al entrar me escurro entre tantos,
Y sin ser visto me siento en una esquina,
Me pongo a ver los rostros de cada uno,
No puedo evitar que a veces me da risa,
Pero otras veces, sólo me pongo a llorar.

A veces una aventura en la vida es buena
Puede ser desagradable como desprecio.
Cuando esto sucede quieres desaparecer,
Pero siempre hay qué lo pueda remediar,
Al fin y al cabo todo mundo con secretos.

El café muy cargado y muy caliente ayuda,
Su consistencia al ser preparado se mejora,
"Quiero mi café tan negro como la tiniebla,
Porque de noche no todos me pueden ver".
Con que esté muy fuerte y caliente basta.

Quiero que alguien me mire fijamente,
Como yo miro mi café, ¿qué querrá decirme?
No sé, pero sé que quiere aliviar mi pena,
Que olvide lo que a mi espíritu lastima…
Para eso estamos los buenos amigos.

Madre Naturaleza

Que desde el cielo tu paz nos ampare,
Concédenos la gracia de tomar tus dones
Para pensar en ti cada vez que café probemos.

Para alabarte y bendecirte por tus bondades,
Por ese café bendito nacido en tus torrentes,
Donde reina la pureza de tu ambiente
Y el aire es puro y limpio como tu simiente.

Gracias Inmaculada, por tu regalo nato,
Nacido de tu pureza y tu territorio beato.

Cada vez que me vaya a tomar un café,
Soñaré el sueño de vivir una vida a tu lado.

Mágico café

Así como ese bálsamo cura,
Hay pociones que son de altura
En tanto que una infusión remedia.

Un café caliente es bebida pura,
Tranquiliza, no conduce a la sepultura,
Pero no lo tomes ni frío ni viejo,
Porque en vez de tranquilizarte,
Te pone de un humor disparejo,
Que en lugar de besar a tu mujer,
Le das una cachetada, y a quien besas
Es a la pared que frente a ti tienes.

Y si estaba muy fuerte la poción,
Así fue la cachetada que a ella diste.

Frío y viejo es un veneno lento,
Te crispa los cabellos de la cabeza
Dando vueltas te pone los ojos,
Que aunque tú lo quieras y desees,
Esta noche no te dejará dormir.

Las ideas se empiezan a generar,
Entonces toma café pero del bueno
Ya verás que pasarán raras cosas.

El café habla y piensa, te observa,
A veces se ríe de ti y otras te procura,
Con su magia escondida te entiende.

Nunca se pone en contra de tu lado,
Todo lo que de él te tomas actúa,
Te transforma, créemelo, te cambia.

Y mientras cuenta no te das, ni te enteras,
Pero él siempre te dará sabiduría.

Maravillosa bebida

Hay un sueño que me aturde,
Cual aroma que me engaña
Me aletarga y me enajena
En los brazos de una pena.

Mas no enredes a mi mente,
Conozco tus afanes sugestivos,
Divides mi noche de mi día
Justo al despedir tu aroma…

Que sus espirales viajan a mí,
Se incuban en mi pecho,
Al grado que mi cerebro enloquece,
Y he de beberte porque me muero.

¡Oh maravillosa bebida…!
Tú forjas en mí tu magia agradecida,
Déjame gozarte y tornar a ser
El ser que siempre tú me haces que sea.

Más vale, todo puede pasar

Déjame meditar una y otra vez,
El ciclo del agua que es vital.

Si agua no hubiera, no te podría invitar,
A tomar cafecito para disfrutar.

Pero como agua sí hay, y mucha,
Pues te invito a que me acompañes.

Vamos a reforzar nuestra amistad,
Y a tomar buen café, y mucho.

No vaya a ser la de malas y suceda
Que ese aroma especial y su sabor,

Por la edad peligrosa que tenemos
De repente se nos vaya a olvidar…

Yo me voy a tomar cinco tazas,
A ver si con lo duro y lo tupido,

El Alzheimer se me pueda disolver,
Y sólo por fatalidad… no vaya a ser,

Que luego ya no me acuerde qué pasó.

Me hace soñar despierto

Entretanto, el cafecito el pecho calienta,
Ven para contarte más de esa calle desierta,
Para que sepas cómo su piel no quedó sedienta
Como en los tiempos de la juventud violenta.

Frente a una taza de café esto lo discuten,
Dos que sin ponerse de acuerdo contienden.
Uno se imagina, uno reflexiona y argumenta:
No querrás que lo que te prometí se cumpla.

Ante una taza de café conversa, otro observa,
Y se pone una película para revisar cómo fue
Que la piel de aquella calle no quedó sedienta
Cuando ella pasó: fue fácil la última propuesta.

Yo no sé si se nubló o si llovió: el aroma nació,
Ni modo de poderlo negar: el clima refrescó
Se ha puesto generoso, exclusivo, rico, acogedor,
Especial para disfrutar: tus labios paladear.

¿Quieres panecito con cafecito que ya salió?
¿Quieres después un par de tacitas de más?
Es que ya me has hecho soñar despierto…
Me has fortalecido el espíritu y el corazón.

Mente en blanco

Sencillamente nos enfocamos
A nuestras necesidades por cumplir,
A estructuras mentales obedecer,
Repeler lo que hemos de valorar.

Cegados por caminos sin final,
Sin tener hacia dónde caminar,
Se cierran el sentir y el apreciar,
¿Y lo que vale la pena, lo esencial?

El Tiempo ya se me ha escapado,
Es tan breve mi efímera presencia,
Llegó volando el tiempo de morir,
Y ni siquiera pude haber amado.

Mas la oscuridad cegó mi mirada,
Viví en ausencia de lo que no viví,
No supe si estaba aquí o más allá,
En dimensión oculta o desconocida.

Nada en mi memoria hay registrado,
Me parece que todo fue del pasado,
Suspiros, ilusiones, sueños, utopías
Todo se olvidó, ni un recuerdo quedó.

Sólo recuerdo que el Invierno ya llegó,
Que hoy es día en que la tarde nos espera,
Que el café a los amigos une y abriga
Y una ansiedad por estar juntos asfixia.

Mi café y mis amigos

Es la amargura que nace cuando me dejas.
Tristeza que no abriga ningún café de posada,

Pero quizás si todos mis amigos me acompañan
Pueda que se contraiga el tormento de tu retirada.

El café quema mis angustias y mi pecho se anima,
Mis amistades siempre a mi corazón amparan…

Todo lo que necesito, no es extirpar mi pena,
Sino su mano amistosa para sostenerla,

Y un corazón sincero que me haga entenderla.

Mis relaciones con el café

Las importancias que tiene amar y ser amado,
Que así más de un destino se sentirá colmado,
Con un cafecito caliente se sentirá halagado,
Al lado de amigos en el lugar más adecuado…

Unos tomándolo fuerte, otros tomándolo dulce,
Otros más tomándolo solos, otros acompañados,
Todos hemos de coincidir que por ningún motivo
Nunca tomaremos nuestro café frío, ni con hielo.

No vaya a ser que se nos avenga un mal hechizo,
Para que a todos nos cambie la vida toscamente.
Ya ven qué pasó en el pueblo un día de repente,
Los tomadores de cerveza lo sintieron de frente.

Y verán que las personas que tomaban cerveza,
Por tomar "light" modificaron su metamorfosis,
Ya las cosas no fueron ni iguales ni coincidentes,
Ni en su casa, ni en su trabajo, ni con las gentes.

Esperamos que el café siga siendo "Amigo aliado",
Que nos sonría, no se moleste, ni se nos encabrone,
Nos hemos tratado siempre muy bien hasta ahora,
Y seguiremos nuestras buenas relaciones sociales.

El cariño entre nosotros y el café parece ser eterno,
Y díganme que si siempre estamos bien con el café
De esta forma en la vida, ¿qué podría salirnos mal?
Sólo que un diablo escape y nos haga una diablura.

Momentos místicos

Mil cosas que con frecuencia ocurren,
Cuando al Café vas con asiduidad,
Igual que otras personas que asisten,
Coinciden cuando estas cosas suceden,
Y te place su esencia con continuidad.

Dentro de muy pronto ya me tendrás,
Querida incógnita de mis ilusiones,
Que entre mis sueños, he de hallarte…

De unos sorbos de café bien caliente,
Te daré substancia, un nuevo aliento,
Con la esperanza de gozo y de contento.

En el café, poesía mística es el ir y venir
Del vaporcito del negro líquido candente
Que merodea encima de nuestro ambiente,
Que aligera la carga de nuestra sangre,
Pero que también me transforma mi mente.

¿Alguien sabe de un bohemio ausente?

Morir de amor

Sírvame otro café, Camarera,
Que quiero acabar con mi pena,
Y con el castigo que deja mi condena.

Quiero más café, para poder quemar
Esta alma que me pesa y me abrasa.

Y hoy, en este especial día de café,
Juré aguantarme y no quejarme,
Pero al verlos a ustedes tan alegres,
Llenos de fe, regocijo y felicidad,
La envidia me corroe y no puedo,
Claramente como ustedes, no puedo ser,
Siento que no puedo compartir,
Las bondades que la vida nos da,
Porque no traigo en mi pecho placidez,
Sólo lo traigo lleno de tristeza
Con una pena tan grande que me mata,
Que no encuentro la manera de quitar.

Desde que se fue, me entró la tristeza,
Y ya más no he podido ser como era.

Quiero destrozarme la garganta
Con ese infierno ardiente del café,
Quiero quemarme hasta la sangre,
Para no vivir ya ni un día más…

Todos callados escuchamos sus tristezas,
Nadie levantaba la vista para mirar,
Esos ojos tan llenos de lágrimas,
Y nadie se atrevía ni siquiera a hablar,
El silencio y la tristeza eran absolutos,
¿Cómo poder ayudar donde no se podía?

La comunicación se había ya cortado.

Todos se retiraban sin decir nada,
Nos despedimos mirándonos a los ojos,
Y ya no supimos nada de los demás.

Al otro día nos llegó la mala noticia,
De la muerte súbita de nuestro amigo,
Causada por una trombosis cerebral,
Causada por un exceso de alcohol tomado.

Si con el puro café no apagó su pena,
Fueron dos botellas de aguardiente,
Las que mitigaron su cruel condena,
Pero acabaron con su breve vida…

Negro café

Negro, como lo negro de mi sufrimiento,
Negro, como las noches de mis pesares,
Negro, espumoso humeante y delicioso,
Negro, como las páginas de mi historia.

Negro, como el corazón de las penumbras,
Negro, pero delicioso, placentero y oloroso,
Negro, del color ennegrecido de las tinieblas,
Negro, pero apetitoso, suculento, y sabroso,

Negro, tomémoslo hoy, tomémoslo mañana.
Negro néctar, Negro licor, Negro brebaje.
Vamos al mesón a donde siempre vamos…
Lugar seductor, hechicero y misterioso...

No discutamos

Ante tanto dolor evitar arrogancia,
Ante esta pena evitar petulancia,
Pues es mucho más noble pedir perdón,
Que a quién lo envuelve la presunción.

Tomemos café ardiente y no discutamos.

Se trata de encontrar ese consuelo sutil
Buscar el bálsamo propicio, adecuado,
Para resucitar del desahogo de ensueño
Sediento de tu cariño y de tu calor.

Tomemos café ardiente y no discutamos.

Nos entregamos al sueño profundo,
Juntos, a la fantasía que es realidad,

Estar a tu lado, sentirte y gozarte,
Confesar como nunca lo hice antes.

No discutamos y tomemos café caliente.

Estar protegido mientras duermo,
Como un niño que ingenuamente,
Se entrega al juego del alma y la mente
Encontrando refugio inocentemente.

Tomemos café ardiente y no discutamos.

No lo tomes todo de un jalón

Paz y placer que quema en tu garganta
Si no controlas las cantidades a saborear,
Que así como todo lo que es delicioso,
Café tomado en pequeños sorbos te ha de deleitar,
Más si lo has de tomar todo sin esperar,
Siento decirte, mi amigo, que te vas a quemar.

No sé qué me hace más falta

Una cosa les tengo que decir…
En las buenas y en las malas,
Con amigos, es bueno llorar y reír,
Con café, es bueno compartir.

Pero en las mañanas al despertar,
No sé qué me hace más falta,
Si un beso dignamente y bien dado,
O un abrazo, pero bien apretado;

Un café extra grande bien cargado,
O dos días más de sueño dorado;
Un mes de vacaciones todo pagado,
O un millón de dólares venerado.

Dilema éste que no puedo disuadir,
Ni con café, ni solo ni bien mezclado,
No lo he podido por fin definir…
¿Un amigo ayuda en estas suertes?

Por eso busco una mente buena
Que ofrezca socorro en este asunto,

Quizá me ayude a atinar respuesta,
Quizá me auxilie a aliviar mi pena.

Nos quedaremos en casa.

Nuestros lazos encadenados

En el suspiro que exhalo en cada sorbo,
Enlazado con espirales de café ardiente,
Te busca y no te encuentra mi pensamiento,
Sólo tu aroma se queda en el ambiente.

Y ya siendo uno con tus sentimientos,
Fundidos en tu fragancia tan noble y pura,
Que ya nada puede borrar ni disolver.

Ni el más agresivo aroma de fuerte café,
Que frente a nosotros atraviesa el lugar
Y se mezcla con tus humores sutilmente.

Nada podrá romper la cadena que une
El premio ganado por nosotros mismos,
Y aún podría decirte mil cosas más:

Entre tus brazos y tu regazo quedarme,
Llegar hasta tus sueños y sereno dormirme,
Y en tus secretas fantasías anidarme.

Que sin remedio he de descubrirte...
Violaré las utopías de tus encantos,
Para poder darte todo lo que anhelas.

Pandemia y café

Una y muchas veces más, al café,
Pero cuando una pandemia mata...

La verdad es que lo extraño, ya lo sé,
Pero sé que no hay que meter la pata.

El que piensa que no podrá aguantar,
Déjeme decirle que no es la primera vez,

Ya ha habido otras iguales epidemias
A través de otras épocas de la historia.

Sí, efectivamente, muere mucha gente
Pero muchos han logrado sobrevivir.

Ya vendrán tiempos buenos y mejores,
Porque no hay mal que dure cien años.

Nada es para siempre en este mundo,
Ni siquiera los problemas que aquejan.

Cuando ya pase todo y sea olvidado,
Sólo será una pequeña parte de la novela.

Volveremos los miércoles a reunirnos,
Y ya verán qué bonito la pasaremos,

Porque nos hace falta platicar y reír,
Y nos hace falta tomar un fuerte café,

Siento que se nos han muerto los días,
Digamos, que los hemos desperdiciado,

Y no por no convivir y tomar el cafecito,
Sino por la necesidad que tenemos de reír.

Hay que enfrentar la vida con alegría.

Para alegrar el futuro

Pero si un beso hubo o no lo hubo,
Lo importante es que café si va a haber,
Y aquí la cosa es saber quién se va a anotar,
Aunque el beso dar se haya o no podido.

Que para vivir esta mañana de mi vida,
Nada mejor que tu amor a mi diestro lado
Y al otro lado una buena cantidad de café
Que me dé ánimos y me alegre el futuro.

Patrimonio del café

Una taza de café contiene miles de ideas,
Es y ha sido acompañante de pensadores,
De escritores, de filósofos y de músicos,
De poetas, de políticos y de compositores...

La mayoría de ellos se han enamorado,
La mayoría de ellos se han extasiado,
Con tan sólo un sorbo, con sólo su sabor,
Porque el café sabe a Edén recién molido.

Por las mañanas a Paraíso recién tostado,
Huele como a un perfume muy exótico,
Que pudiera exótica mujer disponer,
Para excitar al amado al despertar.

Para mistificar cuentas con el Creador,
Para armonizar con la naturaleza,
Y poder embriagar con esa sutileza
Los rincones de todos los santuarios.

Como el incienso místico y purificador
Con el que inicia ritual toda religión,
Así es tu perfume, de mujer misteriosa,
Así es tu perfume, de recóndita alucinación.

Ay, ay, café, que me haces soñar despierto,
Ay, ay, café, que ahuyentas al fin mi sueño,
Si es que no me vas a dejar dormir,
Llena mi pensamiento con tu ensoñar.

Pero me permites siempre despierto soñar,
Estate siempre a mi lado, embaucador,
Y permíteme salir y regresar de ese mundo,
Como sólo tú me puedes hacer navegar.

Por el gusto que nos da…

Quisiera que no juzgues la osadía de mi deseo,
Y que este día por la tarde me acompañaras,
Que llegaras como el mejor de mis amigos,
Y un café ardiente conmigo disfrutaras...

¿Ves? La mesa ya estará separada y ocupada,
Pues algunos de nosotros ya habremos llegado.
Todos nos emocionamos al ver al siguiente,
Que va entrando y al grupo ya ha divisado.

El mesero te reconoce y ya tiene tu taza lista,
Pues sabe cuál es el tipo de café que te gusta,
Así que al llegar a la mesa, luego de saludar,
Todos decimos "salud" con todos los honores:

"Por el gusto que nos embarga el estar juntos".

Se ve que van llegando todos los demás,
Puedo decir que la mesa ya se está llenando,
Y vaya que el café nos lo estamos acabando,
Pero los meseros pasan y sirven otro tanto.

Unos quieren algo de merienda y piden pan,
Otros ya quieren la cena y desean ordenar,
Otros queremos hacer un poco de hambre,
Y empezamos a discutir, como de costumbre.

Hay cosas que ya teníamos pensado charlar,
Hay chismes que queman la lengua por contar,
Hay novedades que quizás los otros no sabrán,
Hay noticias de política que nos gusta escuchar.

Y aunque de los panecitos muchos no pedimos,
Cuando van llegando a la mesa se nos antojan,
Y acabamos por quitarle una parte al que los pidió,
Uno o dos, o tres, o más, tan sólo para saborear.

Total cuando vamos a cenar, todos a compartir…

Y luego de compartir y un poco más de café pedir,
La despedida comienza y se hace un poco triste,
Porque habrá que esperar una larga semana más,
Para volver a sentir el júbilo y el gusto que nos da

Saber que hoy es el día y nos vamos a juntar…

Primer beso, ¿lujuria o fervor?

Café amargo, ardiente, vaporoso,
Tanto al amanecer como al atardecer,
Para meditar y buscar respuesta
A lo que tu interior no quiere responder.

Hoy te tomo de la mano enamorado
Ya pasado el tiempo necesario,
Mis miedos ya están por fin vencidos
Y el primer beso hoy será dado.

Dime mi amor, si en mi querencia
Descubriste amor o sólo lujuria
De amor, de lujuria o de querencia,
Mas yo te juro que es pura devoción.

Si nos perdemos en esta confusión,
Dejemos que el sentimiento decida,
Si la oración que hicimos con el beso
O es sólo pecado, o puro fervor.

Que hoy no me cante el gallo

Que por esta ocasión no cante el gallo,
Porque al canto del gallo el café hierve,
Y el aroma sube y se hace irresistible.

La cabeza se me mueve como pelota,
Y a la mesa habrá de ir uno a parar,
¡En el primer día de un recién casado!

Y no es cuestión del gusto por el café,
Que ése no me lo quita ni el mago José,
Es cuestión de cumplir lo que diferido dejé.

Hoy por favor que no me cante el gallo,
Y si canta que el pescuezo le retuerzan,
Así ese gallo permitirá que cante mi gallo.

¿Qué nos puede salir mal?

Mientras haya café, ¿qué puede salir mal?

La siesta se respeta al llegar la tarde…

Si eso tienes como intención, entonces,
Nunca tomes café negro en el almuerzo,
Te mantendrá despierto toda la tarde.

Sin embargo, hay quienes lo toman así,
Durante la comida para mantenerse alertas:

Despiertos, para poder escribir los escritores,
Avispados, para poder pensar los pensadores,
Sutiles, para poder mantener las personalidades,
Ilusos, para mantenerse vivos, los hipnotizadores,
Alegres, para mantener las alegrías en los rostros.

Al tomar café no se trata de sufrir o no sufrir,
Sino de disfrutarlo como un lujo de la mesa,
Pues es valioso, como el mejor de los manjares,
Que después de los sustentos, él aviva corazones
Y las simplezas del espíritu, que han de terminar
En entera armonía, risas, cantos y consuelos…

Pues no me río sin estar tomando un café,
Y mientras haya café en este mundo cruel,
Dime entonces…
¿Qué nos podría salir mal?

Que se reavive la flama

Con café sonrisas y caras vemos,
En mundos llenos de espejismos,
No todos observamos lo mismo.
Cada quién se canta su canción,
Mas al corazón no le conocemos.

Te juega el juego de la traición,
Al tanto que de él te enamoras;
Te susurra y te acaricia el oído,
Y te habla de amor con la aurora,
Raya en los límites de la pasión.

Sin ti, y sin un cafecito caliente,
Ya no hay doctrinas de mi mente,
Deja mi mundo totalmente ausente,
Necesito café fuerte, como tu amor,
Que desgarre mi alma y mi corazón.

Que me haga sentir como un ladrón,
El delirio, clamor, la ilusión de desear
Rellenar mi alma con esa rapacidad,
Tan fuerte, como mis ansiedades,
Tan fuerte, como mis intenciones.

De tenerte entre mis fuertes brazos
Y envolverte y reventarte amándote,
Y que así continúe el día, mancillándote
Tomando café para reavivar la llama
De este volcán ardiente que no se apaga.

¿Qué va mejor con café?

Donde haya libros, seguro habrá café,
En un día lluvioso, seguro habrá café,
Día gris y muy frío, seguro habrá café,
En día caluroso y templado, hay café,

Si escuchas a los Beatles, seguro hay café,
Aunque estará muy cargado, pero hay café,
Si escuchas a Dylan o a los Stones, hay café,
Éste también muy cargado, pero hay café.

Una buena plática, seguro habrá café,
¿Ombligos reunidos?, seguro hay café,
¿Tamalitos y atolito?, seguro hay café,
Si escuchas a Mozart y Bach, hay café,

Hoy es día de jugada, seguro hay café,
Se ha soltado el deleite, seguro hay café,
¿Una buena película?, seguro hay café,
Si vamos de viaje, seguro llevamos café,

Tuviste un mal día, seguro habrá café,
Hoy hay mucho trabajo, seguro hay café,
Te pusieron a dieta, seguro habrá café,
Terminaste noviazgo, seguro habrá café.

Si escuchas a Beethoven, habrá café,
En las mañanas, seguro habrá café,
Una rica merienda, seguro habrá café,
Vamos al almuerzo, seguro habrá café,

Escribir una carta, seguro habrá café,
Recibir visitas, es seguro que hay café,
En los funerales, seguro habrá café,
A donde quiera que vayas, hay café,

Donde quiera que te localices, hay café,
Si hacemos el amor, seguro hay café,
Que el café entremezclado con amor,
Ambos son mucho mejores bien calientes.

Que vaya el que quiera

Para ir a la pachanga se hizo campaña,
Para el café no se necesita tal hazaña.

Va el que quiere y quiere el que va,
Pues no se requiere permiso ni contraseña.

¿Y qué tal si por beberte me dan muerte,
Y si por no beberte recibo la vida…?

Prefiero la muerte, pero en vida beberte,
Que la vida, y pasar esa vida sin beberte.

No te apures, que habrá café para todos,
Si no hay para todos, no habrá para nadie.

Recuerdos de ti

Si pudiera volver a verte y platicar,
Abrazarte y en tu pecho llorar…
Si pudiéramos de un café disfrutar…

Momentos que grabaría para siempre,
Los recordaría cada vez que café tomara,
Y los perpetuaría hasta que muriera.

Perdí mucho el tiempo distrayéndome,
Cuando el verdadero motivo para ser feliz
Lo tuve siempre a mi lado sin saber.

Cuánto extraño aquellos momentos
Que ya se fueron y no los puedo traer.
Ya el tiempo no se puede regresar.

Me pregunto si tú desde donde estás
Me puedes ver y observar lo que hago
¿Puedes escuchar mis risas y mi llanto?

Podrás ver todo lo que te he amado,
Y aunque el tiempo ya se haya pasado,
Yo te amo, aunque ya más aquí no estés.

Cada vez que me tomo un café caliente,
Recuerdo aquellos momentos, de ti y de mí,
En tu cocina, en las mañanitas de abril.

Redimir mi corazón

A propósito de juguetear, charlar y convidar,
Hoy por la tarde un cafecito puede ayudar,
A cuadrar en la razón toda esa interjección,
Que al corazón mantiene tanto en confusión…

¡Café, sí, es cafecito lo que quiero!

Y si deseare una exquisita bebida,
Regalarme alguien de mis amigos,
Venga a ofrecerme una taza de café.

Quien quita a ver si la razón se cuadra,
Que al corazón lo tiene en un laberinto,
Porque dicen que la felicidad es un café,
Y que la vida es sólo un café tras otro.

Y no preocuparse más por lo demás,
Veamos que para esta preocupación
Éste nos pueda llevar a una modulación,
Y finalmente quede redimido mi corazón.

Relación entre el escritor y el café

Lo que hoy es seguro, y se sabrá,
Es quién al café esta tarde asistirá,
Por lo pronto, en la lista yo me pongo,
A ver a quiénes por allí me encuentro.

A mí que me gusta escribir, pero te diré
Que sin un buen café nada se escribe.

Las relaciones entre café y el escritor
Se parecen a un par de enamorados:

Muy comprometidos el uno con el otro,
Pues el café se convirtió en una necesidad
De la vida, desde que el amor se inventó.

Gracias a tu amor y al café que consumo,
La bestia que a diario cargo por dentro,
Se transforma en un noble y leal hidalgo.

Así mismo con café me empiezan a pasar
Cosas más raras cuando son más de tres
Las tazas que consumo en un buen rato.

No sé de dónde emanan todas mis ideas
Y vamos que a veces me sorprendo
Por todo lo que escribo sin pensar,

Pero una cosa sí sé, y la tengo muy clara,
Que el café es el principal ingrediente
De mi revolución mental y desempeño.

Una vez que te haces su fanático,
Ni pienses que el tiempo se va a regresar.

Cada vez es más caliente y más cargado
El café que necesito para estar sereno,

Duermo menos, pero mis sueños todos
Cobran la palabra, y salen por mi pluma
Como si estuviera declamando un poema.

Sádico y masoquista

La potencia del café no la descubres,
Sino hasta haberlo hervido en agua;
Tan caliente como el fuego del infierno,
Tan diáfana como la pureza de tu amor,
Que en toda crisis debe estar presente,

Porque el corazón humano solo no resiste,
Necesita una buena taza de café caliente…

Su fuerza y su potencia lo hacen resucitar,
Y a mí me hace tan pronto languidecer;
Al mismo tiempo que me hace reparar,

Me causa un delirio y en parte sinsabor,
Pero al mismo tiempo me hace gemir,
Pesadumbre singular de dolor con placer,

Igual me gusta porque me gusta el dolor,
Entonces más me gusta sufrir que no sufrir,
Finalmente yo elijo lo que he de tomar,

Si por sufrir tomo café ardiente que queme,
O simplemente por no sufrir lo tomo frío,
Y que me lleven los diablos del Averno,
Que el café frío me desprestigia si tomo,
Así finalmente en el Averno sufriré más,
Que tomándolo ardiente como el infierno.

Y este día caluroso con un cafecito caliente
Se va tornando del café, lo divino y lo puro,
En una placentera plática rítmica y amistosa.

Será la edad o serán mis males…

Tengo una incuestionable inquietud,
Aunque más parece que es ansiedad,
Quizás tristeza, quizás desesperación.

No sé lo que será, y dime, ¿qué podría ser?
Un día tras otro y siempre me pasa igual,
Yo me supongo que es por mi edad.

Cosas esenciales ahora me esclavizan,
Pero me gusta que me dominen y me sometan
Porque me dan calma, pero me armonizan.

He visto más de cerca esto que siento,
He apreciado mucho más el sorber un café
Tanto por las mañanas, como por las tardes.

La música que tanto me gustaba y quería
La cambié por otro estilo más alentada,
Le da a mi espíritu sensibilidad y espacio.

La lluvia, siento que ahora me entristece,
Y en los días fríos casi me siento retirado,
La verdad, no sé qué es lo que me pasa…

La vida es y será bella, como siempre ha sido,
Pero últimamente la he apreciado más,
Vuelvo a decir si será por lo que he vivido.

Creo que el buen café nunca debe de faltar,
Me ahogo sin el cobijo de su aroma y sabor,
Se ha convertido en mi dama de compañía.

Mis amigos, como nunca, me hacen falta,
A los que ya se fueron, mucho los lloro,
Los que se quedaron, muy poco los veo.

No sé qué es lo que me está sucediendo.
No sé si serán los años, o serán mis males,
Quizás vea lo que antes no podía ver.

Ese lugar a donde todos un día nos iremos,
Pero eso sí les digo, confieso que he cambiado,
Y éste, mi cafecito fiel, me ha acompañado.

Ser los que antes fuimos

Ven, que mi amistad te pertenece,
Ven, que tu presencia me enaltece,
Tomar cafecito, que nos engrandece,
Juntos otra vez, que me enorgullece.

Te invito a que tomemos un cafecito
Y nos bebamos algo de nuestras vidas
Con nuestros cuentos que narremos,
Mientras tanto, reímos y recordamos.

Hay aventuras que hemos vivido,
En tiempos de nuestras lozanías,
Cuando los límites nunca afloraban,
Nunca nada ni nadie se interponía.

Nos lanzábamos hacia la felicidad,
Estaba al alcance de nuestra mano,
Cuando no había oscuros rencores,
Ni odios, ni peleas, ni desamores.

Recordemos aquellos hermosos tiempos,
En esta bella tarde de nuestro Invierno,
Al menos por un buen rato sentiremos,
Y volveremos a ser los que antes fuimos.

Si un día me faltara mi cafecito

No puedo imaginarme un día sin café...

Si paso el lunes sin tomar café el ojo se endurece,
Si paso martes y no hay café, no cierro ni un ojo,
Miércoles sin café, no pego pestañas en la noche,

El jueves sin café la garganta se me reseca,
Llega viernes y sin un sorbito, estoy en un grito,
El sábado tanto se me reseca que espero el domingo.

Y loco me siento como un pingo si ya es domingo,
Y yo seco del gaznate sin su sabor ni su color.
Que no me suceda esto a mí, porque me lincho.

Lo quiero tomar desde que comienza el día,
Lo quiero tomar desde que comienza el lunes,
Lo quiero tomar el martes, miércoles y jueves,

Y de pasadita en viernes, sábado y domingo,
Lo quiero tomar todos los días de la semana,
Todas las benditas semanas de todos los meses.

Y de pasadita, todos los meses de todos los años,
Y si en uno de ésos me llego a quedar frío,
Qué mejor que sea ya en mi tumba enterrado,

En un féretro donde quepan y allí me agreguen
Unos cuantos termitos con cafecito bien caliente,
Para calentarme mientras me dure el acomodo

De lo que a mi cuerpo le tienen designado,
Yo creo que es desaparecer, pero mientras pasa,
Qué lindo es sufrir y desaparecer de ese modo.

Socorre mi pena, cafecito

Más valiera que sea café caliente,
Y no al rato, sino mejor ahorita,
Pa'limpiar la mente impertinente,
Pensando en volverse a enamorar.

Necesito café bien caliente
Que queme de mis tristes labios
Esos besos que a tus labios diera,
Porque hoy, juro que te olvido,

Aunque de tristeza me muera.

¿Alguien que me acompañe en mi moribunda pena?

He aquí que de amores y querencias,
El descanso viene en los atardeceres…

Sorbiendo café que con sus vapores
Socorre amigos, amores y desamores,
Y he aquí, que están ustedes de testigos
Hoy no muero, pero olvidaré mi pena.

Solos café, tú y yo

Que no te falte un café que te dé sopor,
Amargo y ardiente como mi amargura…

Que no falte una caricia que te dé calor
Que nos envuelva en el aroma del amor…

Apacigua mi corazón con ansias de ternura,
O serenas o aceleras todo acto con premura.

Que no te falte, un libro, un café y un amor,
En eso se basa la felicidad, solos café, tú y yo.

Pues igual que el café, tú haces conmigo,
Que se me dilaten las pupilas para verte mejor.

Que mi corazón me lo encamines a tu ritmo,
Donde solos tú y yo bailamos mística danza…

Todos sabrán que estamos tomando café,
Su aroma nos delata y este aroma contagia.

Sumisión

Veo que a mí me ha pasado igual…
Este lugar es un mágico portal,

Y sin que te des buena cuenta,
El tiempo aquí se pasa sin pensar,

Te hace adicto a su devoción
En el rato que aquí has de pasar,

Te pones a reír, te pones a cantar
Te pones a llorar y hasta a rezar,

Es mi mundo, aquí hay amistad,
Y más, hasta hay amor y devoción,

Todo reunido sin premeditación
Hace al café tenerle sumisión…

A ver si el corazón se llega a cuadrar
Y salir del laberinto en el que está.

Por ahí dicen que la felicidad es café
Y que la vida es un café tras otro café.

Mas si deseare una exquisita bebida,
¡Café, sí, es un cafecito lo que pido!

¿Cuadra en la razón la interjección?
¡Al corazón convence sin razón…!

El café nos lleva a una modulación,
Al fin quedó redimido mi corazón.

Sutilezas

En esos momentos de tristeza,
Un amigo y un café reconfortan,
Apaciguan, y devuelven la nobleza
Aunque se piense que desaparezca.

El café es mágico, ayuda a soportar,
Su calorcito el pecho te reconforta,
Su sabor a la pena la acobarda,
Equilibra tu estado de melancolía,
Subyuga tus momentos de soledad,
Igual que como un amigo de verdad.

Que si está contigo, ¿cuál miedo?
Todos los temores de ti se apartan,
Y al igual que el café te reconforta.

Y si acaso merezco lo que no sabía,
Dame la oportunidad de disfrutar,
Por lo menos esta tarde y café tomar
Con mis amigos en el mismo parador.

Aunque cada mañana Dios me diga:
"Levántate, atrévete e intenta de nuevo",
Si lo logras, estoy aquí para premiarte,
Si vuelves a caer, estoy para levantarte,

Lucha por lo que amas y lo que sueñas
Mientras estés vivo y mientras te muevas,
Pues cuando mueras no habrá oportunidad,
Ni de amar ni de ser feliz, ya nunca más…

Tardeadas exquisitas

El Café de la tarde hay que tomar,
Como a eso de las seis, sin dilatar,
Algunos quieren galletas o panecito,
Y otro por ser tragón, pedirá de más.

Ven a tomar café, sea con o sin apetito.
Mas si decides venir, no vengas con pena,
Sólo trae contigo tu vida y tus ideas,
Tus pensamientos y todos tus cuentos.

Que el café con el que aquí te espero,
Y tú y yo para la merienda compartir,
Nos dará lo necesario para conversar.

Recuerda que si hablemos de tus sueños,
Nunca tus sueños se contarán de más...
Aquí entre nos siempre se guardarán.

El café se nos puede hacer muy corto,
Y si se acaba al contar un dos por tres,
¡Que hagan otra jarra, para que dure más!

Tiempos de virus

Que mejor motivo para la celebración,
Un buen cafecito que aporta su gentil aroma.

Un grupito de amigos libres de todo contagio,
Una plática que sea propia de la situación.

Pero esto es solamente una simple ilusión,
Absurdo es salir de casa y buscar una infección.

El virus vuela por los aires y sólo faltas tú,
Que te expongas a contagio y desaparezcas.

Es un virus poderoso y gran matador,
No respeta a quien por el camino se encuentre.

Yo sé que el tomar un café no puede esperar,
Pero de seguro en tu casa lo puedes tomar.

Por ahora, guarda tus distancias y no salgas,
Que la muerte en cada esquina nos asalta.

Tomando café pasa...

¿Nos echamos unas cartitas, pero
De las que se toman, no de las del juego?
Pero mucho mejor, y para no errarle,
En el mesón un café nos tomaremos...

De ése que con los amigos se toma,
Del que frente a él se piensa y se discute,
Se juzga, se argumenta y se parlamenta,
Se incita a cavilar y se incita a soñar...

Del que incita a conversar y a recordar,
A escribir, a redactar, a leer y a escuchar,
A seducir, a conquistar y a halagar,
Te invita a llorar, a probar y a reconciliar.

Se recomienda, se besa y se enloquece,
Se odia, se embrutece y se aborrece,
Se estimula, se encomienda y se congenia,
Se charla, se contradice, hasta se trastorna.

Se agradece, se comprende y se aprecia,
Se agrada, se gusta, se disgusta, y se ama...
Mientras el mágico café, se comporta,
Escucha, es testigo, mira y se ruboriza.

Del café que juzga, razona y aconseja,
Pronostica, consciente, también te anima,
Él suspira y contigo razona, se apiada,
Profetiza, te da calma, te proporciona fe.

Te inspira, te sosiega, nunca se cansa,
Te atiende, pero al ratito se enfría...
Pide más café para seguir soñando,
Pero tómalo antes de que te cierren,
Del albergue las puertas y ventanas.

Tomando dos de la misma taza

Me gusta café con crema y ver la Luna,
Me gusta la Luna Llena y tomar café.

Pocos pueden entender mi escabrosa verdad
Hasta que bebe de mi café la espuma.

Verte a ti, y tomarte a ti, es una magia.

La fresca brisa que recorría el patio,
Se llevó el aroma de mi perfumado café,
Y llegó hasta donde tú te escondías,
Y luego mientras yo me lo tomaba,
Apareciste tú sin una taza en tu mano.

Ahora somos dos, mirando la Blanca Luna,
Ahora somos dos, tomando de la misma taza.

Tómate un cafecito conmigo

Tómate esta tarde un cafecito conmigo,
Pues sólo viviremos lo que podamos vivir.

Pero cuando nace tu nieto rechonchito
Y sostiene tu dedo con su pequeño puño,
Ya estás enganchado para toda tu vida.

Así, hay cosas que suscitan a ser felices.

Tómate esta tarde un cafecito conmigo,
Aprovechemos lo que la vida nos brinda,
No perdamos el tiempo en lamentaciones,
No perdamos el tiempo en desesperaciones,
Pues ignorar los hechos no cambia las cosas
Por lo que ayer pasó, o por lo que pasará.

Tómate esta tarde un cafecito conmigo,
Cuando alojas amarguras, la felicidad se va.
Todos quieren vivir en la cima de la loma,
Pero el crecimiento ocurre mientras la subes.

Hoy la vida la tenemos en nuestras manos,
Disfruta conmigo lo que tengamos enfrente.

Tómate esta tarde un cafecito conmigo,
Mira que las oportunidades nunca se pierden,
Alguien más tomará aquéllas que dejaste ir.

Entre menos tiempo tengo para trabajar
Me doy cuenta que más tengo por hacer…

No es lo mismo poder contarlo que ocultarlo.

Tómate esta tarde un cafecito conmigo,
Ya después, más allá sabrá Dios qué habrá,
¿Se habrá de sufrir?, ¿se habrá de gozar?

¿Habrá qué llorar?, ¿habrá qué reír?
¿Quién de todos nosotros podrá eso saber?
Lo mejor es no tratar de entender.

Tómate un cafecito conmigo esta tarde,
Mañana otro, y después otro, y otro más,
Los que puedas tomarte, conmigo o sin mí.

Recuerda que cuando la vida se está acabando,
Al final siempre se va mucho más rápido,
Y a nadie le pide permiso, ni tiene piedad.

Tómate un cafecito conmigo esta tarde,
Para que aprendas a soñar y a disfrutar,
Todo lo que estando por allá no harás.

Ven conmigo a reír, y a gozar, a ser feliz,
Es el amor el que realmente cura la herida,
Y no el tiempo que le dedicas inútilmente.

Tu imagen anclada en mí

Ven ahora y camina conmigo,
Ven ahora a gozar de la vida,
Ven ahora a tomar buen café
Ven ahora a abrazar a un amigo,
Que yo en mi alma te doy cabida.

Apacíguate tú y tranquilízame a mí,
Que el café se me subió a la cabeza
Y no me hables de humillaciones,
Pues con el brío que trae mi corcel
No sólo aldeas, sino fuertes y valles
Habrán de caer si entre tú y yo
Alguien se pretendiese interponer.

Eres sensación de extraño amor
Que despiertan en cada atardecer
Aromáticos tés y bienolientes cafés.

Soy el que un día te conoció,
Y hasta hoy persiste la ilusión
Del significado de alguna canción,
Donde el aroma del café apareció,
Y una vez que en mí penetró,
Con tu imagen, luego en mí se ancló.

Tus noches de pasión

Y en tu inclinación por degustar café,
Ponme en la línea de tus concurrentes,
Cítame justo a la hora de tus asistentes,
Quiero estar a tu lado, saboreándolo.

Quemándome mis labios, tal como ellos,
No importa lo ardiente, sólo estar presente,
Para no perderme las liras de tu mente,
Quiero escuchar cánticos en tu respiración.

Las vibraciones de tu enamorado corazón,
Los cuentos de tus andanzas por la vida,
Las aventuras de tu lozanía enamorada,
Y las venturas de tus noches de pasión.

Únanse al cortejo

Vengan, únanse al cortejo,
Hay muchas cosas por hacer
No estamos en buena forma,
Pero de todas formas disfrutamos.

Vengan, que hoy habrá café...
Y si estás un poco deprimido,
No te apures que donde hay café,
Siempre se resuelve el problema,
Es cuestión de una tacita
Algunos prefieren dos, otros, tres.

Lo único que puede pasarte
Es que no vayas a dormir bien,
Pero a tu edad, querido viejo,
Ese problema se cuece aparte.

Pónganle orden a sus pensamientos,
Y vengan, únanse al cortejo…

Una tacita de café

A tomar café, es sabroso,
Humeante, aromático, animoso,

Caliente, amargo, enigmático,
Cura penas, da calma y reposo.

Sedante, misterioso, fiel, afectuoso,
Fragante, grato, balsámico,
Calmante, perfumado y exótico,
Con azúcar es dulce y apetitoso.

A las relaciones tranquiliza,
Durante plática escurridiza,
Mas al alma es a quien serena,

Dándole bienestar y confianza.

Al día da bonanza y bienaventuranza,
Da fuerza y muy buena voluntad
Cuando se quiere quitar una pena,
Cuando se quiere mitigar un fuerte dolor.

¿Quieres tomarte una tacita?
Mi casa se engalana con tu visita.
Contigo ya seremos muchos los que estemos.
Entre más seamos, más mentiras echaremos.

Un cafecito en días lluviosos

Un cafecito para aliviar las penas,
Un cafecito para olvidar los pesares,
Un cafecito para consolar a los amigos,
Los amigos que aligeran mis cargas
Como yo a ellos se las he de aligerar.

Pero hoy hay que tomarlo en casita
Porque parece que esta lluvia no para,
Y a mí que me gusta tanto la lluvia,
Me entristece y a la vez me hace llorar,
Y en ese llanto mezclo mis pesares.

Entonces mi llanto se hace más intenso,
Pero nadie ve mi tristeza interna
Porque mis lágrimas se confunden
Con la fresca lluvia sobre mi rostro,
Es por eso finalmente decidí salir.

Así, le doy una salida a mis presiones,
Y por fin llego a donde está el café,
Así, mojado me cae mucho mejor,
Me calienta y reconforta el cuerpo,
Y la tristeza, ya de plano se me pasó…

Un par de consejos

La vida es gentil y sólo es una,
Te pone al alcance de tu mano
Estampas para ti de gran valor.

Así que ajústate a estas bendiciones,
Que disfrutarás con afecto y amor,
Mientras vivas y puedas respirar.

Empieza el día con un buen café,
Y que la Luz del Sol y los amigos,
Nunca te falten en tu recorrer.

Ama a Dios sobre todas las cosas,
Ama al prójimo como a ti mismo,
Demuéstrate que realmente te amas,

Haz que tu autoestima esté al tope,
Trabajando con ahínco y sin descanso,
Pero descansa con profundidad.

Ejercítate en la vida y en tu trabajo,
Pero también ejercita tu cuerpo,
Para que cumpla con su digna misión.

Te aconsejo y te digo que seas prudente,
Come sólo lo necesario para vivir,
No vivas tu vida sólo para comer.

Y acuérdate de elegir tomar café,
Pero que sea justo tostado y molido,
Para que tengas sensación del Cielo bajado
Cuando lo sorbes hasta acabar la taza.

Y por último, nunca menosprecies
La ternura y devoción de un amigo,
Que en tu recorrer sólo habrá algunos
Que te darán la mano y te abrazarán.

Dicen que un amigo es como medicina,
Muchos amigos te quitan todos los males,
Si los mantienes cerca en tu caminar,
Gozarás siempre de una vida saludable.

Un poema erótico

Esto sí fue muy escabroso,
Se me hincharon las venas,

¿Y dónde quedaron las penas?
Ya el delirio las ha mutilado.

Y no termina mi exaltación,
Al haber terminado el poema,
Nunca se me fue la emoción,
Ando como un alma en pena.

Necesito aliviar la presión,
Que me tiene en esta condena,
No me queda más remedio,
Que deshacer mi situación.

Un café para quitar el nervio,
Bien cargado para bajar presión,
Caliente para auxiliar al remedio,
Y doble para acabar la ilusión.

El tedio secundó al remedio,
Las venas se me deshincharon,
Y entonces, colorín colorado
El delirio por el poema ha pasado.

Un sueño inesperado

Que no acabe este atardecer en un pasado...
En este presente te pido que estés a mi lado,
Antes de que la hora de tomar un cafecito pase
Y acabe sin haberte una vez más disfrutado...

De mis tardes, la tarde perfecta es esta tarde,
Ya más nada puede reemplazar esta velada,
Sólo el café que frente a ustedes yo disfruto,
Pues me deja una sensación muy placentera.

No lo puedo dejar para otra tarde cualquiera,
Necesito café, necesito el principal ingrediente,
Necesito sosegar mi pasión, ceder mi obligación,
Que me calme el alma, los sesos y el corazón.

Debo ser más fuerte que el volcán que derrite.
Creo que en esta pendencia anoche salí triunfante,
La verdad, no sé de dónde las fuerzas he tomado;
Pero seguro estoy que otra vez volverá a pasar.

Para entonces debo prepararme y tomar café,
Una última tregua, y en esta tregua ya veremos
Quién de los dos saldrá de una vez por todas
Como el verdadero y único triunfador.

Bueno, todo eso lo soñé anoche y quise contarlo.

Quiero continuar con la demencia de mi locura,
Y que mi locura desemboque en la apertura
De un nuevo sueño que quisiera compartir,
Aunque se antoja mucho un café en esta ansia…

Vamos al café

Si has de soltar la sopa,
O quieres alegrarte un rato,
Platicando con la tropa,
Y escuchando algún relato…

No lo pienses dos veces,
Peor sería que no fueses,
Que el café recién hecho,
Convida a que por allí pases…

Es bueno poder gozar,
Qué bueno es reír y cantar,
Los amigos a disfrutar,
Y las penas a descargar…

Un panecito tostado,
Un taquito por otro lado,
Pero lo mejor de todo,
El cafecito aromatizado…

Ven y salte de la rutina,
Libérate por un buen rato,
No te ahogues en una tina,
Despabílate, hombre ingrato.

Que sobra tiempo pa'trabajar,
Invierte algo en la diversión,
En la vida hay que reír y cantar,
Y un café con amigos disfrutar.

Ven y camina conmigo,
Ven a gozar de la vida,
Ven a abrazar a un amigo,
Que en su alma te da cabida.

Vive y aprovecha tu tiempo

¿Tienes muchas cosas por hacer,
No hay más tiempo para nada
Que los pendientes resolver?,
¡Ah que vida tan acelerada…!

Tranquilízate por un instante,
Te mereces un buen descanso,
Relájate, vive, respira y siente,
Dale a tu vida un remanso.

Busca los amigos y disfruta,
Date un poco el viejo gusto,
Con ellos tómate un café,
Platica y ríe y llora y canta.

No duele, no sufras, no llores,
Son sólo caricias con pasión,
Sólo son gestos bienhechores,
De éste, tu pajarito trovador.

Hoy en el café de esta tarde
Verás sin trucos, ni alardes
Que el aprecio y la amistad
Milagros obran con lealtad.

Volver a ser los que antes fuimos

Ven, mi amistad te pertenece,
Ven, tu presencia me enaltece,
Tomar cafecito nos engrandece,
Y juntos otra vez me enorgullece.

Te invito a tomarnos un cafecito,
Y bebernos algo de nuestras vidas,
Oyendo los cuentos que narremos.

Y mientras, reímos y recordamos
Las aventuras que hemos pasado,
En tiempos de nuestras lozanías,
Cuando límites nunca había,
Ni nada ni nadie se interponía,
Para lanzarnos a la felicidad,
Cuando estaba al alcance de la mano,
Cuando no había ni rencores,
Ni odios, ni peleas, ni desamores.

Recordemos aquellos viejos tiempos,
Tomemos café y deleitemos el gusto
En esta hermosa tarde de Invierno.

Al menos por un buen rato,
Volver a ser los que antes fuimos.

Volver a ser niño

Pero antes de volver a ser como niño,
Tengo aún esperanza de repartir cariño,
Entre amigos que me quieren y aprecian,
Que en el café me animan y me reconfortan.

De la misma manera al volver a ser niño,
La posibilidad de tener amigos se agranda,
Pues cuando uno es niño nunca es selectivo,
Ni se limita a anclarse en una esfera grupal.

Tu corazón decide amparar a todo aquél
Que te busca para formar parte de tu vida,
Y en tu inclinación por degustar el café,
Ponme en la línea de tus concurrentes.

Cítame justo a la hora de tus asistentes,
Quiero estar a tu lado, saboreándolo,
Quemándome mis labios, tal como ellos,
No importa lo ardiente, sólo estar presente.

No quiero perderme las liras de tu mente,
Quiero escuchar cánticos en tu respiración,
Los cuentos de tus andanzas por la vida,
Las aventuras de tu lozanía enamorada...

Y las venturas de tus noches de pasión.

Vuestra alma conmigo

Luego de ajetreos sin parar,
Cuando ya el resuello no pueda entrar,

Veréis que un café nos dará calma,
Y acomodará en mi lugar vuestra alma.

Hasta que el Sol salga para alumbrar
En este nuevo día por comenzar.

Y dame otro cafecito por favor,
Para comenzar con gusto mi labor.

Acerca del Autor

Ingeniero Químico por estudios,
Y por gusto decidí ser escritor,
De novelas, e inventor de poemas.
Con quince dieciocho en mi colección,
Cerca de dos mil poemas cantados,
Preñados desde el fondo de mi alma,
Y adoptados por este corazón.
Aclaro que de Dios es la inspiración,
Cuyo encantamiento me ha dado,
La satisfacción de vivir a su lado,
Escribiendo, y al tiempo de escribir,
De la vida seguir disfrutando,
Donde mi esposa y musa a la vez,
Para motivarme, me ha inculcado,
A sobrellevar este círculo vicioso,
Que transforma mi vida en embeleso.
Mexicano, norteño de nacimiento,
Pero cosmopolita por querencia,
Con sesenta y nueve años de vida,
Pero con toda una eternidad
En mi corazón y en mi pensamiento,
Que me permiten seguir escribiendo.

Félix Cantú Ortiz

Fecha nacimiento: 11 de marzo de 1954.
Lugar: San Nicolás de los Garza, Nuevo León, México.
Teléfonos:
Portátil: (+52) 81-1245-4894, Casa: (+52) 81-8376-0718.
E-mail: felicianocantu54@gmail.com

Otras Obras del Autor

01. CORAZÓN DE ROCA. – Novela. Fecha de Terminación: Agosto del 2009. Resumen: Un pueblito del norte de México hace su propia narración, en la que describe las vicisitudes de sus personajes a través de un periodo de su historia. Se mezclan los odios, angustias, desesperaciones, los mitos y leyendas que se envuelven en la trama desarrollada en una misteriosa casa escogida por el propio pueblo y alrededor de la cual, aparecen todos los personajes que tienen que ver con la historia. El pueblo busca dentro de su gente a la persona adecuada que haya de escribir la historia que él por adelantado ha estado narrando. Al asegurarse de que ha encontrado a la persona adecuada y su historia va a ser escrita, deja de preocuparse por su gente al darse cuenta que todas las manifestaciones del comportamiento de ellos no eran más que los latidos de su propio corazón, y deja entonces la historia así, que hasta ese momento, la escritora plasmará en papel, sin continuar lo que podría ser, a sabiendas que cuando mueran estos personajes, aparecerán otros que se comportarán de la misma manera que los anteriores, por lo que el pueblito decide no hacer tanto caso a los latidos de su corazón y busca compaginarse con el Padre Tiempo, que es el único que lo comprende, bailando una danza que se transformaría en un idilio entre los dos por toda la eternidad. Libro escrito en una combinación de prosa y verso. Registro Federal de Autor en México: 03-2010-021511421600-01. Número de Control de la Biblioteca del Congreso: 2010932895. ISBN: Tapa Dura 9781617640773. Tapa Blanda 9781617640162. Libro Electrónico 9781617640155.

02. PÍCARA HISTORIA DE LAS MEMORIAS DE DON HILARIO, HOMBRE CON TALENTO POCO, MENOS INGENIO Y SIN MÁS DESIGNIO QUE SUS SUEÑOS Y SU FE POR ENCONTRAR LA FELICIDAD – PRIMERA PARTE. Novela. Fecha de Terminación: Septiembre del 2010. Resumen: Esta novela picaresca pero dramática está fundamentada en una Felicidad que buscaba a través de su vida, Don Hilario, cuyas memorias narradas por él mismo se ajustan a un muy vulgar, pero florido lenguaje norteño auténtico y lleno de vocablos populares actualmente ya desaparecidos, contrastando con un castellano fino y clásico hablado por Don Andrés, hombre muy acaudalado pero exiliado de España que viene a refugiarse en el pueblo donde Don Hilario vivía, de quien se hace amigo y a quien convence para recorrer juntos el mundo con el afán de buscar esa Felicidad misteriosa que ambos nunca logran encontrar y que finalmente descubren que jamás la encontrarían en el

exterior, sino en el interior de sí mismos, donde nunca se imaginaron, y que finalmente vienen encontrando antes de morir este par nacidos ambos a la misma hora del mismo día del mismo año, uno en México y el otro en España. Una novela escrita en prosa rimada que sin duda ofrecerá a los lectores una remembranza al lenguaje de los tiempos literarios del Romanticismo, como si fuera una escritura para ser cantada. Registro Federal de Autor en México: 03-2010-111212490600-01. Número de Control de la Biblioteca del Congreso: 2010941568. ISBN: Tapa Dura 978-1-6176-4352-1. Tapa Blanda 978-1-6176-4350-7. Libro Electrónico 978-1-6176-4351-4.

03. PÍCARA HISTORIA DE LAS MEMORIAS DE DON HILARIO, HOMBRE CON TALENTO POCO, MENOS INGENIO Y SIN MÁS DESIGNIO QUE SUS SUEÑOS Y SU FE POR ENCONTRAR LA FELICIDAD – SEGUNDA PARTE. Novela. Fecha de Terminación: Septiembre del 2011. Resumen: Esencial para los amantes de la felicidad, para los fanáticos de las órdenes de caballería, para los que están muy cerca de Dios y para los que no lo están pero lo intentan, para los que no saben cómo empezar, para los que cultivan la amistad, para los que aman o han amado. En esta Segunda Parte, los protagonistas encuentran la Felicidad que buscaban por medio de un juego que el Padrecito les sugiere jugar, que es la formación de una Orden de Caballería, donde encuentran realmente lo que buscaban. Está escrita en un lenguaje casi cantado, por estar en combinación prosa y verso, llenará el corazón del aventurero en los caminos del alma. Dramática, emotiva y al mismo tiempo picaresca, esta novela querrá el lector leerla en un solo intento. Registro Federal de Autor en México: 03-2011-071311331900-01. Número de Control de la Biblioteca del Congreso de EE. UU.: 2011962881. ISBN: Tapa Dura 978-1-4633-1324-1. Tapa Blanda 978-1-4633-1326-5. Libro Electrónico 978-1-4633-1325-8.

04. POEMAS DE UN CORAZÓN. – Poemario. Fecha de Terminación: Agosto del 2011. Recopilación de poemas escritos por el Autor desde su adolescencia hasta sus 57 años. Libro dividido en cuatro ciclos: I. Espiritual, II. Para todo Lector, III. Cuentos y Leyendas y IV. Para Adultos. En un ameno tamaño de letra de 14 puntos, 400 páginas de puro placer de leer poemas. Registro Federal del Autor en México: 03-2011-060210052600-14. El Número de Control de la Biblioteca del Congreso de EE. UU: 2011912064. ISBN Pasta Dura 978-1-4633-0499-7. Pasta Blanda 978-1-4633-0501-7. Libro Electrónico 978-1-4633-05500-0.

05. JULIÁN, EL AGUERRIDO – Romance de un domador de dragones. Novela. Fecha de Terminación: Marzo 11 del 2012. Resumen: Epopeya en la que un caballero,

386

protagonista de una antigua profecía es descubierto por un mago arcano de una orden mística, al que le solicitan realizar una misión para regresar la paz que les ha arrebatado un cruel y despiadado rey sustentado y apoyado por otro mago del lado oscuro de la magia, contra los que luchan constantemente, y en medio de estas aventuras, no puede faltar el romance del caballero con su dama, que es su mismo escudero, y bajo la influencia y el influjo del corazón de un dragón, que el propio caballero tiene bajo su dominio, la profecía se va cumpliendo paso a paso, para dar lugar a la conclusión esperada. Registro Federal de Autor en México: 03-2012-031210293400-01. Número de Control de la Biblioteca del Congreso de EE. UU.: 2012905971. ISBN: Tapa Dura 978-1-4633-2336-3. Tapa Blanda 978-1-4633-2335-6. Libro Electrónico 978-1-4633-2334-9.

06. MURMULLOS ETERNOS – Poemario. Fecha de Terminación: Agosto 22 del 2012. Resumen: Un libro de poemas en cinco ciclos: Poemas espirituales, Poemas para todo público, Cuentos y leyendas, Poemas de amor y para adultos, y Poemas para niños. Registro Federal de Autor en México: 03-2012-082412170900-14. Número de Control de la Biblioteca del Congreso de EE. UU.: 2012916027. ISBN: Tapa Dura 978-1-4633-3809-1. Tapa Blanda 978-1-4633-3811-4. Libro Electrónico 978-1-4633-3810-7.

07. DESDE LO PROFUNDO – Poemario. Fecha de Terminación: 11 de Marzo del 2013. Resumen: Al igual que los dos anteriores, este libro de poemas se subdivide en cinco ciclos de nivel poético: Poemas espirituales, Poemas para todo público, Cuentos y leyendas, Poemas de amor y para adultos, y Poemas para niños. Registro Federal de Autor en México: 03-2013-090211014800-14. Número de Control de la Biblioteca del Congreso de EE. UU.: 2013903243. ISBN: Tapa Dura 978-1-4633-5218-9. Tapa Blanda 978-1-4633-5220-2. Libro Electrónico 978-1-4633-5219-6.

08. POEMAS, MEDITACIONES Y ORACIONES – Poemario. Fecha de terminación: 23 de Septiembre del 2013. Resumen: Como su nombre lo dice, son puros poemas, en su mayoría de meditación y muchos en forma de oración, aunque uno que otro de amor, para los místicos y para los que desean una vida de paz. Registro Federal del Autor en México: 03-2014-012811510300-14. Número de Control de la Biblioteca del Congreso de EE. UU.: 2013917865. ISBN: Tapa Dura 978-1-4633-6726-8. Tapa Blanda 978-1-4633-6728-2. Libro Electrónico 978-1-4633-6727-5. Registration number TX 8-400-010.

9. DIARIO DE COCINA DE MI ABUELITA – Recetas de cocina. Fecha de terminación: 10 de Mayo del 2014. Resumen: Completa recopilación de recetas antiguas, tradicionales del norte de México, transmitidas con el tiempo de boca a boca, desde que vivían mis bisabuelas, hasta las fechas actuales en que finalmente se editaron y se publicaron. Registro Federal del Autor en México: 03-2014-071513293000-01. El Número de Control de la Biblioteca del Congreso de EE. UU: 2014908115. ISBN Pasta Dura 978-1-4633-8377-0. Pasta Blanda 978-1-4633-8379-4. Libro Electrónico 978-1-4633-8378-7.

10. MIL – ANTOLOGÍA POÉTICA. Una colección de los mejores poemas de mis otros cuatro libros de poemas, más 150 nuevos e inéditos incluidos en esta gran obra, que a la vez, se publicó para conmemorar la producción de mis primeros mil poemas. Fecha de terminación y publicación: 3 de junio del 2015. Aún no tiene registro federal en México, sólo en la Biblioteca General de los Estados Unidos. Número de Control de la Biblioteca del Congreso de EE. UU.: 2015906921. ISBN: Tapa Blanda 978-1-5065-0393-6. Libro Electrónico 978-1-5065-0392-9.

11 y 12. UN ÁLBUM FAMILIAR EN LA HISTORIA DE UN PUEBLO (Edición México), y TOMOS I y II, (Edición EEUU). – En un total de 922 páginas, se escribió en dos tomos, una historia cronológica de un pueblo del Norte de México, San Nicolás de los Garza, en el que se ponen como marco, alrededor de 1300 fotografías que tratan de representar la narración mezclada con el orden del recorrer de fechas en este pueblo en el transcurso de unos 200 años de historia, en donde se aprecian, las costumbres de las familias, de la gente en general y principalmente las tradiciones que en este pueblo se desarrollaban a lo largo de los siglos pasados, de dos familias que se escogieron para el desarrollo de todo esta magnífica autobiografía. Se aclara que estas dos familias corresponden al árbol genealógico del autor, por lo que lleva en su progreso un encanto muy especial. Para el libro Versión México: Registro Federal del Autor en México: 03-2012-082412144100-01. En la Biblioteca General de los Estados Unidos. Fecha de edición: Tomo I y II: 21 de Mayo del 2018. Vol. I en EEUU: Número de Control de la Biblioteca del Congreso de EE. UU.: 2018904757. ISBN: Tapa Blanda 978-1-5065-2501-3. Libro Electrónico 978-1-5065-2502-0. Vol. II en EEUU: Número de Control de la Biblioteca del Congreso de EE. UU.: 201891596 ISBN: Tapa Blanda 978-1-5065-2503-7. Libro Electrónico 978-1-5065-2504-4.

13. PIEDAD, CAFÉ, AMISTADES, SEXO, AMORES, CUENTOS Y OTROS MENESTERES… DENTRO DE UN POEMA – Poemario. Fecha de Terminación: Marzo del 2019. Resumen: Este libro de poemas se subdivide en dos ciclos de nivel

poético: Uno es poemas generales, espirituales, para todo público, poemas de amor y para adultos; y el Otro es Cuentos. Aún no tienen registro federal en México, sólo en la Biblioteca General de los Estados Unidos. Número de Control de la Biblioteca del Congreso de EE. UU.: 2019901768. ISBN: Tapa Dura 978-1-5065-2803-8. Tapa Blanda 978-1-5065-2805-2. Libro Electrónico 978-1-5065-2804-5.

14. MI AMIGO MIGUELITO – Motivo de mi locura. Novela. Fecha de terminación: Septiembre 16 del 2019. Resumen. Narra el drama de un esquizofrénico, que desde el manicomio cuenta su vida y los motivos por los que se encuentra en tal estado de locura. Cruel, despiadado y realista, este libro no es apto para todo público, sino solamente para los de criterios muy amplios y preparados para este tipo de frívolas sorpresas. Número de control de la Biblioteca del Congreso de los Estados Unidos: 2019916309. Tapa dura 978-1-5065-3043-7. Tapa blanda 978-1-5065-3045-1. Libro electrónico 978-1-5065-3044-4.

15. MIS APRECIACIONES SOBRE DIOS Y EL COSMOS. – Artificiosas e ingeniosas pretensiones sobre una relación entre Dios y el Cosmos. Novela. Fecha de terminación 24 de marzo de 2020. No es un documento científico, pero la Ciencia ha servido en una generosa parte para entender las ideas que se suscitaron durante los análisis de las partes para poder escribirlo; no es un documento religioso, pero la Religión ha ayudado a establecer ciertas bases para facilitar muchos conceptos relacionados con los que aquí se pretenden explicar; no es un documento filosófico. Pero la Filosofía ha ayudado con la Lógica para poder reflexionar y explicar algunas bases involucradas con la Ciencia y la Religión que aquí se abordan y se hacen relacionar; no es una guía espiritual. Por lo tanto, este libro no será tomado en cuenta para ser considerado seriamente para regir los pensamientos y las vidas de nadie, sólo son escritos resultantes de deducciones caprichosas y ficticias, de pensamientos forzados y de intuición artificiosa nacida de, quizás la pereza o del descanso en demasía, y el esfuerzo de insistir en ciertos pensamientos, escudriñando un poco más para ir descubriendo cosas aplicando la intuición hasta un poco más allá de lo acostumbrado, y nada más. No es un manual para cambiar las ideas y los pensamientos de las personas. Independientemente de qué tipo de Religión profesen, no es la base de ninguna ideología. Los conceptos que se dan de Dios aquí, son conceptos generales y por ningún motivo se pretende fijarlos en la mente de nadie, ni cambiar la idea de lo que ya está escrito en los libros que ampara la Iglesia y la Fe Católica. El que lea este libro, puede elegir si darle importancia o no para su diario vivir y su propio modo de pensar. Tampoco es un manual de Astronomía ni de las Ciencias de los Astros. No es un libro de protesta ni es un libro de crítica, es simplemente una novela. Aún no tienen registro federal en México, sólo en la Biblioteca General de los Estados Unidos.

Número de Control de la Biblioteca del Congreso de EE. UU.: 2020905291. ISBN: Tapa Blanda 978-1-5065-3202-8. Libro Electrónico 978-1-5065-3201-1.

16. ESPÍRITUS DEL MUNDO. Poemario. – Libro recién terminado y publicado en Julio 22 del 2021. Fascinantes poemas de fascinantes temas que envuelven el pensamiento del lector, comenzando con la sección de Los espíritus del café, que en cada poema se evoca la magia de vivir las mañanitas clásicas al lado de la familia, de los papás, de los abuelos, y las tardecitas de merendero, junto a los amigos íntimos del alma. Incluye la sección Espíritus de Piedad, que son poemas piadosos, Espíritus del mundo, que son poemas generales, y Espíritu de los amantes, para complementar esta sinfonía de placer de la lectura en un solo libro. Aún no tienen registro federal en México, sólo en la Biblioteca General de los Estados Unidos. Número de Control de la Biblioteca del Congreso de EE. UU.: 2021913511. ISBN: Tapa Blanda 978-1-5065-3794-8. Libro Electrónico 978-1-5065-3795-5.

17. PINTA MI MUNDO. Poemario. – Libro. Fecha de terminación: 23 de Diciembre del 2021. Resumen: Como su nombre lo dice, son puros poemas, en su mayoría de meditación y muchos en forma de oración, aunque uno que otro de amor, para los místicos y para los que desean una vida de paz. Un poco enfocado al sentimiento de la fraternidad. Número de Control de la Biblioteca del Congreso de EE. UU.: 2021923796. ISBN: Tapa Blanda 978-1-5065-3924-9. Libro Electrónico 978-1-5065-3925-6.

18. EL AMOR ESTÁ EN TODOS LADOS. Poemario. –Libro. Fecha de terminación y de edición, 20 Julio de 2022. El libro consiste de poemas de un estilo diferente. La gran mayoría están relacionados con Ciencia y con el Cosmos, además de sus relaciones de éstos con Dios y el Espíritu Santo. Apasionante y seductor. Ya se tiene el registro en la Biblioteca General de los Estados Unidos ISBN: Tapa Blanda 978-1-5065-4877-7. Libro Electrónico 978-1-5065-4878-4.

Mi México querido...

Ay, Ay, mi México querido...
Ay, Ay, patria de mis amores,
Mira cómo te han maltratado,
Mira cómo te han humillado.

Pensar que tus campos moldeaste,
Y tus praderas embelleciste.
Tus sembradíos siempre nutriste,
Para darle el pan a toda tu gente.

Tus montañas las engalanaste,
Con esa música de los cielos,
De animales que en ti forjaron,
Todo el paraíso que nos regalaste.

Cómo me ha dolido tu maltrato,
Cómo lloro por tu situación.
Si pudiera ofrecerte mi corazón,
Para poder darte la salvación.

Ay, Ay, mi México querido...
Ay, mi Cuerno de la Abundancia,
¿Dónde ha quedado tu encanto?
¿Dónde de tus flores la fragancia?

¿Quién mexicano se atrevería,
A arrancarte tu vida y tus raíces,
Cuales forjaron todos tus hijos,
Entre suspiros, esfuerzos y pesares?

Campos que amparaban tus campiñas,
Se han cambiado por batallas y riñas,
Y tus tierras muy fértiles en el pasado,
Como recintos de armas han quedado.

¿Y la paz que en ti se respiraba?
¿Y el aliento que tus pueblos regalaban?

¿Y la savia que tú nos inyectabas?
¿Dónde quedó eso que de ti yo amaba?

Ay, Ay, mi México querido...
Esos que abusaron de arrogancia,
Que sacaron de ti toda sustancia,
¡En que bajo aprecio te han tenido!

No parece que amaron a su patria,
Acabaron con la gloria de tus cultura,
Ya no hay gente en los poblados,
No hay inditos, ni raíces, ni nada.

Cambiaste la felicidad de tus gentes,
Por miedos, que sembraron los asaltantes,
Cambiaste la libertad de tus caminantes,
Por secuestros y crímenes constantes.

México... Ay mi México tan amado...
Los amos del poder te han devorado,
Y vacío, muy vacío te han dejado,
¡Mira nada más cómo has quedado...!

Anexo: Poemas Publicados en la Antología Poética MIL I

1. Primer Ciclo: Poemas místicos y espirituales
2. A mis hermanos
3. Adiestramiento
4. A Jesucristo, mi Señor
5. A la deriva
6. Alegre dolor
7. Aléjanos del Mal
8. Al final la encontré
9. Allí estás Tú...
10. Alma al rescate
11. Alma en libertad
12. Alma prisionera
13. Amigos de Jesús
14. Ángel
15. Ante los ojos del Señor
16. Antipatía
17. Aposento
18. A tu diestra y voluntad
19. Breve meditación sobre la Fe
20. Caballero: A la Orden...
21. Camina con Dios
22. Caridad
23. Clases del diablo a su nieto
24. Compláceme, Dulce Señor Mío
25. Compunción
26. Confusión
27. Consejos Divinos
28. Contra diablo y pecado
29. Cuándo, Padre Eterno, di cuándo
30. Cúbreme con tu manto
31. Dame confianza para creer en Ti
32. Defectos de los demás
33. Desde lo profundo
34. Deudas pendientes
35. Diálogo con la muerte
36. Dime qué es el amor
37. Dios mío, no te alejes
38. Disertaciones sobre Fe, Ignorancia y Ciencia
39. Distintivo
40. Divina sabiduría
41. Ejercicios para el alma
42. Ego, personalidad y esencia
43. El Amor Eterno
44. El cambio
45. El casamiento
46. El dragón de mis pecados
47. Elíxir de vida
48. El llamado
49. El mal
50. El muerto y su alma
51. El poder interior
52. El Poeta de los Cielos
53. El Reino de Dios
54. El Sabio
55. El Santo de la paz
56. El túnel
57. El vuelo
58. En la puerta del Cielo
59. En soledad y en el silencio
60. Entre quehaceres y oración
61. Errónea esperanza
62. Fantasmas
63. Generosidad
64. Gracias a la vida
65. Gracias Señor
66. Hazme como a ellos
67. Humildad
68. Humildad y Sencillez
69. Iniciación
70. Infierno
71. Intangible ego
72. Jesucristo Guerrillero
73. Juicio
74. Juicio final
75. Juicios ajenos
76. Karma
77. La guerra
78. La guerra y la paz
79. La ley del péndulo
80. La Madre protectora
81. La muerte y el juicio final
82. La música del Cielo
83. La semilla
84. Las semillas del mal
85. La Verdad
86. La verdad de los sabios
87. La voz interior
88. Letanías por el afecto divino
89. Llegar a viejo
90. Los asaltos del Señor

91. Los defectos de los demás
92. Los Diez Mandamientos
93. Lucifer
94. Luz
95. Matar dragones...
96. Mi espíritu de luz
97. Mis acompañantes
98. No te alejes de mí
99. Necesidad de Tu regazo
100. Oración para adquirir Devoción
101. Oración para evitar malos pensamientos
102. Oración para soportar las tentaciones
103. Oración por la Santidad
104. Palabra de Cristo
105. Paraíso perdido y recuperado
106. Pasión
107. Pecados Capitales
108. Perfección
109. Plegaria
110. Perdón…
111. Predisposición para llegar a Dios
112. Presencia
113. Quiero tener coraje
114. Quisiera…
115. Regalos Divinos
116. Regresa a mí…
117. Retírate de mí, Luzbel
118. Riqueza
119. Sacro Secreto
120. San Jorge y el dragón
121. Santidad
122. Santificación
123. Santos del Señor
124. Santos Padres
125. Señales de Virtud
126. Señora Tentación
127. Señor Jesucristo…
128. Sexo místico
129. Sólo Tú me fortaleces
130. Soneto de la mala intención
131. Súplica
132. Sopor del alma
133. Soy
134. Súplica en una Confesión
135. Te he perdido
136. Temor
137. Tentaciones
138. Tentaciones de un alma cautiva
139. Terror de llegar a la muerte
140. Una dulce conjunción
141. Un alma desorientada
142. Una plegaria para quienes han robado nuest paz
143. Una probadita de Patria Celestial
144. Un despertar cristalino
145. Un soplo divinal
146. Vacío en el alma
147. Vanidad
148. Verdadero hombre
149. Vida del Cosmos
150. Vida mortal y vida eterna
151. ¿Vida o muerte?
152. Visión de mis pecados
153. Viva la paz
154. Yo tengo un amigo
155. Segundo Ciclo: Poemas para todo público
156. Aborto
157. Adiós juventud amada
158. Adolescencia
159. A Don Hilario
160. A Don Miguel de Cervantes Saavedra
161. Al leer una poesía
162. A los poetas
163. Amantes distantes
164. Amargura del Corazón
165. Amigo ausente
166. Amigo o enemigo
167. Amigos inseparables
168. Asesinos
169. Aspirante a seminarista
170. A un amigo poeta
171. A un escritor de poemas
172. Bruja
173. Buenas intenciones
174. Bullying
175. Caminos…
176. Cáncer
177. Caballeros de mi reino
178. Chingando al descubierto
179. Cómo se ha de escribir
180. Con los ojos llenos de llanto
181. Corazón
182. Corazón de roca
183. Cuando un cirio se apaga
184. Cumbre de las letras españolas…
185. Curación
186. De la brevedad de la vida
187. Destino
188. Destino, ay mi destino…
189. Días de la semana
190. Discordia
191. Dolor
192. El aprendiz de escritor
193. El castillo
194. El juego
195. El juego de perder

394

196. El lado humano de la Historia
197. El libro de mi vida
198. El niño que llevo dentro
199. El Padre Tiempo…
200. El pasado
201. El pensamiento
202. El poeta
203. El Poeta que dudaba de ser Poeta…
204. El sueño de Rosalinda
205. El Tiempo y los Amantes
206. En los umbrales del pasado
207. En un funeral
208. Epitafio a Don Jacinto
209. Eran cuatro del Siglo XX: Los Beatles
210. Errores de mi pasado
211. Ese poeta
212. Espejismos mentales
213. Esperanza
214. Éstas son mis tristezas
215. Fantasía
216. Fantasma
217. Feliz Año Nuevo
218. Feliz Navidad
219. Genio, poeta y sabio
220. Hechizo
221. Hombre
222. Homosexual
223. Gotitas de vida
224. He perdido mi alma
225. Hogar, dulce hogar…
226. Hombre de etiqueta
227. Ilusión
228. Ilusiones
229. Ilusión (variación)
230. Ilusiones de Poeta
231. Imagen de espejo
232. Implacable vida
233. Incógnita
234. Irrealidad
235. Juventud
236. Juventud, mi tesoro
237. La apariencia
238. La crítica
239. La Edad Media
240. La especie humana
241. La familia
242. La felicidad
243. La felicidad inducida
244. La lámpara
245. La mala intención
246. La mejor cualidad del hombre
247. Las cuatro estaciones
248. La vejez
249. La vida breve
250. Letras criminales
251. Los cuatro elementos
252. Los chismosos
253. Los siete planetas místicos
254. Los signos zodiacales
255. Luna
256. Magia
257. Meses del Año
258. Mi amigo El Coqueto
259. Mi más ferviente deseo
260. Mi mejor amiga
261. Mi México querido…
262. Mi miedo al futuro
263. Mi poema
264. Miserables
265. Miseria humana
266. Mis libros predilectos
267. Mis personajes, mis héroes
268. Jesucristo
269. Mis recuerdos
270. Mi viejita
271. Morir
272. Muerto en vida
273. Nacer
274. Necesidades
275. Noche
276. Noche de amigos
277. No habrá primaveras
278. Nostalgia
279. Nostalgia por un sueño
280. Oda a la esperanza
281. Oda a mi poesía
282. Orígenes del hombre
283. Paraíso perdido
284. Pasión por leer, luego amar
285. Pensamiento y corazón
286. Personaje de un cuento
287. Pertenencias terrenales
288. Pesadilla
289. Placer de la venganza
290. Poesía
291. Poesía
292. Qué es la vida…
293. Que quede todo en el olvido
294. Querido Don Quijote…
295. Qué será de mis sueños
296. Quién eres, Muerte
297. Resignación
298. Respeto
299. Retorno
300. Sentimientos
301. Sepulturero

302. Ser o no ser feliz
303. Sinceridad
304. Sin respuesta
305. Sombras del pasado
306. Sueño nocturno
307. Terror a oscuras
308. Todo acaba en nada
309. Todo pasa…
310. Traición
311. Tu mágica poesía
312. Una apuesta
313. Un año nuevo y lo mismo…
314. Una visita familiar
315. Un brindis de Año Nuevo
316. Un poeta agradecido
317. Un soneto para los muertos
318. Un viejito
319. Un visitante desconocido
320. Vejez
321. Vencedor y vencido
322. Vida
323. Vida germinal
324. Viento de hadas
325. Vino y alcohol
326. Vivir
327. Vivir la vida
328. Vivir por vivir
329. Y los Profetas hablaron
330. Yo sólo quiero estar a tu lado
331. Tercer Ciclo: Cuentos y leyendas
332. Al cuidado del Príncipe
333. Amor macabro
334. Así es la vida
335. ¿Cómo son tus sueños…?
336. Coplas del abuelo Altamirano
337. Coplas de los revolucionarios
338. Coplas de una Tragedia
339. Cuéntame acerca del dragón
340. El accidente
341. El jacal de Concha
342. El jorobadito del pueblo
343. El jorobadito huérfano
344. El juicio de Dios
345. El mago engañador
346. El príncipe encantado
347. El totonaca y su amo
348. En defensa del reino
349. Entre odio y pasión
350. Historia de un breve amor
351. Justina, Marquitos y la bruja
352. Labios de carmín
353. La guadaña de la muerte
354. La hija del Presidente
355. La leyenda de los decapitados
356. La premonición
357. La reina del bosque
358. Las brujas de la montaña
359. La sirena y el marinero
360. Leyenda de tres amigos
361. Leyenda de un gran amor
362. Loco por el Diablo
363. Los amantes
364. Lo único que yo amaba
365. Morir de esperanza
366. Nombramiento de Caballero
367. Recuperación inesperada
368. Romance del duende enamorado
369. Romance del ángel desahuciado
370. Tiempos de romanticismo
371. Una historia de infelicidad
372. Una historia sin importancia
373. Un hechizo de amor
374. Un vano conjuro
375. Yertos en batalla
376. Cuarto Ciclo: De amor y para adultos
377. Abandonado
378. Acurrucada en mi pecho
379. Advertencia
380. Alcanzar una estrella
381. Allí estaré siempre
382. A mi disposición
383. A M O R
384. Amores como el vuestro
385. Amor y odio
386. Anhelo
387. A pesar de la distancia
388. Armonía
389. Aunque me pegues
390. Aunque no rime
391. Aventura nocturna
392. Aventura y gozo
393. Barroca declaración
394. Besos
395. Besos perdidos
396. Besos traviesos
397. Capullo
398. Carmín
399. Casado accidentalmente
400. Castigado por amor
401. Cercanía
402. ¿Cómo poder convencerte?
403. Compláceme mujer
404. Común contienda
405. Conjugar desear con amar
406. Contienda imparcial
407. Coqueta

408. Corazón domado
409. Cuando el amor se va...
410. Cuando me dejes de querer
411. Dama enamorada
412. De madrugada…
413. Desenfrenada pasión
414. Despertando calurosamente
415. Devoradora
416. Delirio del querer
417. ¿De qué diablo estás hecha?
418. Desdén
419. Desesperado amor
420. Despedida
421. Dime qué es ese sentimiento
422. Di por qué
423. Disculpas
424. Dos corazones
425. El amor es singular
426. El bálsamo del amor
427. El beso de la inocencia
428. El cliente
429. El consejo
430. El delirio de Eulalio
431. El despertar
432. El desprecio
433. El dilema
434. El engaño
435. El esclavo de su esclava
436. El fuego y los amantes
437. El juego del deseo
438. Ella no es de mi propiedad
439. El libro del amor
440. El licántropo y la bruja
441. El loco
442. El maleficio
443. El mar…
444. El muerto
445. El mundo por un beso
446. El premio
447. El regalo
448. Embeleso de amor
449. Embrujo en una noche otoñal
450. Embeleso nocturno
451. Encuentros de pasión
452. En defensa de mi caballero
453. En el pliegue de tu ojal
454. En una mañana de otoño
455. En una noche de luna
456. Eres mi canción
457. Eres sólo Amor
458. Esas dulces diabluras
459. Esclavo del deseo
460. Esclavo resuelto
461. Esos ojos
462. Esperanza de ser amado
463. Esta noche os quito lo santa
464. Esta vez me tocó ganar
465. Eterna pasión
466. Excitación
467. Éxtasis de deseo
468. Extracto de tu amor
469. Fantasma
470. Filosofía para encontrar la felicidad
471. Funda de mi espada
472. Hacerlo o no hacerlo
473. Hasta derretirme de amor
474. Hasta que la fiebre haya cedido
475. Hasta que salga el sol
476. Hombre y mujer
477. Hoy veré a mi amada
478. Hoy será el día
479. Idilio de Lorenzo y Severiana
480. Igualdad de circunstancias
481. Impedimentos
482. Indigestión
483. Ingrata
484. Insistencia de amar
485. Insistes en negarte
486. Ingrato comportamiento
487. Intruso destino
488. Jugada equivocada
489. La amada ausente
490. La amada desahuciada
491. La apuesta
492. La bruja de mis sueños
493. La carta
494. La dama de seda
495. La doncella recién casada
496. La duda
497. Ladrón de ilusiones
498. La fórmula del amor
499. La fuerza del deseo
500. La gruta de Venus
501. La miel del colibrí
502. La mortaja
503. La ofrenda
504. La pena de matarte
505. La primera vez
506. Lenguaje de la piel
507. Letras prohibidas
508. Loco
509. Loco de amor
510. Locura por poseerte
511. Los asaltos del amor
512. Lujuria
513. Magia de amar y ser amado

514. ¿Me amas?
515. Me duele el corazón
516. Me embrujaste
517. Me mata tu ausencia
518. Mensaje Primaveral
519. Mi amada Señora
520. Mil noches de pasión
521. Mi musa
522. Mi musa, mi amante
523. Mi soledad
524. Mi verdad es vuestra verdad
525. Montando a caballo
526. Morir voluntariamente
527. Mujer
528. Nada nos podrá separar
529. Necesito morir en segundos
530. Noche de diversión
531. No me hables de tal manera
532. No es lo mismo pensarlo que sufrirlo
533. Nuestra canción
534. Nunca me abandonéis
535. Obra maestra
536. Olvido
537. Os he amado siempre
538. Pan
539. Parece que no
540. Pecado
541. Pecados y castigos
542. Perdóname
543. Perenne agonía
544. Perseverancia
545. Perversión
546. Pesadilla
547. Pétalos sobre tu cuerpo
548. Placer
549. Placer del cuerpo
550. Podría decirte mil cosas más…
551. Por fin juntos
552. Premio o castigo
553. Presencia macabra
554. Prisioneros de amor
555. Promiscuidad
556. Propuestas
557. ¿Qué más podría yo pedir?
558. Qué más te podría yo dar
559. Quintillas de Amor
560. Quisiera dibujarte
561. Recuerdos de un Amor
562. Remembranzas de ti
563. Retrato
564. Romboide pasión
565. Satisfacción
566. Seducción lírica
567. Sentimientos de amor
568. Serás…
569. Servidumbre humana
570. Si la noche de anoche volviera
571. Sinfonía barroca
572. Si pudiera conmigo tenerte
573. Sirena o mujer
574. Sirve más vino, Cantinero
575. Si supieras que soy tuyo
576. Soneto de amor
577. Soneto del informe
578. Soneto para un pecado
579. Soy lo que quieras
580. Sueño de perderte
581. Sueño erótico
582. Suplicio de amor
583. Te amo de noche
584. Teatro para adultos
585. Te fuiste
586. Temor de amar
587. Torneo del amor
588. Tu abandono
589. Tu cuerpo…
590. Tu esencia
591. Una lección de amor
592. Un amor en silencio
593. Un amor puro
594. Un beso
595. Un poema en las lejanías
596. Un poema de una bruja y un vampiro
597. Un regalo para ti
598. Un solterón empedernido
599. Utopía
600. Un Sí esperado
601. Un sueño hecho realidad
602. Virgen
603. Viviendo de un recuerdo
604. Volverte a amar
605. Vuelve a mí
606. Vuestra alma, mi tesoro
607. ¿Ya te he dicho que soy tuyo?
608. Y de que me has de querer…
609. Yo cultivo mis amores
610. Quinto Ciclo: Sueños y fantasías
611. La fantasía
612. Fantasía de sueños eróticos
613. Fantasía o realidad
614. Fantasías, sueños e ilusiones
615. Sueño #1
616. Sueño #2
617. Sueño #3
618. Sueño #4 Cantar del Caballero Mundamor
619. Sueño #5 Romance del escudero

620. Sueño #6
621. Sueño #7
622. Sueño #8
623. Sueño #9
624. Sueño #10
625. Sueño #11
626. Vida de sueños
627. Sexto Ciclo: Poemas para niños
628. Agua de lluvia
629. Carta a Diosito
630. Dos cisnes enamorados
631. El elefante
632. El niño travieso
633. El vestido de Quince Años
634. Estrellita
635. La hermana de mi maestra
636. La hormiguita
637. La mariposa
638. La montaña escondida
639. Los bigotes de Don Faustino
640. Mamita de mi alma
641. Manitas de abuelita
642. Mis amiguitos
643. Mi caballito tordillo
644. Mis matitas
645. Patitos al baño
646. Travesura
647. Tres caballitos perdidos
648. Una burrita coqueta
649. Séptimo Ciclo: Fam., y de mi pueblo.
650. Acerca de una amistad a la distancia
651. Acerca de un fuerte y varonil poeta
652. Acerca de un Padre adoptado virtualmente
653. Acerca de mi amada
654. A la salida de la escuela
655. Al Santo de mi devoción
656. A Mamá
657. A mi difunta madre
658. A mi Doctor
659. A mi nieto
660. A mi Padre...
661. A Rosy.
662. A Rosy..
663. A Rosy...
664. A Rosy....
665. A un árbol caído
666. A un padre desaparecido
667. Barquitos y soldaditos
668. Bendecido por Dios
669. Caballito de palo
670. Carta a mi esposa
671. Carta a mi Papá
672. Cicatrices
673. ¿Cómo era tu Papá...?
674. Cuéntame un cuento, Abuelito
675. Días vestidos de fiesta
676. El canto de mi sendero
677. El equipaje
678. El ferrocarril
679. El invierno de mi vida
680. En la búsqueda de mi nieto
681. Hoy no fui a trabajar
682. Hoy se casa la niña
683. La maletita
684. La novia
685. Las verbenas
686. Madre mía...
687. Manos arrugadas
688. Memorias de mi abuela
689. Mi Bebé
690. Mi Viejo Barrio
691. Palabras de despedida a mi madre
692. Para la que se fue, Mamá...
693. Para una persona especial
694. ¡Qué bellos tiempos aquellos!
695. Recuerdos de mi Madre
696. Testigo de Amor
697. Testimonio de un pueblo
698. Un bulto de recuerdos
699. Un diáfano envejecer (Para mi nieta)
700. Un gusanito poeta
701. Un regalo del Cielo (Emma)
702. Yo y mi poesía

Por Félix Cantú Ortiz

Printed in the United States
by Baker & Taylor Publisher Services